ЧЕЛОВѢКЪ

какъ

ПРЕДМЕТЪ ВОСПИТАНІЯ.

ТОМЪ ПЕРВЫЙ.

ЧЕЛОВѢКЪ

КАКЪ

ПРЕДМЕТЪ ВОСПИТАНІЯ.

ОПЫТЪ ПЕДАГОГИЧЕСКОЙ АНТРОПОЛОГІИ

КОНСТАНТИНА УШИНСКАГО.

Изданіе ВТОРОЕ, исправленное самимъ авторомъ.

Съ рисунками.

ТОМЪ ПЕРВЫЙ.

С.-ПЕТЕРБУРГЪ.
Типографія А. М. Котомина, на углу Большой Морск. и Невск. просп., д. № 18.
1871.

ОГЛАВЛЕНІЕ.

                                           Стр.

Предисловіе . . . . I—XXXVIII

ЧАСТЬ ФИЗІОЛОГИЧЕСКАЯ.

ГЛАВА I. Объ организмахъ вообще. 1
      Что такое воспитаніе? (1). — Опредѣленіе организма (2 и 3).
      Сила развитія (4). — Организмы единичные и общественные (5 и 6).

ГЛАВА II. Существенныя свойства растительнаго организма 5
      Ростъ, планъ, органы, сила развитія (1—4). — Матерьялъ развитія (5 и 6). — Значеніе питательнаго процесса и его условія (7—11). — Вліяніе питательнаго процесса на перерожденіе организмовъ. (12—17).

ГЛАВА III. Растительный организмъ въ животномъ 11
      Процессъ питанія. Отличительный признакъ животнаго организма — жизнь и нервная система (1—3). — Цѣль питательнаго процесса въ животномъ (4—5). — Краткое изложеніе питательнаго процесса (5—11).

ГЛАВА IV. Необходимость и особенныя условія возобновленія тканей животнаго организма 15
      Причины утомленія и возобновленіе силъ (1—4). — Условія правильнаго возобновленія организма (5—6). Основы физическаго воспитанія (7).

ГЛАВА V. Потребность отдыха и сна 18
      Необходимость перемѣны дѣятельности (1—5). — Потребность сна (6—8).

ГЛАВА VI. Нервная система 23
      Органы чувствъ: органъ зрѣнія и его дѣятельность. Раздѣленіе нервной системы на центры, развѣтвленія и окон-

чанія (1—2). — Физическая основа зрѣнія (3—5). — Устройство глаза (6—16). — Движеніе глазныхъ мускуловъ (17—20). — Нерѣшенные вопросы въ актѣ зрѣнія (20—24).

ГЛАВА VII. Остальные органы чувствъ 36

Органъ слуха.

Устройство уха (1—4). — Дѣятельность слуховаго органа (5—9). — Гармонія звуковъ. Развитіе слуха (10—13).

Органъ обонянія.

Устройство и дѣятельность этого органа (14—16).

Органъ вкуса.

Неопредѣленность вкусовыхъ ощущеній и связь ихъ съ ощущеніями обонянія и осязанія (17 и 18).

Органъ осязанія.

Устройство органа (19). — Отношеніе осязательныхъ ощущеній къ мускульнымъ и чувство боли (20—21). — Дѣятельность осязательнаго органа (22—26). — Ощущенія общія. (27).

ГЛАВА VIII. Мускулы. Мускульное чувство. Органъ голоса. 51

Мускулы.

Устройство мускуловъ (1—5). — Сокращеніе мускуловъ (6—10). — Питаніе мускуловъ (11 и 12). — Раздражимость мускуловъ (13 и 14). — Вліяніе произвола на мускульныя сокращенія (15 и 16).

Мускульное чувство.

Анализъ мускульнаго чувства (17—19). — Мускульныя ощущенія пассивныя и активныя (20 и 21). — Значеніе мускульнаго чувства въ психическихъ актахъ (22 и 23). — Чувство усталости (24). — Чувство тѣлеснаго усилія (25).

Органъ голоса.

Устройство голосоваго органа (26—29). — Способность членораздѣльныхъ звуковъ (30 и 31).

ГЛАВА IX. Нервная система: ея центръ и развѣтвленія. . 66
Отчего зависитъ темнота въ изложеніи нервной системы (1) — Головохребетный мозгъ (2—10). — Психофизическое значеніе различныхъ частей головнаго и спиннаго мозга (11—16). Обзоръ различныхъ частей головохребетной системы (17). — Нервныя пары (18 и 19). — Симпатическая система (20).

ГЛАВА X. Дѣятельность нервной системы и ея составъ . . 76
Значеніе нервной системы въ психофизической дѣятельности

(1—4). — Нервы чувства и нервы движенія (5). — Бѣлое и сѣрое вещество мозга (6—8). — Значеніе бѣлаго и сѣраго вещества въ психофизической дѣятельности (9—10). — Специфичность ощущеній (11). — Общіе выводы о дѣятельности нервовъ (12).

ГЛАВА XI. Нервная усталость и нервное раздраженіе 85
Нервная усталость (1—3). Нервное раздраженіе (4—8). Правильная дѣятельность нервовъ (9 и 10).

ГЛАВА XII. Отражательныя или рефлективныя движенія . . 89
Понятіе рефлекса есть понятіе психологическое (1). — Рефлексы полные и неполные (2—6). — Превращеніе произвольныхъ дѣйствій въ рефлективныя (7—9). — Задержка рефлексовъ (9—13). — Сложные рефлексы (14—18). — Рефлективныя основанія привычекъ (19—21).

ГЛАВА XIII. Привычки и навыки, какъ усвоенные рефлексы. 102
Опредѣленіе привычки и навыка (1—4). Возникновеніе наклонностей изъ привычекъ (5 и 6). — Укорененіе привычекъ (7). — Обширное значеніе привычки въ человѣческой дѣятельности (8—12).

ГЛАВА XIV. Наслѣдственность привычекъ и развитіе инстинктовъ 111
Отношеніе привычекъ и инстинктовъ (1—4). — Наслѣдственность привычекъ въ наслѣдственности характеровъ (5—10).

ГЛАВА XV. Нравственное и педагогическое значеніе привычекъ 119
Различные взгляды на силу и значеніе привычки (1 и 2). — Нашъ взглядъ (3—7). Значеніе навыка въ ученіи (8).

ГЛАВА XVI. Участіе нервной системы въ актѣ памяти . . . 124
Память есть способность животной жизни (1). — Два элемента памяти (2). — Связь нервнаго организма съ явленіями памяти (3—8). — Привычка есть память и память есть отчасти привычка (9—18). — Память механическая и средства прочнаго усвоенія механическою памятью (19—22). — Различіе въ механической памяти различныхъ людей (23). — Что такое нервный слѣдъ (24—27)? — Ощущеніе воспоминанія (28—30).

ГЛАВА XVII. Вліяніе нервной системы на воображеніе, чувство и волю 142
Вліяніе на воображеніе (1—5). — Вліяніе на душевное чувство и волю (6—10).

ЧАСТЬ ПСИХОЛОГИЧЕСКАЯ.

ГЛАВА XVIII. Переходъ отъ физіологіи къ психологіи . . . 148
Взглядъ на пройденное (1—6). — Отношеніе души къ нервному организму (7). — Наблюденіе есть средство физіологіи, а самонаблюденіе есть средство психологіи (8—10). — Возможность опытной психологіи (11—13). — Психологическій тактъ (14 и 15). Система изложенія психическихъ явленій: процессы сознанія, душевнаго чувства и воли (16—24).

А. СОЗНАНІЕ.

ГЛАВА XIX. Процессъ вниманія 160
  Переходъ впечатлѣній въ ощущенія.—Гипотезы Бенеке и Фехнера (1—3).—Веберовскій порогъ сознанія (4).—Вниманіе, какъ условіе превращенія впечатлѣній въ ощущенія (5).—Необходимость другаго порога, кромѣ веберовскаго (6 и 7).—Впечатлѣніе не всегда и не немедленно переходитъ въ ощущеніе (8 и 9).—Переходъ вниманія съ предмета на предметъ и недостаточность объясненія Фехнера (10 и 11).—Можетъ ли вниманіе обнимать разомъ нѣсколько предметовъ (12).—Дѣйствіе вниманія на усиленіе ощущеній (13).—Отношеніе вниманія къ слѣдамъ бывшихъ впечатлѣній (14). — Внутреннія причины внимательности (15). — Значеніе вниманія для воспитателя (16 и 17).—Какъ исправляется дурно направленное вниманіе.—Недостаточность теоріи Бенеке (18—20). Взглядъ англійскихъ психологовъ на вниманіе и отношеніе этого взгляда къ теоріи Гербарта и Бенеке (21—23).—Значеніе вниманія въ жизни человѣка (24—25).

ГЛАВА XX. Вниманіе: выводы 179
  Необходимость вниманія для появленія ощущеній (1). — Оно принадлежитъ душѣ (2).—Вниманіе произвольное и непроизвольное (3 и 4).—Значеніе власти воли надъ вниманіемъ (5).—Развитіе пассивнаго и активнаго вниманія (6 — 10). Опредѣленіе вниманія (11).—Внѣшнія и внутреннія причины, сосредоточивающія дѣятельность души (12—13).—Слѣдствія сосредоточенности вниманія (14—18).

ГЛАВА XXI. Что такое значитъ сознавать? Появленіе ощущенія 188
  Можемъ ли мы сознавать нѣсколько одновременныхъ впечатлѣній разомъ? Ошибка Вундта и Спенсера. Мнѣніе Аристотеля (1—5).—Сознавать—значитъ сличать, различать и сравнивать (6—8).—Невозможность объясненія сознанія нервными движеніями (9—11).—Невозможность раздвоенія сознанія (12—13).

ГЛАВА XXII. Припоминаніе 198
  Припоминаніе механическое и душевное (1—2).—Описаніе душевнаго припоминанія. Необходимость признанія двухъ агентовъ въ этомъ актѣ (3—5).—Идея, какъ душевный слѣдъ. Отличіе идеи отъ представленія (6—13).—Объясненіе акта припоминанія съ помощью принятой гипотезы (14—17).

ГЛАВА XXIII. Ассоціація представленій 203
  Различные роды этихъ ассоціацій (1—3).—Ассоціація по противоположности (4—5).—Ассоціація по сходству (6—9).—Ассоціація по порядку времени (10).—Ассоціація по единству мѣста (11—17).—Ассоціація разсудочныя (18—22).—Ассоціація по сердечному чувству (23 и 24).—Связь развитія или разумная (25—27).

ГЛАВА XXIV. Забвеніе, разрывъ ассоціацій памяти 217
  Два различныя значенія слова *забвеніе*. Есть ли забвеніе абсолютное (1—3).—Какъ многое мы забываемъ (4—5)?—Причины забвенія (6—12).

ГЛАВА XXV. Исторія памяти 224
  Первое зарожденіе ассоціацій памяти (1—6).—Постепенное осложненіе содержанія памяти (7—10). — Память отрочества (11—13).—Память юности и зрѣлаго возраста (14—18).

ГЛАВА XXVI. Что же такое память?—Значеніе памяти . . 235
  Три значенія слова *память* (1—14).—Значеніе памяти въ человѣческой жизни (15—19).

ГЛАВА XXVII. Процессъ воображенія 243
  Разграниченіе процесса воображенія отъ процесса воспоминанія и мышленія (1—5).—Два рода воображенія: пассивное и активное (6).

ГЛАВА XXVIII. Воображеніе пассивное 247
  Участіе нервной системы въ пассивномъ воображеніи.—Отчего переходятъ представленія въ сознаніе (1—9).—Физическія вліянія на ходъ нашихъ представленій (10—11).

ГЛАВА XXIX. Воображеніе активное 257
  Описаніе этого акта и средства его совершенія (1—3).—Отношенія пассивнаго воображенія къ активному (4—6).

ГЛАВА XXX. Исторія воображенія 262
  Дѣтское воображеніе. Необычайная подвижность воображенія у дѣтей (1—13).—Вліяніе воображенія на нравственную сторону человѣка (14—15). — Воспитательное значеніе дѣтскихъ игръ (16—19).—Дальнѣйшая исторія воображенія (20—21).

ГЛАВА XXXI. Разсудочный процессъ 271
  Два противоположные взгляда на разсудокъ и значеніе этихъ взглядовъ для воспитанія (1—3). — Предметы разсудочной дѣятельности (4).

ГЛАВА XXXII. Образованіе понятій 275
  Что такое понятіе (1—2)?—Психофизическій процессъ образованія понятій и отношеніе понятія къ представленію (3—11).— Чѣмъ оканчивается процессъ образованія понятій (12 — 14?)— Сложность разсудочнаго процесса (15). — Главный его дѣятель есть сознаніе, т. е. способность различать и сравнивать (16—19). Отличительный признакъ разсудочнаго процесса у человѣка (20).

ГЛАВА XXXIII. Образованіе сужденій и умозаключеній . 287
  Образованіе сужденій (1—4).—Реальность сужденій (5—6).— Пять видовъ сужденій по логикѣ Миля. Всѣ они основаны на сравненіи (7).—Сужденія существованія (8), сосуществованія (9—14). Сужденія, утверждающія послѣдовательность явленій (15).—Сужденія причины и сужденія по сходству (16).—Сужденіе есть понятіе въ процессѣ своего образованія (17).

ГЛАВА XXXIV. Постиженіе предметовъ и явленій, причинъ и законовъ . . . . 29?
  Предметы умственные (1—4).—Постиженіе умственныхъ предметовъ (5).—Предметы искусственные и ихъ постиженіе (6).—Предметы природы и ихъ постиженіе (7—14).—Постиженіе явленій природы (15—18).—Постиженіе причинъ явленій (18—21).—Постиженіе законовъ явленій (22).—Общій выводъ (23).

ГЛАВА XXXV. Образованіе понятій времени, пространства и числа . . . . 30?
  Различіе во взглядахъ на образованіе понятій пространства и времени (1—2).—Участіе мускульнаго чувства въ образованіи этихъ понятій (3—10). — Образованіе понятія времени. Чувство усилія (11—13). — Образованіе понятія пространства (14—17). — Образованіе понятія числа (18—20).

ГЛАВА XXXVI. Значеніе произвольныхъ движеній въ разсудочномъ процессѣ . . . . 32?
  Форма движенія есть единственная форма пониманія явленій природы (1—2).—Превращеніе индуктивныхъ наукъ въ дедуктивныя (3).—Причина ясности математическихъ аксіомъ (4—6). Три источника человѣческихъ знаній (7—9).

ГЛАВА XXXVII. Идеи субстанціи и признаковъ . . . . . 32?
  Происхожденіе идеи субстанціи (1—4).—Значеніе психическаго факта въ этомъ отношеніи (5—6).

ГЛАВА XXXVIII. Образованіе понятій матеріи и силы . . 33?
  Образованіе понятія матеріи.—Физическія опредѣленія матеріи и ихъ противорѣчія (1—4).—Атомистическая гипотеза и скрывающееся въ ней противорѣчіе (5—8). — Отношеніе Милля къ этой теоріи и противорѣчіе въ его «Логикѣ» (9—12).—Психическая исторія понятія матеріи (13—18). — Образованіе понятія силы (19—24).

ГЛАВА XXXIX. Идея причины, цѣли, назначенія и случая . 34?
  Образованіе идеи причины. Что такое причина по Миллю и ошибка въ этомъ воззрѣніи (1—8).—Раздѣленіе явленій по отношенію къ нимъ нашего постиженія: факты психическіе, математическіе и матеріальные (9—14). — Опроверженіе врожденности вѣры въ причину, приводимое Милемъ (15—17). — Образованіе идеи цѣли и назначенія (18—19). — Идея случая (20—21).

ГЛАВА XL. Вообще о первыхъ основахъ разсудочныхъ работъ 36?
  Первые узлы разсудочной работы (1—4). — Существуютъ-ли врожденныя идеи (5—7)?

ГЛАВА XLI. Индуктивный методъ . . . . 37?
  Бэконовская индукція. Въ чемъ состоитъ истинная заслуга Бэ-

кона (1—3).—Изложеніе хода бэконовской индукціи (4—11).— Результаты индукціи (12—13). Дополненія, сдѣланныя Милемъ къ бэконовской индукціи (14). — Процессъ индукціи есть процессъ образованія понятій (15—16).

ГЛАВА XLII. Судить, понимать и разсуждать 380
    Сужденіе, пониманіе и разсужденіе, какъ три періода разсудочнаго процесса (1—5).—Значеніе дедукціи или разсужденія (11—12).

ГЛАВА XLIII. Исторія разсудка 385
    Что собственно развивается — сознаніе или матеріалы сознанія (1—7)?—Обработка матеріаловъ сознанія (8—21).

ГЛАВА XLIV. Вліяніе различныхъ душевныхъ процессовъ на разсудочный 396
    Вліяніе совершенства внѣшнихъ чувствъ (2).—Вліяніе вниманія (3—4).—Вліяніе памяти (5—6). Вліяніе воображенія (7—9). Вліяніе внутреннихъ, душевныхъ чувствъ (10—13). — Вліяніе воли (14).

ГЛАВА XLV. Вліяніе духовныхъ особенностей человѣка на разсудочный процессъ 402
    Значеніе идеи въ разсудочномъ процессѣ (2—7).—Значеніе слова (8—15).

ГЛАВА XLVI. Противорѣчія, вносимыя духомъ въ мышленіе 408
    Особенныя цѣли въ разсудочномъ процессѣ человѣка (1—2).—Какъ дѣйствуютъ противорѣчія, вносимыя духомъ въ разсудочный процессъ (3—4).

    ГЛАВА XLVII. Противорѣчіе идеи причины и идеи свободы 411
    Противорѣчіе причины (1).—Противорѣчіе идеи личной свободы съ опытами и съ идеею причины (2).

ГЛАВА XLVIII. Противорѣчіе дуализма и монизма . . . 416
    Мнѣніе Лотце о дуализмѣ (1 — 4). Различное значеніе идей дуализма и монизма для науки и для практической жизни (5—12).

ГЛАВА XLIX. Разсудокъ и разумъ 421
    Противоположность разсудка и разума (1—4). — Разсудокъ, какъ принципъ науки; а разумъ, какъ принципъ практической жизни.

ГЛАВА L. Что же такое сознаніе? 427
    Общіе выводы изъ прежняго. Терминологія явленій въ процессѣ *сознаванія*.

ПРЕДИСЛОВІЕ.

Искусство воспитанія имѣетъ ту особенность, что почти всѣмъ оно кажется дѣломъ знакомымъ и понятнымъ, а инымъ даже дѣломъ легкимъ,— и тѣмъ понятнѣе и легче кажется оно, чѣмъ менѣе человѣкъ съ нимъ знакомъ, теоретически или практически. Почти всѣ признаютъ, что воспитаніе требуетъ *терпѣнія*; нѣкоторые думаютъ, что для него нужны *врожденная способность и умѣнье*, т. е. навыкъ; но весьма немногіе пришли къ убѣжденію, что кромѣ терпѣнія, врожденной способности и навыка необходимы еще и спеціальныя *знанія*, хотя многочисленныя педагогическія блужденія наши и могли бы всѣхъ убѣдить въ этомъ.

Но развѣ есть *спеціальная наука воспитанія*? Отвѣчать на этотъ вопросъ положительно или отрицательно можно только опредѣливъ прежде, что мы разумѣемъ вообще подъ словомъ *наука*. Если мы возьмемъ это слово въ его общенародномъ употребленіи, тогда и процессъ изученія всякаго мастерства будетъ наукою; если же подъ именемъ науки мы будемъ разумѣть объективное, болѣе или менѣе полное и организованное изложеніе законовъ тѣхъ или другихъ явленій, относящихся къ одному предмету или къ предметамъ одного рода, то ясно, что въ такомъ смыслѣ предметами науки могутъ быть только или явленія природы, или явленія души человѣческой, или наконецъ математическія отношенія и формы, существующія также внѣ человѣческаго произвола. Но ни политика, ни медицина, ни педагогика не могутъ быть названы науками въ этомъ строгомъ смыслѣ, а только искусствами, имѣющими своею цѣлью не изученіе того, что существуетъ независимо отъ воли человѣка, но практическую дѣятельность,—будущее, а не настоящее и не прошедшее, которое также не зависитъ болѣе отъ воли человѣка. Наука только изучаетъ существующее или существовавшее, а искусство стремится творить то, чего еще нѣтъ, и передъ нимъ въ будущем несется цѣль и идеалъ его творчества. Всякое искусство, конечно, можетъ имѣть свою *теорію*; но теорія искусства—не наука: теорія не излагаетъ законовъ существующихъ уже явленій и отношеній, но предписываетъ *правила* для практической дѣятельности, почерпая основаніе для этихъ правилъ въ наукѣ.

„Положенія науки, говоритъ англійскій мыслитель Джонъ Стюартъ Милль, утверждаютъ только существующіе факты: существованіе, сосуществованіе, послѣдовательность, сходство (явленій). Положенія искусства не утверждаютъ, что что-нибудь есть, но указываютъ на то, что должно быть." Ясно, что въ такомъ смыслѣ ни политику, ни медицину, ни педагогику нельзя назвать науками; ибо онѣ не изучаютъ того, что есть, но только указываютъ на то, что было бы желательно видѣть существующимъ, и на средства къ достиженію желаемаго. Вотъ почему мы будемъ называть педагогику *искусствомъ*, а не *наукою воспитанія*.

Мы не придаемъ педагогикѣ эпитета *высшаго* искусства, потому что самое слово—искусство уже отличаетъ ее отъ ремесла. Всякая практическая дѣятельность, стремящаяся удовлетворить высшимъ нравственнымъ и вообще духовнымъ потребностямъ человѣка, т. е. тѣмъ потребностямъ, которыя принадлежатъ исключительно человѣку и составляютъ отличительныя черты его природы, есть уже искусство. Въ этомъ смыслѣ педагогика будетъ, конечно, первымъ, высшимъ изъ искусствъ, потому что она стремится удовлетворить величайшей изъ потребностей человѣка и человѣчества—ихъ стремленію къ усовершенствованіямъ въ самой человѣческой природѣ: не къ выраженію совершенства на полотнѣ или въ мраморѣ, но къ усовершенствованію самой природы человѣка — его души и тѣла; а вѣчно предшествующій идеалъ этого искусства есть совершенный человѣкъ.

Изъ сказаннаго вытекаетъ уже само собою, что педагогика не есть собраніе положеній науки, но только *собраніе правилъ воспитательной дѣятельности*. Такимъ собраніемъ правилъ или педагогическихъ рецептовъ, соотвѣтствующимъ въ медицинѣ терапіи, являются дѣйствительно почти всѣ нѣмецкія педагогики, всегда выражающіяся „въ повелительномъ наклоненіи", что, какъ основательно замѣчаетъ Милль, служитъ внѣшнимъ отличительнымъ признакомъ теоріи искусства [1]). Но какъ было бы совершенно нелѣпо ограничиться для медиковъ изученіемъ одной терапіи, такъ было

---

[1]) «Гдѣ говорятъ въ правилахъ и наставленіяхъ, а не въ утвержденіяхъ относительно фактовъ, тамъ искусство». Mill's Logic. B. VI. Ch. XII. § 1.

бы нелѣпо для тѣхъ, кто хочетъ посвятить себя воспитательной дѣятельности, ограничиться изученіемъ одной педагогики въ смыслѣ собранія правилъ воспитанія. Что сказали бы вы о человѣкѣ, который, не зная ни анатоміи, ни физіологіи, ни патологіи, не говоря уже о физикѣ, химіи и естественныхъ наукахъ, изучилъ бы одну терапію и лечилъ бы по ея рецептамъ, тоже почти можете вы сказать и о человѣкѣ, который изучилъ бы только одни правила воспитанія, обыкновенно излагаемыя въ педагогикахъ, и соображался бы въ своей воспитательной дѣятельности съ одними этими правилами. И какъ мы не называемъ медикомъ того, кто знаетъ только „лечебника" и даже лечитъ по „Другу Здравія" и тому подобнымъ собраніямъ рецептовъ и медицинскихъ совѣтовъ, то точно также не можемъ мы назвать педагогомъ того, кто изучилъ только нѣсколько учебниковъ педагогики и руководствуется въ своей воспитательной дѣятельности правилами и наставленіями, помѣщенными въ этихъ „педагогикахъ", не изучивъ тѣхъ явленій природы и души человѣческой, на которыхъ, быть можетъ, основаны эти правила и наставленія. Но такъ какъ педагогика не имѣетъ у себя термина, соотвѣтствующаго медицинской терапіи, то намъ прійдется прибѣгнуть къ пріему, обыкновенному въ тождественныхъ случаяхъ, а именно—различать *педагогику въ обширномъ смыслѣ*, какъ собраніе знаній, необходимыхъ или полезныхъ для педагога, отъ *педагогики въ тѣсномъ смыслѣ*, какъ собранія воспитательныхъ правилъ.

Мы особенно настаиваемъ на этомъ различіи, потому что оно очень важно, а у насъ, какъ кажется, многіе не сознаютъ его съ полною ясностію. По крайней мѣрѣ, это можно заключить изъ тѣхъ наивныхъ требованій и сѣтованій, которыя намъ часто удавалось слышать. „Скоро ли появится у насъ порядочная педагогика!" говорятъ одни, подразумѣвая, конечно, подъ педагогикой книгу въ родѣ „Домашняго лечебника". „Неужели нѣтъ въ Германіи какой-либо хорошей педагогики, которую можно было бы перевести!" Какъ бы кажется не быть въ Германіи такой педагогики: мало ли у ней этого добра! Находятся и охотники переводить; но русскій здравый смыслъ повертитъ, повертитъ такую книгу, да и броситъ. Положеніе выходитъ еще комичнѣе, когда открывается гдѣ-нибудь каѳедра педагогики. Слушатели ожидаютъ новаго слова и читающій лекціи начинаетъ бойко, но скоро бойкость эта проходитъ: безчисленныя правила и наставленія, ни на чемъ не основанныя, надоѣдаютъ слушателямъ, и все преподаваніе педагогики мало по малу сводится, какъ говорятъ ремесленники, — *на нѣтъ*. Во всемъ этомъ выражаются самыя младенческія отношенія къ предмету и полное незнаваніе различія между *педагогикою въ обширномъ смыслѣ*, какъ собраніемъ наукъ, направленнымъ къ одной цѣли, и *педагогикою въ тѣсномъ смыслѣ*, какъ теоріею искусства, выведенною изъ этихъ наукъ.

Но въ какомъ же отношеніи находятся обѣ эти педагогики? „Въ мастерствахъ несложныхъ, говоритъ Миль, можно изучить одни правила; но въ сложныхъ наукахъ жизни (слово наука здѣсь употреблено некстати) приходится постоянно возвращаться къ законамъ науки, на которыхъ эти правила основаны". Къ этимъ сложнымъ искусствамъ, безъ сомнѣнія, должно быть причислено и искусство воспитанія, едвали не самое сложное изъ искусствъ.

„Отношеніе, въ которомъ правила искусства стоятъ къ положеніямъ науки, продолжаетъ тотъ же писатель, можетъ быть такъ очерчено. Искусство предлагаетъ самому себѣ какую-нибудь цѣль, которая должна быть достигнута, опредѣляетъ эту цѣль и передаетъ ее наукѣ. Получивъ эту задачу, наука разсматриваетъ и изучаетъ ее, какъ явленіе или какъ слѣдствіе, и научивъ причины и условія этого явленія, передаетъ обратно искусству, съ теоремою комбинаціи обстоятельствъ (условій), которыми это слѣдствіе можетъ быть произведено. Искусство тогда изслѣдуетъ эти комбинаціи обстоятельствъ, и, соображаясь съ тѣмъ, находятся они или нѣтъ въ человѣческой власти, признаетъ цѣль достижимою или нѣтъ. Единственная изъ посылокъ, доставляемыхъ наукѣ, есть оригинальная главная посылка, утверждающая, что достиженіе данной цѣли желательно. Наука же сообщаетъ искусству положеніе, что при исполненіи данныхъ дѣйствій цѣль будетъ достигнута, а искусство превращаетъ теоремы науки, если цѣль оказывается достижимою, въ правила и наставленія".

Но откуда же искусство беретъ *цѣль* для своей дѣятельности и на какомъ основаніи признаетъ достиженіе ея желательнымъ и опредѣляетъ относительную важность различныхъ цѣлей, признанныхъ достижимыми? Здѣсь Миль, чувствуя быть можетъ, что почва, на которой стоитъ вся его „Логика", начинаетъ колебаться, проектируетъ особую *науку цѣлей*, или *телеологію*, какъ онъ ее называетъ, и вообще *науку жизни*, которая по его словамъ, заканчивающимъ его „Логику", вся еще должна быть созданa, и называетъ эту *будущую* науку *важнѣйшею* изъ всѣхъ наукъ. Въ этомъ случаѣ Миль очевидно впадаетъ въ одно изъ тѣхъ великихъ противорѣчій самому себѣ, которыми отличаются геніальнѣйшіе мыслители практичной Британіи. Онъ ясно противоречит тому опредѣленію науки, которое самъ же сдѣлалъ, назвавъ ее изученіемъ „существованія, сосуществованія и послѣдовательности явленій", уже существующихъ, а не тѣхъ, которыя еще не существуютъ, а только желательны. Онъ хочетъ вездѣ поставить науку на первое мѣсто; но сила вещей невольно выдвигаетъ впередъ жизнь, показывая, что не наука должна указывать окончательныя цѣли жизни, а жизнь указываетъ практическія цѣли и самой наукѣ. Это вѣрное практическое чувство британца заставляетъ не одного Милля, но также Бокля, Бэна и другихъ ученыхъ той же партіи часто впадать въ противорѣчія съ собственными своими теоріями, чтобы обезопасить жизнь отъ вредныхъ вліяній односторонности, свойственной всякой теоріи и необходимой для хода науки. И вотъ какой, дѣйствительно, великой черты въ характерѣ англійскихъ писателей не понимаютъ наши критики, воспитанные большею частью на германскихъ теоріяхъ, всегда почти послѣдовательныхъ, послѣдовательныхъ часто до очевидной нелѣпости и положительнаго вреда. Вотъ это то практическое чувство британца заставило Милля въ томъ же сочиненіи признать окончательною цѣлью жизни человѣка *не счастье*, какъ слѣдовало бы ожидать по его научной теоріи, а *образованіе идеальнаго благородства воли и поведенія*, а Бокля, отвергающаго свободу воли въ человѣкѣ, признать въ тоже время вѣрованіе *въ загробную жизнь однимъ изъ самыхъ дорогихъ и самыхъ несомнѣнныхъ вѣрованій человѣчества*. Эта же причина заставляетъ англійскаго психолога Бэна, объясняя всю душу нервными токами, признать за человѣкомъ власть распоряжаться этими токами. Германскій ученый не сдѣлалъ бы такого промаха; онъ остался бы вѣренъ своей теоріи — и утонулъ бы вмѣстѣ съ нею. Причина такихъ противорѣчій та же, которая, за 200 лѣтъ до Бокля, Милля и Бэна, побудила Декарта, приготовляясь къ своему труду, обезопасить отъ своего, все-опрокидывающаго скептицизма одинъ уголокъ жизни, гдѣ самъ мыслитель могъ бы жить, *пока* наука передѣлаетъ и перестроитъ вновь все зданіе жизни [1]; но это декартовское *пока* продолжается и теперь, какъ мы это видимъ на самыхъ передовыхъ представителяхъ современнаго европейскаго мышленія.

Мы однако не будемъ вдаваться здѣсь въ подробный разборъ, откуда и какъ должна заимствовать педагогика цѣль своей дѣятельности, что можетъ быть сдѣлано конечно не въ предисловіи, а

---

[1] Oeuvres de Descartes. Edit. Charp. 1865. Discourses de la methode. P. III p. 16.

тогда только, когда мы короче ознакомимся съ тою областью, въ которой педагогика хочетъ дѣйствовать. Однако же мы не можемъ не указать уже здѣсь на необходимость яснаго опредѣленія цѣли воспитательной дѣятельности; ибо, имѣя постоянно въ виду необходимость опредѣлить цѣль воспитанія, мы должны были дѣлать такія отступленія въ область философіи, которыя могутъ показаться лишними читателю, особенно если онъ не знакомъ съ той путаницей понятій, которая господствуетъ у насъ въ этомъ отношеніи. Внести, на сколько можемъ, хоть какой-нибудь свѣтъ въ эту путаницу,—было однимъ изъ главныхъ стремленій нашего труда, потому что она, переходя въ такую практическую область, какова воспитаніе, перестаетъ уже быть невиннымъ бредомъ и отчасти необходимымъ періодомъ въ процессѣ мышленія, но становится положительно вредною и загораживаетъ путь нашему педагогическому образованію. Удалять же все, что мѣшаетъ ему, — прямая обязанность каждаго педагогическаго сочиненія.

Что сказали бы вы объ архитекторѣ, который, закладывая новое зданіе, не сумѣлъ бы отвѣтить вамъ на вопросъ, что онъ хочетъ строить,—храмъ ли, посвященный Богу истины, любви и правды, простой ли домъ, въ которомъ жилось бы уютно, красивыя ли, не безполезныя торжественныя ворота, на которыя заглядывались бы проѣзжающіе, раззолоченную ли гостинницу для обиранія нерасчетливыхъ путешественниковъ, кухню ли для переварки съѣстныхъ припасовъ, музеумъ ли для храненія рѣдкостей или, наконецъ, сарай для складки туда всякаго, никому уже въ жизни ненужнаго хлама? Тоже самое должны вы сказать и о воспитателѣ, который не сумѣетъ ясно и точно опредѣлить вамъ цѣли своей воспитательной дѣятельности.

Конечно, мы не можемъ сравнить мертвыхъ матеріаловъ, надъ которыми работаетъ архитекторъ, съ тѣмъ живымъ и организованнымъ уже матеріаломъ, надъ которымъ работаетъ воспитатель. Придавая большое значеніе воспитанію въ жизни человѣка, мы тѣмъ не менѣе ясно сознаемъ, что предѣлы воспитательной дѣятельности уже даны въ условіяхъ душевной и тѣлесной природы человѣка и въ условіяхъ міра, среди котораго человѣку суждено жить. Кромѣ того, мы ясно сознаемъ, что воспитаніе, въ тѣсномъ смыслѣ этого слова, какъ *преднамѣренная воспитательная дѣятельность*—школа, воспитатель и наставники ex officio—вовсе не единственные воспитатели человѣка и что столь же сильными, а можетъ быть и гораздо сильнѣйшими, воспитателями его являются воспитатели *непреднамѣренные*: природа, семья, общество, народъ, его религія и его языкъ, словомъ, природа и исторія въ обширнѣйшемъ смыслѣ этихъ обширныхъ понятій. Однакоже и въ самихъ этихъ вліяніяхъ, неотразимыхъ для дитяти и человѣка совершенно неразвитаго, многое измѣняется самимъ же человѣкомъ въ его послѣдовательномъ развитіи, и эти измѣненія выходятъ изъ предварительныхъ измѣненій въ его собственной душѣ, на вызовъ, развитіе или задержку которыхъ *преднамѣренное воспитаніе*, словомъ, школа со своимъ ученьемъ и своими порядками, можетъ оказывать прямое и сильное дѣйствіе.

„Каковы бы ни были внѣшнія обстоятельства, говоритъ Гизо, все же человѣкъ самъ составляетъ міръ. Ибо міръ управляется и идетъ сообразно идеямъ, чувствамъ, нравственнымъ и умственнымъ стремленіямъ человѣка, и отъ внутренняго его состоянія зависитъ видимое состояніе общества"; а нѣтъ сомнѣнія, что ученіе и воспитаніе, въ тѣсномъ смыслѣ этого слова, могутъ имѣть большое вліяніе на „идеи, чувства, нравственныя и умственныя стремленія человѣка". Если же кто-нибудь усумнился бы и въ этомъ, то мы укажемъ ему на послѣдствія, такъ называемаго, іезуитскаго образованія, на которыя уже указывали Бэконъ и Декартъ, какъ на доказательства громадной силы воспитанія. Стремленія іезуитскаго воспитанія большею частью были дурны; но сила очевидна: не только человѣкъ до глубокой старости сохранялъ на себѣ слѣды того, что былъ когда-то, хотя только въ самой ранней молодости, подъ ферулою отцовъ-іезуитовъ, но цѣлыя сословія народа, цѣлыя поколѣнія людей до мозга костей своихъ проникались началами іезуитскаго воспитанія. Не достаточно ли этого, всѣмъ знакомаго примѣра, чтобы убѣдиться, что сила воспитанія можетъ достигать ужасающихъ размѣровъ, и какіе глубокіе корни можетъ пускать оно въ душу человѣка? Если же іезуитское воспитаніе, противное человѣческой природѣ, могло такъ глубоко внѣдряться въ душу, а черезъ нее и въ жизнь человѣка, то не можетъ ли еще большею силою обладать то воспитаніе, которое будетъ соотвѣтствовать природѣ человѣка и его истиннымъ потребностямъ?

Вотъ почему, ввѣряя воспитанію чистыя и впечатлительныя души дѣтей, ввѣряя для того, чтобы оно провело въ нихъ первыя и потому самыя глубокія черты, мы имѣемъ полное право спросить воспитателя, какую цѣль онъ будетъ преслѣдовать въ своей дѣятельности, и потребовать на этотъ вопросъ яснаго и категорическаго отвѣта. Мы не можемъ въ этомъ случаѣ удовольствоваться общими фразами, въ родѣ тѣхъ, какими начинаются большею частію нѣмецкія педагогики. Если намъ говорятъ, что цѣлью воспитанія будетъ сдѣлать человѣка *счастливымъ*, то мы въ правѣ спросить, что такое разумѣетъ воспитатель подъ именемъ *счастья*; потому что, какъ извѣстно, нѣтъ предмета въ мірѣ, на который люди смотрѣли бы такъ различно, какъ на счастье: что одному кажется счастьемъ, то другому можетъ казаться не только безразличнымъ обстоятельствомъ, но даже просто несчастьемъ. И если мы всмотримся глубже, не увлекаясь кажущимся сходствомъ, то увидимъ, что рѣшительно у каждаго человѣка свое особое понятіе о счастьи, что понятіе это есть прямой результатъ характера людей, который въ свою очередь, есть результатъ многочисленныхъ условій, разнообразящихся безконечно, для каждаго отдѣльнаго лица. Та же самая неопредѣленность будетъ и тогда, если на вопросъ о цѣли воспитанія отвѣчаютъ, что оно хочетъ сдѣлать человѣка *лучше, совершеннѣе*. Не у каждаго ли человѣка свой собственный взглядъ на человѣческое совершенство, и что одному кажется совершенствомъ, то не можетъ ли казаться другому безуміемъ, тупостью или даже порокомъ? Изъ этой неопредѣленности не выходитъ воспитаніе и тогда, когда говоритъ, что хочетъ воспитывать человѣка *сообразно его природѣ*. Гдѣ же мы найдемъ эту нормальную человѣческую природу, сообразно которой хотимъ воспитывать дитя? Руссо, опредѣлявшій воспитаніе именно такимъ образомъ, видѣлъ эту природу въ дикаряхъ и притомъ въ дикаряхъ, созданныхъ его фантазіею, потому что если бы онъ поселился между настоящими дикарями, съ ихъ грязными и свирѣпыми страстями, съ ихъ темными и часто кровавыми суевѣріями, съ ихъ глупостью и недовѣрчивостью, то первый бѣжалъ бы отъ этихъ „дѣтей природы", и нашелъ бы тогда, вѣроятно, что въ Женевѣ, встрѣтившей философа камнями, все же люди ближе къ природѣ, чѣмъ на островахъ Фиджи.

Опредѣленіе цѣли воспитанія мы считаемъ лучшимъ пробнымъ камнемъ всякихъ философскихъ, психологическихъ и педагогическихъ теорій. Мы увидимъ впослѣдствіи, какъ запутался, напр., Бенеке, когда ему пришлось, переходя отъ психологической теоріи къ педагогическому ея приложенію, опредѣлить цѣль воспитательной дѣятельности. Мы увидимъ также, какъ путается въ подобномъ же случаѣ и новѣйшая, позитивная философія.

Ясное опредѣленіе цѣли воспитанія мы считаемъ далеко не безполезнымъ и въ практическомъ отношеніи. Какъ бы далеко ни запряталъ воспитатель или наставникъ свои глубочайшія нравственныя убѣжденія; но если только они въ немъ есть, то они выскажутся, можетъ быть, невидимо для него самого, не только уже для начальства, въ томъ вліяніи, которое окажутъ на души дѣтей и будутъ дѣйствовать тѣмъ сильнѣе, чѣмъ скрытнѣе. Опредѣленіе цѣли воспитанія въ уставахъ учебныхъ заведеній, предписаніяхъ, программахъ и бдительный надзоръ начальства, убѣжденія котораго также могутъ не всегда сходиться съ уставами, совершенно безсильны въ этомъ отношеніи. Выводя открытое зло, они будутъ оставлять скрытое, гораздо сильнѣйшее и самымъ гоненіемъ какого-нибудь направленія будутъ усиливать его дѣйствіе. Неужели исторія не доказала еще множествомъ примѣровъ, что самую слабую и въ сущности пустую идею можно усилить гоненіемъ? Особенно это вѣрно тамъ, гдѣ идея обращается къ дѣтямъ и юношамъ, незнающимъ еще жизненныхъ расчетовъ. Кромѣ того, всякіе уставы, предписанія, программы — самые дурные проводники идей. Уже самъ собою плохъ тотъ защитникъ идеи, который принимается проводить ее только потому, что она высказана въ уставѣ, и который точно также примется проводить другую, когда уставъ перемѣнится. Съ такими защитниками и проводниками идея далеко не уйдетъ. Не показываетъ ли это ясно, что если въ мірѣ финансовомъ или административномъ можно дѣйствовать предписаніями и распоряженіями, не справляясь о томъ, нравятся ли идеи ихъ тѣмъ, кто будетъ ихъ исполнять, то въ мірѣ общественнаго воспитанія нѣтъ другаго средства проводить идеи, кромѣ откровенно высказываемаго и откровенно принимаемаго убѣжденія? Вотъ почему, пока не будетъ у насъ такой среды, въ которой бы свободно, глубоко и широко, на основаніи науки, формировались педагогическія убѣжденія, находящіяся въ тѣснѣйшей связи вообще съ философскими убѣжденіями, общественное образованіе наше будетъ лишено основанія, которое дается только прочными убѣжденіями воспитателей. Воспитатель не чиновникъ; а если онъ чиновникъ, то онъ не воспитатель, и если можно приводить въ исполненіе идеи другихъ, то проводить чужія убѣжденія невозможно. Среда же, въ которой могутъ формироваться педагогическія убѣжденія, есть философская и педагогическая литература и тѣ каѳедры, съ которыхъ излагаются науки, служащія источникомъ и педагогическихъ убѣжденій: каѳедры философіи, психологіи и исторіи. Мы не скажемъ однако, что науки сами по себѣ даютъ убѣжденіе; но они предохраняютъ отъ множества заблужденій при его формаціи.

Однакоже примемъ покудова, что цѣль воспитанія нами уже опредѣлена: тогда остается намъ опредѣлить его *средства*. Въ этомъ отношеніи наука можетъ оказать существенную помощь воспитанію. Только изучая природу, замѣчаетъ Бэконъ, можемъ мы надѣяться управлять ею и заставить ее дѣйствовать сообразно нашимъ цѣлямъ. Такими науками для педагогики, изъ которыхъ она почерпаетъ знаніе средствъ, необходимыхъ ей для достиженія ея цѣлей, являются всѣ тѣ науки, въ которыхъ изучается тѣлесная или душевная природа человѣка и изучается притомъ не въ мечтательныхъ, но въ дѣйствительныхъ явленіяхъ.

Къ обширному кругу *антропологическихъ наукъ* принадлежатъ: анатомія, физіологія и патологія человѣка, психологія, логика, филологія, географія, изучающая землю, какъ жилище человѣка, и человѣка, какъ жильца земнаго шара, статистика, политическая экономія и исторія въ обширномъ смыслѣ, куда мы отнесемъ исторію религіи, цивилизаціи, философскихъ системъ, литературъ, искуствъ и собственно воспитанія въ тѣсномъ смыслѣ этого слова. Во всѣхъ этихъ наукахъ излагаются, сличаются и группируются факты и тѣ соотношенія фактовъ, въ которыхъ обнаруживаются свойства *предмета воспитанія*, т. е. человѣка.

Но неужели мы хотимъ, спросятъ насъ, чтобы педагогъ изучалъ такое множество и такихъ обширныхъ наукъ, прежде чѣмъ приступитъ къ изученію педагогики въ тѣсномъ смыслѣ, какъ собранія правилъ педагогической дѣятельности? Мы отвѣтимъ на этотъ вопросъ положительнымъ утвержденіемъ. *Если педагогика хочетъ воспитывать человѣка во всѣхъ отношеніяхъ, то она должна прежде узнать его тоже во всѣхъ отношеніяхъ*. Въ такомъ случаѣ, замѣтятъ намъ, педагоговъ еще нѣтъ, и не скоро они будутъ. Это очень можетъ быть; но тѣмъ не менѣе положеніе наше справедливо. Педагогика находится еще не только у насъ, но и вездѣ, въ полномъ младенчествѣ, и такое младенчество ея очень понятно, такъ какъ многія изъ наукъ, изъ законовъ которыхъ она должна черпать свои правила, сами еще только недавно сдѣлались дѣйствительными науками и далеко еще не достигли своего совершенства. Но развѣ несовершенство микроскопической анатоміи, органической химіи, физіологіи и патологіи помѣшало сдѣлать ихъ основными науками для медицинскаго искуства?

Но, замѣтятъ намъ, въ такомъ случаѣ потребуется особый и обширный факультетъ для педагоговъ? А почему же и не быть *педагогическому факультету*? Если въ университетахъ существуютъ факультеты медицинскіе, и даже камеральные, и нѣтъ *педагогическихъ*, то это показываетъ только, что человѣкъ до сихъ поръ болѣе дорожитъ здоровьемъ своего тѣла и своего кармана, чѣмъ своимъ нравственнымъ здоровьемъ, и болѣе заботится о богатствѣ будущихъ поколѣній, чѣмъ о хорошемъ ихъ воспитаніи. Общественное воспитаніе совсѣмъ не такое малое дѣло, чтобы не заслуживало особаго факультета. Если же мы до сихъ поръ, готовя технологовъ, агрономовъ, инженеровъ, архитекторовъ, медиковъ, камералистовъ, филологовъ, математиковъ, не готовили воспитателей, то не должны удивляться, что дѣло воспитанія идетъ плохо и что нравственное состояніе современнаго общества далеко не соотвѣтствуетъ его великолѣпнымъ биржамъ, дорогамъ, фабрикамъ, его наукѣ, торговлѣ и промышленности.

Цѣль педагогическаго факультета могла бы быть опредѣленнѣе даже цѣли другихъ факультетовъ. Этою цѣлью было бы изученіе человѣка во всѣхъ проявленіяхъ его природы съ спеціальнымъ приложеніемъ къ искусству воспитанія. Практическое значеніе такого педагогическаго, или вообще *антропологическаго* факультета, было бы велико. Педагоговъ численно нужно не менѣе, а даже еще болѣе, чѣмъ медиковъ, и если медикамъ мы ввѣряемъ наше здоровье, то воспитателямъ ввѣряемъ нравственность и умъ дѣтей нашихъ, ввѣряемъ ихъ душу, а вмѣстѣ съ тѣмъ и будущность нашего отечества. Нѣтъ сомнѣнія, что такой факультетъ охотно посѣщали бы и тѣ молодые люди, которые не имѣютъ нужды смотрѣть на образованіе съ политико-экономической точки зрѣнія, какъ на умственный капиталъ, долженствующій приносить денежные проценты.

Правда, заграничные университеты не представляютъ намъ образцовъ педагогическихъ факультетовъ; но вѣдь не все же, что за границей, то хорошо. Притомъ же тамъ есть нѣкоторая замѣна этихъ факультетовъ въ учительскихъ семинаріяхъ и въ сильномъ историческомъ направленіи воспитанія, а у насъ оно также не пустило корней, какъ растеніе, которое дитя посадило и постоянно выдергиваетъ, чтобы пересадить въ другое мѣсто, не рѣшаясь, какое выбрать.

Однако же, еще замѣтитъ намъ читатель, такое младенчество педагогики и несовершенство тѣхъ наукъ, изъ которыхъ она должна черпать свои правила, не помѣшали же воспитанію дѣлать свое дѣло и давать очень часто, если не всегда, хорошіе, а нерѣдко и блестящіе результаты? Вотъ въ этомъ-то послѣднемъ мы очень сомнѣваемся. Мы не такіе пессимисты, чтобы называть абсолютно дурными всякіе порядки современной жизни, но и не такіе оптимисты, чтобы не видѣть, что насъ до сихъ поръ заѣдаетъ безчисленное множество нравственныхъ и физическихъ страданій, пороковъ, извращенныхъ наклонностей, вредныхъ заблужденій, и тому подобныхъ золъ, отъ которыхъ очевидно могло бы насъ избавить одно хорошее воспитаніе. Кромѣ того мы увѣрены, что воспитаніе, совершенствуясь, может далеко раздвинуть предѣлы человѣческихъ силъ: физическихъ, умственныхъ и нравственныхъ. По крайней мѣрѣ на [эту] возможность ясно указываютъ и физіологія, и психологія.

Здѣсь, можетъ быть, опять нападаетъ на читателя сомнѣніе [въ] томъ, чтобы отъ воспитанія можно было ожидать существенныхъ перемѣнъ въ общественной нравственности. Развѣ мы не видимъ примѣровъ, что отличное воспитаніе сопровождалось часто самыми печальными результатами? Развѣ мы не видимъ, что изъ подъ [ферулы] у отличныхъ воспитателей выходили иногда самые дурные люди? Развѣ Сенека не воспиталъ Нерона? Но кто же намъ сказалъ, что это воспитаніе было дѣйствительно хорошо, и что [эти] воспитатели были дѣйствительно хорошіе воспитатели? Что же касается до Сенеки, то если онъ не удержалъ своей болтливости, и читалъ Нерону тѣ же моральныя сентенціи, которыми подарилъ потомство, то мы можемъ прямо сказать, что самъ же Сенека былъ одною изъ главныхъ причинъ ужасной нравственной порчи своего страшнаго воспитанника. Такими сентенціями можно убить въ ребенкѣ, особенно если у него натура живая, всякую возможность развитія нравственнаго чувства, и такую ошибку очень можетъ сдѣлать воспитатель, незнакомый съ физическими и психическими свойствами человѣческой природы. Ничто не искоренитъ въ насъ твердой вѣры въ то, что пріидетъ время, хотя можетъ быть и не скоро, когда потомки наши будутъ съ удивленіемъ вспоминать, какъ мы долго пренебрегали дѣломъ воспитанія и какъ много страдали отъ этой небрежности.

Мы указали выше на одну несчастную сторону обычныхъ понятій о воспитательномъ искусствѣ, а именно на то, что оно для многихъ кажется съ перваго взгляда дѣломъ понятнымъ и легкимъ; теперь же намъ приходится указать на столь же несчастную и еще болѣе вредную наклонность. Весьма часто мы замѣчаемъ, что люди, подающіе намъ воспитательные совѣты и начертывающіе воспитательные идеалы или для своихъ воспитанниковъ, или для своей родины, или вообще для всего человѣчества, въ тайнѣ срисовываютъ эти идеалы съ самихъ себя, такъ-что всю воспитательную проповѣдь подобнаго проповѣдника можно выразить въ нѣсколькихъ словахъ: „воспитывайте дѣтей такъ, чтобы они походили на меня, и вы дадите имъ *отличное* воспитаніе; я же достигъ подобнаго совершенства такими-то и такими-то средствами, и потому вотъ вамъ готовая программа воспитанія!" Дѣло, какъ видите, очень легко; но только такой проповѣдникъ забываетъ познакомить насъ со своею собственною личностью и своею біографіею. Если же мы сами возьмемъ на себя этотъ трудъ, и разъяснимъ личную основу его педа[гогіи] гогической теоріи, то найдемъ, быть можетъ, что намъ никакъ нельзя вести чистое дитя по тому нечистому пути, по которому прошелъ самъ проповѣдникъ. Источникъ такихъ убѣжденій—отсутствіе истиннаго христіанскаго смиренія, не того лживаго, фарисейскаго смиренія, которое потупляетъ глаза *долу* именно за тѣмъ, чтобы имѣть право *горѣ* вознести свою гордыню, но того, при которомъ человѣкъ, съ глубокою болью въ сердцѣ, сознаетъ всю свою испорченность и всѣ свои скрытые пороки и преступленія своей жизни, сознаетъ даже и тогда, когда толпа, видящая только внѣшнее, а не внутреннее, называетъ эти преступленія безразличными поступками, а иногда и подвигами. Такого полнаго самосознанія достигаютъ не всѣ и не скоро. Но, приступая къ *святому* дѣлу воспитанія дѣтей, мы должны глубоко сознавать, что наше собственное воспитаніе было далеко неудовлетворительно, что результаты его большею частью печальны и жалки и что, во всякомъ случаѣ, намъ надо изыскивать средства сдѣлать дѣтей нашихъ лучше насъ.

Какъ бы ни казались обширны требованія, которыя мы дѣлаемъ воспитателю, но эти требованія вполнѣ соотвѣтствуютъ обширности и важности самого дѣла. Конечно, если видѣть въ воспитаніи только обученіе чтенію и письму, древнимъ и новымъ языкамъ, хронологіи историческихъ событій, географіи и т. п., не думая о томъ, какой цѣли достигаемъ мы при этомъ изученіи и какъ ее достигаемъ, тогда нѣтъ надобности въ спеціальномъ приготовленіи воспитателей къ своему дѣлу; за то и самое дѣло будетъ идти, какъ оно теперь идетъ, какъ бы мы не передѣлывали и не перестраивали нашихъ программъ: школа по прежнему будетъ чистилищемъ, черезъ всѣ степени котораго надо пройти человѣку, чтобы добиться того или другаго положенія въ свѣтѣ, а дѣйствительнымъ воспитателемъ будетъ попрежнему жизнь со всѣми своими безобразными случайностями. Практическое значеніе науки въ томъ и состоитъ, чтобы овладѣвать случайностями жизни и покорять ихъ разуму и волѣ человѣка. Наука доставила намъ средство плыть не только по вѣтру, но и противъ вѣтра; не ждать въ ужасѣ громоваго удара, а отводить его; не подчиняться условіямъ разстоянія, но сокращать его паромъ и электричествомъ. Но конечно важнѣе и полезнѣе всѣхъ этихъ открытій и изобрѣтеній, часто не дѣлающихъ человѣка ни на волосъ счастливѣе прежняго, потому что онъ внутри самого себя носитъ многочисленныя причины несчастій, было бы открытіе средствъ къ образованію въ человѣкѣ такого характера, который противостоялъ бы напору всѣхъ случайностей жизни, спасалъ бы человѣка отъ ихъ вреднаго растлѣвающаго вліянія и давалъ бы ему возможность извлекать отовсюду только добрые результаты.

Но такъ какъ, безъ сомнѣнія, педагогическіе или антропологическіе факультеты въ университетахъ появятся не скоро, то для выработки дѣйствительной теоріи воспитанія, основанной на началахъ науки, остается одна дорога — дорога литературы, и конечно не одной педагогической литературы въ узкомъ смыслѣ этого слова. Все, что способствуетъ пріобрѣтенію педагогами точныхъ свѣдѣній по всѣмъ тѣмъ *антропологическимъ* наукамъ, на которыхъ основываются правила педагогической теоріи, содѣйствуетъ и выработкѣ ея. Мы полагаемъ, что эта цѣль уже и теперь достигается шагъ за шагомъ, хотя очень медленно и страшно окольными путями. По крайней мѣрѣ, это можно сказать о томъ распространеніи свѣдѣній по естественнымъ наукамъ и въ особенности по физіологіи, котораго нельзя было не замѣтить въ послѣднее время. Еще недавно можно было встрѣтить воспитателей, которые не имѣли даже самыхъ общихъ понятій о главнѣйшихъ физіологическихъ процессахъ, даже такихъ воспитателей и воспитательницъ ex officio, которые сомнѣвались въ необходимости чистаго воздуха для организма. Теперь же общія физіологическія свѣдѣнія, болѣе или менѣе ясныя и полныя, встрѣчаются уже вездѣ, и нерѣдко можно найти воспитателей, которые, не будучи ни медиками, ни естествоиспытателями, имѣютъ порядочныя свѣдѣнія изъ анатоміи и физіологіи человѣческаго тѣла, благодаря довольно обширной переводной литературѣ по этому отдѣлу.

Къ сожалѣнію, никакъ нельзя сказать того же о свѣдѣніяхъ психологическихъ, что зависитъ главнымъ образомъ отъ двухъ причинъ: *во-первыхъ*, отъ того, что сама психологія, не смотря на неоднократное заявленіе о вступленіи ея на путь опытныхъ наукъ, еще до сихъ поръ продолжаетъ болѣе строить теоріи, чѣмъ изучать факты и сличать ихъ: *во-вторыхъ*, отъ того, что въ нашемъ общественномъ образованіи давно уже философія и психологія находятся въ заброcѣ, что не осталось безъ вредныхъ вліяній на наше воспитаніе, и было причиною печальной односторонности во взглядахъ многихъ воспитателей. Человѣкъ весьма естественно придаетъ большее значеніе тому, что знаетъ, передъ тѣмъ, чего не знаетъ. Въ Германіи и Англіи психологическія свѣдѣнія распространены между воспитателями гораздо болѣе, чѣмъ у насъ. Въ Германіи почти каждый воспитатель знакомъ по крайней мѣрѣ съ психологической теоріей Бенеке; въ Англіи — читалъ Локка и Рида. Кромѣ того замѣчательно, что въ Англіи гораздо даже болѣе, чѣмъ в Германіи, издано было разныхъ психологическихъ учебниковъ и популярныхъ психологій; даже преподаваніе психологіи, судя по назначенію различныхъ изданій въ этомъ родѣ, введено въ нѣкоторыя школы. И въ этомъ видѣнъ какъ вѣрный практическій смыслъ англичанъ, такъ вліяніе великихъ англійскихъ писателей по психологіи. Отчизна Локка не могла отнестись съ пренебреженіемъ къ этой наукѣ. У насъ же воспитатель, сколько-нибудь знакомый съ психологіей, составляетъ весьма рѣдкое исключеніе; а психологическая литература, даже переводная, почти равняется нулю. Конечно, недостатокъ этотъ нѣсколько восполняется тѣмъ, что каждый человѣкъ, сколько-нибудь наблюдавшій надъ собою, уже болѣе или менѣе знакомъ съ душевными процессами; но мы увидимъ далѣе, что эти темныя, безотчетныя, неорганизованныя психологическія знанія далеко не достаточны для того, чтобы ими одними можно было руководиться въ дѣлѣ воспитанія.

Но мало еще имѣть въ своей памяти тѣ факты различныхъ наукъ, изъ которыхъ могутъ возникнуть педагогическія правила: надобно еще сопоставить эти факты лицомъ къ лицу съ цѣлью допытаться отъ нихъ прямаго указанія послѣдствій тѣхъ или другихъ педагогическихъ мѣръ и пріемовъ. Каждая наука сама по себѣ только сообщаетъ свои факты, мало заботясь о сравненіи ихъ съ фактами другихъ наукъ и о томъ приложеніи ихъ, которое можетъ быть сдѣлано въ искусствахъ и вообще въ практической дѣятельности. На обязанности же самихъ воспитателей лежитъ извлечь изъ массы фактовъ каждой науки тѣ, которые могутъ имѣть приложеніе въ дѣлѣ воспитанія, отдѣливъ ихъ отъ великаго множества тѣхъ, которые такого приложенія имѣть не могутъ, свести эти избранные факты лицомъ къ лицу и, освѣтивъ одинъ фактъ другимъ, составить изъ всѣхъ удобо-обозрѣваемую систему, которую безъ большихъ трудовъ могъ бы усвоить каждый педагогъ-практикъ и тѣмъ избѣжать односторонностей, нигдѣ столь не вредныхъ, какъ въ практическомъ дѣлѣ воспитанія.

Но возможно ли уже въ настоящее время, сведя всѣ факты наукъ, приложимые къ воспитанію, построить полную и совершенную теорію воспитанія? Мы никакъ этого не полагаемъ; потому что науки, на которыхъ должно основываться воспитаніе, далеки еще отъ совершенства. Но неужели людямъ слѣдовало отказаться отъ пользованія желѣзною дорогою на томъ основаніи, что они еще не научились летать по воздуху? Человѣкъ идетъ въ усовершенствованіи своей жизни не скачками, но постепенно, шагъ за шагомъ и, не сдѣлавъ предыдущаго шага, не можетъ сдѣлать послѣдующаго. Вмѣстѣ съ усовершенствованіями наукъ будетъ соверше[н]-ствоваться и воспитательная теорія, если только она, переста[въ] строить правила, ни на чемъ не основанныя, будетъ постоян[но] справляться съ наукою въ ея постоянно развивающемся состоя[ніи] и каждое свое правило выводить изъ того или другаго факта и[ли] сопоставленія многихъ фактовъ, добытыхъ наукою.

Мы не только не думаемъ, чтобы полная и законченная тео[рія] воспитанія, дающая ясные и положительные отвѣты на всѣ вопр[о]-сы воспитательной практики, была уже возможна; но не думае[мъ] даже, чтобы одинъ человѣкъ могъ составить такую теорію воспи[-] танія, которая уже дѣйствительно возможна при настоящемъ состо[я]-ніи человѣческихъ знаній. Можно-ли надѣяться, чтобы одинъ и то[тъ] же человѣкъ былъ столь же глубокимъ физіологомъ и врачем[ъ], сколько и глубокимъ психологомъ, историкомъ, филологомъ и т. [д.] Поясним это примѣромъ. Въ каждой педагогикѣ существуетъ теперь отдѣлъ физическаго воспитанія, правила котораго, что[бы] быть сколько нибудь положительными, точными и вѣрными, должн[ы] быть выведены изъ обширнаго и глубокаго знанія анатоміи, физі[-] ологіи и патологіи: иначе они будутъ походить на тѣ безцвѣтны[я,] пустыя и безполезныя по своей общности и неопредѣленности, ча[-] сто противорѣчащія, а иногда и вредные совѣты, которыми обыкно[-] венно наполняется этотъ отдѣлъ въ общихъ курсахъ педагогик[и,] написанныхъ не врачами. Но не можетъ ли педагогъ заимствова[ть] уже готовые совѣты изъ медицинскихъ сочиненій по гигіенѣ? Э[то,] конечно, возможно; но при томъ условіи, чтобы педагогъ облада[лъ] самъ такими свѣдѣніями, которыя дали бы ему возможность отне[-] стись критически къ этимъ медицинскимъ совѣтамъ, часто проти[во]-рѣчащимъ одинъ другому, да кромѣ того необходимо, чтобы слушатели или слушательницы его обладали такими предварител[ь]-ными свѣдѣніями по физикѣ, химіи, анатоміи и физіологіи, что[бы] могли понять объясненіе правилъ физическаго воспитанія, основ[ан]-ное на этихъ наукахъ. Положимъ, напримѣръ, что педагогу при[-] ходится дать совѣтъ, чѣмъ слѣдуетъ кормить младенца, если по[-] чему нибудь онъ не можетъ пользоваться своею естественною п[и]-щею, или какую пищу слѣдуетъ назначить для того, чтобы облег[-] чить ему переходъ отъ груди къ обыкновенной пищѣ. Въ кажд[ой] гигіенѣ педагогъ встрѣтитъ различныя мнѣнія: одна совѣту[етъ] кашку изъ сухарей, другая ароурутъ, третья молоко сырое, четве[р]-тая кипяченое, одна находитъ необходимымъ подмѣшивать къ м[о]-локу воду, другая это находитъ вреднымъ и т. д. На чемъ ж[е] остановиться добросовѣстному педагогу, если онъ самъ не меди[къ] и не знает на столько химіи и физіологіи, чтобы отдать преимущество одному совѣту предъ другимъ? Тоже самое и въ дальнѣйшей нишѣ: одна гигіена держится преимущественно мясной, и даетъ мясной бульонъ еще до прорѣза зубовъ; другая находитъ это вреднымъ; третья предпочитаетъ пищу растительную и не отворачивается даже отъ картофеля, на который четвертая смотритъ съ ужасомъ. Тѣ же противорѣчія относительно температуры ваннъ и комнатъ. Въ германскихъ закрытыхъ заведеніяхъ дѣти спятъ при 5° тепла и ниже, ѣдятъ картофель и здоровы. Казалось бы, что у насъ слѣдуетъ еще болѣе, чѣмъ въ Германіи, пріучать дѣтей къ холоду и, держа низкую температуру въ комнатахъ и особенно въ спальняхъ, смягчать ту страшную рѣзкость переходовъ, которую выдерживаютъ наши легкія, переходя изъ 15° тепла въ 20° мороза; но мы положительно думаемъ, что если-бы вздумали въ нашихъ учебныхъ заведеніяхъ держать дѣтей въ такой же холодной спальнѣ, какъ, напримѣръ, у Стоя въ Іенѣ, то подвергли бы ихъ серьезной опасности, особенно, если бы имъ при этомъ давали и ту же пищу. Но можемъ ли мы чѣмъ нибудь мотивировать наше мнѣніе? Неужели ограничиться намъ словомъ „кажется" или „мы убѣждены"? Кто же обязывается раздѣлять наши убѣжденія, которыхъ мы не можемъ основать на точныхъ физическихъ и физіологическихъ законахъ или, по крайней мѣрѣ, на опытности, опирающейся на долгую медицинскую практику?

Вотъ почему мы, не обладая спеціальными свѣдѣніями въ медицинѣ, вовсе удержались въ нашей книгѣ отъ подачи совѣтовъ по физическому воспитанію, кромѣ тѣхъ общихъ, для которыхъ мы имѣли достаточныя основанія. Въ этомъ отношеніи педагогика должна ожидать еще важныхъ услугъ отъ педагоговъ—спеціалистовъ въ медицинѣ. Но не одни педагоги, спеціалисты въ анатоміи, физіологіи и патологіи, могутъ, изъ области своихъ спеціальныхъ наукъ, оказать важную услугу всемірному и вѣчно-совершающемуся дѣлу воспитанія. Подобной же услуги слѣдуетъ ожидать, напримѣръ, отъ историковъ и филологовъ. Только педагогъ—историкъ можетъ уяснить намъ вліяніе общества, въ его историческомъ развитіи, на воспитаніе и вліяніе воспитанія на общество, не гадательно только, какъ дѣлается это теперь почти во всѣхъ всеобъемлющихъ германскихъ педагогикахъ, но основывая всякое положеніе на точномъ и подробномъ изученіи фактовъ. Точно также отъ педагоговъ, спеціалистовъ по филологіи, слѣдуетъ ожидать, что они фактически обработаютъ важный отдѣлъ въ педагогикѣ, показавъ намъ, какъ совершалось и совершается развитіе человѣка въ области слова: на сколько психическая природа человѣка отразилась въ словѣ и въ сколько слово, въ свою очередь, имѣло и имѣетъ вліянія на развитіе души.

Но и наоборотъ: медикъ, историкъ, филологъ могутъ принести непосредственную пользу дѣлу воспитанія только въ томъ случаѣ, если они не только спеціалисты, но и педагоги: если педагогическіе вопросы предшествуютъ въ ихъ умѣ всѣмъ ихъ изысканіямъ, если они, кромѣ того, хорошо знакомы съ физіологіей, психологіей и логикой—этими тремя главными основами педагогики.

Изъ всего, что нами сказано, мы можемъ сдѣлать слѣдующій выводъ:

Педагогика—не наука, а искусство: самое обширное, сложное, самое высокое и самое необходимое изъ всѣхъ искусствъ. Искусство воспитанія опирается на науку. Какъ искусство сложное и обширное, оно опирается на множество обширныхъ и сложныхъ наукъ; какъ искусство, оно кромѣ знаній требуетъ способности и наклонности и, какъ искусство же, оно стремится къ идеалу вѣчно достигаемому и никогда вполнѣ недостижимому: къ идеалу совершеннаго человѣка. Споспѣшествовать развитію искусства воспитанія можно только вообще распространеніемъ между воспитателями тѣхъ разнообразнѣйшихъ *антропологическихъ* знаній, на которыхъ оно основывается. Достигать этого было бы правильнѣе устройствомъ особыхъ факультетовъ, конечно, не для приготовленія всѣхъ учителей, въ которыхъ нуждается та или другая страна, но для развитія самого искусства и приготовленія тѣхъ лицъ, которыя или своими сочиненіями, или прямымъ руководствомъ, могли бы распространить въ массѣ учителей необходимыя для воспитателей познанія и оказывать вліяніе на формировку правильныхъ педагогическихъ убѣжденій какъ между воспитателями и наставниками, такъ и въ обществѣ. Но такъ-какъ педагогическихъ факультетовъ мы долго не дождемся, то остается одинъ путь для развитія правильныхъ идей воспитательнаго искусства—путь литературный, гдѣ каждый изъ области своей науки содѣйствовалъ бы великому дѣлу воспитанія.

Но если нельзя требовать отъ воспитателя, чтобы онъ былъ спеціалистомъ во всѣхъ тѣхъ наукахъ, изъ которыхъ могутъ быть почерпаемы основанія педагогическихъ правилъ, то можно и должно требовать, чтобы ни одна изъ этихъ наукъ не была ему совершенно чуждою, чтобы по каждой изъ нихъ онъ могъ понимать, по крайней мѣрѣ, популярныя сочиненія, и стремился, на сколько можеть, прібрѣсть *всестороннія* свѣдѣнія о человѣческой природѣ, за воспитаніе которой берется.

Ни въ чемъ, можетъ быть, *одностороннее* направленіе знаній и мышленія такъ не вредно, какъ въ педагогической практикѣ. Воспитатель, который глядитъ на человѣка сквозь призму физіологіи, патологіи, психіатріи, также дурно понимаетъ, что такое человѣкъ и каковы потребности его воспитанія, какъ и тотъ, кто изучалъ бы человѣка только въ великихъ произведеніяхъ искусствъ и великихъ историческихъ дѣяніяхъ и смотрѣлъ бы на него вообще сквозь призму великихъ, совершенныхъ имъ дѣлъ. Политико-экономическая точка зрѣнія, безъ сомнѣнія, тоже очень важна для воспитанія; но какъ бы ошибся тотъ, кто смотрѣлъ бы на человѣка только какъ на экономическую единицу — на производителя и потребителя цѣнностей! Историкъ, изучающій только великія или, по крайней мѣрѣ, крупныя дѣянія народовъ и замѣчательныхъ людей, не видитъ частныхъ, но тѣмъ не менѣе глубокихъ страданій человѣка, которыми куплены всѣ эти громкія и нерѣдко безполезныя дѣла. Односторонній филологъ еще менѣе способенъ быть хорошимъ воспитателемъ, чѣмъ односторонній физіологъ, экономистъ, историкъ. Не односторонность ли филологическаго образованія, преобладавшая до новѣйшаго времени во всѣхъ школахъ Западной Европы, пустила въ ходъ безчисленное множество чужихъ, плохо переваренныхъ фразъ, которыя, обращаясь теперь между людьми, вмѣсто дѣйствительныхъ, глубоко сознанныхъ идей, затрудняютъ оборотъ человѣческаго мышленія, какъ фальшивая монета затрудняетъ обороты торговли? Сколько глубокихъ идей древности пропадаетъ теперь даромъ именно потому, что человѣкъ заучиваетъ ихъ прежде, чѣмъ бываетъ въ состояніи ихъ понять, и такъ пріучается употреблять ихъ ложно и безсмысленно, что потомъ рѣдко добирается до ихъ истиннаго смысла. Такія великія, но чужія мысли, несравненно безполезнѣе хотя маленькихъ, да своихъ. Не отъ того ли и самый языкъ современной литературы уступаетъ въ точности и выразительности языку древнихъ, что мы учимся говорить почти единственно изъ книгъ и пробавляемся чужими фразами, тогда-какъ слово древняго писателя выростало изъ его собственной мысли, а мысль — изъ непосредственнаго наблюденія надъ природой, другими людьми и самимъ собою? Мы не оспариваемъ великой пользы филологическаго образованія, но показываемъ только вредъ его односторонности. Слово хорошо тогда, когда оно вѣрно выражаетъ мысль; а вѣрно выражаетъ оно мысль тогда, когда выростаетъ изъ нея, какъ кожа изъ организма, а не надѣвается, какъ перчатка, сшитая изъ чужой кожи. Мысль же современнаго писателя часто бьется во множестве вычитанныхъ имъ фразъ, которыя для нея или слишкомъ узки или слишкомъ широки. Языкъ конечно есть одинъ изъ могущественнѣйшихъ воспитателей человѣка; но онъ не можетъ замѣнить собою знаній, извлекаемыхъ прямо изъ наблюденій и опытовъ. Правда, языкъ ускоряетъ и облегчаетъ пріобрѣтеніе такихъ знаній; но онъ же можетъ и помѣшать ему, если вниманіе человѣка слишкомъ рано и преимущественно было обращено не на содержаніе, а на форму мысли, да притомъ еще мысли чужой, до пониманія которой, можетъ быть, еще и не доросъ учащійся. Не умѣть хорошо выражать своихъ мыслей — недостатокъ; но не имѣть самостоятельныхъ мыслей — еще гораздо бо́льшій; самостоятельныя же мысли вытекаютъ только изъ самостоятельно же пріобрѣтаемыхъ знаній. Кто не предпочтетъ человѣка, обогащеннаго фактическими свѣдѣніями и мыслящаго самостоятельно и вѣрно, хотя выражающагося съ трудомъ, человѣку, котораго способность говорить обо всемъ чужими фразами, хотя бы взятыми даже изъ лучшихъ классическихъ писателей, далеко переросла и количество знаній, и глубину мышленія? Если же безконечный споръ о преимуществахъ реальнаго и классическаго образованій длится еще до сихъ поръ, то только потому, что самый вопросъ этотъ поставленъ невѣрно и факты для его рѣшенія отыскиваются не тамъ, гдѣ ихъ должно искать. Не о преимуществахъ этихъ двухъ направленій въ образованіи, а о гармоническомъ ихъ соединеніи слѣдовало бы говорить, и искать средствъ этого соединенія въ душевной природѣ человѣка.

Воспитатель долженъ стремиться узнать человѣка, *каковъ онъ есть въ дѣйствительности*, со всѣми его слабостями и во всемъ его величіи, со всѣми его буднишними, мелкими нуждами и со всѣми его великими духовными требованіями. Воспитатель долженъ знать человѣка въ семействѣ, въ обществѣ, среди народа, среди человѣчества и наединѣ со своею совѣстью; во всѣхъ возрастахъ, во всѣхъ классахъ, во всѣхъ положеніяхъ, въ радости и горѣ, въ величіи и униженіи, въ избыткѣ силъ и въ болѣзни, среди неограниченныхъ надеждъ и на одрѣ смерти, когда слово *человѣческаго* утѣшенія уже безсильно. Онъ долженъ знать побудительныя причины самыхъ грязныхъ и самыхъ высокихъ дѣяній, исторію зарожденія преступныхъ и великихъ мыслей, исторію развитія всякой страсти и всякаго характера. Тогда только будетъ онъ въ состояніи почерпать въ самой природѣ человѣка средства воспитательнаго вліянія, — а средства эти громадны!

Мы сохраняемъ твердое убѣжденіе, что великое искусство воспитанія едва только начинается, что мы стоимъ еще въ преддверіи этого искусства и не вошли въ самый храмъ его, и что до сихъ поръ люди не обратили на воспитаніе того вниманія, какого оно заслуживаетъ. Много ли насчитываемъ мы великихъ мыслителей и ученыхъ, посвятившихъ свой геній дѣлу воспитанія? Кажется люди думали обо всемъ, кромѣ воспитанія, искали средствъ величія и счастія вездѣ, кромѣ той области, гдѣ скорѣе всего ихъ можно найти. Но уже теперь видно, что наука созрѣваетъ до той степени, когда взоръ человѣка невольно будетъ обращенъ на воспитательное искусство.

Читая физіологію, на каждой страницѣ мы убѣждаемся въ обширной возможности дѣйствовать на физическое развитіе индивида, а еще болѣе на послѣдовательное развитіе человѣческой рассы. Изъ этого источника, только что открывающагося, воспитаніе почти еще и не черпало. Пересматривая психическіе факты, добытые въ разныхъ теоріяхъ, мы поражаемся едва ли еще не болѣе обширною возможностью имѣть громадное вліяніе на развитіе ума, чувства и воли въ человѣкѣ, и точно также поражаемся ничтожностью той доли изъ этой возможности, которою уже воспользовалось воспитаніе.

Посмотрите на одну силу привычки: чего нельзя сдѣлать изъ человѣка съ одною этою силою? Посмотрите хотя на то, напримѣръ, что дѣлали ею спартанцы изъ своихъ молодыхъ поколѣній, и сознайтесь, что современное воспитаніе пользуется едва малѣйшею частицею этой силы. Конечно, спартанское воспитаніе было бы теперь нелѣпостью, не имѣющею цѣли, но развѣ не нелѣпость то изнѣженное воспитаніе, которое сдѣлало насъ и дѣлаетъ нашихъ дѣтей доступными для тысячи неестественныхъ, но тѣмъ не менѣе мучительныхъ страданій и заставляетъ тратить благородную жизнь человѣка на пріобрѣтеніе мелкихъ удобствъ жизни? Конечно, страненъ спартанецъ, жившій и умиравшій только для славы Спарты; но что вы скажете о жизни, которая вся была бы убита на пріобрѣтеніе роскошной мебели, покойныхъ экипажей, бархатовъ, кисей, тонкихъ суконъ, благовонныхъ сигаръ, модныхъ шляпокъ? Не ясно ли, что воспитаніе, стремящееся только къ обогащенію человѣка и вмѣстѣ съ тѣмъ плодящее его нужды и прихоти, беретъ на себя трудъ Данаидъ?

Изучая процессъ памяти, мы увидимъ, какъ безсовѣстно еще обращается съ нею наше воспитаніе, какъ валитъ оно туда всякій хламъ и радуется, если изъ ста брошенныхъ туда свѣдѣній одно какъ нибудь уцѣлѣетъ; тогда какъ воспитатель собственно не долженъ бы давать воспитаннику ни одного свѣдѣнія, на сохраненіе котораго онъ не можетъ расчитывать. Какъ мало еще сдѣлала педагогика для облегченія работы памяти—мало и въ своихъ программахъ, и въ своихъ методахъ, и въ своихъ учебникахъ! Всякое учебное заведеніе жалуется теперь на множество предметовъ ученія,—и дѣйствительно ихъ слишкомъ много, если принять въ расчетъ ихъ педагогическую обработку и методу преподаванія: но ихъ слишкомъ мало, если смотрѣть на безпрестанно разрастающуюся массу свѣдѣній человѣчества. Гербартъ Спенсеръ, Контъ и Милль весьма основательно доказываютъ, что нашъ учебный матеріалъ долженъ подвергнуться сильному пересмотру, а программы наши должны быть до основанія передѣланы. Но и въ отдѣльности ни одинъ учебный предметъ далеко не получилъ еще той педагогической обработки, къ которой онъ способенъ, что болѣе всего зависитъ отъ ничтожности и шаткости нашихъ свѣдѣній о душевныхъ процессахъ. Изучая эти процессы, нельзя не видѣть возможности дать человѣку съ обыкновенными способностями, и дать прочно, въ десять разъ болѣе свѣдѣній, чѣмъ получаетъ теперь самый талантливый, тратя драгоцѣнную силу памяти на пріобрѣтеніе тысячи знаній которыя потомъ позабудетъ безъ слѣда. Не умѣя обращаться съ памятью человѣка, мы утѣшаемъ себя мыслію, что дѣло воспитанія— только *развить умъ*, а не наполнить его свѣдѣніями; но психологія обличаетъ ложь этого утѣшенія, показывая, что самый умъ есть ничто иное какъ хорошо организованная система знаній.

Но если неумѣнье наше учить дѣтей велико, то еще гораздо больше наше неумѣнье дѣйствовать на образованіе въ нихъ душевныхъ чувствъ и характера. Тутъ мы положительно бродимъ въ потьмахъ, тогда какъ наука предвидитъ уже полную возможность внести свѣтъ сознанія и разумную волю воспитателя и въ эту доселѣ почти недоступную область.

Еще менѣе, чѣмъ душевными чувствами, если возможно, умѣемъ мы пользоваться *волею* человѣка—этимъ могущественнѣйшимъ рычагомъ, который можетъ измѣнять не только душу, но и тѣло съ его вліяніями на душу. Гимнастика, какъ система произвольныхъ движеній, направленныхъ къ цѣлесообразному измѣненію физическаго организма, только еще начинается, и трудно видѣть предѣлы возможности ея вліянія не только на укрѣпленіе тѣла и развитіе тѣхъ или другихъ его органовъ, но и на предупрежденіе болѣзней и даже излеченіе ихъ. Мы думаемъ, что не далеко то время когда гимнастика окажется могущественнѣйшимъ медицинскимъ средствомъ даже въ глубокихъ внутреннихъ болѣзняхъ. А что же такое гимнастическое леченье и воспитаніе физическаго организма *какъ не воспитаніе и леченье его волею человѣка?* Направляя физическія силы организма къ тому или другому органу тѣла, воля передѣлываетъ тѣло или излечиваетъ его болѣзни. Если же мы примемъ во вниманіе тѣ чудеса настойчивости воли и силы привычки, которыя такъ безполезно расточаются, напримѣръ, индѣйскими фокусниками и факирами, то увидимъ, какъ еще мало пользуемся мы властью нашей воли надъ тѣлеснымъ организмомъ.

Словомъ, во всѣхъ областяхъ воспитанія мы стоимъ только при началѣ великаго искусства, тогда какъ *факты* науки указываютъ на возможность для него самой блестящей будущности, и можно надѣяться, что человѣчество наконецъ устанетъ гнаться за внѣшними удобствами жизни и пойдетъ создавать гораздо прочнѣйшія удобства въ самомъ человѣкѣ, убѣдившись, не на словахъ только, а на дѣлѣ, что главные источники нашего счастья и величія не въ вещахъ и порядкахъ, насъ окружающихъ, а въ насъ самихъ.

Выставивъ взглядъ нашъ на искусство воспитанія, на теорію этого искусства, на его блѣдное настоящее, на его необъятное будущее и на то, какими средствами могла бы мало по малу вырабатываться и совершенствоваться воспитательная теорія, мы тѣмъ самымъ показали уже, какъ мы далеки отъ мысли дать въ нашей книгѣ не только такую теорію воспитанія, которую мы считали бы совершенною, но даже и такую, которую считаемъ уже возможною въ настоящее время, если бы составитель ея былъ основательно знакомъ со всѣми разнообразными науками, на которыхъ она должна строить свои правила. Наша задача далеко не такъ обширна, и мы выяснимъ всю ея ограниченность, если разскажемъ, какъ и для чего задумали нашъ трудъ.

Лѣтъ восемь тому назадъ педагогическія идеи оживились у насъ съ такою силою, какой нельзя было и ожидать, принявъ въ расчетъ почти совершенное отсутствіе педагогической литературы до того времени. Мысль о народной школѣ, которая удовлетворяла бы потребностямъ народа, вступавшаго въ новый періодъ своего существованія, пробудилась повсемѣстно. Нѣсколько педагогическихъ журналовъ, появившихся почти одновременно, находили себѣ читателей; въ журналахъ обще литературныхъ педагогическія статьи появлялись безпрестанно и занимали видное мѣсто; повсюду писались и обсуждались проекты различныхъ реформъ по общественному образованію, даже въ семействахъ гораздо чаще стали слышаться педагогическія бесѣды и споры. Читая педагогическіе проекты разнаго рода и статьи, присутствуя при обсужденіи педагогическихъ вопросовъ въ различныхъ собраніяхъ, прислушиваясь къ частнымъ спорамъ, мы пришли къ убѣжденію, что всѣ эти тол[ки], споры, проекты, журнальныя статьи выиграли бы много въ осно[ва]тельности, если бы придавали одно и тоже значеніе психологически[мъ] и отчасти физіологическимъ и философскимъ терминамъ, котор[ые] въ нихъ безпрестанно повторялись. Намъ казалось, что иное пе[да]гогическое недоумѣніе или горячій педагогическій споръ могли [бы] легко быть рѣшены, если бы, употребляя слова: *разсудокъ, во[об]раженіе, память, вниманіе, сознаніе, чувство, привыч[ка], навыкъ, развитіе, воля* и т. д., согласились сначала въ томъ, ч[то] разумѣть подъ этими словами. Иногда было совершенно очевид[но], что изъ спорящихъ сторонъ одна понимаетъ подъ словомъ *памят[ь]*, напримѣръ, тоже самое, что другая подъ словомъ *разсудокъ* или *в[оо]браженіе*, и обѣ употребляютъ эти слова какъ совершенно и[звѣ]стныя, заключающія въ себѣ точно опредѣленное понятіе. Сл[ово]вомъ, пробудившаяся тогда педагогическая мысль обнаружила сущ[е]ственное упущеніе въ нашемъ общественномъ образованіи, а так[же] и въ нашей литературѣ, которая могла бы дополнить образован[іе]. Едва ли мы ошибемся, если скажемъ, что литература наша въ [то] время не имѣла ни одного сколько нибудь основательнаго пси[хо]логическаго сочиненія, ни оригинальнаго, ни переводнаго, а в[ъ] журналахъ психологическая статья была рѣдкостью и притомъ рѣ[д]костью незанимательною для читателей, ничѣмъ не подготовле[н]ныхъ къ такому чтенію. Тогда пришло намъ на мысль: нельзя [ли] внести въ наше только-что пробуждающееся педагогическое мышл[е]ніе сколь возможно точное и ясное пониманіе тѣхъ психическ[ихъ] и психо-физическихъ явленій, въ области которыхъ это мышлен[іе] необходимо должно вращаться? Предварительныя занятія философ[і]ею и отчасти психологіею, а потомъ педагогикою давали нам[ъ] поводъ думать, что мы можемъ *до нѣкоторой степени* способ[ство]вать удовлетворенію этой потребности, и хотя *начать* разъ[я]сненіе тѣхъ основныхъ идей, около которыхъ необходимо вра[ща]ются всякія воспитательныя соображенія.

Но какъ это сдѣлать? Перевести къ намъ цѣликомъ одну изъ психологическихъ теорій Запада мы не могли, ибо сознавали одно[сто]ронность каждой изъ нихъ и что во всѣхъ ихъ есть своя доля правды и ошибки, своя доля вѣрныхъ выводовъ изъ фактовъ и ни на чемъ неоснованныхъ фантазій. Мы пришли къ убѣжденію, что всѣ эти теоріи страдаютъ теоретическою самонадѣянностію, объясняя то, чего еще нѣтъ возможности объяснять, ставя вредный призракъ знанія тамъ, гдѣ слѣдуетъ сказать еще простое *не знаю*, строя головоломные и утлые мосты черезъ неизвѣданныя еще пропасти.

на которыя слѣдовало просто только указать, и, словомъ, даютъ читателю за нѣсколько вѣрныхъ и потому полезныхъ знаній столько же, если не болѣе, ложныхъ и потому вредныхъ фантазій. Намъ казалось, что всѣ эти теоретическія увлеченія, *совершенно необходимыя* въ процессѣ образованія науки, должны быть оставлены, когда приходится пользоваться результатами, добытыми наукою, для приложенія ихъ къ практической дѣятельности. Теорія можетъ быть одностороння, и эта односторонность ея даже бываетъ очень полезна, освѣщая особенно ту сторону предмета, которую другія оставляли въ тѣни; но практика должна быть по возможности всесторонняя. „Идеи мирно уживаются въ головѣ; но вещи тяжело сталкиваются въ жизни", говоритъ Шиллеръ, и если намъ приходится не разработывать науку, а имѣть дѣло съ дѣйствительными предметами дѣйствительнаго міра, то часто мы бываемъ вынуждены поступаться своими теоріями требованіямъ дѣйствительности, въ уровень которой не выросла еще ни одна психологическая система. Въ педагогикахъ, написанныхъ психологами, каковы педагогики Гербарта и Бенеке, мы часто съ поразительной ясностью можемъ наблюдать это столкновеніе психологической теоріи съ педагогическою дѣйствительностью.

Сознавая все это, мы задумали изо всѣхъ извѣстныхъ намъ психологическихъ теорій взять только то, что казалось намъ несомнѣннымъ и фактически вѣрнымъ, снова провѣрить взятые факты внимательнымъ и общедоступнымъ самонаблюденіемъ и анализомъ, дополнить новыми наблюденіями, если это гдѣ нибудь окажется по нашимъ силамъ, оставить откровенные пробѣлы вездѣ, гдѣ факты молчатъ, а если гдѣ, для группировки фактовъ и уясненія ихъ, понадобится гипотеза, то, избравъ наиболѣе распространенную и вѣроятную, отмѣтить ее вездѣ не какъ достовѣрный фактъ, а какъ гипотезу. При всемъ этомъ мы полагали опираться на *собственное сознаніе* нашихъ читателей—ultimum argumentum въ психологіи, передъ которымъ безсильны всякіе авторитеты, хотя бы они были озаглавлены громкими именами Аристотеля, Декарта, Бэкона, Локка. Изъ психическихъ явленій мы полагали останавливаться преимущественно на тѣхъ, которыя имѣютъ большее значеніе для педагога, прибавить тѣ изъ физіологическихъ фактовъ, которые необходимы для уясненія психическихъ, словомъ, мы тогда еще задумали и начали подготовлять "Педагогическую Антропологію". Мы думали кончить этотъ трудъ года въ два, но, отрываемые отъ нашихъ занятій различными обстоятельствами, только теперь выпускаемъ въ свѣтъ первый томъ, и то далеко не въ томъ видѣ, который бы удовлетворялъ насъ. [Но] что же дѣлать? Можетъ быть, если бы мы снова принялись исправлять и перерабатывать, то никогда бы и не издали. [Всякій] даетъ, что можетъ дать по своимъ силамъ и по своимъ об[стоя]тельствамъ. Впрочемъ, мы расчитываемъ на снисходительность [чита]теля, если онъ вспомнитъ, что это первый трудъ, въ такомъ род[ѣ,] первая попытка не только въ нашей, но и въ общей литера[турѣ,] по крайней мѣрѣ, на сколько она намъ извѣстна: а первый б[линъ] всегда бываетъ комомъ; но безъ перваго не будетъ втораго.

Правда, Гербартъ, а потомъ Бенеке пытались уже вывест[и] педагогическую теорію прямо изъ психологическихъ основаній[, но] этимъ основаніемъ были ихъ собственныя теоріи, а не психологи[че]скіе, несомнѣнные факты, добытые всѣми теоріями. Педагогики [Гер]барта и Бенеке скорѣе добавленія къ ихъ психологіи и метаф[изи]кѣ, и мы увидимъ, къ какимъ натяжкамъ часто велъ такой об[разъ] дѣйствія. Мы же задали себѣ задачу, безъ всякой предвзятой [тео]ріи, насколько возможно точнѣе изучить тѣ психическія явле[нія,] которыя имѣютъ наибольшее значеніе для педагогической дѣят[ель]ности. Другой недостатокъ въ педагогическихъ приложеніяхъ [Гер]барта и Бенеке тотъ, что они совершенно почти выпустили [изъ] виду явленія физіологическія, которыхъ, по ихъ тѣсной, неразрыв]ной связи съ явленіями психическими, выпустить невозможно. [Мы] же безразлично пользовались какъ психологическимъ самонаб[людѣ]ніемъ, такъ и физіологическими наблюденіями, имѣя въ виду од[но —] объяснить, сколь возможно, тѣ психическія и психо-физическія я[вле]нія, съ которыми имѣетъ дѣло воспитатель.

Правда также, что педагогика Карла Шмидта опирается [на] физіологію и на психологію, и еще болѣе на первую, чѣмъ на [по]слѣднюю, но въ этомъ замѣчательномъ сочиненіи данъ такой [раз]гулъ германской ученой мечтательности, что въ немъ менѣе факт[овъ,] чѣмъ поэтическихъ увлеченій разнообразнѣйшими надеждами, [на]званными наукою, но далеко еще неосуществившимися. Читая [эту] книгу, часто кажется, что слышишь бредъ германской науки, [и] могучее слово многосторонняго знанія едва прорывается сквозь [тьму] фантазій — гегелизма, шеллингизма, матерьялизма, френологическ[ихъ] призраковъ.

Можетъ быть, названіе нашего труда, „*Педагогическая [ан]тропологія*", не вполнѣ соотвѣтствуетъ его содержанію, и во [вся]комъ случаѣ далеко обширнѣе того, что мы можемъ дать; но [точ]ность названія, равно какъ и научная стройность системы, [насъ] мало занимали. Мы всему предпочитали ясность изложенія, и [если]

— XXVII —

нам удалось объяснить сколько-нибудь тѣ психическія и психофизическія явленія, за объясненіе которыхъ мы взялись, то и этого уже съ насъ довольно. Нѣтъ ничего легче, какъ разгородить стройную систему, озаглавивъ каждую изъ ея клѣтокъ то римскими и арабскими цифрами, то буквами всѣхъ возможныхъ азбукъ; но подобныя системы изложенія всегда казались намъ не только безполезными, но вредными путами, которыя писатель добровольно и совершенно напрасно надѣваетъ самъ на себя, обязываясь впередъ наполнить всѣ эти клѣтки, хотя въ иную, за неимѣніемъ дѣйствительнаго матеріала, не оставалось бы помѣстить ничего, кромѣ пустыхъ фразъ. Такія стройныя системы часто платятъ за свою стройность истиною и пользою. Кромѣ того, если и возможно такое догматическое изложеніе, то только въ томъ случаѣ, когда авторъ задался уже предвзятою, вполнѣ законченною теоріею, *знаетъ все*, что относится къ его предмету, ни въ чемъ не сомнѣвается самъ, и, постигнувъ альфу и омегу своей науки, начинаетъ поучать ей своихъ читателей, которые должны только стараться уразумѣть то, что говоритъ авторъ. Мы же думали — и вѣроятно читатель согласится съ нами — что такой способъ изложенія не возможенъ еще ни для психологіи, ни для физіологіи, и что надобно быть большимъ мечтателемъ, чтобы считать эти науки законченными, и думать, что можно уже безъ натяжки вывести всѣ ихъ положенія изъ одного основнаго принципа.

Подробности методы, которой мы придерживаемся при изученіи психическихъ явленій, изложены нами въ той главѣ, гдѣ мы переходимъ отъ физіологіи къ психологіи. (Т. I. Гл. XVIII). Здѣсь же намъ слѣдуетъ сказать еще нѣсколько словъ о томъ, какъ мы пользовались различными психологическими теоріями.

Мы старались не быть пристрастными ни къ одной изъ нихъ и брали хорошо описанный психическій фактъ или объясненіе его, кажущееся намъ наиболѣе удачнымъ, не разбирая, гдѣ мы его находили. Мы не стѣснялись брать его у Гегеля или гегеліанцевъ, не обращая вниманія на ту дурную славу, которою гегелизмъ расплачивается теперь за прежній, отчасти мишурный блескъ. Мы не стѣснялись также заимствовать и у матеріалистовъ, не смотря на то, что считаемъ ихъ систему столь же одностороннею, какъ и идеализмъ. Вѣрная мысль на страницахъ сочиненій Спенсера нравилась намъ болѣе, чѣмъ великолѣпная фантазія, встрѣчающаяся у Платона. Аристотелю мы обязаны за очень многія мѣткія описанія психическихъ явленій; но и это великое имя не связывало насъ нигдѣ, и должно было вездѣ уступать дорогу нашему собственному сознанію и сознанію нашихъ читателей—этому свидѣтельству „паче [...] міра". Декартъ и Бэконъ, эти двѣ личности, отдѣлившія [...] нышленіе отъ средневѣковаго, имѣли большое вліяніе на ходъ [...] шихъ идей: индуктивная метода послѣдняго привела насъ не[...] жимо къ дуализму перваго. Мы знаемъ очень хорошо, какъ ос[...] ленъ теперь картезіанскій дуализмъ; но если онъ единственно [...] объяснитъ намъ то или другое психическое явленіе, то мы не [...] дѣли причины, почему бы не должны были пользоваться [...] помощью этого взгляда, когда наука не дала намъ еще [...] чѣмъ мы могли бы его замѣнить. Мы вовсе не сочувствуемъ [...] точному міросозерцанію Спинозы, но нашли, что никто лучше [...] не очерталъ человѣческихъ страстей. Мы очень многимъ обя[...] Локку, но не затруднялись стоять на сторонѣ Канта тамъ, гдѣ [...] до очевидности ясно показываетъ невозможность такого опыт[...] происхожденія нѣкоторыхъ идей, на которое указываетъ Ло[...] Кантъ былъ для насъ великимъ мыслителемъ, но не психоло[...] хотя въ его „Антропологіи" мы нашли много мѣткихъ психиче[...] наблюденій. Въ Гербартѣ мы видѣли великаго психолога, но у[...] ченнаго германскою мечтательностью и метафизическою сист[...] Лейбница, которая нуждается въ слишкомъ многихъ гипотез[...] чтобы держаться. Въ Бенеке мы нашли удачнаго популяризат[...] гербартовскихъ идей, но ограниченнаго систематика. Джону [...] арту Милю мы обязаны многими свѣтлыми взглядами, но не [...] не замѣтить ложной метафизической подкладки въ его „Логик[...] Бэнъ также уяснилъ намъ много психическихъ явленій; но его [...] рія душевныхъ токовъ показалась намъ вполнѣ несостоятель[...] Такимъ образомъ мы отовсюду брали, что намъ казалось вѣрн[...] и яснымъ, никогда не стѣсняясь тѣмъ, какое имя носитъ источ[...] и хорошо ли онъ звучитъ въ ушахъ той или другой изъ со[...] менныхъ матафизическихъ партій [1]). Но какова же наша собст[...] ная теорія, спроситъ насъ? Никакой, отвѣтимъ мы, если ясное с[...]

---

[1]) Сначала мы полагали представить въ предисловіи къ нашей [...] разборы замѣчательнѣйшихъ психологическихъ теорій, но, написавъ [...] торыя изъ нихъ, увидѣли, что намъ пришлось бы вдвое увеличить кни[...] безъ того объемистую. Нѣсколько подобныхъ разборовъ мы помѣстил[...] „Отечественныхъ Запискахъ", [...] отдѣльною кни[...] Для читателей, вовсе незнакомыхъ съ психологическими теоріями Запа[...] мы можемъ указать на книгу г. Владиславлева „Современныя направле[...] въ наукѣ о душѣ" (С.-Петерб. 1866), которая хотя сколько нибудь мож[...] замѣнить недостатокъ историческаго введенія.

дение предпочитать везде факт не может дать нашей теории названия фактической. Мы шли везде за фактами и на сколько вели нас факты: где факты переставали говорить, там мы ставили гипотезу — и *останавливались*, никогда не употребляя гипотезу, как признанный факт. Может быть некоторые подумают, „как можно сметь свое суждение иметь" въ такомъ знаменитомъ обществѣ? Но нельзя же имѣть разомъ десять различныхъ мнѣній, а мы были бы вынуждены къ этому, если бы не рѣшились оспаривать Локка или Канта, Декарта или Спинозу, Гербарта или Милля.

Нужно ли говорить о значеніи психологіи для педагога? Должно быть нужно, если у насъ столь немногіе изъ педагоговъ обращаются къ изученію психологіи. Конечно, никто не сомнѣвается въ томъ, что главная дѣятельность воспитанія совершается въ области психическихъ и психофизическихъ явленій; но обыкновенно расчитываютъ въ этомъ случаѣ на тотъ *психологическій тактъ*, которымъ въ большей или меньшей степени обладаетъ каждый, и думаютъ, что уже этого одного такта достаточно, чтобы оцѣнить истину тѣхъ или другихъ педагогическихъ мѣръ, правилъ и наставленій.

Такъ называемый *педагогическій тактъ*, безъ котораго воспитатель, какъ бы онъ ни изучилъ теорію педагогики, никогда не будетъ хорошимъ воспитателемъ—практикомъ, есть въ сущности не болѣе, какъ *тактъ психологическій*, который столько же нуженъ литератору, поэту, оратору, актеру, политику, проповѣднику и, словомъ, всѣмъ тѣмъ лицамъ, которыя такъ или иначе думаютъ дѣйствовать на душу другихъ людей, сколько и педагогу. Педагогическій тактъ есть только особое приложеніе такта психологическаго, его спеціальное развитіе въ области педагогическихъ понятій. Но что же такое самъ этотъ психологическій тактъ? Ни что иное, какъ болѣе или менѣе темное и полусознательное собраніе воспоминаній разнообразныхъ психическихъ актовъ, пережитыхъ нами самими. На основаніи этихъ-то воспоминаній душою своей собственной исторіи человѣкъ полагаетъ возможнымъ дѣйствовать на душу другаго человѣка и избираетъ для этого именно тѣ средства, дѣйствительность которыхъ испробовалъ на самомъ себѣ. Мы не думаемъ уменьшать важности этого психическаго такта, какъ это сдѣлалъ Бенеке, который полагалъ тѣмъ самымъ рѣзче выставить необходимость изученія своей психологической теоріи. Напротивъ, мы скажемъ, что никакая психологія не можетъ замѣнить человѣку психологическаго такта, который незамѣнимъ въ практикѣ уже потому, что дѣйствуетъ быстро, мгновенно, тогда-какъ по-

— XXX —

ложенія науки припоминаются, обдумываются и оцениваются дленно. Возможно ли представить себѣ оратора, который вспоминалъ бы тотъ или другой параграфъ психологіи, желая вызвать въ душѣ слушателя состраданіе, ужасъ или негодованіе? Точно также въ педагогической дѣятельности нѣтъ никакой возможности дѣйствовать по параграфамъ психологіи, какъ бы ни твердо они были изучены. Но, безъ сомнѣнія, психологическій тактъ не есть что-нибудь врожденное, а формируется въ человѣкѣ постепенно: у однихъ быстрѣе, обширнѣе и стройнѣе, у другихъ медленнѣе, скуднѣе и отрывочнѣе, что уже зависитъ отъ другихъ свойствъ души, — формируется по мѣрѣ того, какъ человѣкъ живетъ и наблюдаетъ преднамѣренно или безъ намѣренія, надъ тѣмъ, что совершается въ его собственной душѣ. Душа человѣка узнаетъ сама себя только въ собственной своей дѣятельности и познанія души о самой себѣ, такъ же какъ и познанія ея о явленіяхъ внѣшней природы слагаются изъ наблюденій. Чѣмъ болѣе будетъ этихъ наблюденій души надъ собственною своею дѣятельностью, чѣмъ будутъ они настойчивѣе и точнѣе, тѣмъ большій и лучшій психологическій тактъ разовьется въ человѣкѣ, тѣмъ этотъ тактъ будетъ полнѣе, вѣрнѣе, стройнѣе. Изъ этого вытекаетъ уже само собою, что занятіе психологіею и чтеніе психологическихъ сочиненій, направляя мысль человѣка на процессъ его собственной души, можетъ сильно содѣйствовать развитію въ немъ психологическаго такта.

Но не всегда же педагогъ быстро дѣйствуетъ и рѣшаетъ: часто приходится ему обсуждать или уже принятую мѣру, или ту, которую онъ думаетъ еще предпринять: тогда онъ можетъ и долженъ, не полагаясь на одно темное психологическое чувство, уяснить себѣ вполнѣ тѣ психическія или физіологическія основанія, на которыхъ строится обсуждаемая мѣра. Кромѣ того, всякое чувство есть дѣло субъективное, непередаваемое, тогда какъ знаніе, изложенное ясно, доступно для всякаго. Особенно же недостатокъ опредѣленныхъ психологическихъ знаній, какъ мы уже замѣтили выше, высказывается, когда какая-нибудь педагогическая мѣра обсуждается не однимъ, а нѣсколькими лицами. По невозможности передать психологическаго чувства и самая передача педагогическихъ познаній, на основаніи одного чувства, становится невозможною. Тутъ остается одно изъ двухъ: положиться на авторитетъ говорящаго или узнать тотъ психическій законъ, на которомъ основывается то или другое педагогическое правило. Вотъ почему, какъ излагающій педагогику, такъ и слушающій ее должны непремѣнно прежде сойтись въ пониманіи психическихъ и психо-физическихъ явленій, которыхъ педагогика служитъ только приложеніемъ ихъ къ достиженію воспитательной цѣли.

Но не только для того, чтобы основательно обсудить предпринимаемую или уже предпринятую педагогическую мѣру и понимать основаніе правилъ педагогики, нужно научное знакомство съ психическими явленіями: столько же нужна психологія и для того, чтобы оцѣнить результаты, данные тою или другою педагогическою мѣрою, т. е., другими словами, оцѣнить *педагогическій опытъ*.

Педагогическій опытъ имѣетъ, конечно, такое же важное значеніе, какъ и педагогическій тактъ; но не слѣдуетъ слишкомъ преувеличивать этого значенія. Результаты большей части воспитательныхъ опытовъ, какъ справедливо замѣтилъ Бенеке, отстоятъ слишкомъ далеко по времени отъ тѣхъ мѣръ, результатами которыхъ мы ихъ считаемъ, чтобы мы могли назвать данныя мѣры *причиною*, а данные результаты слѣдствіемъ этихъ мѣръ; тѣмъ болѣе, что эти результаты приходятъ уже тогда, когда воспитатель не можетъ наблюдать надъ воспитанникомъ. Поясняя свою мысль примѣромъ, Бенеке говоритъ: „Мальчикъ, который на всѣхъ экзаменахъ отличается первымъ, можетъ оказаться впослѣдствіи ограниченнѣйшимъ педантомъ, тупымъ, невоспріимчивымъ для всего, что лежитъ внѣ тѣснаго круга его науки, и никуда негоднымъ въ жизни". Мало этого, мы сами знаемъ изъ практики, что очень часто послѣдніе ученики нашихъ гимназій дѣлаются уже въ университетѣ лучшими студентами, и наоборотъ — оправдывая на себѣ евангельское изреченіе о „послѣднихъ" и „первыхъ".

Но педагогическій опытъ не только по отдаленности своихъ послѣдствій отъ причинъ не можетъ быть надежнымъ руководителемъ педагогической дѣятельности. Большею частью педагогическіе опыты очень сложны, и каждый имѣетъ не одну, а множество причинъ, такъ-что нѣтъ ничего легче, какъ ошибиться въ этомъ отношеніи, и назвать причиною даннаго результата то, что вовсе не было его причиною, а можетъ быть даже задерживающимъ обстоятельствомъ. Такъ, напримѣръ, еслибы мы заключили о развивающей силѣ математики или классическихъ языковъ только по тому, что всѣ знаменитые ученые и великіе люди западной Европы учились въ молодости своей математикѣ или классическимъ языкамъ, то это было бы очень опрометчивое заключеніе. Какъ же имъ было не учиться по латыни или избѣжать математики, если не было школы, въ которой не учили бы этимъ предметамъ? Считая ученыхъ и умныхъ людей, вышедшихъ изъ школъ, гдѣ преподавались математика и латынь, отчего мы не считаемъ тѣхъ, которые, учившись и

латыни и математикѣ, остались людьми ограниченными? Такой оп[ытъ]
ный опытъ даже не исключаетъ возможности предположенія, [что]
первые безъ математики или безъ латыни, можетъ быть, были [бы]
еще умнѣе, а вторые не такъ ограничены, еслибы ихъ молод[ость]
мить была употреблена на пріобрѣтеніе другихъ свѣдѣній. Кр[омѣ]
того не слѣдуетъ забывать, что на развитіе человѣка имѣетъ [влія]
ніе не одна школа. Такъ, напримѣръ, мы любимъ часто указы[вать]
на практическіе успѣхи англійскаго воспитанія и для многихъ [пре]
имущество этого воспитанія сдѣлалось недопускающимъ возра[женій]
доказательствомъ. Но при этомъ забываютъ, что во всякомъ с[лучаѣ]
между англійскимъ воспитаніемъ и, напримѣръ, нашимъ болѣе [сход]
ства, чѣмъ между нашею и англійскою исторіею. Чему же слѣ[дуетъ]
приписать эту разницу въ результатахъ воспитанія? Школамъ [ли,]
національному ли характеру народа, его ли исторіи и его обще[ст]
веннымъ учрежденіямъ, какъ результатамъ характера и исто[ріи?]
Можемъ ли мы ручаться, что та же англійская школа, только [пере]
веденная на русскій языкъ и перенесенная къ намъ, не дастъ [худ]
шихъ результатовъ, чѣмъ тѣ, которые даются нашими тепере[шними]
школами?

Указывая на какой-нибудь удачный педагогическій опытъ [того]
или другаго народа, мы, если дѣйствительно хотимъ узнать исти[ну,]
не должны опускать тѣхъ же опытовъ, сдѣланныхъ въ другой стр[а]
нѣ и давшихъ результаты противоположные. Такъ у насъ обыкнове[нно]
указываютъ на тѣ же англійскія школы для высшаго сослов[ія,]
какъ на доказательство, что изученіе латыни даетъ хорошіе пра[к]
тическіе результаты и въ особенности дѣйствуетъ на развитіе здр[а]
ваго смысла и любви къ труду, которыми отличается высшее сосло[віе]
все Англіи, получившее воспитаніе въ этихъ школахъ. Но поче[му]
же не указываютъ при этомъ на примѣръ, гораздо болѣе намъ бл[из]
кій — на Польшу, гдѣ такое же, если еще не болѣе прилежное, из[у]
ченіе латинскаго языка высшимъ классомъ дало въ этомъ клас[сѣ]
совершенно противуположные результаты, и именно, не развило [въ]
немъ того здраваго практическаго смысла, на развитіе котора[го,]
по мнѣнію тѣхъ же людей, изученіе классическихъ языковъ ока[зы]
ваетъ такое сильное вліяніе и который въ высшей степени развитъ
у простаго русскаго народа, никогда не учившагося по латыни? Ес[ли]
мы скажемъ, что различныя дурныя вліянія парализировали въ о[б]
разованіи польскаго шляхетства хорошее вліяніе изученія латын[и,]
то чѣмъ же мы докажемъ, что различныя хорошія вліянія въ Англ[іи,]
чуждыя школѣ, не были прямою причиною тѣхъ хорошихъ практи[и]
ческихъ результатовъ, которые мы приписываемъ изученію класс[ическихъ]

въ русскихъ школахъ дастъ результаты, болѣе близкіе къ англійскимъ, чѣмъ къ тѣмъ, которые обнаружило польское шляхетство.

Читатель пойметъ, конечно, что мы вооружаемся здѣсь не противъ устройства англійскихъ школъ и не противъ цѣлесообразности преподаванія математики или латинскаго языка. Мы только хотимъ доказать, что въ дѣлѣ воспитанія опытъ имѣетъ значеніе лишь въ томъ случаѣ, если мы можемъ показать психическую связь между данною мѣрою и тѣми результатами, которые мы ей приписываемъ.

„Вульгарное понятіе, говоритъ Милль, что истинно здравая метода въ политическихъ предметахъ есть беконовская индукція, что истинный руководитель въ этомъ отношеніи есть не общее размышленіе, а спеціальный опытъ, будетъ когда-нибудь приводимо какъ одно изъ несомнѣннѣйшихъ доказательствъ низкаго состоянія мыслительныхъ способностей въ томъ вѣкѣ, въ которомъ это мнѣніе пользовалось довѣренностью. Ничто не можетъ быть смѣшнѣе тѣхъ пародій на размышленіе, основанное на опытѣ, съ которыми часто встрѣчаешься не только въ популярныхъ рѣчахъ, но и въ важныхъ трактатахъ, темою которыхъ являются дѣла націи. „Какъ", спрашиваютъ обыкновенно: „можетъ быть дурно учрежденіе, когда страна процвѣтала при немъ?" „Какъ можетъ быть приписано той или другой причинѣ благосостояніе какой-нибудь страны, когда другая процвѣтала безъ этой причины?" Кто пользуется доказательствами такого рода, *безъ намѣренія обманывать, тотъ долженъ быть отосланъ назадъ въ школу для изученія элементовъ какой-нибудь самой легкой физической науки*" [1]).

Крайнюю нераціональность такихъ разсужденій Милль совершенно справедливо выводитъ изъ необыкновенной сложности явленій физіологическихъ и еще большей сложности политическихъ и историческихъ, къ которымъ, безспорно, слѣдуетъ причислить и народное образованіе, а равно и образованіе народнаго и индивидуальнаго характера; ибо это не только явленіе историческое, но и самое сложное изъ всѣхъ историческихъ явленій, такъ какъ оно есть результатъ всѣхъ прочихъ, съ примѣсью еще племенныхъ особенностей народа и физическихъ вліяній его страны.

Такимъ образомъ мы видимъ, что ни *педагогическій тактъ*, ни *педагогическій опытъ* сами по себѣ недостаточны для того, чтобы изъ нихъ можно было выводить сколько-нибудь твердыя педагогическія правила, и что изученіе психическихъ явленій научнымъ

---

[1]) Mill's Logic. B. III. Ch. XI. § 8, p. 497.

— XXXIV —

путемъ — тѣмъ же самымъ путемъ, которымъ мы изучаемъ всѣ другія явленія — есть необходимѣйшее условіе для того, чтобы воспитаніе наше, *сколь возможно*, перестало быть или рутиною, или игрушкою случайныхъ обстоятельствъ, и сдѣлалось, *сколь возможно* же, дѣломъ раціональнымъ и сознательнымъ.

———

Теперь скажемъ нѣсколько словъ о самомъ расположеніи тѣхъ предметовъ, которые мы хотимъ изучать въ нашемъ трудѣ. Хотя мы избѣгаемъ всякой стѣснительной системы, всякихъ рубрикъ, которыя заставили бы насъ говорить о томъ, что намъ вовсе не извѣстно; но, тѣмъ не менѣе, мы должны же излагать изучаемыя нами явленія въ нѣкоторомъ порядкѣ. Сначала мы естественно займемся тѣмъ, что нагляднѣе, и изложимъ тѣ физіологическія явленія, которыя считаемъ необходимыми для яснаго пониманія педагогическихъ. За тѣмъ приступимъ къ тѣмъ психо-физическимъ явленіямъ, которыя, сколько можно судить по аналогіи, общи въ зачаткахъ своихъ какъ человѣку, такъ и животнымъ, и только подъ конецъ займемся чисто психическими, или лучше сказать, *духовными* явленіями, свойственными одному человѣку. Въ заключеніе же всего мы представимъ рядъ педагогическихъ правилъ, вытекающихъ изъ нашихъ психическихъ анализовъ. Сначала мы помѣстили было эти правила вслѣдъ за каждымъ анализомъ того или другаго психическаго явленія, но потомъ замѣтили проистекающее отсюда неудобство. Почти всякое педагогическое правило является результатомъ не одного психическаго закона, но многихъ, такъ-что, перемѣшивая этими педагогическими правилами наши психическіе анализы, мы вынуждены были и многое повторять и въ тоже время многаго не досказывать. Вотъ на какомъ основаніи мы рѣшились помѣстить ихъ въ концѣ всего сочиненія, въ видѣ приложенія, понимая вполнѣ справедливость выраженія Бенеке, что „педагогика есть прикладная психологія", и только находя, что въ педагогикѣ прилагаются выводы не одной психологической науки, а и многихъ другихъ, которыя мы перечислили выше. Но, конечно, психологія въ отношеніи своей приложимости къ педагогикѣ и своей необходимости для педагога, занимаетъ первое мѣсто между всѣми науками.

Въ *первомъ томѣ* „Педагогической Антропологіи", который мы выпускаемъ теперь въ свѣтъ, изложены нами не многочисленныя физіологическія данныя, которыя мы считали необходимыми какъ жить, и весь *процесс сознаванія*, начиная отъ простыхъ первичныхъ ощущеній и доходя до сложнаго разсудочнаго процесса.

Во *второмъ томѣ* излагаются процессы *душевныхъ чувствъ*, которые, въ отличіе отъ пяти внѣшнихъ чувствъ называемъ просто *чувствованіями*, а иногда *чувствами душевными*, или чувствами *сердечными* и *умственными* (каковы: удивленіе, любопытство, горе, радость и т п.). Въ этомъ же томѣ, за изложеніемъ процесса желаній и воли, изложимъ мы и духовныя особенности человѣка, оканчивая тѣмъ нашу *индивидуальную* антропологію.

Изученіе человѣческаго общества съ педагогическою же цѣлью потребовало бы новаго, еще большаго труда, для котораго у насъ не достаетъ ни силъ, ни знаній.

Въ *третьемъ томѣ* мы изложимъ въ системѣ, удобной для обозрѣнія, тѣ педагогическія мѣры, правила и наставленія, которыя сами собою вытекаютъ изъ разсмотрѣнныхъ нами явленій человѣческаго организма и человѣческой души. Въ этомъ томѣ мы будемъ кратки, потому что не видимъ никакой трудности для всякаго мыслящаго педагога, изучивъ психическій или физіологическій законъ, вывести изъ него практическія приложенія. Во многихъ мѣстахъ мы будемъ только намекать на эти приложенія, тѣмъ болѣе, что изъ каждаго закона можно вывести ихъ такое же множество, какое множество разнообразныхъ случаевъ представляется въ педагогической практикѣ. Въ этомъ и состоитъ преимущество изученія самыхъ законовъ наукъ, прилагаемыхъ къ педагогикѣ, передъ изученіемъ голословныхъ педагогическихъ наставленій, которыми наполнена большая часть германскихъ педагогикъ. Мы не говоримъ педагогамъ: поступайте такъ или иначе; но говоримъ имъ: изучайте законы тѣхъ психическихъ явленій, которыми вы хотите управлять, и поступайте, соображаясь съ этими законами и тѣми обстоятельствами, въ которыхъ вы хотите ихъ приложить. Не только обстоятельства эти безконечно разнообразны, но и самыя натуры воспитанниковъ не походятъ одна на другую. Можно ли же при такомъ разнообразіи обстоятельствъ воспитанія и воспитываемыхъ личностей предписывать какіе-нибудь общіе воспитательные рецепты? Едва ли найдется хотя одна педагогическая мѣра, въ которой нельзя было бы найти вредныхъ и полезныхъ сторонъ и которая не могла бы дать въ одномъ случаѣ *полезныхъ* результатовъ, въ другомъ *вредныхъ*, а въ третьемъ *никакихъ*. Вотъ почему мы совѣтуемъ педагогамъ изучать сколь возможно тщательнѣе физическую и душевную природу человѣка вообще, изучать своихъ воспитанниковъ и окружающія ихъ обстоятельства, изучать исторію различныхъ педагогическихъ мѣръ, которыя не всегда могутъ придти на ум[?], выработать себѣ ясную положительную цѣль воспитанія и [?] неуклонно къ достиженію этой цѣли, руководствуясь пріобрѣтен[нымъ] знаніемъ и своимъ собственнымъ благоразумieмъ.

Первая часть нашего труда, которую мы теперь выпускаемъ [въ] свѣтъ, можетъ быть прямо приложена къ дидактикѣ, тогда ка[къ] вторая имѣетъ преимущественное значеніе для воспитанія въ [тѣс]номъ смыслѣ. Вотъ почему мы рѣшились выпустить первую час[ть] отдѣльно.

Мы едвали заблуждаемся на счетъ полноты и достоинства [на]шего труда. Мы ясно видимъ его недостатки: его неполноту [и] въ то же время растянутость, необработку его формы и безпоряд[оч]ность содержанія. Мы знаемъ также и то, что онъ выходитъ [въ] самое несчастное для себя время и не удовлетворитъ мног[ихъ] и многихъ.

Трудъ нашъ не удовлетворитъ того, кто смотритъ на педагог[ику] свысока и, не будучи знакомъ ни съ практикой воспитанія, ни съ [его] теоріею, видитъ въ общественномъ воспитаніи лишь одну изъ [от]раслей администраціи. Такіе судьи назовутъ нашъ трудъ лишн[имъ], потому что для нихъ рѣшается все очень легко и даже все да[вно] уже рѣшено въ ихъ умѣ, такъ-что они не поймутъ, о чемъ т[утъ] собственно толковать и писать такія толстыя книги.

Трудъ нашъ не удовлетворитъ тѣхъ педагоговъ-практиков[ъ], которые, не вдумавшись еще въ собственное свое дѣло, хотѣли [бы] имѣть подъ рукою „краткое педагогическое руководство", гдѣ [на]ставникъ и воспитатель могли бы найти для себя прямое указан[іе], что они должны дѣлать въ томъ или другомъ случаѣ, не утр[уж]дая себя психическими анализами и философскими умозрѣн[іями]. Но еслибы мы дали этимъ педагогамъ требуемую ими книгу, [это] весьма нетрудно, такъ какъ такихъ книгъ въ Германіи доволь[но], то она не удовлетворила бы ихъ точно такъ, какъ не удов[ле]творяются они педагогикой Шварца и Куртмана, переведенной [на] русскій языкъ, хотя это едва ли не самое полное и не самое д[ѣль]ное собраніе педагогическихъ рецептовъ всякаго рода.

Мы не удовлетворимъ тѣхъ преподавателей педагогики, кот[о]рые желали бы дать своимъ ученикамъ или ученицамъ хорош[ее] руководство для изученія основныхъ правилъ воспитанія. Но [мы] полагаемъ, что лица, берущіяся за преподаваніе педагогики, до[лжны] мы очень хорошо понимать, что выучиванiе педагогическихъ правилъ не приноситъ никому никакой пользы и что самыя правила эти не имѣютъ никакихъ границъ: всѣ ихъ можно умѣстить на одномъ печатномъ листѣ, и изъ нихъ можно составить нѣсколько томовъ. Это одно уже показываетъ, что главное дѣло вовсе не въ изученiи правилъ, а въ изученiи тѣхъ научныхъ основъ, изъ которыхъ эти правила вытекаютъ.

Трудъ нашъ не удовлетворитъ тѣхъ, кто, принимая такъ называемую *позитивную* философiю за послѣднее слово европейскаго мышленiя, полагаетъ, быть можетъ, не испробовавъ на дѣлѣ, что эта философiя довольно зрѣла для того, чтобы ее можно уже было приложить къ практикѣ.

Трудъ нашъ не удовлетворитъ, тѣхъ идеалистовъ и систематиковъ, которые думаютъ, что всякая наука должна быть системою истинъ, развивающихся изъ одной идеи, а не собранiемъ фактовъ, группированныхъ настолько, на сколько позволяютъ сами эти факты.

Трудъ нашъ не удовлетворитъ, наконецъ, тѣхъ психологовъ-спецiалистовъ, которые подумаютъ, и *весьма справедливо*, что для писателя, берущагося за изложенiе психологiи и при томъ не одной какой-нибудь психологической теорiи, а желающаго выбрать изъ всѣхъ то, что можно считать фактически вѣрнымъ, слѣдовало бы имѣть побольше познанiй и поглубже вдумываться въ изучаемый предметъ. Вполнѣ соглашаясь съ такими критиками, мы первые съ радостью встрѣтимъ ихъ собственный трудъ, болѣе полный, болѣе ученый и болѣе основательный; а насъ пусть извинятъ за эту первую попытку, именно потому, что она *первая*.

Но мы надѣемся принести положительную пользу тѣмъ людямъ, которые, избравъ для себя педагогическую карьеру и прочитавъ нѣсколько теорiй педагогики, почувствовали уже необходимость основывать ея правила на психическихъ началахъ. Мы знаемъ, конечно, что прочтя психологическiя сочиненiя или Рида, или Локка, или Бенеке, или Гербарта, можно уже глубже войти въ психологическую область, чѣмъ прочтя нашу книгу. Но мы думаемъ также, что, по прочтенiи нашей книги, теорiи великихъ психологическихъ писателей будутъ понятнѣе для того, кто приступаетъ къ изученiю этихъ теорiй; а можетъ быть, кромѣ того, книга наша удержитъ отъ увлеченiй тою или другою теорiею и покажетъ, что должно пользоваться ими всѣми, но не увлекаться ни одною въ такомъ практическомъ дѣлѣ, каково воспитанiе, гдѣ всякая односторонность обнаруживается практическою ошибкою. Книга наша назначается не для психологовъ-спецiалистовъ, но для педагоговъ, сознавшихъ необходимость изученія психологіи для ихъ педаго[гиче]скаго дѣла. Если же мы облегчимъ кому-нибудь изученіе [психо]логіи съ педагогическою цѣлью, и поможемъ ему подарить [русскому] воспитанію книгою, которая далеко оставитъ за собою [насто]ящую попытку, то трудъ нашъ не пропадетъ даромъ.

7-го декабря 1867 года *).   К. Ушинскій.

---

*) Предисловіе это было написано покойнымъ къ *первому* из[данію] «Антропологіи».

ЧЕЛОВѢКЪ КАКЪ ПРЕДМЕТЪ ВОСПИТАНІЯ.

ПЕДАГОГИЧЕСКАЯ АНТРОПОЛОГІЯ.

ГЛАВА I.

Объ организмахъ вообще.

1. Слово *воспитаніе* прилагается не къ одному человѣку, но также къ животнымъ и растеніямъ, а равно и къ историческимъ обществамъ, племенамъ и народамъ, т. е. къ *организмамъ* всякаго рода, и воспитывать, въ обширнѣйшемъ смыслѣ слова, значитъ способствовать развитію какого нибудь организма посредствомъ свойственной ему пищи, матеріальной или духовной.

Понятія *организма* и *развитія* являются, слѣдовательно, основными понятіями воспитанія и мы должны предварительно ознакомиться съ точнѣйшимъ смысломъ этихъ понятій; а потому и поставимъ себѣ прежде всего вопросы: что такое организмъ и органическое развитіе?

Всѣ существа окружающаго насъ міра распадаются на двѣ большія группы: существъ неорганическихъ и органическихъ. Это различіе такъ очевидно, что мы, безъ большаго труда, съ перваго же взгляда, отличаемъ неорганизмы отъ организмовъ, причисляя къ первымъ всѣ вещи, сдѣланныя руками человѣка, а равно и всѣ произведенія природы, не показывающія присутствія въ нихъ никакого органическаго плана, никакихъ органовъ и никакой самостоятельной, изнутри идущей силы развитія, каковы: камни, земли, металлы, газы, жидкости и т. п. Къ организмамъ мы относимъ всѣ растенія, начиная отъ самой простой водоросли, всѣхъ животныхъ, начиная съ микроскопической инфузоріи, представляющей собою одну живую *клѣточку*, относимъ человѣка въ его индивидуальности и историческія общества людей, племена, народы и государства, въ которыхъ также, какъ и въ единичныхъ существахъ, мы замѣчаемъ основной органическій планъ, органы и силу самостоятельнаго развитія плана, выраженнаго въ соотношеніяхъ этихъ органовъ.

2. Изыскивая начала, по которымъ мы одни существа признаемъ за организмы, а другія нѣтъ, мы замѣтимъ, что называемъ организмомъ всякое существо, одаренное самостоятельною внутреннею силою развитія и органами, посредствомъ которыхъ эта сила выполняетъ органическій планъ существа. «Причина и цѣль существованія каждаго органа, говоритъ Кантъ, заключается въ цѣломъ организма; а цѣлое организма живетъ въ своихъ органахъ.»

Это соотношеніе между цѣлымъ организма и его органами, составляющее планъ организма, не мертвое, но живое соотношеніе, выполняемое присущею организму силою развитія, и составляетъ отличительный признакъ организмовъ отъ неорганизмовъ. На какія бы мелкія части мы ни дѣлили камень, газъ и всякій химическій элементъ, каждая изъ этихъ частей покажетъ всѣ существенныя свойства цѣлаго; будетъ отъ него отличаться только по объему и вѣсу, будетъ такимъ же, какъ и цѣлое, газомъ, камнемъ, химическимъ элементомъ. Не то мы видимъ въ организмахъ: чѣмъ организмъ совершеннѣе, тѣмъ менѣе имѣютъ самостоятельности его органы, тѣмъ болѣе раздѣленъ между ними трудъ развитія и жизни, тѣмъ болѣе органы принадлежатъ цѣлому и цѣлое своимъ органамъ.

Растеніе уже имѣетъ отдѣльные органы, посредствомъ которыхъ совершается его развитіе и размноженіе; но раздѣленіе труда между этими органами еще не выразилось вполнѣ: они, въ своей дѣятельности и въ своемъ устройствѣ, во многомъ повторяютъ другъ друга, и почка, смотря по обстоятельствамъ, можетъ развиться въ листокъ, дать начало новой вѣткѣ или образоваться въ цвѣтокъ. Въ породахъ низшихъ животныхъ, въ которыхъ жизнь проявляется едва замѣтно, какъ напримѣръ въ дождевомъ червѣ, мы видимъ то же повтореніе органовъ, а потому можемъ поперегъ разрѣзать червя на нѣсколько кусочковъ и каждая изъ частей примется жить и расти самостоятельно. Но чѣмъ выше организмъ, тѣмъ невозможнѣе становится дробленіе его на части съ сохраненіемъ жизни въ частяхъ, или отдѣленіе первостепенныхъ, неповторяющихся органовъ, каковы: сердце, легкія и проч., безъ уничтоженія жизни цѣлаго организма.

3. Такимъ образомъ, вдумываясь внимательнѣе въ существенное отличіе всякаго организма, мы видимъ, что въ немъ соединяются три особенности: 1) общій организму планъ устройства, развитія и жизни; 2) органы, живущіе въ цѣломъ и цѣлое въ своихъ органахъ, и 3) сила развитія, отъ чего бы она ни зависѣла, выполняющая общій планъ развитія. Органы въ организмѣ и планъ, по которому располагаются и развиваются органы, составляющіе организмъ, дѣло видимое и безспорное, но о *силѣ развитія*, которую мы признаемъ присущею всѣмъ организмамъ,— и растительнымъ, и животнымъ, слѣдуетъ, для удаленія недоразумѣній, сказать нѣсколько словъ.

4. Прежнее понятіе о *жизненной силѣ*, какъ о какомъ-то отдѣльномъ существѣ, непостижимою дѣятельностью котораго объясняли все, чему причины не знали въ организмѣ,— теперь, какъ кажется, навсегда оставлено и съ большою пользою для науки, которой, во всякомъ случаѣ, лучше прямо имѣть дѣло съ нерѣшенными вопросами, чѣмъ съ обманчивыми объясненіями. Но ошибочно было бы думать, что съ удаленіемъ прежняго термина—*жизненной силы* мы *уже* можемъ замѣнить его другимъ, взятымъ изъ области химіи или механики. Вотъ какъ отзывается объ этомъ одинъ изъ самыхъ сильныхъ противниковъ жизненной силы, знаменитый французскій физіологъ Клодъ-Бернаръ: «Жизнь есть твореніе, организмъ—машина, необходимо совершающая свои отправленія въ силу физико-химическихъ свойствъ составляющихъ ея элементовъ. Мы различаемъ въ настоящее время три порядка свойствъ, обнаруживаемыхъ въ явленіяхъ живыхъ существъ: свойства физическія, химическія и жизненныя. *Это послѣднее названіе свойствъ жизненныхъ существуетъ только пока*; ибо мы называемъ жизненными тѣ органическія свойства, которыя мы не могли еще свести на физико-химическія соображенія; но нѣтъ сомнѣнія, что мы этого когда нибудь достигнемъ». (Слѣдовательно это только pia desideria науки). Нѣсколько далѣе: «Когда цыпленокъ развивается въ яйцѣ, то вовсе не образованіе животнаго тепла, разсматриваемое какъ группировка химическихъ элементовъ, существенно характеризуетъ жизненную силу. Это группированіе совершается только вслѣдствіе законовъ, которые управляютъ физико-химическими свойствами матеріи; но что существенно принадлежитъ жизни, и что не принадлежитъ ни физикѣ, ни химіи, ни чему другому—это *идея*, управляющая этимъ жизненнымъ развитіемъ. *Во всякомъ живомъ зародышѣ есть творящая идея*, которая развивается и обнаруживается въ организаціи. Впродолженіе всего своего существованія, живое существо остается подъ вліяніемъ этой самой творящей жизненной силы, и смерть наступаетъ, когда она не можетъ болѣе реализироваться. Здѣсь, какъ повсюду, все исходитъ отъ идеи, которая одна только творитъ и управляетъ. Физико-химическія средства обнаруженія общи всѣмъ явленіямъ природы и остаются смѣшанными, какъ попало, какъ азбучныя буквы въ ящикѣ, гдѣ нѣкоторая сила отыскиваетъ ихъ, чтобы выразить самыя разнообразныя мысли или механизмы» [1]).

Что такое въ сущности эта *новая жизненная идея*, которая и творитъ организмъ, и «сохраняетъ существо, возстановляя живыя части, дезорганизованныя дѣятельностью или разрушаемыя случайностями и

---

[1]) Введеніе въ опытную медицину. Клодъ-Бернаръ. 1866. Перев. Страхова, стр. 120 и 121. По поводу послѣдняго выраженія невольно приходятъ на мысль слова Руссо: «Si l'on venait me dire que des caractéres d'imprimerie projetés au hasard ont donné l'Enéide tout arrangée, je ne daignerais pas fair un pas pour aller vérifier le mensonge». (Emile. Liv. IV, p. 307).

болѣзнями ¹)»,—этого, конечно, физіологъ не анализируетъ. Но если и идея, то, конечно, какъ замѣтилъ еще знаменитый физіологъ Мюллеръ, существенно отличная отъ нашей, которая собственно ничего не творитъ²). Вотъ почему мы считаемъ лучшимъ удержать выраженіе—*сила развитія*, выражая при этомъ увѣренность, хотя еще и немогущую превратиться въ фактъ науки, что эта сила принадлежитъ плану организма, т. е. устройству органическаго зародыша: его механическимъ, химическимъ и физическимъ свойствамъ. Но при этомъ, какъ уяснится намъ, мы совершенно отличаемъ *душу*, принадлежность *существъ одушевленныхъ*, отъ *силы развитія*, принадлежащей одинаково какъ растительнымъ, такъ и одушевленнымъ организмамъ. Мы принимаемъ терминъ *сила развитія*, нисколько не скрывая всего, что есть загадочнаго и темнаго въ этомъ терминѣ; но, *пока*, наука не можетъ обойтись безъ этого или подобнаго ему термина ³).

5. Въ безчисленномъ множествѣ извѣстныхъ намъ организмовъ мы прежде всего, различаемъ два отдѣла: организмы *единичные* и *организмы общественные*.

Органы единичныхъ организмовъ, растеній, животныхъ и человѣка, *матеріально связаны между собою* въ пространствѣ и времени; органы же общественныхъ организмовъ представляются намъ отдѣльными органическими существами въ пространствѣ и времени, связанными между собою не матеріальною связью, но условіями развитія и жизни. Такъ

---

¹) Клодъ-Бернардъ, стр. 122.
²) Manuel de Physiologie, par J. Müller. 1845. T. II. p. 97, 483, 493.
³) Правда, матеріалистическія теоріи дѣлали такую попытку; но она совершенно неудалась и самые яростные матеріалисты и контрвиталисты невольно прибѣгаютъ къ этому или подобнымъ терминамъ, закрывающимъ пробѣлъ въ нашихъ знаніяхъ. Такъ напр., докторъ Пидеритъ въ своей брошюрѣ «Мозгъ и духъ» говоритъ: «Словомъ *душа* обозначаю и *пластическую, образующую силу*, которая выстраиваетъ организмъ и, въ продолженіи жизни, сдерживаетъ въ свойственной ему формѣ полную таинственности силу, которая, будучи скрыта въ органическомъ зародышѣ и съ нимъ связана, проявляется мало по малу въ сообразномъ планѣ и цѣлесообразномъ развитіи организма. По мѣрѣ того, какъ эта сила, при благопріятныхъ обстоятельствахъ, привязываетъ къ себѣ и подчиняетъ своей цѣли годные къ употребленію матеріалы (brauchbare Stoffe), съ присущими имъ силами, возникаютъ органы тѣла, которые, посредствомъ взаимнаго вліянія, совершаютъ жизненныя проявленія организма». Gehirn und Geist, Dr. Pideritt. Leipz. Heidelb. 1863. s. 4). Далѣе еще г. Пидеритъ фантазируетъ какую-то—Urseele, какъ силу, производящую жизненныя явленія во всемъ органическомъ твореніи. Это едвали не значитъ уйти гораздо далѣе виталиста Бюссе, который тоже конечно не разумѣлъ подъ *жизненною силою* какого-то слѣпаго и, въ тоже время, не по законамъ природы творящаго существа

например, въ пчелиномъ роѣ каждая пчела представляется намъ отдѣльнымъ органическимъ существомъ; но ея происхожденіе, развитіе и жизнь условливаются общею жизнію роя и внѣ его невозможны; а самый рой представляетъ намъ образчикъ весьма стройнаго и сложнаго общественнаго организма, всѣ связи котораго возникли изъ такъ называемаго инстинкта составляющихъ его насѣкомыхъ. Происхожденіе этихъ общественныхъ организмовъ также скрыто отъ нашей любознательности въ тайнахъ творенія, какъ и происхожденіе организмовъ единичныхъ. Слѣды общественныхъ организмовъ мы замѣчаемъ уже въ царствѣ растительномъ, въ такъ называемыхъ двудомныхъ растеніяхъ, но гораздо болѣе въ царствѣ животныхъ и еще болѣе въ царствѣ людей. Семейство, родъ, племя, народъ, государство представляются намъ такими общественными органическими существами, и наконецъ весь родъ человѣческій есть одинъ великій общественный организмъ, покрывшій собою весь земной шаръ и существованіе котораго продолжается уже многія тысячелѣтія.

6. Въ организмахъ единичныхъ органы не только связаны матеріально въ одно матеріально-цѣлое, но и живутъ только для выполненія назначенія цѣлаго существа. Въ организмахъ общественныхъ, наоборотъ, цѣлое, соединенное нематеріальными условіями необходимости, заключенными въ каждомъ матеріально отдѣльномъ органѣ, живетъ исключительно для своихъ органовъ или для тѣхъ отдѣльныхъ органическихъ существъ, которыя являются его органами, для того, чтобы дать имъ возможность существованія, жизни и развитія. Это справедливо въ отношеніи пчелинаго роя, справедливо и въ отношеніи человѣческихъ обществъ. Взгляните на жизнь отдѣльнаго человѣка и вы убѣдитесь, что не только существованіе его и первый возрастъ необходимо условливаются семействомъ, но что и все дальнѣйшее развитіе его и даже самая способность языка зависитъ вполнѣ отъ жизни посреди того народа, къ которому онъ принадлежитъ, и посреди рода человѣческаго, однимъ изъ органовъ котораго является народъ.

Органы тѣлеснаго организма имѣютъ свою цѣль въ цѣломъ: цѣлое общественнаго организма имѣетъ свою цѣль въ органахъ; такъ семья, племя, народъ, государство, человѣчество имѣютъ свою цѣль въ личности отдѣльныхъ людей.

ГЛАВА II.

Существенныя свойства растительнаго организма.

1. Русскій языкъ весьма логически выражаетъ сущность *растительныхъ организмовъ* самымъ названіемъ ихъ — *растенія*: они *растутъ*, т. е. увеличиваются въ объемѣ и умножаются въ числѣ и — только: все ихъ значеніе состоитъ единственно въ этомъ ростѣ, увеличиваніи и

размноженіи; къ этому приспособлены и всѣ ихъ органы, посредствомъ которыхъ они питаются и размножаются. Впродолженіе всего своего существованія, растеніе само увеличивается въ объемѣ и даетъ новыя вѣтви или новыя сѣмена подобныхъ же растеній. По прекращеніи растительнаго процеса, растеніе перестаетъ существовать, какъ отдѣльный организмъ: засыхаетъ, гніетъ, разлагается на составлявшіе его химическіе элементы.

2. *Животное*, хотя растетъ и размножается, какъ растеніе, и въ этомъ отношеніи должно быть поставлено въ одну категорію съ растеніями, но въ животномъ, кромѣ растительныхъ органовъ и процессовъ, есть еще *процессы жизненные*, процессы *чувства и движенія*, и органы, выполняющіе именно эти процессы: *нервы, органы чувствъ и мускулы*. Слѣдовательно, мы можемъ сказать, что въ животномъ уже заключается растеніе, такъ что, изучая общія, основныя условія растительнаго организма въ растеніяхъ, мы изучаемъ вмѣстѣ съ тѣмъ условія растительнаго процесса во всѣхъ другихъ организмахъ: въ животныхъ и въ человѣкѣ, въ которыхъ растительный процессъ только видоизмѣняется сообразно различію идеи организма: въ растеніи—ростъ составляетъ окончательную его цѣль, тогда какъ въ животныхъ и человѣкѣ онъ только есть подготовленіе къ другимъ, болѣе высокимъ процессамъ. Само растеніе, лишенное чувства своего существованія, существуетъ не для себя (an sich, но не für sich по выраженію Канта), — существуетъ для другихъ растеній (гніеніемъ удобряя почву) и окончательно для животныхъ, которымъ оно подготовляетъ необходимую для ихъ жизни органическую пищу ¹).

3. Мы признаемъ растеніе за организмъ, потому что въ немъ находятся всѣ существенные признаки организма: планъ (или основная идея), органы и сила развитія. Всѣ эти признаки организма существуютъ, непостижимымъ для насъ образомъ, въ зародышѣ каждаго растительнаго и животнаго организма и даже въ простой и, повидимому, однообразной клѣточкѣ, служащей основою всему безконечно-разнообразному растительному и животному царству. Но мы узнаемъ о существованіи этого скрытаго плана и органовъ въ ихъ особенности, свойственной каждому организму, тогда только, когда сила развитія, также заключающаяся въ зародышахъ организмовъ, выведетъ эти особенности наружу и сдѣлаетъ ихъ доступными для нашихъ наблюденій.

4. Но плана органовъ и врожденной зародышу силы развитія еще мало: для того, чтобы развитіе началось и чтобы планъ развитія могъ осуществиться виднымъ для насъ образомъ, необходимъ еще *матеріалъ*, изъ котораго сила развитія могла бы построить организмъ по плану, скрытому въ зародышѣ. Этотъ матеріалъ даетъ зародышу окружающая его неорганическая природа.

---

¹) Говоря здѣсь о цѣляхъ, о назначеніи, мы выражаемъ только *фактъ* существующаго соотношенія между организмами.

5. Разлагая химически организмы животныхъ и растеній, наука открыла, что всѣ они состоятъ изъ тѣхъ же простыхъ химическихъ элементовъ, какіе мы находимъ и въ неорганической природѣ: изъ углерода, кислорода, водорода, азота, сѣры, кремнія, желѣза и др., и что если неорганическая природа имѣетъ много элементовъ, не входящихъ въ составъ организмовъ, то органическая не имѣетъ ни одного, котораго не было бы въ неорганической природѣ, въ чистомъ видѣ, или въ химическомъ соединеніи съ другими элементами.

Изъ такого наблюденія весьма логически вытекло убѣжденіе, что всѣ безпрестанно возникающіе вновь, растущіе и развивающіеся безчисленные организмы растеній, животныхъ и людей, берутъ весь свой строительный, вѣсомый матерьялъ единственно изъ неорганической природы, изъ химическихъ элементовъ, составляющихъ воздухъ, воду и поверхность земли, и что въ организмахъ ничто не творится вновь, а только перерабатывается изъ одной формы въ другую, вводятся новыя и новыя химическія соединенія. Словомъ: неорганическій міръ составляетъ единственную *пищу* всѣхъ тѣлесныхъ организмовъ, тотъ матеріалъ, который нуженъ организму, чтобы проявить видимымъ образомъ свой планъ.

6. Разсматривая составныя матеріи растительныхъ и животныхъ организмовъ до ихъ окончательнаго разложенія на простые химическіе элементы (кислородъ, углеродъ и проч.), наука открыла, что эти органическія матеріи, каковы: жиръ, бѣлокъ, фибринъ и проч., сложены изъ простыхъ химическихъ элементовъ вовсе не такъ и не въ тѣхъ пропорціяхъ, какъ эти элементы слагаются въ различныя неорганическія тѣла: камни, воду, земли и проч., но совершенно особеннымъ способомъ, образуя соединенія, встрѣчающіяся только въ организмахъ. Изъ этого изслѣдованія также весьма логически было выведено заключеніе, что органическія соединенія совершаются въ организмахъ подъ вліяніемъ какой-то особенной органической силы, которую мы назвали *силою развитія*, въ отличіе отъ *жизни*, такъ-какъ слово *жизнь* нашъ народный языкъ придаетъ только тѣмъ существамъ, которыя обнаруживаютъ въ своихъ движеніяхъ способность чувства.

7. Усвоеніе организмами неорганическихъ элементовъ и переработка ихъ въ разнообразныя органическія соединенія и составляетъ *процессъ питанія*, посредствомъ котораго каждый организмъ, и животный, и растительный, выполняетъ въ дѣйствительности свой планъ развитія.

8. Первоначально пускаютъ въ органическій оборотъ неорганическіе элементы одни растенія, да и тѣ, большею частью, для превращенія неорганическихъ элементовъ въ органическіе, нуждаются уже въ готовыхъ органическихъ элементахъ: въ почвѣ, болѣе или менѣе обладающей органическими остатками, т. е. въ удобреніи. Какъ произошли первыя органическія матеріи, это остается тайною созданія; но въ настоящее время удобреніе дается гніющими, разлагающимися тѣлами растеній и животныхъ. Животныя же для своего питанія нуждаются уже въ подготовленныхъ другими организмами органическихъ соединеніяхъ: питаются или

— 8 —

растительною пищею, какъ всѣ травоядныя, или животною, поглощая одни другихъ.

9. Если разрѣжемъ пополамъ сѣмя растенія, напримѣръ, ржи, то увидимъ внутри его болѣе менѣе ясно обозначившійся *зародышъ*, а вокругъ, такъ называемый, *бѣлокъ* [1]), который есть первая пища, приготовленная зародышу уже въ томъ плодѣ, гдѣ сѣмя созрѣло. Но питаніе зародыша, а вслѣдствіе того и развитіе, начинается только тогда, когда сѣмя будетъ поставлено въ благопріятныя для питанія обстоятельства. Эти благопріятныя для питанія обстоятельства, общія всѣмъ организмамъ, суть:

а) *Влага*, необходимая для того, чтобы привести бѣлокъ, а потомъ послѣдующую пищу въ размягченное или жидкое состояніе.

б) *Надлежащая температура*, дающая возможность движенія соковъ въ зародышѣ и условливающая возможность многихъ химическихъ соединеній.

в) *Воздухъ*, составныя части котораго даютъ обильнѣйшій матеріалъ тѣлу растенія, а черезъ кровь и тѣлу животнаго.

г) *Свѣтъ*, который необходимъ для совершенія важныхъ химическихъ процессовъ въ растительныхъ организмахъ. Взгляните, какъ поворачиваются многіе цвѣты вслѣдъ за солнцемъ, какъ многія растенія раскрываютъ, а другія закрываютъ чашечки своихъ цвѣтовъ, или свертываютъ и развертываютъ свои листья подъ вліяніемъ свѣта, какъ иныя начинаютъ благоухать только вечеромъ, какъ, наконецъ, всѣ вѣтки растенія, стоящаго на окнѣ, направляются мало по малу къ окну, туда, откуда приходитъ къ нему свѣтъ, — и вы поймете, почему и дѣти въ мрачныхъ жилищахъ блѣднѣютъ, растутъ плохо, подвергаются разнымъ болѣзнямъ, въ особенности золотушнымъ, а переведенные въ свѣтлую, освѣщенную солнцемъ комнату, поправляются и оживаютъ какъ цвѣты.

10. Свѣтъ, надлежащая температура, достаточное количество влаги и свѣжаго воздуха составляютъ необходимыя условія усвоенія организмомъ пищи, т. е. питанія, а слѣдовательно и развитія не только растеній, но животныхъ и человѣка, потому что растительный или, собственно, питательный процессъ — который, вмѣстѣ съ воспроизводительнымъ, и составляетъ весь растительный — вездѣ остается одинъ и тотъ-же: и въ растеніи, и въ животномъ, и въ человѣкѣ, только видоизмѣняясь сообразно особенной идеѣ каждаго организма.

11. Мы сказали уже, что планъ развитія каждаго организма и сила, двигающая это развитіе, скрыты отъ нашихъ наблюденій въ зародышѣ; слѣдовательно мы не можемъ тамъ дѣйствовать на нихъ и должны предоставить ихъ мудрости природы. Но въ пищѣ, которою питается растительный организмъ, и обстоятельствахъ, способствующихъ процессу

---

[1]) Нѣкоторыя растенія не имѣютъ въ сѣменахъ бѣлка; но ботаническія подробности не нужны для нашей цѣли.

питанія и развитія, открывается обширное поприще произвольному вліянію человѣка.

12. Множество явленій убѣждаетъ насъ, что растительные организмы, съ перемѣною почвы, климата и вообще положенія своего въ окружающей природѣ, не только развиваются болѣе или менѣе скудно, или полно и роскошно, но даже видоизмѣняютъ самыя формы свои, оставляя нетронутымъ только существенный планъ своего организма. Такъ, многія породы растеній и животныхъ, перенесенныя въ другой климатъ, перерождаются. Подмѣчая законы этихъ перерожденій, человѣкъ научился по произволу своему, сообразно своимъ потребностямъ и прихотямъ, видоизмѣнять породы растеній и животныхъ и большая часть цвѣтовъ, которыми мы любуемся въ нашихъ цвѣтникахъ и оранжереяхъ, являются столько же созданіями природы, сколько и созданіями искусства. Этого достигаетъ человѣкъ отчасти возможностью оказывать нѣкоторыя вліянія на воспроизводительный процессъ растительныхъ организмовъ, отчасти вліяніемъ своимъ на пищу и обстоятельства, дѣлающія питаніе возможнымъ: влагу, температуру и свѣтъ. Если же растительный организмъ уже рѣшительно не можетъ выносить новаго климата и человѣкъ не можетъ пріучить его мало по малу къ новымъ климатическимъ условіямъ, тогда онъ создаетъ ему климатъ искусственный: теплицу, оранжерею, звѣринецъ.

13. При этомъ перерожденіи организмовъ замѣчено, что оно совершается не разомъ, не въ одномъ индивидуумѣ, но послѣдовательно, въ нѣсколькихъ поколѣніяхъ, изъ которыхъ каждое послѣдующее поколѣніе измѣняется болѣе предшествующаго, пока, наконецъ, растительный организмъ не достигнетъ той нормы, при которой его существованіе въ новомъ климатѣ, при новой пищѣ и при новыхъ условіяхъ питанія, сдѣлается совершенно возможнымъ и обезпеченнымъ. Такъ, нѣкоторыя растенія, перенесенныя въ новыя климатическія условія, даютъ въ первый годъ тѣ же плоды, какіе давали и на родинѣ, во второй — нѣсколько измѣнятъ свои формы, а изъ сѣмянъ третьяго или четвертаго года выходитъ уже совершенно перерожденное растеніе.

14. Изъ всѣхъ развитыхъ органическихъ существъ человѣкъ едва ли оказывается не самымъ способнымъ къ перенесенію разнообразнѣйшихъ климатическихъ условій. Самая близкая къ человѣку, по своему физическому устройству, порода животныхъ, а именно обезьяны, въ которыхъ матеріалисты не разъ пытались найти нашихъ прародителей, ограничена въ своемъ распространеніи самыми тѣсными предѣлами жаркаго климата, и оказывается менѣе способною къ акклиматизаціи въ умѣренныхъ странахъ, чѣмъ многія другія животныя; тогда какъ человѣкъ распространенъ отъ полярныхъ до экваторіальныхъ странъ и совершенно удобно выноситъ жизнь на 1,500 ф. ниже морскаго уровня (берега Мертваго моря) и на 12,000 ф. выше (Квито). Кромѣ того, какъ замѣтилъ еще Гумбольдтъ, европейская раса оказывается самою способною къ акклиматизаціи. Но это послѣднее обстоятельство,

а равно и распространеніе американской рассы по всѣмъ поясамъ, наводитъ на мысль, что самая эта способность акклиматизаціи есть способность не совсѣмъ прирожденная, а отчасти выработанная жизнью, т. е. духомъ человѣка въ его воздѣйствіи на тѣло[1]). Однако же перемѣна климатическихъ условій не остается безъ вліянія на видоизмѣненіе человѣческаго организма. Породы людей, точно также какъ и породы растеній, перерождаются подъ новымъ небомъ и при новыхъ условіяхъ пищи и жизни, хотя люди остаются людьми и подъ экваторомъ и подъ полюсами, при употребленіи роскошнѣйшаго и разнообразнѣйшаго стола и при скудной пищѣ эскимоса[2]).

15. Не только климатъ и мѣстность, но болѣе или менѣе грубый или утонченный образъ жизни, въ томъ же климатѣ и той же мѣстности, оказываютъ ощутительное вліяніе на человѣческую породу, выказываемое, можетъ быть, съ полною ясностью только въ пятомъ, шестомъ десятомъ поколѣніи. Такъ, вмѣстѣ съ цивилизаціей, видоизмѣняется самый организмъ людей, и внѣшній ихъ видъ; такъ мы видимъ, что люди, принадлежащіе къ одной народности, но къ различнымъ сословіямъ, пріобрѣтаютъ чрезъ нѣсколько поколѣній нѣкоторыя физическія особенности. Въ этой возможности произвольнаго вліянія на перерожденіе людскихъ поколѣній выказывается вся важность общихъ въ народѣ или въ какомъ нибудь его сословіи воспитательныхъ правилъ и воспитательныхъ мѣръ. Такъ, изнѣженное, удалившееся отъ природы воспитаніе не разъ вело за собою изнѣженность и вырожденіе цѣлыхъ поколѣній.

16. Какъ далеко можетъ идти такое перерожденіе человѣческаго организма подъ вліяніемъ климатическихъ, пищевыхъ и вообще жизненныхъ условій—этого наука еще не опредѣлила. Въ естествознаніи Ламаркъ и Дарвинъ, а въ философіи Шопенгауеръ не видятъ границъ возможности такого перерожденія организмовъ. Но, признавая такое расширеніе этой мысли, по крайней мѣрѣ, преждевременнымъ и несоотвѣтствующимъ фактамъ, которыми до сего времени обладаетъ наука, мы тѣмъ не менѣе, видимъ, что измѣненія, которымъ подвергается человѣческій организмъ въ разныхъ климатахъ и при различномъ образѣ жизни, идутъ очень глубоко. Не только цвѣтъ кожи, глазъ и волосъ, ростъ, относительная величина членовъ тѣла, величина и сила мускуловъ, но

---

[1]) Любопытныя подробности объ акклиматизаціи различныхъ человѣческихъ рассъ и племенъ см. въ сочиненіи Вайца: Antropologie der Naturvölker von Th. Waitz. Leipz. 1859. Erst T. S. 144 и др.

[2]) Одна и та-же порода животныхъ, перенесенная изъ теплыхъ или умѣренныхъ странъ въ холодныя, пріобрѣтаетъ большую убыль въ ..., въ ... быстротѣ роста и половаго развитія, плодовитость также уменьшается, тогда какъ ростъ волосъ и перьевъ, а равно жировыя отложенія увеличиваются; пестрые же цвѣта по большей части смѣняются однообразнымъ преимущественно бѣлымъ. См. Waitz. Erst T. S. 41.

нература, но даже самая форма черепа и форма мозга изменяются. Жители Огненной земли и Лапландіи, не смотря на все, неподлежащее сомнѣнію, различіе своего происхожденія, имѣютъ много сходства, которое должно быть приписано ихъ одинаковой близости къ полюсамъ [1]). Наоборотъ, Бушмэны, хотя принадлежатъ къ одному племени съ Готтентотами, но загнанные своими врагами въ скалистую и неплодородную страну и принужденные питаться кореньями, муравьями, саранчой, змѣями и т. п., выродились въ племя, гораздо худшее по формаціи, чѣмъ Готтентоты, и поражающее путешественника своимъ безобразіемъ и близостью къ животнымъ. Тѣ же Бушмэны въ плодородной странѣ, къ сѣверо-востоку отъ озера Нгами, образовали сильное и красивое племя [2]).

17. Изъ этого мы видимъ, что на развитіе растительнаго организма въ индивидуальномъ человѣкѣ и болѣе или менѣе полное раскрытіе его можетъ оказывать произвольное вліяніе другой человѣкъ, посредствомъ тѣхъ же агентовъ, которые давали ему власть надъ растеніями и надъ животными, т. е. посредствомъ пищи, воздуха, температуры и свѣта, — словомъ, посредствомъ произвольнаго вліянія на процессъ питанія, который, сравнительно съ процессомъ питанія въ растеніяхъ, только видоизмѣняется въ человѣкѣ, но требуетъ также пищи, сообразной организму, и тѣхъ же условій, дѣлающихъ питаніе и развитіе возможными. Правила этого вліянія, сообразно цѣлямъ, для которыхъ назначается растительный организмъ человѣка, составляютъ одинъ изъ отдѣловъ теоріи искусства воспитанія, а именно *воспитаніе физическое*, которое спеціально разработывается медициной.

ГЛАВА III.

Растительный организмъ въ животномъ. Процессъ питанія.

1. Животное питается, растетъ, развивается изъ зародыша по плану, вложенному въ него Создателемъ, какъ и всякій другой растительный организмъ; но существеннымъ отличіемъ животнаго отъ растенія является присутствіе въ немъ *жизни*, т. е. способности ощущеній и соотвѣтствующихъ имъ движеній. Мы видимъ, конечно, движеніе и въ растеніяхъ: такъ, нѣкоторыя изъ нихъ, при прикосновеніи къ нимъ, свертываютъ свои листья, другія обращаются своими цвѣтами къ солнцу; такъ, сѣмя, посаженное въ землю, переворачивается, обращаясь стебелькомъ кверху, а корешкомъ книзу; но всѣ эти движенія растеній происходятъ не вслѣдствіе ощущеній, а вслѣдствіе болѣе или менѣе объясненныхъ химическихъ и механическихъ причинъ. Въ животномъ же

---

[1]) Antrop. der Naturvölk. von Waitz. Erst T. S. 54.
[2]) Ibid. S. 63.

движеніе есть только форма выраженія ощущеній, и безъ движенія не могли бы убѣдиться въ томъ, что животное имѣетъ ощущеніе. Въ животномъ, какъ въ растеніи, есть много движеній, не сопровождаемыхъ ощущеніемъ и не зависящихъ отъ ощущенія; таковы всѣ движенія, сопровождающія растительный или питательный процессъ въ животномъ, какъ-то: ростъ, обращеніе крови, біеніе сердца, червеобразное движеніе желудка, отчасти дыханіе, на которое имѣетъ вліяніе произволъ, хотя оно также совершается и само собою.

2. Что такое чувствуетъ въ животномъ и что является первою причиною его произвольныхъ движеній — мы не знаемъ, и жизнь, отличающая животное отъ растеній, доступна намъ только или въ нашемъ собственномъ сознаніи, или въ своихъ проявленіяхъ на предметахъ, подверженныхъ нашимъ ощущеніямъ. Движенія животнаго производятъ измѣненія въ ощущаемыхъ нами предметахъ и по движеніямъ мы заключаемъ объ ощущеніяхъ, которыми эти движенія произведены. Кромѣ того, мы судимъ объ ощущеніяхъ по тѣмъ движеніямъ жизни, которыя совершаются въ насъ самихъ; но что такое ощущаетъ и въ насъ самихъ намъ *также совершенно неизвѣстно*.

3. Мы замѣчаемъ только, что это ощущающее существо жизни тѣсно связано съ *нервнымъ организмомъ*, который является единственнымъ орудіемъ для проведенія впечатлѣній отъ предмета ощущаемаго къ существу ощущающему и движеній отъ существа, рѣшающагося на движеніе, къ предмету, на которомъ движеніе проявляется. Нервный организмъ есть орудіе жизни, оживляющей царство животныхъ, а потому составляетъ исключительную принадлежность животнаго организма или сказать точнѣе, всю сущность животнаго; все же остальное въ животномъ есть только видоизмѣненіе растительнаго организма, сообразно съ его новымъ назначеніемъ—служить питательною почвою, оболочкою и орудіемъ для проявленія дѣятельности нервнаго организма и черезъ него всѣхъ способностей, скрывающихся въ существѣ жизни. Такъ животное видитъ собственно черезъ нервы глаза; но глазъ, со всѣмъ своимъ удивительнымъ устройствомъ, необходимъ только для того, чтобы отразить на сѣтчатой оболочкѣ глазнаго нерва видимый предметъ; такъ слуховой органъ весь приспособленъ къ тому, чтобы, сосредоточивая звуковыя волны воздуха, вѣрно и вполнѣ сообщать ихъ колебанія слуховымъ нервамъ; такъ кожа является необходимымъ условіемъ для того, чтобы осязательный нервъ получилъ впечатлѣніе осязанія. Точно также всѣ произвольные мускулы приспособлены къ тому, чтобы двигательные нервы могли посредствомъ ихъ приводить въ движеніе различные члены тѣла и, наконецъ, весь питательный процессъ въ животномъ, по окончаніи періода роста, имѣетъ единственною цѣлью свое постоянное обновленіе тѣла, истощаемаго дѣятельностію нервнаго организма.

4. Пока животное растетъ и развиваетъ свои органы, т. е. подчиняется общему процессу съ растеніемъ, до тѣхъ поръ и питательный

процессъ въ немъ имѣетъ двѣ цѣли: *во первыхъ*, доставлять матерьялъ, необходимый для матерьяльнаго развитія организма и устройства всѣхъ необходимыхъ ему органовъ, а *во вторыхъ*, обновлять тѣло, истощаемое дѣятельностію нервовъ, истощаемыхъ въ свою очередь проявленіями жизни, которыя начинаются въ организмѣ задолго до окончанія роста и вскорѣ за началомъ развитія. Но когда ростъ животнаго организма достигнетъ положенныхъ животному предѣловъ, когда оно разовьетъ всѣ свои органы въ ихъ нормальномъ видѣ, тогда питательный процессъ весь направляется къ подновленію тѣла, постоянно истощаемаго жизненною дѣятельностію, которая потому вполнѣ и проявляется только въ то время, когда ростъ животнаго уже конченъ и всѣ органы его приняли свой нормальный видъ. Конечно, весь этотъ процессъ въ различныхъ животныхъ совершается различно; но мы, имѣя въ виду только живой организмъ человѣка, говоримъ преимущественно объ однѣхъ высшихъ породахъ, наиболѣе приближающихся къ человѣку.

5. Въ растеніи, слѣдовательно, питательный процессъ имѣетъ единственнымъ результатомъ *ростъ*, т. е. увеличеніе въ объемѣ и размноженіе, или иначе: безпрестанную обработку неорганическихъ матерьяловъ въ органическіе и разлагающихся органическихъ въ новые органическіе. Въ животныхъ же питательный процессъ доставляетъ матерьялъ не для одного роста и размноженія, но и для проявленій жизни; а потому и самый этотъ процессъ значительно видоизмѣняется.

Мы выше сказали, что животные организмы питаются органическими соединеніями, подготовленными уже въ организмахъ растеній или другихъ животныхъ, а потому и принимаютъ ихъ не въ видѣ газовъ или совершенныхъ жидкостей, какъ растенія; но по большей части въ сложныхъ комбинаціяхъ готовыхъ тѣлъ, растительныхъ и животныхъ. Прежде чѣмъ усвоить ихъ себѣ, животный организмъ долженъ, слѣдовательно, привести ихъ въ тотъ видъ, въ которомъ они могли-бы быть имъ усвоены: разложить ихъ на составные элементы и ввести эти элементы въ новыя комбинаціи, организму свойственныя; а для этого животный организмъ, сколько нибудь совершенный, нуждается въ особенномъ, сложномъ пищеварительномъ органѣ, средоточіемъ котораго является желудокъ. Присутствію желудка въ животномъ соотвѣтствуетъ также способность животнаго перемѣнять мѣсто и та необходимость отыскивать и выбирать себѣ свойственную пищу между растеніями и животными, въ которую поставленъ всякій, сколько нибудь совершенный, животный организмъ.

6. Въ желудкѣ и кишкахъ растительная и животная пища, съ помощью особенной желудочной жидкости, желчи, сока поджелудочной железы, воды и болѣе или менѣе высокой температуры, которою обладаетъ желудокъ, подвергается различнымъ механическимъ, физическимъ и химическимъ измѣненіямъ, въ которыхъ всѣ элементы пищи, способные питать тѣло, принимаютъ видъ, удобный для всасыванія кровеносными сосудами, а неспособные извергаются вонъ.

7. Приготовленный въ желудкѣ и кишкахъ новый матерьялъ крови вносится въ кровь посредствомъ сложной системы всасывающихъ млечныхъ сосудовъ. *Кровь* и есть именно та жидкость, которая заключаетъ въ себѣ всѣ элементы питанія тѣла животнаго и служитъ къ его безпрестанному возобновленію.

Но, чтобы сдѣлаться совершенно способною къ питанію и возобновленію животнаго организма, кровь должна подвергнуться еще вліянію кислорода воздуха, соединиться съ нимъ, т. е. окислиться. Только по соединеніи съ кислородомъ кровь дѣлается способною питать тѣло и возобновлять всѣ ткани, изъ которыхъ тѣло состоитъ: кости, мускулы, железы, нервы, кожу; поэтому многіе справедливо и называютъ кислородъ элементомъ, придающимъ крови жизнь.

8. Это необходимое окисленіе крови, послѣ котораго она изъ венозной или темнокрасной превращается въ яркокрасную, *артеріальную*, совершается въ легкихъ, въ которыхъ кровь соприкасается съ атмосфернымъ воздухомъ въ процессѣ, извѣстномъ подъ именемъ дыханія. Въ породахъ высшихъ животныхъ масса крови, требующая окисленія, такъ велика, что для окисленія ея нужна огромная поверхность соприкосновенія крови и воздуха, и эта громадная поверхность дана въ безчисленныхъ трубочкахъ *легкихъ*, особеннаго, весьма обширнаго органа, наполняющаго грудь.

9. Изъ млечныхъ сосудовъ матерьялъ крови поступаетъ въ вены, черезъ вены въ правую сторону сердца; изъ сердца идетъ въ легкія, гдѣ, окислившись, опять переходитъ въ другую уже часть сердца, и оттуда безпрестанными движеніями, сжатіями и расширеніями этого органа, вгоняется въ артеріи, далѣе развѣтвляющіяся на безчисленные мелкіе сосуды, проникающіе въ видѣ сѣти всю массу тѣла животнаго.

10. Здѣсь, въ этихъ сосудахъ, совершается питаніе и подновленіе всѣхъ тканей тѣла, такъ что кости, мускулы, нервы, кожа, железы берутъ изъ крови потребную имъ пищу и извергаютъ въ нее элементы, сдѣлавшіеся негодными отъ употребленія. Кровь уноситъ эти отжившіе элементы въ вены и извергаетъ ихъ вонъ изъ тѣла главнымъ образомъ черезъ дыханіе и черезъ испарину. Въ венахъ прибавляется къ прежней крови новый матерьялъ, выдѣляемый изъ пищи пищеварительнымъ органомъ и вносимый въ вены млечными сосудами, и вся масса крови, какъ съ этими новыми питательными элементами, такъ отчасти и со старыми, уже отжившими, которыхъ кровь еще не успѣла выбросить, стремится опять къ сердцу и опять къ легкимъ и т. д.

11. Такимъ образомъ, въ своемъ постоянномъ, быстромъ круговоротѣ, управляемомъ быстрыми движеніями сердца, кровь приноситъ всему тѣлу новый матерьялъ и увлекаетъ старый, отжившій, что составляетъ совершенно новое явленіе питательнаго процесса, который въ растеніи только увеличиваетъ массу органическаго матерьяла, а не замѣняетъ стараго новымъ. Это же новое направленіе зависитъ отъ необходимости

обновленія животнаго организма. Спрашивается теперь: отчего является самая эта необходимость [1]?

ГЛАВА IV.

Необходимость и особенныя условія возобновленія тканей животнаго организма.

1. Весьма легко замѣтить, что послѣ продолжительнаго и сильнаго дѣйствія какого-нибудь органа, мы чувствуемъ въ немъ утомленіе: такъ, разсматривая долго и пристально какіе-нибудь отдаленные или мелкіе предметы, мы чувствуемъ усталость въ глазахъ; такъ, послѣ долгаго и усиленнаго движенія мускуловъ рукъ или ногъ, мы чувствуемъ усталость этихъ мускуловъ. Но мы замѣчаемъ также, какъ, послѣ болѣе или менѣе долгаго отдыха уставшаго органа, усталость его проходитъ и силы возобновляются.

2. Это явленіе, всѣмъ намъ знакомое, ближайшимъ образомъ объясняется тѣмъ, что мускулы, т. е. тѣ органы, посредствомъ сокращенія которыхъ двигательные нервы управляютъ движеніями тѣла, послѣ усиленныхъ движеній, оказываются вялыми, возбуждаются къ сокращенію гораздо слабѣе, и что даже самый химическій составъ ихъ измѣняется. То же самое, по всей вѣроятности, дѣлается и со всѣми другими органами животнаго и съ самыми нервами [2] и, нѣтъ сомнѣнія, что жизненная дѣятельность производитъ матеріальное измѣненіе во всемъ организмѣ, такъ сказать, потребляетъ его ткани и дѣлаетъ ихъ менѣе и менѣе годными къ выраженію дѣятельности. Вотъ почему жизненная дѣятельность, присущая животному, дѣлаетъ необходимымъ постоянное обновленіе всѣхъ тканей тѣла. Это обновленіе, какъ мы уже видѣли, совершается кровью, которая безпрестанно, посредствомъ проникающей тѣло сѣти кровеносныхъ сосудовъ, приноситъ новый, оживленный кислородомъ матеріалъ ко всѣмъ частямъ тѣла, а въ томъ числѣ и къ тѣмъ, которыя истощены жизненною дѣятельностію, и уноситъ прочь частицы отжившія и сдѣлавшіяся отъ употребленія негодными.

3. Постоянное обновленіе кровью всѣхъ тканей тѣла животнаго одно только и дѣлаетъ его способнымъ выносить дѣятельность жизни и, вмѣстѣ съ тѣмъ, быть достаточно гибкимъ и сильнымъ, чтобы выражать ея проявленія. Безъ такого постояннаго обновленія, животный организмъ

---

[1] Мы знаемъ, что критика можетъ упрекнуть насъ въ слишкомъ поверхностномъ обзорѣ физіологическихъ процессовъ; но мы желали только указать ихъ значеніе въ жизни человѣка. Кто же захочетъ познакомиться съ ними подробнѣе, тотъ обратится за этимъ, конечно, не къ педагогическому сочиненію.

[2] Учебн. Физіол. Германа, стр. 185 и 186.

весьма быстро сдѣлался бы негоднымъ для выраженія жизни и, так сказать, послѣ перваго же напора ея устремился бы къ разрушенію; дѣйствительно, остановка, напримѣръ, дыхательнаго процесса на нѣсколько минутъ лишаетъ животное жизни, остановка или даже замедленіе въ питаніи кровью какого-нибудь органа тѣла немедленно производитъ въ этомъ органѣ болѣзнь и можетъ даже парализировать навсегда его отправленія, если ткани, составляющія этотъ органъ, такъ разрушены, что уже не могутъ и возобновиться.

Пищеварительный и кровообращательный процессъ въ животномъ организмѣ есть, слѣдовательно, тотъ же процессъ питанія, который мы видѣли и въ растеніи; но назначеніе его уже другое: изъ него, какъ изъ почвы, постоянно выростаетъ тѣло, постоянно потребляемое жизненною дѣятельностію.

4. Теперь уже понятно то общеизвѣстное явленіе, что если усиленная нервная дѣятельность въ человѣкѣ не сопровождается соотвѣтствующимъ питаніемъ тѣла, то нервы, продолжая дѣйствовать, истощаютъ тѣло, сушатъ его, производятъ худобу. При испорченномъ, недостаточномъ кровообращеніи, напримѣръ, въ грудныхъ болѣзняхъ, нервный организмъ долго еще питается на счетъ тѣла, объемъ котораго замѣтно уменьшается. Здоровое же состояніе организма именно въ томъ состоитъ въ томъ, чтобы пищевареніе, посредствомъ обращенія крови, настолько вознаграждало силы тѣла, насколько онѣ поглощаются дѣятельностію нервовъ.

Но если, наоборотъ, нервная дѣятельность животнаго организма гораздо слабѣе совершающагося въ немъ растительнаго процесса или питанія тѣла, то нормальное отправленіе организма также нарушается: вновь проносимая пища, не поглощаемая дѣятельностію нервовъ, производитъ увеличеніе объема тѣла, чрезмѣрная толстота котораго является болѣзнію, противоположною чрезмѣрной худобѣ.

На этомъ главнѣйшемъ законѣ животнаго организма основывается, напримѣръ, способъ выкормки домашняго скота, употребляемый сельскими хозяевами Англіи, для которыхъ возможно-большая масса тѣла животнаго составляетъ главную цѣль. Они запираютъ откармливаемое животное, когда не выводятъ его въ поле и почти совершенно лишаютъ движенія, даже заботятся о томъ, чтобы свѣтъ и шумъ не приводили въ дѣятельность нервовъ животнаго,—словомъ предохраняютъ его отъ всѣхъ явленій животной жизни, предоставляя дѣйствовать по возможности одному растительному процессу, т. е. пищеваренію, дыханію и кровообращенію. При такомъ уходѣ, почти превращающемъ животное въ растеніе, масса тѣла его быстро возрастаетъ; но если продолжить такое питаніе далѣе извѣстнаго срока, то животное захирѣетъ, начнетъ болѣть и издохнетъ, потому что это не есть его нормальная жизнь и увеличивающаяся масса тѣла не означаетъ еще прибавленія жизненныхъ силъ организма.

5. Для увеличенія силъ организма, для того, чтобы дать ему большее по объему, но богатое по содержанію, энергическое и сильное

тѣло, необходимо, чтобы поглощеніе, производимое нервною дѣятельностію, соотвѣтствовало (по окончаніи роста) его питанію, чтобы дѣятельность животнаго организма (нервной системы) въ животномъ вызывала дѣятельность его растительнаго процесса и чтобы между этими двумя процессами, истощающимъ и обновляющимъ, животнымъ и растительнымъ, соблюдалась постоянная гармонія.

Но соблюденія одной гармоніи между поглощающею дѣятельностію нервнаго организма и возстановляющею дѣятельностію питательнаго или растительнаго—еще недостаточно. Нервная дѣятельность, превышающая дѣятельность возобновительнаго процесса, ослабляетъ организмъ и вмѣстѣ съ тѣмъ уменьшаетъ объемъ тѣла: возобновительная дѣятельность растительнаго процесса, превышающая поглощающую дѣятельность жизни, также ослабляетъ организмъ, дѣлаетъ его дряблымъ и безсильнымъ, хотя и увеличиваетъ его объемъ; но если и возобновительная, и поглощающая дѣятельность животнаго организма, хотя соотвѣтствуютъ одна другой, но обѣ слабы и оборотъ между ними совершается медленно, то силы организма также медленно увеличиваются и онъ развивается также слабо. Только постоянный и быстрый оборотъ питанія тѣла и поглощеніе этого питанія жизнію, находясь въ постоянной гармоніи, развиваютъ всѣ силы, къ проявленію которыхъ способенъ тотъ или другой животный организмъ [1]). Такъ, напримѣръ, ручные мускулы работника, истощаемые безпрестанно усиленною постоянною дѣятельностію и возобновляемые постоянно обильною пищею, пріобрѣтаютъ значительный объемъ и ту упругость и силу, которыми они отличаются. То же самое, хотя и не столь замѣтнымъ образомъ, совершается во всѣхъ органахъ животнаго организма, оживляемыхъ дѣятельностію жизни черезъ посредство нервной системы. Зрѣніе, слухъ, осязаніе, всѣ мускулы движенія нуждаются въ постоянной нервной дѣятельности для своего полнаго развитія.

6. Вліяніе дѣятельности, даваемой организму жизнію, на устройство самого организма не ограничивается мускулами и органами чувствъ: кость и даже сама нервная система и центръ ея—мозгъ измѣняются подъ вліяніемъ жизненной дѣятельности. Точнѣйшимъ измѣреніемъ череповъ, взятыхъ изъ разныхъ эпохъ въ одной и той же мѣстности, доказано, что вмѣстѣ съ дальнѣйшей цивилизаціей народа форма череповъ и толщина ихъ измѣняется, крѣпость уменьшается, вмѣстимость увеличивается, передняя часть начинаетъ преобладать надъ затылочною, а личной уголъ болѣе и болѣе приближается къ прямому. Такимъ образомъ, какъ справедливо замѣчаетъ Вайтцъ [2]), непереходимыя границы между рассами людей, которыя хотѣли прежде найти въ формѣ череповъ, теряютъ свое значеніе. Но кромѣ того, не доказываетъ ли этотъ фактъ ложности матеріалистической мысли, что человѣкъ своими духовными преимуще-

---

[1]) Man. de Phys. p. Müll. T. II, p. 91.
[2]) Anthr d. Nat. Völk. Er. T. S. 63

ствами и обязан форме своего черепа и мозга? Факты науки свидетельствуют, наоборот, что самая форма мозга и черепа зависит от духовной жизни человечества и что, следовательно, не форме и развитию своего мозга и вместимости черепа обязан человек своими духовными преимуществами, а, наоборот, своему духу и его жизни, работающему в нервном организме, обязан человек формою своего черепа и развитием своего мозга.

7. На этих физиологических законах развития, под влиянием жизни всех сил животнаго организма и самых его форм, основывается, главнейшим образом, деятельность физическаго воспитания. Мы уже видели, как посредством прямаго влияния на процесс питания, на пищу и обстоятельства, условливающия питание — влагу, свет, температуру и воздух, может воспитание способствовать успешнейшему развитию растительнаго организма как в растении, так в животном и в человеке, и даже видоизменять самыя формы этого развития; возможность через посредство деятельности нервнаго организма оказывать влияние на самый растительный организм и на развитие тела открывает гораздо более обширное и свободное поприще воспитанию. Человек легко и свободно может приводить в деятельность мускулы и нервы другаго, особенно еще развивающагося человека, и тем вызывать сильнейшее влияние на самый процесс его физическаго развития. Воспитатель не только может давать большую или меньшую деятельность мускулам и нервам воспитываемаго организма, но разнообразить эту деятельность, ослабляя или усиливая ее постепенно, прекращать и возвращаться к ней снова после более или менее длинных промежутков отдыха; он может усиливать деятельность одной системы мускулов и нервов на счет другой, прямо действовать на развитие того или другаго органа или даже вообще на развитие всей мускульной и нервной системы и даже самаго мозга.

ГЛАВА V.

Потребность отдыха и сна.

1. Мы видели выше условия, сопровождающия вообще питание и усвоение пищи организмом; но растительный или питательный процесс, получая в животном организме новое назначение — обновление сил тела, истощенных деятельностью жизни — требует не только всех прежних условий: влаги, температуры, воздуха, света, но прибавляет к ним еще два новых, а именно: 1) *необходимость отдыха или временнаго бездействия той или другой системы нервнаго организма* и 2) *необходимость сна*.

2. Обновление животнаго организма в целом и по частям совершается только во время бездействия всего организма или той его части

которая нуждается въ обновленіи, чѣмъ и объясняется то явленіе, что, давши, напримѣръ, отдохнуть усталой рукѣ болѣе долгій или короткій промежутокъ времени,—смотря по степени усталости, по привычкѣ и быстротѣ процесса возобновленія,—человѣкъ чувствуетъ въ ней снова присутствіе силы.

3. Быстрота, съ которою снова возобновляются силы уставшаго органа, зависитъ главнымъ образомъ вообще отъ здороваго состоянія организма, сохраняющаго полную гармонію между возобновленіемъ и истощеніемъ тѣла (больной и слабый человѣкъ устаетъ скоро и отдыхаетъ очень медленно). Но быстрота возобновленія можетъ быть также увеличена привычкой, т. е. частымъ и постояннымъ оборотомъ между процессомъ истощенія и процессомъ возобновленія, и притомъ можетъ быть увеличена какъ во всемъ организмѣ, такъ и въ отдѣльныхъ органахъ его, и даже отдѣльныхъ системахъ мускуловъ и нервовъ. Начиная непривычную для насъ работу, мы быстро устаемъ и послѣ непродолжительнаго труда нуждаемся въ продолжительномъ отдыхѣ; чѣмъ же болѣе привыкаемъ мы къ тому или другому труду, тѣмъ болѣе эта пропорція измѣняется: періоды труда становятся длиннѣе, а періоды отдыха короче. Это относится и къ общей дѣятельности тѣла, и къ частной дѣятельности тѣхъ или другихъ его органовъ, мускуловъ и нервовъ; такъ, напримѣръ, при изученіи игры на роялѣ, которая повидимому не представляетъ ничего тяжелаго для тѣла, изучающій чувствуетъ въ первое время, послѣ нѣсколькихъ минутъ занятія, продолжительную усталость въ рукахъ и въ особенности въ пальцахъ; а потомъ онъ играетъ цѣлые часы, не замѣчая усталости, и если устанетъ наконецъ, то нѣсколькихъ минутъ отдыха достаточно ему, чтобы возобновить силы своихъ пальцевъ.

4. Возобновленіе силы одного органа можетъ совершаться и во время дѣятельности другаго: такъ, напримѣръ, при переноскѣ тяжести человѣкъ инстинктивно перемѣняетъ руки или плечи, и даже при продолжительномъ стояніи на одномъ мѣстѣ опирается болѣе то на одну, то на другую ногу. Привычка же къ переносу тяжести или къ стоянію дѣлаетъ возможнымъ долгое и постоянное дѣйствіе одного и того же члена и болѣе быстрое и болѣе полное возобновленіе силъ. Солдатскій ранецъ, который несетъ солдатъ иногда въ продолженіи десяти часовъ въ сутки и десятки верстъ безъ явныхъ признаковъ усталости, въ десять минутъ ходьбы отдавитъ плечи даже сильному человѣку, если онъ не привыкъ къ ходьбѣ съ тяжестью на плечахъ. Но полчаса письма или даже чтенія для солдата, который къ нему не привыкъ, утомляетъ его болѣе, нежели человѣка, привыкшаго къ кабинетнымъ трудамъ,—цѣлый день такихъ занятій. Привычка въ этомъ отношеніи необыкновенно расширяетъ всѣ силы человѣка.

5. На этомъ же физіологическомъ явленіи основывается необходимость перемѣны дѣятельности нервовъ при воспитаніи животнаго организма въ человѣкѣ: и чѣмъ менѣе развиты силы организма, тѣмъ чаще должна быть эта перемѣна. Такъ, перемѣняя дѣятельность ребенка, вы

успѣете заставить его сдѣлать гораздо болѣе и безъ усталости, не давая его дѣятельности одно и тоже направленіе. Заставьте ребенка идти — онъ устанетъ очень скоро, прыгать — тоже, стоять — тоже, сидѣть — онъ также устанетъ; но онъ перемѣшиваетъ всѣ эти дѣятельности различныхъ органовъ и рѣзвится цѣлый день, не уставая. Тоже самое замѣчается и при учебныхъ занятіяхъ дѣтей, и для 8-ми или 9-ти лѣтняго ребенка почти невозможно вынести десятиминутнаго направленія вниманія на одинъ и тотъ же предметъ; но постепенная привычка можетъ расширить этотъ короткій промежутокъ времени до нѣсколькихъ часовъ. Усвоивъ этотъ физіологическій законъ, мы легко поймемъ, отчего такъ губительно дѣйствуетъ на ребенка всякая, слишкомъ долгая и постоянная дѣятельность въ одномъ направленіи: она насильственно устремляетъ всю силу обновляющаго питательнаго процесса къ одному органу и отвлекаетъ ее отъ другихъ, требующихъ роста, развитія и силы. Это одна изъ главнѣйшихъ причинъ, почему дѣти, рано употребляемыя на фабричныя работы, какъ ни легки казались бы эти работы, развиваются такъ болѣзненно и слабо, и почему дѣти, которыхъ начинаютъ усаживать за уроки слишкомъ рано, болѣютъ, развиваются плохо и даже тупѣютъ. Однакожъ, этимъ я никакъ не хочу сказать, что воспитаніе не должно было постепенно развивать въ дѣтяхъ привычку къ постоянству въ усиліяхъ: это одна изъ главнѣйшихъ его задачъ.

6. Но какъ бы ни привыкъ человѣкъ къ дѣятельности, какъ бы ни перемѣнялъ онъ ее, настаетъ наконецъ минута, когда онъ долженъ дать совершенный и полный отдыхъ своему организму, когда онъ не только не можетъ работать, ходить, стоять или заниматься чѣмъ бы ни было, но даже не можетъ глядѣть, слушать, не можетъ даже писать, не воспринимать никакихъ внѣшнихъ впечатлѣній, словомъ, когда онъ долженъ уснуть. Сонъ есть исключительная принадлежность животной природы, сопровождающая возобновительный процессъ. Правда, что растенія во время ночи, показываютъ нѣкоторыя измѣненія, свертываютъ или развертываютъ свои листья, чашечки своихъ цвѣтовъ, и даже замѣчено, что самый процессъ ихъ питанія и дыханія нѣсколько измѣняется ночью; но это — вліяніе ночи, отсутствія свѣта, періодичности органическихъ процессовъ, а не сна. «Безъ сознанія не можетъ быть и рѣчи о настоящемъ бодрствованіи», говоритъ Карусъ [1]; а слѣдовательно существа, неимѣющія сознанія, не могутъ имѣть и настоящаго сна [2].

---

[1] Vorles. über Psych. S. 280.

[2] Миллеръ, правда, говоритъ о снѣ растеній, но отличаетъ его отъ сна животныхъ: «сонъ животныхъ, говоритъ онъ, есть явленіе исключительно принадлежащее животной природѣ. Вся органическая жизнь, т. е. питаніе со всѣми непроизвольными движеніями, его сопровождающими, продолжаютъ совершаться тихо и спокойно, не принимая никакого участія во снѣ». Man. de Phys. T. II. p. 552.

7. Физіологическія причины необходимости сна далеко еще не объяснены. Казалось бы, что, давая поочередно отдых то тому, то другому органу тѣла, то той, то другой системѣ нервов и возобновляя такимъ образомъ поочередно ихъ силы, можно избѣжать необходимости общаго отдыха — сна. Достаточно на нѣсколько минутъ закрыть утомленные глаза, чтобы почувствовать въ нихъ присутствіе возвратившейся энергіи и силы; достаточно посидѣть, чтобы отдохнули ноги. И въ самомъ дѣлѣ были люди, которые, считая сонъ за привычку, хотѣли отвыкнуть отъ такой дурной привычки; но, конечно, попытки ихъ не удались. Можно привыкнуть спать очень мало; но хотя на нѣсколько минутъ долженъ отдаться человѣкъ тому полному отдыху, который дается только сномъ, чтобы быть способнымъ для новой жизненной дѣятельности, и минутная дремота освѣжаетъ человѣка болѣе, чѣмъ продолжительный отдыхъ безъ сна. Можно *предполагать* двѣ причины этого явленія, необъясненнаго вполнѣ и физіологами:

а) *Во первыхъ*, процессъ обновленія силъ и вообще растительный процессъ вполнѣ и безпрепятственно можетъ совершаться только въ продолженіи сна [1]). Недостатокъ сна разстроиваетъ пищевареніе и, замедляя все болѣе и болѣе процессъ возобновленія, разрушаетъ силы организма. Въ дѣтскомъ возрастѣ, когда растительный процессъ разомъ достигаетъ двухъ цѣлей — *роста*, т. е. увеличенія объема, устройства и развитія органовъ, и *возобновленія организма*, истощаемаго жизненною дѣятельностію — количество времени, потребнаго для сна, гораздо продолжительнѣе, чѣмъ въ зрѣломъ возрастѣ. «Въ первые 8 дней по рожденіи ростъ дитяти прибываетъ на $1/12$, а вѣсъ на $1/5$ часть. Еслибы продолжалось такое возрастаніе, то дитя черезъ шесть или семь мѣсяцевъ достигло бы обыкновенной человѣческой величины. Но ростъ и сонъ уменьшаются постоянно и, по мѣрѣ ихъ уменьшенія, проявляется психическое развитіе [2])». Пища, употребляемая сначала преимущественно на ростъ и развитіе тѣла, начинаетъ все болѣе и болѣе употребляться на возобновленіе тканей тѣла, истощаемыхъ жизненною дѣятельностью ребенка, которая все усиливается и усложняется. Отчего происходитъ

---

[1]) Льюисъ опровергаетъ, но едва ли основательно, этотъ общеизвѣстный фактъ. (См. «Физіологію обыденной жизни»). Конечно, пищевареніе во снѣ совершается медленнѣе, чѣмъ въ бодрственномъ состояніи и отягченный желудокъ не дастъ намъ покойнаго сна; но извѣстно также, что недостатокъ сна разстроиваетъ пищевареніе. Льюисъ забываетъ, что пищевареніе еще не весь *возобновительный процессъ*, отдыхъ организма и сонъ, можетъ быть, не столько требуются для пищеваренія, сколько для возобновленія тканей тѣла изъ массы крови: иначе ничѣмъ нельзя объяснить утомленія, потребности отдыха и потребности сна. См. Учеб. Физіолог. Германа, стр. 184 и 185.

[2]) Beneke's Erziehungs und Unterrichts-Lehre. T. I, § 16. S. 72.

такое измѣненіе? Матеріалисты отвѣтятъ на это, что самое развитіе душевной дѣятельности условливается все бо́льшими и бо́льшими остатками силъ, вырабатываемыхъ изъ пищи; но этотъ отвѣтъ будетъ не основателенъ: ростъ могъ бы продолжаться съ одинаковой быстротою, оставляя одинаково мало силъ для работъ душевныхъ. Гораздо вѣроятнѣе предположить, что душа дитяти, постоянно обогащаясь впечатлѣніями, сама расширяетъ область своей дѣятельности и, вмѣстѣ съ тѣмъ, все болѣе и болѣе истощаетъ тѣло, которое все болѣе и болѣе потребляетъ пищи для своего возобновленія, оставляя ее все менѣе и менѣе для роста тѣла; еще вѣроятнѣе, что обѣ причины дѣйствуютъ вмѣстѣ, сообразно идеѣ организма.

Дѣти больныя, если организмъ ихъ еще имѣетъ достаточно силъ, чтобы бороться самому съ болѣзнью, спятъ болѣе обыкновеннаго, иногда по цѣлымъ днямъ, и болѣзнь проходитъ во снѣ: природа сама вознаграждаетъ потерянныя силы. Люди, подверженные болѣзни, извѣстной подъ именемъ спячки, отекаютъ, толстѣютъ, хотя толстота ихъ носитъ всѣ признаки болѣзненности. Всѣ эти и многія другія вліянія сна на организмъ человѣка убѣждаютъ насъ, что именно во время сна возстановительный процессъ совершается въ человѣкѣ полнѣе и безпрепятственнѣе.

б) *Вторую причину* необходимости сна для животнаго организма можно предполагать въ томъ, что только *исключительно* во время сна, когда человѣкъ перестаетъ управлять своими ощущеніями и своими движеніями, происходитъ, *можетъ быть*, возобновленіе тканей центральныхъ органовъ нервной системы, посредствомъ которыхъ дѣйствуетъ наше сознаніе и наша воля [1]). Дать отдыхъ этимъ органамъ, отказаться отъ власти надъ организмомъ—и значитъ уснуть. Люди, привыкшіе проводить безсонныя ночи въ занятіяхъ, чувствуютъ, какъ они, мало по малу теряютъ власть надъ своими впечатлѣніями и представленіями, памятью и воображеніемъ, хотя эти способности продолжаютъ работать: минута дремоты—и власть эта возвращается снова. Центральные органы, посредствомъ которыхъ мы управляемъ и движеніями, и ощущеніями, можетъ быть, не могутъ отдохнуть иначе, какъ въ ту минуту, когда человѣкъ спитъ. Это предположеніе подтверждается и тѣмъ явленіемъ, что пріостановка дѣятельности большаго мозга, зависящая отъ какой-нибудь механической причины, напримѣръ, отъ давленія крови или какой-нибудь другой тяжести на мозгъ, немедленно производитъ безчувствіе (при параличахъ) и сонъ: это показали многіе опыты надъ животными и даже случайные опыты надъ людьми [2]).

---

[1]) Мозгъ, дѣятельность котораго необходима для духовной жизни, разумѣется, общимъ законамъ всѣхъ органическихъ явленій, т. е. что проявленіе жизни производитъ въ немъ матеріальныя измѣненія. Man. de Phys. Mall. Т. II. p. 549.

[2]) См. собраніе этихъ опытовъ у Фехнера: Elemente der Psychophysik v. Fechner. Leipzig 1860 Т. II Глава: Schlaf und Wachen.

8. Но если недостатокъ сна ослабляетъ организмъ, а иногда усиливаетъ нервную дѣятельность на счетъ растительной, что мы замѣчаемъ по особой раздражительности нервовъ послѣ безсонной ночи, то съ другой стороны излишній сонъ усиливаетъ растительный процессъ болѣе, чѣмъ того требуетъ дѣятельность животнаго организма, и дѣлаетъ человѣка вялымъ, мало впечатлительнымъ, тупымъ, лѣнивымъ, увеличиваетъ объемъ его тѣла — словомъ, дѣлаетъ его болѣе растеніемъ. Вотъ почему воспитаніе, заботясь о гармоническомъ развитіи человѣческаго организма, должно управлять и сномъ.

ГЛАВА VI.

Нервная система. Органы чувствъ: органъ зрѣнія и его дѣятельность.

1. Отличительнымъ признакомъ *жизни* является *чувство* и *движеніе*, а отличительнымъ органомъ живаго (или животнаго) организма — *нервная система*, посредствомъ которой совершается и чувство, и движеніе. Этимъ самымъ уже объясняется, почему, преслѣдуя психологическую и педагогическую цѣль, мы должны обозрѣть эту систему и ея отправленія нѣсколько подробнѣе, чѣмъ сдѣлано это нами въ отношеніи растительныхъ органовъ и растительныхъ процессовъ. Свойство органа психическихъ явленій, конечно, не можетъ остаться безъ вліянія на самыя эти явленія, и не зная, по крайней мѣрѣ, главныхъ чертъ въ устройствѣ нервной системы и главныхъ законовъ ея дѣятельности, мы совершенно не могли бы понять такихъ психо-физическихъ процессовъ, каковы — ощущеніе и движеніе; а изъ продуктовъ этихъ процессовъ слагается почти весь матеріалъ душевнаго міра, который составляетъ предметъ изученія для психолога и предметъ дѣятельности для воспитателя.

2. Нервная система, составляющая сама средоточіе животнаго организма, удобно раздѣляется на — а) *центры*, б) *развѣтвленія* и в) *окончанія или приспособляющіе аппараты*.

Главные центры нервной системы составляютъ *головной* и *спинной мозгъ*. Первый находится въ черепѣ, второй — въ позвоночномъ хребтѣ; оба соединяются между собою въ затылочномъ отверстіи черепа и составляютъ одинъ большой срединный органъ нервной системы.

Отъ *голово-хребетнаго мозга*, какъ отъ срединнаго органа, идутъ во всѣ стороны и распространяются по всему тѣлу, до каждой его точки, гдѣ только замѣчается ощущеніе или движеніе, тончайшія *нервныя нити*, соединенныя въ болѣе или менѣе толстые пучки — *нервы*. Одни изъ этихъ нервныхъ нитей исключительно служатъ для воспріятія впечатлѣній, другія — для произведенія движеній. Первыя называютъ обыкновенно *нервами чувства*, вторыя — *нервами движенія*.

Нервы чувства не соприкасаются непосредственно съ предметами внѣшняго міра, дающими намъ впечатлѣнія, но имѣютъ при своихъ окончаніяхъ особые аппараты для воспріятія внѣшнихъ впечатлѣній. Эти аппараты, въ которыхъ оканчиваются нервы чувства, извѣстны подъ именемъ *органовъ чувствъ*: глазъ, ухо, кожа и т. д. Точно также нервы движенія проявляютъ свою дѣятельность въ особыхъ органахъ, въ которые они входятъ: эти органы движенія называются *мускулами*.

Для ясности изложенія мы считаемъ удобнѣе начать съ описанія органовъ внѣшнихъ чувствъ и мускуловъ, а потомъ уже перейти къ центральнымъ органамъ нервной системы и ихъ развѣтвленіямъ — нервамъ. Сначала займемся органами чувствъ, потомъ органами движенія — мускулами.

Намъ нѣтъ надобности разсматривать подробно устройство всѣхъ органовъ чувствъ: для этого въ настоящее время есть много спеціальныхъ и превосходныхъ трактатовъ; мы изъ описанія каждаго органа возьмемъ только то, что нужно для нашихъ психологическихъ цѣлей, и, разсмотрѣвъ нѣсколько подробнѣе устройство органа зрѣнія, объ остальныхъ упомянемъ коротко, такъ какъ въ дѣятельности всѣхъ органовъ есть много общаго и именно это общее важно для насъ.

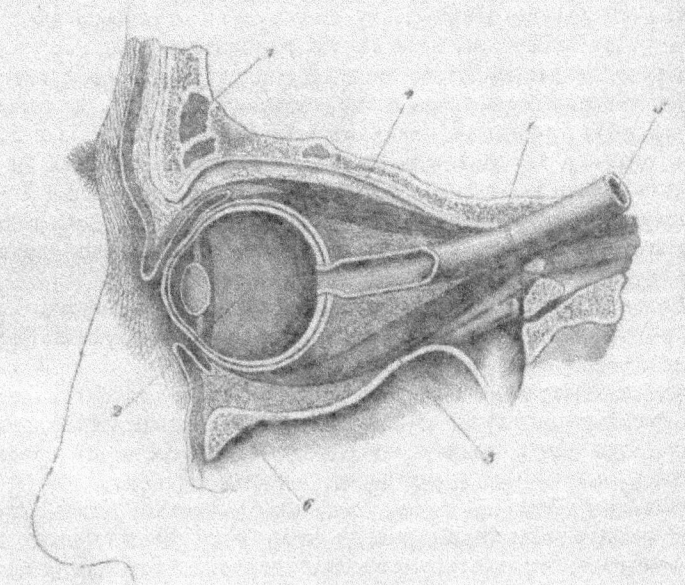

Вертикальный разрѣзъ *глазной впадины* и *глазнаго яблока* по направленію спереди взаду.

1. Часть лобной кости. 2. *Глазное яблоко*. 3. Мускулъ, поворачивающій глазное яблоко книзу. 4. Мускулъ, поворачивающій глазъ вверху. 5. Зрительный нервъ. 6. Часть скуловой кости.

Органъ зрѣнія.

3. Для объясненія акта зрѣнія, физика, со времени Ньютона, принимаетъ, что весь міръ наполненъ особеннымъ тонкимъ и невѣсомымъ веществомъ, и называетъ это предполагаемое вещество *свѣтовымъ эфиромъ*. Свѣтовой эфиръ, какъ предполагаетъ гипотеза, приводится въ колебаніе вообще горящими тѣлами; а солнце, громадное, раскаленное тѣло, приводитъ въ вибрацію свѣтовой эфиръ, наполняющій нашу планетную систему. Вибрація свѣтоваго эфира распространяется отъ солнца во всѣ стороны по прямымъ линіямъ и эти линіи вибраціи эфира называются *свѣтовыми лучами*. Свѣтовые лучи проходятъ свободно въ прозрачныхъ тѣлахъ, каковы: воздухъ, вода, стекло, стекловидныя тѣла нашего глаза, и проходятъ прямолинейно; но, входя изъ одной прозрачной среды въ другую различной плотности, лучъ измѣняетъ свое направленіе или, какъ говорятъ, *преломляется*. Черезъ прозрачныя среды нашего глаза свѣтовой лучъ достигаетъ до зрительнаго нерва и возбуждаетъ въ немъ соотвѣтствующія движенія, которыя отражаются въ душѣ свѣтовыми ощущеніями.

4. Предметы, сами собою свѣтящіеся, какъ напр. солнце, горящая свѣча — т. е. такіе, которые приводятъ свѣтовой эфиръ въ дрожаніе — дѣйствуютъ на нашъ зрительный нервъ своими собственными лучами. Всѣ же прочіе, не самосвѣтящіеся предметы, мы видимъ уже только посредствомъ лучей *отраженныхъ*. Свѣтовые лучи, выходя изъ свѣтящаго предмета и падая на предметъ несвѣтящійся, или проходятъ *сквозь* предметъ, если онъ *прозраченъ*, или *поглощаются* предметомъ, напримѣръ предметами чернаго цвѣта, или *отражаются* отъ предметовъ, и, уже отраженные отъ предмета, попадаютъ въ нашъ глазъ, дѣйствуютъ на глазной нервъ и даютъ намъ возможность видѣть предметъ. Предметовъ, абсолютно прозрачныхъ и абсолютно черныхъ, нѣтъ; мы видимъ и воздухъ въ большой массѣ, видимъ и сажу именно потому, что хотя небольшая часть свѣтовыхъ лучей отражается ими. Точно также нѣтъ видимыхъ предметовъ, которые отражали бы всѣ падающіе на нихъ лучи: обыкновенно одни лучи *поглощаются* предметомъ, а другіе *отражаются*.

Свѣтовой лучъ отражается всегда по одному направленію, такъ что *уголъ его паденія на видимый нами предметъ равняется углу его отраженія*. Если отражающая поверхность предмета совершенно гладка (абсолютно это тоже невозможно), то всѣ лучи, падающіе на него отъ свѣтящейся точки, отражаются почти въ одномъ направленіи: тогда мы ощущаемъ блескъ, худо различая самый предметъ, какъ то бываетъ съ предметами, хорошо полированными. Если же поверхность предмета неровна, шероховата, какъ у большей части предметовъ, то лучи отъ каждой его точки отражаются въ разныхъ направленіяхъ, *разсѣеваются*. Глазъ нашъ ощущаетъ это различное направленіе отра-

— 26 —

жающихся лучей и, так сказать, *осязаетъ каждую точку предмета*, а потому видитъ предметъ ясно и отчетливо, какъ видимъ всякій непрозрачный и неполированный цвѣтной предметъ, если только на него падаетъ и отъ него отражается достаточное количество лучей.

5. Разлагая посредствомъ призмы бѣлый солнечный лучъ, находимъ что онъ состоитъ изъ *семи* цвѣтныхъ лучей, изъ которыхъ три, *красный, зеленый и фіолетовый*, принимаются за основные, а прочіе разнообразныя смѣшенія этихъ основныхъ. Красные, зеленые и фіолетовые лучи въ соединеніи даютъ бѣлый лучъ. Чернаго же цвѣта нѣтъ: это отсутствіе отраженныхъ лучей, абсолютный покой глазнаго нерва. Каждый цвѣтной лучъ имѣетъ свою особенную вибрацію, и, проходя прозрачную среду, каждый принимаетъ свое особенное направленіе, отличается отъ другихъ; вотъ почему нашли средство прозрачною призмою разложить составной бѣлый лучъ на составляющіе его цвѣтные лучи. Ощущеніе различныхъ цвѣтовъ, слѣдовательно, будетъ только осязаніе глазомъ различно вибрирующихъ (дрожащихъ) свѣтовыхъ лучей [1]).

Не входя въ подробности этой свѣтовой теоріи, мы скажемъ только, что органъ зрѣнія приспособленъ именно къ тому, чтобы сосредоточивать на окончаніяхъ безчисленныхъ нитей зрительнаго нерва, входящихъ въ глазъ, эти разнообразныя вибраціи свѣтовыхъ лучей и сосредоточивать такъ, чтобы онѣ, по возможности, не сливались между собою, каждая давала бы себя чувствовать отдѣльно.

6. Для достиженія первой цѣли — т. е. для сосредоточиванія лучей, отражающихся отъ предметовъ, на окончаніи зрительнаго нерва, — назначенъ собственно глазной аппаратъ, напоминающій собою нашу камеръ-обскуру. Въ камеръ-обскурѣ обоюдо-выпуклое стекло, принимая на себя свѣтовые разсѣвающіеся лучи, отражаемые отъ какой-нибудь точки предмета, соединяетъ ихъ потомъ за собою опять въ одну точку, называемую *фокусомъ*. (Всякій, кто имѣлъ въ рукахъ зажигательное стекло, знаетъ, что такое фокусъ). Такимъ образомъ, позади самой камеръ-обскуры, на извѣстномъ отъ него разстояніи и именно въ фокусѣ, образуется изображеніе предмета въ уменьшенномъ видѣ и, при томъ, въ обратномъ положеніи; это изображеніе мы и видимъ на матовомъ стеклѣ камеръ-обскуры.

«Представимъ же теперь, что зрительный нервъ распространенъ въ матовомъ стеклѣ (камеръ-обскуры) такъ, что каждой точкѣ на поверх-

---

[1]) «Покой ретины есть причина появленія темноты». Man. de Phys. Müll. T. II, p. 342. Мнѣніе нѣкоторыхъ психологовъ, наприм., Фриса (Anthropologie T. I, S. 117), что для глаза есть состоянія покоя, ибо во мракѣ онъ видитъ черный цвѣтъ», не имѣетъ основанія: видѣть черный цвѣтъ значитъ ничего не видѣть.

2) Еще Демокритъ, по свидѣтельству Аристотеля, называлъ всѣ наши внѣшнія чувства *видоизмѣненіями* осязанія.

ности стекла соответствует окончаніе одной изъ нервныхъ нитей, тогда каждая точка предмета будетъ дѣйствовать на особое волокно зрительнаго нерва и, слѣдовательно, можетъ быть отличаема отъ всѣхъ другихъ точекъ» [1]).

Эта природная камеръ-обскура глаза представляется намъ въ видѣ небольшаго почти правильнаго шара, внутрь котораго сзади входитъ зрительный нервъ и развѣтвляется тамъ сѣткою или *ретиною*. Шаръ этотъ мы называемъ глазнымъ яблокомъ.

7. *Глазное яблоко* лежитъ въ глазной впадинѣ и имѣетъ почти правильную сферическую форму. Оно состоитъ изъ нѣсколькихъ оболочекъ, внутри которыхъ находятся прозрачныя тѣла, не только проводящія свѣтовые лучи къ глазному нерву, но и преломляющія ихъ такъ, что они сосредоточиваются въ одномъ фокусѣ на ретинѣ.

Первую оболочку глазнаго яблока составляетъ бѣлая твердая перепонка, называемая *склеротикой*. Сзади глазнаго яблока эта перепонка пропускаетъ глазной нервъ вовнутрь яблока. Спереди склеротика представляется намъ въ видѣ бѣлка, по срединѣ котораго находится круглая выпуклость, совершенно прозрачная и похожая на часовое стекло. Эту выдающуюся и прозрачную часть склеротики, чрезъ которую мы видимъ зрачекъ и радужную оболочку или раекъ, называютъ *роговою перепонкою*. Бѣлокъ мы видимъ безъ всякаго труда, но роговую перепонку, по причинѣ ея необыкновенной прозрачности, можно разсмотрѣть только сбоку; прямо же за нею мы видимъ только цвѣтной (голубой, черный, сѣрый и т. д.) *раекъ* и черный *зрачекъ*.

«Если мы представимъ себѣ фарфоровый шаръ, изображающій склеротику, у котораго впереди не доставало бы сегмента, замѣняемаго очень выпуклымъ часовымъ стекломъ, и представимъ себѣ, что вся внутренность этого шара наполнена водою то такой приборъ уже могъ бы дѣйствовать, какъ камеръ-обскура. Но онъ представлялъ бы важное неудобство: именно, фарфоровый шаръ пропускалъ бы слишкомъ много свѣта со всѣхъ сторонъ и изображеніе, составляющееся въ глубинѣ его, было бы такъ сильно освѣщено этимъ разсѣяннымъ свѣтомъ, что его съ трудомъ можно было бы различить. Это неудобство можно устранить, покрывая снаружи или внутри фарфоровую часть прибора чернымъ слоемъ (поглощающимъ лишніе лучи), какъ это обыкновенно дѣлается во всѣхъ оптическихъ приборахъ. Природа употребляетъ въ глазу тоже самое средство, только къ черному *пигменту* она прибавляетъ и органъ, его приготовляющій. Непосредственно подъ склеротикою существуетъ вторая оболочка, имѣющая такое же протяженіе, какъ склеротика, и почти исключительно состоящая изъ кровеносныхъ сосудовъ, почему ее и называютъ *сосудистою*. Въ толщѣ своей, а особенно на внутренней сторонѣ, она приготовляетъ вещество весьма темнаго бураго цвѣта: *пигментъ глаза*. Зрительный нервъ проходитъ чрезъ нее сзади, и,

---

[1]) Шваннъ. Анатомія человѣч. тѣла, стр. 263.

распространяясь по ней, образуетъ *ретину* (сѣтчатую оболочку) [на] внутренней сторонѣ пигмента» [1]). Слой этой послѣдней, самой [вну]тренней оболочки толще при входѣ нерва въ зрительное яблоко; чѣмъ далѣе, тѣмъ болѣе утончается и не покрываетъ собою всей [вну]тренней поверхности сосудистой оболочки.

8. Въ срединѣ глазнаго яблока, состоящаго такимъ образомъ [изъ] трехъ главныхъ оболочекъ и въ которомъ есть два отверзстія — [одно] сзади, куда входитъ глазной нервъ, другое спереди, закрытое прозрач[-]ною роговою выпуклостію, — находится нѣсколько прозрачныхъ тѣлъ, [со]вершенно наполняющихъ собою внутренность этого шара, а именно: [не]посредственно за роговою оболочкою находится *водянистая влага*, [за] нею *хрусталикъ*, напоминающій нѣсколько своею формою наши зажи[га]тельныя стекла, а за хрусталикомъ такъ называемое *стекловидное тѣ[ло]* тоже совершенно прозрачное, которое наполняетъ собою всю осталь[ную] полость яблока: въ вырѣзкѣ этого тѣла, на передней его сторонѣ, вставленъ хрусталикъ.

9. Передъ хрусталикомъ, въ связи съ сосудистою оболочкою, [тамъ] гдѣ роговая оболочка переходитъ въ склеротику, находится цвѣт[ный] кружокъ съ отверзстіемъ въ срединѣ — это, такъ называемая, *радуж[-]ная оболочка*, или *раекъ*, а отверзстіе этой оболочки называется *зрач[-]комъ*. Спереди этотъ кружочекъ бываетъ различнаго цвѣта, а сза[ди] подложенъ толстымъ слоемъ пигмента. Въ этомъ кружкѣ прохо[дятъ] круглые и поперечные, (какъ радіусы), мускулы. При сокращеніи [пер]выхъ раекъ расширяется и, слѣдовательно, отверзстіе его — зрач[екъ] уменьшается; при сокращеніи вторыхъ, раекъ дѣлается уже и, слѣдова[-]тельно, зрачекъ увеличивается. Назначеніе райка двоякое: онъ не [до]пускаетъ въ глазъ крайнихъ лучей, которые и въ нашихъ оптиче[скихъ] инструментахъ мѣшаютъ чистотѣ изображенія, такъ-какъ эти крайн[іе] лучи, удаленные отъ оси зрѣнія, не пересѣкаются въ одной точкѣ, [отъ] чего бѣлый лучъ разлагается на цвѣтные и получаются разноцвѣт[ные] оттѣнки. Въ этомъ случаѣ раекъ играетъ ту же роль, какую въ опти[-]ческихъ инструментахъ играетъ діафрагма, прикрывающая края сте[колъ].

«Впрочемъ, говоритъ Шваннъ, форма и составъ прозрачныхъ ча[стей] глаза до такой степени совершенны, что почти нѣтъ необходимости [устра]нять лучи, удаленные отъ оси. Поэтому радужная оболочка имѣ[етъ] еще другое отправленіе, гораздо болѣе важное: именно, обладаетъ [той] способностью сокращаться, что расширяетъ зрачекъ, если свѣтъ сла[бъ] и суживаетъ его, если свѣтъ силенъ. Такимъ образомъ получается с[те]пень свѣта, наиболѣе благопріятная для зрѣнія, и это дѣлается б[езъ] содѣйствія воли. Какъ въ музыкѣ нельзя хорошо различать самые [тон]кіе оттѣнки звуковъ, когда играютъ слишкомъ громко, такъ точно си[ль]ный свѣтъ не даетъ возможности хорошо видѣть и можетъ даже вре[-]

---

[1]) Шваннъ, стр. 65.

— 29 —

действовать на нервъ. Радужная оболочка пропускаетъ на ретину количество свѣта самое благопріятное для зрѣнія» [1]).

10. Говоря коротко, глазное яблоко состоитъ, слѣдовательно, изъ нѣсколькихъ оболочекъ, вложенныхъ одна въ другую: склеротика и роговая оболочка составляютъ первый слой; сосудистая оболочка съ пигментомъ выстилаетъ склеротику; ретина, составляющая внутренній слой, простирается не такъ далеко, какъ сосудистая. Пространство, обнимаемое этими оболочками, наполнено сзади, на сколько простирается ретина, стекловиднымъ тѣломъ; предъ этимъ тѣломъ мы находимъ хрусталикъ, и между нимъ и роговой оболочкой—водянистую жидкость, въ которую погружена радужная оболочка, сливающаяся на своей окружности въ сосудистой.

Лучъ свѣта, входя въ зрачекъ, и проходя съ различными преломленіями всѣ лежащія за зрачкомъ прозрачныя среды (водянистую влагу, хрусталикъ и стекловидное тѣло), падаетъ на ретину, лежащую непосредственно за стекловидными тѣлами и облекающую его, и которая, какъ мы уже знаемъ, есть развѣтвленіе зрительнаго нерва. Зрительный нервъ, возбуждаемый къ дѣятельности этимъ падающимъ на него лучемъ, въ свою очередь возбуждаетъ специфическую дѣятельность клѣточекъ мозгового центра, которая и выражается въ сознаніи свѣтовымъ ощущеніемъ.

11. Не всѣ точки ретины или глазной сѣтки одинаково чувствитель-

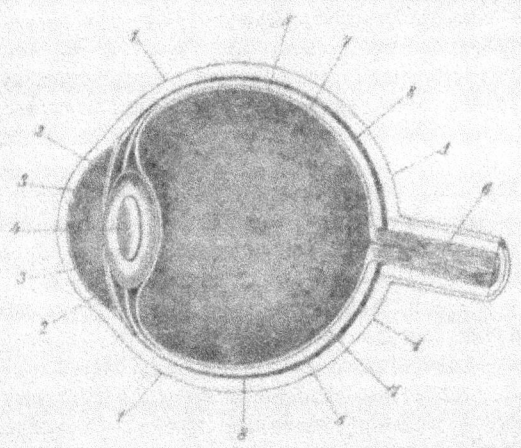

Вертикальный разрѣзъ глазного яблока спереди назаду.
1. Бѣлая *роговая оболочка*. 2. Прозрачная часть роговой оболочки. 3. Радужная перегородка или *радужка*. 4. Линія, проходящая сквозь *зрачекъ* и указывающая *хрусталикъ*. 5. *Стекловидное тѣло*. 6. *Зрительный нервъ*. 7. Нервная сѣтка или *ретина*. 8. Черный пигментъ, покрывающій сосудистую оболочку.

---

[1] Ibid. стр. 67.

— 30 —

ны къ впечатлѣніямъ свѣта: въ томъ мѣстѣ, гдѣ глазной нервъ входитъ въ глазное яблоко, ретина вовсе не способна производить свѣтовыхъ ощущеній подъ вліяніемъ лучей свѣта, хотя и производитъ ихъ подъ вліяніями болѣе грубыми, какъ напр. при прикосновеніи анатомическаго ножа, или электрическаго тока. Несправедливо, слѣдовательно, считать это мѣсто, называемое у анатомовъ *слѣпымъ* пятномъ, или пятномъ Маріота, вовсе неспособнымъ къ воспроизведенію свѣтовыхъ ощущеній: оно неспособно только ощущать впечатлѣній такого тонкаго движенія, каковъ свѣтовой эфиръ, для чего требовалось снабдить зрительный нервъ особенными, болѣе тонкими и чувствительными аппаратами, которые могли бы ощущать и передавать колебанія свѣтовыхъ лучей [1].

12. Микроскопическая анатомія открыла такіе аппараты, весьма своеобразные и сложные, въ безчисленныхъ микроскопическихъ *колбочкахъ* и *палочкахъ*. Этихъ колбочекъ и палочекъ вовсе нѣтъ на кружечкѣ, который обозначаетъ вхожденіе зрительнаго нерва въ глазное яблоко; тамъ только нервныя нити, которыя, не смотря на свою тонкость (ихъ насчитываютъ, примѣрно, до милліона въ одномъ зрительномъ нервѣ), все же не способны еще отвѣчать соотвѣтствующими колебаніями на вибраціи различныхъ свѣтовыхъ лучей.

13. Точно также, какъ есть на ретинѣ *слѣпое пятно*, есть на ней и самое *зрячее мѣсто*, которое лежитъ почти на самомъ концѣ зрительной оси, такъ что изображеніе предмета, на который мы направляемъ нашъ глазъ, прямо падаетъ на это мѣсто. Оно окружено такъ называемымъ *желтымъ пятномъ*, въ которомъ вовсе нѣтъ нервныхъ нитей, а только палочки и колбочки. Чувствительность къ свѣту сѣтчатой оболочки постепенно уменьшается съ удаленіемъ отъ желтаго пятна, а вмѣстѣ съ тѣмъ уменьшается и число колбочекъ. Вотъ почему полагаютъ, что колбочки всего чувствительнѣе къ свѣтовымъ впечатлѣніямъ.

14. «Такъ какъ каждое мѣсто сѣтчатой оболочки содержитъ только опредѣленное число концевыхъ элементовъ зрительнаго нерва (палочекъ и колбочекъ), то въ образѣ ощущается только опредѣленное число точекъ и послѣднія должны относиться къ цѣлому образу, какъ отдѣльные камушки къ мозаикѣ. Мозаика эта однако такъ тонка, что образъ кажется непрерывнымъ рисункомъ. Одинъ и тотъ же предметъ будетъ виденъ тѣмъ яснѣе, чѣмъ большее число перципирующихъ (воспринимающихъ впечатлѣніе) элементовъ сѣтчатой оболочки занимаетъ его образъ. По этому ясность видѣнія опредѣленнаго предмета зависитъ: 1) отъ величины его изображенія на сѣтчатой оболочкѣ: предметы яснѣе видны вблизи, чѣмъ на далекомъ разстояніи; 2) отъ *мѣста сѣтчатой оболочки*, на которое падаетъ изображеніе: перципирующіе элементы на

---

[1] Одна ретина, говоритъ Миллеръ, безъ помощи концевыхъ аппаратовъ могла бы различить только свѣтъ отъ тьмы. Отсюда нелѣпость видѣнія ясновидящихъ съ закрытыми глазами. (Man. de Phys. T. II. p. 276).

тѣснѣе собраны въ fovea centralis и въ желтомъ пятнѣ, и меньше всего распространены по краямъ сѣтчатой оболочки. При пристальномъ разсматриваніи предмета (фиксированіи), глазъ всегда поворачивается къ нему такимъ образомъ, что изображеніе предмета падаетъ на желтое пятно. Далѣе, предметъ видѣнъ ясно только въ томъ случаѣ, если изображеніе на сѣтчатой оболочкѣ занимаетъ достаточное количество перципирующихъ элементовъ. Въ сознаніе доходитъ при этомъ достаточное число *отдѣльныхъ* свѣтовыхъ ощущеній и оно можетъ точнѣе опредѣлить форму предмета. Нашли, что двѣ точки изображенія fovea centralis сѣтчатой оболочки должны отстоять другъ отъ друга, по крайней мѣрѣ, на 0,004 или на 0,005 миллиметра, чтобы впечатлѣніе отъ каждой изъ нихъ можно было отдѣлять въ сознаніи другъ отъ друга. Въ другихъ мѣстахъ сѣтчатой оболочки разстояніе это должно быть гораздо больше. На этомъ основаніи очень маленькіе или очень далекіе предметы не могутъ быть видимы» [1]).

Съ этимъ наблюденіемъ совершенно согласно и другое: если уголъ зрѣнія, т. е. уголъ между двумя свѣтовыми лучами малъ до того, что двѣ точки, въ которыхъ эти лучи падаютъ на зрительную сѣтку, такъ близки между собою, что между ними не можетъ помѣститься одна колбочка, то мы перестаемъ различать эти точки и онѣ намъ кажутся одною [2]). Для увеличенія угла зрѣнія употребляются телескопы и микроскопы: первые для очень далекихъ, вторые—для очень маленькихъ предметовъ.

15. Наблюденія эти имѣютъ большую важность для психологіи: изъ нихъ ясно выходитъ, что мы рѣшительно не могли-бы видѣть предметовъ, если-бы наше сознаніе не обладало способностію *одновременно ощущать* дѣятельность многихъ нервныхъ волоконъ. Изображеніе всякаго предмета на ретинѣ есть мозаика, а если мы видимъ цѣлый предметъ, то не иначе, какъ вслѣдствіе способности сознанія ощущать разомъ каждую точку этой мозаики. Актъ зрѣнія былъ-бы совершенно невозможенъ безъ этой способности сознанія—соединять одновременно и одномѣстно разнообразныя движенія разнообразныхъ нитей глазнаго нерва [3]).

16. Что касается до различія цвѣтовъ, то одни думаютъ, что «ощущеніе каждаго простаго или смѣшаннаго цвѣта зависитъ отъ различнаго рода раздраженій однихъ и тѣхъ же волоконъ зрительнаго нерва свѣтовыми волнами различныхъ формъ; а другіе (Юнгъ и Гельмгольцъ) принимаютъ, что въ каждомъ мѣстѣ сѣтчатой оболочки, гдѣ возбужденіе ощущается ясно, кончается не одно зрительное волокно, а нѣсколько

---

[1]) Краткій учебникъ Физіологіи Германа, стр. 286.

[2]) Самый малый уголъ зрѣнія 4 секунды. Man. de Phys. p. Moll. T. II. p. 313.

[3]) Одно нервное волокно способно передать только впечатлѣніе точки. Man. de Phys. p. 319.

волоконъ съ различными специфическими дѣятельностями, [при] раздраженіи каждаго изъ этихъ волоконъ является ощущеніе отдѣль[наго] цвѣта [1]). Принимаютъ три рода такихъ волоконъ для трехъ основ[ныхъ] цвѣтовъ — краснаго, зеленаго и фіолетоваго. Смѣшанные же цвѣт[а при] такой гипотезѣ ощущаются уже отъ сложнаго колебанія различныхъ с[вѣ]товыхъ волнъ. Это новѣйшее мнѣніе особенно ясно подтверждается с[лу]чаями такъ называемой *цвѣтовой слѣпоты*, когда человѣкъ не [ощу]щаетъ именно какого нибудь цвѣта и не видитъ этого цвѣта не то[ль]ко въ отдѣльности, но и во всѣхъ смѣшанныхъ цвѣтахъ, куда он[ъ вхо]дитъ, какъ составная часть. Такимъ образомъ, можно, кажется, [при]нять съ достовѣрностію, что ощущеніе цвѣтовъ зависитъ отъ спец[ифиче]скаго свойства различныхъ волоконъ зрительнаго нерва. Но такъ [какъ] всякая дѣятельность какого бы ни было нервнаго волокна не мо[жетъ] быть ни чѣмъ инымъ, какъ механическимъ движеніемъ частицъ этого [во]локна, то мы можемъ сказать, что *всѣ разнообразные цвѣта* [этого] *міра суть созданіе нашей души, отвѣчающей разнообраз[ными] цвѣтовыми ощущеніями на разнообразныя колебанія разнообра[з]ныхъ нитей зрительнаго нерва* [2]).

17. Удивительное оптическое устройство глаза далеко не бы[ло бы] совершенно, еслибы глазное яблоко не могло поворачиваться въ сам[ыхъ] разнообразныхъ направленіяхъ и еслибы, желая перемѣнить пред[метъ] зрѣнія, мы должны были каждый разъ поворачивать голову. Это [не]удобство устраняется множествомъ глазныхъ мускуловъ, посредств[омъ ко]торыхъ мы, съ необычайною быстротою, можемъ поворачивать [глазное] яблоко вверхъ, внизъ, въ сторону, по всѣмъ возможнымъ направл[ені]ямъ, и, такимъ образомъ, не поворачивая головы, имѣть всегда об[щир]ный кругозоръ. Но и этого приспособленія еще не достаточно.

18. Въ каждомъ освѣщенномъ предметѣ, если это не одна [точка,] слѣдуетъ видѣть собраніе освѣщенныхъ точекъ. Отъ каждой точк[и] ражается множество лучей, которые расходятся въ разныя стороны. [Если] нѣсколько этихъ расходящихся отъ одной точки лучей принять на пове[рх]ность обоюдо-выпуклаго стекла, то лучи эти, преломляясь въ стекл[ѣ, из]мѣнятъ свое направленіе и опять станутъ сближаться; такъ что за ст[ек]ломъ они пересѣкутся въ одной точкѣ, которая и называется *фокус[омъ]*. Слѣдовательно, въ фокусѣ, за стекломъ, лучи дѣйствуютъ всего силь[нѣе]

---

[1]) Краткій учебн. Физіологіи Германа, стр. 284. Эта гипотеза, коне[чно,] не уничтожаетъ различія въ самыхъ лучахъ; но точно также, какъ в[ъ] органѣ слуха, извѣстная нервная нить отвѣчаетъ только на соотвѣтству[ю]щую ей вибрацію. См. ниже.

[2]) Это не есть уже скептическая теорія Беркли и Юма, противъ кот[орой] справедливо возстаетъ Ридъ (The Works of Reid 1867. Edinburg. [стр.] 101—102), — теорія, превращавшая весь міръ въ идеи и ощущенія, но — пр[ямой] выводъ изъ фактовъ физіологіи, не имѣющій претензій на метафизиче[скую] всеобщность.

Отъ каждой точки освѣщеннаго предмета лучи пересѣкаются за стекломъ на одномъ и томъ же разстояніи (конечно, если мы представляемъ себѣ предметъ въ одной плоскости), и на этомъ разстояніи, слѣдовательно, будетъ то мѣсто, въ которомъ произойдетъ самое отчетливое изображеніе предмета. Ближе этого мѣста лучи отъ каждой точки еще не сойдутся; дальше — разойдутся. Разстояніе фокуса отъ стекла измѣняется, смотря по отдаленности предмета: для отдаленныхъ предметовъ фокусъ ближе къ стеклу, для близкихъ — дальше. Вотъ почему, если мы хотимъ получить на матовомъ стеклѣ камеръ-обскуры яснѣе изображеніе отдаленнаго предмета, то вдвигаемъ трубку, т. е. приближаемъ обоюдо-выпуклое стекло къ матовому, а если хотимъ получить ясное изображеніе близкаго предмета, то поступаемъ наоборотъ.

Глазная сѣтка (ретина) наша, замѣняющая въ органѣ зрѣнія матовое стекло камеръ-обскуры, видитъ предметы ясно на самыхъ разнообразныхъ разстояніяхъ, слѣдовательно имѣетъ способность приспособляться къ различнымъ фокусамъ. Эту способность глаза приспособляться къ различнымъ разстояніямъ предметовъ объясняли прежде почти такими же движеніями, какими достигается это приспособленіе въ камеръ-обскурѣ, т. е. способностію глаза приближать или удалять ретину отъ глазныхъ средъ, преломляющихъ лучи, смотря по близости или отдаленности предмета. Но впослѣдствіи убѣдились въ неосновательности этого объясненія и нашли другое.

19. Можно достичь того же самаго удаленія или приближенія фокуса, увеличивая или уменьшая выпуклость преломляющаго стекла: чѣмъ стекло выпуклѣе, тѣмъ фокусъ его ближе, чѣмъ площе — тѣмъ фокусъ дальше. Этимъ способомъ и достигается приспособленіе глаза къ далекимъ и близкимъ предметамъ, а именно — сжиманіемъ или растяженіемъ хрусталика, замѣняющаго въ нашемъ глазу обоюдо-выпуклое стекло камеръ-обскуры: чѣмъ ближе предметъ, тѣмъ болѣе сжимается хрусталикъ, т. е. дѣлается болѣе выпуклымъ, чѣмъ дальше — тѣмъ хрусталикъ растягивается, т. е. дѣлается болѣе плоскимъ. Всего сильнѣе это происходитъ въ той части хрусталика, которая не прикрыта радужной оболочкой и выдается впередъ черезъ зрачекъ. Это сжиманіе производится особыми мышцами (мускулами), натягивающими сосудистую оболочку и окружающими края хрусталика. Нервы, черезъ которые дѣйствуетъ этотъ механизмъ мышцъ, еще совершенно не изслѣдованы [1]). У различныхъ людей отъ большей или меньшей выпуклости хрусталика, данной уже природою, а можетъ быть отчасти и отъ недѣятельности мышцъ, сжимающихъ и раздвигающихъ хрусталикъ, зависитъ близорукость и дальнозоркость. У близорукихъ фокусъ хрусталика лежитъ слишкомъ впереди сѣтчатой оболочки, а у дальнозоркихъ — слишкомъ позади. Вотъ почему дитя можетъ сдѣлаться дальнозоркимъ и близорукимъ.

20. Для нашей психологической цѣли очень важно обратить внима-

---

[1]) Учебникъ физіологіи Германа, стр. 273.

ніе на то, что, приспособляя глазъ къ дальнимъ и близкимъ разстоя‑
ніямъ посредствомъ мышцъ, мы можемъ, самою различною напряжен‑
стію ихъ, измѣрять разстояніе предмета точно такъ-же, какъ по то‑
движенію глаза, которое мы должны сдѣлать, чтобы предметъ отраз‑
ся самымъ лучшимъ образомъ, т. е. на *зрячемъ пятнѣ*, мы можем
уже судить о положеніи предметовъ въ пространствѣ, и отчасти д…
о формѣ предметовъ. Для того, напр., чтобы осмотрѣть съ одинак…
ясностію всѣ точки большаго круга, мы должны дать нашему гл…
круогообразное движеніе. Это круогообразное движеніе мускуловъ, пов…
ренное нѣсколько разъ, можетъ укоренить въ нихъ (или еще бли…
нервахъ, управляющихъ этими мускулами) привычку такого движ…
которая будетъ въ нашей нервной системѣ *слѣдомъ памяти*, возни…
ющимъ вновь при внѣшнемъ возбужденіи или при внутреннемъ поб…
деніи нашей воли. Такимъ образомъ, различныя *аккомодаціи* глаза
разсматриваніи предметовъ могутъ оставлять въ нашей нервной сист…
и въ нашей нервной памяти слѣды этихъ предметовъ: это будетъ
болѣе, какъ привычка нервовъ къ тѣмъ или другимъ движеніямъ
къ системамъ тѣхъ или другихъ движеній. Движенія глазныхъ мыш…
слѣдовательно, и движеніе нервовъ, управляющихъ этими мышца…
играютъ важную роль не только въ актѣ зрѣнія, но и въ актѣ зап…
нанія образовъ видимаго міра.

21. Изображеніе предмета отражается на сѣтчатой оболочкѣ гл…
и сознаніе наше ощущаетъ, слѣдовательно, то состояніе сѣтчатки,
которомъ она находится, отражая на себѣ тотъ или другой предме…
Спрашивается, какимъ же образомъ мы видимъ предметы *внѣ наш…
тѣла* и вѣрно размѣщаемъ ихъ въ пространствѣ? Прежде это объясн…
привычкою, предполагая, что младенецъ и дѣйствительно видитъ пр…
меты, какъ бы они были въ немъ самомъ, и только потомъ, съ пом…
щію чувства осязанія, исправляетъ этотъ недостатокъ. Теперь это о…
ясненіе поколебалось; но другаго, болѣе яснаго, покуда нѣтъ. По…
гаютъ, что сознаніе наше «переноситъ наружу причину каждаго свѣ…
ваго впечатлѣнія, упавшаго на элементы сѣтчатой оболочки, перен…
каждую точку изображенія по направленію того свѣтоваго луча, по к…
торому отраженіе ея перенесено въ глазъ» [1]. Такое объясненіе едв…
вѣроятно; по крайней мѣрѣ, оно предполагаетъ за сознаніемъ каку…
особую способность, кромѣ способности ощущать то или другое сост…
ніе нервной системы, и намъ кажется даже прежнее объясненіе бол…
вѣроятнымъ, такъ-какъ оно подтверждается наблюденіемъ, что реб…
въ первые дни своей жизни рѣшительно ни чѣмъ не выказываетъ, ч…
видитъ предметы внѣ его находящимися, хотя они и отражаются …
сѣтчатой оболочкѣ его глаза. Весьма вѣроятно, что первыя, слу…
движенія, сопровождаемыя осязательными ощущеніями, мало по ма…
убѣждаютъ дитя въ томъ, что видимые имъ предметы существу…

---

[1] См. тамъ же, стр. 285.

внѣ его тѣла, и только уже впослѣдствіи пріобрѣтаетъ онъ привычку считать для себя внѣшнимъ все, что видитъ, и протягивать руку къ предмету. Сначала дитя протягиваетъ руку одинаково и къ близкому, и къ далекому предмету, и это продолжается довольно долго; слѣдовательно, и способность распознавать относительную отдаленность предметовъ дается человѣку не разомъ, а только вслѣдствіе многочисленныхъ и *сознательныхъ* опытовъ, образующихъ впослѣдствіи безсознательную привычку, такъ-что уже то или другое напряженіе глазныхъ мышцъ, то или другое движеніе ихъ отражаются въ сознаніи отдаленностію, или близостію предмета, его относительнымъ положеніемъ и т. д. 1).

22. Точно также не уяснено, почему мы видимъ одинъ предметъ двумя глазами, тогда-какъ на двухъ сѣтчаткахъ двухъ глазъ получаются одновременно два изображенія. Не много объяснимъ мы себѣ, если скажемъ, что «это можетъ происходить только потому, что въ сѣтчатыхъ оболочкахъ существуютъ съ обѣихъ сторонъ точки (*тождественныя*), возбужденіе которыхъ относится сознаніемъ къ одной и той же точкѣ внѣшняго міра, такъ-что всякій предметъ, видимый одиночно, долженъ давать изображенія на сѣтчатыхъ оболочкахъ, падающія на тождественныя мѣста послѣднихъ; какъ только этого условія не существуетъ, предметъ начинаетъ видѣться вдвойнѣ». Здѣсь опять приписывается сознанію особенная способность, тогда-какъ у него есть только одна — сознавать состояніе нервной системы. Кромѣ того, полнаго тождества нѣтъ между двумя изображеніями одного и того же предмета на двухъ сѣтчаткахъ. «Предметъ, стоящій предъ глазами, разсматривается каждымъ изъ нихъ съ разныхъ точекъ зрѣнія, и, слѣдовательно, образы, видимые въ перспективѣ, будутъ въ обоихъ глазахъ различны и не будутъ падать на тождественныя мѣста сѣтчатокъ». Этимъ, какъ намъ кажется, физіологія Германа сама себѣ противорѣчитъ, такъ какъ тутъ же доказывается, что одинъ и тотъ же предметъ отражается въ обоихъ глазахъ не на тождественныхъ мѣстахъ и не одинаково. Мы видимъ, такъ сказать, двѣ стороны предмета — правую и лѣвую, и если эти стороны соединяются въ нашемъ сознаніи въ одинъ предметъ, то объясненія этого должно искать, можетъ быть, въ устройствѣ мозговаго центра, куда приносятся впечатлѣнія глазныхъ сѣтокъ, или также въ привычкѣ, пріобрѣтаемой въ безчисленныхъ опытахъ безсловеснаго, но небезсознательнаго младенчества.

23. Способность наша — опредѣлять зрѣніемъ относительную величину предметовъ, безъ сомнѣнія, зависитъ прежде всего отъ величины изображенія предметовъ на сѣтчатой оболочкѣ. Но кажущаяся величина предмета, какъ извѣстно, уменьшается съ удаленіемъ предмета, слѣдова-

---

1) Мюллеръ говоритъ: «Не въ природѣ нерва помѣщать внѣ себя содержаніе своихъ ощущеній; воображеніе, научаемое опытомъ, сопровождающимъ наши ощущенія, есть причина такого переноса». (Man. de Phys. T. II, p. 268).

тельно, относительной величины предметовъ, *дѣйствительную величину которыхъ мы уже знаемъ* по какому-нибудь опыту, достаточно, чтобы дать намъ понятіе объ отдаленности предмета. Кромѣ того, удаленіе предмета, какъ уже замѣчено выше, можетъ измѣряться нами ощущеніемъ большей или меньшей напряженности мышцъ, которую мы употребляемъ, чтобы ясно разсмотрѣть предметъ. Самая ясность или неясность знакомаго намъ предмета дастъ уже намъ нѣкоторое понятіе о его отдаленности или близости. Къ этому присоединяется еще, если мы смотримъ на предметъ двумя глазами, ощущеніе большаго или меньшаго *сведенія осей* двухъ глазъ, которое мы дѣлаемъ для того, чтобы направить оба наши *зрячія пятна* на одинъ и тотъ же предметъ: чѣмъ ближе предметъ, тѣмъ болѣе мы должны склонить оси зрѣнія одна къ другой, сводить ихъ, чѣмъ дальше — тѣмъ больше раздвигаемъ оси зрѣнія. Вліяніе степени сведенія зрительныхъ осей на понятіе о величинѣ предмета доказывается весьма наглядными опытами [1]).

24. Изъ всего этого краткаго очерка устройства глаза и его дѣятельности мы можемъ совершенно послѣдовательно вывести, что различныя зрительныя ощущенія суть произведенія: 1) анатомическаго устройства глаза, 2) мускульныхъ движеній, которыми этотъ органъ приспособляется къ своей дѣятельности, 3) множества привычекъ, которыя дѣлаются имъ въ періодъ безсловеснаго младенчества и, наконецъ, 4) сознанія, превращающаго всѣ эти состоянія органа зрѣнія, какъ прирожденныя, такъ и пріобрѣтенныя привычкою, въ сознательныя ощущенія.

ГЛАВА VII.

Остальные органы чувствъ.

Органъ слуха.

1. Мы видимъ одну наружную часть слуховаго органа, *ушную раковину*, но не видимъ ни *средней*, ни самой важной *внутренней*, которая скрыта въ *височной кости* черепа.

2. *Наружная* часть слуховаго органа, ушная раковина, состоитъ изъ воронкообразнаго хряща со множествомъ завитковъ и извилинъ. Значеніе раковины еще не вполнѣ уяснено, но всего вѣроятнѣе, что она дѣйствуетъ, какъ хорошій резонаторъ, какъ дека скрипки, передавая своими тонкими и упругими стѣнками внутреннему слуховому органу колебанія воздушныхъ волнъ. Приставляя къ уху стетоскопъ или слуховую трубу, мы, такъ сказать, увеличиваемъ ушную раковину. Слуховой проходъ, начинаясь въ ушной раковинѣ, идетъ около двухъ

---

[1]) Учебн. физіол. Германа, стр. 304.

— 37 —

глубину и оканчивается *барабанной перепонкой*, которая отдѣляетъ наружное ухо отъ *средняго*.

3. *Барабанная перепонка*, преграждающая внѣшній слуховой проходъ, будетъ въ толщину не болѣе листа почтовой бумаги, но гораздо крѣпче; она около трехъ линій въ діаметрѣ и имѣетъ круглую форму. Натянутая кожа, какою представляется эта перепонка, есть одна изъ лучшихъ средъ для передачи звуковыхъ сотрясеній. Между барабанной перепонкой и внутреннею частью слуховаго органа помѣщается *среднее*

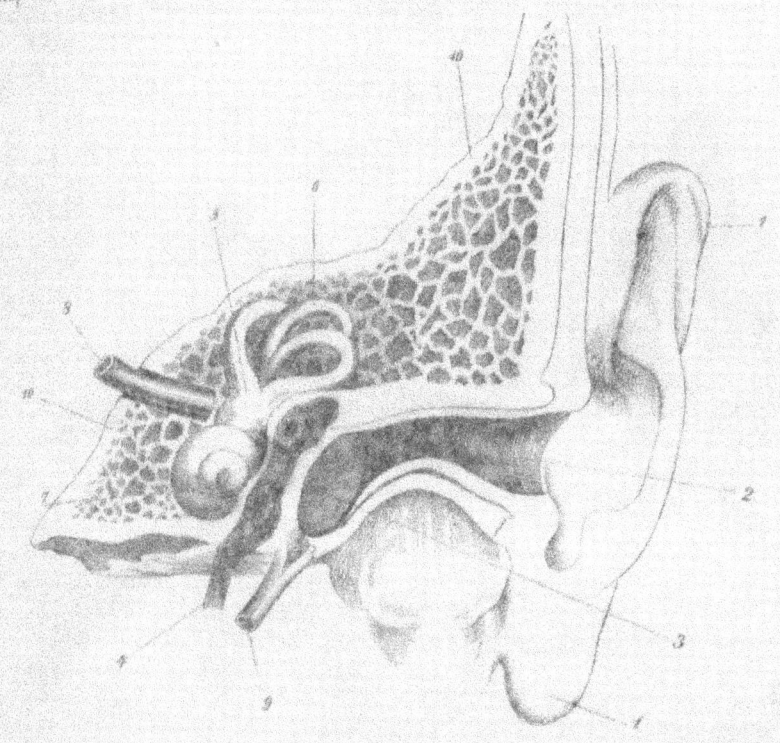

Органъ слуха. — Разрѣзъ височной кости по вертикальному направленію.
1. *Ушная раковина.* 2. *Наружный ушной каналъ.* 3. *Барабанная перепонка.* 4. *Барабанная камера или среднее ухо*, въ которомъ видны два окошечка: овальное и круглое. 5. *Преддверіе лабиринта.* 6. *Полукружные каналы.* 7. *Улитка.* 8. *Слуховой нервъ.* 9. *Евстахіева труба.* 10. Разрѣзъ каменистой части височной кости.

ухо—небольшое пространство, наполненное воздухомъ. На противуположной стѣнкѣ *средняго уха* находятся два отверзтія (*круглое и овальное*), ведущія во внутреннее ухо или *лабиринтъ*: эти отверзтія также закрыты перепонками. Въ *среднемъ* ухѣ есть три маленькія косточки,

— 38 —

сочлененныя между собою, изъ которыхъ первая, бо́льшая, молоточекъ прикрѣплена къ внутренней сторонѣ барабанной перепонки, а послѣдняя *стремя*, входитъ въ *овальное отверстіе*, ведущее въ *лабиринтъ*, и можетъ имѣть маленькое движеніе. Съ молоточкомъ соединена система мускуловъ, посредствомъ которыхъ мы можемъ по волѣ то натягивать барабанную перепонку, то ослаблять, принаравливая ее къ различнымъ звукамъ [1]).

4. *Внутренній* слуховой органъ очень сложенъ и потому его называютъ *лабиринтомъ*. Онъ состоитъ изъ маленькаго перепончатаго

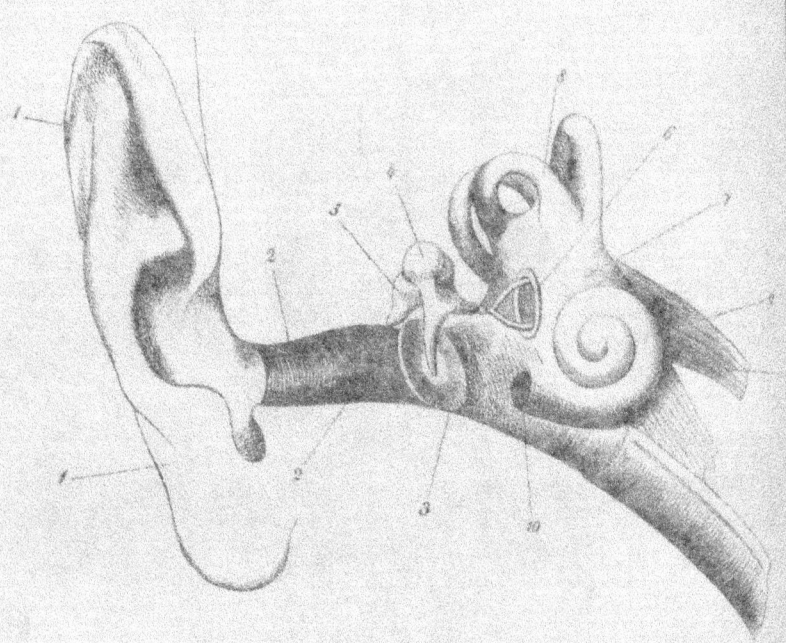

Органъ слуха вынутый изъ височной кости.

1. *Ушная раковина*. 2. *Ушной каналъ*. 3. *Барабанная перепонка*. 4. *Молоточекъ* 5. *Наковальня* 6. *Стремя*, закрывающее овальное окошечко, ведущее въ преддверіе лабиринта. 7. *Преддверіе лабиринта*. 8. *Костяные круговые каналы*. 9. *Улитка*. 10. *Круглое окошечко*, ведущее въ улитку. 11. *Слуховой нервъ*.

мѣшка (который называется *перепончатымъ преддверіемъ*) и улитки. Перепончатое преддверіе сообщается съ тремя перепончатыми же каналами, которые изъ него выходятъ и въ него же входятъ въ видѣ ду-

---

[1]) Натянутыя перепонки не такъ легко принимаютъ сотрясенія воздуха, какъ перепонки не натянутыя (Шванъ, стр. 72).

бавочныхъ дугъ къ мѣшку. Весь этотъ аппаратъ находится въ височной кости, какъ-бы въ футлярѣ, выдѣланномъ по формѣ этого маленькаго перепончатаго мѣшка. Но футляръ этотъ не много больше аппарата и наполненъ водою, которою, такимъ образомъ, окружено перепончатое предддверіе.

Улитка есть полый спиральный каналъ въ височной кости, сообщающійся съ той костяною полостью, въ которой находится перепончатый

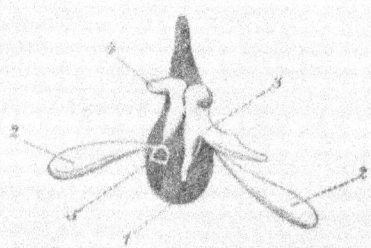

Барабанная перепонка съ тремя слуховыми косточками.

1. Барабанная перепонка. 2. Мускулы, натягивающіе перепонку. 3. *Молоточекъ*. 4. *Наковальня*. 5. *Стремя*.

аппаратъ и наполненъ тою же жидкостью, какъ и эта полость. Улитка раздѣлена продольной перегородкой на два канала.

Слуховой нервъ, проходя черезъ внутренній слуховой проходъ, оканчивается своими безчисленными нитями въ *перепончатомъ преддверіи* и *его каналахъ*, а также на перегородкѣ улитки.

«Мы не знаемъ въ подробности отправленій этихъ различныхъ частей лабиринта; но если привести ихъ къ самому простому выраженію, то это—перепонка сложной формы, плавающая въ водѣ, и по ней распространяется слуховой нервъ. Все остальное въ слуховомъ органѣ имѣетъ цѣлью сообщеніе дрожаній звучащихъ тѣлъ водѣ лабиринта, а черезъ нее перепонкѣ и окончаніямъ нерва» [1].

5. Движеніе звучащаго тѣла можетъ передаться водѣ лабиринта, а черезъ нее и окончаніямъ слуховыхъ нервовъ, двумя путями: или черезъ слуховое отверстіе, барабанную перепонку, воздухъ и косточки средняго уха, перепонкамъ, закрывающимъ лабиринтъ, и черезъ нихъ водѣ,—или прямо черезъ твердыя среды, кости черепа и спеціально черезъ височную кость, такъ какъ жидкость лабиринта заключается въ височной кости. Вторымъ путемъ мы слышимъ, напримѣръ, тиканье часовъ, взятыхъ въ зубы, а первымъ—всѣ звуки, передаваемые черезъ сотрясеніе воздуха. И тѣмъ, и другимъ путемъ водѣ лабиринта сообщается *волнообразное движеніе*, и эти маленькія волны, пробѣгая запутанные ходы лабиринта, приводятъ

---

[1] Шванъ, стр. 69 и 70.

въ дѣятельность окончанія слуховыхъ нервовъ; дѣятельность же нервовъ сказывается въ нашемъ сознаніи слуховыми ощущеніями.

6. Концевые аппараты слуховаго нерва очень разнообразны: одни напоминаютъ формою своею щетинки, приводимыя въ движеніе волнами воды, другіе оканчиваются маленькими отолитами (хрусталиками), которые, прилегая къ нервнымъ окончаніямъ, давятъ ихъ при малѣйшемъ сотрясеніи, третьи (въ улиткѣ) похожи на упругія клавиши, которыя при своемъ дрожаніи давятъ на лежащія подъ ними нервныя клѣточки.

7. Отъ высоты волнъ зависитъ *сила ощущенія*, а отъ числа колебаній въ одинъ и тотъ же періодъ времени *высота* тона. Мы можемъ еще слышать тонъ при *сорока* колебаніяхъ въ секунду и это будетъ самый низкій, а самый высокій мы слышимъ еще при 16,000 колебаній.

Мы слышимъ обыкновенно не простые тоны, а смѣшанные, т. е. *звуки* и *шумы* (смѣшенія звуковъ); но слухъ нашъ имѣетъ способность разлагать звукъ на составляющіе его тоны и, слушая многіе звуки разомъ, слѣдить за каждымъ звукомъ отдѣльно. Это заставило предположить, что въ ухѣ долженъ существовать особый аппаратъ для такого разложенія звуковъ на основные тоны и этотъ аппаратъ предполагаютъ въ улиткѣ, думая, что тоны ея клавишъ различны, такъ-что простой тонъ, пробѣгающій по улиткѣ, колеблетъ сильно только одну клавишу, и очень слабо сосѣднія. Звукъ же или сочетаніе тоновъ будетъ колебать тѣ клавиши, которыхъ собственные тоны соотвѣтствуютъ составнымъ частямъ звука, все равно какъ гласный звукъ, пропѣтый около фортепьянъ, заставляетъ звучать только тѣ струны, тоны которыхъ входятъ въ составъ этого звука. Чтобы вполнѣ опредѣлить способность уха слышать и анализировать звуки, нужно еще принять, что къ каждому клавишу (ихъ насчитываютъ въ улиткѣ до 3,000) подходитъ отдѣльное нервное волокно, оканчивающееся въ мозгу отдѣльнымъ аппаратомъ. Наконецъ, надобно принять, что въ дѣлѣ слуховыхъ ощущеній, не такъ какъ въ свѣтовыхъ, вниманіе можетъ сосредоточиваться и на одномъ нервномъ волокнѣ. Слѣдовательно, новѣйшая физіологія, слѣдуя Гельмгольцу, предполагаетъ, что слуховыя клавиши уже отъ природы какъ бы настроены на разные тоны, точно также, какъ концевые аппараты зрительнаго нерва отъ природы настроены подъ вибрацію того или другаго свѣтоваго луча. Въ этомъ отношеніи дѣятельность слуховаго и зрительнаго органа чрезвычайно сходны; но кто скажетъ, откуда происходитъ столь рѣзко замѣчаемое нами различіе между свѣтовыми и звуковыми ощущеніями.

8. Обратимъ еще особенное вниманіе на тотъ фактъ, что человѣкъ по волѣ можетъ приготовлять къ дѣятельности или удалять отъ нея тѣ или другія клавиши своего слуховаго нерва. Еще Мюллеръ замѣтилъ, что музыкантъ, слушая цѣлый оркестръ, можетъ выбрать въ немъ какой-либо

---

¹) Учебникъ Физіол. Германа, стр. 316, 317.

— 41 —

дуть одинъ инструментъ и слѣдить за игрой именно этого инструмента [1]). Не показываетъ ли это, что душа наша не только можетъ имѣть влiянiе на двигательные нервы, но и на нервы чувствующiе, приводя ихъ въ то напряженное состоянiе, которое нужно для того, чтобы внѣшнiя впечатлѣнiя передались имъ съ силою и ясностiю? Правда, Германъ приписываетъ эту возможность только слуховымъ нервамъ, но это едва-ли справедливо. При сосредоточенности нашего вниманiя на какой-нибудь мысли, мы смотримъ во всѣ глаза на предметъ и не видимъ его, хотя, безъ сомнѣнiя, по законамъ оптики, онъ точно также, какъ и всегда, рисуется на нашей ретинѣ. Правда, мы не можемъ произвольно видѣть одинъ цвѣтъ и не видѣть другаго; но если вниманiе наше отвлечено, то мы точно также не видимъ предмета, какъ будто бы онъ и не отражался на сѣтчаткѣ нашего глаза [2]).

Способность наша произвольно натягивать и ослаблять барабанную перепонку и тѣмъ усиливать и ослаблять тоны [3]), соотвѣтствуетъ способности нашей закрывать и открывать вѣки. Но власть наша надъ органомъ слуха простирается гораздо далѣе: мы можемъ, не заграждая вообще звукамъ пути въ нашъ слуховой органъ, слышать чутко только одни и не слышать другихъ, что дѣлаетъ музыкантъ, слѣдящiй за игрою одного инструмента въ цѣломъ оркестрѣ, и этого мы можемъ достичь не иначе, какъ прямымъ влiянiемъ воли на концевые аппараты слуховыхъ нервовъ [4]). Это мы можемъ дѣлать какъ подъ влiянiемъ нашей воли, такъ и подъ влiянiемъ нашихъ привычекъ, наклонностей и страстей: слухъ нашъ всегда открытъ тѣмъ звукамъ, которые насъ особенно занимаютъ. Такъ, служащiе при телеграфахъ, засыпая иногда столь глубокимъ сномъ, что и громкiй крикъ ихъ не пробуждаетъ, пробуждаются отъ легкаго стука телеграфическаго прибора; такъ, утомленная мать, забывшись крѣпкимъ сномъ, не слышитъ громкаго стука и въ тоже время слышитъ легкiй стонъ младенца или его движенiе въ колыбели.

---

[1]) Physiologie p. I. Müller. T. II. p. 273.

[2]) «Безъ перемѣны оси зрѣнiя, говоритъ Мюллеръ, вниманiе наше можетъ обращаться на ту часть видимаго предмета, которая лежитъ въ сторонѣ. Смотря на сложную геометрическую фигуру и не передвигая оси зрѣнiя, мы можемъ разсматривать послѣдовательно различные элементы, составляющiе эту фигуру, и не обращать вниманiя на остальные» (Man. de Phys. T. II. p. 272). Но, конечно, здѣсь вниманiе дѣйствуетъ чрезъ зрительные нервы, возбуждая одни, ослабляя другiе.

[3]) Мюллеръ утверждаетъ, что изъ двухъ одновременно поющихъ намъ на ухо людей мы можемъ слышать того, кого захотимъ (Man. de Phys. T. II. p. 273). Слѣдовательно, натягивая барабанную перепонку одного уха, мы можемъ въ тоже время ослаблять другую.

[4]) Ib. p. 272.

Съ перваго раза кажется, что этой власти человѣка надъ органомъ слуха нѣтъ ничего соотвѣтствующаго въ отношеніи органа зрѣнія, а здѣсь легко замѣтить, что, смотря на одну и ту же картину приро... сельскій хозяинъ увидитъ въ ней тѣ черты, которыхъ вовсе не ви... дитъ живописецъ, и наоборотъ; а опытный корректоръ замѣтитъ въ ... ректурномъ листѣ десятки опечатокъ, которыхъ совершенно не буд... видѣть человѣкъ, непривыкшій держать корректуру.

9. Особенное значеніе для психологіи имѣетъ замѣчаніе, сдѣланное ... логіею, «что для произведенія ощущенія звука необходимо, по крайней м... два слѣдующихъ другъ за другомъ колебанія. Одиночное колебаніе о... ствуется какъ толчекъ ¹)». Слѣдовательно для сознанія звукъ ес... выводъ изъ сравненія, по крайней мѣрѣ, двухъ ударовъ, гдѣ же ... вненіе становится невозможнымъ, тамъ уже и звука нѣтъ. Даже оди... ный ударъ сознаніе ощущаетъ только потому, что можетъ сравнив... и различать два свои собственныя состоянія: внѣ вліянія этого уда... подъ его вліяніемъ ²). Еслибы этотъ ударъ, не прерываясь и не и... лясь, все въ одной и той же силѣ продолжался вѣчно, то мы не ... шали бы его, потому что сознанію не съ чѣмъ было бы его срав... или сравнить своего одного состоянія со своимъ другимъ состоян...

«При сочетаніи очень многихъ различныхъ тоновъ, такъ что у... можетъ уже ихъ разложить, или если тоны слѣдуютъ такъ быстро ... за другомъ, что не успѣетъ еще пройти впечатлѣніе перваго, какъ ... вляется другой,—звукъ теряетъ періодичность, и ощущеніе, прои... дящее отсюда, называется шумомъ ³)». Спрашивается, что не ... звукъ,—какъ не способность сознанія сравнивать и различать разл... ныя колебанія концевыхъ аппаратовъ слуховаго нерва, колебанія, с... вѣтствующія различнымъ вибраціямъ твердыхъ и жидкихъ тѣлъ, сост... ляющихъ слуховой органъ?

10. Но отчего же зависитъ самая *гармонія* звуковъ? «Если нѣс... ко тоновъ или звуковъ одновременно дѣйствуютъ на слухъ, то, ... извѣстно, происходитъ пріятное или непріятное ощущеніе, что за... ходитъ отъ отношенія чиселъ колебаній, входящихъ въ аккордъ з... ковъ. Различаютъ на этомъ основаніи гармоническія и диссонантныя ... четанія звуковъ. Всего болѣе согласны звуки, состоящіе въ отн... яхъ октавы (1:2) или основной тонъ съ дуодецимой (1:3). За ... слѣдуютъ: квинта (2:3), кварта (3:4), большая секста (3:5), ... шая терція (4:5), маленькая секста (5:8), малая терція (5:6) ... д. Эти явленія легко объясняются слѣдующей гипотезой (Helmh...

---

¹) Германъ, стр. 117.

²) Поразительно, какъ Аристотель при тогдашнемъ состояніи есте... знанія могъ предвидѣть эту истину. Arist. de anima. lib. III. cap. 2. ... von Weisse 1829. S. 69.

³) Германъ, стр. 317.

диссонансъ есть результатъ *колебаній силы звука* (Schwebungen), происходящихъ вслѣдствіе интерференціи двухъ различныхъ по длинѣ волнъ. Именно, въ случаѣ, когда волны сходятся одноименными частями, возвышеніями или долинами, звуки должны усиливаться, а въ противномъ случаѣ ослабѣвать. Періоды колебанія силы звука должны, очевидно, быть равны разности между числами колебаній обоихъ тоновъ. Слѣдовательно, колебанія силы тѣмъ рѣже, чѣмъ меньше интервалъ между обоими тонами и чѣмъ ниже послѣдніе. Если колебанія эти на столько часты, что въ нихъ не могутъ быть ощущаемы отдѣльные толчки, то они производятъ непріятное звуковое впечатлѣніе. Самыя рѣзкія и непріятныя ощущенія бываютъ при 33 колебаніяхъ силы въ секунду. На основаніи сказаннаго, звуки тѣмъ менѣе гармоничны, чѣмъ больше колебаній силы можетъ произойти изъ встрѣчи составляющихъ ихъ тоновъ между собою или съ сочетанными тонами [1])».

11. Этимъ объясняется происхожденіе диссонанса, но нисколько не объясняется, почему диссонансъ производитъ на насъ непріятное впечатлѣніе. Намъ кажется, что это послѣднее обстоятельство можно объяснить тѣмъ, что душа наша, по самой природѣ своей, требуетъ жизни, т. е. дѣятельности, а потому тѣмъ большее испытываетъ удовольствіе, чѣмъ обширнѣе и безпрепятственнѣе можетъ совершаться эта дѣятельность, и, наоборотъ — испытываетъ неудовольствіе, если начатая ею дѣятельность вдругъ встрѣчаетъ помѣху. Главная же дѣятельность сознанія, одной изъ трехъ душевныхъ способностей, состоитъ въ безпрестанномъ различеніи и сравненіи и вотъ почему сознаніе, вызванное къ дѣятельности звуками, требуетъ возможности различать и сравнивать, а диссонансъ является помѣхой этой дѣятельности. Чѣмъ обширнѣе дѣятельность, представляемая звуками сознанію, чѣмъ успѣшнѣе можетъ быть совершаема эта дѣятельность по свойству звуковъ, тѣмъ живѣйшее удовольствіе испытываетъ наша душа [2]). Диссонансъ непріятно поражаетъ насъ, какъ помѣха сравнивающей и различающей дѣятельности сознанія, какъ камень, падающій намъ подъ ноги, когда мы идемъ полнымъ ходомъ. Кромѣ того, степень удовольствія, получаемая нами отъ сочетанія звуковъ, зависитъ и отъ ихъ разнообразія. Нервныя волокна слуховаго нерва, точно такъ же какъ нервныя волокна органа зрительнаго утомляются, и потому одни и тѣ же тоны, вызывающіе къ дѣятельности одни и тѣ же клавиши окончаній слуховыхъ нервовъ, должны насъ утомить. Но, и наоборотъ, разнообразіе не должно быть слишкомъ велико, такъ какъ слуховыя нервныя нити стремятся къ повторенію и намъ (какъ мы это увидимъ въ главѣ о памяти) именно нравится повтореніе, какъ дѣ-

---

[1]) Ibid., стр. 318.
[2]) Но это не есть еще собственно *эстетическое удовольствіе*, а только *средство* его, какъ это будетъ объяснено въ своемъ мѣстѣ.

тельность для насъ относительно легкая, а между тѣмъ все же дѣя[тель]ность. Однако и повтореніе намъ не нравится, если оно безпрест[анно,] потому что дѣятельность, которой требуетъ сознаніе, при слишкомъ [час]тыхъ повтореніяхъ, будетъ уже слишкомъ ничтожна, и наконецъ, [обра]тившись въ навыкъ, совсѣмъ прекратится. Къ этому еще слѣдуетъ [при]бавить, что удовольствіе можетъ зависѣть такъ же отъ больша[го или] меньшаго числа клавишей, задѣваемыхъ звуками.

12. Но звуки, которые мы уже прослушали, не исчезаютъ изъ [на]шей памяти и слѣды слышаннаго вносятся нами въ то, что мы [по]слушаемъ: этимъ открывается новое поле для работы сознанія — [для срав]неній и различеній. Вотъ почему слухъ нашъ требуетъ не только [того,] чтобы не было диссонанса въ двухъ слѣдующихъ другъ за другомъ [зву]кахъ, но чтобы не было его между началомъ, срединою и окончан[іемъ] музыкальной пьесы. Словомъ наше сознаніе, для своей безпрестан[но] успѣшной работы въ мірѣ звуковъ, требуетъ, чтобы звуки, его зан[имающ]іе, были разнообразны и въ тоже время выходили какъ бы из[ъ од]ного мотива, чтобы мы ощущали разомъ и удобство повторенія и [пре]лесть новизны, чтобы различающая и сравнивающая работа созна[нія со]вершалась обширно, разнообразно и вездѣ успѣшно, чтобы ни одинъ [звуч]чекъ диссонанса не мѣшалъ этой работѣ и чтобы, наконецъ, работа усложнялась вмѣстѣ съ развитіемъ музыкальной пьесы и, въ тоже в[ремя] трудность самой работы не увеличивалась. Мы, такъ сказать, в[носимъ] начало музыкальной пьесы въ ея средину, и начало и средину в[ъ ея] конецъ и, вмѣстѣ съ тѣмъ, расширяется работа нашего сознанія. [Мо]жетъ быть ни въ чемъ такъ не видно, какъ въ нашихъ музыкал[ьныхъ] ощущеніяхъ, до какой степени сознаніе можетъ расширить кругъ [своихъ] работъ, — одновременныхъ сравненій и различеній, и испытывать [мно]жество разнообразныхъ слуховыхъ ощущеній, если только эти ощу[щенія] нигдѣ не сталкиваются между собою и не даютъ непріятныхъ то[лчковъ] обширно работающему сознанію.

13. Окончивъ краткое обозрѣніе устройства и дѣятельности зр[итель]наго и слуховаго органа, мы просимъ читателя обратить вниманіе [на то] обстоятельство, что при нынѣшней теоріи звука и свѣта, какъ свѣ[то]выя, такъ и звуковыя явленія всѣ сводятся на движеніе матер[іаль]ныхъ молекулей, въ первомъ случаѣ неосязаемаго свѣтоваго эф[ира,] во второмъ на движеніе молекулей воздуха и другихъ осязаемыхъ [тѣлъ.] Слѣдовательно, всякое свѣтовое и всякое звуковое явленіе есть во в[нѣш]ней для насъ природѣ только движеніе, и единственно въ насъ, въ [на]шемъ сознаніи, превращаются эти движенія въ звуки, цвѣта, свѣ[тъ и] тѣнь. Такимъ образомъ мнѣніе философовъ іонической школы, котор[ые, по] свидѣтельству Аристотеля, утверждали, что «безъ зрѣнія нѣтъ въ [мірѣ] ни бѣлаго, ни чернаго»[1]), оправдываются новѣйшею физіологіею, пр[и]

---

[1]) Aristot. De anima. Lib. III. c. 2.

тяя только другое выражение, какое напр. даетъ ему I. Мюллеръ, а именно, что «безъ живаго уха нѣтъ звуковъ, а безъ живаго глаза нѣтъ ни красокъ, ни свѣта, ни тьмы» [1]).

Органъ обонянія.

14. О дѣятельности органа обонянія физіологія знаетъ очень мало; извѣстно только, что концевые аппараты *обонятельнаго нерва*, распространяющіеся въ верхней части внутренней оболочки носа, возбуждаются въ дѣятельности газообразными веществами при проходѣ ихъ чрезъ носовую полость. «Возбужденіе происходитъ, по видимому, только въ первую минуту соприкосновенія, потому что ощущеніе поддерживается только тогда, если въ носъ входятъ новыя и новыя порціи пахучаго вещества, и ощущеніе бываетъ тѣмъ сильнѣе, чѣмъ чаще происходитъ возобновленіе частичекъ [2]». Душистая жидкость, прямо соприкасающаяся съ обонятельными нервами, у людей не даетъ обонятельнаго ощущенія. Въ связи съ этимъ находится и то явленіе, что для произведенія обонятельнаго ощущенія необходимо движеніе пахучаго вещества: при удержаніи дыханія, а равно и при выдыханіи, по замѣчанію Аристотеля, обонятельныя ощущенія не происходятъ, хотя бы обонятельная полость и была наполнена душистымъ газомъ [3]).

15. Замѣтимъ, кстати, что въ языкѣ нѣтъ словъ для наименованія различныхъ запаховъ и что мы называемъ ихъ только по тѣмъ тѣламъ, которымъ они принадлежатъ: запахъ розы, запахъ табаку и т. д. Аристотель прямо объясняетъ это тѣмъ, что «чувство обонянія у человѣка слабѣе, чѣмъ у многихъ другихъ животныхъ» [4]). Но намъ кажется, что это явленіе находится въ связи съ другимъ и именно съ тѣмъ, что мы только рѣдко, при сильномъ вліяніи пассивнаго воображенія, воспроизводимъ субъективно чувство запаха, и рѣшительно не можемъ воспроизвести его произвольно, какъ воспроизводимъ ощущенія свѣтовыя [5]). Мы различаемъ запахи только тогда, когда они на насъ дѣйствуютъ. Но такъ какъ мы даемъ имена собственно не предметамъ и явленіямъ природы, а нашимъ понятіямъ или представленіямъ этихъ предметовъ и явленій, то и нѣтъ у насъ названій для запаховъ, кото-

---

[1]) Man. de Phys. T. II. p. 261. von Weisse. S. 69.
[2]) Уч. Физ. Германа. Стр. 322.
[3]) Опыты показываютъ, что жидкостей, соприкасающихся прямо съ носовою полостью, человѣкъ не обоняетъ; но животныя, живущія въ водѣ, безъ сомнѣнія имѣютъ эту способность, какъ замѣтилъ еще Аристотель и подтверждаетъ I. Мюллеръ. (Man. de Phys. T. II. p. 267. Arist. L. II Cap. 9).
[4]) Arist. De anima. L. II. Cap. 9. Ueb. von Weisse. S. 54.
[5]) Psycho-Phys. von Fechner. T. II. S. 479. Тоже наблюденіе сдѣлано въ отношеніи сновидѣній.

рыхъ мы не можемъ себѣ представить, а потому и не можемъ
дѣлить ихъ на роды и виды. Мы не могли образовать общихъ
изъ частныхъ явленій запаховъ, а это лишило насъ возможности
имъ названія. Мы ощущаемъ частныя явленія, но не можемъ
о нихъ, а потому и не могли наименовать ихъ.

16. Аристотель называетъ чувство вкуса особымъ видомъ осязанія
но намъ кажется, что это же самое можно сказать, еще по
праву, о чувствѣ обонянія. «По отношенію ко многимъ газообразнымъ
и парообразнымъ элементамъ, говоритъ Миллеръ, трудно отличить
зательныя ощущенія отъ обонятельныхъ, таковы: аммоніакъ въ
ніи газа, хрѣнъ, горчица и пр. Ощущенія, отъ нихъ испытываемыя
очень похожи на осязаніе и аналогія становится еще разительнѣе
подумаешь, какъ эти ѣдкіе пары дѣйствуютъ на слизистую ткань

Органъ вкуса.

17. О дѣятельности органа вкуса знаютъ также мало: не опредѣлено
съ точностію даже поверхности, ощущающія вкусъ. Вкусовыя
нія сопровождаются иногда ощущеніями обонятельными, а иногда
осязательными, отъ которыхъ ихъ трудно отдѣлить. Нервы вкуса
буждаются къ дѣятельности жидкостями, но отчасти и газами,
ми вкусъ. «Какими свойствами тѣлъ обусловливаются тѣ неопредѣленные
ные характеры вкусовыхъ ощущеній, которые мы обозначаемъ
сладкое, горькое, кислое — неизвѣстно». Вкусъ развивается
образомъ отъ упражненія и можно въ этомъ отношеніи достигнуть
высокой степени, которою отличаются истые гастрономы, и въ
ности знатоки винъ.

18. Что вкусовыя ощущенія иногда бываетъ трудно отличить
осязательныхъ, въ этомъ каждый можетъ убѣдиться на себѣ, кушая
роженое, кисель, устрицъ и вообще что-нибудь такое, при
число вкусовыхъ ощущеній входитъ температура или гладкость
та. Нѣтъ нужды доказывать, что обонятельныя ощущенія еще
осязательныхъ связаны съ вкусовыми, и что иногда невозможно
чить, наслаждаемся ли мы запахомъ или вкусомъ пищи. Субъективныя
ощущенія вкуса чаще и легче воспроизводятся, чѣмъ субъективныя
щенія обонянія; видъ кислаго возбуждаетъ въ насъ чувство оскомины
воспоминаніе сильной горечи невольную дрожь и т. п. Вотъ почему
различныхъ вкусовъ мы имѣемъ нѣсколько спеціальныхъ названій
все же очень мало [3]).

---

[1]) Arist. De anima. L. II. Cap. 10. Weisse. S. 57.
[2]) Mün. de Phys. p. Müll. T. II. p. 909.
[3]) Даже о числѣ основныхъ вкусовъ еще не условились: Платонъ
лѣнъ считаютъ ихъ 7; Аристотель и Теофрастъ 8; нѣкоторые 12;
16. (См. Read T. I. p. 116. Примѣчаніе Гамильтона).

Органъ осязанія.

19. Органъ осязанія, какъ мы уже сказали, распространенъ въ кожѣ и въ сходныхъ съ нею слизистыхъ оболочкахъ, которыя въ сущности тоже видоизмѣненная кожа. Концевые аппараты осязательныхъ нервовъ мало изслѣдованы, хотя и открыто уже нѣсколько различныхъ формъ ихъ, какъ наприм. *осязательныя тѣльца Вагнера*, встрѣчающіяся особенно на ладони и подошвѣ и состоящія изъ продолговатыхъ пузырьковъ съ поперечными полосками. Но характеръ дѣятельности этихъ аппаратовъ совершенно неизвѣстенъ. Раздражать концевые аппараты осязательныхъ нервовъ можно электрическими, химическими, термическими вліяніями, но не колебаніями свѣтовыхъ волнъ.

20. Въ осязательныхъ ощущеніяхъ много родственнаго съ *ощущеніемъ боли и мускульнымъ чувствомъ*; однако же намъ кажется, что къ осязательнымъ ощущеніямъ собственно слѣдуетъ причислить только два характеристическіе рода ощущеній: *осязаніе въ тѣсномъ смыслѣ слова*, посредствомъ котораго мы ощущаемъ поверхность предметовъ, и *ощущеніе тепла и холода*. Существуютъ ли разные нервы для обоихъ родовъ этихъ ощущеній, или они передаются одними и тѣми же нервами — неизвѣстно. Но специфическій характеръ этихъ ощущеній кажется указываетъ на существованіе и отдѣльныхъ нервовъ. Осязательныя ощущенія въ тѣсномъ смыслѣ особенно сильны въ концахъ пальцевъ рукъ и на кончикѣ языка, въ губахъ, вообще въ лицѣ и всего менѣе въ спинѣ.

21. Осязательное ощущеніе происходитъ только въ то мгновеніе, когда мы прикасаемся къ тѣлу; потомъ же оно быстро замѣняется ощущеніемъ давленія. Если опустить руку въ воду, согрѣтую до температуры кожи, то мы получаемъ осязательное ощущеніе въ минуту соприкосновенія съ жидкостью, а затѣмъ оно исчезаетъ. «Подобными опытами не трудно убѣдиться, что вообще осязательное ощущеніе происходитъ только подъ условіемъ, если давленіе на чувствующую поверхность претерпѣваетъ колебанія» [1].

При сильномъ раздраженіи осязательныхъ нервовъ, говорятъ нѣкоторые физіологи, ощущается боль. Нѣкоторые, какъ напримѣръ Гризингеръ, приписываютъ боль ненормальной дѣятельности нерва; но Гассе говоритъ, «что мы не имѣемъ никакого основанія приписывать нерву и

---

[1] Учеб. Физ. Германъ, стр. 328. Замѣтимъ, между прочимъ, что то же условіе мы встрѣчаемъ уже въ актѣ слуха и актѣ обонянія. Не существуетъ ли оно въ актѣ зрѣнія? Да, но только въ другой формѣ, сообразной этому акту. Мы ощущаемъ цвѣтъ предмета только потому, что переходимъ къ этому ощущенію отъ ощущенія другихъ цвѣтовъ, или отъ воспоминанія этихъ ощущеній. Если бы все было, напр., краснаго цвѣта, то мы не ощущали бы никакого цвѣта.

при его возвышенной дѣятельности другой роли кромѣ роли, перед[ан]-
ной, потому что и здѣсь онъ работаетъ, какъ и при проводѣ вся[каго]
другаго ощущенія» [1]). Не вдаваясь въ этотъ темный вопросъ, мы
мѣтимъ только, что между ощущеніемъ боли и ощущеніемъ осязанія [нѣтъ]
общаго; напротивъ, когда мы ощущаемъ боль, то ощущеніе осязанія [тот-
часъ] прекращается. Чтобы осязать предметъ, мы должны водить по [нему]
пальцами слегка, т. е. дотрогиваться до предмета только оконеч[ностями]
осязательныхъ нервовъ, и притомъ безпрестанно мѣнять точки [при-]
косновенія, т. е. другими словами, *давать сознанію возможн[ость]*
сравнивать и различать цѣлый рядъ точекъ соприкоснове[нія.]
Прикоснувшись пальцами крѣпче къ предмету, мы уже задѣва[емъ]
скулы и получаемъ мускульное, а не осязательное ощущеніе. Мус[куль-]
ное же ощущеніе передаетъ намъ чувство силы, которую мы тра[тимъ]
преодолѣвая какое-нибудь препятствіе, почему Веберъ и назвалъ [его]
Kraftsinn. При познаваніи нами предметовъ эти два ряда ощу[щеній]
мускульное и осязательное, взаимно дополняютъ другъ друга: рука
именно и есть такой превосходный инструментъ, въ которомъ соед[инены]
самыя тонкія осязательныя и самыя тонкія мускульныя ощуще[нія;]
кромѣ того, дана ей возможность самыхъ разнообразныхъ движеній [и]
она можетъ обнимать предметъ, и разомъ испытывать его форму, [о]-
тельную упругость или мягкость, тяжесть, температуру, шерохова[тость]
и движеніе, если оно есть.

22. Со времени Вебера осязательныя и мускульныя ощущен[ія под-]
вергались весьма точнымъ измѣреніямъ въ отношеніи того, какую [раз-]
ницу можетъ замѣчать сознаніе въ ряду постепенно увеличивающ[ихся]
тяжестей, и на сколько можетъ оно различать два одновременныя осяз[атель-]
ныя ощущенія, напр., на сколько должно раздвинуть ножки циркуля, [чтобы]
мы могли различить не одно, а два различныхъ прикосновенія. При [этомъ]
замѣчено, напр., что маленькое кольцо, форма котораго ясно ощу[щается]
еще оконечностями пальцевъ, даетъ на спинѣ безформенное осязат[ельное]
впечатлѣніе. «Двойственность ощущенія получается только подъ усло[віемъ,]
если между раздражаемыми точками кожи лежитъ нѣсколько нетрон[утыхъ]
осязательныхъ участковъ [2])». Упражненіе замѣчательно уменьша[етъ раз-]
стояніе между двумя ощущаемыми точками прикосновенія, и любо[пытно,]
что при упражненіи кожи въ одной половинѣ тѣла утончается вмѣ[стѣ]
съ тѣмъ чувствительность къ формѣ въ симметричной части тѣла съ [дру-]
гой стороны. Замѣчательно также, что разстояніе между ножкам[и цир-]
куля, дающими различаемыя впечатлѣнія, можно уменьшить, если [ста-]
вить ихъ не разомъ, а одну за другою, т. е. если сознаніе наше [отдѣ-]
ляетъ не только мѣстомъ, но и временемъ одно ощущеніе отъ дру[гаго.]

---

[1]) Handbuch der Speciellen Pathol. Redig. von Virchov. 1855. B. IV. [1 Ab.]
von Hasse S. 24.

[2]) Учеб. Физ. Германа, стр. 133.

и сравниваетъ уже не два ощущенія, а *слѣдъ* ощущенія и ощущеніе.

23. Физіологи принимаютъ, что осязательные нервы, какъ и зрительные, идутъ, не сливаясь съ другими, до головнаго мозга и каждый несетъ свое особое впечатлѣніе, слѣдовательно и въ актѣ осязанія, какъ и въ актѣ зрѣнія, сознаніе наше получаетъ мозаическую картину одновременныхъ, но разномѣстныхъ точекъ соприкосновенія и соединяетъ всѣ эти разномѣстныя движенія различныхъ нервовъ въ одно ощущеніе. Вотъ новое доказательство, что не нервъ ощущаетъ движеніе свое и въ тоже время движеніе другихъ нервовъ, а эти разномѣстныя и разновременныя движенія различныхъ нервовъ ощущаются сознаніемъ, которое и превращаетъ ихъ въ одно ощущеніе [1]).

24. Тепловыя ощущенія мы испытываемъ подъ условіемъ, чтобы была разница въ температурѣ нашего тѣла и ощущаемаго предмета. Выше 47° Цельсія мы уже ощущаемъ боль. Когда температура ощущаемаго тѣла сравнятся съ температурою кожи, то ощущеніе прекращается. Слѣдовательно мы и здѣсь ощущаемъ только колебанія, различія, словомъ, ощущаемъ только тогда, когда сознаніе наше имѣетъ возможность сравнивать и различать.

25. Въ существованіи отдѣльныхъ нервныхъ нитей, для проведенія чувства осязанія, физіологи уже убѣдились. Но есть ли особенные нервы для передачи чувства боли—не извѣстно. Правда, при употребленіи хлороформа больные не чувствуютъ боли, продолжая ощущать прикосновеніе [2]), но можетъ быть при этомъ уничтожается возможность такой степени возбужденія въ нервѣ, которая уже вызываетъ чувство боли [3]).

Всякій знаетъ, что чувство боли очень разнообразно; но всѣ попытки подвести болѣзненныя ощущенія подъ опредѣленные виды оказались недостаточными.

Безъ сомнѣнія особенныя нервныя нити существуютъ и для мышечнаго чувства, но о мышечномъ чувствѣ мы скажемъ въ слѣдующей главѣ, говоря о мышцахъ.

Вообще, въ послѣднее время физіологія, кажется, склоняется къ тому, чтобы принять существованіе специфическихъ нервовъ для различныхъ основныхъ ощущеній. Если мы признаемъ, что въ глазу есть

---

[1]) Два отдѣльныя осязательныя ощущенія сливаются въ одно, «если промежутокъ между ножками циркуля раздражать легкимъ щекотаньемъ или индукціонными токами», т. е. другими словами, сознаніе наше перестаетъ различать ощущенія, такъ какъ они идутъ сплошнымъ рядомъ.

[2]) Учебн. Физіол. Германа, стр. 329.

[3]) «Боль, по мнѣнію Гассе, условливается возбужденіями не однихъ осязательныхъ нервовъ, но вообще всѣхъ нервовъ чувства и даже появляется въ такихъ частяхъ тѣла, въ которыхъ вовсе нѣтъ обыкновеннаго осязанія.» Handb. der Path. B. IV, s. 21.

особые нервы для каждаго основнаго цвѣта, а въ ухѣ—особые для каждаго тона, то еще основательнѣе будетъ принять, что существуютъ особые специфическіе нервы для передачи ощущеній осязанія, мышечныхъ сокращеній, тепла, боли и, можетъ быть, нѣкоторыхъ другихъ специфическихъ ощущеній.

26. Аристотель придаетъ необыкновенную важность чувству осязанія и даже приписываетъ остротѣ и обширности его у людей (такъ какъ большая часть человѣческаго тѣла не покрыта волосами) превосходство человѣческаго ума, сравнительно съ другими животными [?]. Но такое обширное значеніе можно было придавать осязанію только тогда, когда изъ него не было выдѣлено *чувство мускульное*. Если же за осязаніемъ оставить только ощущеніе прикосновенія къ кожѣ и слизистой оболочкѣ, замѣняющей кожу, напр. во рту и носу, а также ощущеніе температуры тѣлъ и, можетъ быть, то специфическое *чувство щекота*, которое Скалигеръ и Бюффонъ предполагали назвать шестымъ чувствомъ, то осязаніе потеряетъ много своего значенія для психической жизни и снизойдетъ въ одинъ разрядъ съ чувствами обонянія и вкуса, которыя также мало вносятъ матерьяла въ наши психическія работы.

Ощущенія общія.

27. Кромѣ этихъ, все же еще сколько-нибудь опредѣленныхъ и изученныхъ ощущеній, есть еще множество такъ называемыхъ *общихъ ощущеній*, которыя мы испытываемъ, но причины которыхъ мы весьма мало знаемъ, таковы: ощущеніе голода, жажды, тошноты, физической тоски, головокруженія и множество особенныхъ болѣзненныхъ ощущеній. Кажется, по неопредѣленности этихъ ощущеній, можно предположить, что они передаются головному мозгу, а чрезъ него и сознанію *непосредственно* по отдѣльнымъ нервнымъ волокнамъ, а только чрезъ *средство* цѣлыхъ собраній нервныхъ узловъ или ганглій, такъ что мы ощущаемъ уже не дѣятельность нервныхъ нитей и ихъ мозговыхъ окончаній, а дѣятельность цѣлыхъ системъ ганглій. Вмѣстѣ съ этимъ исчезаетъ возможность, такъ сказать, точко-образныхъ впечатлѣній и являются ощущенія обширныя, неопредѣленныя, слитныя и которыхъ именно по этому мы не можемъ себѣ представить въ воображеніи.

Эти общія неопредѣленныя ощущенія играютъ, тѣмъ не менѣе, очень важную роль въ нашей психо-физической дѣятельности. Дѣйствуя постоянно, они постоянно вмѣшиваются въ ряды нашихъ опредѣленныхъ ощущеній, такъ сказать занимаютъ интервалы между ними, и тѣмъ самымъ даютъ направленіе этимъ ощущеніямъ,—что мы изложимъ яснѣе въ главахъ о вниманіи и воображеніи.

[?] Arist. De anima. L. II. сар. 9. Uebers. von Weisse 1829, s. 55. «Въ отношеніи всѣхъ чувствъ человѣкъ остается позади многихъ животныхъ; но осязаніе у него гораздо острѣе, чѣмъ у другихъ; потому онъ и умнѣйшее изъ животныхъ».

ГЛАВА VIII.

Мускулы. Мускульное чувство. Органъ голоса.

Мускулы.

1. Непосредственною причиною всѣхъ тѣхъ движеній, которые составляютъ отличительный признакъ животныхъ организмовъ, являются *мускулы*, или вообще мускульное вещество, облегающее почти весь остовъ человѣка и сверху закрытое кожею. Вещество это краснаго цвѣта и на обыденномъ языкѣ называется мясомъ. Анатомія различаетъ два рода мускуловъ или мышцъ: *рубчатыя*, которыя иначе называются *произвольными*, ибо движенія ихъ, за немногими исключеніями, подчинены волѣ, — и *гладкія*, или органическія мышцы, волѣ неподчиненныя и служащія для движеній органическихъ, вызываемыхъ растительными процессами. Для нашей психологической и педагогической цѣли важны только мышцы перваго рода, которыми мы и займемся исключительно.

2. Хотя мускульное вещество облегаетъ почти весь остовъ человѣка, но оно не составляетъ сплошной массы, а состоитъ само изъ множества продолговатыхъ пучковъ, отдѣльныхъ мускуловъ или мышцъ, имѣющихъ большею частію веретенообразную форму. Пучки эти очень различны по толщинѣ и длинѣ, и въ свою очередь раздѣляются на меньшіе пучки. Это дробленіе мускуловъ доходитъ до такъ называемыхъ *первичныхъ* пучковъ, которые опять же не состоятъ изъ одной массы, а раздѣляются на тонкія мускульныя волокна, безчисленное множество которыхъ, собранное въ пучки различной толщины, и составляетъ каждый мускулъ. Каждый мускулъ облеченъ особенною *клѣтчатою тканью*, которая, проникая въ самый мускулъ, облекаетъ и соединяетъ отдѣльные пучки, его составляющіе. Въ этой клѣтчатой соединительной ткани проходятъ кровеносные сосуды и нервы. Такимъ сложнымъ устройствомъ мускуловъ, при которомъ не только каждый мускулъ и каждый пучекъ его, но и каждое мускульное волокно можетъ имѣть свое особенное движеніе, объясняется матеріальная возможность того неуловимаго разнообразія безчисленныхъ движеній, къ которому способно человѣческое тѣло, а въ особенности физіономія человѣка, его голосовой органъ и его языкъ, который есть ничто иное, какъ одинъ большой мускулъ.

3. Отдѣльное мускульное волокно представляется намъ черезвычайно тонкою трубочкою, наполненною полужидкимъ веществомъ, физіологическое значеніе котораго мало извѣстно. Въ коротенькихъ мускулахъ волокна идутъ во всю длину ихъ, а въ длинныхъ прерываются; тогда волокно представляется ни чѣмъ инымъ, какъ растянутою и замкнутою растительною клѣточкою.

4. Большая часть мускуловъ прикрѣплены къ костямъ, движеніями которыхъ они управляютъ; другіе прикрѣплены къ кожѣ, каковы у человѣка мускулы лица и нѣкоторые мускулы шеи. Чтобы представить

себѣ наглядно дѣятельность мускула, двигающаго костями, вообразимъ себѣ двѣ линейки, соединенныя на одномъ концѣ шолнеромъ, а по срединѣ эластическимъ шнуркомъ. Если мы, растягивая шнурокъ, растянемъ линейки, то понятно, что эластичность шнурка заставитъ снова ихъ сблизиться, какъ только мы перестанемъ удерживать линейки; если же мы будемъ удерживать одну линейку, то другая будетъ подыматься, описывая болѣе или менѣе значительную дугу своимъ свободнымъ концомъ. Если теперь вмѣсто этихъ линеекъ мы представимъ себѣ двѣ части руки — плечевую и локтевую, вмѣсто шолнера — локтевое соединеніе, а вмѣсто эластическаго шнурка — такой же эластическій мускулъ, который однимъ своимъ концомъ прикрѣпленъ къ плечевой кости, другимъ къ локтевой, сочлененнымъ въ локтѣ, то легко поймемъ, что при сокращеніи мускула локтевая часть руки станетъ подыматься и описывать дугу свободнымъ своимъ концомъ.

Мы описали здѣсь самую простую дѣятельность мускула, но и это уже достаточно, чтобы понять, что при огромномъ множествѣ мускуловъ, при сложности ихъ, при разнообразныхъ прикрѣпленіяхъ къ костямъ и т. д., движенія могутъ разнообразиться до безконечности.

5. При сокращеніи масса мускула не уменьшается, но только отъ уменьшеніи его длины увеличивается его толщина; при чемъ замѣчается въ немъ волнообразное движеніе, быстрое какъ молнія [1]). Что мускулъ при сокращеніи утолщается иногда очень значительно, это каждый можетъ повѣрить надъ собою, сгибая руку приближеніемъ кисти руки къ плечу и ощупывая въ тоже время, какъ вздуется мускулъ на плечевой части руки. Но еслибы мускулъ былъ также прикрѣпленъ къ костямъ, какъ эластическій шнурокъ къ нашимъ линейкамъ, т. е. по серединѣ, то утолщеніе мускула должно бы ощущаться въ сгибѣ руки, и представляло бы значительную помѣху движеніямъ. Этого неудобства избѣгаетъ природа особою системою *тяжей*, прикрѣпляющихъ мускулъ къ той кости, для движеній которой онъ назначенъ. Посредствомъ ихъ мускулъ, оставаясь на значительномъ разстояніи отъ кости, можетъ управлять ея движеніями. Мы не будемъ входить въ подробности системы мускуловъ и ихъ прикрѣпленій къ костямъ, что можно найти въ каждой анатоміи; для насъ достаточно только вынести убѣжденіе, что простыми *сокращеніями* мускула можно выполнять всѣ разнообразныя движенія тѣла.

Что мускулъ, насильственно сдавленный, приметъ свою обычную форму, какъ только насиліе прекратится, это легко понять: то же самое сдѣлается со всякимъ упругимъ тѣломъ; но что же заставляетъ сокращаться, укорачиваться мускулъ? Мускулы, прикрѣпленные къ костямъ, находятся всегда нѣсколько въ растянутомъ состояніи. Что же заставляетъ ихъ сокращаться и сокращаться такъ энергически и съ такою силою, съ какою, напримѣръ, движется рука человѣка, подымая съ земли

---

[1]) Man. de Phys. par Müller. T. II. p. 35.

большую тяжесть? Прежде думали, что мускулъ можетъ сокращаться единственно подъ вліяніемъ двигательнаго нерва, раздражаемаго или нашею волею, или какими-нибудь внѣшними агентами; но теперь убѣдились достовѣрными опытами, что мускулъ можетъ сокращаться безъ посредства нерва, при дѣйствіи на него самыхъ разнообразныхъ агентовъ, каковы: гальваническій токъ, какой-нибудь химическій элементъ, быстро дѣйствующій на измѣненіе мускульнаго вещества, механическое движеніе и наконецъ свѣтъ, заставляющій сокращаться мускулы радужной оболочки глаза.

6. Для того, однако, чтобы мускулъ сокращался, необходимо одно условіе, а именно, чтобы растительный процессъ продолжалъ въ немъ совершаться, чтобы мускулъ питался и подновлялся. Мускулъ, выдѣленный изъ тѣла, продолжаетъ сокращаться, подъ вліяніемъ тѣхъ или другихъ агентовъ, только до той минуты, пока въ немъ продолжаетъ совершаться растительный процессъ, т. е. передѣлка крови въ ткани и силы организма. Въ мускулахъ теплокровныхъ животныхъ процессъ этотъ, по выдѣленіи мускула, прекращается очень быстро; въ мускулахъ холоднокровныхъ — продолжается гораздо долѣе [1]).

Слѣдовательно, способность мускула отвѣчать сокращеніями на дѣйствія различныхъ агентовъ находится въ прямой зависимости отъ его питанія.

7. Питаніе мускула совершается, конечно, изъ общаго запаса матеріальныхъ силъ организма, т. е. изъ крови. Кровь приносится въ мускулъ множествомъ тончайшихъ кровеносныхъ сосудовъ, распространяющихся, какъ мы видѣли, въ соединительной ткани и потому проникающихъ въ самый мускулъ между пучками, его составляющими. Артеріи вносятъ въ мышцы кровь ярко-красную; вены выносятъ изъ мышцъ кровь уже темную, богатую угольною кислотою — продуктомъ горѣнія, а въ этомъ случаѣ, мускульной работы. Кровь, такъ сказать, перегораетъ въ мускулѣ, и этотъ химическій процессъ горѣнія, или ближе *окисленія*, необходимъ для того, чтобы мускулъ отвѣчалъ сокращеніями на раздраженія различныхъ агентовъ. И замѣчательно, что чѣмъ больше работаетъ мускулъ, тѣмъ темнѣе вытекающая изъ него кровь; слѣдовательно, химическій процессъ окисленія усиливается въ мускулѣ съ усиленіемъ его дѣятельности.

8. Чтобы понять, какимъ образомъ изъ *химическихъ* процессовъ, совершающихся въ мускулахъ, могутъ вырабатываться *физическія* силы организма, для этого надобно припомнить, хотя въ общихъ чертахъ, теорію превращенія силъ — однѣхъ въ другія.

Всѣмъ намъ извѣстенъ фактъ превращенія теплоты въ движеніе. Благодаря этому превращенію, мы ѣздимъ по желѣзнымъ дорогамъ и пользуемся дѣятельностію безчисленныхъ паровыхъ машинъ: здѣсь теплота при химическомъ процессѣ горѣнія наглядно превращается въ дви-

---

[1]) Man. de Phys. par Müller. T. II. p. 33.

женіе. Что движеніе можетъ, наоборотъ, превратиться въ теплоту, въ этомъ также легко убѣдиться, ударяя молотомъ по гвоздю и наблюдая какъ разгорячается и молотъ, и шляпка гвоздя. При многихъ химическихъ соединеніяхъ развивается теплота или электричество. Электричество возбуждается движеніемъ и, въ свою очередь, выражается въ движеніи и т. д.

Эти и множество другихъ наблюденій привели къ теоріи, что различныя физическія силы—сила химическаго сродства, теплота, электричество, магнетизмъ — суть не что иное, какъ различныя выраженія атомовъ или молекулей, составляющихъ всякое тѣло. Движеніе это можетъ быть или *частичное*, незамѣтное для насъ въ формѣ движенія, какъ, напримѣръ, теплота, скрытое электричество и т. п., или *массивное*, и одно можетъ переходить въ другое, какъ напр., движеніе частичное, переходитъ въ массивное движеніе пара и еще болѣе массивное движеніе парохода. Никакая матеріальная сила вновь не творится, а только переходитъ изъ состоянія скрытой силы, т. е. въ которомъ мы ее не замѣчаемъ, въ состояніе силы, для насъ замѣтной.

Запасъ силъ въ природѣ не увеличивается, а главнымъ источникомъ силъ для земнаго шара является горящее солнце. Эту силу поглощаетъ органическая природа въ видѣ свѣта, пищи, тепла, и т. д. Но всѣ эти силы суть только разнообразныя формы движенія, которыя могутъ долго скрываться въ тѣлѣ, въ формѣ частичныхъ движеній, пока, подъ какимъ-нибудь вліяніемъ, онѣ не перейдутъ въ движенія массивныя, замѣтныя для глаза. Такъ, топя нашъ паровозъ каменнымъ углемъ, мы только пользуемся тою силою, скрытою въ углѣ, которая накопилась въ немъ за многія тысячи лѣтъ тому назадъ, когда уголь этотъ былъ еще деревомъ, и питался, т. е. въ разныхъ формахъ поглощалъ силу, исходящую изъ горящаго солнца, сохраняя ее въ своей древесинѣ, изъ которой образовался уголь [1]). Точно также и кровь приноситъ съ собою въ мускулъ *запасъ скрытыхъ силъ*, которыя при химическомъ процессѣ въ мышцѣ вступаютъ въ другія формы, и первая изъ этихъ формъ, по всей вѣроятности, есть *электричество*.

9. Развитіе электрическихъ токовъ въ питающейся мышцѣ доказано фактически, и замѣчательно, что укорочиваніе мышцы не начинается немедленно вслѣдъ за раздраженіемъ, а опаздываетъ на нѣкоторое время (около $1/190$ секунды). Въ теченіе этого времени мышца остается въ видимомъ покоѣ, и это состояніе назвалъ Гельмгольцъ состояніемъ *скрытаго раздраженія*. Затѣмъ начинается сокращеніе и идетъ, большею частью, сначала съ увеличивающеюся, потомъ съ уменьшающеюся скоростью. Чѣмъ больше отягощена мышца, тѣмъ періодъ скрытаго раздраженія въ ней дольше. Изъ этого ясно, что развитіе силъ, производящихъ сокращеніе мышцы, происходитъ подъ вліяніемъ раздраженія,

---

[1]) Ueber die Wechselwirkung der Naturkräfte, von Helmholtz. Königsb. 1854. p. 35, 36.

что сокращеніе начинается тогда только, когда силъ, сокращающихъ мышцу, накопится достаточно. Чѣмъ далѣе идетъ сокращеніе, тѣмъ болѣе оно встрѣчаетъ препятствія въ растяжимости мышцъ, такъ-что настаетъ наконецъ минута, когда мышца перестаетъ сокращаться и начинаетъ растягиваться [1].

10. Намъ нѣтъ надобности входить въ физіологическія подробности мускульнаго процесса. Фактовъ, которые мы привели, достаточно, чтобы доказать, что физическія силы, обнаруживаемыя мускулами при ихъ сокращеніи, выработываются въ мускулахъ же изъ крови, и что нервъ, дѣйствуя на мышцу, какъ всякій другой раздражающій агентъ, не творитъ въ ней силъ (хотя, конечно, самъ долженъ обладать нѣкоторою силою для акта раздраженія), а только вызываетъ ихъ изъ скрытаго состоянія, или, другими словами, превращаетъ *незамѣтное движеніе атомовъ въ химическихъ процессахъ мышцы, въ молекулярное*, уже замѣтное, сокращеніе, выражающееся окончательно *массивнымъ* движеніемъ органа, которымъ мышца управляетъ. Тоже самое дѣлаетъ и всякій другой агентъ: раздражаетъ мышцу или непосредственно, или чрезъ посредство входящаго въ нее нерва.

11. Величина силы, развивающейся въ мускулѣ, чрезвычайно различна и усложняется, съ одной стороны, величиною мускула, а съ другой—его раздражительностью и силою его раздраженія. «При равной раздражительности и силѣ раздраженія мышца можетъ поднять на опредѣленную высоту тѣмъ большую тяжесть, чѣмъ мышца толще» [2]. Изъ этого уже видно, что величина силы мускульнаго раздраженія такъ же разнообразна, какъ разнообразны по величинѣ мускулы у различныхъ животныхъ и различные мускулы у одного и того же животнаго. Сильный человѣкъ подымаетъ одною рукою 3, 4 пуда и тѣмъ измѣряетъ силу сокращенія своего ручнаго мускула; но той же тяжести не подыметъ онъ однимъ пальцемъ. Насъ поражаетъ сила мускуловъ у большихъ звѣрей; но эта сила совершенно пропорціональна самому объему мускуловъ, ихъ раздражимости и величинѣ ихъ раздраженія въ то время, когда они дѣйствуютъ. Мускулъ, небольшой по объему и выказывающій незначительную нормальную силу, можетъ оказаться гораздо сильнѣе, чѣмъ мы предполагали, если онъ сильно раздражается. За то послѣ такого раздраженія онъ также сильно истощается: это можно объяснить тѣмъ, что мускулъ не при всякомъ раздраженіи выдаетъ всѣ свои силы, и что, такимъ образомъ, сила раздраженія въ нѣкоторой степени можетъ увеличить процессъ выдѣлимости силъ, процессъ превращенія частичныхъ движеній въ массивныя. Вотъ почему и слабый человѣкъ можетъ, при сильномъ раздраженіи, выказать такія мускульныя силы, какихъ и самъ не ожидалъ; но наступающая за тѣмъ слабость покажетъ, что выработка силъ переступила свой нормальный предѣлъ.

---

[1] Учебникъ Физіологіи Германа, стр. 189 и 191.
[2] Тамъ же, стр. 194.

Такимъ взглядомъ на дѣятельность мышцъ объясняется также, чему силы мускуловъ увеличиваются вмѣстѣ съ упражненіемъ. Это увеличеніе силы соотвѣтствуетъ увеличенію мускула въ объемѣ, а увеличеніе объема зависитъ отъ увеличенія процесса питанія, такъ-какъ кровь приливаетъ къ мускулу по мѣрѣ надобности. Кромѣ того привычка къ работѣ ускоряетъ процессъ возобновленія силъ въ мускулѣ [1].

Раздражаемость мышцы тѣмъ сильнѣе, чѣмъ сильнѣе въ ней электрическій токъ, а послѣ усиленной дѣятельности и раздражительность ослабѣваетъ. Но, оставленная въ покоѣ, мышца снова возвращаетъ свои силы изъ процесса питанія, т. е. отдыхаетъ и набирается силъ. Вѣроятно, что мышечныя силы образуются во время покоя мышцы, чѣмъ объясняется явленіе усталости и необходимость отдыха.

12. Говоря о раздражимости мышцы, или объ ея *чувствительности* къ раздраженію, мы должны быть введены въ обманъ неточностію этихъ выраженій. Слово *чувствительность* употребляется здѣсь не въ прямомъ — *психологическомъ*, а въ переносномъ — *физическомъ* смыслѣ, въ томъ же смыслѣ, въ какомъ мы говоримъ о чувствительности магнитной стрѣлки или о чувствительности фотографической пластинки [2]. Мускулъ органическимъ процессомъ питанія получаетъ изъ крови физическія силы, запасъ скрытыхъ частичныхъ движеній, который при извѣстномъ, *тоже физическомъ*, вліяніи на мускулъ переходитъ въ молекулярное движеніе сокращающагося мускула и окончательно посредствомъ простаго механизма, переходитъ въ массивное движеніе костей или кожи, смотря по тому, къ чему мускулъ прикрѣпленъ. Это очень сложная и, по сложности своей, способная къ разнообразнѣйшимъ движеніямъ машина, но *только* машина, въ которой въ сущности дѣлается тоже самое, что и въ паровой машинѣ, куда мы бросаемъ дрова или каменный уголь съ накопившимся въ нихъ запасомъ силъ, посредствомъ процесса горѣнія, получаемъ въ результатѣ массивное движеніе паровоза. Говорить при этомъ о чувствительности мускула въ психологическомъ смыслѣ крайне нелогично. Если, дѣйствуя на мускулъ какими-нибудь химическими или механическими агентами, мы получаемъ такое же или подобное движеніе, какое получалось и тогда, когда мускулъ сокращался подъ вліяніемъ сознанія, чувства и воли, когда на него дѣйствовала душа черезъ посредство нерва, то изъ этого мы никакъ не можемъ выводить, что мускулъ, вырѣзанный изъ тѣла, им...

---

[1] Man. de Phys. p. Müller. T. II. p. 94.

[2] «Мускулы обнаруживаютъ *чувствительность* и *сократимость*; первая принадлежитъ нервнымъ волокнамъ, распространеннымъ въ мускулѣ, вторая составляетъ существенную дѣятельность самаго мускула». Ibid. p. 91.

[3] «Произвольное движеніе требуетъ только возбужденія тока въ какихъ тѣхъ или другихъ нервовъ; все остальное сводится къ простому механизму». Ibid. p. 85.

жется потому, что онъ самъ чувствуетъ или желаетъ. Физіологія, раскрывъ механизмъ мускульныхъ движеній, помогаетъ намъ отбросить ложныя воззрѣнія, которыя имѣли мѣсто только при непониманіи этого процесса. Душа наша управляетъ движеніями мускуловъ и при этомъ управленіи пользуется лишь тѣмъ устройствомъ и лишь тѣми процессами, которые уже находятся въ мускулѣ и, если мы съумѣемъ вызвать эти процессы какимъ-нибудь постороннимъ физическимъ или химическимъ агентомъ, то что же удивительнаго, что въ результатѣ получится движеніе, совершенно подобное тому, какое получалось, когда на мускулъ дѣйствовала душа посредствомъ нервовъ? *Сходство принадлежитъ здѣсь машинѣ, а не дѣятелю.*

13. Нервныя волокна, распространяясь въ клѣтчатой соединительной ткани, входятъ въ мышечныя волокна съ боку, а центральный стержень нервнаго волокна развѣтвляется къ мышечной трубочкѣ. Изъ такого устройства уже видно, что вліяніе нерва, какъ раздражителя, вызывающаго въ мышцѣ сокращеніе, можетъ дѣйствовать на каждое мышечное волокно въ отдѣльности, чѣмъ и дается физическая возможность той необыкновенной тонкости движеній, которой мы удивляемся въ рукѣ искуснаго живописца или піаниста, въ ногѣ танцора, въ физіономіи актера, въ тончайшихъ оттѣнкахъ звуковъ голоса и т. п. Но, конечно, это только физическая возможность матеріальнаго проявленія душевной способности и въ этомъ случаѣ природа, посредствомъ довольно простого механизма, достигаетъ удивительныхъ результатовъ одною только тонкостію, микроскопичностію своей работы. Нервъ, какъ раздражающій агентъ, дѣйствуетъ на мускулъ всегда одинаково—сокращеніемъ, и разница только въ степени, количествѣ, даваемаго имъ раздраженія, а не въ его качествѣ, и результатъ раздраженія получается всегда одинъ и тотъ же; а именно—большее или меньшее сокращеніе мускульнаго волокна, уменьшеніе его въ длину и увеличеніе въ толщину, т. е. простое укорачиваніе. Но такъ-какъ каждая мышца состоитъ изъ множества волоконъ, то, укорачивая одно волокно больше, а другое меньше, третье оставляя въ покоѣ, укорачивая при томъ съ различными перерывами и въ различной послѣдовательности, мы можемъ придать одной и той же мышцѣ самыя разнообразныя формы и самыя разнообразныя движенія, какія, напр., мы придаемъ нашему языку. Вся непостижимая тайна здѣсь заключается только въ томъ, какимъ образомъ душа наша знаетъ, какую нервную нить ей надо привести въ дѣйствіе и какую оставить въ покоѣ, чтобы получить въ результатѣ задуманное движеніе, т. е. другими словами тайна здѣсь опять та же — непостижимость связи души и нервнаго организма.

Мы не понимаемъ, какимъ образомъ тѣ или другія движенія волоконъ въ органахъ чувства отражаются въ душѣ тѣми или другими звуковыми или слуховыми ощущеніями: точно также не понимаемъ мы, какимъ образомъ идея движенія, образовавшаяся въ душѣ, отражается въ нервной системѣ рядомъ раздраженій тѣхъ, а не другихъ нервныхъ волоконъ, и въ той, а не въ другой степени для каждаго волокна. Мы видимъ только, что предполагаемыя колебанія нервовъ чувства рождаютъ въ душѣ опредѣленныя ощущенія; а зародившаяся въ душѣ идея движенія вызываетъ, наоборотъ, въ нервахъ движенія соотвѣтствующія ей раздраженія; но какъ это дѣлается — не знаетъ ни физіологія, ни психологія: здѣсь остается только метафизикѣ строить свои предположенія, факты же опытной науки прекращаются [1]).

14. Наблюдая надъ собою и надъ другими, особенно надъ дѣтьми, мы можемъ замѣтить, что душа не сразу пріучается управлять мускулами, и что упражненіе чрезвычайно расширяетъ власть души въ этомъ отношеніи. Однако же мы не согласны съ Бэномъ, который хочетъ всю эту власть приписать опыту и упражненію [2]), — не согласны потому, что при всей безпорядочности движеній новорожденнаго младенца видны въ немъ врожденныя умѣнья, врожденная связь души и нервнаго механизма, иначе, напр. младенецъ умеръ бы съ голоду прежде, чѣмъ научиться сосать.

15. Идея дѣйствія, достигшая степени яркаго представленія, кажется, сама собою уже производитъ соотвѣтствующія ей раздраженія въ двигательныхъ нервахъ, вслѣдствіе чего и происходятъ въ мускулахъ сокращенія, а въ членахъ — движенія, соотвѣтствующія этимъ раздраженіямъ. Живо представляя себѣ какое-нибудь движеніе, мы невольно его дѣлаемъ и надобно иногда замѣтное усиліе воли, чтобы удержаться отъ такого мимическаго выраженія нашихъ идей движенія. Связь идей и движеній, говоритъ Мюллеръ, показываетъ, кажется, что при каждой идеѣ развивается въ органахъ, назначенныхъ переводить идею въ движеніе, стремленіе къ движенію. Чтобы зѣвнуть невольно, достаточно подумать о зѣвкѣ, когда расположеніе къ этому акту уже существуетъ. Смотря на штурмъ или на дуэль, мы сопровождаемъ каждое движеніе невольнымъ движеніемъ тѣла» [3]. Люди съ живымъ воображеніемъ,

---

[1]) Весьма вѣроятно предположеніе Мюллера, что непосредственная причина движенія есть нарушеніе равновѣсія нервнаго принципа въ продолговатомъ мозгу. «Покуда это равновѣсіе существуетъ, мы одинаково способны ко всѣмъ произвольнымъ движеніямъ во всемъ нашемъ тѣлѣ; это у насъ состояніе покоя. Всякое стремленіе къ движенію, исходящее изъ души, нарушаетъ это равновѣсіе и производитъ разряженіе (нервной силы?) въ опредѣленномъ направленіи, то есть возбуждаетъ извѣстное количество данныхъ нервныхъ волоконъ». (Man. de Phys. T. II, p. 87). Но при этомъ не слѣдуетъ забывать, что это не простое, а точно опредѣленное нарушеніе равновѣсія.

[2]) The Emotion and the Will. Lond. 1859, p. 381.

[3]) Man. de Phys. par Müller. T. II, p. 96. Странно только, что Мюллеръ вводитъ въ это явленіе привычку и упражненіе: зѣвокъ вовсе не дѣло привычное, а врожденное, и потому говорить здѣсь, что упражненіе увеличиваетъ переходъ идей въ дѣйствіе, неумѣстно. Скорѣе мы можемъ привыкнуть удерживать зѣвокъ.

сказывая о каких-нибудь сильныхъ, энергическихъ движеніяхъ, которыя они видѣли, совершенно невольно подражаютъ этимъ движеніямъ. Воспитаніе употребляетъ значительныя усилія, чтобы пріучить человѣка не передавать своихъ идей движенія мимикою, чтобы говорить спокойно, съ достоинствомъ; но тогда-какъ англичанинъ пріучается разсказывать о самыхъ сильныхъ движеніяхъ, не шевельнувъ бровью, это почти недоступно ни итальянцу, ни русскому. Но самая необходимость сдерживать себя непоказываетъ ли уже ясно, что идея движенія, отразившись въ нервахъ въ формѣ живаго представленія, стремится сама къ воплощенію въ мускульныхъ сокращеніяхъ [1]?

Мускульное чувство.

16. Для того, чтобы посредствомъ нервовъ управлять сокращеніями мускуловъ, мы естественно должны ощущать, какъ они сокращаются: для этого служитъ намъ особое *мышечное* или *мускульное чувство*, называемое иногда *чувствомъ истрачиваемой силы* (Kraftsinn). Чувство это, со времени Вебера, получило прочное право гражданства въ физіологіи и психологіи.

17. Существованіе отдѣльныхъ нервныхъ проводниковъ для чувства мускульныхъ движеній не открыто анатоміей, но необходимость ихъ доказана патологическими наблюденіями и физіологическими опытами. При потерѣ мышечнаго чувства въ ногахъ, напр., человѣкъ можетъ двигать ими, но не можетъ по прежнему управлять этими движеніями и координировать ихъ: слѣдовательно, мускульное чувство передается не двигательными нервами или, по крайней мѣрѣ, не ими одними. По отдѣленіи кожи при операціяхъ чувство осязанія прекращается, но возможность управлять членомъ и координація движеній остается: слѣдовательно, мышечное чувство не связано съ нервами осязанія. Но, вмѣстѣ съ тѣмъ, наблюденія надъ ощущеніями нашихъ движеній заставляютъ признать, что сами нервы движеній даютъ намъ ощущеніе истрачиваемой ими силы при сокращеніи мускуловъ [2].

---

[1] Объ этомъ мы будемъ еще имѣть случай говорить въ главѣ о произволѣ.

[2] Существуютъ ли особенные нервы для чувства мускульныхъ движеній и принадлежатъ ли они къ отдѣлу нервовъ, принимающихъ впечатлѣнія,— или мы узнаемъ о мускульныхъ движеніяхъ чрезъ посредство тѣхъ же двигательныхъ нервовъ, которыми производится движеніе?—это одинъ изъ самыхъ спорныхъ вопросовъ въ физіологіи. Англійскій психологъ Алек. Бэнъ, приведя по этому поводу различныя мнѣнія физіологовъ, Арнольда, Секарда, Вебера, Людвига и Вундта, приходитъ самъ къ слѣдующему заключенію: «Нервныя волокна, передающія впечатлѣніе, распространены въ мускульной ткани рядомъ съ нервами движенія, и раціонально будетъ предположить, что черезъ нихъ передаются душѣ *органическія состоянія* мускуловъ (како-

18. Есть полное основание признать мускульное чувство не за про_стое_, каково напр. чувство тепла, но за _сложное_, каково напр. чувство зрѣнія. Въ мускульномъ чувствѣ слѣдуетъ различать чувство _производимаго движенія_ и чувство _результатовъ_ движенія: первое принадлежитъ самому нерву движенія и сознается душою _количественно_, какъ большее или меньшее, постоянное или прерывающееся напряженіе самыхъ нервовъ движенія (напряженіе, идущее отъ центра къ периферіи), слѣдовательно, какъ чувство истрачиваемой нервами силы (Kraftsinn Ba__ра, но въ тѣсномъ смыслѣ слова); а _второе_, и именно ощущеніе результатовъ движенія, принадлежитъ _различнымъ нервамъ чувства_, вожденіе которыхъ идетъ отъ периферіи къ мозговому центру. Эти послѣднія ощущенія принадлежатъ прямо нервамъ осязанія въ обширномъ смыслѣ и _особеннымъ нервамъ чувства_, распространеннымъ уже не въ кожѣ, а въ самомъ мускулѣ, рядомъ съ нервами движенія, и уявляющимъ сознаніе не только объ усталости или бодрости мускула и его ненормальныхъ состояніяхъ, но и о его сокращеніяхъ или растяженіяхъ при движеніи.

19. Такимъ образомъ, мускульныя ощущенія слѣдуетъ раздѣлять на _пассивныя_ и _активныя_: къ _пассивнымъ_, напримѣръ, принадлежитъ чувство _тяжести_ предмета, положеннаго на руку, лежащую спокойно, а къ _активнымъ_ — чувство _вѣса_, когда мы подымаемъ тяжесть. Теперь становится понятнымъ, почему «при перерѣзѣ заднихъ корней спинномозговыхъ нервовъ, т. е. тѣхъ, которые передаютъ мозгу внѣшнія впечатлѣнія, сильно страдаютъ сложныя движенія мышцъ [1]» — страдаютъ, но остаются возможными. Не сознавая вовсе _результатовъ_ нашихъ движеній, мы, конечно, не можемъ производить сложныхъ движеній съ тѣмъ же успѣхомъ, какъ прежде, но если бы мы вовсе не чувствовали нашихъ движеній, то не могли бы ихъ и производить. Одно уничтоженіе чувства осязанія въ кожѣ не производитъ такого эффекта [2]; но если къ нему присоединится общее уничтоженіе ощущенія результатовъ мускульныхъ движеній, какъ это бываетъ при пораженіи заднихъ корней спинномозговыхъ нервовъ, передающихъ чувство, то понятно, что движеніе должно затрудняться.

20. _Пассивныя_ и _активныя_ мускульныя ощущенія всегда перемѣшиваются между собою и кромѣ того соединяются съ чувствомъ со__

вы: чувство ушиба, раны, болѣзни, отдыха, усталости); но изъ этого слѣдуетъ, что характеристическое чувство употребляемой силы передается также (отъ периферіи — внутрь) черезъ волокно нервовъ чувства; напротивъ мы скорѣе должны предположить, что это послѣднее чувство (употребляемой силы) непосредственно сопровождаетъ токъ (изъ мозгового центра), которымъ мускулы возбуждаются къ дѣятельности» (The Senses and the Intellect, p. 92).

[1] Уч. Физ. Германа, стр. 332.
[2] Тамъ же, стр. 333.

ній въ обширномъ смыслѣ; но тѣмъ не менѣе ихъ возможно раздѣлять. Если, закрывъ глаза, мы беремъ въ руку желѣзный шаръ и сжимаемъ его, то получаемъ разомъ много различныхъ ощущеній: а) ощущеніе прикосновенія къ кожѣ; б) ощущеніе температуры; в) пассивное ощущеніе формы шара въ обнимающихъ его мускулахъ—давленіе на мускулъ; г) сжатія или растяженія кожи, при томъ происходящія, и наконецъ д) активное чувство силы, издерживаемой на то, чтобы держать или подымать шаръ. Это активное мускульное чувство, передаваемое самими нервами движенія, находится въ нераздѣльной связи съ ихъ дѣятельностью, и оно-то составляетъ основу нашихъ понятій о вѣсѣ предметовъ и о быстротѣ движенія.

21. Мускульное чувство вообще, и активное, и пассивное, имѣетъ для психолога большое значеніе. Ощущенія, даваемыя этимъ чувствомъ, входятъ въ составъ почти всѣхъ представленій, которыя прежде обыкновенно приписывали только ощущеніямъ зрѣнія и осязанія. Мы уже видѣли, какъ ощущеніе мускульныхъ движеній даетъ намъ понятіе объ относительной отдаленности предметовъ, ихъ величинѣ и отчасти даже ихъ формѣ¹). При ощущеніяхъ осязанія расположеніе, принимаемое различными мускулами, т. е. относительное сокращеніе мускульныхъ волоконъ даетъ намъ понятіе о формѣ тѣлъ, которыя мы беремъ въ руки. Понятіе относительнаго вѣса тѣлъ и относительной ихъ плотности всецѣло принадлежитъ мускульному чувству. Въ представленіи различныхъ движеній, ихъ относительной скорости, перерывчатости или постоянства, направленія, относительной трудности или легкости, мускульное чувство играетъ главную роль.

22. Чтобы понять важное значеніе мускульнаго чувства въ психическихъ актахъ и оцѣнить, на сколько результаты, доставляемые имъ, участвуютъ въ матерьялахъ, изъ которыхъ мы строимъ наши представленія, нужно припомнить, что почти все человѣческое тѣло состоитъ изъ безчисленнаго множества мускуловъ, составляющихъ какъ будто одну его массу, и что мы почти безпрерывно получаемъ безчисленное число ощущеній изъ разнообразныхъ движеній этой подвижной массы. При каждомъ малѣйшемъ поворотѣ тѣла, движеніи членовъ или кожи, мы получаемъ различныя мускульныя ощущенія. Можетъ быть болѣе половины всѣхъ ощущеній, изъ которыхъ строятся наши обыденныя представленія и понятія, даются намъ чувствомъ мускульныхъ движеній. Вотъ почему въ послѣднее время психологія обратила вниманіе на это чувство, и это вниманіе и еще должно быть усилено. Особенно важное значеніе пріобрѣтаетъ мускульное чувство, когда мы припомнимъ, что тѣ же самыя мускульныя ощущенія, которыя для взрослаго человѣка являются такъ до того привычными, что онъ не обращаетъ на нихъ никакого вниманія, являются для младенца поучительною новостію. Въ собственныхъ своихъ движеніяхъ пріобрѣтаетъ онъ множество познаній, которыя

---

¹) См. выше, гл. VI, п. 20.

потомъ, отъ частаго употребленія и навыка, дѣлаются какъ бы его врожденными знаніями или инстинктами. Такъ, напр., мускульныя ощущенія играютъ главнѣйшую роль въ образованіи основныхъ нашихъ понятій, *о пространствѣ и времени*, которыя входятъ во всѣ представленія, какъ необходимая часть ихъ, и которыя по тому самому Кантъ считалъ прирожденными знаніями души. Мы не согласны съ тѣми физіологами и психологами, которые, какъ напр. Вундтъ, хотятъ понятіе о пространствѣ и времени вывести или сложить изъ мускульныхъ ощущеній; мы увидимъ въ своемъ мѣстѣ, что понятія эти не могли бы сформироваться безъ участія особаго агента, находящагося внѣ условій пространства и времени: но, тѣмъ не менѣе, мы оцѣниваемъ вполнѣ ту роль, какую играютъ мускульныя ощущенія въ образованіи и развитіи этихъ основныхъ человѣческихъ понятій. Изъ своихъ собственныхъ движеній научается человѣкъ впервые, что его тѣло существуетъ въ пространствѣ и что движенія его совершаются во времени, но научается только потому, что *можетъ* научиться, потому что душа его существуетъ внѣ пространства и времени, и узнаетъ ихъ, какъ нѣчто объективное, внѣ ея лежащее и ей противоположное. Мы увидимъ далѣе, что если душа существовала во времени и пространствѣ, то ничего не знала бы ни о времени, ни о пространствѣ.

23. *Чувство усталости* нѣкоторые приписываютъ также исключительно мускульнымъ нервамъ; но очевидно, что это общая принадлежность всей нервной системы. Мы также устаемъ смотрѣть, слушать, даже представлять себѣ одно и тоже, какъ и дѣйствовать однимъ и тѣмъ же мускуломъ. Вообще, во всѣхъ психо-физическихъ актахъ, въ которыхъ нервы принимаютъ какое-либо участіе, мы замѣчаемъ нужду утомленія и отдыха. И это очень понятно: не только мускулы нуждаются въ возобновленіи своихъ тканей и соединенныхъ съ ними физическихъ силъ, но въ томъ же нуждаются и нервы [1]), въ которыхъ, какъ мы увидимъ ниже, также открыта необходимость возобновленія электрическихъ токовъ для того, чтобы нервъ могъ дѣйствовать, т. е. раздражать мускулъ и, по всей вѣроятности, также и для того, чтобы нервъ могъ воспринимать и передавать впечатлѣнія.

24. *Чувство тѣлеснаго усилія* вызывается въ душѣ столько же состояніемъ мускуловъ, сколько и состояніемъ нервовъ. Положимъ, что при началѣ какой-нибудь мускульной работы мускулъ полонъ скрытыхъ силъ, ожидающихъ только, чтобы какой-нибудь раздражающій актъ превратилъ ихъ въ *открытыя* силы массивнаго движенія. Понятно, что при началѣ раздраженія, когда процессъ переработки силъ еще не вполнѣ сформировался, сокращеніе мускула будетъ медленно; но чѣмъ далѣе, тѣмъ это сокращеніе будетъ быстрѣе. Это соотвѣтствуетъ наблюденію, что первое движеніе даже сильныхъ мускуловъ, долго не упражнявшихся, вызываетъ вначалѣ непріятное усиліе, которое, потомъ,

---

[1]) Man. de Phys. p. Müller. T. II, p. 94.

мѣрѣ движенія, уменьшается. Въ этомъ смыслѣ очень вѣрны обыденныя выраженія: «руки разработались», «ноги расходились». Но чѣмъ далѣе работаетъ мускулъ, тѣмъ болѣе истощается, и слѣдовательно требуетъ большаго раздраженія отъ управляющихъ имъ нервовъ. Если эти нервы въ свою очередь въ полной силѣ, то эта полнота отражается въ душѣ легкостью ихъ раздраженія; но чѣмъ болѣе они истощены, тѣмъ болѣе отзывается это ощущеніе въ душѣ непріятнымъ чувствомъ усилія. Чувство тѣлеснаго усилія, слѣдовательно, какъ и всякое другое чувство, принадлежитъ душѣ; мертвая природа его не знаетъ; но вызывается это чувство въ душѣ или состояніемъ нервовъ, или состояніемъ мускуловъ, черезъ посредство нервовъ; а иногда и тѣмъ и другимъ вмѣстѣ. Намъ кажется, что мы можемъ различать въ себѣ нервную усталость отъ мускульной усталости и нервное усиліе отъ мускульнаго усилія. Иногда мы чувствуемъ себя готовыми для дѣйствія, такъ что самое дѣйствіе кажется намъ легкимъ; но мускулы обманываютъ наше ожиданіе — оказываются слабыми или усталыми. Иногда наоборотъ, мы чувствуемъ ясно нервную усталость, хотя, побѣдивъ ее усиліемъ воли, раздраживъ наши нервы и сосредоточивъ въ нихъ силы организма, находимъ мускулы готовыми для дѣятельности.

Въ заключеніе скажемъ еще объ одной отдѣльной системѣ мускуловъ, съ которою намъ часто придется имѣть дѣло, а именно — о системѣ мускуловъ, управляющихъ органомъ голоса.

Органъ голоса.

25. *Голосовой органъ* человѣка представляетъ собою очень сложный духовой инструментъ, надуваемый воздухомъ, выходящимъ изъ легкихъ, подобно тому, какъ волынка надувается воздухомъ, выходящимъ изъ мѣховъ. Принявъ въ основаніе вертикальное положеніе человѣка, для удобства разсмотрѣнія раздѣлимъ органъ голоса на три части: нижнюю, среднюю и верхнюю.

26. *Нижнюю часть* голосоваго органа составляетъ снарядъ, вдувающій воздухъ: это *легкія* со своими развѣтвленіями въ дыхательныхъ трубкахъ и нижняя часть гортани. Значеніе этого органа понятно само собою. Онъ проводитъ въ инструментъ воздухъ съ различною силою и съ различными перерывами. Обыкновенно звуки издаются только при выходѣ воздуха изъ легкихъ черезъ гортань; гораздо рѣже и труднѣе происходятъ звуки при входѣ воздуха въ легкія; но они возможны [1] и эту возможность можно значительно развить привычкою [2].

27. *Среднюю часть* голосоваго органа, гдѣ собственно образуется голосъ, составляютъ двѣ *голосовыя перепонки*, находящіяся въ гор-

---

[1] Man. de Phys. p. Müller. Т. II, p. 248.

[2] Между нашими башкирами такое искусство считается искусствомъ пѣнія, и намъ случалось самимъ слышать, какъ нѣкоторые искусники пѣлый часъ, безъ малѣйшаго перерыва, издаютъ самые рѣзкіе звуки, пользуясь для этого какъ выдыхаемымъ, такъ и вдыхаемымъ воздухомъ.

тани, между которыми остается болѣе или менѣе узкая щель. Воздухъ, проходя изъ легкихъ въ эту голосовую щель, издаетъ звукъ на томъ же основаніи, по которому появляется звукъ, когда мы съ силою вдуваемъ воздухъ въ узкое отверстіе дудки или кларнета. Но тогда какъ въ дудкѣ щель эта остается одною и тою же, а въ кларнетѣ язычекъ инструмента имѣетъ постоянно одну и туже плотность, голосовая щель можетъ принимать по нашей волѣ самую разнообразную величину и форму, а самыя перепонки — различную напряженность. Величина и форма голосовой щели, а равно большая или меньшая натянутость перепонокъ или обѣихъ вмѣстѣ, или даже каждой порознь, зависитъ отъ цѣлой

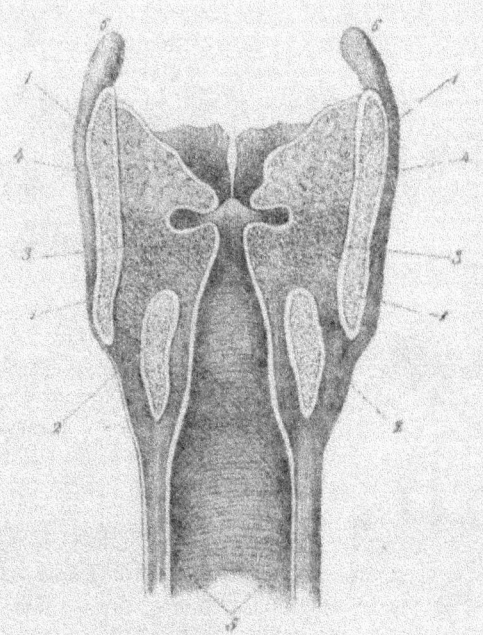

Вертикальный разрѣзъ гортани справа налѣво.
1. Разрѣзъ щитовиднаго хряща. 2. Разрѣзъ перстневиднаго хряща. 3. Нижнія голосовыя связки (струны). 4. Верхнія голосовыя связки. 5. Дыхательное горло. 6. Рожки щитовиднаго хряща.

системы небольшихъ, но очень подвижныхъ хрящей, на которыхъ натянуты перепонки. Движеніями этихъ голосовыхъ хрящей управляютъ пять особыхъ мускуловъ, изъ которыхъ одинъ, кромѣ того, входитъ въ самую ткань голосовыхъ перепонокъ. Такимъ устройствомъ дана физическая возможность разнообразить величину и форму голосовой щели, а равно и натянутость перепонокъ и, вслѣдствіе этого, разнообразить до безконечности тонъ звуковъ, выходящихъ изъ горла.

29. *Верхняя часть* голосоваго органа соотвѣтствуетъ надставной части кларнета, но безконечно сложнѣе и подвижнѣе. Она состоитъ изъ верхней части гортани, глотки и рта со всѣми его частями: языкомъ, небною занавѣскою, небомъ, щеками, зубами и губами; кромѣ того, въ дѣятельности этого органа принимаетъ участіе и носъ. Надставная часть самаго сложнаго духоваго инструмента, не смотря на множество отверстій и клапановъ, далеко не можетъ достичь необыкновенной подвижности верхней части голосоваго органа. Эта часть дѣйствуетъ тоже какъ

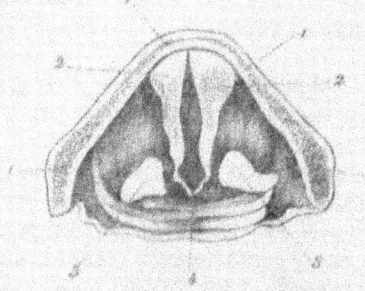

Голосовыя струны или связки, разсматриваемыя сверху при горизонтальномъ разрѣзѣ гортани.

1. Разрѣзъ *щитовиднаго хряща*. 2. *Голосовыя струны* съ открытою гортанною щелью. 3. Разрѣзъ *черналовиднаго хряща*, ограничивающаго гортань съ задней стороны. 4. Щель для прохода воздуха.

резонаторъ; но, будучи въ состояніи принимать безконечно-разнообразныя формы, она можетъ и звукамъ придавать безконечно разнообразные оттѣнки. Самымъ важнымъ членомъ этого резонатора является необык-

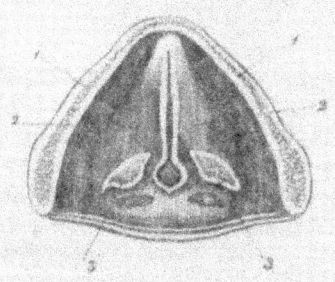

Голосовыя струны или связки съ закрытою щелью.

1. *Щитовидный хрящъ* въ разрѣзѣ. 2. *Голосовыя струны*. 3. *Черналовидный хрящъ*.

новенно подвижной мускул — *язык*, а потому и названіе этого му[скула]
ла слилось съ названіемъ дара слова.

30. *Гласные звуки* даются различною высотою тона, выход[ящаго]
изъ гортани, а высота эта условливается различною формою резон[атора]
т. е. формою, которую принимаютъ щеки и губы. *Согласные зв[уки]*
зависятъ уже отъ самостоятельнаго дрожанія частей верхняго голос[оваго]
органа: небной занавѣски, неба, языка, зубовъ и наконецъ участ[ка но-]
са. Эти дрожанія не даютъ сами громкаго звука, а только шумъ, [ко-]
торый, комбинируясь съ гласными звуками, становится слышнымъ, [из-]
мѣняя своеобразно эти гласные звуки. На этомъ основывается возм[ож-]
ность *члено-раздѣльныхъ* звуковъ, т. е. слоговъ и матеріальная воз[мож-]
ность рѣчи.

31. Прежде напрасно приписывали только человѣку способность [чле-]
но-раздѣльныхъ звуковъ. Этою способностью обладаютъ и живот[ныя,]
и нѣкоторыя въ замѣчательной степени, какъ, напр., попугаи. Чело[вѣ-]
ку же исключительно принадлежитъ только способность воспользо[ваться]
этими члено-раздѣльными звуками, и, умноживъ ихъ до безконечн[ости,]
создать рѣчь. Не изъ способности къ члено-раздѣльнымъ звукамъ [вы-те-]
каетъ даръ слова, а изъ душевнаго дара слова возникаетъ въ ч[еловѣ-]
кѣ необыкновенное развитіе способности члено-раздѣльныхъ звук[овъ,]
матеріальныя условія которыхъ одинаково даны человѣку и мно[гимъ]
другимъ животнымъ. По сознанію самого Фохта у многихъ пород[ъ обезь-]
янъ устройство голосоваго органа ничѣмъ не уступаетъ устройству [того]
же органа у людей [1]); однако же обезьяна не могла выработать чл[ено-]
раздѣльной рѣчи; попугая человѣкъ выучиваетъ произношенію члено[-раз-]
дѣльныхъ звуковъ, — слѣдовательно, у попугая есть матеріальная къ [этому]
способность; а все же рѣчи нѣтъ: не вытекаетъ ли изъ этого логи[чно,]
что даръ слова возникаетъ не изъ способности къ члено-раздѣл[ьнымъ]
звукамъ?

ГЛАВА IX.

Нервная система: ея центръ и развѣтвленія.

1. Давно уже прошло то время, когда смотрѣли на мозгъ какъ [на]
органъ для отдѣленія мокротъ, а нервовъ и вовсе не замѣчали, — [нынѣ]
уже анатомы и физіологи съ особенною ревностью занимаются изуч[ені]-
емъ устройства и дѣятельности нервной системы; но, тѣмъ не ме[нѣе]
изученіе это далеко еще не дало такихъ положительныхъ результ[атовъ]
къ какимъ привело изученіе системы питанія, и потому, самое [изло]же-
ніе нервной системы и ея дѣятельности, особенно въ краткомъ обз[орѣ,]
представляетъ значительныя трудности. Если мы понимаемъ назв[аніе]

---

[1]) Физіологическія письма Карла Фохта.

машины и то участіе, которое принимаетъ въ достиженіи этого назначенія каждая часть машины; если мы понимаемъ, *зачѣмъ* въ машинѣ каждый ея винтъ и каждое ея колесо, то намъ легко описать, коротко или съ подробностями, самую машину и ея дѣятельность. Вотъ почему описаніе, напримѣръ, довольно сложнаго процесса кровообращенія такъ ясно и наглядно излагается во всѣхъ физіологіяхъ. Значеніе легкихъ, значеніе сердца и т. п. для насъ вполнѣ ясно именно потому, что намъ стоитъ только объяснить *приноровленность* того или другаго орудія къ выполненію задачи, которую мы за нимъ фактически знаемъ и ясно понимаемъ.

Совсѣмъ другое представляется намъ при описаніи нервной системы: здѣсь мы безпрестанно встрѣчаемся съ органами, значеніе которыхъ для насъ совершенно неизвѣстно; а потому, и самое описаніе такихъ органовъ, особенно безъ помощи наглядности, выходитъ какое-то неясное, трудно понимается и легко спутывается. Такъ напр. мы находимъ въ головномъ мозгу множество различныхъ частей и ни объ одной изъ этихъ частей не можемъ съ увѣренностью сказать, *для чего она тамъ помѣщена*, каково ея назначеніе, какова та особенность ея роли, для которой она является отдѣльнымъ органомъ головнаго мозга. Вотъ почему мы введемъ въ наше описаніе нервной системы только тѣ данныя, которыя или необходимы для самого общаго понятія ея устройства и ея дѣятельности, или находятся въ тѣсной связи съ тѣми психо-физическими явленіями, которыя имѣютъ значеніе для психолога и педагога.

2. Нервную систему удобно раздѣлить на *центры*, *развѣтвленія и окончанія развѣтвленій*: мускулы и органы чувствъ, о которыхъ мы уже говорили.

Центры нервной системы, *головной и спинной мозгъ*, находятся въ прочныхъ костяныхъ хранилищахъ — въ полости черепа и спиннаго хребта; *развѣтвленія* же ея, извѣстныя вообще подъ названіемъ *нервовъ*, расходятся отъ этихъ центровъ по всему тѣлу, растространяясь по всей его периферіи, гдѣ только есть признаки ощущенія или движенія. Развѣтвленія нервной системы и центры ея соединены въ единъ организмъ, который можетъ быть названъ *голово-хребетнымъ нервнымъ организмомъ*. Кромѣ того есть еще какъ бы добавочная часть нервной системы, состоящая изъ особеннаго сплетенія нервныхъ узловъ и нервныхъ нитей, которая по своей формѣ носитъ названіе *узловой системы*. Эти нити и эти узлы узловой или *симпатической* системы нервовъ находятся въ разныхъ частяхъ тѣла, но главнымъ образомъ собираются у позвоночнаго столба, въ полости груди и живота.

3. Теперь посмотримъ, что такое сами нервы, расходящіеся отъ центровъ по всему тѣлу и составляющіе также, какъ мы увидимъ ниже, и большую часть спиннаго и головнаго мозга.

«Голово-спинные нервы (т. е. идущіе отъ головнаго и спиннаго мозга) представляютъ собою бѣлые шнурки весьма различной толщины. Самый большой нервъ человѣка (сѣдалищный) не много тонь-

— 68 —

ше мизинца. Начиная отъ этой толщины, находимъ всѣ переходныя [...] пени, до толщины ниточекъ, которыя едва замѣтны для простаго [глаза]. Всѣ нервы, которые потолще, состоятъ изъ множества соединенныхъ [пуч]ковъ, а самые маленькіе пучки изъ *первичныхъ нервныхъ* нитей, со[еди]ненныхъ между собою клѣтчатою тканью, и весь нервъ сверх[у] окруженъ слоемъ изъ той же ткани» [1]).

Толщина первичныхъ нервныхъ нитей очень разнообразна; да[же въ] одномъ и томъ же нервѣ иныя нити доходятъ до $1/14,000$ линіи, [другіе] имѣютъ $1/500$ линіи въ діаметрѣ. Въ одномъ оптическомъ нер[вѣ, иду]щемъ къ глазу, насчитываютъ, конечно приблизительно, болѣе [милліо]на первичныхъ нитей [2]).

4. Подъ микроскопомъ первичная нить представляется полою тру[бкою], имѣющею мягкое содержаніе, въ срединѣ же этого содержимаго [нахо]дитъ еще болѣе твердая ниточка. Значеніе такого устройства нер[ва со]вершенно неизвѣстно. Гораздо понятнѣе для насъ значеніе того [явле]нія, что каждая первичная нервная нить отъ периферіи тѣла [гдѣ-то] оканчивается, теряясь въ какомъ нибудь мускулѣ, или гдѣ она [закан]чивается особеннымъ аппаратомъ въ какомъ нибудь органѣ чувствъ (въ [гла]зу, въ кожѣ и т. п.),— и до самаго своего соединенія со сп[иннымъ] или головнымъ мозгомъ *сохраняетъ свою отдѣльность*, идетъ от[дѣль]ною ниточкою, не соединяясь съ другими нитями, какъ соединя[ются] напр., между собою артеріи и вены въ общіе кровеносные каналы. [Каж]ная нить повсюду удерживаетъ свою отдѣльность, хотя сходит[ся со] множествомъ другихъ нитей въ общіе пучки и даже переходит[ъ не] только изъ одного пучка въ другой въ одномъ и томъ же нер[вѣ,] и изъ одного нерва (собранія пучковъ) въ другой.

«Часто вѣтки одного и того же (нервнаго) ствола соединяются [ме]жду собою или съ отростками (отдѣлившимися вѣтками) и дальше [раз]дѣляются. Эти сплетенія называются *анастомозами*. Цѣль анасто[мозовъ] привести нервныя нити въ иной порядокъ, и такъ какъ въ анасто[мо]захъ не бываетъ сліянія многихъ нитей въ одну, то отсюда слѣ[дуетъ,] что каждая нить остается уединенною на всемъ своемъ пути, н[ачиная] отъ нервнаго центра до своего окончанія» [3]) или отъ своего нача[ла на] периферіи тѣла до своего окончанія въ мозговомъ центрѣ, слѣду[етъ] прибавить для нервовъ передающихъ впечатлѣнія сознанію.

5. Такимъ устройствомъ нервныхъ нитей объясняется съ ма[тер]іальной стороны возможность *одновременной* передачи нервнымъ [цен]трамъ *разомъ многихъ впечатлѣній*, не сливая ихъ въ одно [общее,] слѣдовательно темное и невѣрное. Еслибы нервныя нити сливал[ись ме]жду собою, какъ сливаются вены и артеріи, образуя изъ двухъ, [трехъ] и т. д. одну, то мы не могли бы, напр. видѣть предмета въ [...]

---

[1]) Анатомія Шванна, стр. 45.
[2]) The Senses and the Intellect. by Bain. p. 17.
[3]) Анатомія Шванна, стр. 47.

образіи составляющихъ его точекъ; впечатлѣніе предмета сливалось бы для насъ въ одно темное и неопредѣленное пятно, тогда какъ именно въ разнообразіи частей, составляющихъ предметъ, и въ сравненіи этихъ разнообразныхъ частей между собою состоитъ ощущеніе предмета. Необыкновенная тонкость и многочисленность нервовъ на какомъ нибудь небольшомъ пространствѣ нашихъ органовъ ощущенія и постоянная уединенность другъ отъ друга этихъ безчисленныхъ нервныхъ нитей даютъ намъ возможность ясности и опредѣленности ощущеній. Осязая какой-нибудь крошечный предметъ концами нашихъ пальцевъ, мы замѣчаемъ въ немъ ничтожную шероховатость, выпуклости и впадины, — именно потому, что прикасаемся къ нему не одною, а множествомъ нервныхъ нитей, изъ которыхъ каждая несетъ свое особенное впечатлѣніе къ мозговымъ центрамъ, не смѣшивая его съ впечатлѣніями сосѣднихъ ей нитей. Если же осязаемый предметъ такъ малъ, что задѣваетъ только одну нервную нить, то мы получимъ только самое неопредѣленное впечатлѣніе точки, т. е. чего-то, неимѣющаго никакихъ отличительныхъ признаковъ, и слѣдовательно чего-то невозможнаго для усвоенія сознаніемъ, которое не можетъ усвоить ничего, въ чемъ нѣтъ какой нибудь особенности. Тоже самое, какъ мы уже видѣли, можетъ быть отнесено и къ нервамъ зрѣнія [1].

6. Всѣ нервы, распространяющіеся по человѣческому тѣлу, соединяются съ голово-хребетнымъ мозгомъ въ формѣ такъ называемыхъ *паръ*. *Двѣнадцать* изъ этихъ нервныхъ паръ соединяются непосредственно съ головнымъ мозгомъ въ полости черепа, а *тридцать одна пара* входитъ въ позвоночный хребетъ и соединяется со спиннымъ мозгомъ. Но такъ какъ спинной и головной мозгъ соединяются между собою посредствомъ затылочнаго отверстія, то и справедливо смотрѣть на всю нервную систему какъ на одинъ связный организмъ.

7. Головной и спинной мозгъ находятся въ одномъ и томъ же костяномъ хранилищѣ; потому что на самый черепъ сравнительная анатомія смотритъ какъ на продолженіе позвоночнаго хребта и въ образованіи черепа указываетъ на присутствіе тѣхъ же позвонковъ, изъ которыхъ состоитъ хребетный столбъ, но только чрезвычайно увеличенныхъ и измѣненныхъ.

Мозгъ лежитъ въ этомъ костяномъ хранилищѣ и защищенъ кромѣ того еще тремя оболочками, изъ которыхъ внѣшняя, называемая *твердою*, толще остальныхъ и покрываетъ собою стѣнки всей костяной полости.

8. *Позвоночный столбъ* состоитъ собственно изъ 24 позвонковъ: 7 шейныхъ, 12 грудныхъ и 5 поясничныхъ. Каждый позвонокъ представляетъ собою кольцо, очень утолщенное съ передней стороны (обращенной къ внутренности), и съ отросткомъ сзади, обращеннымъ къ спинѣ, такъ-что, проводя по спинѣ рукою, мы можемъ ощупать эти

---

[1] Man. de Phys. p. Müller. T. II. p. 318, 320.

отростки позвонков. Кромѣ того у каждаго позвонка есть еще [два] отростка, служащіе для сочлененія позвонковъ между собою и [для] крѣпленія къ нимъ мускуловъ. Эти позвоночныя кольца такъ [поло]жены одно на другое, что своими отверстіями составляютъ вмѣстѣ [од]ну длинную трубку, называемую *позвоночнымъ каналомъ*. Позвоноч[ный] каналъ сообщается вверху непосредственно съ полостію черепа, [вни]зу же оканчивается пятью небольшими позвонками, которые, въ проти[во]положность тремъ позвонкамъ, составляющимъ черепъ, не расшири[лись] но срослись въ одну кость, называемую крестцовою. Позвонки [соеди]нены между собою такъ, что даютъ намъ возможность самыхъ раз[но]образныхъ спинныхъ движеній.

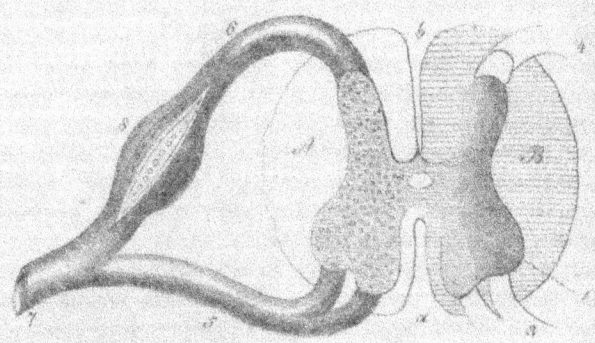

Поперечный разрѣзъ спиннаго мозга.

A. Правая половина *спиннаго мозга*. B. Лѣвая половина спинного [мозга]. a. Передняя *продольная бороздка* между обѣими половинками мозга. b. [Зад]няя *продольная бороздка*. 1. *Сѣрое вещество* мозга внутри *бѣлаго* *). 4. Нервы, получающіе свое начало изъ *сѣраго вещества*. 5. Нервы, соб[ран]ные *въ передній корешокъ* (нервы движеній). 6. Нервы, собранные въ *[задній] корешокъ* (нервы ощущеній). 7. Общій нервный стволъ, въ который [сход]ятся оба корешка (передній и задній) еще до выхода изъ хребетнаго ка[на]ла. 8. *Ганглій* или утолщеніе задняго корешка.

*) Цифра 2 на рисункѣ пропущена.

9. Въ каналѣ позвоночнаго хребта проходитъ *спинной мозгъ* въ [ви]дѣ шнура толщиною въ палецъ. Спинной мозгъ доходитъ только [до] втораго поясничнаго позвонка, далѣе же выходитъ пукъ нервныхъ шнурковъ, который наполняетъ нижнюю часть канала и называется *лошадинымъ хвостомъ*. Спинной мозгъ двумя глубокими бороздками, про[хо]дящими на немъ спереди и сзади, раздѣляется на двѣ половины, [въ] прочемъ соединенныя между собою.

«На передней сторонѣ каждой половины спиннаго мозга видно, [какъ] выходитъ изъ него рядъ пучковъ нервныхъ нитей, которыя потомъ [со]единяются въ большомъ числѣ вмѣстѣ и составляютъ такимъ образомъ *переднiе корешки* спинныхъ нервовъ. Тоже самое устройство имѣ[ютъ]

— 71 —

мѣсто на задней сторонѣ, только пучки толще. Они образуютъ *заднie корешки* спинныхъ нервовъ. Каждый задній корешокъ представляетъ утолщеніе, или узелъ, и, соединяясь потомъ съ соотвѣтственнымъ переднимъ корешкомъ, составляетъ одинъ спинной нервъ. Съ каждой стороны 31 такой нервъ. Они выходятъ изъ позвоночнаго канала въ отверстія, которыя находятся по обѣимъ сторонамъ между позвонками, а послѣдній нервъ выходитъ въ отверстія крестцовой кости [1]).

10. Устройство *головнаго мозга* гораздо сложнѣе; но такъ какъ цѣлесообразность различныхъ его частей и ихъ размѣщенія совершенно неизвѣстны, то мы считаемъ лишнимъ подробное ихъ изложеніе и ограничимся только тѣми чертами, которыя могутъ бросить какой нибудь свѣтъ на психо-физическіе акты.

Головной мозгъ наполняетъ всю черепную полость, «и о формѣ его можно получить довольно точное понятіе, если вообразить себѣ гипсовый слѣпокъ, который можно бы сдѣлать съ внутренней поверхности этого ящика». Главныхъ частей головнаго мозга три: *большой мозгъ*, *малый мозгъ* или *мозжечекъ* и *мозговой узелъ*.

Большой мозгъ занимаетъ верхнюю и большую часть черепной полости; *мозжечекъ*—гораздо менѣе, занимаетъ затылочную часть черепа и лежитъ внизу, подъ большимъ мозгомъ. Большой мозгъ и мозжечекъ почти совершенно отдѣлены одинъ отъ другаго и отъ спиннаго мозга; но всѣ эти три части соединяетъ такъ называемый *мозговой узелъ*. Онъ лежитъ на основаніи черепа, впереди затылочнаго отверстія и состоитъ изъ нѣсколькихъ частей: продолговатаго мозга, варолiева моста, ножекъ мозга и четыреххолмія. Изъ этихъ частей мозговаго узла всего замѣчательнѣе для насъ *продолговатый мозгъ*, который, по видимому, служитъ продолженіемъ въ черепной полости спиннаго мозга и почти сохраняетъ еще его цилиндрическую форму.

Весь мозгъ, во всѣхъ своихъ частяхъ, представляетъ совершенно симметрическое половинчатое устройство. Если смотрѣть на большой мозгъ сверху, то онъ представляется совершенно раздѣленнымъ глубокою бороздою на двѣ половины, которыя и называются *полушаріями большаго мозга*. Если раздвинуть эти половины, то видно, что на днѣ борозды оба полушарія соединены особенною бѣлою пластинкой, которую называютъ *мозолистымъ тѣломъ*. На поверхности своей полушарія представляютъ неправильно извивающіяся выпуклости, называемыя *извивами мозга*.

11. Мы описали только главнѣйшія части мозга, опустивъ многія подробности; но значеніе даже этихъ *главнѣйшихъ* частей въ психо-физической дѣятельности весьма мало извѣстно и тутъ представляются намъ почти однѣ гипотезы, измѣняющіяся безпрестанно.

12. Въ большомъ мозгѣ физіологи видятъ преимущественно органъ дѣятельности сознанія. Самъ по себѣ большой мозгъ оказывается безчувственнымъ: прикосновенія къ нему и даже значительныя поврежде-

---

[1]) Шванъ, стр. 51.

лія его не вызываютъ никакихъ ощущеній; но пригнетеніе большого мозга производитъ сонъ. Правда, можно вынуть осторожно весь большой мозгъ и животное еще остается жить; но, спрашивается, что это жизнь? По всей вѣроятности, только растительная, сопровождаемая совершенно механическими, рефлективными движеніями, въ которыхъ замѣтно отсутствіе всякаго сознанія.

Но если большой мозгъ—органъ сознанія, то это не значитъ, чтобы онъ былъ самое сознаніе. Стоитъ лишь, сколько нибудь основательно, познакомиться съ психическими актами, чтобы видѣть невозможность ихъ самостоятельнаго выполненія какимъ бы то ни было органомъ мозга. Далѣе мы вполнѣ увидимъ эту невозможность. Если же и признать большой мозгъ *непосредственнымъ* органомъ сознательной дѣятельности души, то только въ томъ смыслѣ, что душа ощущаетъ колебанія, производимыя внѣшними впечатлѣніями въ нервной системѣ не иначе, какъ черезъ посредство большаго мозга, находящагося въ посредственной или непосредственной связи со всей нервной системой, которую онъ какъ бы завершаетъ собою, имѣя общее назначеніе въ дѣятельности этой системы и никакого частнаго.

13. *Малому мозгу* или *мозжечку* приписываютъ координацію (согласованіе) различныхъ движеній животнаго [1]), замѣчая, что при пораженіи этой части мозга въ движеніяхъ животнаго обнаруживается отсутствіе согласованія, такъ что одно движеніе не соотвѣтствуетъ другому. Есть основаніе предполагать, что эти согласованія движеній могутъ происходить совершенно безъ участія сознанія, какъ происходятъ они въ хорошо устроенной машинѣ. Мы сами испытываемъ на себѣ, что при ходьбѣ, ѣздѣ и другихъ привычныхъ дѣйствіяхъ согласуется множество разнообразныхъ движеній, совершенно неупотребляя для этого ни малѣйшаго усилія воли или сознанія. Въ сложномъ актѣ сосанія груди младенцемъ согласованіе разнообразнѣйшихъ движеній уже приготовлено въ самомъ механизмѣ мускуловъ и нервовъ чувства и движенія; достаточно коснуться губъ младенца и нѣсколько раздражить ихъ, чтобы привести этотъ механизмъ въ дѣятельность безъ всякаго участія сознанія [2]).

14. *Продолговатому мозгу* приписываютъ управленіе нервами, которые, въ свою очередь, управляютъ процессомъ дыханія; по этой причинѣ поврежденіе этой части мозга производитъ прекращеніе дыханія, вслѣдствіе того быструю смерть. Это обстоятельство заставило нѣкоторыхъ физіологовъ искать въ продолговатомъ мозгѣ центральнаго пункта жизни всей нервной системы (а вслѣдствіе того и мѣстопребыванія души). Флуранъ даже указалъ такую точку, уколъ въ которую производитъ мгновенную смерть. Эту точку назвали *узломъ жизни* (nœud vital); но потомъ другому физіологу (Brown Sequar) удалось остановить

---

[1]) Man. de Phys. par Müller. T. II. p. 101.
[2]) Ibid.

но вынуть весь этот *узел жизни* и животное оставалось жить [1]. Впрочем, если и действительно малейшее, быстрое повреждение продолговатаго мозга производит прекращение дыхания и вследствие того смерть, то это доказывает только, что этот мозговой центр управляет деятельностью дыхательных нервов; но нисколько не доказывает, чтобы здесь было седалище жизни: того же прекращения дыхания мы можем достигнуть и другими средствами; но никому же не придет в голову искать седалища жизни в сердце или в дыхательном горле.

15. *Спинному мозгу*, кроме обязанности проводить к большому мозгу, как органу сознания, все впечатления туловища, и от большаго мозга все сознательныя движения в мускулы членов — приписывают еще специально все *рефлективныя движения*, то есть такия, которыя, хотя и вызываются внешними впечатлениями, но не сопровождаются сознанием и не зависит от нашего произвола. Но если обратим внимание на то, что в наших глазах, в лице и во рту происходит едва ли не более рефлексов (непроизвольных и безсознательных движений), чем во всем остальном теле, и что нервы управляющие движениями глаза и его частей, а равно движениями лица, рта, челюстей и проч., выходят непосредственно из головнаго мозга, то мы увидим, что рефлективная деятельность должна быть приписана столько же головному мозгу, сколько и спинному.

16. Вообще, если отбросить все мечтательныя, ни на чем неоснованныя гадания о психическом значении тех или других частей голово-хребетнаго мозга, то окажется, что, основываясь на фактах, физиология может говорить решительно только об одной *рефлективной*, т. е. чисто-механической деятельности этого органа; все же остальныя мечты, не имеющия за себя никаких положительных данных. Для положительной физиологии, неувлекающейся несбыточными надеждами — объяснить психические акты физиологическими наблюдениями, вся нервная система, со своими центрами и разветвлениями, должна бы являться не более как *отлично устроенным рефлектирующим снарядом*,— машиною, способною к самым разнообразным отражательным движениям и комбинациям этих движений. Движения этой машины могут сопровождаться сознанием, но могут и не сопровождаться им; во всяком случае сама машина неспособна породить сознания и тех психических актов, которые из сознания выходят [2]).

---

[1]) Psychophysik von Fechner. T. II, s. 403.

[2]) Английский психолог Бэн (The Senses and the Intellect. p. 49.) видит также во всех частях головнаго мозга, за исключением полушарий большаго, разнообразныя продолжения мозга спиннаго и приписывает им одинаковую рефлективную деятельность; в большом же мозге видит орган сознательной деятельности. Этот взгляд кажется нам наиболее основательным, если только видеть в мозговых полушариях не более как посредствующий орган между душею и нервным организмом.

17. Всѣ части голово-хребетной системы находятся между собою в связи не только потому, что непосредственно или посредственно, как мы видѣли, прикасаются другъ къ другу; но и потому, что нервныя нити и волокна переходятъ изъ одного мозговаго центра въ другой. Этотъ переходъ нервовъ имѣетъ также нѣкоторое значеніе въ психологической жизни.

Одни нервныя волокна, входя въ спинной хребетъ, продолжаются въ немъ до той или другой его высоты и тамъ прерываются; другія проходятъ сквозь весь спинной мозгъ и достигаютъ продолговатаго мозга, мозжечка или наконецъ полушарій большаго мозга. Кромѣ того есть нервныя волокна начинаются только въ спинномъ мозгу и идутъ не прерываясь въ томъ или другомъ органѣ головнаго мозга или идутъ окончательно до большаго мозга. Каждый мозговой центръ въ этомъ отношеніи является собраніемъ нервныхъ клѣточекъ или ганглій, о которыхъ мы скажемъ ниже, и нервныхъ нитей, изъ которыхъ одни въ него входятъ и въ немъ оканчиваются, другія сквозь него проходятъ, а третьи въ немъ начинаются, изъ него выходятъ и идутъ далѣе, достигая или не достигая большаго мозга. Если принимать большой мозгъ за непосредственный органъ сознанія, чрезъ который душа сознаетъ всѣ колебанія въ нервномъ организмѣ, возбуждаемыя въ немъ внѣшними впечатлѣніями внѣшняго міра, то ясно, что одни изъ этихъ колебаній душа будетъ сознавать въ непосредственной передачѣ и слѣдовательно будетъ ясно и отчетливо, другія будетъ сознавать только посредственно, слѣдовательно смутно и неотчетливо, какъ напримѣръ разныя внутреннія ощущенія боли, усталости, тошноты и т. п., а третьи могутъ и совсѣмъ не сознаваться, хотя они будутъ совершаться въ тѣлѣ и вызывать рефлективныя движенія, напримѣръ, въ сжиманіи зрачка подъ вліяніемъ яркаго свѣта и т. п. Впрочемъ все это не болѣе, какъ весьма вѣроятная догадка, такъ-какъ необычайная тонкость нервныхъ волоконъ не даетъ возможности прослѣдить съ точностію и послѣдовательно ходъ ихъ въ различныхъ мозговыхъ центрахъ.

18. Съ головнымъ мозгомъ непосредственно соединяется 12 паръ головныхъ нервовъ, изъ которыхъ каждая назначена для особенной психо-физической дѣятельности. Перечислимъ эти нервныя пары:

Первая пара — нервъ обонянія. Онъ развѣтвляется въ слизистой оболочкѣ носовой полости.

Вторая пара — нервъ зрѣнія. Выходя изъ черепа въ глазныя впадины, онъ оканчивается весьма сложными аппаратами внутри глазнаго яблока, развѣтвляясь тамъ, за прозрачными средами, *сѣтчатой оболочкою*, на которой и отражаются видимые нами предметы.

Третья, четвертая и шестая пара головныхъ нервовъ управляютъ движеніями глаза и его частей. Замѣтимъ, между прочимъ, что это нервныхъ паръ назначается для движеній глаза и его частей: мы видѣли, какую важную роль въ актѣ зрѣнія и въ составленіи нашихъ

Головной мозгъ съ нервами изъ него выходящими.

Б. *Большой мозгъ съ извивами* на его поверхности. (На рисункѣ изображена одна только лѣвая его половина).— М. *Малый мозгъ*, въ продольномъ разрѣзѣ котораго бѣлое мозговое вещество въ видѣ древесной вѣтки (древо жизни).— П. *Продолговатый мозгъ*, изъ котораго выходитъ 10 паръ нервовъ.— Хр. Верхняя часть хребетнаго мозга съ нервными корешками, обращенными назадъ.— Сп. *Спайка обѣихъ половинъ большаго мозга или мозолистое тѣло (бѣлое вещество).*

Нервы головнаго мозга.

1. Нервъ *Обонятельный*.— 2. *Зрительный*.— 3 и 4. Нервы, управляющіе движеніемъ глазъ.— 5. Нервъ *Трехраздѣльный*.— 6. *Поворачивающій глазъ*.— 7. *Личной*.— 8. *Слуховой*.— 9. *Язычно-глоточный*.— 10. *Блуждающій*.— 11. *Прибавочный*.— 12. *Подъязычный*.

зрительныхъ представленій играютъ движенія глазныхъ мускуловъ и связанныя съ ними мускульныя ощущенія.

Пятая пара, называемая *тройнымъ нервомъ*, управляетъ движеніями челюсти, условливаетъ чувствительность лица, слизистой оболочки, ноздрей и полости рта. При перерѣзѣ этого нерва чувствительность лица теряется, а при перерѣзѣ съ обоихъ боковъ жеваніе становится невозможнымъ, тогда-какъ движеніе мускуловъ лица сохраняется, такъ-какъ ими управляетъ особая —

Седьмая пара — *лицной нервъ*, который развѣтвляется отъ уха къ мышцамъ лица. При пораженіи этой пары лице дѣлается неподвижнымъ, какъ у трупа, но чувствительность лица остается вполнѣ.

Восьмая пара головныхъ нервовъ, *нервъ слуховой*, оканчивается во внутренней части слуховаго органа, въ такъ называемомъ лабиринтѣ. При механическомъ давленіи на этотъ нервъ, напр. при приливѣ къ нему крови, мы ощущаемъ шумъ, звонъ въ ушахъ и т. п.

Девятая пара — *языко-глоточный нервъ* оканчивается въ языкѣ и верхней части глотки, онъ управляетъ движеніями глотки, а равно служитъ для передачи ощущеній вкуса; но движеніями языка управляетъ особая пара — *двѣнадцатая*.

Десятая пара — *легочно-желудочный нервъ* называется также *блуждающимъ нервомъ*, потому что, выходя изъ черепа, онъ сходитъ вдоль по шеѣ и по груди до желудка, и по пути развѣтвляется въ горлѣ, легкихъ, сердцѣ, органахъ глотанія и желудкѣ. Этой парѣ нервовъ мы обязаны всѣми тѣми сочувствіями, которыя принимаютъ наши дыхательные органы, а равно сердце, грудобрюшная преграда, и желудокъ, въ нашихъ душевныхъ потрясеніяхъ. Отъ дѣйствія этого нерва на сердце, а чрезъ него и на систему кровообращенія, на нашемъ лицѣ появляется краска стыда или блѣдность испуга, сердце наше замираетъ или бьется сильно при чувствѣ страха, радости, при испугѣ спирается дыханіе, при горѣ слышатся глубокіе вздохи, самый желудокъ при посредствѣ блуждающаго нерва не остается безучастнымъ къ нашимъ душевнымъ потрясеніямъ. Этотъ же нервъ, какъ полагаютъ, сообщаетъ сознанію различныя состоянія пищевыхъ органовъ, которыя отражаются въ насъ ощущеніемъ голода и жажды.

Одиннадцатая пара головныхъ нервовъ называется собственно *прибавочными нервами*, такъ какъ она выходитъ не изъ головнаго, а изъ спиннаго мозга, но входитъ скоро въ полость черепа и соединяется тамъ съ нервами десятой пары. Прибавочная пара управляетъ движеніями затылочныхъ мышцъ.

Двѣнадцатая пара головныхъ нервовъ — *язычный нервъ*, какъ мы замѣтили уже выше, управляетъ движеніями языка.

Всѣ головные нервы, за исключеніемъ 1-й и 2-й пары, выходятъ изъ *продолговатаго* мозга.

19. Нервныя пары, выходящія изъ спиннаго мозга, не носятъ особыхъ названій, такъ-какъ всѣ онѣ служатъ или для сокращенія муску-

лов, расположенных в наших членах и различных частях тела, или для передачи тех ощущений, которыя мы в нем испытываем; а потому эти нервы распространяются по всему нашему телу и входят во все наши члены, где, в виде микроскопических нитей, разветвляются в мускулах, как органах движения, и в ней же, как органе осязания.

20. *Симпатическая* или *узловая* система составляет как бы прибавление к голово-хребетной нервной системе. Она состоит из нервных нитей и маленьких узлов (величиною от просяного зерна до обыкновеннаго боба). Эти узлы «разсеяны в значительной части тела, но главным образом находятся в груди и в полости живота у позвоночнаго столба. Ни в одном месте нет стольких соединенных узлов, как позади желудка, перед первым поясничным позвонком, где узлы эти образуют, так называемое, *солнечное сплетение* [1].» Симпатическая система управляет непроизвольными движениями наших внутренностей, как напр. движениями желудка.

ГЛАВА X.

Деятельность нервной системы и ея состав.

1. Значение нервной системы в психо-физической деятельности наруживается очень ясными фактами.

«Достаточно — говорит Шван — разрезать нервы, распространенные в каком нибудь члене, напр. нервы плеча, положим под мышкой, чтобы сделать этот член (руку), так сказать, чуждым нашей воле. Можно в этом случае отрезать палец и — пациент этого не заметит: самыя огромныя усилия воли не в состоянии уже произвести малейшаго движения пальцами. Нервы уже не чувствуют, ибо они не приносят нашему сознанию ни одного из получаемых ими впечатлений, как скоро нервы разобщены с головно-спинным центром. Следовательно только в этом центре, в мозгу — головном или спинном — мы должны искать седалища нашего я [2]».

Из этого опыта ясно видно, что нервы суть единственные проводники наших движений, выражающихся в сокращении мускулов и движении членов, а также проводники впечатлений внешняго мира к тому *неведомому центру*, который превращает эти впечатления в ощущения.

2. Но справедливо ли заключение, что центр нашей сознательной жизни распространен в головном и спинном мозгу? На это ответит нам отчасти тот же самый автор.

---

[1] Шван, стр. 43.
[2] Анат. Швана, стр. 44.

«Какъ скоро, говоритъ онъ, связь спиннаго мозга съ головнымъ нарушена, напр. переломомъ втораго шейнаго позвонка,—никакое впечатлѣніе, сдѣланное на члены, какъ бы сильно оно ни было, уже не достигаетъ сознанія и воля уже не имѣетъ никакого вліянія на ихъ мускулы»[1].

Слѣдуетъ ли однако вывести изъ этого то заключеніе, какое выводитъ Шиффъ въ противоположность нѣкоторымъ физіологамъ, напримѣръ Льюису; а именно, что сознаніе и воля заключаются въ одномъ головномъ мозгу? На это мы дадимъ отвѣтъ въ слѣдующей главѣ, говоря о рефлексахъ. Здѣсь же скажемъ только, что мы считаемъ возможнымъ принять, что центральнымъ органомъ сознательной дѣятельности является головной мозгъ и, можетъ быть, исключительно два полушарія большаго мозга.

3. Но что же такое представляетъ въ своемъ устройствѣ или въ своемъ составѣ головной мозгъ, или лучше сказать полушарія большаго мозга, чѣмъ можно было бы объяснить его удивительныя дѣйствія,—явленія сознанія, чувствованій и воли? Ничего! Опыты, указывая намъ на полушарія большаго мозга, какъ на средоточіе сознанія и воли, какъ на органъ, черезъ который непосредственно дѣйствуетъ тѣло на душу и душа на тѣло, вовсе не обнаруживаютъ въ самомъ этомъ органѣ никакихъ свойствъ, которыя сколько нибудь объясняли бы намъ возможность сознательной дѣятельности. Если мы мало знаемъ о другихъ частяхъ нервной системы и по большей части только фантазируемъ ихъ строеніе, то еще менѣе знаемъ о большомъ мозгѣ. Но можетъ быть неполнота этихъ знаній и подастъ нѣкоторый поводъ видѣть въ большомъ мозгѣ причину явленій сознательной жизни? Не даромъ же онъ молчаливо занимаетъ такое верховное мѣсто въ нервномъ организмѣ! Но такой образъ дѣйствій невольно напоминаетъ намъ бурята, который приписываетъ всѣ непонятныя ему явленія своему деревянному божку, именно потому, что онъ молчаливо и безотвѣтно торчитъ на почетнѣйшемъ мѣстѣ въ его кибиткѣ.

4. Изъ приведенныхъ выше опытовъ мы убѣдились, что нервы являются единственными проводниками ощущеній и движеній во всемъ нашемъ тѣлѣ, и что центромъ всего этого движенія является головной мозгъ. Другіе опыты показали, что не всѣ нервы одинаковы въ этомъ отношеніи и что одни изъ нихъ передаютъ ощущенія отъ органовъ чувства къ мозговому центру, а другіе приносятъ движеніе отъ мозговыхъ центровъ къ мускуламъ, заставляя послѣдніе сокращаться.

Между каждыми двумя позвонками, какъ мы это уже видѣли, отдѣляются отъ спиннаго мозга и выходятъ изъ позвоночнаго столба по двѣ пары нервовъ. Съ каждой боковой стороны спиннаго хребта выходятъ два пучка: одинъ спереди, а другой сзади, и, такимъ образомъ, образуются *два корешка* нервовъ, изъ которыхъ задній потолще и при

---

[1] Тамъ же, стр. 34.

томъ съ узломъ. Вскорѣ за тѣмъ оба эти корешка соединяются и образуютъ одинъ толстый нервъ, состоящій изъ безчисленнаго мно[жества] нервныхъ пучковъ и первичныхъ нитей. Нервы эти расходятся по всему тѣлу и его членамъ. Опыты показали, что если, напримѣръ, перерѣзать *передній* корешокъ того нерва, который идетъ въ ту или другую ногу, то всякое *движеніе* въ этой ногѣ прекратится, тогда какъ чувствительность въ ней останется; если же наоборотъ перерѣзать *задній* корешокъ того же нерва, то чувствительность въ ногѣ уничтожится, а способность двигать ею останется. Бываютъ такіе случаи, что всѣ заднія корешки нервовъ, идущихъ въ нижнія оконечности, парализованы, и тогда человѣкъ теряетъ всякую возможность движенія въ ногахъ, но чувствительность въ нихъ остается. Бываютъ и такіе случаи, что поражаются заднія корешки и тогда теряется всякая чувствительность въ ногахъ, хотя остается возможность движенія, такъ что больной можетъ ходить только смотря на свои собственныя ноги и управляя ихъ движеніемъ уже черезъ посредство зрѣнія и отчасти черезъ посредство чувства употребляемой для движенія силы [1]), а не черезъ посредство осязанія и внутренняго чувства мускульныхъ сокращеній, какъ управляетъ своими ногами здоровый человѣкъ [2]).

5. Изъ этихъ наблюденій физіологи совершенно логически вывели раздѣленіе нервовъ на нервы *ощущающіе* и нервы *движущіе*; но названія эти слѣдовало бы измѣнить, такъ какъ они подали поводъ ко многимъ заблужденіямъ: нервъ ощущать самъ по себѣ ничего не можетъ, а является только такимъ аппаратомъ, дѣятельность котораго, отражаясь въ головномъ мозгу, превращается душею въ ощущеніе. Намъ казалось бы лучше назвать одни нервы — *нервами движенія*, а другіе *нервами чувства* [3]), чтобы избѣжать ложныхъ понятій, къ которымъ

---

[1]) См. выше гл. VIII, п. 19—22.

[2]) «При пораженіи однихъ нервовъ, передающихъ чувство, «больной не сознаетъ собственныхъ своихъ движеній, а потому и можетъ ихъ съ ловкостью выполнить только тогда, когда слѣдитъ глазами за собственнымъ движеніемъ: такъ онъ роняетъ изъ руки предметъ, какъ только вниманіе его отвлекается отъ руки. Если такому больному завязать глаза, то онъ не можетъ стоять и не можетъ опредѣлить положеніе своихъ членовъ. Онъ не чувствуетъ вѣса предметовъ и не имѣетъ сознанія силы, употребляемой для поднятія тяжести.» Handbuch der Speciellen Patholog. und Therap. her. von Virchow. Erlang. 1855, IV B. 1 Abth. von Hasse § 133.

[3]) Если же принять въ разсчетъ и нервы, идущіе къ отдѣлительнымъ железамъ, то тогда вошедшее уже въ употребленіе названіе центробѣжныхъ и центростремительныхъ нервовъ полнѣе обнимаетъ предметъ. Ежели же мы не беремъ этихъ названій, то по ихъ сбивчивости; потому что ложно напоминаютъ термины и понятія, принадлежащія другой наукѣ. Кромѣ того нервы, идущіе къ отдѣлительнымъ железамъ, не имѣютъ для нашей цѣли значенія.

всего чаще ведутъ не точно употребляемыя слова. Съ нашими терминами мы соединимъ только самое простое свѣдѣніе, неподлежащее сомнѣнію, что *нервъ движенія* есть органъ необходимый при актѣ движенія, а *нервъ чувства* — при актѣ ощущенія.

Въ устройствѣ нервныхъ нитей того и другаго рода, идущихъ часто не только въ одномъ и томъ же нервѣ, но даже въ одномъ и томъ же нервномъ пучкѣ, незамѣчено никакого особаго различія, но на периферіи тѣла *нервы чувствъ* соединяются съ органами ощущеній; а *нервы движенія* — съ мускулами (а иногда съ отдѣлительными железами). Кромѣ того нервы чувства снабжены на своихъ концахъ особыми воспринимающими аппаратами (какъ, напр., въ сѣтчатой оболочкѣ зрительнаго нерва), которыхъ нѣтъ на периферическихъ окончаніяхъ нервовъ движенія [1].

6. Чтобы понять сколько возможно вліяніе нервной дѣятельности на психо-физическія явленія, мы должны еще нѣсколько ближе ознакомиться съ самымъ сложеніемъ нервной системы.

При поверхностномъ взглядѣ на нервные центры, головной и спинной мозгъ, мы видимъ въ нихъ смѣшанными два мягкія вещества, различнаго цвѣта: одно *сѣрое*, а другое *бѣлое*. Въ головномъ мозгу сѣрое вещество лежитъ на поверхности органа, а нѣсколько массъ его находится и внутри, между бѣлымъ веществомъ. Въ спинномъ мозгу, наоборотъ, бѣлое вещество расположено снаружи, а сѣрое внутри.

7. «Бѣлое вещество состоитъ исключительно изъ нервныхъ нитей, между которыми пробираются кровеносные сосуды» [2]. Однѣ изъ этихъ нитей, составляющихъ бѣлое вещество мозга, суть только продолженія первичныхъ нервныхъ нитей, находящихся въ нервахъ, распространяющихся внѣ черепа и позвоночнаго столба по всему тѣлу. Эти продолжающіяся въ мозгу нити нервовъ, какъ мы уже видѣли, или оканчиваются въ спинномъ мозгу, или, проходя во всю длину спиннаго мозга, какую имъ остается пройти, входятъ въ головной мозгъ и тамъ — или останавливаются въ нижнихъ частяхъ мозга или доходятъ, не прерываясь, до мозговыхъ полушарій. Такому расположенію нервныхъ нитей Бэнъ придаетъ важное психическое значеніе, выраженное нами выше [3].

Другія нити, составляющія бѣлое вещество мозга, начинаются и оканчиваются въ самомъ мозгу въ различныхъ его частяхъ, связывая между собою различные органы мозга, какъ напр., спинной мозгъ съ головнымъ, продолговатый мозгъ съ мозжечкомъ и т. п.

---

[1] Намъ кажется удобно было бы смотрѣть на нервы чувства какъ на начинающіяся на периферіи тѣла въ органахъ ощущенія, тогда какъ начало нервовъ движенія слѣдовало бы искать въ мозговыхъ центрахъ, такъ-что тутъ являются двѣ нервныя системы, идущія на встрѣчу одна другой, и изъ которыхъ одна тамъ начинается, гдѣ другая оканчивается.

[2] Шваль, стр. 47.

[3] Bain. The Senses and the Intellect. p. 30, 31.

«Число этих *между-центральных* нервныхъ волоконъ, какъ ихъ называютъ, необыкновенно велико. Относительно же ихъ значенiя существуютъ только гипотезы» [1].

Нервныя нити, составляющiя бѣлое вещество мозговыхъ центровъ, большею частiю гораздо тоньше нервныхъ нитей, составляющихъ собственно нервы, но имѣютъ всѣ тѣ же свойства — «только немного мягче и измѣняются при обстоятельствахъ, которыя не имѣютъ влiянiя на нити нервовъ».

8. *Сѣрое* вещество мозговыхъ центровъ мягче *бѣлаго*; въ немъ также замѣчаются тонкiя бѣлыя нити нервовъ, проникающiя въ него изъ бѣлаго вещества; но въ немъ, кромѣ того, есть еще *другой элементъ*, изъ котораго главнымъ образомъ и состоитъ само сѣрое вещество. Это — *нервные шарики, нервные узлы или ганглiи*. Устройство нервнаго шарика напоминаетъ растительную клѣточку: изъ нихъ самые развитые «имѣютъ клѣточную оболочку, которая окружаетъ мягкое содержимое и ядро въ видѣ пузырька, а это ядро еще содержитъ маленькое тѣльце—зернышко» [2]. Одни изъ нервныхъ шариковъ соединяются съ одною или многими нервными нитями, какъ будто выпуская ихъ изъ себя въ видѣ отростковъ или принимая въ видѣ входящихъ каналовъ; другiе же лежатъ отдѣльно между нервными волокнами.

9. Нѣкоторые физiологи, напримѣръ Льюисъ, приписываютъ различное значенiе нервнымъ волокнамъ и нервнымъ узламъ или ганглiямъ. Нервныя волокна, по мнѣнiю Льюиса, имѣютъ свойство, подъ влiянiемъ какого-нибудь стимула (напр., прикосновенiя теплаго или холоднаго тѣла къ кожѣ, волны свѣта—къ сѣтчатой оболочкѣ глаза, волны воздуха—къ барабанной перепонкѣ уха и т. п.) входить въ особенное, имъ только свойственное состоянiе дѣятельности, которое этотъ физiологъ и называетъ *нервозностью* (Neurility) [3]. Самое изобрѣтенiе новаго слова для названiя дѣятельности, возбужденной въ нервѣ, показываетъ, что физiологи весьма мало знаютъ, въ чемъ состоитъ эта дѣятельность, которой нѣтъ возможности наблюдать никакимъ микроскопомъ, но которая безъ сомнѣнiя должна быть. «О сущности дѣятельнаго состоянiя нерва, говоритъ Германъ, еще очень мало извѣстно. Не знаютъ ни силъ, дѣлающихся свободными при дѣятельности нервовъ, ни химическихъ процессовъ, лежащихъ въ основѣ ея. Для глаза нѣтъ никакого видимаго различiя между покоющимся и дѣятельнымъ нервомъ» [4].

Есть нѣсколько гипотезъ, старающихся объяснить, въ чемъ состоитъ дѣятельность возбужденнаго нервнаго волокна, но ни одна изъ нихъ вполнѣ не удовлетворительна. Несомнѣнно только, что дѣятельность *должна существовать* и выражаться, какъ и всякая дѣятель-

---

[1] Германъ. Учебн. Физiолог., стр. 242.
[2] Шванъ, стр. 49.
[3] The Physiology of common Life by Lewes. Vol. 2. Tauchnitz Edition.
[4] Германъ. Учебн. Физiологiи, стр. 225.

матеріи, въ какихъ-нибудь движеніяхъ микроскопическихъ частицъ: молекулей или можетъ быть атомовъ нерва. Вѣрно также, что это движеніе усиливается по мѣрѣ своего поступленія отъ раздражающаго стимула даже по нерву. «Сила возбужденія по всей длинѣ нерва неодинакова, но увеличивается съ удаленіемъ отъ мѣста, гдѣ было приложено раздраженіе. Чтобы объяснить это нарастаніе возбужденія, принимаютъ, что каждая нервная частичка заключаетъ въ себѣ извѣстное количество силъ въ состояніи напряженія, и часть ихъ освобождается при раздраженіи нерва. Эти живыя силы въ свою очередь освобождаютъ въ сосѣднихъ молекулахъ силы, находившіяся въ состояніи напряженія, такъ что распространеніе возбужденія по нерву есть рядъ процессовъ освобожденія силы. Нарастаніе же возбужденія объясняется тѣмъ, что при процессѣ освобожденія силъ каждый предыдущій молекулъ получаетъ возможность освобождать въ послѣдующемъ все большее и большее количество живой силы» [1].

Ясно, что эта гипотеза покоится на другой гипотезѣ — о силѣ въ скрытомъ состояніи, и что мы имѣемъ полное право назвать, вмѣстѣ съ Шваномъ, совершенно неизвѣстною ту дѣятельность, которая возбуждается въ нервѣ стимуломъ внѣшняго возбужденія или стимуломъ нашей воли. Мы знаемъ только, что эти стимулы вызываютъ въ нервѣ какое-то особенное состояніе, о которомъ мы ничего не знаемъ, кромѣ того, что оно существуетъ (можетъ быть это какое-нибудь сотрясеніе частицъ нити) и что это состояніе распространяется по всей длинѣ нити» [2].

Быстрота распространенія этой неизвѣстной дѣятельности вдоль по нервной нити весьма невелика, сравнительно не только съ быстротою свѣта, но даже съ быстротою электричества. Въ нервахъ движенія у лягушки нервная дѣятельность распространяется съ быстротою отъ 26 до 27 метровъ въ секунду; у человѣка, по измѣренію Гельмгольца, до 60 метровъ въ секунду. Она усиливается или уменьшается отъ различныхъ вліяній, напр., при холодѣ замѣтно уменьшается [3]. Эта относительная медленность распространенія нервной дѣятельности по нервнымъ нитямъ отняла возможность у психологовъ матеріалистическаго направленія объяснять ходъ нашихъ движеній и ощущеній движеніемъ электрическихъ токовъ и побудила нѣкоторыхъ, какъ напр. Бэна, признать особые нервные токи, имѣющіе сходство въ своихъ проявленіяхъ съ электрическими, но уже не электрическіе [4], т. е. другими словами, отодвинуть гипотезу еще подальше.

10. Дѣятельность возбужденнаго нерва имѣетъ свойство, по мнѣнію Льюиса, пробуждать чувствительность въ томъ нервномъ шарикѣ или

---

[1] Германъ, стр. 238.
[2] Шванъ, стр. 48.
[3] Германъ, стр. 238.
[4] The Senses and the Intellect, by Bain p. 64. — Впрочемъ нервные токи и нервный принципъ встрѣчаются и гораздо ранѣе.

узлѣ, въ который нервъ входитъ или съ которымъ онъ соприкасается. «Когда нервное волокно возбуждено, говоритъ Льюисъ, тогда появляется въ немъ *нервозность*. Если это волокно находится въ связи съ мозгомъ или спинною хордою, то слѣдствіемъ возбужденнаго состоянія нерва будетъ ощущеніе. Если нервное волокно находится въ связи съ мускуломъ, то слѣдствіемъ его раздраженія будетъ сокращеніе, а если съ железою, то отдѣленіе (напр. отдѣленіе слезъ слезными железками, отдѣленіе слюны, желчи и проч.)» [1]. «Свойство нервныхъ узловъ, по мнѣнію Льюиса, состоитъ въ томъ, что нервозная дѣятельность соединяющагося съ нимъ нерва пробуждаетъ въ нихъ ощущеніе и только возбужденный къ дѣятельности нервъ, а не какой-нибудь другой стимулъ (напр. непосредственное прикосновеніе къ нервному шарику), имѣетъ свойство производить ощущеніе въ нервныхъ шарикахъ.» (Вотъ почему, между прочимъ, полушарія большаго мозга, состоящія изъ сѣраго вещества, оказываются при прикосновеніи безчувственными).

Но если физіологи мало знаютъ о томъ, въ чемъ состоитъ дѣятельность нерва, то еще менѣе извѣстны имъ тѣ условія, которыя будто бы дѣлаютъ возможнымъ проявленіе ощущеній въ нервныхъ шарикахъ. *Ни анатомическое устройство этихъ шариковъ, ни ихъ химическій составъ не намекаютъ намъ даже на малѣйшую возможность ощущенія въ этихъ, очень простыхъ по устройству, ячейкахъ зернышкахъ.*

11. Прежде думали, что специфичность ощущеній условливается самымъ разнообразіемъ нервовъ. На эту мысль наводили многіе опыты. Такъ, зрительный нервъ, при дѣйствіи на него самыхъ разнообразныхъ стимуловъ, даетъ только однѣ свѣтовыя ощущенія. Придавливая глазной нервъ, мы получаемъ не ощущеніе осязанія, но видимъ свѣтлые кружки; при ударѣ по глазу кажется, что сыплются искры; въ операціи при разрѣзѣ глазнаго нерва ощущается не боль, но видится яркій свѣтъ. Приливъ крови къ слуховымъ нервамъ выражается не ощущеніемъ осязанія, но шумомъ и звономъ въ ушахъ. Опухоль въ слизистой оболочкѣ носа выражается не чувствомъ осязанія, но ощущеніемъ дурнаго запаха. Всѣ эти наблюденія заставляли предполагать, что разнообразіе нашихъ ощущеній зависитъ отъ разнообразія самыхъ нервныхъ нитей, въ которыхъ эти ощущенія рождаются [2]. Но, не находя въ устройствѣ разныхъ нервовъ ничего, чѣмъ объяснялось бы такое разнообразіе въ производимыхъ ими ощущеніяхъ, физіологи нашлись вынужденными перенести гипотезу подальше, и приписать разнообразіе ощущеній не нервнымъ нитямъ, въ сущности однороднымъ, но нервнымъ центрамъ (нервнымъ шарикамъ), въ которыхъ эти нервы оканчиваются. Но развѣ разнообразіе, незамѣченное въ нервныхъ нитяхъ, было открыто физіологами въ нервныхъ шарикахъ, въ которыхъ нервы оканчиваются, и при томъ такое разнообразіе, которое показы

---

[1] Lewes. V. 2, p. 14.
[2] Manuelle de Phys. p. Müller. T. II, p. 251 и слѣд.

бы нам возможность всего разнообразия наших ощущений? На этот вопросъ физіологія отвѣчаетъ намъ слѣдующее: «О свойствахъ нервныхъ клѣточекъ (шариковъ), говоритъ Германъ, почти ничего неизвѣстно; по химическому составу онѣ, вѣроятно, не отличаются отъ нервныхъ волоконъ; по крайней мѣрѣ, въ органахъ, богатыхъ нервными клѣточками, напр. въ мозгу, находятъ тѣ же самыя составныя части, что и въ нервахъ. Еще менѣе знаютъ о развитіи силъ въ нервныхъ клѣткахъ. До сихъ поръ въ нихъ не доказано ни развитія теплоты, ни развитія электричества. Вообще здѣсь *слѣдуетъ предположить* тѣ же самыя молекулярныя движенія, которыя были приняты для нервныхъ волоконъ, потому что эти форменные элементы состоятъ между собою въ непрерывной связи¹)». Такимъ образомъ переносъ причины ощущенія съ нервныхъ нитей на нервные узлы ни чуть не объяснилъ дѣла болѣе. Это только передвиженіе гипотезы далѣе въ глубь неизвѣстнаго, гдѣ царствуетъ еще большій мракъ, чѣмъ въ нашихъ знаніяхъ о дѣятельности нервныхъ нитей.

12. Изъ всѣхъ этихъ предположеній, построенныхъ опять же на предположеніи существованія атомовъ и ихъ движеній, можно сдѣлать сколько нибудь раціонально только слѣдующіе выводы:

а) Нервы наши имѣютъ свойство подъ вліяніемъ какихъ нибудь внѣшнихъ стимуловъ, проистекающихъ изъ матерьяльнаго міра, или подъ вліяніемъ внутреннихъ стимуловъ, проистекающихъ изъ душевнаго, внутренняго міра, приходить въ дѣятельное состояніе, особенности котораго намъ совершенно неизвѣстны, но которое, по всей вѣроятности, состоитъ въ своеобразномъ движеніи частицъ нерва.

б) Это дѣятельное состояніе нерва отъ того мѣста, гдѣ оно было возбуждено тѣмъ или другимъ стимуломъ, распространяется съ извѣстною быстротою вдоль нервныхъ нитей и, если эти нити оканчиваются въ мускулахъ, то возбуждаетъ въ нихъ сокращеніе, а если въ отдѣлительныхъ железахъ—то отдѣленіе. Если же внѣшній стимулъ дѣйствуетъ на нервъ чувства и дѣятельность эта распространяется по нервной нити до нервнаго узла, въ который эта нить входитъ въ мозговыхъ полушаріяхъ, то въ нервныхъ узлахъ мозговыхъ полушарій возбуждается своеобразная дѣятельность, свойства которой намъ еще менѣе извѣстны, чѣмъ свойства дѣятельности нервныхъ волоконъ. Эта же дѣятельность нервныхъ клѣточекъ большаго мозга, состоящая, безъ сомнѣнія, какъ и всякая матерьяльная дѣятельность, въ движеніи молекюлей, отражается непостижимымъ для насъ образомъ въ нашей душѣ и *превращается* въ ней въ ощущеніе, такъ что мы ощущаемъ уже не движеніе нервныхъ атомовъ, которое предполагается физіологіею, но нѣчто особенное, не имѣющее ничего общаго съ какимъ бы то ни было матерьяльнымъ движеніемъ: ощущаемъ свѣтъ, цвѣтъ, звукъ, вкусъ, а не движеніе

---

¹) Германъ, стр. 336 и 337.

нервныхъ атомовъ, не ощущаемъ даже самыхъ нервовъ или нервныхъ шариковъ, открываемыхъ только наукою [1]).

в) Если же нервная нить чувства не достигаетъ большаго мозга, а оканчивается, не доходя до него, напр. въ спинномъ мозгу или въ симпатической узловой системѣ, то она тоже возбуждаетъ своеобразную дѣятельность въ томъ нервномъ узлѣ, въ который входитъ или съ которымъ соприкасается, и эта дѣятельность нервнаго узла въ свою очередь можетъ возбудить выходящіе изъ него или соприкасающіеся съ нимъ нервы движенія, что выразится сокращеніемъ соотвѣтствующихъ мускуловъ. Но весь этотъ процессъ можетъ совершиться внѣ сознанія и порождать такимъ образомъ *несознаваемыя нами, опредѣленныя или рефлективныя движенія*, о которыхъ подробнѣе мы скажемъ ниже.

г) Отъ чего зависитъ специфическое различіе въ ощущеніяхъ, мы также не знаемъ; но опыты показываютъ, что одинъ и тотъ же нервъ можетъ порождать только одного рода ощущенія, хотя и въ различной степени. Кромѣ того, можно предполагать (какъ и дѣйствительно предполагаетъ Гельмгольцъ), что между безчисленными нитями напр. зрительнаго нерва назначены отдѣльныя нити для трехъ основныхъ цвѣтовъ, а въ слуховомъ нервѣ различныя нити—для тоновъ различной высоты. Одинъ и тотъ же нервъ чувства можетъ возбуждать только ощущенія одного рода (напр. свѣтовыя) и одного вида въ этомъ родѣ (напр. ощущенія краснаго цвѣта), но различной степени, чѣмъ усиливается дальнѣйшее разнообразіе ощущеній. Это разнообразіе ощущеній можетъ также условливаться и смѣшеніемъ двухъ ощущеній въ одно, какъ напр. при смѣшеніи красокъ.

д) Весьма вѣроятно предположить, что органомъ, посредствомъ котораго душа наша испытываетъ различныя состоянія нервной системы, является головной мозгъ и притомъ не весь, а только та часть его, которая называется большимъ мозгомъ. Но все, что извѣстно о большомъ мозгѣ, не отличающемся ни чѣмъ ни по анатомическому своему устройству, ни по химическому составу отъ другихъ нервныхъ центровъ, ни малѣйше не объясняетъ намъ возможности самостоятельнаго зарожденія въ немъ ощущеній и мотивовъ произвольныхъ движеній.

---

[1]) Можно, пожалуй, гадать, вмѣстѣ съ Фехнеромъ (Psycho-Physik. T. II, 544—547), что движенія возбуждаются собственно въ нервномъ эфирѣ, подобномъ эфиру свѣтовому, и что эти движенія, вибраціи, достигнувъ опредѣленной степени быстроты, дѣлаются сознательными сами; но гдѣ факты для такой сложной гипотезы? И какъ бы ни было быстро движеніе, все же оно не будетъ ощущеніемъ, которое, какъ мы увидимъ далѣе, не только не есть движеніе, но и не ощущеніе движенія. Неужели этотъ споръ, начавшійся еще споромъ Аристотеля съ тѣми философами, которые называли душу движеніемъ, будетъ безконечно начинаться, каждый разъ оканчиваясь ничѣмъ за неимѣніемъ фактовъ?

ГЛАВА XI.

Нервная усталость и нервное раздраженіе.

1. Нервы устаютъ точно также, какъ и мускулы; точно также послѣ продолжительной дѣятельности нуждаются они въ отдыхѣ, во время котораго пріобрѣтаютъ, безъ сомнѣнія, изъ питательнаго процесса новыя силы для дѣятельности [1]. Возстановленіе въ нервахъ одной изъ этихъ силъ, а именно электрическаго тока, положительно доказано Дюбуа-Реймономъ [2]. Изъ этого, конечно, смѣшно было бы выводить, что электричество или самъ нервъ есть нѣчто чувствующее, какъ дѣлали нѣкоторые, увлеченные слишкомъ далеко открытіемъ знаменитаго физіолога; но весьма логически будетъ вывести, что нервамъ для дѣятельности необходимо электричество, и что это электричество нервы почерпаютъ въ тѣхъ самыхъ химическихъ процессахъ, посредствомъ которыхъ возобновляются изъ крови ткани и силы мускула.

2. Ощущая посредствомъ большаго мозга измѣненіе въ состояніяхъ нервной системы, душа наша не можетъ не ощущать и обилія или недостатка электричества въ нервахъ. Естественно, что это обиліе или этотъ недостатокъ нервнаго тока выражается въ душѣ чувствомъ *усталости или бодрости*. Матеріальная природа сама по себѣ уставать не можетъ, точно также, какъ и душа; но неспособность нервной системы отвѣчать на требованія души, неспособность, зависящая въ этомъ случаѣ отъ недостатка въ нервахъ электричества, выражается въ душѣ непріятнымъ ощущеніемъ усталости, а обиліе электричества въ нервахъ пріятнымъ чувствомъ бодрости, которое мы въ особенности испытываемъ послѣ продолжительнаго отдыха или спокойнаго сна. Чувство усталости въ мускулахъ, о которомъ мы говорили выше, также передается намъ, вѣроятно не иначе, какъ черезъ нервы, а именно ощущеніемъ того количества усилія, котораго требуетъ для своего раздраженія болѣе или менѣе истощенный мускулъ.

3. Ощущеніе усталости можетъ выражаться не только въ отношеніи всей нервной системы, но и въ отношеніи частей ея, различныхъ частныхъ системъ нервовъ, и даже, кажется, въ отношеніи одного нервнаго волокна. Мы, напр., замѣтно устаемъ живо представлять себѣ, т. е. слѣдовательно выражать въ нервныхъ движеніяхъ какую-нибудь одну картину, такъ-что картина эта, не смотря на всѣ усилія нашей воли, начинаетъ блѣднѣть все болѣе и болѣе, тогда-какъ въ тоже самое время мы можемъ себѣ представить живо другую картину. Но пройдетъ нѣсколько времени, и мы можемъ представить себѣ прежнюю съ прежнею жи-

---

[1] Manuelle de Phys. p. Müller. T. II. p. 90.
[2] Учеб. физіол. Германа, стр. 176, 228.

востью [1]). Оптическія наблюденія показали, что если мы смотримъ на одинъ какой-нибудь цвѣтъ, то нервы наши устаютъ именно въ отношеніи этого цвѣта и на нѣкоторое время перестаютъ воспринимать его, хотя онъ и есть въ разсматриваемомъ предметѣ [2]). Принявъ положеніе, усвоенное Гельмгольцемъ, что для каждаго изъ основныхъ цвѣтовъ существуютъ особыя нервныя волокна, мы легко объясняемъ, что если напр. нервы, передающіе зеленый цвѣтъ, устали, а нервы передающіе другіе цвѣта, — нѣтъ, то мы перестаемъ видѣть въ предметахъ именно зеленый цвѣтъ, хотя онъ въ нихъ и находится, но какъ продолжаемъ видѣть другіе цвѣта и видимъ ихъ еще съ тою же яркостію. Отдохнувъ же, нервы опять начинаютъ дѣйствовать по прежнему.

4. При этомъ слѣдуетъ обратить вниманіе еще на одно очень важное нервное явленіе. Если нервъ усталъ, а мы продолжаемъ его возбуждать, то онъ не всегда отказывается отъ дѣятельности, а напротивъ, впадаетъ въ такую судорожную дѣятельность, отъ которой мы отдѣлаться не можемъ. Каждому, напримѣръ, знакомо то явленіе, что иная, сильно подѣйствовавшая на насъ картина иногда долго преслѣдуетъ насъ и мы не можемъ отъ нея освободиться. Этимъ же объясняется то, отъ чего сильная усталость лишаетъ насъ возможности уснуть, и отъ чего этимъ въ особенности страдаютъ люди съ такъ называемыми раздражительными нервами. Нормальная дѣятельность нервовъ состоитъ именно въ томъ, что они устаютъ, отдыхаютъ и потомъ снова начинаютъ дѣйствовать; но, выведенные изъ этой нормальной дѣятельности,

---

[1]) «Когда, говоритъ Миллеръ, во тмѣ и тишинѣ кабинета, удалясь отъ всего, что могло бы произвести вліяніе на чувства, стараешься составить себѣ какую нибудь идею (Миллеръ не отличаетъ идеи отъ зрѣнія), и долго сохранить ее, то замѣчаешь, что это рѣшительно невозможно. Какъ бы ни было твердо наше рѣшеніе, идея птицы быстро уступаетъ мѣсто другой, родственной, напримѣръ идеѣ Пегаса, даже идеѣ Гомеръ, Ахиллесъ, Ахиллесова жила, міологія и т. д...» (Man. de Ph. T. II. p. 505). Здѣсь ясно Миллеръ смѣшалъ идею съ представленіемъ; хранить долго одно и тоже представленіе мы дѣйствительно не можемъ, одну и ту же идею, подъ вліяніемъ которой мѣняются въ головѣ нашей тысячи представленій, ею подбираемыхъ, мы можемъ сохранять неопредѣленно долго и это составляетъ рѣзкое отличіе между духовнымъ существованіемъ идеи и психо-физическимъ существованіемъ представленія, невозможнымъ безъ участія нервовъ. — Неопредѣленное употребленіе слова идея ведетъ ко многимъ ошибкамъ. Локкъ, кажется, первый смѣшалъ идею съ представленіемъ. (См. Locke's Philosophical Works. V. I. Of human understanding Ch. II). Въ своемъ мѣстѣ мы постараемся провести между ними рѣзкую черту.

[2]) Menschen- und Thierseele. Wundt.

как бы перестают уставать, продолжают работать съ необыкновенною энергіею и часто мучатъ насъ своею непрошенною работою [1]).

5. Мы уже указали на важность физіологическаго объясненія нервной усталости и отдыха; но теперь рождается другой вопросъ: откуда нервы, истощенные дѣятельностію и впавшіе въ раздраженіе, берутъ силы для этой сверхштатной работы? Мы уже видѣли, что силы, дѣйствующія въ организмѣ, вырабатываются вообще въ питательномъ процессѣ; но силы, вырабатываемыя организмомъ въ питательномъ процессѣ или, лучше сказать, усвоиваемыя организмомъ изъ пищи, изъ неистощимаго запаса силъ матеріальной природы, идутъ не на одну нервную дѣятельность въ процессѣ ощущеній и движеній, а также на множество другихъ жизненныхъ процессовъ, безпрестанно совершающихся въ нашемъ организмѣ. Изъ этого возникаетъ вѣроятіе, что чрезъ мѣру раздраженная нервная система, вся или какая нибудь ея часть, можетъ, не смотря на свое истощеніе, продолжать дѣятельность, поглощая силы, назначенныя для другихъ органическихъ процессовъ. Заключеніе это дѣлается еще болѣе вѣроятнымъ, когда мы припомнимъ положеніе новой науки, которая принимаетъ такую солидарность между всѣми физическими силами, что одна изъ нихъ можетъ переходить въ другую: движеніе—въ тепло, тепло—въ движеніе, та и другая—въ электричество, электричество—въ магнетизмъ и т. д. Тогда становится понятнымъ, что раздраженные нервы начинаютъ превращать, положимъ, въ необходимое для нихъ электричество другія силы, какъ напримѣръ—силу тепла, которая, удаляясь такимъ образомъ отъ другихъ жизненныхъ процессовъ и въ ущербъ имъ, даетъ возможность истощеннымъ нервамъ продолжать работу; тогда становится также понятнымъ, почему раздраженная нервная дѣятельность наноситъ всегда ущербъ общему здоровью организма.

6. Что такая ненормальная дѣятельность раздраженныхъ нервовъ, повторяясь часто и продолжаясь долго, истощаетъ силы тѣла,—это общеизвѣстный фактъ. Иногда она сама бываетъ признакомъ физическихъ страданій, въ особенности при женскихъ болѣзняхъ. Но утомляетъ ли нервы также дѣятельность вполнѣ сознательная и произвольная? Утомляетъ и несравненно болѣе, какъ замѣтилъ еще Миллеръ: полчаса упрямаго произвольнаго мышленія утомляетъ болѣе, чѣмъ нѣсколько часовъ мечты, несущей насъ куда попало, на крыльяхъ своихъ безчисленныхъ рефлексовъ, такъ-что невольная мечта, сравнительно съ произвольнымъ мышленіемъ, кажется намъ даже отдыхомъ. Если принять полушарія большаго мозга за органъ сознательной и произвольной дѣятельности души, то понятно, что чрезмѣрное и частое утомленіе этого центральнаго органа нервной системы, непрерываемое достаточными отдыхами,

---

[1]) Множество наблюденій въ этомъ родѣ собрано у Фехнера (Psycho-Physik. Т. II. 498—515).

можетъ дѣйствовать всего гибельнѣе на общее здоровье организма, и подтверждаетъ медицина фактами.

7. Нетрудно замѣтить, что нервная система чрезвычайно различна различныхъ людей. У однихъ нервы впадаютъ въ раздраженное состояние отъ всякой бездѣлицы; у другихъ, не смотря на сильнѣйшее впечатлѣніе, не выходятъ изъ нормальнаго своего состоянія, такъ-что послѣ усталости наступаетъ немедленно отдыхъ, послѣ отдыха — бодрость; иныхъ нервы дѣйствуютъ вообще вяло: какъ-то тупо принимаютъ впечатлѣнія и медленно отвѣчаютъ на нихъ рефлексами; у другихъ воспринимаютъ впечатлѣнія чрезвычайно живо, но удерживаютъ ихъ то слабо, непродолжительно; у третьихъ усвоиваютъ медленно, но удерживаютъ прочно и т. д. Отчего зависятъ всѣ эти различныя состоянія нервовъ у разныхъ людей — физіологія не знаетъ. Однако, не трудно замѣтить, что эти различія въ свойствахъ нервной системы играютъ большую роль въ различіи людскихъ характеровъ, и что эти свойства часто передаются наслѣдственно отъ родителей дѣтямъ: можетъ быть, такъ называемая наслѣдственность характеровъ и есть не что иное, какъ наслѣдственность особенностей нервной системы.

8. Общее состояніе здоровья имѣетъ сильное вліяніе на состояніе нервной системы; но, кромѣ того, есть еще болѣзненныя разстройства самыхъ нервовъ, составляющія самый темный отдѣлъ въ медицинѣ. Мы думаемъ, что нерѣдко эти болѣзненныя состоянія нервовъ есть только дурныя нервныя привычки. Нервы, часто раздражаемые, раздражаются всѣ съ большею и большею легкостію, и наконецъ пріобрѣтаютъ привычку раздражаться, т. е. впадать въ ненормальное состояніе дѣятельности. Извѣстная тайная болѣзнь дѣтей производитъ часто нервное раздраженіе и, въ свою очередь, сама производится и поддерживается нервнымъ же раздраженіемъ. Замѣчательно, что часто, при началѣ этой болѣзни, дѣти высказываютъ необыкновенно быстрое развитіе способностей; но это только призрачное развитіе рефлективныхъ способностей нервной системы, за которымъ слѣдуетъ отупѣніе. По прекрасному выраженію Гуфеланда — это роза, насильственно развернутая, которая блеснувъ на мгновеніе всею яркостію своихъ красокъ, начинаетъ быстро вянуть. Въ сомнамбулизмѣ и лунатизмѣ болѣзненное дѣйствіе нервной системы, вполнѣ выбившейся изъ подъ контроля воли, также поражаетъ насъ своими эффектами: въ лунатическомъ снѣ, человѣкъ, напримѣръ, ходитъ ловко и быстро по крышамъ и карнизамъ, по которымъ, конечно, не сдѣлаетъ и шагу въ бодрственномъ состояніи. Но это — не способности человѣка, а способности нервной системы, которою человѣкъ не владѣетъ. Возрастъ человѣка также имѣетъ большое вліяніе на состояніе нервовъ. Въ дѣтствѣ нервы необыкновенно впечатлительны и легко впадаютъ въ раздраженное состояніе; въ старости тупо воспринимаютъ новыя впечатлѣнія и мало дѣятельны.

9. То, что мы высказали уже выше о дѣйствіи правильныхъ, раздражающихъ упражненій на мускулъ, относится вполнѣ и къ нервамъ

систем. «Постоянная смѣна покоя и дѣятельности, говоритъ Миллеръ,—вотъ что укрѣпляетъ наши органы и дѣлаетъ ихъ болѣе способными къ отправленію ихъ дѣятельности; тогда какъ мускулы и нервы, участвующіе рѣдко въ напряженіи нервнаго принципа, какъ, напримѣръ, мускулы ушные, теряютъ часть своей способности къ движеніямъ. Изъ этого слѣдуетъ вывести, что проводимость нервныхъ волоконъ развивается по мѣрѣ учащенія возбужденія, сообщаемаго этимъ волокнамъ.» [1])

10. Не трудно видѣть уже, что процессъ уставанія и отдохновенія нервовъ, а равно ихъ нормальная или раздраженная дѣятельность, должны имѣть большое вліяніе на яркость, отчетливость и ходъ нашихъ представленій, а слѣдовательно — на акты вниманія, воспоминанія, воображенія и даже мышленія, на сколько мышленіе связано съ представленіями.

ГЛАВА XII.

Отражательныя или рефлективныя движенія.

1. Прежде всего замѣтимъ, что о существованіи сознанія и произвола мы можемъ знать только *субъективно*, т. е. ощущая ихъ въ самихъ себѣ; а слѣдовательно, только въ самомъ себѣ человѣкъ могъ отличить движенія, сопровождаемыя произволомъ и сознаніемъ, отъ движеній безсознательныхъ и непроизвольныхъ. Если же мы говоримъ о сознаніи у животныхъ, то говоримъ только по аналогіи съ человѣкомъ, заключая уже по характеру ихъ дѣйствій, сходныхъ съ нашими, что эти дѣйствія *должны быть* произведены произвольно и сознательно, такъ какъ въ насъ самихъ подобныя дѣйствія сопровождаются желаніемъ и сознаніемъ [2]). Отсюда логически вытекаетъ, что, говоря о рефлексахъ, физіологія заимствуетъ это понятіе изъ *психологіи*, изъ *самонаблюденія*, тогда какъ собственно физіологическій методъ есть *наблюденіе*. Но, къ сожалѣнію, многіе физіологи забываютъ это психологическое происхожденіе понятія рефлексовъ и, смѣшивая психологическій методъ съ физіологическимъ, впадаютъ въ важную ошибку, которая имѣетъ и важныя послѣдствія [3]). Сущность этой странной ошибки состоитъ въ томъ,

---

[1]) Man. de Phys. T. II, p. 91.

[2]) Вотъ почему Декартъ, слѣдуя скептическому методу, имѣлъ полное логическое право признать животныхъ движущимися автоматами, такъ какъ въ существованіи сознанія у животныхъ онъ не могъ ни чѣмъ убѣдиться. Современная наука, узнавъ сложную природу рефлекса, сдѣлала это мнѣніе Декарта еще возможнѣе. (Oeuvres de Descartes, 1865, Discours de la méthode, p. 37 et Réponses aux sixièmes objections, p. 401).

[3]) Страннѣе всего то, что въ эту ошибку впадаетъ Льюисъ, который самъ же въ своей физіологіи весьма справедливо замѣчаетъ, что одна наука

что, придя къ понятію рефлекса, *по самонаблюденію*, какъ [не?] не сопровождаемому ни сознаніемъ, ни произволомъ, прилагаютъ [по]нятіе къ *наблюденію* надъ животными и, наблюдая рефлексы [опе]рируемыхъ животныхъ, предполагаютъ, что всякій рефлексъ сопровож]дается сознаніемъ. Чтобы разоблачить вполнѣ эту важную и [съ] послѣдствіями ошибку, разсмотримъ нѣсколько подробнѣе различныхъ рефлексовъ.

2. Наблюдая надъ движеніями, совершающимися въ нашемъ [соб]ственномъ тѣлѣ, мы замѣчаемъ, что одни изъ нихъ совершаются сознательно и по волѣ, а другія, напротивъ, совершаются безъ всякаго участія сознанія и воли, такъ-что мы наблюдаемъ ихъ въ себѣ, какъ въ чужомъ тѣлѣ или машинѣ. Мы *хотимъ* поднять руку и сознаемъ какъ ее поднимаемъ; но если бы наука не сказала намъ, что при [дѣйствіи] яркаго свѣта на нашъ глазъ раекъ расширяется, а въ темнотѣ, на[обо]ротъ, сжимается, то мы ничего и не знали бы объ этихъ движеніяхъ, хотя они, при одныхъ и тѣхъ же условіяхъ, всегда и постоянно въ насъ совершаются. Точно также мы чувствуемъ, какъ проглатываемъ [пищу], но когда пища перейдетъ за глотку, то мы уже вовсе не сознаемъ тѣхъ рефлективныхъ движеній, которыя она вызываетъ въ нашемъ же]лудкѣ и о которыхъ увѣдомляетъ насъ опять же только наука.

Такія, не только *непроизвольныя*, но и *неощущаемыя* движенія въ нашемъ тѣлѣ мы назовемъ *рефлексами полными*. Подобные рефлексы, слѣдовательно, совершаются не только внѣ нашей воли, но и [внѣ] нашего сознанія, и вызываются въ нашемъ тѣлѣ вліяніями, которыхъ мы тоже не ощущаемъ.

3. Кромѣ полныхъ рефлексовъ, мы замѣчаемъ въ себѣ еще и *рефлективныя* движенія, которыя иногда ощущаются въ нашемъ сознаніи, а иногда не ощущаются, и на которыя воля наша можетъ имѣть нѣкоторое вліяніе, но которыя однако совершаются и помимо нашей воли. Таковы дыханіе, кашель, чиханіе, отдѣленіе слезъ, смѣхъ [и пр.] и т. под.

Обративъ вниманіе на процессъ дыханія, мы ясно замѣчаемъ [со]вершеніе и можемъ отчасти ускорить, замедлить и даже пріостановить его на нѣсколько мгновеній. Точно также мы можемъ въ нѣкоторой сте]пени задержать кашель или чиханіе, удержать слезы, которыя уже *были навернуться* на глазахъ и т. п. Но тутъ же мы замѣчаемъ, что дыханіе, кашель, чиханіе и навертываніе слезъ и т. п. движенія совершаются и безъ нашего произвола; а если вниманіе наше не обращено на эти движенія, то они совершаются и безъ нашего сознанія.

можетъ повѣряться результатами другой, но подъ условіемъ не за[бывать] различія своихъ методъ и не смѣшивать ихъ, отъ чего происходятъ [важ]ныя ошибки. Кромѣ Льюиса и мн. др. въ эту же ошибку впадаютъ [Бэнъ] и Сѣченовъ, и дѣлаютъ изъ положеній, основанныхъ на этой ложной ошибкѣ, множество важныхъ уже психологическихъ выводовъ.

мы не ощущаемъ ихъ, хотя и ощущаемъ ясно то, что, вызвало *невольную* улыбку на нашихъ устахъ, или *небольшія слезы на нашихъ глазахъ*. Мы дышемъ и даже кашляемъ въ глубокомъ снѣ точно такъ же, какъ и на яву, часто совершенно этого не ощущая.

4. Изъ этого *логически слѣдуетъ, что ощущеніе и рефлективное движеніе — два явленія совершенно различныя, которыя могутъ сопровождать другъ друга, но могутъ совершаться отдѣльно.* А потому было бы логическою ошибкою предполагать непремѣнно ощущеніе вездѣ, гдѣ мы замѣчаемъ рефлективныя движенія, какъ дѣлаютъ это Льюисъ, Вундтъ и другіе писатели того же направленія. Человѣкъ составилъ понятіе о рефлективномъ движеніи именно потому, что не ощущалъ его; а потомъ эти писатели предполагаютъ ощущеніе тамъ, гдѣ замѣчаютъ рефлективное движеніе, т. е. забываютъ ту точку, отъ которой отправились, и въ концѣ своихъ выводовъ противорѣчатъ тѣмъ положеніямъ, изъ которыхъ сами же вышли.

Самое простое наблюденіе и сужденіе заставляетъ насъ признать, что ощущенія и рефлективныя движенія суть два явленія совершенно различныя, которыя въ однихъ случаяхъ никогда не сопровождаются одно другимъ, какъ напримѣръ въ полныхъ рефлексахъ, а въ другихъ могутъ сопровождать одно другое и могутъ не сопровождать, какъ во всѣхъ *полурефлексахъ*.

5. Здѣсь рождается вопросъ: всегда-ли можемъ мы имѣть произвольное вліяніе на наши полурефлексы? Другими словами: существуютъ ли такіе рефлексы, которые, при обращеніи на нихъ вниманія, могутъ быть сознаваемы нами, но на которые, въ тоже самое время, мы не можемъ имѣть никакого произвольнаго вліянія? Этотъ вопросъ мы не беремся рѣшить, но, во всякомъ случаѣ, думаемъ, что вліяніе нашего произвола на рефлексы идетъ гораздо далѣе, чѣмъ обыкновенно предполагаютъ, и что упражненіе можетъ далеко расширить область этого вліянія; такъ, говорятъ, что индѣйскіе фокусники могутъ оказывать произвольное вліяніе даже на движенія желудка и сердца [1]). Однакожъ вліяніе наше на полурефлексы всегда болѣе или менѣе ограничено: мы можемъ долго удерживать дыханіе; но, наконецъ, это дѣлается невозможнымъ, и человѣкъ можетъ еще уморить себя голодомъ, но никакъ не задержаніемъ дыханія; тоже относится къ кашлю, судорогамъ и т. п. Вообще, мы можемъ предполагать, что, гдѣ возможно сознаніе, тамъ возможно и вліяніе произвола, хотя бы въ самой слабой степени, иначе соединеніе сознанія съ рефлексомъ было бы ошибкою природы. Гдѣ рефлексъ нисколько отъ насъ не зависитъ, тамъ и сознаніе будетъ ненужною, пустою роскошью, а природа не любитъ такой роскоши.

6. Какъ полные рефлексы, такъ и полурефлексы установлены въ насъ самимъ устройствомъ нашего организма, такъ сказать, механизмомъ его:

---

[1]) Psychologische Antropol. v. Fries. Erst B. S. 48.

возможность дыханія, кашля, смѣха, плача, сжиманія зрачка, [...] желудка, т. е. возможность всѣхъ *полныхъ* рефлексовъ и многихъ [...] *рефлексовъ*, дана намъ самымъ устройствомъ нашего тѣла. Въ пр[...] ложность этимъ *природнымъ* рефлексамъ, мы замѣчаемъ еще [...] существованіе такихъ, въ установленіи которыхъ принималъ [...] участіе самъ человѣкъ: таковы, напримѣръ, многія мимическія [...] нія, многіе рефлексы голосоваго органа, рефлексы пальцевъ [...] на фортепіано, при скорописи и т. п. Мы, напр., сначала [...] но пріучили себя къ какой нибудь гримасѣ, а потомъ она поя[...] на нашемъ лицѣ не только безъ участія нашей воли, но даже [...] великой нашей досадѣ, и появляется прежде, чѣмъ мы замѣт[...] она появилась, — слѣдовательно, появляется безъ участія нашего [...] нія. Одинъ профессоръ, о которомъ говоритъ Вундтъ, изуч[...] мимику, такъ пріучилъ свои личные нервы къ гримасамъ, что [...] гримасы эти появлялись у него совершенно непроизвольно и [...] сознательно, въ родѣ судорогъ. Точно также мы сознательно [...] произносить какое нибудь докучное присловіе; не потомъ оно [...] изъ нашего голосоваго органа противъ нашей воли и безъ учас[...] шего сознанія. Въ скорописи мы такъ пріучаемся къ опредѣ[...] движеніямъ руки, что потомъ, при всемъ усиліи нашей воли, [...] жемъ писать такъ, чтобы письмо наше не имѣло ничего сходн[...] нашимъ обыкновеннымъ почеркомъ, на чемъ и основаны судебны[...] говоры по сходству или различію почерковъ. И наоборотъ: упраж[...] мы можемъ разстроивать нѣкоторые врожденные рефлексы, та[...] врожденное стремленіе къ симметрическимъ движеніямъ рукъ ил[...] леніе къ соотвѣтствующимъ движеніямъ въ пальцахъ, съ которы[...] рятся обыкновенно учителя музыки.

Такимъ образомъ мы видимъ, что нѣкоторыя рефлективныя дви[...] въ нашемъ нервномъ организмѣ устанавливаются уже не природ[...] нами самими, и что движенія, вначалѣ сознаваемыя и произволь[...] дѣлаются отъ частаго повторенія несознаваемыми и непроизволь[...] наравнѣ съ рефлексами, установленными самою природою въ орга[...] нашего тѣла.

7. Какъ и какими средствами произвольныя движенія превра[...] въ рефлективныя, т. е. какими физіологическими процессами и [...] ческими измѣненіями въ нашемъ тѣлѣ устанавливается у насъ арав[...] это осталось совершенно неизвѣстнымъ, не смотря на объясненія, [...] лагаемыя нѣкоторыми физіологами и психологами.

Насколько не уяснимъ мы себѣ этого вопроса, если скажемъ [...] съ Льюисомъ, что частое повтореніе однихъ и тѣхъ же дѣйствій [...] при игрѣ на фортепіано) *прокладываетъ дорогу, удаляетъ затр*[...] *ненія*, такъ что дѣйствія, прежде насъ затруднявшія, становятся [...] кой степени машинальными, что можно ихъ совершать и въ то вр[...]

когда голова будетъ занята совсѣмъ другимъ, и можетъ случиться, что, разъ начатыя, они будутъ продолжаться сами собою¹)».

Что, чему и гдѣ прокладываетъ дорогу? Какія затрудненія исчезаютъ?—Все это вопросы, на которые физіологія не отвѣчаетъ.

«Въ природѣ (органической?) говоритъ Вундтъ, очень обыкновенно явленіе, что движеніе, принимающее при повтореніи все одно и тоже направленіе, мало по малу, все легче и легче принимаетъ то, а не какое-нибудь другое направленіе. Каждое движеніе преодолѣваетъ какія-нибудь затрудненія; одни изъ этихъ затрудненій остаются постоянно неизмѣнными, но другія уменьшаются и тѣмъ облегчаютъ движенія. Все, что называется навыкомъ, основывается на этомъ явленіи. Выполненіе привычныхъ движеній облегчается потому, что электрическій процессъ въ нервахъ и мускулахъ, при частомъ повтореніи, проводится легче, при чемъ онъ находитъ источникъ (силы?) въ большой прибавкѣ существенныхъ составныхъ частей этой ткани. Вотъ почему въ часто упражняемомъ мускулѣ замѣчается значительное прибавленіе сокращающейся субстанціи²)». «Кромѣ того, замѣчаетъ Вундтъ далѣе, нервный процессъ, проходя по извѣстнымъ нервнымъ нитямъ, все болѣе и болѣе сосредоточивается въ нихъ и менѣе задѣваетъ сосѣдніе нервы, которые вначалѣ также раздражались. Такимъ образомъ, упражненіе дѣлаетъ возможнымъ такое изолированное дѣйствіе мускула, которое вначалѣ никакъ не удавалось; такъ, при игрѣ на скрипкѣ или на фортепьяно, мы привыкаемъ къ изолированному движенію пальцевъ, которые въ началѣ непремѣнно двигались вмѣстѣ; такъ, можно привыкнуть давать изолированное движеніе самымъ мелкимъ личнымъ мускуламъ³)».

Также мало объясняетъ намъ это явленіе англійскій психологъ Бэнъ своими «нервными токами» ⁴). Пріобрѣтеніе какихъ-нибудь привычекъ нервными токами также же непонятно, какъ и пріобрѣтеніе ихъ нервными волокнами.

Итакъ, намъ остается только признать существованіе факта и отказаться покуда отъ всякихъ его объясненій. Такое превращеніе сознательныхъ и произвольныхъ движеній въ полусознательныя и даже въ непроизвольные и безсознательные рефлексы, безъ сомнѣнія, предполагаетъ какія-нибудь матеріальныя измѣненія въ нервной системѣ; но что это за измѣненія—физіологія не знаетъ. Безчисленность нервныхъ нитей и клѣточекъ, неопредѣленность ихъ соединеній и развѣтвленій, особен-

---

¹) Физіологія обыденной жизни, стр. 401.

²) Vorlesungen über die Menschen und Thierseele. Т. I. S. 229 и 230. Это—вѣрное описаніе явленія; но объясненія здѣсь нѣтъ никакого. Кромѣ того, привычку, какъ кажется, пріобрѣтаютъ не мускулы, а нервы: мускулы же, увеличиваясь въ объемѣ, даютъ только возможность сильнѣйшихъ и продолжительнѣйшихъ движеній.

³) Тамъ же, стр. 231.

⁴) The Senses and the Intellect. p. 388.

— 94 —

ная мягкость мозговой массы, свойство перерѣзанныхъ нервовъ [...] между собою сростаться, если одинъ изъ отрывковъ не отдѣленъ [отъ] нервнаго центра, — все это указываетъ намъ только на возможность безчисленныхъ и разнообразныхъ матерьяльныхъ измѣненій въ [нервной] системѣ подъ вліяніемъ произвольныхъ или случайныхъ жизненныхъ дѣйствій.

8. Слѣдовательно, въ конечномъ выводѣ, подъ именемъ рефлекса, основываясь на однихъ фактахъ науки и не допуская произвольныхъ мечтаній, слѣдуетъ разумѣть чисто механическое движеніе въ нервахъ движенія, вызываемое въ нихъ такимъ же совершенно механическимъ безсознательнымъ движеніемъ въ нервахъ чувства, которыя вызываютъ дѣятельности какимъ-нибудь внѣшнимъ прикосновеніемъ, но могутъ не сопровождаться чувствомъ. Посредникомъ между нервами чувства (въ анатомическомъ смыслѣ слова) и нервами движенія является нервная клѣточка, изъ которой они оба выходятъ (точнѣе — одинъ выходитъ, другой выходитъ), или съ которою они оба соприкасаются, если [эта] точка эта принадлежитъ къ числу лежащихъ отдѣльно между нервными нитями. Говорить о какомъ-нибудь сознаніи или ощущеніи въ [этихъ] нервахъ или соединяющихъ ихъ клѣточкахъ при этой чисто механической передачѣ движеній также раціонально, какъ говорить о сознаніи въ [про]волокѣ электрическаго телеграфа.

9. Въ отношеніи физической возможности *полурефлексовъ* психологія, какъ намъ кажется, можетъ уже воспользоваться открытіемъ физіологіи, указывающей на существованіе особенныхъ, *задерживающихъ рефлексы нервовъ*.

Мы уже видѣли выше [1]), что *нѣкоторыя* нервныя волокна изъ тѣхъ, которыя составляютъ нервы, распространяющіеся въ туловищѣ, входя въ спинной мозгъ, прерываются въ немъ, не подымаясь выше и не вступая въ черепную полость. Если нѣкоторые нервы, принимая впечатлѣнія, чрезъ посредство нервныхъ клѣточекъ сѣраго вещества спиннаго мозга находятся въ связи съ соотвѣтствующими имъ нервами движенія, выходящими изъ той же клѣточки и направляющимися изъ спиннаго мозга къ мускуламъ, то становится понятнымъ, что при механическомъ раздраженіи такого входящаго нерва (каплею ѣдкой кислоты, уколомъ и т. п.), движеніе, возбужденное въ этомъ нервѣ, сообщится клѣточкѣ, въ которую этотъ нервъ входитъ, а черезъ клѣточку сообщится выходящему изъ нея двигательному нерву и выразится окончательно сокращеніемъ мускула, при чемъ произойдетъ, совершенно механически, *полное* рефлективное движеніе, котораго мы не ощущаемъ и ощутить не можемъ по совершенному разобщенію его съ полушаріями большаго мозга. Такія движенія легко производятся даже и въ отдѣльной лапкѣ лягушки.

Теперь предположимъ себѣ, что отъ этой центральной нервной [клѣточки]

---

[1]) Гл. X.

точки спиннаго мозга, связывающей *входящую* нервную нить съ *выходящею*, идетъ еще *третье* нервное волокно, которое, подымаясь вверхъ по позвоночному столбу и потомъ по различнымъ центрамъ головнаго мозга, доходитъ до большихъ полушарій, которыя мы выше признали за органъ сознанія. Тогда могутъ произойти два различныхъ явленія:

а) Движеніе, возбужденное входящимъ (чувствительнымъ) нервомъ, передается прямо нерву выходящему или двигательному черезъ соединяющую ихъ нервную клѣточку, не возбудивъ соотвѣтствующаго движенія въ той нервной нити, которая идетъ изъ той же клѣточки къ полушаріямъ большаго мозга, и такимъ образомъ произойдетъ мускульное движеніе, *несопровождаемое сознательнымъ ощущеніемъ*.

б) Или, при переходѣ движенія чрезъ данную клѣточку, оно распространится не только по нерву, идущему къ мускулу, но и по нерву, идущему отъ той же клѣточки къ полушаріямъ большаго мозга. Такимъ образомъ произойдетъ рефлективное же движеніе, но такое, которое мы ощущаемъ.

10. Такое различіе въ этихъ сходныхъ явленіяхъ можетъ произойти, какъ намъ кажется, отъ двухъ различныхъ причинъ:

а) Какъ бы мы ни объясняли себѣ дѣятельности нервовъ, но, во всякомъ случаѣ, это не болѣе, какъ движеніе частицъ. Если движеніе, сообщенное впечатлительному нерву, слабо, то, достигнувъ клѣточки, оно передается или нерву движенія или нерву чувства, но его не станетъ на то, чтобы оно могло раздвоиться и разомъ произвести рефлективное движеніе и принести впечатлѣніе къ мозговымъ полушаріямъ. Когда же впечатлѣніе будетъ достаточно сильно, то оно разомъ и сообщитъ движеніе мускулу, и отразится на полушаріяхъ большаго мозга, т. е. дастъ ощущеніе душѣ. Если предположить, что впечатлѣніе еще усилилось, то движеніе, возбужденное имъ въ нервѣ, и чрезъ него и въ клѣточкѣ, можетъ сообщаться разомъ и двигательному нерву, и нерву, соединяющему эту клѣточку съ полушаріями, да кромѣ того можетъ перейти на сосѣднія клѣточки и нервы, возбудивъ такимъ образомъ не одно, а нѣсколько движеній. Это и бываетъ при сильномъ раздраженіи впечатлительныхъ нервовъ, а также и при отдѣленіи головнаго мозга, когда сила движенія, не теряясь въ мозговыхъ центрахъ черепной полости, распространяется за то гораздо энергичнѣе, можетъ быть, по всему спинному мозгу и производитъ тѣ общія и продолжительныя конвульсіи, которыя замѣчаются при опытахъ надъ животными, отравленными стрихниномъ или обезглавленными.

б) Есть поводъ думать, что нервы наши для того, чтобы принять и выразить въ своихъ частичныхъ движеніяхъ энергично и отчетливо сильнѣйшее впечатлѣніе, должны быть въ напряженномъ состояніи, а это напряженіе дается нервамъ изъ мозговыхъ центровъ и въ данномъ случаѣ изъ полушарій большаго мозга [1]). Чѣмъ слабѣе это напряженіе, тѣмъ

---

[1]) Bain. The Senses and the Intellect, p. 55, 96.

труднѣе впечатлѣнію возбудить нервъ къ отчетливой дѣятельности; если сознаніе наше направило энергію мозговыхъ полушарій на дѣятельность какихъ-нибудь однихъ нервовъ, то тѣмъ труднѣе впечатлѣнію возбудить движеніе въ другихъ нервахъ, т. е. при отсутствіи вниманія, средоточеннаго въ одной области нервовъ, другіе нервы возбуждаются труднѣе и въ нихъ можетъ произойти рефлексъ, котораго мы не ощутимъ.

Если теперь предположить, что къ той же самой нервной клѣткѣ идетъ отъ мозговыхъ полушарій еще *четвертая* нервная нить, надлежащая къ разряду выходящихъ или нервовъ движенія, то окажется, что рефлективное движеніе не только можетъ сопровождаться сознаніемъ, но что на это движеніе душа наша можетъ имѣть произвольное вліяніе, можетъ приготовиться къ движенію, умѣрить его, измѣнить или его совсѣмъ *задержать*.

11. На сколько анатомія и физіологія доказали убѣдительно существованіе такихъ *нервовъ, задерживающихъ рефлексы*, мы разбирать будемъ. Но такое устройство нервной системы, если бы оно было намъ доказано, превосходно объяснило бы намъ явленіе, психологически совершенно достовѣрное, а именно, что одно и тоже мускульное движеніе можетъ быть: 1) совершенно неощущаемымъ и непроизвольнымъ—совершенно механическимъ, 2) непроизвольнымъ, но ощущаемымъ, 3) ощущаемымъ и болѣе или менѣе произвольнымъ, по крайней мѣрѣ на столько, что мы можемъ задержать его на нѣкоторое время, или уменьшить, или оставить ему проявиться въ полной его механической силѣ. Такихъ движеній у насъ множество: мы можемъ кашлянуть совершенно безсознательно, можемъ кашлять, сознавая, что кашляемъ, но не удерживая кашля; мы можемъ задержать кашель на время и, наконецъ, мы можемъ кашлянуть нарочно, когда намъ нехочется кашлять. Тоже самое бываетъ мы при миганіи вѣками, при невольныхъ движеніяхъ, выражающихъ испугъ и т. п., словомъ (за исключеніемъ полныхъ рефлексовъ) при всѣхъ природныхъ или усвоенныхъ привычкою, полурефлективныхъ нашихъ движеніяхъ.

12. Такимъ устройствомъ нервной системы, такимъ разнообразіемъ ея нитей и существованіемъ такихъ задерживающихъ рефлексы нервныхъ волоконъ, мы легко себѣ объяснимъ и другія явленія, замѣченныя физіологами, какъ напр. то, что число рефлексовъ увеличивается и самые рефлексы выполняются энергичнѣе, разнообразнѣе, сложнѣе при отравленіи животнаго стрихниномъ и другими ядами, дѣйствующими подобно на головной мозгъ [1], а равно при вынутіи большаго мозга или при совершенномъ обезглавленіи животныхъ. Тогда было бы совершенно понятно, почему при перерѣзѣ всѣхъ задерживающихъ рефлексы нервовъ (то есть идущихъ къ полушаріямъ большаго мозга) число рефлексовъ и ихъ энергія возрастаютъ.

13. Но изъ этого вытекаетъ для насъ уясненіе еще гораздо болѣе

---

[1] Wundt. Vorlesungen über die Menschen- und Thierseele. 1 T. S. 205 и др.

важныхъ явленій, замѣчаемыхъ въ человѣкѣ и имѣющихъ значеніе для воспитанія. Взгляните на ребенка, который пересидѣлъ то время, когда онъ обыкновенно ложится спать, и — вы замѣтите въ его движеніяхъ, голосѣ, минахъ что то *нервное*, какъ говорятъ обыкновенно, т. е. что-то судорожное, непроизвольное, или, точнѣе, *рефлективное*: ребенокъ рвется и не можетъ перестать, расплачется и не можетъ остановиться, капризамъ его нѣтъ конца. Такое явленіе, знакомое каждому, легко объясняется усталостью главнаго центра нервной дѣятельности и именно полушарій большаго мозга, которыя, какъ мы уже замѣтили выше, играютъ такую важную роль въ наступленіи сна. Число рефлексовъ, сложность ихъ и энергія въ дѣйствіяхъ ребенка увеличиваются именно потому, что мозговыя полушарія, требующія сна, дѣйствуютъ слабо въ задерживаніи рефлексовъ. Но вмѣстѣ съ тѣмъ увеличивается и сложность рефлексовъ, о которой мы должны сказать нѣсколько словъ.

14. Выше мы описали самый простой рефлексъ, такъ сказать *схему рефлекса*. Въ такомъ простомъ видѣ мы даже и не можемъ наблюдать рефлекса, потому что не можемъ наблюдать надъ связью всего двухъ, необыкновенно тонкихъ нервныхъ нитей. Обыкновенно же дѣйствіе на входящій или принимающій впечатлѣніе нервъ отражается (рефлектируется) не на одномъ нервѣ движенія, но на нѣсколькихъ сосѣднихъ, какъ выходящихъ, такъ и входящихъ нервахъ, и производитъ часто весьма сложныя и разнообразныя движенія мускуловъ. Анатомически это объясняется близкимъ сосѣдствомъ нервныхъ нитей не только въ одномъ нервѣ, но даже въ одномъ нервномъ пучкѣ проходятъ многія тысячи разнообразныхъ нервныхъ нитей, и двигательныхъ и получающихъ впечатлѣнія, такъ что раздраженіе съ одного нерва, если оно слишкомъ сильно, можетъ легко передаться и на другіе. Кромѣ того, какъ мы уже видѣли, не всѣ нервныя клѣточки служатъ началомъ или окончаніемъ нервныхъ нитей; но нѣкоторыя изъ нихъ лежатъ отдѣльно между нервными нитями, не принимая и не выпуская изъ себя нервныхъ волоконъ, но соприкасаясь со множествомъ ихъ. Вѣроятно, эти отдѣльно лежащія клѣточки имѣютъ своимъ назначеніемъ усложненіе рефлексовъ, такъ сказать, переходъ нервнаго раздраженія съ одной нервной нити на другую, не находящуюся съ нею въ непосредственной связи. Вообще, здѣсь есть только мѣсто догадки; не быть тотъ, что нервное раздраженіе не проходитъ уединенно по одному нерву или по одной соединенной системѣ нервовъ, но распространяется болѣе или менѣе обширно по сосѣднимъ нервамъ. Область этого распространенія зависитъ отчасти также отъ большаго или меньшаго дѣйствія сознанія и задерживающихъ нервовъ, черезъ которые оно дѣйствуетъ на рефлексы. При отравленіи животныхъ стрихниномъ, при обезглавленіи ихъ, равно какъ и при нѣкоторыхъ болѣзняхъ спиннаго мозга рефлексы не только умножаются и становятся энергичнѣе, но и усложняются. Легкій уколъ въ одну точку тѣла животнаго, которое отравлено стрихниномъ, производитъ чрезвычайно обширныя движенія, а повтореніе укола

может все тѣло привести въ разнообразнѣйшія и продолжительныя дороги. Кромѣ того, замѣчается, что обширность распространенія рефлексовъ съ однихъ нервовъ на другіе зависитъ также отъ силы раздраженія; чѣмъ сильнѣе раздраженіе, тѣмъ и рефлексъ можетъ быть сложнѣе, область затронутыхъ нервовъ обширнѣе.

15. Въ устройствѣ нервнаго организма, данномъ ему отъ природы, должно уже признать существованіе цѣлыхъ сложныхъ системъ рефлексовъ. Въ актѣ сосанія груди младенцемъ мы видимъ уже такую систему рефлексовъ, начало которой, безъ сомнѣнія, положено въ самой организаціи младенца [1]), точно также, какъ въ организаціи животныхъ есть уже связь рефлексовъ, выражающаяся въ очень сложныхъ инстинктивныхъ дѣйствіяхъ. Достаточно одного впечатлѣнія, чтобы привести въ дѣйствіе разомъ всю такую сложную систему. Но въ болѣзненномъ состояніи, какъ напр. у очень нервныхъ женщинъ, и, при болѣзняхъ самаго мозга мы замѣчаемъ такія связи рефлексовъ, которыхъ мы не ожидали; эти связи капризны, измѣнчивы и выражаются въ самыхъ неожиданныхъ сочувствіяхъ одного мускула къ другому. Судороги разныхъ мускуловъ, мускуловъ глазъ, рукъ и ногъ, судорожное сжатіе сердца и т. п. отвѣчаютъ самымъ неожиданнымъ образомъ на какое нибудь слабое, повидимому, потрясеніе нервовъ.

16. Связь рефлексовъ точно также, какъ и самый рефлексъ, можетъ быть *установлена* привычкою. Такъ, въ гимнастическихъ упражненіяхъ, при чтеніи и письмѣ и т. п. сложныхъ механическихъ дѣйствіяхъ, мы установляемъ такую связь рефлексовъ, какой отъ природы не было. Сначала мы выполняемъ эту связь сознательно и она стоитъ намъ иногда большаго напряженія воли; но потомъ она дѣлается чистымъ механизмомъ, совершающимся безсознательно, иногда даже противъ нашей воли. Точно также, и наоборотъ, мы можемъ разстроить прежнюю систему рефлексовъ, установленныхъ уже самою природою или прежней привычкою. Сначала это разстройство установившихся рефлексовъ стоитъ намъ большаго труда, но потомъ выполняется все легче и легче. Такъ при обученіи на фортепіано намъ стоитъ сначала большаго труда поднимать и опускать отдѣльно тѣ пальцы, которые привыкли двигаться вмѣстѣ. Точно также, напр. намъ, необыкновенно трудно вертѣть руками такъ, чтобы каждая вертѣлась въ обратную сторону, но посредствомъ привычки и этого навыка можно достигнуть. Плясуны на канатѣ и вообще гимнасты поражаютъ насъ именно этимъ разстройствомъ обыкновенныхъ системъ рефлективныхъ движеній и устройствомъ новыхъ, которыя кажутся намъ невозможными.

17. Миллеръ, признавая прожденныя ассоціаціи движеній, отвергаетъ ассоціаціи, установленныя привычкою, видя въ нихъ только комбинаціи произвольныхъ движеній. Но намъ кажется, что въ этомъ случаѣ Гартвинъ и Гиль, которыхъ Миллеръ оспариваетъ, имѣютъ истину на своей сторонѣ.

---

[1]) Man. de Phys. T. II. p. 94.

стороне ¹). Наравне съ врожденною наклонностью къ ассоціаціи тѣхъ или другихъ движеній, которую можно разстроить упражненіемъ, мы нерѣдко встрѣчаемъ и такія ассоціаціи, которыя хотя и установлены привычкою, но съ которыми воспитанію такъ же трудно бываетъ бороться, какъ и съ врожденными. Замѣчаніе Миллера, что еслибы упражненіе устаноляло невольныя ассоціаціи движеній, то «воспитаніе дѣлало бы насъ болѣе неловкими, чѣмъ мы были прежде», очень часто оправдывается на дѣлѣ, и воспитателю нерѣдко приходится бороться съ дурными привычками, пріобрѣтенными прежде. Миллеръ соглашается съ тѣмъ, что привычка облегчаетъ намъ ассоціацію движеній, отъ природы не находившихся въ ассоціаціи; но въ чемъ же состоитъ это облегченіе, какъ не въ томъ, что при частомъ повтореніи одной и той же ассоціаціи движеній каждый разъ требуется все менѣе усилій сознанія и воли? А если это такъ, то не значитъ ли, что такая ассоціація выполняется, хотя отчасти, безъ участія сознанія и воли; такъ-что, по выраженію Рида, само дѣйствіе, вызванное волею, уже само собою вызываетъ другія, съ которыми оно привыкло ассоціироваться? Миллеръ не можетъ отвергнуть такого общеизвѣстнаго явленія, но видитъ въ немъ только очень быстрое дѣйствіе воли, быстрое отъ привычки и, такимъ образомъ, не уничтожаетъ привычки, но переноситъ ее изъ нервовъ въ волю, ставя это явленіе въ разрядъ «ассоціаціи идей и движеній, а не движеній съ движеніями ¹)». Но этому прямо противорѣчитъ общеизвѣстный фактъ такихъ сложныхъ привычекъ, которыя, безъ сомнѣнія, установились у насъ дѣйствіями сознательными и произвольными; но потомъ совершаются не только *помимо нашей воли*, но даже *противъ нашей воли*. Безъ сомнѣнія, такъ называемыя *присловія* не врождены намъ; но они высказываются потомъ сами собою, даже къ великой досадѣ того, кто ихъ произноситъ, всякій разъ, какъ только сознаніе и воля говорящаго будутъ чѣмъ нибудь отвлечены; слѣдовательно, никакъ нельзя сказать, что въ такихъ дѣйствіяхъ участвуетъ воля.

15. Привычная ассоціація идей и движеній, о которой говоритъ Миллеръ, конечно, тоже существуетъ; но ею объясняется другое психофизическое явленіе; а именно: актъ невольнаго подражанія и, если можно такъ выразиться, заразительность рефлексовъ. «Связь идей и движеній, говоритъ Миллеръ, можетъ сдѣлаться такою же привычною, какъ и связь идей между собою, и если идеи и движеніе часто ассоціируются, то потомъ движеніе уже невольно сопровождаетъ идею». Такъ мы невольно и безсознательно мигаемъ, когда быстрое приближеніе постороннаго предмета угрожаетъ глазу и т. п. Но связь идей между собою можетъ происходить только *въ сознаніи*, слѣдовательно, можетъ быть только *сознательною*; а гдѣ есть сознаніе, тамъ нѣтъ уже привычки, все это два понятія, прямо исключающія другъ друга. Сознаніе можетъ соединяться съ привычкою и дѣйствительно соединяется въ безчисленномъ

---

¹) Ibid. p. 95.

множествѣ психо-физическихъ актовъ, почти во всемъ, что мы [...] говоримъ и даже думаемъ; но сознаніе здѣсь слѣдуетъ за [...] дѣйствіемъ, а не вызываетъ его: связавъ два дѣйствія или [...] по привычкѣ, мы только уже потомъ сознаемъ, что связали ихъ, [...] сами удивляемся, какъ мы это сдѣлали, и если эта привычная [...] кажется намъ ложною, то мы уже сознательно и насильно [...] ее. Здѣсь мы уже видимъ борьбу сознанія съ привычкой, что [...] невозможно, еслибы сознаніе само усвоивало эти привычки. Но, [...] тельно, идея, возбужденная въ душѣ, стремится воплотиться [...] женіи мускуловъ. Причина этого стремленія скрыта отъ насъ въ [...] ственной связи души и тѣла; но фактъ тотъ, что идеи горя, [...] гнѣва непроизвольно отражаются въ движеніяхъ личныхъ [...] въ мускулахъ голосоваго органа и т. д. Слѣдовательно, первый [...] здѣсь во всякомъ случаѣ даетъ таинственное воплощеніе [...] но потомъ идетъ уже непроизвольная, рефлективная ассоціація [...] все равно будетъ ли эта ассоціація установлена природою или [...] кою. Положимъ теперь, что человѣкъ видитъ какое-нибудь сильное [...] мическое движеніе въ лицѣ другаго человѣка; естественно, что [...] этого движенія ярко обрисовывается въ душѣ его, а вслѣдствіе [...] силы и яркости стремится воплотиться въ его собственныхъ мимич[...] движеніяхъ: онъ можетъ *задержать* этотъ рефлексъ, удержать [...] воплощенія, но можетъ и *не задержать*,—и чѣмъ чаще будетъ [...] ваться это *подражательное воплощеніе*, тѣмъ легче, независимо [...] сознанія и воли, будетъ оно совершаться. На этомъ основано [...] общеизвѣстныхъ явленій, носящихъ общій характеръ *невольнаго* [...] *жанія*. Людямъ слабонервнымъ, т. е. такимъ, которые слабо [...] ваютъ свои рефлексы и слабо управляютъ ими, опасно смотрѣть [...] выя судороги человѣка, одержимаго падучей болѣзнью. Слабонервныя [...] щины невольно принимаютъ мимику людей энергическихъ и сильно [...] щающихъ свои идеи. Почерки мужа и жены дѣлаются сходными [...] нѣсколько лѣтъ сожительства, хотя вначалѣ были совершенно разными [...] между супругами образуется даже нѣкоторое личное сходство, то [...] сходство въ мимикѣ. Въ обществѣ нянекъ дитя очень часто дѣлается [...] кой. Кликушество распространяется иногда по деревнямъ повальн[...] лѣзнью и т. п. Актъ невольнаго и безсознательнаго подражанія, [...] щій такую важную роль въ жизни и воспитаніи дѣтей, объясн[...] именно этимъ невольнымъ и иногда неудержимымъ стремленіемъ [...] представляемой идеи воплотиться въ движенія тѣла, и установ[...] ассоціаціи этихъ движеній въ привычку.

19. Соединеніе въ одномъ и томъ же психо-физическомъ актѣ дѣй[...] *сознательно-произвольныхъ* и дѣйствій *привычно-реф*[...] *безсознательныхъ* и *непроизвольныхъ*, заслуживаетъ величайшаго [...] манія со стороны психолога и педагога. «Когда мы учимся [...] воритъ Ридъ, то вслушиваемся въ каждый звукъ, а когда выуч[...]

то вниманіе только смыслу ¹)». Точно также, когда мы начинаемъ учиться говорить на иностранномъ языкѣ, то, сознательно и употребляя замѣтное усиліе воли, выговариваемъ не только каждое слово, но и каждый звукъ, а потомъ, когда выучимся, заботимся только о смыслѣ того, что говоримъ: звуки, слова и цѣлыя предложенія, съ соблюденіемъ всѣхъ грамматическихъ правилъ, идутъ сами собою, такъ что мы не даемъ себѣ никакого отчета въ соблюденіи правилъ языка, пріобрѣсть которыми намъ стоило столько сознательнаго труда. Здѣсь рефлективныя дѣйствія, установленныя привычкою, дѣйствія, безсознательныя и непроизвольныя, слѣдовательно—*нервныя*, соединяются и переплетаются съ дѣйствіями, которыми руководитъ наше сознаніе и наша воля,—съ дѣйствіями *душевными*. Но кто же возьмется провести между ними рѣзкую границу? Какъ это явленіе, такъ и многія другія, подобныя ему, побудили нѣкоторыхъ психологовъ ²) принять два теченія мыслей: «низшее», управляемое законами привычки, и «высшее», теченіе разсудочное, овладѣвающее привычкою. Но если мы не отымемъ у привычки сознанія и воли, то самое слово *привычка* не будетъ имѣть никакого смысла; а если привычное дѣйствіе есть дѣйствіе, непремѣнно исключающее сознаніе и волю, то на какомъ же основаніи мы причислимъ его къ разряду дѣйствій душевныхъ? Вотъ почему вездѣ, гдѣ мы замѣчаемъ хотя малѣйшее участіе привычки, мы прямо указываемъ на участіе тѣла, на участіе нервнаго организма съ его удивительною способностью къ разнообразнѣйшимъ рефлексамъ и къ усвоенію новыхъ и новыхъ рефлексовъ въ видѣ привычекъ. Душа наша руководитъ этой изумительною рефлектирующею машиною; но, тѣмъ не менѣе, машина эта существуетъ и дѣйствуетъ по своимъ собственнымъ механическимъ законамъ.

20. Неясное пониманіе природы привычекъ вводитъ философовъ, психологовъ и педагоговъ въ многочисленныя ошибки и противорѣчія. Кантъ, замѣчая въ привычкѣ отсутствіе сознанія, относится къ ней съ презрѣніемъ и какъ бы желаетъ вовсе исключить ее изъ человѣческихъ дѣйствій ³). Локкъ, принимая прямо, что душа можетъ усвоивать привычки, объясняетъ ими почти всѣ психическія явленія и строитъ на привычкѣ почти всю свою систему воспитанія ⁴). Оба эти мнѣнія, а равно и выводы, которые изъ нихъ дѣлаются, мы считаемъ *односторонними*. Душа, какъ существо сознающее и желающее, не можетъ имѣть привычекъ, въ которыхъ нѣтъ ни сознанія, ни желанія; но съ другой стороны, нервный организмъ, со своею необыкновенною способностью усвоивать привычки, открываетъ имъ сильнѣйшее вліяніе на дѣятельность души, которая въ своемъ стремленіи жить, т. е. дѣйствовать,

---

¹) Keno. T. I. p. 120.
²) Послѣдователь Канта—Фрисъ. См. Antropol. T. I. S. 87.
³) Antropologie. XXV.
⁴) Locke's Works. Vol. I. Cond. of the underst. p. 35, 37 etcet.

выбираетъ пути самые легкіе, а путь, проложенный привычкою въ нервномъ организмѣ, всегда легче пути, который нужно еще прокладывать въ немъ. Подробнѣе мы скажемъ объ этомъ далѣе; здѣсь же выразимъ только въ короткихъ словахъ нашъ окончательный выводъ изъ разсмотрѣнія рефлексовъ: *всякое привычное дѣйствіе есть отчасти рефлективное, какъ-разъ на столько, на сколько оно привычно; если съ какимъ-нибудь психо-физическимъ актомъ мы замѣчаемъ привычку, то значитъ, что въ этомъ актѣ принимаетъ большее или меньшее участіе нервная система со своею способностью вызывать новые рефлексы.*

21. Изъ всего предыдущаго видно, что хотя мы и признаемъ нервный организмъ въ его отдѣльности отъ души только машиною, не имѣющею никакихъ условій чувства и возможности движеній, внѣ сознанія и чувства; но, тѣмъ не менѣе, мы предполагаемъ за этой органической машиной такую обширную, изумительную и разнообразную дѣятельность, возможность которой едва можетъ быть объяснена необычайною сложностью нервнаго организма, изученіе котораго до сихъ поръ далеко не можетъ считаться оконченнымъ ни въ анатоміи, ни въ физіологіи. Три четверти всего того, что мы дѣлаемъ, говоримъ и думаемъ, Лейбницъ приписывалъ привычкѣ, а нѣтъ сомнѣнія, что гдѣ привычка, тамъ работаетъ нервная система. Но, отдавая тѣлу вполнѣ все, что ему принадлежитъ, мы тѣмъ свободнѣе можемъ отдать душѣ, что не можетъ быть выведено ни изъ какихъ законовъ матеріи, а именно—сознаніе, чувство и волю.

ГЛАВА XIII.

Привычки и навыки, какъ усвоенные рефлексы.

1. Въ прошедшей главѣ мы видѣли, что способность нервнаго организма не только имѣть природные рефлексы, но и усвоивать новые подъ вліяніемъ дѣятельности, весьма достовѣрно объясняетъ намъ возможность пріобрѣтенія привычекъ. Какое-нибудь дѣйствіе, стоющее намъ вначалѣ замѣтнаго сосредоточенія вниманія и усилія воли, повторяясь часто, выполняется нами все легче и легче, все при меньшемъ вниманіи и меньшемъ усиліи воли, и, наконецъ, можетъ до того укорениться въ нашу природу, что выполняется даже противъ нашей воли и именно тогда, когда вниманіе наше отвлечено чѣмъ-нибудь другимъ: таковы, напримѣръ, всѣ дурныя привычки, съ которыми человѣкъ бываетъ иногда также трудно бороться, какъ и съ врожденными наклонностями.

Однакоже далеко не всѣ такъ называемыя привычки и навыки могутъ быть объяснены рефлексами: но это потому, что названіе «привычка» употребляется въ разговорномъ языкѣ неопредѣленно и пригается одинаково къ самымъ разнообразнымъ психическимъ и психо-физическимъ явленіямъ.

2. Привычкою часто называютъ пріобрѣтаемую человѣкомъ способность выносить какія-нибудь ощущенія, или цѣлые ряды ощущеній, которыхъ прежде онъ не могъ выносить; таковы: привычка къ перенесенію холода, жара, шума, тряски, качки, боли и т. п. Привычки этого рода можно назвать *пассивными*. Какъ объяснить это явленіе, мы не знаемъ; но очевидно, что часто повторяющееся впечатлѣніе должно въ самомъ организмѣ нашемъ производить какія-то измѣненія, мало по малу приспособляющія организмъ къ перенесенію того, чего прежде онъ не могъ перенести, и что могло даже подѣйствовать на него разрушительно. Такъ, мало по малу, привыкаютъ люди къ быстрымъ перемѣнамъ температуры, которыя прежде могли бы произвести въ нихъ болѣзнь; такъ были примѣры, что люди привыкали къ пріему ядовъ въ такихъ дозахъ, которыя были бы смертельны для человѣка непривычнаго [1]). Эти *пассивныя* привычки не объясняются рефлексами, и не о нихъ хотимъ говорить мы въ этой главѣ.

3. Привычкою, на обыкновенномъ разговорномъ языкѣ, называютъ также усиленіе той или другой способности, происходящее отъ упражненія: такъ обыкновенно говорятъ, что человѣкъ привыкъ подымать большія тяжести, ходить много, безъ устали, считать быстро и вѣрно, сосредоточивать вниманіе на извѣстномъ предметѣ, заниматься тою или другою умственною работою и т. п. Но мы уже видѣли выше, что усиленіе мускула не есть собственно привычка, а прямо увеличеніе его массы, зависящее отъ упражненія, простая прибавка мускульнаго матеріала, отъ чего въ мускулѣ можетъ развиваться больше противъ прежняго количество силъ [2]). Точно также, если умъ нашъ, обогащаясь познаніями въ какой-нибудь области, выказываетъ въ ней болѣе способности, чѣмъ прежде, то это уже не привычка, а прямо расширеніе способности, развитіе ея, увеличеніемъ и обработкою ея содержанія. Явленіе это объяснится вполнѣ въ главахъ о разсудкѣ; но здѣсь мы говоримъ не о развитіи способностей тѣлесныхъ или душевныхъ, но только о привычкахъ [3]).

4. Подъ именемъ нервной привычки, въ точномъ смыслѣ слова, мы разумѣемъ то замѣчательное явленіе нашей природы, что многія дѣйствія, совершаемыя нами вначалѣ сознательно и произвольно, отъ частаго ихъ повторенія, совершаются потомъ безъ участія нашего сознанія и произвола и, слѣдовательно, изъ разряда дѣйствій произвольныхъ

---

[1]) Elem. de Pathologie par Chomel. 4 ed. 1861, p. 96.

[2]) См. выше Глава VIII.

[3]) Смѣшеніе нервныхъ привычекъ и навыковъ съ духовнымъ развитіемъ нашего міра, у Фриса (Anthropol. T. I, S. 29) вело къ очень ложнымъ выводамъ. Тоже смѣшеніе находимъ мы у Локка и всѣхъ его послѣдователей. Locke's Works. Vol. I, p. 37.

и сознательныхъ переходятъ въ разрядъ дѣйствій рефлективныхъ или рефлексовъ, совершаемыхъ нами помимо нашей воли и нашего сознанія. Въ этомъ уже сама собою открывается вся обширность возможности чрезъ посредство привычки вносить въ нервный организмъ человѣка существенныя измѣненія, дающія ему тѣ способности, которыхъ онъ не имѣлъ отъ природы. На этой способности нервовъ къ усвоенію новыхъ ассоціацій рефлексовъ и разстройству старыхъ основываются не только всѣ тѣ привычки и навыки, которые преднамѣренно сообщаются дитяти воспитаніемъ, но такъ же и тѣ, которыя сообщаются ему безъ всякаго намѣренія, самою жизнью, и съ которыми нерѣдко приходится бороться воспитателю, а потомъ и самому человѣку или обществу.

5. Но этимъ не ограничивается значеніе привычки. Въ правахъ нервовъ есть другая, можетъ быть еще болѣе важная сторона, которой не слѣдуетъ упускать изъ виду. Нервъ, получившій привычку къ той или другой дѣятельности, не только легче выполняетъ эту дѣятельность, но иногда, получая къ ней физическую наклонность, даетъ чувствовать эту наклонность душѣ, которая, какъ мы уже видѣли, ощущаетъ нервный организмъ съ его особенностями, а слѣдовательно, и съ тѣми физическими наклонностями, которыя въ немъ установились отъ частаго повторенія той или другой дѣятельности. Такимъ образомъ, сначала намъ нужно употреблять значительное напряженіе сознанія и воли, чтобы дать то или другое направленіе той или другой дѣятельности нашихъ нервовъ, а потомъ мы принуждены бываемъ употреблять такое же усиліе сознанія и воли, чтобы противодѣйствовать наклонности нервовъ, которую мы сами же въ нихъ укоренили: сначала мы ведемъ наши нервы, куда хотимъ, а потомъ они ведутъ насъ, куда, быть можетъ, мы совсѣмъ не хотимъ идти. Привычку, непереходящую въ наклонность, правильнѣе было бы называть *навыкомъ*, каковы всѣ привычки въ искусствахъ и ремеслахъ, и сохранить названіе *привычки* для привычныхъ наклонностей [1]).

6. Образованіе наклонности изъ привычки объясняется свойствомъ нашей души, о которомъ мы подробнѣе скажемъ дальше, но на которое можемъ уже указать и здѣсь. Душа наша требуетъ постоянной дѣятельности и въ тоже время избѣгаетъ препятствій, а слѣдовательно требуетъ дѣятельности легкой: вотъ почему самая легкость для насъ той дѣятельности, къ которой привыкли нервы, устанавляетъ наклонность къ ней дѣятельности. Правда, сознаніе и воля всегда остаются при насъ, и какъ бы сильно не было влеченіе нашего нервнаго организма къ какому-нибудь направленію, мы всегда можемъ противодѣйствовать ему; но дѣло въ томъ, что, тогда-какъ сознаніе наше и воля дѣйствуютъ почти въ

---

[1]) Ридъ также отличаетъ привычку, пріобрѣтаемую нами въ искусствахъ и ремеслахъ, отъ привычки, какъ принципа дѣйствій, ибо привычка въ этомъ видѣ «не только даетъ легкость дѣйствію, но поражаетъ наклонность или побужденіе къ нему». Works of Reid. Vol. II, p. 550.

ментально, урывками, нервный организмъ, со своими наклонностями и привычками, вліяетъ на насъ постоянно; и тогда-какъ идти вслѣдъ за наклонностями нервовъ для насъ легко и пріятно, противодѣйствовать имъ тѣмъ труднѣе и непріятнѣе, чѣмъ болѣе вкоренилось въ нихъ противоположное направленіе. Какъ только воля наша ослабѣетъ на мгновеніе, или сознаніе займется другимъ предметомъ, такъ нервы и начинаютъ подталкивать насъ на тотъ образъ дѣйствія, къ которому они привыкли, и «мы, по выраженію Рида, увлекаемся привычкою, какъ потокомъ, когда плывемъ, не сопротивляясь теченію» [1]. Человѣку, привыкшему къ куренью, вовсе не трудно не курить: это и не потребность, и не такое большое удовольствіе, отъ котораго было бы тяжело отказаться; но тяжело и непріятно цѣлые годы, каждый часъ и почти каждую минуту держать на сторожѣ нашу волю противъ привычки, которая ежеминутно подталкиваетъ насъ къ сигарѣ.

7. Чѣмъ моложе организмъ, тѣмъ быстрѣе укореняются въ немъ привычки. Дитя усвоиваетъ привычку гораздо быстрѣе и вѣрнѣе, чѣмъ старикъ. Младенецъ, жизнь котораго считается днями, привыкаетъ къ какому-нибудь дѣйствію послѣ двухъ, трехъ разъ его повторенія, такъ что матери, напримѣръ, которыя, откладываютъ пріучать ребенка къ правильному кормленію грудью, пока онъ окрѣпнетъ, черезъ нѣсколько же дней бываютъ принуждены бороться съ укоренившеюся уже привычкою. Пеленка свернутая, подушка положенная такъ или иначе два, три раза сряду, уже установляютъ въ младенцѣ привычку, противодѣйствіе которой сопровождается крикомъ. Вотъ почему у безпорядочныхъ матерей и дѣти безпокойны, тогда-какъ у матери съ опредѣленнымъ образомъ дѣйствій дѣти не кричатъ понапрасну. Нервы человѣка, такъ сказать, жаждутъ навыка и привычки, и первыя привычки и навыки усвоиваются, быть можетъ, съ перваго же разу; но чѣмъ болѣе находится привычекъ и навыковъ у человѣка, тѣмъ труднѣе вкореняются новые, встрѣчая сопротивленіе въ прежнихъ: дитя пріучается въ нѣсколько мѣсяцевъ такъ говорить на иностранномъ языкѣ, какъ не можетъ пріучаться взрослый человѣкъ и въ нѣсколько лѣтъ. Если же у старика привычки выступаютъ яснѣе, чѣмъ у молодаго человѣка, то это потому, что часто старикъ также устаетъ держать на сторожѣ свое сознаніе и волю, какъ и поддерживать свое тѣло въ прямомъ положеніи: такой старикъ опускается въ привычку, какъ опускается въ покойное кресло. Но мы не совсѣмъ согласны съ тѣми, которые, какъ напримѣръ Бенекъ [2], думаютъ, что привычки дѣтства труднѣе искореняются. Это справедливо только въ томъ отношеніи, что, чѣмъ старѣе привычка, тѣмъ она крѣпче, такъ-какъ она укореняется именно повтореніемъ. Но если дитя, напримѣръ, скоро выучивается иностранному языку, то оно точно такъ же скоро и забываетъ его, если перестаетъ въ немъ упраж-

[1] The Works of Read. Vol. II, p. 550.
[2] Traité de Barès. 1845. Т. II, p. 542.

няться. Словомъ, чѣмъ моложе человѣкъ, тѣмъ скорѣе въ немъ укореняется привычка и тѣмъ скорѣе искореняется; и чѣмъ старѣе самыя привычки, тѣмъ труднѣе ихъ искоренить.

8. Область привычки и навыка гораздо обширнѣе, чѣмъ обыкновенно думаютъ. Немедленно же по рожденіи начинаетъ дитя дѣлать различные опыты и принаровливанія, которыя потомъ обращаются для него въ безсознательные навыки и привычки. Мы уже видѣли выше, что многія изъ способностей зрѣнія вовсе не простыя прирожденныя способности, а весьма сложные выводы, сдѣланные человѣкомъ въ безпамятномъ младенчествѣ изъ множества наблюденій, сравненій, опытовъ, приспособленій, аналогій и умозаключеній, обратившихся потомъ въ безсознательно выполняемый навыкъ, которымъ мы пользуемся впослѣдствіи, какъ прирожденнымъ даромъ. Такъ ребенокъ уже на третьемъ или четвертомъ мѣсяцѣ послѣ рожденія навыкаетъ вѣрно схватывать ручкою даваемый ему предметъ. Но если мы анализируемъ это дѣйствіе и сравнимъ его съ тѣми условіями, которыя врождены органу зрѣнія и осязанія, то увидимъ, что только посредствомъ множества наблюденій, аналогій и умозаключеній могъ достигнуть ребенокъ до этого, повидимому столь простаго дѣйствія. Чтобы протянуть свою ручонку къ предмету, младенецъ долженъ: 1) *навыкнуть* знать свою руку *своею*, потому что всѣ впечатлѣнія осязанія отражаются у насъ ощущеніемъ не тамъ, гдѣ предметъ прикасается къ кожѣ, но въ мозгу, такъ что, если мы, прикасаясь пальцами къ предмету, получаемъ ощущеніе осязанія въ пальцахъ, то это не болѣе какъ безсознательный навыкъ, укореняющійся въ младенчествѣ такъ сильно, что потомъ взрослый человѣкъ, у котораго отрѣзали руку, долго еще продолжаетъ чувствовать, какъ чешутся или болятъ у него пальцы отрѣзанной руки. 2) Ребенокъ долженъ былъ навыкнуть отличать свое тѣло и, слѣдовательно, свою руку отъ всѣхъ постороннихъ предметовъ, точно также отражающихся въ его мозгу посредствомъ акта зрѣнія. 3) Ребенокъ долженъ былъ навыкнуть по его желанію направлять руку, распускать и сжимать пальцы, тоже весьма сложный, выходящій изъ комбинаціи дѣятельностей трехъ чувствъ: зрѣнія, осязанія и мускульнаго чувства. 4) Кромѣ того, множествомъ наблюденій, аналогій и умозаключеній ребенокъ долженъ былъ усвоить понятіе о перспективѣ и такъ усвоить, чтобы *дѣйствительно видѣть* предметы въ перспективѣ, а это — одинъ изъ самыхъ сложныхъ, человѣческихъ навыковъ. Всѣ предметы отражаются на нашей сѣтчатой оболочкѣ глаза въ одной плоскости, безъ всякой перспективы, а только свѣтъ и тѣнь, знаніе относительной величины предметовъ и мгновенное сравненіе предметовъ разной величины даютъ намъ возможность видѣть ихъ въ перспективѣ. Если же ребенокъ вѣрно схватываетъ подаваемый ему предметъ, то значитъ, что онъ уже видитъ его въ перспективѣ. И все это громадное и сложное изученіе пройдено ребенкомъ въ какіе нибудь три-четыре первые мѣсяца его жизни! Такъ дѣятельно работаетъ

психическая жизнь въ ребенкѣ въ то время, когда на глаза взрослыхъ онъ почти нечеловѣкъ.

Къ такимъ же навыкамъ, укореняющимся въ младенчествѣ, которыми мы потомъ пользуемся, не помня совершенно ихъ трудной исторіи, принадлежатъ въ насъ: навыкъ видѣть двумя глазами одинъ предметъ, т. е. превращать два отраженія въ одно ощущеніе; навыкъ видѣть одноцвѣтные предметы одноцвѣтными, тогда какъ по устройству глазной сѣтки это должно бы быть иначе; навыкъ при движеніи головы и глазъ не считать неподвижные предметы движущимися; навыкъ брать себя за больное мѣсто и чесать то, которое чешется. (Младенецъ, непріобрѣвшій этого навыка, и у котораго чешется, положимъ, рука, будетъ метаться и кричать, не зная, чѣмъ помочь себѣ, потому что это ощущеніе отражается у него только общимъ ощущеніемъ въ мозгу). Къ такимъ же безсознательнымъ навыкамъ относится: комбинація слуха и зрѣнія, когда мы направляемъ глаза въ ту сторону, откуда исходитъ звукъ; комбинація ощущеній мускульныхъ, осязательныхъ съ движеніями при хожденіи; комбинація ощущеній слуховыхъ, мускульныхъ и движеній при произношеніи словъ и мн. др.

9. Новѣйшая физіологія глубоко разъяснила эти безсознательныя, неврожденныя, но выработанныя нами дѣятельности нашихъ чувствъ, и психологіи остается воспользоваться этими результатами. Въ этомъ послѣднемъ отношеніи сочиненіе Вундта, какъ психолога и физіолога, имѣетъ весьма важное значеніе. Намъ кажется только ошибочнымъ тотъ выводъ, который Вундтъ дѣлаетъ изъ этихъ анализовъ: онъ не только говоритъ объ ощущеніяхъ, которыхъ мы не замѣчаемъ, но говоритъ о безсознательныхъ опытахъ, наблюденіяхъ, сравненіяхъ, умозаключеніяхъ, словомъ, о безсознательной жизни души, безпрестанно въ насъ совершающейся, изъ которой, будто бы, безпрестанно входятъ въ сознаніе уже готовые результаты, принимаемые сознаніемъ за простые опыты и только имъ разлагаемые въ сложныя умозаключенія. Но вмѣсто того, чтобы прибѣгать къ такимъ неестественнымъ объясненіямъ и признавать какую-то *безсознательную* работу *сознанія*, не гораздо ли проще будетъ принять, что всѣ эти сложныя и неврожденныя намъ дѣятельности нашихъ чувствъ, открытыя физіологіею, суть ничто иное, какъ навыки, сдѣланные нами въ самомъ раннемъ дѣтствѣ, сдѣланные сознательно, точно такъ же, какъ множество навыковъ, которые мы дѣлаемъ впослѣдствіи, но самый актъ выработки которыхъ позабытъ нами, какъ и все, что относится къ *безсловесному* періоду нашей жизни.

Къ такому объясненію приводятъ насъ многія убѣдительныя причины. *Во-первыхъ* [1]), мы не можемъ, какъ сказали уже выше, не противорѣча логикѣ, принять безсознательныя ощущенія, опыты и умозаключенія, потому что всѣ эти акты суть акты сознанія и безъ него не мыслимы. *Во-вторыхъ*, прямыя наблюденія надъ младенцемъ показы-

---
[1]) Vorles. ueber Menschen-und Thierseele, v. Wundt. Erst B. S. 113 и др.

вают намъ, что одинъ напр. изъ сложнѣйшихъ безсознательныхъ навыковъ, надъ объясненіемъ котораго много потрудилась и физіологія и психологія, а именно навыкъ, пріобрѣтаемый младенцемъ на пятомъ или шестомъ мѣсяцѣ жизни, — схватывать вѣрно подаваемый ему предметъ, пріобрѣтается видимыми для насъ попытками ребенка, сначала вовсе неудачными, а потомъ болѣе и болѣе вѣрными. *Въ третьихъ*, въ зрѣломъ возрастѣ мы нерѣдко, пріобрѣвши какой-нибудь навыкъ, должны потомъ употребить иногда значительное усиліе памяти, чтобы вспомнить, какъ и когда пріобрѣли его: что же удивительнаго, если мы забываемъ совершенно процессъ пріобрѣтенія навыковъ и привычекъ, усвоенныхъ нами въ младенческомъ возрастѣ, такъ что считаемъ ихъ за врожденную способность и наклонность души, какъ думали прежде, или за безсознательный душевный актъ, какъ хочетъ думать Вундтъ?[1]

10. Чтобы понять вполнѣ данное нами объясненіе этихъ сложныхъ безсознательныхъ актовъ души, въ которыхъ мы видимъ иначе, какъ навыки и привычки, сдѣланные въ младенчествѣ, должно ближе уяснить себѣ состояніе дѣтской памяти. Память младенца очень свѣжа и воспріимчива; но въ ней недостаетъ именно того, что связываетъ отрывочныя впечатлѣнія въ одинъ стройный рядъ и даетъ намъ потомъ возможность вызывать изъ души нашей впечатлѣніе за впечатлѣніемъ: *недостаетъ дара слова*. Даръ слова совершенно необходимъ для того, чтобы мы могли сохранить воспоминаніе исторіи нашей душевной дѣятельности и имѣетъ громадное значеніе для способности памяти[2]. Если привычка сдѣлана нами, хотя и сознательно, но въ тотъ періодъ нашей жизни, когда мы не обладали еще даромъ слова, то, безъ сомнѣнія, мы не можемъ припомнить, какъ мы сдѣлали ее хотя она въ насъ остается. Въ томъ же, что у безсловеснаго младенца дѣйствуетъ уже память, не можетъ быть ни малѣйшаго сомнѣнія: множество наблюденій показываютъ это очень ясно. Младенецъ помнитъ лица, образы, впечатлѣнія, хотя и не обладаетъ еще тѣмъ могучимъ средствомъ, которое одно можетъ связать наши душевные акты въ стройную систему, и не владѣетъ словомъ.

11. Но, замѣтятъ намъ, не слишкомъ ли много приписываемъ мы безсловесному младенцу, говоря, что онъ наблюдаетъ, дѣлаетъ опыты, сравниваетъ, умозаключаетъ? Однако же, если наука открыла, что человѣкъ уже при выходѣ изъ младенчества обладаетъ множествомъ прі-

---

[1] Джонъ Стюартъ Милль думаетъ, что подобнымъ способомъ, которымъ мы здѣсь указали, пріобрѣтены нами даже наши увѣренности въ метрическихъ аксіомахъ. Эти увѣренности мы пріобрѣтаемъ изъ опыта, говоритъ Милль, но изъ опытовъ, дѣлаемыхъ въ такое раннее время жизни, что мы не можемъ припомнить исторіи интеллектуальныхъ операцій этого рода» (Mill's Logic. 1862 г. Vol. I, p. 263).

[2] Значеніе слова для памяти очень хорошо развито Вайтцемъ. Lehrbuch der Psychologie als Naturwissenschaft von Theodor Waitz. 1849. S. 115 und ff.

ратныхъ способностей, пріобрѣтеніе которыхъ обусловливается наблюденіемъ, опытомъ и умозаключеніемъ, то намъ остается одно изъ двухъ, или признать возможность дѣлать опыты, наблюденія и умозаключенія безсознательной природѣ, какъ дѣлаетъ это Вундтъ, т. е. придать сознаніе тому, что въ тоже время признается нами безсознательнымъ, или приписать эту возможность такому, все же сознательному существу, какимъ является намъ ребенокъ, — и мы выбираемъ послѣднее [1]).

12. Открывая и разъясняя эти сложные процессы душевной жизни младенца, наука удовлетворяетъ не одной любознательности, но приноситъ, вмѣстѣ съ тѣмъ, значительную практическую пользу; ибо для родителей и воспитателей чрезвычайно важно сознавать ясно, что ребенокъ и въ первый годъ своей жизни живетъ не одною физическою

---

[1]) Многіе новые ученые, въ своемъ стремленіи удовлетворить реалистическому направленію вѣка, впадаютъ въ странное противорѣчіе, желая, съ одной стороны, слишкомъ возвысить природу, а съ другой — слишкомъ понизить человѣка. Такъ, въ новѣйшей наукѣ совершенно уже укоренилась мысль, что степень развитія сознательности въ животномъ царствѣ идетъ рядомъ со степенью развитія нервнаго организма вообще, и въ частности съ развитіемъ головнаго мозга сравнительно со спиннымъ. Въ то же самое время во множествѣ новыхъ ученыхъ сочиненій, принявшихъ эту мысль за аксіому, когда дѣло доходитъ до объясненія дѣятельности насѣкомыхъ, возбужденной прежде непонятнымъ инстинктомъ, приписывается этимъ животнымъ способность сознательно наблюдать, дѣлать опыты, выводить умозаключенія и вводить эти умозаключенія въ принципы своей дѣятельности. Это странное противорѣчіе найдемъ мы у Вундта, Фогта и другихъ, а также во многихъ энтомологіяхъ. Но нервный организмъ насѣкомаго, часто даже при совершенномъ отсутствіи головнаго мозга, весь состоитъ изъ нѣсколькихъ нервныхъ узелковъ и во всякомъ случаѣ гораздо менѣе развитъ, чѣмъ нервный организмъ даже однонедѣльнаго утробнаго младенца. Если бы эти ученые были послѣдовательны, то невольно бы остановились, приписывая пчелѣ и муравью болѣе ума, чѣмъ приписываютъ его большимъ млекопитающимъ животнымъ съ совершенно развитымъ нервнымъ организмомъ, и должны были бы принять одно изъ двухъ: или, *что аксіома что — о зависимости ума отъ мозговаго организма, вовсе не аксіома, или что умъ у насѣкомыхъ — не умъ, а нѣчто другое, непонятное*. Во всякомъ случаѣ, принимая за насѣкомымъ сознаніе, способное дѣлать наблюденія, опыты и умозаключенія, нѣтъ никакой причины не признать такого же сознанія за безсловеснымъ младенцемъ, нервный организмъ котораго, во всякомъ случаѣ, неизмѣримо больше развитъ, чѣмъ у насѣкомаго. Признавъ же важное значеніе мускульнаго чувства, сообщающаго сознанію ощущенія движеній мы съ большею вѣроятностью можемъ предположить, что исторія души начинается съ первыхъ движеній младенца, слѣдовательно, еще до рожденія его на свѣтъ.

жизнію, но что въ душѣ его и въ его нервной системѣ подготовляются основные элементы всей будущей психической дѣятельности: вырабатываются тѣ силы и тѣ основные пріемы, съ которыми онъ впослѣдствіи будетъ относиться и къ природѣ, и къ людямъ. Усвоивъ такой взглядъ на младенца, родители и воспитатели подумаютъ не объ одномъ его физическомъ здоровьи, но и объ его духовномъ развитіи. Конечно, этотъ періодъ слишкомъ закрытъ отъ насъ, чтобы мы могли внести въ него наше положительное вмѣшательство, но мы можемъ дѣйствовать на него благодѣтельно, удаляя отъ ребенка въ этомъ возрастѣ все, что могло бы помѣшать его правильному развитію—физическому и духовному. Такъ мы можемъ внести порядокъ въ его жизнь, позаботиться о спокойствіи его нервной системы, объ удаленіи отъ него всего раздражающаго, грубаго и уродливаго не въ одномъ только физическомъ смыслѣ. Существуетъ, напримѣръ, убѣжденіе, кажущееся для многихъ предразсудкомъ, что и кормилица вскормитъ и злаго ребенка; но это не совсѣмъ предразсудокъ. Конечно, злость не можетъ быть передана черезъ молоко, хотя молоко раздраженной женщины портитъ желудокъ ребенка; но злая женщина обращается зло съ младенцемъ, и своимъ обращеніемъ, а не молокомъ, сѣетъ въ немъ сѣмена злости или трусости. Не должно забывать, что первое понятіе о человѣкѣ, которое впослѣдствіи закрѣпится словомъ, образуется въ ребенкѣ въ безсловесный періодъ его жизни, и на образованіе этого понятія имѣютъ рѣшительное вліяніе тѣ первыя человѣческія личности, которыя отразятся въ душѣ ребенка и лягутъ въ основу его будущихъ отношеній къ людямъ. И счастливо дитя, коли первое человѣческое лицо, отразившееся въ немъ, есть полное любви и ласки лицо матери! Въ отношеніи разныхъ людей къ другимъ людямъ мы замѣчаемъ величайшее разнообразіе и много безсознательнаго, какъ бы прирожденнаго; но, конечно, многое здѣсь не врождено, а идетъ изъ періода безсловеснаго младенчества.

13. Изъ всего обширнаго процесса психической жизни младенца мы видимъ ясно только отрывки, указывающіе на цѣлый періодъ развитія: вотъ ребенокъ сталъ слѣдить глазами за движущимися предметами, вотъ протягиваетъ къ нимъ ручонки, вотъ сталъ улыбаться, узнавъ лицо отца, няню; а все это такіе сложные душевные выводы, надъ которыми много поработалъ младенецъ, и когда онъ произнесетъ первое слово, то душа его представляетъ уже такой сложный и богатый организмъ, такое собраніе наблюденій и опытовъ, такую высоту, до которой не достигнуть весь міръ животныхъ во всемъ своемъ послѣдовательномъ развитіи. Вмѣстѣ со словомъ, закрѣпляющимъ образы и понятія, быстро начинаетъ развиваться память, которая со временемъ свяжетъ всю жизнь человѣка въ одно цѣлое; тогда отъ безсловеснаго періода остаются ея результаты въ формѣ безсознательныхъ привычекъ и наклонностей, только приводящихъ въ изумленіе физіолога и психолога, но и имѣющихъ огромное вліяніе на способности, характеръ и всю жизнь человѣка.

ГЛАВА XIV.

Наследственность привычек и развитіе инстинктовъ.

1. Особенное значеніе придается привычкѣ возможностію ея наслѣдственной передачи. «Привычка или особенность, говоритъ Льюисъ [1]), пріобрѣтенная и удержанная такъ долго, что она, такъ сказать, организовалась въ особи, и что организмъ этой послѣдней приладился къ ней, будетъ имѣть такіе же шансы передаться, какъ массивность мышцъ и костей». Тотъ же физіологъ нѣсколько далѣе говоритъ: «какъ бы это ни было трудно объяснить, но нѣтъ факта болѣе несомнѣннаго, чѣмъ тотъ, что привычки, твердо установившіяся, могутъ быть переданы въ той же мѣрѣ, какъ и всякая нормальная наклонность». Всѣхъ, кто могъ бы еще сомнѣваться въ наслѣдственной передачѣ привычекъ, мы отсылаемъ къ сочиненію Льюиса, у котораго столько приведено фактовъ этой наслѣдственности и въ людяхъ, и въ животныхъ, что сомнѣніе становится невозможнымъ. Еще болѣе фактовъ подобнаго рода приводитъ Дарвинъ въ своемъ сочиненіи, получившемъ извѣстность и между русскими читателями [2]). Дарвинъ проводитъ эту наслѣдственность, быть можетъ, уже слишкомъ далеко и старается объяснить ею вполнѣ даже инстинкты насѣкомыхъ [3]), хотя и самъ сознаетъ невозможность полнаго доказательства этой мысли.

2. Непроизвольныя и чисто безсознательныя дѣйствія наши, подъ вліяніемъ глубоко вкоренившейся въ насъ привычки, имѣютъ такъ много сходнаго съ дѣйствіями животныхъ подъ вліяніемъ инстинкта, что Ридъ вправѣ былъ сказать: «привычка отличается отъ инстинкта не по своей сущности, а только по своему происхожденію: первая пріобрѣтается, вторая дается отъ природы» [4]). Но если мы примемъ во вниманіе, что и привычка можетъ передаваться наслѣдственно, тогда уничтожается и эта послѣдняя возможность отличать привычку отъ инстинкта. Здѣсь сама собою рождается мысль, нельзя ли всѣхъ *инстинктовъ* — этого камня преткновенія для физіологіи и психологіи — объяснить наслѣдственностью привычекъ? По крайней мѣрѣ, при нынѣшнемъ состояніи науки, намъ кажется это совершенно невозможнымъ. Что привычка, укоренившись въ наслѣдственную особенность сливается съ природнымъ инстинктомъ, видоизмѣняетъ его и служитъ къ его дальнѣйшему развитію, это, послѣ Дарвина, можно считать доказаннымъ фактомъ. Изъ книги мы выносимъ полное убѣжденіе, что подъ вліяніемъ образа жизни, обращающагося въ привычку, инстинкты животныхъ дѣйствительно могутъ *видоизмѣняться* мало по малу, въ теченіе многихъ

---

[1]) Физіолог. обыд. жизни Льюиса, стр. 606.
[2]) О происхожденіи видовъ соч. Чарльза Дарвина. Переводъ Рачинскаго.
[3]) Ibid. стр. 170.
[4]) Works of Read. Vol. I, p. 550.

поколеній, все болѣе и болѣе приспособляясь къ новымъ условіямъ жизни; — *но и только*. Утверждать же вмѣстѣ съ Дарвиномъ, или лучше, съ поклонниками его новой системы, идущими иногда далѣе самого автора, что всѣ инстинкты образовались изъ этихъ наслѣдственно передаваемыхъ приспособленій и привычекъ, мы не имѣемъ никакого права, не выходя изъ области науки, основанной на фактахъ, въ область фантазій, основанныхъ на отдаленныхъ догадкахъ. Признавая существованіе привычекъ у животныхъ, признавая возможность наслѣдственности этихъ привычекъ и видоизмѣненія инстинктовъ подъ ихъ вліяніемъ, мы, тѣмъ не менѣе, не видимъ въ настоящее время никакой возможности обойтись безъ прежней гипотезы о врожденности первоначальныхъ инстинктовъ, точно также какъ и безъ гипотезы о первоначальномъ происхожденіи первоначальныхъ родовъ животныхъ [1]).

3. Мы уже говорили выше о невозможности признать инстинктивныя дѣйствія животныхъ за проявленія сознательнаго умственнаго процесса, что совершенно противорѣчило бы положенію, доказанному намъ естественными науками, что умственное развитіе находится въ тѣсной связи съ развитіемъ нервнаго организма. Инстинктъ же имѣетъ ту особенность, что онъ наиболѣе проявляется тамъ, гдѣ онъ наиболѣе силенъ, гдѣ нервная организація бѣднѣе, а вслѣдствіе того и умственное развитіе слабѣе. У человѣка мы замѣчаемъ такъ мало инстинктовъ, что можетъ быть, одно только сосаніе груди младенцемъ и глотаніе слюны

---

[1]) Дарвинъ, какъ и всякій другой проповѣдникъ новой мысли, увлекается ею, какъ кажется, слишкомъ далеко; но то, что высказывается Дарвиномъ только какъ отдаленная догадка, нерѣдко принимается его послѣдователями какъ доказанная истина. Конечно, Дарвинъ видимо желалъ бы доказать, что всѣ роды и виды животныхъ происходятъ отъ одного какого-то родителя; но самъ же онъ во многихъ мѣстахъ своей книги говоритъ, что это только указаніе, въ какомъ направленіи могла бы плодотворно работать наука, а вовсе не доказанная истина, на которой могло бы строиться міросозерцаніе. Намъ же кажется, что въ самой догадкѣ есть уже логическая ошибка. Въ самомъ дѣлѣ, если нашъ земной шаръ, какъ предполагаетъ наука, находился когда-нибудь въ такомъ состояніи, что могъ произвести живые организмы (предположеніе это не противорѣчитъ и библейскому сказанію о произведеніи животныхъ землею по слову Божію: «и рече Богъ: да изведетъ земля душу живу по роду». Книг. Быт. гл. I, ст. 24), то безъ сомнѣнія земля столько же могла вызвать къ жизни и различные организмы съ различными условіями развитія, сколько и одинъ организмъ, съ возможностію развитія въ безконечное разнообразіе. Первое же предположеніе, согласное съ библейскими словами *по роду*, гораздо вѣроятнѣе и по простой логикѣ, потому что, если было когда-нибудь на землѣ то время, когда организмы сами собой возникали изъ неорганическихъ матерій и растительные организмы сами собой преобразовывались въ животныхъ

признать вполне инстинктивными и сложными действіями [1]. У млекопитающихъ животныхъ, и особенно у высшихъ породъ, замечательныхъ инстинктовъ также не много; тогда-какъ у насекомыхъ, при всей бедности ихъ нервной организаціи, замечаются именно самыя изумительныя проявленія инстинкта [2].

4. Вглядевшись въ жизнь муравьевъ и пчелъ, нельзя не быть пораженнымъ необыкновенно умными и целесообразными, глубоко, математически разсчитанными действіями этихъ крошечныхъ существъ. Поразительное геометрическое устройство сотовъ, математически достигающее возможно меньшей траты воску, при возможно большей вместительности для меду [3]; дивная ткань паутины; необыкновенно целесообразное устройство коконовъ; несравнимый разсчетъ бабочки для сохраненія своихъ яичекъ, разсчетъ, простирающійся на всю долгую жизнь будущей гусеницы, которой мать, живущая несколько часовъ, никогда не увидитъ, — все это такія действія, для которыхъ, если бы они были произведеніемъ ума, потребовались бы необыкновенно развитыя умственныя способности, а следовательно и необыкновенно развитая нервная организація. Общественная жизнь муравьевъ, ихъ войны съ целью награбить чужихъ яичекъ и вывести изъ нихъ рабовъ для своего племени, или содержаніе муравьями тли, въ виде домашняго скота, при чемъ маленькіе мудрецы, пользуясь умеренно сокомъ податливыхъ насекомыхъ, отпускаютъ ихъ до новаго удоя, — все эти действія такъ похожи на действія человека, что если бы мы признали ихъ за проявленіе ума, то должны были бы удивляться, почему, напримеръ, медведь, съ гораздо обширнейшею нервною организаціею, въ продолженіи

ему мы не видимъ и следа при нынешнемъ состояніи природы, то, безъ сомненія, земной шаръ и въ то время представлялъ на своей поверхности и въ различныхъ средахъ своихъ уже по своему астрономическому положенію достаточно разнообразныхъ условій, чтобы на разныхъ местностяхъ его могли возникнуть различные организмы. Все, что мы можемъ извлечь изъ теоріи Дарвина, такъ это только то, совершенно верное, мненіе, что после періода созданія первыхъ организмовъ, они безпрестанно видоизменялись, и что множество видовъ произошло вследствіе этихъ видоизмененій, а вместе съ темъ, черезъ посредство наследственности привычекъ, тесно связанныхъ съ измененіемъ самихъ органовъ, изменялись и развивались инстинкты животныхъ.

[1] «Сосаніе и глотаніе очень сложныя операціи. Анатомы описываютъ до тридцати паръ мускуловъ, которые должны быть приведены въ действіе при каждомъ глотке. Действіе этихъ мускуловъ не одновременно, а одинъ действуетъ за другимъ и этотъ порядокъ также необходимъ, какъ и самое действіе». Works of Read. V. II, p. 545.

[2] «У животныхъ число инстинктивныхъ действій возрастаетъ, по мере неспособности ихъ выполнять цель вида душевными актами» Man. de Phys. par Muller. T. II, p. 97.

[3] Пчелы въ устройстве сотовъ решаютъ проблему изъ высшей математики, которую называютъ проблемою maxima и minima. Read. Vol. II. p. 546.

вѣковъ лакомящійся сотами, не сдѣлался пчеловодомъ, или разс[...] хозяйка—лиса не займется разведеніемъ цыплятъ. Гораздо раціона[...] будетъ признать эти удивительныя *умѣнья* прирожденными инстин[...] которыя развились и усложнились накопленіемъ привычекъ. Гораздо [...] представить себѣ, что насѣкомое, при всей бѣдности своей нервной [...] низаціи, обладаетъ способностью передавать свою крошечную о[...] въ видѣ наслѣдственной привычки, потомкамъ, и потому усп[...] теченіи своей многовѣковой родовой жизни, накопить такое мн[...] этихъ крошечныхъ привычекъ, что онѣ всѣ вмѣстѣ составляютъ [...] сложный и умный инстинктъ, который въ настоящее время по[...] насъ изумленіемъ. Такъ, если позволительно такое сравненіе, крош[...] коралловый полипъ, работая громаднымъ обществомъ и многіе [...] и передавая начатую работу потомкамъ, ее продолжающимъ, выде[...] на поверхность моря обширный островъ.

5. Только наслѣдственностью нервныхъ привычекъ мы [...] сколько-нибудь уяснить себѣ *наслѣдственность человѣческихъ ха*-*рактеровъ*—фактъ, который кажется намъ совершенно несомнѣн[...] хотя, къ сожалѣнію, и мало изслѣдованнымъ [1]. Но если наслѣд[...] ность наклонностей у животныхъ уже окончательно принята наук[...] наслѣдственность въ человѣческихъ характерахъ, имѣющая тоже [...] ваніе, слишкомъ очевидна, чтобы ее нужно было доказывать, она [...] даетъ только ближайшаго изученія и разъясненія. Если подъ [...] *характера* разумѣть индивидуальную особенность (habitus) въ мысл[...] наклонностяхъ, желаніяхъ и поступкахъ человѣка, то, конечно, [...] явленія въ характерѣ человѣка будутъ продуктами его собственной [...] и жизни той среды, въ которой онъ вращался, а другія — продук[...] наслѣдственныхъ наклонностей и особенностей. Взявъ же толь[...] послѣднія явленія, мы необходимо должны будемъ признать, что нас[...] ственная передача этихъ особенностей и наклонностей могла совер[...] не иначе, какъ черезъ унаслѣдованіе дѣтьми нервной системы род[...] со многими ея, какъ наслѣдственными, такъ и пріобрѣтенными пос[...] ствомъ привычки наклонностями. Нервныя болѣзни чаще передают[...] родителей къ дѣтямъ, чѣмъ болѣзни другихъ системъ организ[...] чальный фактъ наслѣдственнаго помѣшательства едва ли может[...] подверженъ сомнѣнію; а само сумасшествіе есть, конечно, не бол[...] особое состояніе нервнаго организма, такое же особое состояніе, [...] дается, безъ сомнѣнія, и укоренившеюся привычкою [2]. Но что [...]

[1] Нельзя не удивляться, что такой проницательный писатель, какъ Б[...] выразилъ сомнѣніе въ столь очевидномъ фактѣ, и это мы можемъ объ[...] себѣ только тѣмъ, что фактъ этотъ противорѣчитъ его, какъ [...] ронней, теоріи.

[2] Наслѣдственность болѣзней признается патологіею за фактъ стол[...] несомнѣнный, сколько и неизъяснимый, особенно наслѣдственность [...] отца. Elements de Pathologie, par Chomel. 4 Edit. Paris 1861. p. 102.

родится въ такой наслѣдственной привычкѣ?—Этотъ вопросъ заслуживаетъ изслѣдованія.

6. Для того, чтобы по возможности подсмотрѣть, въ чемъ состоитъ наслѣдственная передача привычки, мы обратимъ вниманіе читателя на явленіе, безъ сомнѣнія, ему знакомое: на наслѣдственную передачу тѣхъ мелкихъ, но тѣмъ не менѣе характеристическихъ движеній личныхъ мускуловъ, которыя составляютъ нашу личную мимику. Если сынъ или дочь вообще очень похожи на отца или мать, то сходство мелкихъ мимическихъ движеній теряется въ общемъ сходствѣ. Но часто случается такъ, что, напримѣръ, сынъ, вообще похожій на мать, наслѣдуетъ отъ отца только одну какую-нибудь мимическую черту, какъ, напримѣръ, улыбку, движеніе бровей и т. п.; тогда эта наслѣдственная черта выставляется необыкновенно ярко на чуждомъ ей фонѣ лица, напоминающаго мать во всемъ остальномъ. Случается и такъ, что какая-нибудь мимическая черта отца или матери, не замѣчаемая въ сынѣ въ дѣтскомъ возрастѣ, начинаетъ проявляться въ юношескомъ, а иногда даже подъ старость. Бываетъ и такъ, что этихъ вновь пробивающихся чертъ въ теченіи времени набирается такъ много, что дитя, походившее въ дѣтствѣ, положимъ, на мать, становится потомъ болѣе похожимъ на отца. Наконецъ, бываетъ и такъ, что мимическія черты лица дѣда или бабки, какъ бы минуя сына или дочь, отражаются во внукѣ или внучкѣ. Этотъ же самый фактъ проявляется и въ томъ видѣ, что дитя, мало похожее на мать, бываетъ рѣзко похоже на дядю, брата матери, какъ будто въ сестрѣ таинственно хранились наслѣдственныя черты, выразившіяся въ братѣ. Это любопытные факты и заслуживаютъ подробнаго изслѣдованія ¹).

7. Но что такое мимическая черта въ своемъ основаніи? Это ничто

---

¹) Всѣ эти и безчисленные другіе факты наслѣдственности, хотя и обходились наукою до настоящаго времени и находили себѣ мало мѣста въ антропологіяхъ и психологіяхъ, тѣмъ не менѣе замѣчались всѣми народами съ самыхъ древнѣйшихъ временъ и выражались въ ихъ пословицахъ, законодательствахъ и религіяхъ. Мало есть такихъ распространенныхъ въ человѣчествѣ убѣжденій, какъ убѣжденіе въ наслѣдственности порока и добродѣтели, наслѣдственности преступленія и наслѣдственности грѣха. Такая повсемѣстность убѣжденій есть уже сама по себѣ лучшее доказательство, что въ основѣ ихъ лежитъ своя доля правды. Дѣло науки не съ презрѣніемъ обращаться къ такимъ всемірнымъ убѣжденіямъ, а отыскать ихъ природную истинную основу и воспользоваться этимъ, всегда драгоцѣннымъ зерномъ, отдѣливъ отъ него шелуху фантазій и преувеличеній, столь свойственныхъ человѣку на всѣхъ ступеняхъ его развитія. Эта увѣренность въ наслѣдственности выражается у разныхъ народовъ различно: въ Китаѣ казнятъ дѣтей за преступленія отца; въ Индіи убѣжденіе это выразилось въ окаменѣлыхъ кастахъ; въ Греціи—въ судьбѣ знаменитыхъ родовъ, и т. п. Христіанство было великимъ переворотомъ въ исторіи этого всемірнаго убѣжденія.

иное, какъ привычка мускуловъ выражать какое-нибудь, часто же…
рячное, душевное движеніе и выражать притомъ съ тою особенн…
съ которою это душевное движеніе совершается въ томъ или др…
человѣкѣ. Безчисленное множество личныхъ мускуловъ даетъ …
возможность безконечнаго множества оттѣнковъ самыхъ тонкихъ осо…
ностей чувства. Эти оттѣнки до того тонки и неуловимы, что для…
раженія какого-нибудь изъ нихъ словами потребовался бы цѣлый ря…
цѣлая исторія души человѣческой. Наши выраженія — горькая или през…
тельная улыбка, гордое или униженное, заискивающее выраженіе гла…
т. п., далеко не выражаютъ всего разнообразія мимическихъ движеній, объ…
чая, такъ сказать, только цѣлыя семейства ихъ, и никакъ не доход… до
конечнаго разнообразія индивидуальныхъ выраженій. Та или другая м…
мическая черта, вызываемая сначала сознательнымъ чувствомъ, пот…
обращается потомъ въ безсознательную привычку, вслѣдствіе част…
повторенія тѣхъ ощущеній, которыя ею выражаются, и, такимъ обра…
зомъ, дѣлается тѣлесною особенностью человѣка. Нѣтъ сомнѣнія, что…
тѣлесная особенность, пріобрѣтенная человѣкомъ въ теченіи жизни, от…
ражается не только въ мускулахъ, но и въ нервахъ, управляющ…
сокращеніями этихъ мускуловъ, и даже болѣе въ нервахъ, чѣмъ…
мускулахъ, движеніе которыхъ и самое развитіе зависятъ отъ нерв…
Какъ отпечатлѣвается эта особенность въ нервахъ, физіологія не зна…
но необыкновенная тонкость и сложность нервнаго организма, равно…
и измѣнчивость его подъ вліяніемъ жизни, указываютъ намъ на возмо…
ность такихъ отпечатковъ подъ вліяніемъ привычки; и эти отпеча…
будучи недоступны непосредственнымъ наблюденіямъ, тѣмъ не ме…
выражаются въ дѣятельности мускуловъ и мимикѣ.

8. Теперь мы подошли нѣсколько ближе къ рѣшенію вопроса…
какой формѣ передаются наслѣдственныя наклонности? Но чтобы рѣ…
его окончательно, мы должны признать здѣсь доказаннымъ еще од…
уже не физіологическій, а чисто психическій законъ, который мы на…
дѣемся вывести и доказать вполнѣ только въ психологической ча…
нашей книги. Впрочемъ этотъ законъ такъ простъ и такъ чувств…
каждымъ изъ насъ, что мы легко можемъ принять его покуда на вѣ…
Кто не испыталъ на себѣ, что душа наша требуетъ безпрестанной дѣ…
тельности и томится, тоскуетъ безъ нея и въ то же время отвраща…
отъ всякихъ чрезмѣрныхъ усилій? Этотъ основной законъ развитъ ос…
Гербартовскою школой [1]). Приложивъ его къ данному случаю, мы по…
мемъ, почему душа человѣка, если ею не руководитъ сильно возбу…
ное сознаніе и ясное стремленіе къ чему нибудь опредѣленному (мом…
сравнительно рѣдкіе въ исторіи души), выбираетъ изъ двухъ дѣйств…
которое, давая ей дѣятельность, не требуетъ въ то же время отъ не…
кого большого напряженія и оставляетъ ее въ томъ естественномъ со…
ніи, которое мы называемъ спокойствіемъ души, т. е. спокойною дѣ…

---

[1]) Empirische Psychologie von Drobisch. Leipzig. 1842. § 80 и 81.

— 117 —

...тельностью, потому что если душа приходитъ въ безпокойство отъ чрезмѣрной дѣятельности, то она точно также страдаетъ и отъ недостатка дѣятельности. Это *среднее, спокойно-дѣятельное состояніе души* [1]), это ея равновѣсіе, къ которому она всегда стремится возвратиться, въ какую бы сторону ни была изъ него выведена, составляетъ ея нормальное, здоровое состояніе, и въ этомъ нормальномъ состояніи мы находимся почти всю нашу жизнь, если исключить изъ нея немногія, рѣзко замѣчаемыя нами минуты, когда душа наша приходитъ въ безпокойство или отъ недостатка содержанія, или отъ излишка его, котораго она не можетъ переработать.

Теперь становится ясно само собою, почему душа наша можетъ выбрать съ особенною охотою тѣ дѣятельности, мысли, стремленія, чувства, наклонности, тѣлесныя движенія, мимическія черты, для которыхъ находитъ уже подготовку въ нервной системѣ. Душа безпрестанно ищетъ дѣятельности и изъ двухъ представляющихся ей дѣятельностей избираетъ ту, которая легче для организма, къ которой организмъ болѣе подготовленъ наслѣдственно. Такимъ образомъ, наслѣдственно переданная въ нервной системѣ подготовка къ какой-нибудь душевной или тѣлесной дѣятельности можетъ весьма легко послужить основаніемъ къ образованію въ человѣкѣ какой-нибудь привычки или наклонности. Эта же привычная наклонность, въ свою очередь, разовьетъ и укоренитъ еще болѣе зависящую отъ нея особенность въ нервахъ и передастъ ее еще вѣрнѣе слѣдующему потомству. Другими словами, частое повтореніе въ насъ какого-нибудь одного психическаго явленія отражается особенностью въ нашемъ организмѣ, а особенность эта, передаваясь потомственно, наводитъ человѣка на тѣ же душевныя явленія, потому что человѣкъ живетъ, мыслитъ, чувствуетъ и дѣйствуетъ подъ безпрестаннымъ вліяніемъ своей нервной системы, со всѣми ея особенностями, и только моментально, при сильномъ возбужденіи своего сознанія, можетъ властвовать надъ этимъ вліяніемъ нервнаго организма.

9. Изъ сказаннаго уже видно, что наслѣдственно передается не самая привычка, а *нервные задатки привычки*, и эти нервные задатки, смотря по обстоятельствамъ жизни, могутъ развиться въ привычку или остаться неразвитыми, и заглохнуть съ теченіемъ времени. Такъ, если человѣкъ, получившій въ своемъ организмѣ печальное наслѣдство наклонности къ запою или къ азартной игрѣ, не имѣлъ бы во всю свою жизнь случая испытать удовольствій опьяненія или волненій азартной игры, то нѣтъ сомнѣнія, что ни та, ни другая привычка не развились бы въ немъ, хотя нельзя ручаться, чтобъ онѣ не проглянули снова въ его сынѣ, т. е. во внукѣ отца привычки. Образъ жизни человѣка, его воспитаніе, случайное направленіе его обычныхъ занятій имѣютъ рѣшительное вліяніе на выясненіе въ немъ тѣхъ или другихъ наслѣдственныхъ задатковъ. Жизнь женщины, напримѣръ, такъ отличается отъ

---

[1]) Mittlerer Zustand der Erfüllung des Bewustseyns — по выраженію гербартіанцевъ. Ibidem. § 208.

жизни мущины, что нѣтъ ничего мудренаго, если мимическія черты унаслѣдованныя дочерью отъ отца, не выразятся въ ней ясно, подавленныя ея женственнымъ характеромъ и женственною жизнью; но, тѣмъ не менѣе, онѣ останутся въ ней скрытыми и выразятся ясно въ ея сынѣ, подъ вліяніемъ мужскаго характера и мужской жизни, и тогда этотъ сынъ поразитъ насъ своимъ сходствомъ не съ отцемъ или матерью, а съ дядей или дѣдомъ. Точно также женственныя черты отца, не находя возможности выразиться въ сынѣ, и подавленныя въ немъ другими вліяніями, могутъ ясно обозначиться во внучкѣ и т. п. и вызвать въ ней наклонности, чувства и привычки, которыя придавали бабкѣ эту мимическую черту.

10. Такая установившаяся и унаслѣдованная нервная особенность, выражающаяся въ сознаніи невольною наклонностью, дѣйствуетъ на нее подобно тому, какъ дѣйствуютъ *темныя представленія* или идеи Лейбница¹); а именно, что они становятся доступными сознанію только въ своихъ дѣйствіяхъ, оставаясь сами внѣ области сознанія. Говоря строго, весь нашъ нервный организмъ, со всѣми своими особенностями, потребностями, со всею періодичностью своей жизни, со всѣми унаслѣдованными и пріобрѣтенными болѣзнями и привычками, составляетъ собраніе такихъ *темныхъ идей* въ отношеніи души или, выражаясь опредѣленнѣе, организацію причинъ, дѣйствію которыхъ душа подвержена, но о существованіи которыхъ она не знаетъ, какъ не знаетъ, безъ помощи объективной науки, и о существованіи самаго нервнаго организма. Да и всѣ ли потребности нервной жизни высказываются въ душѣ понятнымъ же образомъ? Развѣ, безъ помощи науки, человѣкъ знаетъ, почему онъ хочетъ ѣсть, пить, спать, отдыхать, двигаться и т. п., почему въ одно время высказывается настойчиво одна потребность, въ другое—другая? Все это—условія организма, о существованіи которыхъ мы не знаемъ, но вліяніе которыхъ ощущаемъ по той необъяснимой связи, въ какой угодно было Творцу поставить душу и тѣло человѣка. Въ такомъ же отношеніи къ душѣ находятся и тѣ особенности нервнаго организма, которыя мы называемъ унаслѣдованными и пріобрѣтенными наклонностями и привычками. Однако же при этомъ случаѣ мы считаемъ необходимымъ замѣтить, что не всѣ тѣ психофизическія явленія, которыя объясняются только вліяніемъ темныхъ или, лучше, скрытыхъ или сокрытыхъ внѣ области сознанія, выходятъ изъ нервнаго организма и его особенностей. Мы увидимъ въ своемъ мѣстѣ, что, судя по характеру дѣйствій и характеру причинъ, мы должны будемъ, оставляя одни изъ этихъ скрытыхъ идей въ области тѣлеснаго организма, отнести

---

¹) Гамильтонъ въ своихъ драгоцѣнныхъ примѣчаніяхъ къ книгѣ Рида совершенно справедливо говоритъ, что Лейбницъ придумалъ это совершенно неловкое названіе для явленія, неподлежащаго сомнѣнію; но это самое по себѣ заслуживаетъ величайшаго вниманія. Works of Read. V. II.

— 119 —

другія въ область духа. Но говорить о скрытыхъ идеяхъ, дѣйствующихъ на наше сознаніе изъ области духа, еще преждевременно.

ГЛАВА XV.

Нравственное и педагогическое значеніе привычекъ.

1. Уяснивъ природу привычки, обратимся теперь къ нравственному и педагогическому ея значенію. Аристотель называлъ привычками: мудрость, благоразуміе, здравый смыслъ, науки и искусства, добродѣтель и порокъ, и если, какъ замѣчаетъ Ридъ [1]), онъ хотѣлъ этимъ высказать, что всѣ эти явленія усиливаются и укрѣпляются повтореніемъ, то мысль его совершенно вѣрна. «Кто можетъ, спрашиваетъ Бэконъ, сомнѣваться въ силѣ привычки, видя, какъ люди, послѣ безчисленныхъ обѣщаній, твореній, формальныхъ обязательствъ и громкихъ словъ дѣлаютъ и передѣлываютъ какъ-разъ тоже, что они дѣлали прежде, какъ будто-бы всѣ они были автоматами и машинами, заведенными привычкою?» [2])
По мнѣнію Макіавелли, въ дѣлѣ исполненія нельзя довѣриться ни природѣ человѣка, ни самымъ торжественнымъ обѣщаніямъ его, если то и другое не закрѣплено и, какъ-бы сказать, не освящено привычкою. Лейбницъ, какъ мы уже говорили, три четверти всего, что человѣкъ думаетъ, говоритъ и дѣлаетъ, приписывалъ привычкѣ. Если Бэконъ полагаетъ, что «мысли людей зависятъ отъ ихъ наклонностей и вкусовъ, рѣчи—отъ образованія и учителей, у которыхъ они учились, и мнѣній, которыя они приняли, но что только одна привычка опредѣляетъ ихъ дѣйствія»,—то такое ограниченіе области привычки одною практическою жизнью зависитъ отъ того, что Бэконъ не обратилъ вниманія на смыслъ словъ: «наклонность», «вкусъ», «ученье», «мнѣніе», а то, безъ сомнѣнія, онъ замѣтилъ бы, что во всѣхъ этихъ явленіяхъ, которыя онъ противополагаетъ привычкѣ, работаютъ сильнѣйшимъ образомъ, если не исключительно, тѣ же привычки и навыки.

2. Но если всѣ болѣе или менѣе согласны въ громадномъ значеніи привычки въ жизни человѣка, то въ отношеніи ея нравственнаго и педагогическаго значенія существуетъ большое разногласіе. Англійское воспитаніе ставитъ на первый планъ сообщеніе дѣтямъ добрыхъ привычекъ [3]); германское далеко не придаетъ имъ такой важности; а Руссо,

---

[1]) Works of Read. Т. II. p. 550.
[2]) Oeuvres de Bacon. Т. II. p. 342.
[3]) «Въ силѣ привычки заключается сила воспитанія». The principles of Common School Education. J. Currie. Edinb. 1862. p. 16. «Ученье есть передача принциповъ, а воспитаніе—передача привычекъ». The Training System by D. Stow. Lond. 1859. II-е Edit. Со времени Локка нѣтъ, кажется, ни одной англійской книги о воспитаніи, въ которой бы не повторялось тоже самое.

например, прямо говорить, что «единственная привычка, которую он даст своему Эмилю, — это не иметь никаких привычек». Кант тоже смотрит на привычку с презрением, и единственная допускаемая им привычка, и то для пожилаго человека — это обедать в одно время [2]). Но в этих крайностях не трудно видеть увлечение системою. Гораздо благоразумнее для педагога глядеть на значение привычки не глазами метафизиков и систематиков, но так, как смотрел на него величайший из знатоков всех стимулов человеческой жизни, глубокомысленный Шекспир, который называет привычку то чудовищем, пожирающим чувства человека, то его ангелом хранителем [3].

3. Действительно, наблюдая людские характеры в их разнообразии, мы видим, что добрая привычка есть *нравственный капитал*, положенный человеком в свою нервную систему; капитал этот растет безпрестанно и процентами с него пользуется человек всю свою жизнь. Капитал привычки от употребления возрастает, и дает человеку возможность, как капитал вещественный в экономическом мире, все плодовитее и плодовитее употребить свою драгоценнейшую силу — *сознательной воли*, и возводить нравственное здание своей жизни выше и выше, не начиная каждый раз всей постройки с основания и не тратя своего *сознания* и своей *воли* на борьбу с трудностями, которыя были уже раз побеждены. Возьмем для примера одну из самых простых привычек: привычку к порядку в распределении своих вещей и своего времени. Сколько такая привычка, обратившись в *безсознательно выполняемую потребность*, сохранит и сил и времени человеку, который не будет принужден ежеминутно призывать свое *сознание необходимости* порядка и свою *волю* для установления его и, оставаясь в свободном распоряжении этими двумя силами души, употребит их на что-нибудь новое и более важное? [4]

4. Но если хорошая привычка есть нравственный капитал, то дурная, в той же мере, есть *нравственный невыплаченный заем*, который в состоянии заморить человека процентами, безпрестанно возрастающими, парализировать его лучшия начинания и довести до нравственнаго банкротства. Сколько превосходных начинаний и даже целых отличных людей пало под бременем дурных привычек! Если бы для искоренения вредной привычки достаточно было одновременнаго, хотя бы самаго энергическаго усилия над собой, тогда не трудно было бы от ней избавиться. Разве не бывает случаев, что человек готов бы отрезать себе руку или ногу, если бы вместе с тем отрезали и дурную привычку, отравляющую его жизнь? Но в том то и беда, что привычка, установясь понемногу и в течении времени, искореняется

---

[1]) Emile. p. 39.

[2]) Antropologie. § LIII.

[3]) Hamlet. Act. III. Scene IV.

[4]) Совершенно тоже, что дает человеку экономический капитал в экономическом отношении.

точно также понемногу и послѣ продолжительной борьбы съ нею. Сознаніе наше и наша воля должны постоянно стоять на стражѣ противъ дурной привычки, которая, залегши въ нашей нервной системѣ, подкарауливаетъ всякую минуту слабости или забвенія, чтобы ею воспользоваться: такое же постоянство въ напряженіи сознанія и воли — самый трудный, если и возможный, душевный актъ.

5. Впрочемъ, въ неисчерпаемо богатой природѣ человѣка бываютъ и такія явленія, когда сильное душевное потрясеніе, необычайный порывъ духа, высокое одушевленіе—однимъ ударомъ истребляютъ самыя вредныя наклонности и уничтожаютъ закоренѣлыя привычки, какъ-бы стирая, сжигая своимъ пламенемъ всю прежнюю исторію человѣка, чтобы начать новую, подъ новымъ знаменемъ. Евангеліе представляетъ намъ примѣръ такого быстраго измѣненія души человѣческой въ одномъ изъ разбойниковъ, распятыхъ со Спасителемъ. Если мы вникнемъ, какая сильная и глубокая душевная драма могла вызвать изъ устъ разбойника, страдающаго на крестѣ, его замѣчательныя слова, то поймемъ также и значеніе обращенныхъ къ нему словъ Спасителя. Сильная душа нужна была для того, чтобы посреди мученій креста подумать не о себѣ, а о другомъ, кто страдалъ невинно, сознать законность своего наказанія, всю глубину своего паденія и все величіе другаго. Такая минута есть дѣйствительный переворотъ души и можетъ сдѣлать душу разбойника чистою душою младенца, для которой открыты райскія двери. Но огонь, выжигающій вредное зелье съ корнемъ, можетъ зародиться только въ сильной душѣ, да и въ ней не можетъ пламенѣть долго, не ослабѣвая самъ, или не разрушая ея временной оболочки. Существуетъ повѣрье, что внезапное оставленіе человѣкомъ своихъ привычекъ есть предвѣстіе близкой смерти; но это справедливо только въ томъ отношеніи, что дѣйствительно нуженъ сильный организмъ и благопріятныя обстоятельства, чтобы человѣкъ могъ вынести иную крутую душевную перемѣну, и что въ старые годы такая крутая перемѣна можетъ подѣйствовать разрушительно на организмъ, можетъ быть, приготовляя человѣка къ лучшей жизни.

6. Вглядываясь въ характеры людей, мы легко отличимъ характеръ природный отъ характера выработаннаго самимъ человѣкомъ [1]). Есть люди отъ природы съ отличными наклонностями, для которыхъ все хорошее является природнымъ влеченіемъ; но есть и такіе, которые сознательно борятся всю жизнь со своими дурными врожденными стремленіями и, одолѣвая ихъ мало по малу, создаютъ въ себѣ добрый, хотя и искусственный характеръ. Характеры перваго рода кажутся намъ привлекательнѣе: для нихъ такъ естественно дѣлать добро, что они привлекаютъ насъ именно этою природною легкостью, граціей добра, если можно такъ выразиться. Но если мы захотимъ быть справедливыми, то должны будемъ отдать пальму первенства характерамъ втораго рода, ко-

---

[1]) Характеръ есть уже сумма наслѣдственныхъ и выработанныхъ наклонностей организма: въ однихъ характерахъ преобладаютъ наслѣдственныя наклонности, въ другихъ выработанныя.

торые тяжелой борьбой побѣдили врожденныя дурныя наклонности и выработали въ себѣ добрыя правила, руководствуясь сознаніемъ необходимости добра. Такіе *сократовскіе* характеры вырываютъ съ корнемъ зло не только изъ себя, но можетъ быть изъ своихъ дѣтей и внуковъ и вносятъ въ жизнь человѣчества новые живые источники добра [1]. Пока живъ человѣкъ, онъ можетъ измѣниться и изъ глубочайшей бездны нравственнаго паденія стать на высшую ступень нравственнаго совершенства. Этотъ глубокій психологическій принципъ, проглядывающій наконецъ и въ европейскихъ законодательствахъ (которыя вообще сохранили много языческаго, римскаго наслѣдства), внесенъ христіанствомъ въ убѣжденія человѣчества [2].

7. Наслѣдственныя наклонности, распространяясь и наслѣдственно, и примѣромъ, составляютъ матерьяльную основу того психическаго явленія, которое мы называемъ народнымъ характеромъ [3].

«Если привычка, говоритъ Бэконъ, имѣетъ такую власть надъ отдѣльнымъ человѣкомъ, то власть эта еще гораздо больше надъ людьми соединенными въ общество, какъ напр. въ арміи, училищѣ, монастырѣ и т. п. Въ этомъ случаѣ примѣръ научаетъ и направляетъ, общеніе поддерживаетъ и укрѣпляетъ, соперничество побуждаетъ и подстрекаетъ, наконецъ, почести возвышаютъ душу, такъ-что въ подобныхъ обществахъ сила привычки достигаетъ своей высшей ступени» [4]. Ясно, что здѣсь сила примѣра и сила привычки смѣшаны, и дѣйствительно, они

---

[1] Христіанство, снимая съ человѣка наслѣдственный грѣхъ, вноситъ въ человѣчество, и въ этомъ отношеніи, великій и животворный принципъ личной свободы. Надъ человѣкомъ уже не тяготѣетъ неограниченная судьба древняго міра, переносимая теперь ученіемъ матерьялистовъ съ классическаго неба въ законы матеріи.

[2] Новѣйшія теоріи уголовнаго права все болѣе и болѣе переходятъ къ *исправительнымъ* наказаніямъ; и необходимость смертной казни сильно подкопана. Замѣчательно, что въ нашей древней исторіи, Владиміръ Мономахъ — эта глубоко славянская и вмѣстѣ христіанская личность — запрещаетъ дѣтямъ своимъ не губить ни одной христіанской души, не казня смертью даже того, кто повиненъ смерти; хотя греческое духовенство при еще Владимірѣ Святаго уговаривало казнить разбойниковъ смертью. Такъ сродна истинно-*христіанская* идея истинно-*славянской* душѣ.

[3] Просимъ читателя не забывать, что мы говоримъ здѣсь не объ однихъ, чисто рефлективныхъ и безсознательныхъ дѣйствіяхъ, но о тѣхъ, въ которыхъ рефлективный элементъ составляетъ какую-нибудь, хотя и малую, долю. Если человѣкъ или народъ .... привыкли подражать .... кому-нибудь образу мыслей, дѣйствій или чувствъ, то здѣсь есть уже доля рефлекса: безсознательнаго, изъ нервнаго организма выходящаго побужденія.

[4] Oeuvres de Bacon. Ib. p. 312.

эти двѣ силы дѣйствуютъ за одно, то почти ничто съ ними не можетъ бороться. Вотъ почему, напримѣръ, тѣ воспитательныя заведенія, которыя, будучи проникнуты однимъ, давно укоренившимся духомъ, будучи постоянны въ своихъ дѣйствіяхъ, опредѣлительны и настойчивы въ своихъ требованіяхъ, кромѣ того еще соотвѣтствуютъ народному характеру своихъ воспитанниковъ,—обладаютъ тою воспитательною силою, которой мы удивляемся въ англійскихъ и американскихъ училищахъ и институтахъ. Тѣлесныя основы народнаго характера передаются также наслѣдственно, какъ и тѣлесныя основы характера индивидуальнаго человѣка; онѣ также измѣняются и развиваются въ теченіи исторіи, подъ вліяніемъ историческихъ событій, какъ и характеръ индивида, подъ вліяніемъ его индивидуальной жизни; но, конечно, эти измѣненія народнаго характера происходятъ гораздо медленнѣе. Великіе люди народа и великія событія его исторіи могутъ быть по справедливости названы въ этомъ отношеніи воспитателями народа; но и всякій, сколько-нибудь самостоятельный характеръ, всякая, сколько-нибудь сознательная, самостоятельная жизнь, какъ посредствомъ наслѣдственной передачи, такъ и посредствомъ примѣра, принимаетъ участіе въ воспитаніи народа, въ развитіи и видоизмѣненіи его характера.

8. Значеніе *навыка* въ ученьи слишкомъ ясно, чтобы о немъ нужно было распространяться. Во всякомъ *умѣньи*,—въ умѣньи ходить, говорить, читать, писать, считать, рисовать и т. д. навыкъ играетъ главную роль. Въ самой сознательной изъ наукъ, математикѣ, навыкъ занимаетъ не послѣднее мѣсто, и если бы намъ всякій разъ должно было вздумать, что $2 \times 7 = 14$, то это сильно задерживало бы насъ въ математическихъ вычисленіяхъ; но за словами *дважды семь* языкъ нашъ механически произноситъ, а рука пишетъ — *четырнадцать*. Въ каждомъ словѣ, которое мы произносимъ, въ каждомъ движеніи руки при письмѣ, во всякомъ мастерствѣ есть непремѣнно своя доля навыка, доля рефлекса, болѣе или менѣе укоренившагося. Еслибъ человѣкъ не имѣлъ способности къ навыку, то не могъ бы подвинуться ни на одну ступень въ своемъ развитіи, задерживаемый безпрестанно безчисленными трудностями, которыя можно преодолѣть только навыкомъ, освободивъ умъ и волю для новыхъ работъ и для новыхъ побѣдъ. Вотъ почему то воспитаніе, которое упустило бы изъ виду сообщеніе воспитанникамъ полезныхъ *навыковъ* и заботилось единственно объ ихъ умственномъ развитіи, лишало бы это самое развитіе его сильнѣйшей опоры; а именно эта ошибка, замѣтная отчасти и въ германскомъ воспитаніи, много вредила намъ и вредитъ до сихъ поръ. Но объ этомъ, впрочемъ, мы скажемъ подробнѣе въ нашей педагогикѣ. Здѣсь же замѣтимъ только, что навыкъ во многомъ дѣлаетъ человѣка свободнымъ и прокладываетъ ему путь къ дальнѣйшему прогрессу. Еслибъ человѣкъ при ходьбѣ каждую минуту долженъ былъ съ такимъ же усиліемъ преодолѣвать трудности этого сложнаго дѣйствія, съ какимъ преодолѣвалъ ихъ во младенчествѣ, то какъ бы *связанъ* былъ онъ, какъ бы не далеко ушелъ! Только благо-

даря тому, что ходьба превратилась у человѣка въ навыкъ, т. е. въ его рефлексъ, ходитъ онъ потомъ и самъ того не замѣчая, не зная всѣхъ трудностей этого акта; а онъ такъ труденъ, что его едва ли бы могли одолѣть животныя если бы, въ противоположность человѣку, обладали этою способностью отъ рожденія [1]).

ГЛАВА XVI.

Участіе нервной системы въ актѣ памяти.

1. Всѣ животныя, болѣе или менѣе, обладаютъ способностью памяти: птица находитъ дорогу въ свое гнѣздо, пчела—въ свой улей; собака нѣсколько лѣтъ невидавшая своего хозяина, узнаетъ его; мышь, попавшая разъ въ мышеловку, не попадаетъ въ нее въ другой. Слѣдовательно, говоря о памяти, мы будемъ говорить о явленіяхъ, общихъ природѣ человѣка и природѣ животнаго — о явленіяхъ животной жизни. Эта простая истина часто забывалась тѣми, которые, задавшись заранѣе составленною теоріею, хотѣли видѣть въ памяти чисто духовную способность и тѣмъ самымъ закрывали себѣ дорогу къ объясненію ея явленій. Дѣйствительно, память человѣка представляетъ много явленій, которыхъ мы не замѣчаемъ у животныхъ; но, разбирая подобнаго рода явленія, мы должны отличать содержаніе ихъ отъ формы. Содержаніе памяти можетъ быть чисто человѣческое, чуждое животному міру, а форма, носительница этого содержанія, обща и человѣку, и животнымъ. И люди помнятъ не одно и тоже, и у людей содержаніе памяти бываетъ чрезвычайно разнообразно; но, тѣмъ не менѣе, должно прежде всего изучать общіе законы явленій, не принимая въ разсмотрѣніе различія ихъ содержаній.

2. Животная или *душевная* способность памяти (въ отличіе отъ памяти *духовной*) представляетъ два элемента. Наблюдая какой бы то ни было актъ памяти, мы непремѣнно замѣтимъ въ немъ элементъ *сознательный*: мы сознаемъ то, что вспоминаемъ, и элементъ *безсознательный*: мы не сознаемъ того, что сохраняется въ нашей памяти. Замѣтивъ эту двойственность въ каждомъ актѣ памяти, мы естественно приписываемъ безсознательный элементъ этого акта безсознательному существу—тѣлу, или, опредѣленнѣе, нервному организму. Приписывая весь актъ памяти нервной системѣ, какъ дѣлаютъ это иные физіологи и психологи матеріалистическаго направленія, мы сдѣлали бы ошибку, противоположную той, которую дѣлаютъ психологи — идеалисты, какъ напр. Гегель, Розенкранцъ, Эрдманъ, Фихте Младшій и другіе, приписывая духу весь актъ памяти со всѣми его случайными, рефлективными особенностями. Должно отдать тѣлу все, что принадлежитъ тѣлу, а душѣ все, что принадлежитъ душѣ. Можетъ быть намъ удастся при такомъ образѣ

---

[1]) Man. de Phys. par Müller. Т. II, p. 99.

действий, если не решить окончательно вопроса о памяти, составляющаго, по справедливому замечанию Германа Фихте, «пробный камень» каждой психологической системы [1]), то, по крайней мере, выставить ясно, что въ немъ можетъ считаться решеннымъ, и что остается въ немъ нерешеннаго. Постановка яснаго вопроса есть уже выигрышъ для науки и мы вездѣ предпочитаемъ ясный вопросъ неясному отвѣту. Само собою разумѣется, что въ этой главѣ можетъ быть развита только одна сторона этого вопроса: участіе нервной системы въ актѣ памяти, *память нервная*, если можно такъ выразиться. Память душевная и память духовная, принадлежащая только человѣку, *память развитія*, будутъ анализированы нами въ психологической части нашего труда.

3. На тѣсную связь нервнаго организма съ явленіями памяти указываетъ намъ множество физіологическихъ явленій.

Періодъ лучшей памяти совпадаетъ съ отроческимъ возрастомъ и протекаетъ довольно быстро [2]). Впечатлѣнія молодости сохраняются гораздо глубже, чѣмъ впечатлѣнія, полученныя въ старости: такъ-что старикъ, забывая то, что дѣлалъ сегодня, вспоминаетъ очень живо то, что дѣлалъ въ дѣтствѣ. Это невольно наводитъ на мысль, что впечатлѣнія, ложащіяся въ нервный организмъ въ періодъ его молодости, естественно ложатся въ немъ гораздо глубже, чѣмъ тѣ, которыя входятъ въ него впослѣдствіи, когда развитіе его останавливается или замедляется и когда онъ уже загроможденъ множествомъ прежнихъ впечатлѣній [3]). Въ первые семь или восемь лѣтъ нашей жизни память наша усвоиваетъ столько, сколько не усвоиваетъ во всю нашу остальную жизнь. Въ это время мы пріобрѣтаемъ именно большую часть той громадной массы свѣдѣній.

---

[1]) Psychologie von Herman Fichte. 1864. Th. I. S. 423. «Вопросъ о томъ, что дѣлается съ представленіями, вышедшими изъ сознанія, и какъ они внѣ его продолжаютъ существовать, такъ же старъ, какъ самая психологія, и можетъ считаться ея основной проблемой и ея пробнымъ камнемъ.»

[2]) Beneke's Erz. und Uner. Leh. T. I. § 22.

[3]) Англійскій физіологъ Карпентеръ говоритъ: «можно признать за общее правило, что прочность (слѣдовъ) ассоціацій (образуемыхъ памятью) гораздо сильнѣе въ періодъ роста и развитія, чѣмъ послѣ того, когда нервная система достигнетъ полной своей зрѣлости. Припоминая же, что тѣ функціональныя отношенія между частями нервной системы, которыя порождаютъ вторичныя автоматическія движенія (рефлексы, укореняемые привычкою) или пріобрѣтенные инстинкты, образуются въ тотъ же самый періодъ жизни, становится возможнымъ предположить, что субстанція мозга (cerebrum) выростаетъ въ тѣ условія, въ которыхъ она упражняется. А такъ какъ питаніе мозга, сообразно съ общими законами уподобленія пищи (assimilation), совершается по тому же плану, то этимъ и объясняется хорошо извѣстная сила раннихъ ассоціацій и упрямая прочность раннихъ привычекъ мысли.»

которая обща всѣмъ людямъ и которая, по замѣчанію Руссо, дороже болѣе массы свѣдѣній, принадлежащихъ только ученымъ [1]).

4. Множество болѣзней чисто физическихъ, при которыхъ потрясается и измѣняется какимъ-нибудь образомъ нервный организмъ, оказываютъ изумительное дѣйствіе на память [2]). Простой народъ уже замѣтилъ, что ударъ по головѣ отнимаетъ память, а иногда подобный ударъ производитъ странное явленіе, изглаживая изъ памяти не всѣ впечатлѣнія, а какую-нибудь группу впечатлѣній; такъ, напримѣръ, одинъ англійскій матросъ, о которомъ говоритъ Льюисъ, упалъ съ мачты, весьма видно потерялъ сознаніе; но, придя въ себя, вспомнилъ очень хорошо все, что было съ нимъ до тѣхъ поръ, пока онъ поступилъ на корабль, и позабылъ рѣшительно все, что было съ нимъ впродолженіи послѣдняго времени, т. е. съ тѣхъ поръ, какъ онъ поступилъ на корабль, до паденія съ мачты [3]). «Въ болѣзняхъ мозга, говоритъ Вундтъ, особенно въ приливахъ крови къ головѣ, можно наблюдать связь физіологическихъ функцій мозга съ силою памяти. Прежде всего исчезаютъ самыя новѣйшія воспоминанія, потомъ, при дальнѣйшемъ развитіи болѣзни, у больнаго замѣтно уменьшается запасъ словъ, и онъ называетъ разные предметы одними и тѣми же именами» [4]).

5. Нервныя болѣзни и потрясенія оказываютъ сильное вліяніе на память не только въ явленіяхъ забвенія, но и въ явленіяхъ воспоминанія; такъ, докторъ Риль, въ своемъ трактатѣ о горячкѣ, разсказываетъ о крестьянинѣ, который въ горячешномъ бреду декламировалъ греческіе стихи. По выздоровленіи его оказалось, что въ молодости онъ вмѣстѣ съ сыномъ пастора учился по гречески; но въ здоровомъ состояніи не помнилъ ни одной буквы этого языка. Аберкромби говоритъ объ одномъ человѣкѣ, который родился во Франціи; но, будучи въ раннемъ дѣтствѣ перевезенъ въ Англію, совершенно забылъ французскій языкъ. Однажды же, получивъ сильный ударъ въ голову, отъ чего у него развилась горячка, снова заговорилъ по французски [5]).

6. При болѣзненномъ, раздраженномъ состояніи нервовъ, когда они, такъ сказать, выбиваются изъ-подъ воли больнаго, и память становится

---

[1]) Emile. p. 58.

[2]) Физіологія обыденной жизни. Стр. 438.

[3]) «Иногда при мозговыхъ поврежденіяхъ память не выдаетъ болѣе словъ для выраженія его идеи. Память удерживаетъ только общіе термины какъ напр., прилагательныя, выражающія качества, принадлежащія большему числу предметовъ; а существительныя, обозначающія индивидуальныя вещи, забываются». Elem. de Path. par Chomel. p. 167.

[4]) Vorlesungen über den Menschen und Thierseele. B. II. S. 383.

[5]) Заимствуемъ эти два примѣра изъ психологіи Бенеке, который ихъ приводитъ только для доказательства, какъ долго могутъ оставаться слѣды въ душѣ. Подобныхъ примѣровъ разсѣяно, впрочемъ, не мало въ сочиненіяхъ физіологовъ и медиковъ.

такою же капризною, какъ нервы: она то вспоминаетъ мелочи какого-нибудь пустаго событія, то забываетъ очень важное. Въ хроническихъ болѣзняхъ, оказывающихъ разрушительное вліяніе на нервный организмъ, прежде всего поражается память и т. п. [1]).

7. Всякій можетъ замѣтить надъ собою, какъ одно и тоже воспоминаніе, вызываемое нами изъ памяти, достигнувъ возможной для него степени ясности, начинаетъ тускнѣть и меркнуть, такъ-что мы никакими усиліями воли не можемъ возстановить его въ прежней ясности. Но, занявшись нѣсколько времени другими представленіями, мы получаемъ возможность опять ясно представить себѣ прежнее. Такое, независящее отъ воли нашей, возобновленіе силы въ слѣдахъ представленій особенно замѣтно утромъ послѣ спокойнаго сна. Бенеке, обратившій на это явленіе особенное вниманіе, объясняетъ его тѣмъ, что душа наша, безсознательно, во время сна или отдыха, безпрестанно вырабатываетъ первичныя силы (Urvermögen), которыя, соединяясь съ внѣшнимъ впечатлѣніемъ (Reize), или съ слѣдомъ прежняго впечатлѣнія, даютъ намъ новое ощущеніе, или свѣжее повтореніе стараго. Если эти первичныя силы были всѣ уже употреблены нашимъ мысленнымъ процессомъ, тогда мы чувствуемъ умственное утомленіе и даемъ себѣ отдыхъ, во время котораго вырабатывается запасъ первичныхъ силъ [2]).

Не говоря уже о томъ, что эти *первичныя силы*, вырабатываемыя душою безсознательно, чистѣйшая, ни на чемъ не основанная гипотеза, онѣ не объясняютъ и того, почему усталость, мѣшая мнѣ воспроизводить одно представленіе, не мѣшаетъ, однако, ясно воспроизводить другое. Замѣчательно, однако, какъ глубокій психологъ, путемъ самонаблюденія, близко подошелъ къ той истинѣ, которая уже послѣ него, и совершенно противоположнымъ путемъ, путемъ физіологическаго наблюденія, была открыта Дюбуа-Реймономъ. Читатели наши, вѣроятно, помнятъ, какъ мы объяснили путемъ физіологіи это частное утомленіе нашихъ представленій [3]), и могутъ видѣть, что здѣсь выражается не недостатокъ душевныхъ силъ, что заставило бы насъ приписать усталость душѣ, а недостатокъ электричества или какой-нибудь другой чисто физической силы въ нервахъ, истощенной ихъ дѣятельностью. Слѣдовательно, и въ этомъ явленіи выражается непосредственное участіе нервной системы и ея питанія въ безсознательномъ элементѣ акта памяти.

---

[1]) Миллеръ признаетъ существованіе этихъ фактовъ, но страннымъ образомъ обходитъ ихъ. Man. de Physiol. T. II, p. 498.

[2]) Lehrbuch der Psych. v. Benecke. 1861. § 24, s. 335. Съ особенною ясностью изложено это мнѣніе въ Benecke's Neue Seelenlehre in anschaulicher Weise dargestellt von Dr. Raue. Mainz. 1865. (Vierte Auflage). § 28. Рекомендуемъ эту книгу всѣмъ желающимъ легко познакомиться съ ученіемъ Бенеке: это не только нагляднoe, ясное, но и глубокое изложеніе этого ученія. Замѣчательно, что Raue—профессоръ медицинской академіи въ Филадельфіи.

[3]) См. выше, гл. XI.

8. Еще большую связь между нервным организмом и памятью найдем мы во множестве всем нам знакомых явлений, в которых привычное, рефлективное движение, принадлежность которого нервному организму мы показали выше [1]), и явления памяти сходятся так близко, что нельзя собственно сказать, где оканчивается явление привычки и где начинается явление памяти, так-что невольно мы видим в самой привычке память, а в ином воспоминании — чистую привычку. Если нервный организм наш усвоивает какую-нибудь сложную привычку, где есть не одно, а несколько последовательных движений, целая ассоциация движений, следующих одно за другим, то значит организм наш помнит, без участия сознания, в каком порядке одно действие должно следовать за другим. С другой стороны, есть много явлений, где мы справляемся у нервнаго организма о том, что мы помним. Так, наприм., если танцмейстер, желая разсказать своему ученику, в каком порядке должны следовать одно за другим движения, вдается в своем разсказе и забывает порядок движений, то вдруг начинает танцовать и ноги его сами припоминают ему порядок движений. Точно также ремесленник, желая объяснить последовательность своих действий, часто прибегает за напоминанием к своим рукам и оказывается, что руки его помнят то, что голова позабыла или что никогда не сознавала ясно [2]).

9. Точно также, как наши руки и ноги, действует и наш голосовой орган, который тоже состоит из хрящей и перепонок, управляемых мускулами и, как мы уже видели [3]), мускулов, управляемых нервами. Взглянув же на голосовой орган, как на аппарат состоящий из двигательных мускулов и нервов, мы поймем легко, что и этот орган, как и всякий другой двигательный орган человеческого тела, может приобретать привычки, — может, точно также, как руки или ноги, привыкать к известным действиям и известному порядку действий. «Голосовой орган, говорит Бэн, есть орган движения, представляющий все те же явления, которыя вообще относятся к каждому двигательному органу. Упражнение этого органа порождает массу мускульных ощущений, приятных в определенных границах (мы любим говорить, петь, кричать), а за этими границами сопровождающихся утомлением и вызывающих потребность отдыха [4]). «Едва ли, говорит Бэн далее, какая-нибудь другая часть тела, исключая даже руки, может достигнуть такой ловкости в совершении безсознательных движений, как голосовой орган» [5]).

10. Что голосовой аппарат наш усвоивает многия привычки, —

---

[1]) См. гл. XII и XIII.
[2]) The Senses and the Intellect, by A. Bain. p. 325.
[3]) См. выше. Гл. VIII, п. 28.
[4]) The Sens. and the Intell. p. 322.
[5]) Ibid. p. 338.

которыя изъ сознательныхъ становятся безсознательными, дѣлаются его второю природою, въ этомъ можетъ убѣдить насъ множество явленій, знакомыхъ каждому, но не всегда обращающихъ на себя то вниманіе, какого они заслуживаютъ. Мы разсмотримъ здѣсь эти явленія подробнѣе, такъ-какъ они, кромѣ своего антропологическаго значенія, имѣютъ весьма важное педагогическое примѣненіе.

11. Такъ называемыя *докучныя присловья* (того, разумѣется, собственно, говоритъ, теперяча, батюшка мой, и т. п.) становятся нерѣдко непреодолимыми привычками у многихъ людей. Замѣчая за собою подобную привычку, укоренившуюся невѣдомо какъ, человѣкъ нерѣдко пробуетъ бороться съ нею и борется не всегда удачно. Пока вниманіе его сосредоточено на томъ, чтобы не произнести докучнаго словца—онъ и не произноситъ его, но за то чувствуетъ, какъ ему трудно говорить: вниманіе его раздвоено, и онъ, заботясь о томъ, чтобы не произнести затверженнаго присловья, не можетъ сосредоточиться на содержаніи того, что говоритъ. Но если онъ увлечется содержаніемъ того, что говоритъ, то обычное присловье начинаетъ выскакивать само собою. Слѣдовательно, присловіе появляется тогда, когда сознаніе отвлечено отъ голосовыхъ органовъ,—появляется безсознательно, рефлективно, по привычкѣ голосовыхъ органовъ, которые, будучи приведены въ движеніе рѣчью, въ каждое свободное мгновеніе, когда сознаніе отъ нихъ удаляется, вбрасываютъ въ нее свое затверженное словцо. Тоже самое случается и тогда, если человѣкъ заучитъ какое-нибудь слово съ неправильнымъ удареніемъ и это показываетъ намъ, что не только звуки, составляющіе слово, и ихъ порядокъ, но и взаимныя отношенія звуковъ суть только привычки голосоваго аппарата.

12. Еще страннѣе то явленіе, когда мы безсознательно переставляемъ слоги, какъ будто дѣлаемъ опечатки въ устной рѣчи: слогъ одного слова мы приставляемъ къ другому; но потомъ пропущенный слогъ ставимъ къ третьему слову, совершенно не кстати. Это обыкновенно случается при сходствѣ словъ: такъ, напримѣръ, желая сказать: «у моей кумы мало ума», мы ошибаемся и говоримъ: «у моей умы мало кума». Мы пропустили букву к; но голосовой органъ носился съ нею и внесъ ее при другомъ словѣ, то есть, сдѣлалъ ту же самую ошибку и свойственную поправку, которую также безсознательно дѣлаетъ часто рука пишущаго.

13. Почти тоже замѣчается и въ цѣломъ ряду словъ: такъ, напримѣръ, если мы заучили, что называется на зубокъ, какіе нибудь стихи или молитву, то, вмѣстѣ съ тѣмъ, получаемъ возможность произносить ихъ и въ то же время думать о другомъ: а это было бы невозможно, если бы произнесеніе заученнаго было *только* дѣломъ сознанія, и въ это же не вмѣшивалась рефлективная способность голосовыхъ органовъ, которые, будучи двинуты въ извѣстномъ направленіи, продолжаютъ работать почти сами, какъ работаютъ ноги, когда мы ходимъ, погруженные въ глубокую думу. Мы даемъ только общее направленіе этому сложному и продолжительному движенію; частности же его выполняются ты-

сячами мелкихъ привычекъ, ставшихъ *полусознательными* рефлексами [1]). Замѣчательно, что, если при такомъ механическомъ произнесеніи стиховъ случится намъ вдуматься въ содержаніе того, что мы произносимъ, то вдругъ языкъ нашъ замедляется, путается, останавливается и часто мы забываемъ то, что, казалось, невозможно было позабыть. Отчего это? Оттого, что сознаніе наше вмѣшалось въ дѣло голосовыхъ органовъ и помѣшало имъ работать. И припомните, что мы дѣлаемъ, чтобы вспомнить позабытыя слова, перескочить неожиданно открывшійся перерывъ; мы начинаемъ стихи сначала, потомъ пускаемъ наши голосовые органы въ полный ходъ, удаляя по возможности сознаніе, и они, разогнавшись по привычной дорожкѣ, благополучно перескакиваютъ тотъ ровъ, который былъ вырытъ вмѣшательствомъ сознанія.

14. Еще замѣчательнѣе то явленіе, что мы отъ продолжительной привычки къ извѣстнымъ стихамъ или фразамъ получаемъ возможность не только произносить ихъ вслухъ, думая о чемъ-нибудь другомъ, но даже произносить ихъ умственно, какъ говорится, про себя, и въ то же время думать о другомъ. Эта двойная, одновременная работа сознанія была бы явленіемъ совершенно необъяснимымъ, если бы въ тихомъ механическомъ произношеніи *про себя* дѣйствительно принимало участіе сознаніе, для котораго такая двойная и разнохарактерная работа положительно невозможна. Но въ томъ то и дѣло, что сознаніе наше занято совсѣмъ другимъ, можетъ быть, крайне противоположнымъ содержанію затверженныхъ стиховъ, и молчаливое произношеніе ихъ объясняется только рефлексами голосоваго органа, который, будучи пущенъ въ ходъ, потомъ дѣйствуетъ самъ собою, какъ бы разыгрывая заученную арію на органѣ, отъ котораго отдѣлены раздувальные мѣха. Такое молчаливое произношеніе словъ, рѣчей, молитвъ, стиховъ и т. п. играетъ очень важную роль вообще въ нашей психической дѣятельности, и есть вѣрное основаніе предполагать, что всегда, когда мы думаемъ словами, голосовые органы наши слегка шевелятся, не издавая звука. Не только говоря, но даже думая трудное для произношенія нашего слова, мы какъ бы занимаемся въ мысляхъ, т. е. ощущаемъ нѣкоторую неловкость въ голосовыхъ органахъ и преодолѣваемъ эту трудность иногда съ такимъ успѣхомъ, что, произнося потомъ это слово вслухъ, произносимъ уже правильно: то есть, мы упражняемъ мускулы голоса безъ звука, какъ можно упражнять руку на фортепьяно безъ струнъ. Если мы очень увлечемся этимъ внутреннимъ, беззвучнымъ произношеніемъ, начинаемъ шептать или даже говорить вслухъ, сами того не замѣчая. Привычка эта особенно часто является у стариковъ, потому что они болѣе увлечены внутреннимъ теченіемъ своихъ мыслей, чѣмъ внѣшними впечатлѣніями, мало дѣйствующими на ихъ мозгъ, уже перебывалый слѣдами.

Заучивая урокъ, ученикъ иногда также беззвучно произноситъ

---

[1]) См. выше гл. XII.

более или менѣе ясно, и отъ степени этой ясности зависитъ умѣнье его отвѣчать потомъ въ слухъ. Если ученикъ замѣтитъ только мысль, но не пріучитъ своихъ голосовыхъ органовъ къ теченію звуковъ, выражающихъ эту мысль, то будетъ при отвѣтѣ заикаться и путаться. Вотъ почему дитя, еще не привыкшее къ беззвучному произношенію читаемаго, инстинктивно учитъ урокъ вслухъ, *выкрикиваетъ* его, то есть, другими словами, пріучаетъ свои голосовые органы къ движеніямъ въ данномъ порядкѣ. И такъ какъ выработка голосовыхъ органовъ есть дѣло очень важное, то такое ученье вслухъ необходимо; но, конечно, ученье вообще далеко не должно этимъ ограничиваться. Особенно важно такое упражненіе голосовыхъ мускуловъ при изученіи иностранныхъ языковъ. На основаніи этого психо-физическаго явленія должно пріучать ребенка учить вслухъ, потомъ учить глазами, произнося въ то же время слова безъ звука, и наконецъ, только тогда уже замѣчать однѣ мысли, когда дитя или, лучше сказать, юноша можетъ вполнѣ положиться на выработку своихъ голосовыхъ органовъ. Но этимъ я никакъ не хочу сказать, чтобы дитя не должно было пріучать къ самостоятельной передачѣ своихъ мыслей въ самостоятельно вырабатываемой фразѣ. Это необходимо, и притомъ съ самаго начала ученья; но учитель долженъ сознавать трудность этого, уже творческаго процесса, всю бѣдность дѣтскаго запаса въ словахъ и выраженіяхъ и, слѣдовательно, упражнять въ этомъ дитя постепенно, обогащая его въ то же время затверженными, но хорошо сознанными словами и выраженіями. Одно также необходимо, какъ и другое. Если бы мы захотѣли, чтобы дитя, какъ этого и добивались нѣкоторые педагоги, само создало изъ созерцанія предметовъ (Anschauungs-Unterricht) весь свой языкъ, то не ушли бы далеко и напрасно связали бы душу ученика необыкновенною бѣдностью словъ и выраженій. Вотъ почему и то заучиванье чужихъ фразъ и словъ, которымъ богаты французскія школы, и то самостоятельное самообученіе, выводимое изъ созерцанія предметовъ, которое проводила крайняя песталоцціевская школа, имѣютъ обѣ свои дурныя и хорошія стороны; а умѣнье педагога въ томъ и состоитъ, чтобы воспользоваться хорошими и избѣгать дурныхъ, пополняя и исправляя одну методу другою.

15. Еще одна замѣтка о странныхъ привычкахъ голосовыхъ органовъ. Не знаемъ, на сколько можно доказать, что заиканье, такъ часто встрѣчающееся у дѣтей, есть иногда физическій недостатокъ голосоваго органа [*]; но мы убѣждены въ томъ, что въ большей части случаевъ оно есть только дурная привычка голосоваго органа, который привыкъ останавливаться на какихъ-нибудь звукахъ. Вотъ почему въ послѣднее время научились отучать отъ этой привычки, заставляя ребенка произносить трудныя для него слова и звуки медленно, сначала потихоньку, потомъ громче и громче. Заиканье происходитъ часто у дѣтей съ

---

[*] Физіологи приписываютъ заиканье судорожному состоянію язычнаго (12-я пара) нерва; но отъ чего начинаются эти судороги нерва?

робкимъ характеромъ отъ испуговъ, которые заставляютъ ребенка останавливаться на полусловѣ отъ неувѣренности, что это слово именно то, которое требуется, или отъ боязни учительскаго крика и колотушекъ въ случаѣ ошибки. Голосовой органъ пріучается хромать, останавливаясь на тѣхъ или другихъ звукахъ, зацѣпляться за нихъ, идти, какъ сломанное колесо, и эта привычка голосовыхъ органовъ можетъ такъ укорениться, что останется на всю жизнь, если человѣкъ не употребитъ какихъ-нибудь чрезвычайныхъ усилій, чтобъ отъ нея отдѣлаться. Иногда случается, что заиканье начинается разомъ, отъ сильнаго испуга: нервы ребенка такъ поражаются, что привычка заиканья разомъ врѣзывается въ его голосовые органы.

Если при исправленіи заиканья прибѣгаютъ къ механическимъ пособіямъ, открытіе которыхъ принадлежитъ м. б. Демосфену, какъ, напримѣръ, къ употребленію подъ языкъ досчечки, то это не потому, что языкъ былъ неправильно устроенъ; но потому, что этотъ, чрезвычайно подвижной мускулъ пріобрѣлъ дурную привычку упираться внизъ или вверхъ полости рта, отъ чего онъ предохраняется досчечкой.

Точно также происходитъ чаще всего отъ привычки гортани невозможность выговора той или другой буквы или замѣна одной буквы другою. Если иностранецъ не можетъ произнести нашей буквы ы, то это не потому, чтобы у него аппаратъ голоса былъ устроенъ иначе, чѣмъ у насъ, но именно потому, что онъ не пріобрѣлъ привычки, которая въ дѣтствѣ пріобрѣтается легко, а въ старости съ большимъ трудомъ. Если англичанинъ всѣ языки коверкаетъ на свой ладъ, то это отъ принятаго типическаго сложенія его голосовыхъ органовъ, придающаго и лицу его то птичье выраженіе, о которомъ говоритъ Гоголь. Англійское произношеніе чрезвычайно типично: можно даже сказать, что весь англійскій языкъ состоитъ только въ переработкѣ словъ нѣмецкихъ и французскихъ на этотъ англійскій ладъ. Вотъ почему англичанинъ такъ рано говоритъ хорошо на нѣмецкомъ или французскомъ языкѣ: слова обоихъ языковъ напоминаютъ ему его родной, и это напоминаніе, данное и голосовымъ органамъ, вызываетъ въ нихъ родную привычку.

16. Всѣ эти явленія и множество другихъ ясно указываютъ на громадное участіе чисто нервной, механической способности къ рефлексу, которою обладаютъ наши голосовые органы, въ изученіи и употребленіи языка, въ изученіи не только отдѣльныхъ словъ и фразъ, но и цѣлыхъ тирадъ.

Этою же рефлективною способностью голосовыхъ органовъ объясняется, почему мы легче заучиваемъ стихи, чѣмъ прозу, а стихи съ риѳмами легче, чѣмъ стихи безъ риѳмъ. Голосовые органы наши, пріучась къ кадансу стиха, механически уже складываютъ слѣдующія въ этотъ кадансъ. Это тотъ же самый законъ, по которому ногамъ нашимъ легче танцовать подъ музыку, чѣмъ безъ музыки. Риѳма же или сходство окончаній, требуя при этихъ окончаніяхъ одинаковаго движенія голосовыхъ органовъ, еще болѣе облегчаетъ пріобрѣтеніе привычки. Мы заучиваемъ твердо только кадансъ и риѳму, а они уже ведутъ за собою слова цѣлые стихи. Равномѣрность, кажется, въ движеніи нервовъ, столько же облегчаетъ пріобрѣтеніе привычекъ голосовымъ органамъ, сколько ногамъ при танцахъ и рукамъ при игрѣ на фортепьяно.

17. Та же самая способность привычки, которую мы замѣчаемъ въ голосовыхъ органахъ, замѣчается и въ слуховыхъ. Если наши голосовые органы произносятъ затверженный ими стихъ, не только безъ нашего желанія, но даже и къ великой нашей досадѣ; то не точно ли также какой мотивъ затверживается нашимъ слуховымъ органомъ и назойливо напѣваетъ человѣку, который радъ бы, да не можетъ отъ него отдѣлаться?[1] Этотъ примѣръ достаточно показываетъ, что слуховой органъ также способенъ къ механическимъ рефлексамъ, какъ и голосовой, и что *механическая* память слуха есть точно такой же нервный рефлексъ, какъ и *механическая* память голоса. Два, три тона, слѣдующіе въ заученномъ порядкѣ, вызываютъ другіе, безъ всякаго участія сознанія и воли. Точно также музыкантъ, припоминая какую-нибудь арію, дѣйствительно слушаетъ ее, какъ и мы, припоминая какіе-нибудь стихи, дѣйствительно говоримъ ихъ. Слуховые органы при этомъ случаѣ, получа толчокъ отъ первыхъ двухъ, трехъ звуковъ, продолжаютъ работать привычнымъ образомъ, безъ участія воли и сознанія. Разница въ такой механической работѣ между слуховыми и голосовыми органами несущественна. Въ голосовыхъ органахъ работаютъ главнымъ образомъ мускулы, въ слуховыхъ — воспринимающіе впечатлѣнія нервы; но и въ томъ, и въ другомъ случаѣ мы ощущаемъ только движеніе нервовъ, а это движеніе и въ слухѣ, и въ голосѣ можетъ совершаться привычнымъ, рефлективнымъ образомъ.

18. Мы уже видѣли, что ощущенія, даваемыя намъ зрѣніемъ, суть частію оптическія, происходящія отъ вліянія свѣта на глазную сѣтку, и частію мускульныя, происходящія отъ движенія шести глазныхъ мускуловъ[2]. Что мускульныя ощущенія движеній глаза также способны укладываться въ форму привычки, какъ и мускульныя движенія рукъ, ногъ, голосовыхъ органовъ — въ этомъ нельзя сомнѣваться; но и самыя оптическія ощущенія не сводятся ли къ движеніямъ, вибраціямъ глазныхъ нервовъ по господствующей нынѣ теоріи свѣта? А гдѣ есть движеніе нервовъ, тамъ можетъ быть и привычка къ движеніямъ въ затверженномъ порядкѣ. Дѣйствительно, опытъ показываетъ, что если въ голосовыхъ органахъ, противъ вашей воли, можетъ произноситься какой-нибудь стихъ, а въ слуховыхъ органахъ слышаться какой-нибудь

---

[1] Фехнеръ, напр., рѣзко испыталъ это явленіе, когда послѣ долговременныхъ опытовъ, при которыхъ онъ долженъ былъ прислушиваться къ стуку секундоваго маятника, онъ не могъ потомъ отдѣлаться отъ этого стука. Онъ такъ ясно слышалъ эти удары, какъ будто они совершались въ сосѣдней комнатѣ, и долженъ былъ заглянуть туда, чтобы убѣдиться, что этой причины не существуетъ. Psycho-physik. Т. II. S. 500.

[2] См. выше. Гл. VII, пп. 17—20.

мотивъ, то въ нашихъ зрительныхъ органахъ можетъ рисоваться какой нибудь образъ, иногда до того назойливый, что мы употребляемъ всѣ усилія, чтобъ отъ него избавиться, и не можемъ. Мы говоримъ тогда: «эта картина, это лицо, этотъ человѣкъ стоитъ передо мною, если я закрываю глаза, какъ вижу его передъ собою и т. п.» При разстройствѣ нервнаго организма такая привычка органа зрѣнія можетъ довести до видѣній.

При сильномъ возбужденіи органа зрѣнія, закрывая глаза, мы совершенно непроизвольно видимъ образы, смѣняющіе другъ друга. Взглянувъ мелькомъ на предметъ, мы съ трудомъ возстановляемъ его въ нашемъ органѣ зрѣнія; но чѣмъ чаще видимъ мы предметъ, тѣмъ легче намъ это удастся; а если мы долго и внимательно разсматриваемъ его, то онъ можетъ потомъ рисоваться въ нашемъ органѣ зрѣнія безъ нашей воли [1]). Словомъ, и въ актѣ зрѣнія, какъ и въ актѣ слуха и голосовыхъ органовъ, мы замѣчаемъ возможность механической привычки, то-есть, возможность механической памяти.

19. Такимъ образомъ, вмѣсто одной памяти, мы получаемъ нѣсколько: память зрѣнія, слуха, голосоваго органа и вообще мускульныхъ движеній. Строго отдѣливъ *механическую* память отъ *душевной*, мы можемъ сказать, что основа первой лежитъ въ способности нервовъ усвоивать привычки, и что нервная система, не освѣщенная сознаніемъ, но сохраняющая въ себѣ привычки, разъ или нѣсколько разъ испытанныхъ ею движеній, есть именно та «темная пещера памяти», гдѣ, по выраженію Платона, сохраняются слѣды протекшихъ впечатлѣній, дающіе потомъ матерьялъ нашимъ *представленіямъ*, и облекающіе нашу мысль въ формы, краски, звуки и движенія. Привычки нервовъ къ движеніямъ, производящимъ тѣ или другія ощущенія звуковъ, красокъ, формъ и т. д. составляютъ именно тѣ строительные, тѣлесные матерьялы, изъ которыхъ душа наша создаетъ всѣ припоминаемые ею *образы* [2]).

20. Но гдѣ собственно въ нервной системѣ сохраняются эти навыки? Въ окончаніяхъ ли нервныхъ волоконъ въ органахъ чувствъ, гдѣ Іессенъ помѣщаетъ даже зарожденіе идей [3]), или въ томъ общемъ

---

[1]) Миллеръ обратилъ вниманіе на это явленіе (Man. de Phys. T. II. p. 505—509); Фехнеръ подробно изучилъ его (Psycho-physik. T. II. XLIV). Послѣдній приводитъ много замѣчательныхъ фактовъ и, между прочимъ, разсказъ профессора Генле (ib. s. 499), который, проработавъ долго надъ приготовленіемъ нервнаго и артеріальнаго препарата, вечеромъ потомъ въ темнотѣ, когда онъ теръ себѣ глаза или кашлялъ, внезапно видѣлъ блестящій образъ препарата, во всѣхъ его мелочныхъ подробностяхъ.

[2]) Просимъ читателя не забыть, что мы говоримъ здѣсь только о механическомъ, безсознательномъ элементѣ памяти; о сознательномъ же будемъ говорить далѣе.

[3]) Versuch einen wissenschaftlichen Begründung der Psychologie von Jessen. Berlin. 1855. s. 395—396

центрѣ, головномъ мозгѣ, къ которому сходятся всѣ нервныя волокна ¹)? Отвѣтъ на этотъ вопросъ даютъ намъ всѣ тѣ физіологическіе опыты, которые показываютъ, что при уединеніи нервовъ отъ головнаго мозга ощущенія въ нихъ прекращаются, и что ощущенія, слѣдовательно, рождаются въ головномъ мозгу. Человѣкъ, у котораго отрѣзана рука, еще долго чувствуетъ, какъ болитъ или чешется у него отрѣзанная рука; при полной слѣпотѣ, но пока глазной нервъ еще дѣйствуетъ, человѣкъ продолжаетъ думать въ образахъ ²). Послѣ этого понятно само собою, что и движенія, устанавливающія навыки въ нервахъ, а слѣдовательно и самые эти навыки принадлежатъ центральнымъ органамъ нервной системы: головному и спинному мозгу въ ихъ связи. Слѣдовательно, было бы противно фактамъ физіологіи говорить о механической памяти рукъ, ногъ, глазъ, ушей; но можно говорить о нервной, механической памяти зрѣнія, слуха, движенія, о механической памяти нервной системы вообще въ различныхъ ея органахъ.

21. Кромѣ того не слѣдуетъ забывать, что нервная система не представляетъ безсвязнаго агломерата различныхъ нервныхъ системъ: зрѣнія, слуха и т. д. Это только органы одного цѣльнаго и стройнаго нервнаго организма, оживленнаго и связаннаго однимъ потокомъ жизни; такъ-что дѣйствіе одного органа не остается безъ вліянія на другіе, но немедленно же въ нихъ отражается. Уже слишкомъ далеко простираетъ свою догадку Бэнъ ³), когда говоритъ: «токъ сознательной нервной энергіи, какимъ бы то ни было образомъ возбужденный, производитъ мускульное ощущеніе, а другой токъ дѣйствуетъ на другой мускулъ. Если оба эти тока текутъ вмѣстѣ черезъ мозгъ, то и этого достаточно, чтобы образовать частное сліяніе обоихъ токовъ, которое черезъ нѣсколько времени дѣлается полнымъ сліяніемъ, такъ-что одинъ токъ не можетъ начать своего движенія безъ того, чтобъ не началось движеніе другаго. Токъ, направляющій нашу руку ко рту, есть часть сложнаго тока, открывающаго ротъ, глотку т. д.». Не простирая догадки такъ далеко ⁴), мы прямо укажемъ на обыкновенныя, всѣмъ извѣстныя явленія, дока-

---

¹) Fechner's Psycho-phys. Т. II, s. 517.
²) Grundriss der Psychologie von Volkmann. 1856. § 42.
³) Bain. The Senses and the Intellect. p. 338.
⁴) Кантъ какъ будто провидѣлъ въ своей «Антропологіи» возможность такой преждевременной догадки, когда, сказавъ, что «эмпирическія идеи (т. е. полученныя путемъ опыта), слѣдуя одна за другою, могутъ образовать привычку въ душѣ, такъ-что, когда является одна изъ нихъ, то и другая слѣдуетъ за нею», сомнѣвается въ возможности объяснить это явленіе физіологическимъ путемъ, «такъ-какъ мы не знаемъ въ мозгу мѣста, гдѣ бы слѣды впечатлѣній, безъ участія сознанія, могли симпатически связываться между собою, дотрогиваясь взаимно». Словомъ, здѣсь намъ остается изучать явленія, насколько это возможно, и отказаться отъ изслѣдованія глубокой причины, которое покудова невозможно.

зывающія ясно такую связь между навыками различныхъ органовъ нервной системы.

Такъ, напримѣръ, дрожаніе слуховыхъ нервовъ, въ которыхъ безъ воли нашей происходитъ какой-либо затверженный мотивъ, пробуждаетъ въ нервахъ, а за ними въ мускулахъ голосовыхъ органовъ, звуки и тоны, соотвѣтствующіе этому мотиву. И мы не только слышимъ этотъ мотивъ, но начинаемъ напѣвать его, иногда совершенно для насъ безсознательно и безъ участія нашей воли.

Точно также слова, которыя мы слышимъ, пробуждаютъ въ нашемъ зрѣніи образъ, который почему бы то ни было связанъ съ этими словами и, наоборотъ: образъ, который мы припомнили, вызываетъ слова и звуки, къ нему относящіеся. Точно также затверженный мотивъ танца, возбуждающійся въ слуховомъ органѣ, возбуждаетъ, безъ участія нашей воли, не только соотвѣтствующее движеніе голосовыхъ органовъ, но и соотвѣтствующее движеніе ногъ.

Такимъ образомъ, нервная система наша не только получаетъ привычки движеній того или другаго органа, но получаетъ привычки къ комбинаціямъ движеній различныхъ органовъ. Эта способность нервной системы служитъ основаніемъ множеству замѣчательныхъ явленій памяти, объясненіе которыхъ важно не только для психолога, но и для педагога.

22. Чѣмъ болѣе органовъ нашихъ чувствъ принимаетъ участіе въ воспріятіи какого-нибудь впечатлѣнія, или группы впечатлѣній, тѣмъ прочнѣе ложатся эти впечатлѣнія въ нашу механическую, нервную память, вѣрнѣе сохраняются ею и легче потомъ вспоминаются. Мы скорѣе и прочнѣе заучимъ иностранныя слова, если пустимъ при заучиваніи въ ходъ не одинъ какой-нибудь, а три или четыре органа нашей нервной системы: если мы будемъ читать эти слова глазами, произносить въ слухъ голосовымъ органомъ, слушать, какъ произносимъ сами и какъ произносятъ другіе, и въ то же время писать ихъ на доскѣ или на тетради; и если, потомъ, одинъ изъ нашихъ органовъ ошибется, напримѣръ, голосовой, то слухъ скажетъ намъ, что мы ошиблись и это не то чуждое слово, которое онъ привыкъ связывать съ такимъ-то другимъ русскимъ словомъ; если ошибутся слухъ и голосъ, то поправитъ зрѣніе; даже привычка руки можетъ оказать свое замѣтное дѣйствіе: такъ очень часто случается, что человѣкъ, забывши, пишется ли слово съ буквы ѣ или е, прибѣгаетъ къ помощи своей руки, которая, привыкши писать слово съ тою или другою буквою, пишетъ его вѣрно. Вотъ почему безошибочная орѳографія пріобрѣтается тоже и упражненіемъ руки.

Изъ этого мы можемъ вывести прямо, что педагогъ, желающій что-нибудь прочно запечатлѣть въ дѣтской памяти, долженъ позаботиться о томъ, чтобы какъ можно болѣе органовъ чувствъ — глазъ, ухо, голосъ, чувство мускульныхъ движеній, и даже, если возможно, обоняніе и вкусъ, — приняли участіе въ актѣ запоминанія. Наукъ потому бываетъ тебѣ изумительно вѣрно но тончайшимъ нитямъ, что держится не однимъ когтемъ, а множествомъ ихъ: оборвется одинъ, удержится другой.

Если вы хотите, чтобы дитя усвоило что-нибудь прочно, то заставьте участвовать въ этомъ усвоеніи возможно большее число нервовъ; заставьте участвовать

1) Зрѣніе, показывая карту или картину; но и въ актѣ зрѣнія заставьте участвовать не только мускулы глаза безцвѣтными очертаніями изображеній, но и глазную сѣтку дѣйствіемъ красокъ раскрашеной картины, или пишите слово четкими бѣлыми буквами на черной доскѣ и т. п.

2) Призовите къ участію голосовой органъ, заставляя дитя произносить громко и отчетливо то, что оно учитъ, разсказывать заученное по картинѣ, или по картѣ и т. п.

3) Призовите къ участію слухъ, заставляя дитя внимательно слушать то, что говоритъ ясно и громко учитель, или повторяютъ другія дѣти, и замѣчать сдѣланныя ошибки.

4) Призовите къ участію мускульное чувство руки, заставляя рисовать картину, чертить карту, писать слово.

5) Призовите къ участію осязаніе, обоняніе и вкусъ, если изучаемые предметы, какъ, напримѣръ, нѣкоторые предметы изъ естественныхъ наукъ, это допускаютъ.

При такомъ дружномъ содѣйствіи всѣхъ органовъ въ актѣ усвоенія, вы побѣдите самую лѣнивую память. Конечно, такое сложное усвоеніе будетъ происходить медленно; но не должно забывать, что первая побѣда памяти облегчаетъ вторую, вторая третью и т. д. Прочное и всестороннее усвоеніе памятью первыхъ образовъ чрезвычайно важно; потому что какъ мы увидимъ далѣе, чѣмъ прочнѣе залягутъ въ памяти дитяти эти первые образы, даваемые ученьемъ, тѣмъ легче и прочнѣе будутъ ложиться послѣдующіе, конечно, если между этими и послѣдующими образами есть связь.

23. У различныхъ людей различныя части нервнаго организма бываютъ развиты неодинаково: у иныхъ сильнѣе развитъ органъ слуха, у другихъ органъ зрѣнія. Сила органа, какъ мы уже видѣли, заключается въ его разборчивости, впечатлительности, въ его большей или меньшей способности различать мельчайшіе оттѣнки впечатлѣній. Вслѣдствіе того у иныхъ бываетъ болѣе памяти слуха, у другихъ болѣе памяти зрѣнія [1]).

---

[1]) Послѣдователи френологіи, какъ напримѣръ Карлъ Шмидтъ (Die Anthropologie 1865 Zw. T. I. S. 283), говорятъ, что «память соотвѣтствуетъ каждому отдѣльному органу мозга: большой музыкальный органъ (Tonorgan) обладаетъ хорошею памятью для мелодій; большое чувство фактовъ (Thatsachensinn)—для происшествій и т. п. И потому есть столько же памятей, сколько есть способностей познаванія, представленія, пониманія (а у френологовъ ихъ безчисленное множество), и каждый можетъ имѣть хорошую па-

Бэнъ по особенной легкости того или другаго рода памяти совѣтуетъ даже угадывать наклонности дѣтей. «Врожденная способность органовъ, говоритъ онъ, уже даетъ особенность памяти и, вслѣдствіе того, направляетъ всю внутреннюю жизнь человѣка. Такъ, напримѣръ, ощущеніе свѣта, тѣни, цвѣтовъ у различныхъ людей бываетъ различно. Тонкое же чувство оттѣнковъ свѣта и цвѣта есть уже достаточное доказательство высшихъ мѣстныхъ способностей, которыя проявятся въ томъ въ соотвѣтствующей силѣ памяти. Эта же особенная чувствительность оказываетъ большое и ясное вліяніе на индивидуальный характеръ человѣка. Она не только опредѣляетъ легкость воспоминаній оттѣнковъ различныхъ цвѣтовъ, но и возбуждаетъ интересъ именно къ конкретному, живописному и поэтическому взгляду на міръ и отвращеніе ко всему безцвѣтному и отвлеченному» [1]. Другими словами, дитя, обладающее такою спеціальною способностью органа зрѣнія, не только выразитъ эту способность въ памяти, но и въ своихъ стремленіяхъ, и имѣетъ болѣе задатковъ, чтобы сдѣлаться поэтомъ и живописцемъ, чѣмъ математикомъ и философомъ.

24. Намъ кажется, что мы теперь достаточно доказали участіе нервной системы въ актѣ памяти и уяснили, на сколько это допускаютъ извѣстные намъ факты, въ чемъ именно состоитъ это участіе. Вліяніе внѣшняго міра на нервный организмъ сообщаетъ ему множество впечатлѣній, оставляющихъ въ организмѣ безчисленное множество слѣдовъ или «отпечатковъ», о существованіи которыхъ говорится, начиная съ Аристотеля, во всѣхъ психологіяхъ и физіологіяхъ. Психологи гербартовской и бенековской школъ, признавая также существованіе этихъ отпечатковъ, подъ названіемъ слѣдовъ (Spuren), какъ у Бенеке или остатковъ (Residuen), какъ у Вайтца, или потёмнѣвшихъ, слабыхъ представленій, какъ у Гербарта и Дробиша, не помѣщали ихъ собственно говоря, нигдѣ: ни въ нервахъ, о которыхъ они не говорятъ, ни въ душѣ, которая, строго говоря, у нихъ не существуетъ, какъ нѣчто отдѣльное отъ заключающихся въ ней представленій [2]. Правда новѣйшіе

мять для однихъ представленій, чиселъ, мѣстъ, именъ, физіономій, и особую для другихъ». Явленія спеціальной памятливости, конечно, не подлежатъ сомнѣнію, но объясняются гораздо проще, безъ помощи френологическихъ фантазій: во-первыхъ, прирожденнымъ, исключительнымъ развитіемъ тѣхъ или другихъ органовъ чувствъ, о которомъ мы говоримъ здѣсь, а во-вторыхъ, развитіемъ какого нибудь одного рода слѣдовъ въ памяти, зависящемъ отъ воспитанія и обстоятельствъ жизни, о чемъ будемъ говорить далѣе.

[1] The Senses and the Intellect, by Bain p. 366.

[2] Впрочемъ новѣйшіе гербартіанцы, какъ напримѣръ, Вайтцъ, начинаютъ уже кое-гдѣ упоминать о нервахъ, какъ хранителяхъ отпечатковъ впечатлѣній, хотя это противорѣчитъ всему складу гербартовской системы. См. Lehrbuch der Psychologie von Waitz. § 117, 118.

[3] Этотъ пріемъ тоже, кажется, заимствованъ у Локка, который

шіе психологи-примирители, какъ, напримѣръ, Фихте сынъ, помѣщаютъ эти отпечатки, или слѣды протекшихъ ощущеній въ духѣ, а самые слѣды пережитыхъ ощущеній называютъ актами духа, о которыхъ онъ «вспоминаетъ, какъ о собственныхъ своихъ, пережитыхъ имъ состояніяхъ». Но нельзя насильно удалять отъ себя тѣ безчисленныя чисто-физіологическія явленія въ актѣ памяти, изъ которыхъ мы привели только весьма немногія и, не выдѣляя изъ психологіи того, что принадлежитъ физіологіи, тѣмъ самымъ подавать поводъ послѣдней вторгаться въ психическую область. Разобравъ внимательнѣе разнообразныя явленія памяти, мы увидимъ, что въ этихъ явленіяхъ принадлежитъ душѣ и что принадлежитъ тѣлу, которыя Творецъ такъ связалъ между собою, что они во все теченіе нашей земной жизни работаютъ вмѣстѣ и тысячеобразно перемѣшиваютъ свои вліянія въ тѣхъ психофизическихъ явленіяхъ, которыя физіологи изучаютъ съ одной стороны, а психологи—съ другой; духовная память, о которой говоритъ Фихте, конечно, есть; но есть также и нервная память, о которой говоритъ физіологія.

25. Желая дать какое нибудь названіе этимъ навыкамъ въ нервахъ, мы придадимъ имъ также названіе *нервныхъ слѣдовъ*; но нашъ слѣдъ отличается отъ слѣдовъ Бенеке тѣмъ, что, во-первыхъ, наши слѣды имѣютъ опредѣленное мѣстопребываніе, именно въ органахъ нервной системы, въ нервахъ зрѣнія, слуха и т. д.; а во-вторыхъ, самое значеніе слѣдовъ опредѣлено строже: это ничто иное, какъ привычки нервовъ къ тѣмъ движеніямъ, которыя они разъ испытали подъ вліяніемъ какого-нибудь впечатлѣнія.

26. Само собою разумѣется, что *нервные слѣды* составляютъ только одинъ безсознательный элементъ въ актѣ памяти, нисколько не исчерпывая всего этого акта. Самый слѣдъ въ нервахъ можетъ установиться только тогда, когда движеніе нервовъ, сохранившееся въ этомъ слѣдѣ, было нами сознано. Впечатлѣніе внѣшняго міра на нервную систему, прошедшее мимо сознанія, хотя и можетъ оказать сильнѣйшее вліяніе на весь нашъ организмъ, напримѣръ, сквозной вѣтеръ на наше здоровье, но не оставитъ въ нервахъ того, что мы называемъ слѣдомъ памяти. Въ организмѣ нашемъ останется слѣдъ, и можетъ быть очень глубокій, вреднаго вліянія сквознаго вѣтра, но въ *памяти* нашей ничего. *Для того также, чтобы нервный слѣдъ опять возникъ*

ворятъ, говорятъ, что идеи сохраняются въ нашей памяти; но это значитъ, что они *живутъ*, а только въ душѣ есть способность возобновлять ихъ, когда захочется». (Of Human. Understand. Ch. X. 2). Гербартіанцы, идя за Юмомъ, пошли далѣе и самую эту способность воспроизводить бывшія идеи перенесли изъ души въ самыя идеи. Но тутъ совершенно на мѣстѣ то возраженіе, которое Гегеліанцы (напр. Розенкранцъ) дѣлаютъ Гербартовской, а отъ части и Локковской мысли: спрашивая что такое *возникающія представленія*? Это что нибудь другое, а ужъ никакъ не представленіе; такъ какъ представленіе есть то, что мы себѣ представляемъ.

къ сознанію необходимо участіе другаго агента жизни, сознаніе о которомъ мы здѣсь еще неговоримъ.

27. Въ какой формѣ эти *нервные слѣды*, эти «отпечатки» Аристотеля, сохраняются въ нервной системѣ? На это мы можемъ отвѣтить только одно: въ формѣ нервныхъ навыковъ и привычекъ. Правда, сама природа привычекъ для насъ непонятна; но лучше имѣть дѣло съ однимъ неизвѣстнымъ, чѣмъ съ двумя. Если Миллеръ отклонилъ отъ себя объясненіе физіологическихъ явленій памяти, то именно на томъ основаніи, что невозможно себѣ представить этихъ слѣдовъ нервной памяти какими-то «наслоеніями въ мозгу». Шопенгауэръ, говоря о невозможности воображать себѣ представленія, вышедшія изъ сознанія и сохраняемыя памятью, какими-то опредѣленными существами, сравниваетъ ихъ очень удачно со «складками сукна», которое, будучи сложено нѣсколько разъ по однимъ и тѣмъ же складкамъ, ложится по нимъ легче, чѣмъ по новымъ. Замѣчаніе Фортлаге, что «складка такое существо, которое можно видѣть»[1]), едва ли справедливо: если мы и не видимъ складокъ, то ощущаемъ ихъ, когда начинаемъ складывать сукно. Если бы душа наша ощущала сукно, какъ ощущаетъ свою нервную систему, то, конечно, чувствовала бы, что сукно складывается легче по старымъ складкамъ, чѣмъ дѣлаетъ новыя. Такой взглядъ на память, приложимый конечно къ одной механической памяти, высказанъ еще Малебраншемъ: «какъ вѣтка дерева, говоритъ онъ, будучи наклонена нѣкоторое время въ одну сторону, сохраняетъ способность легче наклоняться въ ту же сторону, такъ и мозговыя волокна, получивъ однажды извѣстныя впечатлѣнія, удерживаютъ долго способность получать тоже самое расположеніе. Конечно, это не болѣе, какъ сравненіе, но сравненіе, помогающее намъ уяснить себѣ дѣйствіе механической памяти. Правда Ридъ и его ученикъ Дюгальдъ Стюартъ называютъ такое мнѣніе Малебранша «нефилософскимъ»[2]); но едва бы они осудили такъ строго это объясненіе, подтверждаемое множествомъ физіологическихъ фактовъ, если бы отдѣлили, какъ то дѣлаемъ мы, память *механическую* отъ памяти духовной, памяти идей, а не представленій.

28. Не относительная ли легкость дѣйствія нервной системы, привыкшей къ извѣстнымъ движеніямъ, и порождаетъ въ насъ то ощущеніе *воспоминанія*, на которое указалъ еще Локкъ[3]) и которое, по справедливому замѣчанію Германа Фихте, слѣдуетъ непремѣнно отличать отъ самаго акта воспоминанія[4])? Возьмемъ для примѣра самый процессъ

---

[1]) System der Psychologie. Fortlage. B. I, S. 124.

[2]) Elements of the Philosophy of the Human Mind, by Dugald Stewart, 1867, Pt II, Ch. VII, p. 277.

[3]) Vol. I, p. 263.

[4]) Psychologie. T. I, s. 427. Но объясняетъ ли Фихте это явленіе, говоря что «тогда какъ представленіе, какъ сознательное, исчезаетъ, въ душѣ остается залогъ, способность повторить это представленіе и, повторяя

— 141 —

еть воспоминанія. Взглянувъ на человѣка, мы ощущаемъ, что гдѣ-то и когда-то уже видѣли это самое лицо; но *гдѣ, когда, при какихъ обстоятельствахъ*, рѣшительно ничего не помнимъ. Въ такомъ воспоминаніи нѣтъ ничего, кромѣ самаго *ощущенія воспоминанія*, или, по принятому нами объясненію, ощущенія той относительной легкости, съ которою нервная система повторяетъ впечатлѣнія, уже разъ воспроизведенныя ею: она дрожитъ, такъ сказать, по старымъ складкамъ. Вотъ почему удачное воспоминаніе, независимо отъ своего содержанія, есть дѣйствіе пріятное, какъ легкое, привычное дѣйствіе. Можетъ быть вчитываясь въ содержаніе воспоминанія, мы будемъ огорчены имъ; но первое сердечное движеніе, прежде чѣмъ мы сознаемъ содержаніе воспоминанія, есть движеніе удовольствія. Это можетъ замѣтить всякій въ самомъ себѣ и даже на лицѣ того, кто вспоминаетъ.

79. Если *ощущеніемъ* можно назвать чтеніе душою по какой то таинственной азбукѣ состояній нервнаго организма, вибрирующаго подъ вліяніемъ внѣшняго міра, то *воспоминаніемъ* можно назвать чтеніе души по той же таинственной азбукѣ слѣдовъ прежнихъ вибрацій въ той же нервной системѣ. Но какъ отыскиваетъ душа въ нервной системѣ тѣ слѣды, которые ей нужны? Если она ихъ ищетъ, то не должна ли она сама ихъ помнить, независимо отъ нервной *системы?* Положимъ, что нервная система, есть именно тотъ гардеробный шкафъ, куда складываются платья нашихъ идей; но все же хозяйка должна помнить, что она туда положила, уже не для того только, чтобы найти то, что ей нужно, что можетъ случится и часто случается на удачу, но еще и для того, чтобъ начать свои поиски. Слѣдовательно, независимо отъ *нервной* памяти, душа, по крайней мѣрѣ, человѣческая душа, должна имѣть свою особую память — память идей, для которыхъ она отыскиваетъ въ своей нервной памяти бывшіе ихъ одежды: формы, краски, звуки, мускульныя движенія. Какъ бы ни объясняла физіологія явленій нервной памяти, она никогда не объяснитъ явленій памяти душевной, памяти идей, для которыхъ мы иногда долго ищемъ ихъ тѣлесныхъ одеждъ. Стоитъ только внимательно и безпристрастно анализировать совершающіеся въ насъ ежеминутно акты воспоминаній, чтобы увидѣть совершенно, что здѣсь дѣйствуютъ не одинъ, а *два* агента:

духъ сознаетъ, что повторяетъ, такъ какъ духъ можетъ сознавать только то, что въ немъ самомъ находится» (Ib. с. 428). Но развѣ духъ не сознаетъ состояній нервной системы? Развѣ состояніе голода, жажды, усталости, боли находятся въ духѣ, а не въ тѣлѣ? Точно также мало уясняетъ намъ это явленіе теорія Гербарта. «Испытывая какое-нибудь впечатлѣніе, говоритъ Дробишъ, я чувствую, было ли оно уже прежде или нѣтъ. Въ первомъ случаѣ впечатлѣнію, произведенному въ чувственномъ воспріятіи (т. е. гдѣ же это?) выходитъ на встрѣчу (откуда?) внутренно произведенное представленіе. Если же впечатлѣніе ново, то оно возбуждаетъ духовное безпокойство».

нервная система, со своею способностiю привычекъ, и душа, со своею способностiю развитiя, т. е. сохраненiя слѣдовъ идей. Этого [...] уже достаточно, чтобы понять, почему въ этой главѣ мы могли [говорить] только объ одной сторонѣ памяти, о памяти *нервной* или *мо[ха]ической*, которая, впрочемъ, имѣетъ большое значенiе для пс[ихолога] и педагога. При такомъ взглядѣ на актъ памяти насъ не будутъ [болѣе] удивлять тѣ явленiя, когда цѣлые ряды словъ, фразъ, названiй [исче]заютъ изъ памяти человѣка подъ влiянiемъ какихъ-нибудь физиче[скихъ] пораженiй: когда человѣкъ хочетъ говорить и не отыскиваетъ [словъ], слѣды которыхъ вдругъ исчезли изъ его нервной системы и т. [д.]

30. Эти нервныя привычки, составляющiя тѣлесную обол[очку того] что мы помнимъ, не ложатся въ насъ отдѣльно, но *парами*, *ряд[а]ми*, *вереницами*, *группами*, *сѣтями*, такъ-что одно привы[чное дѣй]ствiе нервной системы вызываетъ, *невольно* для насъ, связ[анное съ] нимъ другое, а это другое вызываетъ третье и т. д., но объ эт[ихъ] *ассоцiацiяхъ* слѣдовъ памяти, такъ-какъ они составляются созн[анiемъ] и могутъ быть наблюдаемы только посредствомъ самосознанiя, [намъ] ещё будетъ говорить въ психологическомъ отдѣлѣ нашей антро[пологiи].

ГЛАВА XVII.

Влiянiе нервной системы на воображенiе, чувство и волю.

1. Влiянiе нервной системы на воображенiе выражается уже въ том[ъ], что этотъ психическiй процессъ весьма часто совершается въ насъ [не] только *безъ* нашей воли, но даже *противъ* нашей воли, такъ-что [мы] замѣтно боремся съ нашими фантазiями, какъ съ чѣмъ-то отъ насъ [не за]висящимъ. Послѣ того, что мы сказали о способности нервной систе[мы] сохранять слѣды впечатлѣнiй въ формѣ привычекъ—нельзя сомнѣ[ваться] что это *внѣ насъ* есть ничто иное, какъ наша нервная система, воз[бу]шенная дѣятельность которой нерѣдко насъ смущаетъ и тревож[итъ]. Одинъ нѣмецкiй ученый посреди своихъ кабинетныхъ занятiй [увидѣлъ] предъ собою призракъ, впрочемъ, весьма мирнаго свойства[*]. [Не смя]тившись этимъ явленiемъ, онъ вынулъ ланцетъ, бросилъ себѣ кровь [и] по мѣрѣ того, какъ кровь текла, призракъ блѣднѣлъ и наконецъ [со]всѣмъ изчезъ. Подобныя явленiя, извѣстныя вообще подъ именемъ [гал]люцинацiй, не доказываютъ ли неоспоримо сильнѣйшаго влiянiя состоянiй организма на наше воображенiе? Влiянiе же это, безъ сомнѣнiя, в[ы]ражается окончательно въ измѣненномъ состоянiи нервной системы, [по]средствомъ которой мы не можемъ ощущать никакихъ состоянiй о[рга]низма.

2. Но не въ однихъ случаяхъ галлюцинацiй, случаяхъ нерѣдки[хъ]

---

[*] Fechner's Psycho-Physik. T. II.

— 143 —

всё же патологических, замечается такая непроизвольность въ актѣ воображенія. Гёте, по собственному его сознанію, стоило только закрыть глаза и представить себѣ какой-нибудь цвѣтокъ, чтобы потомъ, совершенно независимо отъ воли, этотъ цвѣтокъ началъ измѣняться, принимать самые разнообразные цвѣта и формы, разрастаться въ цѣлый, симетрически расположенный, букетъ, такъ-что Гёте съ любопытствомъ слѣдилъ за этими измѣненіями, совершенно для него неожиданными [1]). Тоже самое замѣтилъ надъ самимъ собою Мюллеръ; на то же явленіе указываютъ Спиноза, Локкъ [2]) и мн. др. Но нужно ли приводить такія громкія имена, чтобы убѣдиться въ дѣйствительности подобнаго явленія? Всякій, кто слѣдилъ внимательно за ходомъ своихъ мыслей и фантазій, безъ сомнѣнія, замѣчалъ въ немъ этотъ оттѣнокъ *непроизвольности*, независимости отъ нашихъ желаній. Наконецъ, что же такое наши сновидѣнія, какъ не такая же независящая отъ насъ игра нашей нервной фантазіи?

3. Еще Локкъ, какъ мы указали выше, обратилъ вниманіе на ту особенность нашего воображенія, что мы не можемъ надолго остановить хода нашихъ представленій, и, не смотря ни на какія усилія воли, не можемъ удерживать въ нашемъ сознаніи одно и то же представленіе неизмѣннымъ и въ одинаковой степени ясности. Причину этого, всѣмъ извѣстнаго явленія, мы указали въ усталости нервовъ, для которыхъ также необходимо безпрестанно почерпать новыя силы для своей дѣятельности изъ процесса питанія, какъ необходимо безпрестанное вдыханіе кислорода для цѣлаго организма. Бенеке придалъ этому психологическому явленію особенную важность и, приписавъ явленіе усталости и отдыха душѣ, основалъ на немъ всю свою систему безпрестанной выработки душою новыхъ и новыхъ *первичныхъ силъ* (Urvermögen), безпрестанно поглощаемыхъ впечатлѣніями внѣшняго міра (Reize). Но мы видѣли уже, что явленіе усталости есть чисто физическое явленіе, объяснимое вполнѣ процессомъ питанія, а потому мы не имѣемъ никакого права приписать усталость душѣ. Не душа, а нервы устаютъ представлять одно и то же, выполнять какъ-разъ одни и тѣ же движенія и въ одной и той же комбинаціи; не для души, а для нервовъ нужны безпрестанныя остановки въ этой работѣ, остановки, въ продолженіи которыхъ нервы возобновляютъ свои силы изъ процесса питанія. Въ этомъ еще болѣе убѣждаетъ насъ одно явленіе, на которое ни одинъ психологъ не обратилъ должнаго вниманія, а именно, что тогда, какъ *представленія* неудержимо и быстро въ насъ смѣняются, *идеи* могутъ оставаться въ насъ неопредѣленно долго, и цѣлые часы, дни, мѣсяцы, года, руководить подборомъ нашихъ представленій. Локкъ смѣшалъ *представленіе* и *идеи* подъ общимъ именемъ идей; Гербартъ, а вслѣдъ за нимъ и Бенеке, назвали и *идеи*, и представленія безразлично представ-

---

[1]) Man. de Phys. par Müller. T. II. p. 536—539.
[2]) Locke's Works. Vol. I. of hum. Und. Ch. XIV. § 13, 14, 15.

лениями. Отъ этого смѣшенія, какъ мы увидимъ это яснѣе впослѣдствіи, произошли самыя важныя ошибки англійской и англо-германской психологіи, которыхъ мы постараемся избѣжать вездѣ, отдѣляя *представленія*, въ которыхъ работаютъ нервы со своими привычками, отъ *идей*, которыя сохраняются душою и только руководятъ подборомъ представленій, необходимыхъ для ихъ выраженія въ тѣлесной формѣ. Какъ только мы станемъ *идею нашей души* выражать въ словахъ, звукахъ, очеркахъ, образахъ, краскахъ, такъ и начнемъ приводить въ дѣятельность нашу нервную систему, въ привычкахъ и навыкахъ которой хранятся всѣ эти *одежды* нашихъ идей; а однѣ и тѣ же нервы наши не могутъ работать безъ устали и, давъ намъ то или другое представленіе, требуютъ отдыха, т. е. возобновленія силъ изъ процесса питанія. Вотъ чѣмъ объясняемъ мы *неудержимый ходъ* нашихъ представленій и необходимость ихъ безпрестанной смѣны. Если же одно и то же представленіе, въ одинаковой степени яркости, остается долгое время въ ясномъ полѣ нашего сознанія, то это уже не нормальное, а болѣзненное состояніе нашей нервной системы, объясняемое тѣмъ, что при раздраженіи наши нервы, или какой-нибудь отдѣлъ ихъ, могутъ поглощать силы организма, назначенныя для другихъ отправленій.

4. Какъ быстро происходитъ эта смѣна однихъ представленій другими? Если не ошибаемся, то Локкъ первый обратилъ вниманіе на этотъ важный вопросъ и даже на относительной быстротѣ смѣны представленій построилъ объясненіе, какъ человѣкъ создалъ себѣ идею времени. Гербартъ перенесъ въ свою психологію это предположеніе Локка[1]) и Локкъ, и Гербартіанцы (напр. Вайцъ) думаютъ, что у каждаго человѣка есть свой обычный *темпъ* хода представленій и что у однихъ въ душѣ вереницы представленій идутъ быстрѣе, у другихъ медленнѣе. Это совершенно справедливо; но причинъ этой относительной быстроты или медленности въ ходѣ представленій у разныхъ людей слѣдовало бы искать не тамъ, гдѣ искали ее эти мыслители: не въ особенностяхъ души, а въ особенностяхъ нервной системы, или вообще въ тѣхъ особенностяхъ тѣлесныхъ организацій, которыя выражаются въ такъ-называемыхъ *темпераментахъ*. Быстрое обращеніе крови, быстрое возобновленіе всѣхъ тканей, а слѣдовательно и тканей нервной системы, есть, какъ намъ кажется, необходимое условіе быстроты въ ходѣ представленій. Зависимость скорости хода представленій отъ тѣлесныхъ условій доказывается еще и тѣмъ, что скорость эта у одного и того же человѣка въ различное время бываетъ различна; не только въ различные періоды жизни — у юноши, напр. гораздо быстрѣе, чѣмъ у старика, — но и въ одинъ и тотъ же періодъ при различныхъ состояніяхъ здоровья. Въ горячечныхъ припадкахъ, при сумашествіи и т. п. ходъ представленій ускоряется иногда поразительно.

5. Большое вліяніе на скорость хода представленій оказываютъ...

---

[1]) Locke's Works. Vol. 1. of human Understanding. Ch. XIV. § 12.

тренія, *сердечныя* чувства. Въ спокойномъ состояніи мы не пропускаемъ черезъ ясное поле нашего сознанія и сотой доли того количества представленій, какое пройдетъ въ немъ, когда наша душа чѣмъ нибудь сильно взволнована. Въ одну минуту грозящей опасности мы передумаемъ столько, что если бы захотѣли записать потомъ всѣ наши мысли со всѣми ихъ оттѣнками и измѣненіями, то не умѣстили бы содержанія этой минуты на нѣсколькихъ листахъ. Конечно, въ этомъ явленіи выражается не вліяніе нервовъ на ходъ воображенія, но вліяніе чувствъ души на ходъ ея представленій; но мы имѣемъ основаніе думать, какъ покажемъ ниже, что самое это вліяніе чувства совершается непосредственно, а посредствомъ нервной системы, которая возбуждается чувствами къ усиленной дѣятельности.

b. Вліяніе состояній нервной системы на вызовъ въ душѣ тѣхъ или другихъ сердечныхъ чувствъ, гнѣва, страха, ненависти, любви, доказывается ясно многими патологическими явленіями. Безъ сомнѣнія, укушеніе бѣшеной собаки дѣйствуетъ не на душу, а на организмъ и окончательно на нервную систему; но, тѣмъ не менѣе, болѣзненное состояніе этой системы высказывается чисто *душевными* симптомами: безпричиннымъ гнѣвомъ, безпричиннымъ страхомъ, необъяснимымъ отвращеніемъ во всякой жидкости и т. п. [1]). Почти всѣ болѣзни оказываютъ замѣтное вліяніе на измѣненіе сердечныхъ чувствъ, или экзальтируютъ или притупляютъ ихъ [2]). Иное сумашествіе располагаетъ къ любви, иное къ ненависти, иное къ страху, иное къ бѣшенству, а причины всѣхъ этихъ психическихъ явленій лежатъ, конечно, въ измѣненномъ состояніи нервовъ [3]). Вліяніе опьяняющихъ напитковъ на воображеніе высказывается уже достаточно въ общеупотребительныхъ выраженіяхъ: «фантастическое воображеніе», «пьяное воображеніе». Наблюдая же пристально это явленіе, мы замѣтимъ, что опьяняющее средство дѣйствуетъ прежде всего черезъ нервную систему на возбужденіе чувства и уже чрезъ посредство чувства—на воображеніе. Таково же и вліяніе возраста и различныхъ періодовъ развитія, которое замѣчается всѣми воспитателями. Что же производитъ эти вліянія, какъ не сердечныя чувства, вызываемыя въ душѣ тѣми или другими ненормальными или періодическими состояніями организма и окончательно нервной системы? Мы не можемъ отдать себѣ отчета въ этихъ чувствахъ, которыя потому кажутся намъ

---

[1]) Traité de Pathologie interne, par Grisolle. Paris. 1852. T. II. p. 138—141.
[2]) Element de Pathologie général par Chomel. 4 Edit. Paris. 1861. p. 165.
[3]) Эскироль замѣчаетъ, что у безумныхъ чаще всего происходятъ измѣненія въ враждебныхъ привязанностяхъ. Часто они становятся равнодушны къ своимъ роднымъ и друзьямъ или даже высказываютъ ненависть. Traité de Path. par Grisolle. p. 565. Подъ вліяніемъ помѣшательства честнѣйшіе дѣлаются ворами; женщины, самыя добродѣтельныя, говорятъ циническія рѣчи и т. д. Сумасшедшіе по большей части грубы, малодушны, не предусмотрительны, довѣрчивы или подозрительны, вовсе необщительны (Ibid. p. 666).

безпричинными; но медицинское наблюдение открывает причину в тѣхъ или другихъ состояніяхъ организма. Еще Аристотель обратилъ вниманіе на такія *безпричинныя, органическія* чувства [1]; но новѣйшая психологія совершенно выпустила ихъ изъ виду, хотя ими, какъ мы увидимъ далѣе, проливается яркій свѣтъ на многіе психофизическіе акты.

7. Еще очевиднѣе вліяніе состояній организма на наши желанія, изъ которыхъ многія раждаются прямо изъ органической потребности, ощущаемой душою не иначе, какъ въ измѣненномъ состояніи нервной системы. Организмъ можетъ испытывать потребность пищи, но не иначе чувствовать страданій голода. Страданія эти вызываются въ душѣ ненормальнымъ состояніемъ организма, въ которое онъ впадаетъ при недостаткѣ пищи. Чувство голода, жажды, усталости, бодрости, потребности движеній, половыя стремленія, потребность сна ощущаются при только какъ ненормальныя состоянія или слишкомъ истощеннаго или слишкомъ переполненнаго нервнаго организма.

8. Мы не знаемъ, каково состояніе нервнаго организма, вызывающее въ душѣ, напримъ., страданіе голода и жажды; но знаемъ ли мы, каково состояніе нерва, вызывающее въ душѣ ощущенія зрѣнія, слуха или осязанія? Въ обоихъ случаяхъ мы можемъ только предполагать, что какія-то состоянія нервнаго организма дѣйствительно существуютъ, предшествуютъ нашимъ ощущеніямъ и многимъ чувствамъ и желаніямъ и что душа отзывается на нихъ сообразно ихъ различнымъ характерамъ то слуховыми и свѣтовыми ощущеніями, то страданіями, то иными, то веселостью, то потребностью отдыха, пищи или сна и т. д. Вотъ все, что мы знаемъ положительнаго: далѣе могутъ идти одни предположенія.

9. Нѣтъ сомнѣнія, что такъ называемые *инстинкты* и инстинктивныя стремленія людей и животныхъ—также ничто иное, какъ непроизвольные отзывы души на состоянія нервнаго организма, со всѣми особенностями: его спеціальными потребностями, его наслѣдственно пріобрѣтенными навыками и привычками, его болѣзненными и иными періодами. Безъ сомнѣнія, организмъ пчелы побуждаетъ ее искать тотъ или другой цвѣтокъ точно такъ же, какъ организмъ человѣка побуждаетъ его искать пищи, питья, отдыха, и т. п. Человѣкъ ищетъ пищи не потому, что знаетъ потребность ея для организма (даже не зналъ онъ этой потребности); но потому, что ненормальное состояніе

---

[1] «Всѣ состоянія души кажутся связанными съ тѣломъ: гнѣвъ, кротость, страхъ, состраданіе, мужество, радость, любовь и ненависть, ибо вмѣстѣ съ ними нѣчто претерпѣваетъ и тѣло. Это проявляется въ томъ, что когда сильныя и поражающія событія не внушаютъ намъ страха, а при слабыхъ и ничтожныхъ возбужденіяхъ иногда тѣмъ не возбуждается и возникаетъ это того же рода. Еще же виднѣе это изъ того, что часто возникаетъ состояніе страха, когда нѣтъ ничего страшнаго». (Arist. De anima, I. Cap. I. Uebers. von Weisse. S. 6).

— 147 —

нервнаго организма заставляетъ человѣка страдать и искать средства для прекращенія этихъ страданій. Но этого мало: организмъ не только возвѣщаетъ душѣ о своей потребности; но наводитъ ее на средства, которыми можно удовлетворить эту потребность. Маленькая черепаха, только-что вылупившаяся изъ яйца на морскомъ берегу, бѣжитъ уже не къ яйцу, но по направленію къ морю; пчелка, только-что вышедшая изъ улья, летитъ уже за медомъ не на камень, а на цвѣтокъ. Какъ это дѣлается, какими іероглифами начертаны въ организмѣ потребность и средства ея удовлетворенія, какъ и когда душа разбираетъ эти іероглифы,—этого мы не знаемъ, но не можемъ сомнѣваться въ томъ, что душѣ врождена *способность* при одномъ состояніи нервной системы испытывать страданія голода, а при другомъ—страданія жажды, точно такъ же, какъ при колебаніи зрительнаго нерва испытывать зрительныя ощущенія, а при колебаніи слуховаго—слуховыя.

10. Если состоянія нервнаго организма оказываютъ вліяніе на наше воображеніе, наши сердечныя чувства и наши желанія, то, безъ сомнѣнія, вліяніе это выражается въ нашихъ мысляхъ, рѣшеніяхъ, словахъ и поступкахъ, которыя выходятъ изъ души, но души, часто находящейся подъ тѣмъ или другимъ вліяніемъ состояній нервной системы. Мы не будемъ входить здѣсь по этому поводу въ излишнія подробности: но разбирая отдѣльно различные психо-физическіе акты, мы, насколько это возможно, будемъ отличать то, что принадлежитъ душѣ, отъ того, что принадлежитъ тѣлу, зная, что, если тѣло имѣетъ вліяніе на душу, то и душа въ свою очередь имѣетъ такое же вліяніе на тѣло и, безъ сомнѣнія, оказываетъ его не иначе, какъ чрезъ посредство того же нервнаго организма. Внезапное горе, а еще чаще внезапная радость убиваютъ иногда мгновенно. Продолжительная и сильная печаль часто порождаетъ чахотку, а также часто бываетъ причиною *рака* [1]. Медицина, напримѣръ, раздѣляла прежде *ипохондрію* на hipochondria cum materia и hipochondria sine materia; но теперь не подлежитъ уже сомнѣнію, что есть всегда совершенно психическое явленіе, какое-нибудь ложное направленіе души, данное ей или воспитаніемъ, или жизнью, или какимъ-нибудь случаемъ, можетъ породить и дѣйствительно порождаетъ сначала воображаемое, а потомъ дѣйствительное разстройство тѣхъ или другихъ органовъ [2].

[1] Elements de Pathologie par Chomel, p. 82.
[2] «Причины ипохондріи, говоритъ Гассе, отчасти духовныя, отчасти тѣлесныя; но первыя играютъ гораздо важнѣйшую роль» (Handbuch der Speciellen Pathologie und Therapie, Redig. von Virchow. 1855. B. IV. Abth. I von Hasse S. 113). Странно, что Гассе не соглашается съ мнѣніями Ромберга, Мяна, Дюбуа, которые, принимая также, какъ и онъ, что «психическое разстройство составляетъ основаніе и исходный пунктъ этой болѣзни», думаютъ вмѣстѣ съ тѣмъ, что «вслѣдствіе ненормальнаго направленія требованій, воображаемыя страданія могутъ сдѣлаться дѣйствительными:

ГЛАВА XVIII.

Переходъ отъ физіологіи къ психологіи.

Методы психологическаго и физіологическаго изслѣдованія так[ъ] личаются между собою, что намъ необходимо теперь остановит[ься] припомнивъ путь, уже пройденный, бросить взглядъ на тотъ, [по кото]рому предстоитъ намъ идти.

1. Мы видѣли, что человѣкъ есть организмъ развивающ[ійся какъ] и всякій другой организмъ, по своей внутренней идеѣ. Раз[сматривая] явленія человѣческаго организма, мы прежде всего выдѣлили [изъ нихъ] тѣ, которыя общи всѣмъ организмамъ, какъ растительнымъ, такъ [и жи]вотнымъ. Къ растительнымъ явленіямъ въ человѣческомъ орган[измѣ мы] отнесли два обширные и сложные процесса: процессъ *питанія* [и про]цессъ *размноженія*. Оба эти процесса составляютъ одинъ [общій] процессъ: *процессъ развитія* индивидуальнаго и видоваго.

2. Процессъ *питанія* въ человѣкѣ, какъ и во всякомъ [другомъ] организмѣ, состоитъ въ заимствованіи организмомъ элементовъ [изъ] природы и переработкѣ ихъ въ свое тѣло. Вслѣдствіе такой [переработки] организмъ получаетъ возможность выразить въ тѣлесныхъ форм[ахъ] ихъ органовъ присущую ему идею.

3. Питательный процессъ въ животномъ организмѣ, кромѣ [достав]ленія матерьяла для выработки органовъ, получаетъ еще новое назнач[еніе]: постоянно подновлять органическія ткани и возобновлять силы, [не]потребляемыя жизненною дѣятельностью, составляющею отличи[тельный] признакъ животныхъ организмовъ.

4. *Жизнью* мы назвали неизвѣстную намъ причину или [рядъ] причинъ, дающихъ животному организму возможность чувств[овать и] проявлять свои чувства въ *произвольныхъ движеніяхъ*. Не буд[учи въ] состояніи узнать *самую жизнь*, мы обратились къ изученію [ея яв]леній и нашли, что непосредственнымъ орудіемъ жизни являе[тся нерв]ная система во всей своей полнотѣ, т. е., ея мозговые центры, [ея] органы чувствъ и органы движеній, мускулы. Это уже чисто [животная] система, неимѣющая ничего ей соотвѣтствующаго въ растительн[омъ]

сначала происходитъ неправильная иннервація и функціональное раз[строй]ство въ тѣхъ частяхъ, на которыя больной направилъ свои средст[ва] но за тѣмъ мало по малу развивается измѣненіе самыхъ тканей. [Не самъ] ли Гассе говоритъ, что опыты Людвига показали сильное вліяніе [нервовъ] на растительные процесы (ib. p. 114)? Нельзя же отвергать этог[о вліянія] на томъ только основаніи, что онъ теменъ? Не самъ ли Гассе [говоритъ], что подъ вліяніемъ ипохондріи разстраивается пищевареніе (с. [??]) рѣдко печаль бываетъ причиной чахотки или рака? Но измѣняется [ли] самый органъ, который по мнѣнію больнаго разстроенъ? Это друг[ой во]просъ, на который одни отвѣчаютъ утвердительно, а другіе отриц[ательно].

— 149 —

ней. Она безпрестанно потребляется жизненною дѣятельностью и постоянно возобновляетъ свои силы и свои ткани изъ питательнаго процесса, такъ что выраженіе Гербарта, называвшаго душу, по ея отношенію къ тѣлу, «чужеяднымъ растеніемъ» [1]), еще болѣе приложимо къ нервной системѣ, по ея отношенію къ растительному процессу.

3. Обозрѣвъ нервную систему, мы нашли въ ней три главныя свойства: а) необыкновенную *впечатлительность*, такъ сказать, чуткость, съ которой она отвѣчаетъ разнообразными вибраціями на разнообразныя вліянія внѣшняго міра; б) *способность рефлектировать эти вибраціи въ сокращеніяхъ мускуловъ* и в) способность *усвоивать привычки* тѣхъ или другихъ вибрацій, а также получать и передавать ихъ наслѣдственно.

4. Но какъ ни сложна нервная система, какъ ни поразительны ея свойства, физіологія, основанная на фактахъ, не могла отыскать въ ней ничего кромѣ *машины* — машины необыкновенно сложной, необыкновенно чувствительной, въ физическомъ смыслѣ этого слова, имѣющей органическую способность сохранять слѣды своей дѣятельности, но все же — машины. Физіологія не могла отыскать въ нервной системѣ никакихъ условій, которыя могли бы объяснить намъ возможность такихъ явленій, каковы *сознаніе, чувство и воля*. Достигая вездѣ до этихъ явленій, мы испытывали одно, что съ физіологическими средствами изслѣдованія нельзя сдѣлать ни шагу далѣе, что здѣсь мы встрѣчаемся съ какимъ-то новымъ *дѣятелемъ*, который не поддается физіологическому наблюденію [2]).

[1]) Lehrbuch der Psycholog. § 154.

[2]) Но если физіологія не нашла до сихъ поръ условій жизни, т. е. сознанія, чувства и воли, въ нервной системѣ, то нельзя ли надѣяться, что она отыщетъ ихъ со временемъ? Мало ли еще чего мы не знаемъ? «Сущность минеральнаго явленія, самаго простого, говоритъ Клодъ-Бернардъ, такъ же доныне неизвѣстна физику, какъ неизвѣстна физіологу сущность органическихъ явленій». (Вв. въ Оп. Медиц. стр. 105). Но неужели Клодъ-Бернардъ не видитъ разницы въ отношеніи къ намъ минеральныхъ и интеллектуальныхъ явленій? Минеральное явленіе намъ чуждо, и понятно, что въ сущность его мы не можемъ проникнуть, но *интеллектуальное явленіе* — вѣдь это мы сами, и слѣдовательно можемъ наблюдать это явленіе безъ помощи глазъ, ушей или осязанія. Мало этого, только такимъ образомъ мы и можемъ наблюдать интеллектуальныя и вообще психическія явленія. Физіологъ, не оставляя метода своей науки, не только не можетъ изучать интеллектуальныхъ явленій, но даже не можетъ удостовѣриться, то ли передъ нимъ, что онъ хочетъ изучать. Весьма можетъ быть, что движеніе, въ которомъ физіологъ хочетъ видѣть выраженіе интеллектуальнаго явленія, есть не болѣе, какъ механическій рефлексъ, не имѣющій въ себѣ ничего интеллектуальнаго — и физіологъ не имѣетъ средствъ убѣдиться, такъ это или нѣтъ. Подъ его ножомъ, микроскопомъ или въ какомъ либо видѣ ничто не крикнетъ ему: «да это я — сознаніе!»; да еслибъ и раздался такой крикъ, то это можетъ быть такое же механическое движеніе, какъ и

7. Отношеніе, въ которое душа поставлена къ нервному организму, составляетъ одну изъ величайшихъ тайнъ творенія, которая, возбуждая сильнѣйшее любопытство въ человѣкѣ, остается для него непостижимой хотя человѣкъ, такъ сказать, живетъ посреди этой тайны и всякимъ своимъ дѣйствіемъ, каждою своею мыслію рѣшаетъ на практикѣ задачу неразрѣшимую для него въ теоріи [1]). Теперь, по крайней мѣрѣ, ясно для насъ уже одно, что нервный организмъ стоитъ неизбѣжнымъ, вѣрнымъ и единственнымъ посредникомъ между внѣшнимъ міромъ и душою. Душа не ощущаетъ ничего, кромѣ разнообразныхъ состояній нервнаго организма и насколько внѣшній міръ своими вліяніями отражается въ этихъ состояніяхъ, настолько онъ и доступенъ душѣ. Если предположить, что во внѣшнемъ мірѣ существуютъ явленія, непроизводящія никакого вліянія, ни непосредственнаго, ни посредственнаго, на какія-либо состоянія нервнаго организма, то такія явленія останутся для души всегда неизвѣстными. Если, наоборотъ, предположить, что въ душѣ есть явленія, которыя не производятъ никакого впечатлѣнія на нервный организмъ, то такія явленія ничѣмъ не заявятъ своего существованія во внѣшнемъ мірѣ [2]). Таково отношеніе души и къ нервной системѣ, и къ внѣшнему міру. Какъ разбираетъ душа гіероглифы, начертываемые влияніями внѣшней природы въ состояніяхъ нервной системы — этого мы не знаемъ; а соотвѣтствуютъ ли эти гіероглифы дѣйствительнымъ явленіямъ внѣшняго міра — это составляетъ основной вопросъ метафизики, въ который мы не будемъ здѣсь углубляться.

8. Но, оставляя физіологическія наблюденія, чѣмъ же мы замѣнимъ ихъ? Наблюденіемъ души надъ собственною своею жизнью, или самонаблюденіемъ. Наблюденіе есть методъ естественныхъ наукъ, самонаблюденіе — методъ психологіи. Уже сама физіологія, какъ только рѣчь идетъ въ ней о дѣятельности органовъ чувствъ и движеній, не довольствуется наблюденіями, а прибѣгаетъ къ самонаблюденіямъ: мѣняетъ физіологическій методъ на психологическій; да иначе и быть не можетъ:

звонъ струны, по которой повели смычкомъ. Неужели такъ трудно понять эту идею, и видѣть невозможность идти къ изученію сознанія физическимъ путемъ, а, вслѣдствіе того, и не предаваться такимъ сангвиническимъ надеждамъ, какимъ предается, напр., Клодъ-Бернардъ? (Тамъ же, стр. ??)

[1]) «Какимъ бы образомъ мы не представляли себѣ тѣсной связи души и тѣла», говоритъ Эйлеръ, разбирая различныя гипотезы этой связи, «она навсегда останется неизъяснимою тайною въ философіи». (Euler, P. II, XIV, p. 276). Послѣ Эйлера наука не сдѣлала въ этомъ отношеніи шагу далѣе.

[2]) Миллеръ кажется первый ясно выразилъ эту важную для жизни идею: «чувства, говоритъ онъ, сообщаютъ намъ только сознаніе о свойствахъ и состояніяхъ нашихъ нервовъ». (Man. de Phys. par J. Müller, II, p. 251). Онъ долго останавливается на этой идеѣ и развиваетъ ее во всей ея полнотѣ.

— 151 —

Если бы, напримѣръ, человѣкъ не обладалъ самъ органомъ слуха, то, открывъ его у другихъ животныхъ, онъ не имѣлъ бы никакой возможности узнать, для чего служитъ такой органъ. «Пусть кто-нибудь попробуетъ, говоритъ Локкъ, вообразить вкусъ, котораго никогда не испытывалъ, или запахъ, котораго никогда не обонялъ» ¹). Точно также физіологъ, предполагая чувство или желаніе причинами тѣхъ или другихъ движеній оперируемаго имъ животнаго, отправляется отъ психологическихъ наблюденій чувствъ и желаній въ самомъ себѣ и знаетъ о нихъ только то, что испыталъ въ самомъ себѣ. Въ этомъ отношеніи физіологія находится въ полной зависимости отъ психологіи, хотя не всегда сознаетъ эту зависимость. Если бы человѣкъ никогда не видалъ ни существъ себѣ подобныхъ, не зналъ даже, что у него есть глаза и уши, то и тогда могъ бы различать въ самомъ себѣ слуховыя ощущенія отъ зрительныхъ, отвращеніе отъ желанія, горе отъ радости, словомъ, могъ бы уже заниматься психологіею. Но если психологъ можетъ обойтись безъ физіологическихъ наблюденій, то еще не значитъ, чтобы они не приносили ему значительной пользы. Мы хотимъ только показать, что основной методъ для физіологіи есть наблюденіе, а основной методъ для психологіи — самонаблюденіе и что если одна наука можетъ пользоваться результатами другой, то только подъ тѣмъ условіемъ, чтобы обѣ онѣ не смѣшивали своихъ методъ ²).

9. Что *самонаблюденіе*, основывающееся на прожденной человѣку способности сознавать и помнить свои душевныя состоянія ³), есть основной способъ психологическихъ изслѣдованій — въ этомъ не трудно убѣдиться. Всякое психологическое *наблюденіе*, которое мы дѣлаемъ надъ другими людьми или извлекаемъ изъ сочиненій, рисующихъ душевную природу человѣка, возможно только подъ условіемъ предварительнаго самонаблюденія. Какъ бы ярко ни выражалась какая-нибудь страсть въ лицѣ, въ движеніяхъ, или въ голосѣ человѣка, мы не поймемъ этой страсти, если не испытывали въ самихъ себѣ чего-нибудь подобнаго. Поэтъ, ярко и мѣтко выразившій какое-нибудь человѣческое чувство, останется непонятнымъ для того, кто не испыталъ этого чувства, хотя

---

¹) Locke's Works T. I. Conduct of the Understanding, p. 225.

²) Весьма странно то презрѣніе, съ которымъ иные физіологи относятся къ психологіи. Неужели трудно понять, что вся физіологія нервной системы находится въ такой зависимости отъ психическихъ самонаблюденій, что физіологъ, говоря о чувствахъ, желаніяхъ, произволѣ и т.п., долженъ, по крайней мѣрѣ, имѣть опредѣленное понятіе о томъ, что онъ говоритъ? Психологическое невѣжество многихъ физіологовъ и есть главная причина тѣхъ ложныхъ предположеній, которыхъ насоздавалось въ послѣднее время такое множество.

³) Способность эту Локкъ довольно темно назвалъ *рефлексіею* (Reflection) въ отличіе отъ *ощущеній*. *Ощущеніе* и *рефлексія* составляютъ, по мнѣнію Локка, два единственные источника всѣхъ нашихъ идей. (Of hum. Und. В. II, Ch. I § 2).

— 152 —

бы въ слабѣйшей степени. Дитя, читающее лирическія или драматическія произведенія, въ которыхъ выражены чувства, доступныя только взрослымъ, или изучающее басни, проповѣди и вообще такія произведенія, въ которыхъ рисуется нравственная природа взрослаго человѣка, читаетъ и изучаетъ только слова и ничего болѣе, кромѣ словъ. Напрасно мы старались бы растолковать слѣпому, что такое цвѣта, и глухому, что такое звука.

10. Чтобы обозначить еще яснѣе отношеніе психологіи къ наблюденію и самонаблюденію, позволимъ себѣ построить небольшую гипотезу. Предположимъ, что явно выразившееся стремленіе современной физіологіи увѣнчалось успѣхомъ и что этой наукѣ удалось доказать, что всѣ явленія въ жизни животныхъ и людей, которыя приписывались прежде сознанію и волѣ, суть ничто иное, какъ неизбѣжные «роковые» рефлексы, по мѣткому выраженію профессора Сѣченова; положимъ, что я, принявъ этотъ выводъ науки съ полною вѣрою, введу его въ свое міросозерцаніе: чѣмъ же долженъ показаться мнѣ тогда весь живой, внѣшній для меня міръ, вся дѣятельность животныхъ и людей? Одною рефлектирующею машиною, вовсе не имѣющею нужды въ сознаніи, чувствѣ и волѣ, чтобы дѣлать то, что она дѣлаетъ. Спрашивается, разувѣрюсь ли я тогда въ существованіи сознанія, чувства и воли? Конечно, нѣтъ, я буду ощущать ихъ въ самомъ себѣ и только потому, что они во мнѣ совершаются, буду убѣжденъ, что они дѣйствительно существуютъ. Въ такомъ скептическомъ отношеніи ко внѣшнему міру конечно не стоитъ ни одинъ человѣкъ; но именно въ такомъ отношеніи ко всѣмъ наблюденіямъ должна стоять психологическая наука. Она должна начинать съ самонаблюденій и къ нимъ же возвращаться. Если же она говоритъ о психическихъ явленіяхъ у другихъ людей, то не иначе, какъ по аналогіи, заключая по сходству въ проявленіяхъ о сходствѣ причинъ: путь весьма невѣрный, если нѣтъ для повѣрки его другаго, болѣе прочнаго критеріума. Такимъ же критеріумомъ для психическихъ аналогій является опять *самонаблюденіе*, опять—*самосознаніе* человѣка. Если есть что нибудь, въ чемъ я не могу сомнѣваться, то это только въ томъ, *что я ощущаю то, что я ощущаю*. Я могу сомнѣваться въ томъ, чувствуютъ ли другіе люди подобно мнѣ, соотвѣтствуютъ ли мои ощущенія дѣйствительному міру, ихъ вызывающему, могу даже сомнѣваться въ существованіи самаго внѣшняго міра, какъ сомнѣвался, напримѣръ, Беркли; могу все принимать за сонъ моей души, какъ принималъ Декартъ, приготовляясь къ своимъ философскимъ изслѣдованіямъ [1]); но, замѣчая сходство или различіе въ моихъ собственныхъ ощущеніяхъ, я не могу сомнѣваться въ томъ, что это различіе или сходство дѣйствительно существуютъ, ибо эти ощущенія совершаются во мнѣ самомъ, мною самимъ и для меня самого. Въ этомъ отношеніи психологія самая несомнѣнная изъ наукъ.

11. Существуетъ ли однакоже какое-нибудь ручательство, что въ

---

[1]) Oeuvres de Descartes. 1865. Meditation. Med. Premiere. p. 66.

хическія явленія, наблюдаемыя психологомъ въ самомъ себѣ, совершаются точно также и въ душѣ другихъ людей и что, описывая эти явленія и анализируя ихъ, психологъ создаетъ науку, общую для всего человѣчества, а не описываетъ свои собственныя грёзы, индивидуальныя и потому ни для кого ненужныя? Единственное ручательство заключается въ самосознаніи того, кто читаетъ эти описанія и анализы. Если читающій психологію находитъ, что описанія вѣрны въ отношеніи тѣхъ психическихъ явленій, которыя въ немъ самомъ совершаются, то эти описанія имѣютъ для него полный авторитетъ. Въ такомъ отношеніи къ читателямъ стоитъ, впрочемъ, не одна психологія, но всѣ тѣ науки, въ глубокой основѣ которыхъ лежатъ результаты самознанія человѣка или человѣчества. Чѣмъ, напримѣръ, читающій исторію повѣритъ справедливость отношенія между причинами и слѣдствіями, если не своимъ собственнымъ сознаніемъ? Историкъ говоритъ намъ, что изъ такихъ то причинъ произошли такія то слѣдствія, и мы вѣримъ его разсказу именно потому, что чувствуемъ, что и въ насъ самихъ, изъ тѣхъ же причинъ и при тѣхъ же условіяхъ, произошли бы непремѣнно тѣ же, а не другія слѣдствія.

12. Однако мы встрѣчаемъ въ психологіяхъ не однѣ описанія явленій, а находимъ кромѣ того выводы, объясненія, гипотезы, законы: описаніе явленія можетъ быть вѣрно, но объясненіе его, выводъ, гипотеза могутъ оказаться ложными. Все это можетъ быть — и дѣйствительно бываетъ, иначе мы не встрѣчали бы въ психологіи столько теорій, противорѣчащихъ одна другой. Но въ этомъ отношеніи психологія раздѣляетъ участь всѣхъ наукъ, основанныхъ на опытѣ и наблюденіи. Всѣ опытныя науки, какъ это уже уяснилось въ современной логикѣ, стремятся къ тому, чтобы дать такое описаніе явленій, которое дѣлало бы ненужными теоріи и гипотезы; но развѣ хотя одна наука, кромѣ математики, достигла такого положенія? Въ этомъ отношеніи математика стоитъ уединенно посреди наукъ, основанныхъ на наблюденіи надъ внѣшнею природою, и наукъ, основанныхъ на психическихъ самонаблюденіяхъ. Одна математика основывается *не на наблюденіи* надъ фактами внѣшней природы или души, которое всегда можетъ быть ошибочно, но на *самомъ фактѣ*: она *совершаетъ* то, что доказываетъ, и *возможность совершенія есть ея доказательство*. Попытки поставить въ такое положеніе философію и психологію до сихъ поръ оказывались неудачными, и психологіи остается раздѣлять общую участь со всѣми науками, основанными на опытѣ и наблюденіи: добиваться все болѣе и болѣе точнаго описанія явленій и прибѣгать къ теоріямъ и гипотезамъ, гдѣ одного описанія явленій оказывается недостаточнымъ для объясненія ихъ связи.

13. Гораздо основательнѣе тотъ упрекъ, дѣлаемый обыкновенно психологіи, что предметъ ея чрезвычайно подвиженъ: не лежитъ спокойно передъ сознаніемъ изучающаго, какъ цвѣтокъ подъ микроскопомъ ботаника, но безпрестанно мѣняется, какъ хамелеонъ, смотря потому, кто къ нему подходитъ и съ какой стороны, и что, наконецъ, изучающій

не можетъ оторвать предмета своего изученія отъ самаго себя. Этотъ упрекъ вѣренъ; но онъ показываетъ только трудность науки, а не возможность ея. Къ счастію, люди вообще обладаютъ весьма прочною памятью въ отношеніи совершающихся въ нихъ психическихъ явленій. Изъ воспоминаній психическихъ явленій, въ насъ совершавшихся, слагается тотъ *психологическій тактъ*, которымъ обладаетъ, хотя и не въ равной степени, всякій человѣкъ, начиная отъ величайшаго генія и оканчивая идіотомъ.

14. *Психологическій тактъ* имѣетъ самое широкое приложеніе въ всей нашей жизни и безъ него невозможно было бы никакое общеніе между людьми и самый даръ слова не могъ бы существовать. Художникъ, актеръ, поэтъ, проповѣдникъ, ораторъ, адвокатъ, политикъ, педагогъ, льстецъ, обманщикъ руководствуются въ своихъ дѣйствіяхъ не чѣмъ инымъ, какъ психологическимъ тактомъ. Если льстецъ увѣренъ въ успѣхѣ своей лести, то лишь по тому, что знаетъ по собственному опыту, какъ сладко лесть дѣйствуетъ на душу. Если адвокатъ, рисуя картину горя или нищеты, надѣется возбудить чувство состраданія въ присяжныхъ, то единственно потому, что вспоминаетъ, какъ подобныя картины дѣйствовали на его собственную душу, и знаетъ по собственному же опыту, каковы бываютъ душевныя послѣдствія возбужденнаго состраданія. Читая вѣрное описаніе картинъ природы, мы съ наслажденіемъ говоримъ: «какъ вѣрно и какъ мѣтко!» Но въ этихъ восклицаніяхъ мы выражаемъ только, что писатель возобновилъ въ насъ тѣ самыя ощущенія, которыя мы сами испытывали при взглядѣ на природу. Руссо, поставивъ своего воспитанника передъ великолѣпною картиной солнечнаго восхода, ошибся въ своемъ расчетѣ. Дитя осталось хладнокровно къ той картинѣ, которая приводила въ восторгъ Руссо. Картина была слишкомъ велика и слишкомъ сложна для души ребенка. Ему надобно было перепытать много мелкихъ ощущеній, чтобы изъ нихъ могло сложиться то обширное, какого ожидалъ Руссо. Чему удивляемся мы въ драмахъ Шекспира, какъ не его необъятному психологическому такту? Знаніе, какой поступокъ или какія рѣчи вытекутъ изъ того или другого душевнаго движенія и какое душевное движеніе возбудятъ они въ другомъ лицѣ, съ другимъ характеромъ, и, какъ, наконецъ, эти рѣчи и поступки подѣйствуютъ на душу зрителя или читателя—вотъ всё тайна шекспировскаго генія. Конечно, между ребенкомъ, говорящимъ пер-

---

¹) Но можетъ быть память насъ обманываетъ и намъ только кажется, что чувство горя, которое мы испытываемъ сегодня, похоже на чувство горя, которое мы испытывали вчера? Можетъ быть намъ только кажется, ощущеніе зеленаго цвѣта, испытываемое нами нынѣшнею весной при взглядѣ на траву, похоже на то, которое мы испытывали въ прошломъ году? Изъ самой постановки этихъ вопросовъ видно уже, что, допуская скептицизмъ такъ далеко, мы подрываемъ не одну психологію, а всѣ науки, основанныя на опытѣ и наблюденіи.

ному ласковое слово съ цѣлью выманить себѣ то или другое удовольствіе, и Шекспиромъ, въ продолженіи трехъ столѣтій потрясающимъ сердца безчисленныхъ зрителей, разница громадная; но, тѣмъ не менѣе, и ребенокъ, и Шекспиръ дѣйствуютъ на основаніи одного и того же психологическаго такта, основаннаго на воспоминаніи психологическихъ явленій, въ нихъ совершавшихся. Въ ребенкѣ этихъ воспоминаній десятки, въ Шекспирѣ — неисчислимыя тысячи; въ ребенкѣ они смутны, отрывочны, узки, въ Шекспирѣ — необозримы, ярки, стройны. Нужна была громадная натура Шекспира, чтобы пережить въ своей душѣ то, что онъ пережилъ, и помнить то, что онъ помнилъ изъ этой необъятной внутренней жизни. Такихъ организацій немного; но всякій человѣкъ, говорящій другому оскорбительное или ласковое слово, говоритъ его на основаніи своихъ психическихъ воспоминаній, потому что самъ испыталъ, какъ дѣйствуетъ на душу грубость и ласка, и расчитываетъ вызвать и въ другомъ тѣ же самыя психическія явленія.

15. Мы уже высказали въ предисловіи, какую обширную роль играетъ психологическій тактъ въ воспитаніи. Воспитатель учитъ дитя, хвалитъ его или наказываетъ, избираетъ тѣ или другія педагогическія средства, ожидаетъ отъ нихъ тѣхъ или другихъ послѣдствій не иначе, какъ на основаніи своего психологическаго такта, на основаніи болѣе или менѣе обширныхъ, вѣрныхъ и ясныхъ воспоминаній своей собственной душевной жизни. Вотъ почему коренныя педагогическія усовершенствованія совершаются чрезвычайно медленно: человѣкъ, по большей части, учитъ и воспитываетъ дѣтей, какъ его самого учили и воспитывали, и только трудно и медленно вноситъ новыя идеи и пріемы въ дѣло воспитанія.

Степень психологическаго такта, которою обладаетъ воспитатель, и означаетъ ту *педагогическую врожденную способность*, которую практика и теорія воспитанія только разработываютъ, но не создаютъ. Въ предисловіи также мы показали, почему воспитатель не можетъ ограничиться однимъ психологическимъ тактомъ и почему изученіе психологіи, какъ науки, является краеугольнымъ камнемъ педагогики. Теперь же, показавъ основной методъ психологическаго изслѣдованія, намъ слѣдуетъ показать систему, которую мы примемъ при описаніи и анализѣ психическихъ явленій.

Система изложенія психическихъ явленій.

16. Въ психологіи вопросъ о системѣ изложенія важнѣе, чѣмъ въ другихъ наукахъ, въ которыхъ самый предметъ своею *видимою* организаціею указываетъ ужъ, какова должна быть эта система. Въ психологіи же написать полную систему изложенія значитъ почти тоже, что изложить самую науку; такъ какъ организація души и есть именно тотъ вопросъ, къ разрѣшенію котораго стремится психологія.

17. Одни психологи, выработавъ себѣ какую-нибудь теорію органи-

зaцiи душевныхъ явленiй, ставятъ ее на первыхъ страницахъ своей книги, подбирая потомъ и душевныя явленiя и ихъ объясненiя подъ эту теорiю. Таковы германскiе психологи. Другiе психологи, по преимуществу англiйскiе, не любятъ предпосылать теорiй своимъ анализамъ душевныхъ явленiй, но анализируютъ одно душевное явленiе за другимъ въ такомъ порядкѣ, какой кому кажется удобнѣе. Оба эти способа имѣютъ свои преимущества и свои недостатки. Первый способъ, германскiй, внушаетъ менѣе довѣрiя читателю, но за то выигрываетъ въ стройности изложенiя и допускаетъ менѣе возможности противорѣчiй; при второмъ способѣ, англiйскомъ, читатель можетъ быть довѣрчивъ къ писателю, присутствуя самъ при его аналитическихъ работахъ, но за то по окончанiи чтенiя не вынесетъ никакого цѣльнаго взгляда на изучаемый предметъ и пропуститъ, быть можетъ, множество противорѣчiй, которыхъ и дѣйствительно находится немало у англiйскихъ психологовъ, начиная отъ Локка и оканчивая Бэномъ и Спенсеромъ. Лучше всего было бы воспользоваться достоинствами обѣихъ этихъ системъ и избѣжать ихъ недостатковъ; но при настоящемъ состоянiи психологической науки мы считаемъ совершенное выполненiе такой задачи невозможнымъ; по крайней мѣрѣ, намъ оно положительно не удалось. Тѣмъ не менѣе, не расчитывая на совершенство, мы будемъ стараться удерживать среднiй путь, предпосылая анализъ теорiи, гдѣ это возможно, и гипотезу анализу, гдѣ это окажется неизбѣжнымъ. Такъ, напр., понуждаемые необходимостью группировать психическiя явленiя, мы тѣмъ должны допустить отдѣльный субстратъ для нихъ, еще не доказавъ его, такъ-какъ онъ доказывается лишь изъ анализа тѣхъ же самыхъ явленiй. Въ этомъ случаѣ, мы только слѣдуемъ примѣру другихъ опытныхъ наукъ: не предпосылаетъ ли химикъ гипотезу атомовъ и эквивалентовъ изложенiю явленiй химическаго сродства, а физикъ — гипотезу свѣтового эфира изложенiю явленiй свѣта, хотя самому изложенiю свѣтовыхъ явленiй предстоитъ показать, на сколько достовѣрна предпосылаемая имъ гипотеза? Иногда даже мы позволяемъ себѣ принимать въ началѣ нашихъ анализовъ такiя гипотезы, которыя въ концѣ ихъ окажутся отвергнутыми. Такъ, напр., въ началѣ нашей психологiи вездѣ, гдѣ намъ приходится говорить о сознанiи, памяти, воображенiи, разсудкѣ, чувствѣ, желанiи и т. п., мы признаемъ ихъ за отдѣльныя способности души, хотя впослѣдствiи вынуждены будемъ самыми анализами этихъ явленiй измѣнить многое въ такомъ взглядѣ. Но намъ кажется лучше вездѣ начинать съ общепринятыхъ психологическихъ убѣжденiй и потомъ уже изъ наблюденiй надъ явленiями, одни изъ этихъ убѣжденiй принимать, другiя ограничивать, третьи измѣнять. Такимъ образомъ, не будучи въ состоянiи назвать нашу методу изложенiя ни вполнѣ догматическою, ни вполнѣ аналитическою, мы назовемъ ее дидактическою, такъ-какъ главная цѣль наша есть ясность въ изложенiи и удобство въ обозрѣнiи описанiй и анализовъ психическихъ явленiй.

18. Вопросъ о субстратѣ душевныхъ явленiй считается вопросомъ

сом не *психологическим*, а *метафизическим*. Локк первый вооружился против метафизической психологии [1], но он же сам не раз вдается в метафизические вопросы, как это заметил еще Дюгальд Стюарт. Знаменитый логик Милль не без иронии относится к метафизическим вопросам психологии [2]; но кто со вниманием читал сочинения Милля, тот, без сомнения, заметил, какого миросозерцания держится сам писатель и как он решил для себя главные метафизические вопросы. Бэн тщательно изгоняет метафизику из своей психологии; но метафизические воззрения Бэна проглядывают на каждой странице его книги. Миросозерцание Спенсера слишком открыто, чтобы его не видеть, и для читателя ясно, что Спенсер резко порешил с метафизическими вопросами, но не отказался от их решения. В Германии Тетенс первый, кажется, высказал необходимость заменить метафизическую психологию опытною [3]. Кант, под влиянием Локка, показал до очевидности невозможность метафизической психологии [4] в пользу опытной, но сам не пошел по этому пути: это сделали в Германии уже после Канта Гербарт и Бенеке. Однако же и Гербарт, и Бенеке, вооружаясь против метафизических умозрений в психологии, построили каждый свои особые метафизические миросозерцания и системы души. Оба эти психолога, которым последователи их приписывают честь основания новой, *опытной* психологии, хотя и вооружаются против прежней, метафизической, но беспрестанно метафизируют сами. Гербарт высказывает откровенно свои метафизические воззрения, не лишенные высокой поэзии. Бенеке прикрывает их, вынужденный, может быть, необходимостью своего положения; но, тем не менее, для внимательного читателя метафизическое воззрение Бенеке ясно, и выработке из сил материальной природы *первичных* душевных сил, в которых все слагается в психологии Бенеке, так ясно высказывается во многих местах бенековской психологии [5], что все усилия Дрэслера прикрыть эти места кажутся нам тщетными [6]. Из всего этого мы выведем поучительную мысль, давно уже, впрочем, высказанную Кантом, что как бы ни казались невозможными метафизические теории, человек не перестанет строить их, точно также, как не перестанет дышать воздухом, хотя бы ему сказали, что этот воздух отравлен. Вот почему и мы откровенно будем вдаваться в метафизические воззрения там, где нам невозможно будет избегнуть их, хотя и знаем, что эти воззрения не дадут положительных результатов. Если, в конце концов, мы путем опытной пси-

---

[1] Locke's Works. Vol. I. Of hum. Und. B. I. Ch. I. 128.
[2] Mil's Logik. Vol. I. p. 69, 82 et cet.
[3] Tetens. Philosophische Versuche. 1777.
[4] Kant's. Kritik der Rein. Vernunft. Ed. Hart. 1853. Zw. B. s. 293—311.
[5] Lehrbuch der Psychol. § 24.
[6] Ist Beneke Materialist? Berl. 1862.

хологіи придемъ къ тому же результату, къ какому пришелъ Кантъ въ своей «Критикѣ Чистаго Разума», а именно, что существо души не можетъ быть постигнуто и что матеріалистическія воззрѣнія на душу также неосновательны какъ и идеалистическія, то и такого результата будетъ для насъ достаточно. Не построивъ своей теоріи, мы, можетъ быть, разрушимъ другія, потому что считаемъ полезнымъ, отъ времени до времени, очищать метафизическую атмосферу отъ накопляющихся въ ней міазмовъ, что особенно важно въ области воспитанія.

19. Признавая гипотетически *особенный субстратъ душевныхъ явленій*, мы также должны раздѣлить эти явленія, чтобы дать какой нибудь порядокъ ихъ изслѣдованію. Для этой цѣли мы избираемъ обще-принятое дѣленіе, которое имѣетъ уже тотъ авторитетъ, что оно создано не какимъ-нибудь однимъ психологомъ, а выработано всѣмъ человѣчествомъ. Раздѣленіе психическихъ явленій на явленія *сознанія, чувства и воли* есть дѣленіе не научное, но общечеловѣческое, которое только перешло въ психологію и оставалось въ ней до тѣхъ поръ, пока Гербартъ, а за нимъ Бенеке не попытались замѣнить его новой теоріей. Самый анализъ этихъ явленій покажетъ намъ, насколько право было общечеловѣческое сознаніе и насколько научная теорія.

20. Всякій, наблюдая надъ собственными своими психическими явленіями, удобно раздѣлить ихъ на три рода: на *явленія сознанія, чувства и воли*. Всякій замѣчаетъ надъ собою, что *видѣть* цвѣтокъ еще не значитъ *любоваться* имъ и любоваться цвѣткомъ еще не значитъ *желать* сорвать его. *Видѣть* картину горя еще не значитъ *испытывать горе*, а чувствовать горе еще не значитъ *желать отъ него избавиться*. Конечно, всѣ эти три рода психическихъ явленій часто соединяются между собою: желаніе избавиться отъ страданій непремѣнно предполагаетъ *чувство* такихъ страданій, а чувство страданій непремѣнно предполагаетъ *сознаніе* страданій, *но не наоборотъ*: мы можемъ смотрѣть на цвѣтокъ, не ощущая при этомъ ни удовольствія ни неудовольствія, и можемъ *ощущать удовольствіе*, не желая продолжать его, такъ какъ ничто и не угрожаетъ намъ его прекращеніемъ. Изъ этого мы выводимъ, что *явленія сознанія* проще и независимѣе *явленій чувства*, а явленія чувства проще и независимѣе явленій *воли*. Поэтому, не вдаваясь покуда въ метафизическія умозрѣнія, которыя заставили, напримѣръ, Шопенгауера поставить явленія воли въ основаніе всѣхъ прочихъ психическихъ явленій [1]; не вдаваясь также въ психологическія тонкости, которыя заставили, напримѣръ, Гербарта признать одни явленія сознанія самостоятельными и вывести чувство и желаніе, какъ необходимыя послѣдствія изъ явленій сознанія [2], и раздѣлимъ, покудова, нашу психологію на *три главныя отдѣла*: въ *первомъ*, изложимъ *явленія сознанія*, во *второмъ* — явленія чувства

---

[1] Ueber den Willen in der Natur. Franc. 1854. s. 2 и 3.
[2] Lehrbuch zur Psychologie.

ваго или сердечнаго чувства (въ отличіе отъ 5 внѣшнихъ чувствъ, орудій сознанія) и въ *третьемъ* — явленія воли или желанія. *Сознавать, чувствовать и хотѣть*—вотъ три главные психическіе акта, которые мы разсмотримъ одинъ за другимъ.

21. Но для нашей дидактической цѣли и этого раздѣленія мало. Чтобы не быть вынужденнымъ излагать сложныя психическія явленія наравнѣ съ простыми и объяснять сложныя, прежде чѣмъ будутъ объяснены простыя, мы введемъ еще одно раздѣленіе, котораго въ психологіяхъ обыкновенно не бываетъ, но которое, какъ намъ кажется, можетъ имѣть мѣсто въ антропологіи, а именно: мы выдѣлимъ изъ психическихъ явленій тѣ, которыя, судя по аналогіи нашихъ дѣйствій съ дѣйствіями животныхъ, свойственны только одному человѣку. Для этихъ явленій мы назначимъ особый, *послѣдній отдѣлъ*, подъ названіемъ *явленій духовныхъ*, въ отличіе отъ явленій *душевныхъ*, общихъ и человѣку и животному, сколько можно судить по аналогіи. Въ этомъ случаѣ слову «*духъ*», не пускаясь въ философскія умозрѣнія, мы придадимъ, въ отличіе отъ слова «*душа*», только значеніе собирательнаго имени для всѣхъ психическихъ явленій, свойственныхъ одному человѣку.

22. Такимъ образомъ, мы будемъ имѣть въ нашей антропологіи *три главные отдѣла*: отдѣлъ первый, посвященный явленіямъ *тѣлеснаго организма*, мы уже окончили; ко *второму* отдѣлу, посвященному *душевнымъ* явленіямъ, приступаемъ теперь; а *третьимъ* отдѣломъ, отдѣломъ явленій *духовныхъ*, закончимъ нашу психологію. Связь и отношеніе этихъ явленій выразятся при самомъ изложеніи.

23. Приступая теперь къ отдѣлу явленій сознанія, мы можемъ начать или съ того, что зададимся вопросомъ: что такое сознаніе? или можемъ, изучивъ сначала различныя проявленія сознанія, потомъ вывести изъ этихъ явленій характеристику самаго дѣятеля. Мы предпочитаемъ второй путь первому; но только не будемъ откладывать нашихъ выводовъ до конца отдѣла, а станемъ излагать тотъ или другой выводъ, какъ только найдемъ, что можно уже это сдѣлать, предоставляя себѣ дополнить или исправить его, если новыя наблюденія того потребуютъ. Пусть читатель, присутствуя съ нами при анализахъ различныхъ проявленій сознанія, будетъ потомъ компетентнымъ судьею правильности или неправильности нашихъ выводовъ. Мы не имѣемъ причины опасаться, что, говоря о проявленіяхъ *сознанія*, мы будемъ говорить о чемъ-то неизвѣстномъ читателю. «Сознаніе, говоритъ Мюллеръ: есть актъ, имя котораго уже заключаетъ въ себѣ его объясненіе и который нельзя опредѣлить точно также, какъ нельзя опредѣлить, что такое звукъ, синій цвѣтъ, горькій или сладкій вкусъ» [1]. Этого *непосредственнаго чувства* сознанія достаточно для насъ, чтобы приступить прямо къ изученію его проявленій.

---

[1] Man. de Phys. T. II, p. 493.

24. Сознаніе проявляется въ различныхъ душевныхъ процессахъ, каждому знакомыхъ: въ процессѣ *вниманія*, *памяти*, *воображенія*, *разсудка*, и мы станемъ теперь анализировать эти процессы, одинъ за другимъ. Мы начнемъ съ процесса *вниманія*, потому что безъ вниманія впечатлѣніе, полученное нервною системою изъ внѣшняго міра, не можетъ перейти въ ощущеніе, а ощущеніями начинается и изъ ощущеній строится вся психическая жизнь человѣка. Затѣмъ мы перейдемъ къ процессу воспоминанія; потомъ къ процессу воображенія и заключимъ разсудочнымъ процессомъ, какъ самымъ сложнымъ изъ всѣхъ процессовъ, въ которыхъ работаетъ наше сознаніе.

ГЛАВА XIX.

Процессъ вниманія.

1. Въ главахъ, посвященныхъ органамъ чувства и ихъ дѣятельности [1]) мы изложили только физическіе элементы *процесса ощущенія* или образованіе тѣхъ нервныхъ движеній, которыя превращаются уже въ ощущенія. Теперь намъ слѣдуетъ говорить о психической сторонѣ того же процесса, о переходѣ нервнаго движенія или состоянія нерва въ ощущеніе: о томъ, какимъ образомъ разнообразныя нервныя движенія, въ разнообразныхъ нервныхъ аппаратахъ, становятся въ душѣ столь же разнообразными ощущеніями. Что же мы знаемъ объ этомъ переходѣ, который совершается въ насъ въ каждое мгновеніе нашей сознательной жизни? Говоря откровенно, *почти ничего*, и мы считаемъ полезнѣйшимъ выставить въ яркомъ свѣтѣ этотъ пробѣлъ въ нашихъ знаніяхъ, чѣмъ прикрывать его такими туманными фразами, какими прикрытъ онъ, напримѣръ, у Бенеке и Фехнера.

2. Бенеке стушевываетъ пробѣлъ между нервнымъ впечатлѣніемъ и душевнымъ ощущеніемъ, говоря, что слѣды впечатлѣній, *безсознательные въ началѣ, накопляясь мало по малу, дѣлаются потомъ сознательными* [2]). Но эта гипотеза прямо противорѣчитъ опыту, показывающему ежеминутно, что въ душѣ нашей остаются слѣды только тѣхъ впечатлѣній внѣшняго міра, которыя уже были нами сознаны. Мало ли организмъ нашъ получаетъ ежеминутно впечатлѣній, которыя могутъ имѣть на него даже самое разрушительное, физическое вліяніе; но которыя, тѣмъ не менѣе, не оставляютъ никакого слѣда въ нашей памяти, потому-что мы ихъ не сознавали? Если-бы такія впечатлѣнія даже оставались въ насъ какимъ-нибудь образомъ, то, встрѣтившись съ ними, мы не узнали-бы ихъ, а приняли бы за новыя. Слѣ-

---

[1]) См. выше, главы VI, VII, VIII, IX.
[2]) Lehrbuch der Psichologie § 57. Еще же менѣе Erzieh. und Unter. Ł. I. § 17. S. 75.

вательно, говорить о томъ, что изъ накопленія слѣдовъ безсознательныхъ впечатлѣній образуются сознательныя ощущенія, значитъ впадать въ ложный кругъ, ибо самый слѣдъ безъ дѣйствія сознанія невозможенъ. Сколько ни прикладывай безсознательнаго къ безсознательному—въ суммѣ все же будетъ безсознательное. Разница здѣсь не въ количествѣ, а въ качествѣ.

3. Такъ же мало объяснимъ мы себѣ переходъ впечатлѣній нервной системы въ ощущенія души, принявъ фехнеровскій терминъ *психо-физическихъ* движеній. Мы можемъ имѣть понятіе о *движеніи физическомъ*, но не можемъ имѣть никакого о томъ, что такое *психическое движеніе*. Въ томъ-то и вопросъ, какимъ образомъ физическое движеніе нервовъ превращается въ психическое ощущеніе; а слово *психо-физическій*, ничего намъ не объясняя, закрываетъ только прорѣху въ нашихъ знаніяхъ. Чтобы уяснить эту гипотезу, Фехнеръ вынужденъ былъ прибѣгнуть къ какому-то новому *эфиру*, котораго онъ не называетъ психическимъ, только избѣгая рѣзкости этого названія [1]. Эфиръ этотъ, по мнѣнію Фехнера, способенъ къ *такимъ быстрымъ вибраціямъ*, что онѣ уже дѣлаются сознательными. Опять тоже стремленіе—качественное различіе между движеніями нервовъ и ощущеніемъ свести на количественное.

4. Веберъ, Гельмгольцъ и др. физіологи нервной системы опредѣлили довольно точно для различныхъ чувствъ ту степень силы, за которую должно перейти нервное впечатлѣніе, чтобы его *возможно было* ощущать (для осязанія—степень вѣса; для зрѣнія—величину предмета; для слуха—число колебаній струны въ секунду). Но дѣло въ томъ, что, перейдя и эту физическую ступень (порогъ — по выраженію Вебера), впечатлѣніе, хотя и можетъ быть сознаннымъ, но не всегда сознается въ самомъ дѣлѣ: иногда мы его сознаемъ, а иногда нѣтъ. Это явленіе, извѣстное подъ общимъ именемъ *вниманія и разсѣянности*, заставило Фехнера передвинуть вопросъ подальше. Онъ признаетъ, что недостаточно еще перехода силы впечатлѣнія за Веберовскій *порогъ*, для того, чтобы впечатлѣніе могло сдѣлаться дѣйствительнымъ ощущеніемъ. За этимъ порогомъ впечатлѣніе только возбуждаетъ психо-физическое движеніе (чего—эфира?), а это психо-физическое движеніе должно перейти въ свою очередь за *новый порогъ силы*, чтобы стать сознательнымъ, и когда количество этихъ психо физическихъ вибрацій въ секунду достигнетъ опредѣленнаго числа, тогда впечатлѣніе становится сознательнымъ [2]. Но не есть ли это одна изъ самыхъ обыкновенныхъ уловокъ сознанія? Если милліона колебаній въ секунду недостаточно, чтобы явленіе сдѣлалось сознательнымъ, то вотъ намъ десять милліоновъ; а если мало десяти, то почему же не дать ста? Такъ *вниманіе* дѣлается камнемъ преткновенія для всякой психологической теоріи, старающейся объ-

---

[1] Fechner's Psycho-physik. Т. II. S. 545 и 546.
[2] Ib. s. 426.

яснить физіологическимъ путемъ переходъ нервныхъ движеній въ ощущенія.

5. Самое слово *вниманіе* показываетъ уже, что подъ нимъ разумѣется актъ *взиманія* сознаніемъ тѣхъ или другихъ впечатлѣній внѣшняго міра, и не трудно убѣдиться, что этотъ актъ сознанія является необходимымъ условіемъ превращенія нервнаго впечатлѣнія въ душевное ощущеніе. Изъ огромнаго числа впечатлѣній внѣшняго міра, ежеминутно потрясающихъ нашъ нервный организмъ, мы ощущаемъ сравнительно весьма немногія; остальныя же, дѣлаясь физическими впечатлѣніями, не дѣлаются психическими ощущеніями. Ухо наше открыто всегда, волны потрясеннаго звуками воздуха къ нему прикасаются; составныя части слуховаго аппарата дрожатъ; волны жидкости лабиринта струятся; погруженные въ нихъ концевые аппараты слуховаго нерва принимаютъ эти движенія; слуховой нервъ несетъ ихъ къ мозговымъ центрамъ, и это совершается по неизбѣжнымъ физическимъ законамъ: а между тѣмъ, если вниманіе наше чѣмъ-нибудь отвлечено, то мы не слышимъ звуковъ такой силы, что и малой доли ея было-бы достаточно, чтобы разслушать эти звуки при малѣйшемъ вниманіи. Тоже самое замѣчается и при актѣ зрѣнія: «Безъ перемѣны оси зрѣнія, говоритъ Миллеръ, вниманіе можетъ обращаться на ту часть видимаго предмета, которая лежитъ въ сторонѣ. Смотря на сложную геометрическую фигуру и не передвигая оси зрѣнія, мы можемъ *послѣдовательно* видѣть различные элементы этой фигуры, не обращая вниманія на другіе [1]». То есть мы будемъ видѣть, *что намъ хочется*, хотя глазъ нашъ, по законамъ оптики, будетъ отражать одновременно всѣ элементы фигуры, всю фигуру. Не въ правѣ ли мы вывести изъ этого, что *глазъ нашъ и вниманіе* два существа различныя, и что глазъ нашъ не можетъ видѣть безъ нашего участія, безъ участія нашего вниманія?

6. Сила впечатлѣнія не только можетъ перешагнуть за физическій порогъ возможности сознанія, но даже достигнуть чрезвычайно высокой степени — и все же не пробудить сознанія. Мать выноситъ своего ребенка изъ пламени: платье и волосы на ней обгорѣли, на тѣлѣ страшные ожоги, а она ничего не замѣчаетъ; даже душевныя страданія въ ней слабы — вся она одинъ актъ воли. Но вотъ, наконецъ, дитя внѣ опасности и она начинаетъ кричать, стонать, плакать, и то еще не отъ физической боли, а отъ душевныхъ страданій, причиняемыхъ ей одной мыслію, какая опасность угрожала ребенку. И только уже потомъ, когда нравственныя страданія ея поутихнутъ, начинаетъ она чувствовать боль отъ ожоговъ, такихъ ожоговъ, что и одной сотой части ихъ было бы достаточно, чтобы заставить эту женщину сильно страдать при обыкновенномъ состояніи души. Говорятъ, что въ пылу битвы люди почти не чувствуютъ сильныхъ, даже смертельныхъ ранъ, и быстро слабѣютъ и даже падаютъ за-мертво, когда обратятъ вниманіе на текущую изъ нихъ

---

[1] Man. de Phys. p. Müller. T. II. p. 278.

кровь. Конечно, впечатлѣнія такого рода далеко перешли Веберовскій порогъ сознанія, и если бы душа наша, какъ утверждаютъ матеріалисты, была тождественна съ нервнымъ организмомъ, то не было бы никакой причины не сдѣлаться этимъ впечатлѣніямъ ощущеніями.

7. Однако же, нельзя ли объяснить этого явленія какими-нибудь физическими причинами? Эту попытку и дѣлаетъ Фехнеръ: «Если бы, говоритъ онъ, струна, не прикрѣпленная къ скрипкѣ, могла быть приведена къ тѣмъ же колебаніямъ, какимъ подвергается она, будучи прикрѣпленная, то она дала бы и тотъ же звукъ. Но она только на скрипкѣ можетъ такъ колебаться (давать опредѣленное число колебаній въ секунду), и слѣдовательно только на скрипкѣ можетъ издавать звуки» [1]. Однако же мы видимъ, что нервъ остается въ организмѣ, подвергается впечатлѣніямъ и не даетъ ощущенія. Но, можетъ быть, онъ не натянутъ какъ слѣдуетъ для того, чтобы подвергнуться такому числу колебаній, какое нужно для того, чтобы эти колебанія могли сдѣлаться сознательными? Положимъ, что такъ (хотя мы сейчасъ увидимъ, что и это предположеніе несправедливо); но и въ такомъ случаѣ слѣдуетъ признать силу, отдѣльную отъ нервнаго организма, которая способна напрягать нервы. Но этого то признанія и не хочется Фехнеру; вотъ почему онъ говоритъ глухо: «Значитъ, не всѣ условія движенія были выполнены, если оно не переходитъ въ ощущеніе» [2]. Но въ томъ то и дѣло, какое же физическое условіе не было выполнено? Что помѣшало нерву перейти въ напряженное состояніе, достаточное для того, чтобы его колебанія могли сдѣлаться сознательными?

8. Кому не знакомо то явленіе, на которое указываетъ самъ же Фехнеръ, что мы можемъ не слыхать фразы въ то мгновеніе, какъ она произнесена, и потомъ уже, иногда черезъ довольно замѣтный промежутокъ времени, услыхать ее, какъ бы въ самихъ себѣ. Въ разсѣянности мы часто просимъ повторить сказанный намъ вопросъ; но, прежде чѣмъ намъ повторятъ его, мы уже слышимъ его какъ бы въ самихъ себѣ и притомъ съ тою же самою интонаціею, съ которой онъ былъ произнесенъ. Согрезби утверждаетъ (намъ самимъ знакомо это явленіе), что онъ часто разсматривалъ предметъ послѣ того, какъ уже отворотился отъ него, и тогда различалъ въ немъ такія подробности, какихъ вовсе не замѣчалъ, когда смотрѣлъ на предметъ [3]. Многіе медики показываютъ, что часто при кровопусканіи они видятъ сперва брызнувшую кровь, а потомъ уже движеніе ланцета и производимый имъ разрѣзъ [4]. Подобное же ощущеніе послѣдующихъ событій предыдущими и предыдущихъ послѣдующими испытывается при астрономическихъ наблюденіяхъ и вообще въ тѣхъ случаяхъ, когда два событія быстро слѣдуютъ одно за дру-

---

[1] Fechner's Psycho-physik. T. II. S. 437.
[2] Ib. S. 436.
[3] Ib. S. 422.
[4] Ib. S. 433.

тѣмъ и одно изъ нихъ почему-нибудь особенно возбуждаетъ любопытство, то есть вниманіе наблюдателя.

9. Всѣ эти явленія указываютъ намъ на два факта: *во-первыхъ*, на то, что производимое на нервы впечатлѣніе можетъ быть совершенно полно и все же оставаться внѣ сознанія; а *во-вторыхъ*, что впечатлѣніе можетъ нѣсколько мгновеній оставаться въ нервахъ, во всей полнотѣ своей, не переходя въ ощущеніе. Изъ этого уже выходитъ само собою, что *впечатлѣніе* и *вниманіе* два совершенно розные акты двухъ различныхъ дѣятелей и что эти акты могутъ сойтись и произвести *ощущеніе*, но могутъ и не сойтись, и тогда впечатлѣніе останется впечатлѣніемъ, не дошедшимъ до сознанія, или вниманіе, несмотря на всю свою напряженность, останется только вниманіемъ, какъ бываетъ съ нами тогда, когда мы напряженно прислушиваемся и приглядываемся, ничего не видя и не слыша. Что впечатлѣнія совершаются въ насъ и исчезаютъ не мгновенно, что они нѣкоторое время продолжаются въ нашихъ нервахъ, несмотря на то, ощущаемъ ли мы ихъ или нѣтъ,— къ этой мысли приводятъ насъ еще и другія однородныя явленія. Еще Спиноза замѣтилъ, что образы сновидѣній, по пробужденіи нашемъ, стоятъ нѣсколько мгновеній передъ нашими глазами. Мюллеръ сдѣлалъ тоже наблюденіе и вывелъ изъ него логически, что въ сновидѣніи наши нервы зрѣнія и слуха дѣйствуютъ точно также, какъ и подъ впечатлѣніемъ внѣшнихъ предметовъ. Фехнеръ изъ своихъ собственныхъ наблюденій и изъ наблюденій своихъ друзей приводитъ прекрасные примѣры того, какъ, насмотрѣвшись внимательно на какой-нибудь предметъ, мы долго не можемъ отдѣлаться отъ слѣдовъ его образа, врывающихся совершенно для насъ непроизвольно и неожиданно въ промежутки нашихъ мыслей, принявшихъ совсѣмъ другое теченіе [1]. Къ этому слѣдуетъ еще прибавить наблюденіе, приводимое Бурдахомъ, но знакомое, конечно, многимъ, что, задремавъ при громкомъ разговорѣ или чтеніи, мы, просыпаясь, знаемъ послѣднее слово или послѣднюю фразу безъ всякой связи съ предыдущими, которыхъ мы не знаемъ. Еще необыкновеннѣе то явленіе, что мы знаемъ, что насъ разбудило, хотя причина разбудившая насъ уже перестала дѣйствовать, когда мы проснулись. Всѣ эти явленія указываютъ намъ на два факта: *во-первыхъ*, на то, что и во снѣ мы получаемъ впечатлѣнія, хотя они не дѣлаются ощущеніями (иначе ничто не могло бы разбудить, какъ замѣчаетъ Бурдахъ [2]), и во-

---

[1] Psycho-Physik T. II. S. 500.

[2] Ib. T. II. S. 445.

[3] «Человѣкъ, засыпающій въ церкви, говор. Дюгальдъ Стюартъ, не знаетъ, что говорилъ проповѣдникъ; но если проповѣдникъ остановится, то спящій быстро проснется. Въ этомъ случаѣ ясно, что человѣкъ можетъ сознавать впечатлѣнія, не будучи впослѣдствіи способенъ припомнить ихъ. Elements of the Phylosophy of the human Mind, by Dugald Stewart. Lond. 1867 P. I. Ch. II. p. 56. Но что сознавалъ спящій, смыслъ словъ или голосъ

во-первыхъ, что впечатлѣніе можетъ нѣсколько времени оставаться впечатлѣніемъ, прежде чѣмъ сдѣлается ощущеніемъ или, пробывъ нѣсколько времени, совсѣмъ исчезнуть, не достигнувъ до нашего сознанія. Если бы мы не проснулись, то и послѣдняя часть рѣчи оставалась бы только впечатлѣніемъ и исчезла бы; но такъ какъ мы проснулись, то и сознаемъ послѣднее впечатлѣніе, полученное прежде, чѣмъ мы проснулись, но еще не успѣвшее исчезнуть.

Изъ всѣхъ этихъ наблюденій мы считаемъ себя вправѣ вывести, что впечатлѣніе можетъ быть совершенно полно, выполнить всѣ физическія условія, необходимыя для того, чтобы сдѣлаться ощущеніемъ, но не сдѣлается имъ, пока не подѣйствуетъ на него какой-то другой агентъ, а именно, *сознаніе въ своемъ актѣ вниманія.*

10. Не только появленіе, но и его переходъ съ одного предмета на другой не объяснимъ по теоріи, не отдѣляющей сознаніе отъ нервовъ. Признавъ, что впечатлѣніе перехода за веберовскій *порогъ силы*, можетъ не сдѣлаться ощущеніемъ, Фехнеръ, какъ мы уже видѣли, кромѣ этого *физическаго порога*, принимаетъ еще новый *психо-физическій*: *извѣстную силу быстроты психо-физическихъ движеній, которой они должны достигнуть, чтобы сдѣлаться сознательными.* Этотъ *психо-физическій порогъ* Фехнера двоякаго рода: одинъ можно назвать *общимъ*, другой — *мѣстнымъ*.

«При *общемъ* пробужденіи и засыпаніи, говоритъ онъ далѣе: происходитъ вообще временной переходъ всей психо-физической дѣятельности изъ-подъ порога (сонъ) на верхъ порога (бодрствованіе). При *частномъ* пробужденіи и засыпаніи (то-есть, при вниманіи и разсѣянности) происходитъ только *мѣстная* перемѣна, между поднятіемъ психо-физической дѣятельности надъ порогомъ въ одномъ мѣстѣ и пониженіемъ ея подъ порогъ, въ другомъ. Съ этимъ связано и то, что пробужденіе изъ *общаго* сна происходитъ безъ участія произвола (такъ-какъ произволъ спитъ, и не можетъ разбудить самъ себя), тогда какъ *частный* сонъ (разсѣянность) происходитъ только отъ передвиженія сознательнаго состоянія съ одного мѣста на другое [1]. Человѣкъ не можетъ произвольно уснуть, такъ-какъ онъ не можетъ высоко подымающуюся (надъ уровнемъ сознательнаго состоянія) психо-физическую дѣятельность по произволу погрузить подъ *порогъ*; но онъ передвигаетъ вершину этой дѣятельности съ мѣста на мѣсто, расширяетъ ее или сосредоточиваетъ, одну сферу психо-физической дѣятельности погружаетъ въ сонъ, а другую приводитъ въ бодрственное состояніе, и, такимъ образомъ,

---

журчаніе рѣчи? Ни того, ни другаго; нервы, настроенные этимъ журчаніемъ, вдругъ измѣняютъ свое состояніе, когда журчаніе прекращается и это-то быстрое и сильное измѣненіе состоянія нервовъ будитъ спящаго.

[1] Psycho-Physik. Т. II, s. 452. Замѣтимъ, что Фехнеръ упустилъ изъ виду весьма замѣчательное явленіе: многіе люди могутъ просыпаться именно въ тотъ часъ, который сами себѣ назначатъ.

хотя не прямо, можетъ способствовать наступленію общаго сна черезъ возможно-равномѣрное распредѣленіе психо-физической дѣятельности. Такимъ образомъ Фехнеръ видитъ въ разсѣянности частный (мѣстный) сонъ [2]), а во снѣ—общее пониженіе психо-физической дѣятельности ниже уровня сознанія (развѣ въ сновидѣніяхъ сознаніе не дѣйствуетъ?) [3]).

Но, спрашивается, кто же этотъ *онъ*, передвигающій вершину психо-физической дѣятельности, то подымающій, то опускающій ее по произволу, то разсѣевающій, то сосредоточивающій, если самъ человѣкъ не что иное, какъ эта психо-физическая дѣятельность? Во всемъ этомъ описаніи процесса вниманія видно, что тутъ не одинъ дѣятель, а два барца, и что скованное Фехнеромъ слово *психо-физическій* приходится разорвать на два—*психическій* и *физическій*: сознаніе и нервный организмъ.

11. Конечно, жизнь *слѣдовъ* впечатлѣній, не сдѣлавшихся ощущеніями, не доступна наблюденіямъ сознанія; но тѣмъ не менѣе любопытно бы узнать, могутъ ли эти слѣды имѣть какое-либо вліяніе на ныхъ сознательныя работы? Фехнеръ полагаетъ, что могутъ; такъ, по его словамъ: «солнечное сіяніе, зелень, пѣніе птицъ дѣйствуютъ на ходъ нашего мышленія, хотя мы ихъ и не замѣчаемъ» [4]). Но развѣ мы можемъ назвать эти побочныя впечатлѣнія незамѣчаемыми? Если мы думаемъ о чемъ-нибудь другомъ, а не объ окружающей насъ природѣ, то это еще не значитъ, чтобы мы ее вовсе не замѣчали. Эти побочныя впечатлѣнія все же дѣлаются *ощущеніями* и врываются въ интервалы главнаго ряда нашихъ мыслей. Эту возможность побочныхъ ощущеній каждый можетъ повѣрить на самомъ себѣ. Но ничего нѣтъ удивительнаго въ томъ, что, припоминая потомъ этотъ періодъ моего мышленія, я вспоминаю только главный рядъ мыслей, забывая побочныя, которыя, тѣмъ не менѣе, оказывали на меня тогда вліяніе. Такъ, нѣтъ сомнѣнія, что затрудненное дыханіе оказываетъ вліяніе на наши мысли и чувства; но это именно потому, что мы ощущаемъ эту затрудненность, хотя и не дѣлаемъ ее предметомъ размышленія, не связывая

---

[1]) Тамъ же, стр. 450. Здѣсь есть очень вѣрное замѣчаніе; дѣйствительно, лучшее средство уснуть—это привести въ столкновеніе два ряда мыслей, такъ, чтобы силы ихъ уравновѣсились. Вотъ почему мы побѣждаемъ мысли, не дающія намъ уснуть, чтеніемъ книги; но если книга гораздо интереснѣе мыслей, то она насъ увлекаетъ и мы не засыпаемъ, а если книга мало интересна, то мы опять не засыпаемъ: нужно равновѣсіе двухъ токовъ мыслей, чтобы произошла въ насъ та головная путаница, которая обыкновенно предшествуетъ сну.

[2]) Тамъ же, стр. 449.

[3]) Вотъ почему Фехнеръ былъ вынужденъ принять особенное мѣсто для сновидѣній въ нервномъ организмѣ, что совершенно противорѣчитъ всѣмъ наблюденіямъ дѣятельности памяти, явно участвующей въ сновидѣніяхъ.

[4]) Ibid. S. 461.

— 167 —

ее съ другими нашими мыслями, а потому и не можемъ въ послѣдствіи припомнить. Вѣроятно, такимъ же путемъ производитъ вліяніе на наши психическіе процессы не только всякое нарушеніе нормальнаго состоянія нервнаго организма, но даже нормальныя и періодическія измѣненія въ немъ, которымъ онъ подвергается подъ вліяніемъ голода, жажды, усталости, возраста и т. п.

12. На вопросъ, можетъ ли вниманіе наше быть обращено *одновременно на различныя впечатлѣнія*, отвѣчаютъ различно. Кундтъ, напр. говоритъ прямо, что мы не можемъ сознавать разомъ *болѣе одного впечатлѣнія*. Мюллеръ думаетъ, что вниманіе не можетъ заниматься разомъ *большимъ числомъ впечатлѣній*; «если много впечатлѣній является въ одно и тоже время, то ясность ихъ уменьшается пропорціонально ихъ множеству» [1]. Фехнеръ не даетъ рѣшительнаго отвѣта; впрочемъ, онъ скорѣе готовъ признать, что вниманіе можетъ раздѣляться, но при этомъ думаетъ, что, чѣмъ болѣе предметовъ входитъ разомъ въ наше сознаніе, тѣмъ каждый изъ нихъ обнимается сознаніемъ слабѣе [2]. Замѣтимъ, однако, что если-бы вниманіе не могло обращаться разомъ на нѣсколько впечатлѣній, то не было бы возможности перехода отъ одного впечатлѣнія къ другимъ: наше вниманіе не могло бы быть отвлечено отъ предмета другимъ сильнѣйшимъ впечатлѣніемъ; точно также, какъ мы не могли бы быть разбужены, если бы чувства наши во снѣ были совершенно закрыты для внѣшнихъ впечатлѣній. Но, конечно, чѣмъ обильнѣе и разнообразнѣе получаемыя нами одновременно впечатлѣнія, тѣмъ они смѣшаннѣе и туманнѣе. Такъ, падая изъ быстро ѣдущаго экипажа, мы нѣсколько мгновеній не можемъ сообразить своего положенія. Впрочемъ, это важное свойство вниманія мы разсмотримъ подробнѣе, когда будемъ говорить о томъ, что такое значитъ *сознавать*.

13. Если при отсутствіи вниманія ощущеніе становится невозможнымъ, а при разсѣянности вниманія слабымъ, то, и наоборотъ, при сосредоточенности вниманія усиливается самое ощущеніе. «Поразительно вліяніе вниманія на различеніе слабыхъ звуковъ, говоритъ Миллеръ: слабые шумы, сопровождающіе звуки струнъ и другихъ инструментовъ, проходятъ обыкновенно незамѣченными; но вниманіе можетъ сдѣлать ихъ столь ясными, что они насъ поразятъ» [3]. Въ противуположность этому Фехнеръ говоритъ, что сосредоточенное вниманіе не усиливаетъ впечатлѣнія [4]. Конечно, впечатлѣніе не усиливается; но ощущеніе этого впечатлѣнія *непремѣнно* усиливается: поглядѣвъ бѣгло на предметъ, мы такъ мало его замѣчаемъ, что каждый легко можетъ испытать надъ самимъ собою.

14. Отношеніе нашего вниманія къ настоящимъ впечатлѣніямъ точ-

---

[1] Man. de Phys. T. II. p. 272.
[2] Psycho-Physik. S. 451.
[3] Man. de Physiol. par Mull. p. 273.
[4] Psycho-Phys. p. 452.

но такое же, какъ и къ *слѣдамъ* бывшихъ впечатлѣній. «Если, говоритъ Фехнеръ, мы хотимъ представить себѣ видѣнный нами предметъ въ воспоминаніи, то ощущаемъ такое же напряженіе вниманія, какъ и тогда, когда хотимъ разсмотрѣть предметъ намъ предстоящій. Въ органѣ чувствъ, къ которому имѣетъ отношеніе представляемый нами образъ, мы испытываемъ (при живомъ воспоминаніи) то же утомленіе, какое испытывается въ немъ и при прямомъ дѣйствіи предмета» [1]. Наблюденіе это совершенно вѣрно и очень объяснимо, такъ какъ, представляя воображаемый предметъ, мы заставляемъ работать наши нервы, какъ они работали при принятіи впечатлѣнія отъ того же предмета [2]. Слѣдовательно, все, что мы говоримъ объ отношеніи вниманія къ впечатлѣніямъ, примѣнимо и къ отношенію вниманія къ *слѣдамъ* впечатлѣній.

15. До сихъ поръ мы говорили только о внѣшней сторонѣ вниманія; теперь слѣдуетъ обратиться къ его внутренней сторонѣ, и задать себѣ вопросъ: къ чему мы особенно внимательны и къ чему невнимательны? «Мы *болѣе* внимательны, говоритъ теорія Бенеке, когда къ новому впечатлѣнію приливаютъ въ большемъ количествѣ слѣды однородные съ тѣми, которыя мы уже имѣемъ; мы *менѣе* внимательны, если этихъ прежнихъ слѣдовъ мало. Къ такимъ же предметамъ, слѣдовъ которыхъ у насъ нѣтъ, мы не можемъ быть внимательны» [3]. Въ этой замѣткѣ много справедливаго, но она заключаетъ въ себѣ и странное недоразумѣніе. Спрашивается, какъ же мы получаемъ *первое* ощущеніе, если для того намъ необходимо вниманіе, а для вниманія намъ необходимы слѣды бывшихъ ощущеній того же рода? Если же подъ именемъ слѣда разумѣть нѣчто, не достигавшее нашего сознанія, то мы не можемъ и узнать такого слѣда. Дѣло въ томъ, что кромѣ слѣдовъ Бенеке не хочетъ признать ничего, не хочетъ признать сознанія, а безъ этого невозможно объяснить явленій вниманія. Однако же, мы не можемъ отвергнуть вѣрности замѣчанія, что «степень вниманія усиливается массою притекающихъ слѣдовъ» [4], только видимъ въ этомъ не *единственную*, а *одну изъ причинъ* возбужденія вниманія; другія же причины находятся какъ въ силѣ самаго впечатлѣнія, такъ и въ произвольной сосредоточенности вниманія [5].

---

[1] Ibid. S. 317.

[2] «Вспоминать красный цвѣтъ, говор. Герб. Спенсеръ, значитъ испытывать въ *слабой степени* то физическое состояніе, которое вызывается впечатлѣніемъ краснаго цвѣта; вспоминать движеніе сдѣланное рукою, значитъ испытывать то внутреннее состояніе, которымъ движеніе сопровождается». (Но мы увидимъ, что не въ этомъ *одномъ* состоитъ актъ воображенія).

[3] Raue. Benecke's Seelenlehre. S. 182.

[4] Benecke's Erziehungs-lehre. B. I. S. 78.

[5] Впрочемъ, надобно замѣтить, что Бенековская теорія въ приложеніи

16. Количество притекающихъ слѣдовъ того же рода (но не совершенно подобныхъ) есть одна изъ главнѣйшихъ причинъ, обусловливающихъ степень вниманія. Каждый на себѣ испытываетъ, что душа наша особенно чутка къ тому, что ее интересуетъ; а интересуетъ ее всегда то, что можетъ возбудить въ ней большее число слѣдовъ и тѣмъ дать ей обширнѣйшее поприще дѣятельности [1]. «Не одинъ какой нибудь слѣдъ, говоритъ Бенеке, но вся связь слѣдовъ (цѣлое души — das Ganze der Seele), стремящихся къ сознанію, усиливаетъ силу вниманія. [2] «Вниманіе, говоритъ онъ далѣе, не находится изолированнымъ въ душѣ: склонности всякаго рода (а склонность по Бенеке также образуется изъ слѣдовъ) могутъ ослаблять или напрягать его, и въ этомъ отношеніи вниманіе находится въ тѣсной связи съ моральною стороною человѣка.» Вотъ почему Бенеке называетъ *хорошее вниманіе*, т. е. направленное въ хорошую сторону—первою добродѣтелью дѣтства. Направленіе вниманія зависитъ отъ общей суммы душевныхъ слѣдовъ или залоговъ, а потому оно можетъ служить намъ «нѣкотораго рода барометромъ, по которому, пока еще дитя не дѣйствуетъ и мало говоритъ, мы можемъ вообще судить о его душевномъ образованіи. Наблюдая, къ чему особенно внимательно дитя, вы можете вывести довольно вѣрное заключеніе объ исторіи его души». Эта замѣтка Бенеке совершенно вѣрна и примѣнима не къ однимъ дѣтямъ. Если вы хотите узнать направленіе и взрослаго человѣка, то присмотритесь и прислушайтесь со стороны, къ чему онъ особенно внимателенъ. Разсказывая что нибудь въ обществѣ и присматриваясь, къ какой сторонѣ разсказа оказался внимателенъ тотъ или другой изъ слушателей, можно вывести болѣе вѣрное заключеніе о степени развитія и направленіи каждаго, чѣмъ наблюдая, что они говорятъ сами. По той же самой причинѣ, «музыкантъ, какъ замѣтитъ Эйлеръ, схватываетъ разомъ всѣ ноты музыкальной пьесы и составляетъ о ней ясную идею; но если дадутъ ему китайскую рукопись, то онъ получитъ очень темное понятіе о буквахъ, тогда какъ китаецъ разомъ схватитъ истинный смыслъ каждой. Ботаникъ замѣтитъ въ растеніи тысячи вещей, которыхъ не замѣтитъ неботаникъ» [3].

въ его педагогикѣ дѣлаетъ сильныя уступки и признаетъ уже не одну, какъ въ теоріи, но нѣсколько причинъ вниманія: только о другихъ, противорѣчащихъ его теоріи, Бенеке упоминаетъ вскользь (Erz. und Unterr. L. S. 86). Ничто такъ не обнаруживаетъ односторонности теоріи, какъ приложеніе ея къ практическимъ цѣламъ.

[1] Ibid. S. 87. Просимъ припомнить читателя, что по Бенековской теоріи слѣдъ (Spur) есть въ то же время и *залогъ* (Anlage), то есть, *душевная сила*, стремящаяся сама къ сознанію и къ образованію новыхъ сочетаній съ другими слѣдами.

[2] Ibid. S. 88.

[3] Lettres d'Euller. L. XXXI. p. 334. Только Эйлеръ приписываетъ это

17. Но если наблюденіе надъ вниманіемъ важно, какъ средство познакомиться съ содержаніемъ души питомца, то еще важнѣе прямое вліяніе воспитателя на образованіе вниманія въ воспитанникѣ. Понятно, что тамъ, гдѣ уже положено прочное основаніе хорошему вниманію, остается только продолжать расширять сѣть душевныхъ ассоціацій въ томъ же направленіи; но что дѣлать тамъ, гдѣ приходится полагать первые *слѣды* или, что еще труднѣе, бороться съ дурными задатками, положенными прежде? Въ отвѣтѣ на этотъ вопросъ очерчиваются дурныя и хорошія стороны бенековской теоріи души, какъ ассоціаціи слѣдовъ. «Въ этихъ случаяхъ, говоритъ Бенеке, обыкновенно прибѣгаютъ или къ *усиленію внѣшнихъ впечатлѣній* или къ *возбужденію мотивовъ*, постороннихъ предмету вниманія: ребенку обѣщаютъ то или другое, если онъ дѣйственно займется духовно тѣмъ, чѣмъ его хотятъ занять, или угрожаютъ ему наказаніемъ и проч. Конечно, если уже какимъ нибудь образомъ образовалось во вниманіи направленіе, противное тому, которое хотятъ дать, то остается только выше высказанный способъ. Но сильное внѣшнее впечатлѣніе есть, *по большей части* (?), постороння вещь; а если дитя обращаетъ вниманіе на предметъ только и тѣмъ, чтобы избѣжать наказанія или получить обѣщанныя лакомства, то воспріятіе, требуемое отъ дитяти, совершится только бѣгло и слабо отъ него не останется никакого слѣда, *или развѣ* (?) очень слабый; такимъ образомъ, ко внутренней силѣ вниманія ничего не прибавится; но, *по большей части* (?), еще нанесенъ ей будетъ ущербъ, такъ какъ черезъ употребленіе этихъ постороннихъ мотивовъ усиливаются еще болѣе противоположные слѣды (и вредные, каковы слѣды страха или слѣды лакомства) и образуется склонность, если опять представится предметъ (на который хотѣли обратить вниманіе), обращать вниманіе не на предметъ, а на мотивы» [1]. Просимъ читателя обратить вниманіе, какъ въ этомъ мѣстѣ нерѣшителенъ языкъ Бенеке, обыкновенно столь догматическій: эти безпрестанныя «*почти*», «*по большей части*», «*развѣ*», показываютъ, что здѣсь психологическая его теорія сама столкнулась съ неумолимою дѣйствительностью. Что-нибудь одно изъ двухъ: или такое возбужденіе вниманія посторонними предмету мотивами достигаетъ своей цѣли, или нѣтъ; а въ послѣднемъ случаѣ, такъ какъ эти средства по теоріи души, какъ ассоціаціи слѣдовъ, положительно должны быть признаны вредными, то почему Бенеке, нѣсколько все-таки допускаетъ ихъ употребленіе?

18. Дѣлая прямой выводъ изъ теоріи Бенеке, слѣдовало прямо сказать, что если вниманіе дитяти разъ приняло дурное направленіе, то тутъ ничего уже нельзя сдѣлать: накопившіеся слѣды дурнаго свойства будутъ неизбѣжно привлекать слѣды того же рода и уничтожать всякое прямому упражненію вниманія, тогда какъ это зависитъ отъ количества тѣхъ или другихъ слѣдовъ, уже пріобрѣтенныхъ человѣкомъ.

[1] Erzieh. und Unterr. P. I. S. 88.

добрыхъ впечатлѣній; мотивы же страха или поощреній не исправятъ ихъ, а еще болѣе повредятъ ему. Но что же сталось бы съ педагогикой Бенеке, если бы онъ пришелъ къ такому безотрадному заключенію? Пришлось пожертвовать теоріей, признавъ ея односторонность и противорѣчіе дѣйствительности, которая показываетъ намъ безпрестанно, что дѣтское вниманіе, почти всегда направленное на чувственныя воспріятія, шалости и лакомства, мало по малу исправляется и привязывается къ предметамъ самаго серьезнаго свойства. Сознаться въ односторонности своей теоріи Бенеке не захотѣлъ, не захотѣлъ также разстаться и съ ролью педагога, а потому и прибѣгнулъ къ самому жалкому средству— къ темнотѣ и неопредѣленности языка.

«Въ противуположность этому (возбужденію вниманія посторонними для предмета мотивами) во всякомъ случаѣ, произошло ли уже ложное образованіе вниманія или нѣтъ, *давай дитяти рѣшительно направленіе на предметъ* (gebe dem Kinde entschieden die Richtung auf die Sache). Только слѣды, остающіеся отъ сильнаго воспріятія предмета, могутъ увеличить *внутреннюю силу вниманія*. До тѣхъ же поръ, пока мы не достигли того, чтобы эти постороннie мотивы могли быть, мы такъ сказать, совершенно выброшены, но отодвинуты на задній планъ,—до тѣхъ поръ употребляютъ еще палліативное лѣченіе» [1]).

Однако, что-же значитъ дать дитяти *рѣшительно направленіе на предметъ?* Какъ же дать его, если ни усиленіе впечатлѣнія, ни постороннie мотивы не достигаютъ этой цѣли, какъ говоритъ самъ Бенеке самой! И зачѣмъ же Бенеке допускаетъ посторонніе мотивы, если эти мотивы, что тоже онъ сказалъ выше, вредно дѣйствуютъ на образованіе вниманія? Зачѣмъ онъ не показалъ той *малой части*, когда они дѣйствуютъ полезно? И зачѣмъ ему эти постороннie мотивы, когда у него есть прямое средство дѣйствовать на установленіе хорошаго вниманія въ дѣтяхъ? Зачѣмъ онъ не уяснилъ намъ этого прямаго и единственно-вѣрнаго средства? *Затѣмъ*, что, вникнувъ въ этотъ педагогическій вопросъ, Бенеке былъ бы долженъ подкопать самое основаніе своей психологической теоріи и теоріи своего учителя Гербарта; *затѣмъ*, что, не признавая души, независимой отъ слѣдовъ впечатлѣній и обладающей способностью сознанія и произвола, мы не можемъ объяснить себѣ произвола въ направленіи нашего вниманія; а непризнавъ этого произвола и признавъ всю душу за *ассоціацію слѣдовъ*, которые тянутъ за собою другіе слѣды того же рода и т. д., мы уничтожаемъ *всякую возможность произвольнаго воспитанія души*. Вотъ какое послѣдствіе заставило Бенеке свернуть въ своей педагогикѣ съ той дороги, по которой онъ такъ прямо шелъ въ своей психологіи!

19. Но если Бенеке не можетъ объяснить намъ, какъ можетъ зачаться въ душѣ новаго рода ассоціація слѣдовъ, то это не мѣшаетъ ему очень хорошо раскрыть, какъ ассоціаціи, *уже разъ завязавшіяся*,

---
[1]) Ibid. S. 68.

могутъ развиваться и усиливаться и въ этомъ отношеніи benеke[?] анализы имѣютъ большую цѣну для психолога и педагога.

«Наклонность къ невнимательности, говоритъ онъ, можетъ имѣть свою причину во всемъ, что мѣшаетъ правильному образованію слѣдовъ[?]: въ недостаточности однородныхъ слѣдовъ и въ недостаточной связи ихъ, въ ихъ неправильныхъ, разсѣянныхъ соединеніяхъ съ чувствами слѣдовъ (что происходитъ отъ того, если мы собираемъ въ память дитяти слишкомъ много разнородныхъ вещей, при чемъ, по закону пестроты[?] соединяются самые разнородные слѣды, положенные одновременно); въ недостаточной силѣ стремленія слѣдовъ вообще (или иначе, въ прирожденной слабости душевныхъ стремленій); въ многочисленности слѣдовъ другаго рода; въ извращеніи образованія склонностей. Чтобы не бродить въ потьмахъ, должно прежде всего убѣдиться, въ которомъ изъ этихъ моментовъ (а можетъ быть и во всѣхъ вмѣстѣ) скрыта причина разсѣянности. О склонностяхъ мы будемъ говорить ниже; но если причина разсѣянности скрывается только въ безпорядочности и разбросанности ассоціацій (самая обыкновенная причина разсѣянности въ дѣтяхъ), и если одичаніе пустило уже глубокіе корни, то основательное уничтоженіе ихъ вообще чрезвычайно трудно (а мы думаемъ, что по теоріи, не знающей воли въ человѣкѣ, и совершенно невозможно). Только, на долгое время продолжать цѣлесообразно усложняющіяся упражненія въ указанномъ направленіи (?), то можно вытѣснить прежнія разбросанныя ассоціаціи новыми, концентрированными. При этомъ въ особенности должно избѣгать нетерпѣнія, которое портитъ даже уже положительно правильно задатки, такъ-какъ при этомъ вниманіе дѣтьми обращается на душевное движеніе воспитателя и на то, чего дитя должно отъ него страшиться,—и такимъ образомъ самъ воспитатель мѣшаетъ себѣ достичь предположенной цѣли [1]».

Но нѣсколько выше Бенеке, уступая своей теоріи, говоритъ, что сомнителенъ успѣхъ, если требуютъ отъ дитяти вниманія къ предмету, тогда какъ душа его (его сознаніе) уже занята другимъ предметомъ. Но въ такомъ случаѣ не было бы никакой возможности обратить вниманія мальчика, поступившаго въ школу, на учебные предметы, такъ какъ вниманіе его уже занято непремѣнно предметами неучебными. Ошибка бенековской (и гербартовской) психической теоріи, отвергающей произволъ души, высказывается здѣсь во всей силѣ: здѣсь дѣйствительность и практика прямо указываютъ на ошибку теоріи.

Но, тѣмъ не менѣе, замѣтка Бенеке о необходимости большаго[?] терпѣнія со стороны воспитателя, когда требуется исправить испорченное вниманіе дитяти, имѣетъ полную свою силу. Ничто такъ не испытываетъ терпѣнія наставника, какъ испорченное вниманіе ученика, и весь[?]

---

[1] Ibid. S. 89. Тоже самое въ отношеніи терпѣнія говоритъ и Бэнъ (The Senses and the Intellect. p. 212).

[2] Ibid. S. 90.

так часто не вызываетъ упрековъ, брани и взысканій, которыя только еще болѣе отвлекаютъ вниманіе дитяти отъ предмета. Много надобно природнаго хладнокровія и привычки, чтобы не сердиться на упорную невнимательность иного дитяти, но не надобно забывать, что хладнокровіе здѣсь — неизбѣжное условіе, безъ котораго невозможно развитіе дѣтскаго вниманія.

Совершенно справедлива также и та замѣтка Бенеке, что воспитаніе вниманія не оканчивается дѣтскимъ возрастомъ, и что впослѣдствіи все наше образованіе, по какому бы то ни было спеціальному предмету, выражается въ накопленіи слѣдовъ и ихъ организаціи, слѣдовательно въ развитіи вниманія въ избранномъ направленіи [1]).

20. Такъ неполно разрѣшается у Бенеке важный для педагога вопросъ о вниманіи; но напрасно искали бы мы полнѣйшаго разрѣшенія этого вопроса у Гербарта и его послѣдователей. Кто смотритъ на сознаніе, какъ на *слово*, «придуманное для обозначенія собранія всѣхъ одновременно дѣйствующихъ представленій [2])», для того вниманіе будетъ всегда явленіемъ необъяснимымъ.

«Наше вниманіе, говоритъ, напр., послѣдователь Гербарта Дробишъ, обратится всегда на тѣхъ предметахъ чувственнаго воспріятія, которые въ это время достигаютъ высшей степени ясности [3])», а почему достигаютъ — неизвѣстно! Не наоборотъ ли: не достигаютъ ли въ нашемъ сознаніи особенной ясности именно тѣ предметы, на которые мы обращаемъ преимущественное вниманіе? Развѣ мы не можемъ каждую минуту повѣрить справедливость этого опытомъ?

Въ противоположность Бенеке, ученики Гербарта говорятъ, что «вниманіе наше привлекается только новизною [4])» представленій. Впрочемъ, это кажущееся противорѣчіе примиряется довольно легко. Если *новый* предметъ возбуждаетъ мое вниманіе, то именно въ той степени, въ какой этотъ новый слѣдъ противорѣчитъ прежнимъ слѣдамъ того же рода. Намъ знакомъ фактъ, что повтореніе одного и того же впечатлѣнія ослабляетъ силу вниманія, и ничего нѣтъ труднѣе, какъ быть внимательнымъ къ длинному ряду совершенно сходныхъ впечатлѣній (потому мы засыпаемъ подъ однообразные звуки падающихъ капель); но ничего также нѣтъ ничего труднѣе, какъ замѣтить рядъ словъ на чужомъ намъ языкѣ. Незначительное видоизмѣненіе (нѣчто новое) въ цвѣтѣ обратитъ сильное вниманіе ботаника и не обратитъ вниманія человѣка не занимающагося ботаникой, т. е. имѣющаго мало однородныхъ

---

[1]) Ibid. S. 91.
[2]) Herbart's Lehrbuch zur Psychol. S. 18. Замѣчательно, что въ психологіи Гербарта и Бенеке мало говорится о такомъ важномъ актѣ, каковъ вниманіе; только въ своей педагогикѣ Бенеке былъ вынужденъ заняться этимъ вопросомъ, столь опаснымъ для теоріи души, какъ ассоціаціи слѣдовъ.
[3]) Drobisch, Empyrische Psycholog. S. 81.
[4]) Ibid. S. 80.

— 174 —

слѣдовъ съ тою новизною, которая теперь ему представляется. Слѣдовательно, противоположныя замѣчанія Гербарта и Бенеке только дополняютъ другъ друга. Дѣло въ томъ, что нашему сознанію для того, чтобы оно могло усвоивать, непремѣнно надобно *различать* и *сравнивать*; и чѣмъ сильнѣе возбуждается въ сознаніи какимъ нибудь предметомъ *сравнивающая* и *различающая* дѣятельность, тѣмъ сильнѣе будетъ степень нашего вниманія.

«Чувства наши, говоритъ Бэнъ, могутъ быть одинаково открыты для каждаго впечатлѣнія; но только нѣкоторыя изъ этихъ впечатлѣній имѣютъ силу удержать монополію въ душѣ, давая ей большое ощущеніе удивленія (surprising [1])». Но удивленіе можетъ возникнуть только при двухъ условіяхъ: при новости впечатлѣнія и при существующихъ слѣдахъ однородныхъ впечатлѣній. Мы не удивляемся самымъ удивительнымъ вещамъ въ мірѣ только потому, что привыкли ихъ видѣть въ томъ же видѣ; такъ, мы вовсе не удивляемся непостижимѣйшему изъ явленій—явленію тяготѣнія. Наоборотъ, столы и стулья, сами собою летающіе по воздуху, не возбудивъ удивленія въ младенцѣ, въ душѣ котораго набралось еще очень мало слѣдовъ отъ спокойнаго положенія этихъ предметовъ, безъ сомнѣнія возбудили бы во взросломъ напряженнѣйшее вниманіе.

21. Бэнъ, по своей британской натурѣ, вслѣдъ за Локкомъ, Рэди, Гамильтономъ, Чальмерсомъ, разработываетъ наиболѣе тѣ явленія вниманія, въ которыхъ выражается *воля* человѣка.

«Это фактъ, говоритъ Бэнъ, что мы можемъ *свободнымъ усиліемъ* измѣнить или отклонить потокъ образовъ или воспоминаній въ нашей душѣ... Но власть моя въ этомъ отношеніи не неограниченна; у однихъ эта власть болѣе, чѣмъ у меня; у другихъ — менѣе [2]». «Точно такъ же, говоритъ онъ далѣе, какъ мы можемъ сосредоточить свое вниманіе на одномъ пунктѣ въ предстоящей намъ разнообразной сценѣ, слѣдя за одними звуками, оставаясь глухими къ другимъ, или наблюдая давленіе на одну часть нашего тѣла, незамѣчая давленія на другія, точно такъ же мы можемъ въ нашемъ умственномъ вниманіи сильно фиксировать одну идею [3]». «Способность управлять нашими мыслями (въ осо-

---

[1] The Emotion and the Will. p. 637.
[2] Ibid. p. 409.
[3] Ibid. p. 410. Бэнъ хочетъ при этомъ доказать, что и на умственный образъ, занимающій мѣсто въ мозгу, мы дѣйствуемъ не иначе, какъ на систему мускуловъ. Это необходимо ему потому, что онъ назначилъ цѣлую одну область—мускулы (въ противоположность съ германскимъ физіологомъ Людвигомъ, допускающимъ непосредственное воздѣйствіе воли на наши чувства); но это утвержденіе Бэна не оправдывается ни фактами. Какъ-то, напримѣръ, покажутъ намъ, что при возстановленіи тѣхъ или другихъ красокъ въ нашемъ воображеніи у насъ работаютъ глазные мускулы? Для этого мы должны были бы сфантазировать безчисленное число мускуловъ

вости тоже, что способность управлять вниманіемъ) есть вовсе не какая-нибудь ранняя или легко-пріобрѣтаемая способность... Уже въ школѣ дитя можетъ быть пріучаемо фиксировать бѣглый взглядъ на находящуюся передъ нимъ азбуку; нѣсколько позднѣе учитель можетъ уже останавливать вниманіе учениковъ на многихъ цифрахъ умственной ариѳметической задачи. Молодая душа, всегда отвращающаяся отъ сосредоточенія, можетъ сначала потребовать или возбужденія страха или приманки наградъ (словомъ, мотивовъ постороннихъ для предмета, по выраженію Бенеке, какъ мы видѣли выше); но, напослѣдокъ, все же наставникъ торжествуетъ. Власть эта (надъ вниманіемъ) быстро укрѣпляется хорошо направленными упражненіями и такъ созрѣваетъ въ разныхъ областяхъ умственной дѣятельности, что можетъ обойтись безъ всякихъ искусственныхъ возбужденій. Конечно, развѣ только идіоты (да и тѣ не всегда) могутъ оказаться совершенно неспособными къ умственному вниманію, по крайней мѣрѣ въ той степени, которая требуется, чтобы выслушать самый простой вопросъ и отвѣтить на него. Но есть высшая степень умѣнія въ этомъ родѣ, которая принадлежитъ ученому, изобрѣтателю или человѣку, стоящему во главѣ какого-нибудь сложнаго дѣла. Для этихъ лицъ подобная способность есть соединеніе *произвольнаго* элемента съ *интеллектуальнымъ*, въ тѣсномъ смыслѣ этого слова. Большое изобиліе образовъ, идей и знаній, сохраняемыхъ памятью, приноситъ мало пользы для практическихъ цѣлей безъ этой власти останавливать и выбирать (между предметами сознанія, какъ внѣшними, такъ и внутренними, т. е. идеями), которая въ *своемъ началѣ* принадлежитъ чисто къ области воли [1]». «Слова—прилежаніе, постоянство, искусство и т. п. прямо указываютъ на энергію воли въ распоряженіи интеллектуальными способностями [2]».

Если мы сопоставимъ эти слова Бэна съ приведенными выше словами Бенеке, исключающими всякій произволъ во вниманіи, то для насъ ясно выкажутся особенности англійскаго и германскаго характера, отразившіяся и въ психологическихъ системахъ обоихъ народовъ. Даже впадая въ противорѣчіе со своимъ матеріалистическимъ міросозерцаніемъ, Бэнъ не можетъ отказаться отъ признанія *власти надъ собой*, отъ которой германецъ отказывается весьма хладнокровно.

Однако же оба эти противоположные взгляда на вниманіе имѣютъ свою справедливую сторону и даютъ намъ возможность стать на прямую дорогу.

22. Бенеке, видя въ нашей волѣ ничто иное, какъ произведеніе самыхъ ощущеній, потерялъ возможность объяснить явленіе произвольнаго вниманія, а когда столкнулся съ необходимостью признать его въ

сопровождающихъ всѣ безчисленные элементы ретины. Вотъ почему мы считаемъ это предположеніе Бэна, какъ бездоказательное.

[1] Ibid p. 411.
[2] Ibid. Примѣчаніе.

педагогической практикѣ, то спутался и скорѣе замялъ возникающіе вопросы, чѣмъ разрѣшалъ ихъ. Бэнъ же, напротивъ, придаетъ слишкомъ мало значенія слѣдамъ ощущеній и приписываетъ все дѣятельности воли, признавая какое-то безсодержательное созрѣваніе ея отъ упражненія: и то, и другое въ крайности своей невѣрно. Воля, какъ мы это увидимъ ниже, не возникаетъ изъ *слѣдовъ* ощущеній, но принадлежитъ душѣ какъ ея самостоятельная способность; однако же степень нашего вниманія въ какой-нибудь *области интеллектуальной дѣятельности* возрастаетъ не прямо отъ упражненія воли въ этой области, но отъ постепеннаго накопленія въ ней слѣдовъ и ихъ, все болѣе и болѣе усложняющихся ассоціацій — и это уже не сила воли, а сила интереса, т. е. сила самыхъ слѣдовъ и ихъ ассоціацій. Конечно, упражняя нашу волю или волю другихъ въ *произвольномъ* направленіи вниманія, какъ на внѣшніе предметы, такъ и на наши идеи, мы замѣчаемъ, что эта операція, вначалѣ трудная, дѣлается все легче, хотя степень достигаемой легкости различается не только по степени упражненій, но и по врожденному характеру человѣка. Однако же и это общее укрѣпленіе воли въ отношеніи *всякаго рода* внѣшнихъ предметовъ и внутреннихъ идей, объясняется опять же *слѣдами* упражненій воли: чѣмъ болѣе накопляется въ душѣ слѣдовъ побѣдъ воли надъ упорствомъ непроизвольнаго вниманія, тѣмъ власть наша надъ вниманіемъ дѣлается сильнѣе, новыя побѣды намъ становятся легче [1]). И такъ, не увлекаясь крайностями, а руководясь *фактомъ*, мы признаемъ, что *начало* нашей власти надъ вниманіемъ лежитъ не въ *слѣдахъ* ощущенія, но и не въ *нервахъ* также, а въ душѣ, которая потому и имѣетъ возможность распоряжаться въ извѣстныхъ предѣлахъ, непревышающихъ ея природныхъ силъ, какъ слѣдами ощущеній, лежащими въ нервной системѣ, такъ и нервными токами (если, конечно, эти токи существуютъ на дѣлѣ, а не въ одной теоріи Бэна). Свободное распоряженіе слѣдовъ ощущеній самихъ собою, токовъ однихъ другими — есть невозможная нелѣпость; а такъ какъ фактъ свободнаго распоряженія существуетъ, то мы и должны приписать это явленіе особому существу — душѣ. Крѣпнетъ же власть наша надъ вниманіемъ слѣдами своей собственной дѣятельности.

23. Движимый скорѣе своимъ британскимъ характеромъ, чѣмъ послѣдовательностью своей теоріи душевныхъ токовъ, Бэнъ придаетъ громадное значеніе власти нашей надъ вниманіемъ. Онъ находитъ, что сила этой власти имѣетъ рѣшительное значеніе даже въ ученыхъ изысканіяхъ, гдѣ «энергія воли поддерживаетъ вниманіе въ выжидательномъ положеніи, и какъ только что-нибудь подходящее начинаетъ показываться то

---

[1]) Замѣчательно, что Эйлеръ считалъ ученье чтенію лучшимъ упражненіемъ дѣтскаго вниманія. Eul. Let. XXI. Въ нашемъ «Родномъ Словѣ» мы провели ту же мысль, показавъ ея выполненіе на практикѣ. См. книгу для учащихъ.

то вниманіе наше кидается на него, какъ звѣрь на свою добычу» [1]. Локкъ идетъ еще далѣе и въ различной степени умѣньи управлять потокомъ нашихъ мыслей видитъ главную причину различія людей по уму [2].

24. Отправляясь отъ того факта, что наши различныя внутреннія страсти (гнѣвъ, радость, зависть и т. п.) возбуждаются не иначе, какъ при представленіи ихъ предмета, какъ, напримѣръ, чувство дружбы—при видѣ или воспоминаніи друга, Бэнъ говоритъ, что и наоборотъ: «мы до нѣкоторой степени можемъ управлять нашими страстями, направляя нашъ умъ (наше вниманіе) на произвольно избираемые предметы или причины. Мы можемъ сами въ себѣ выработать любящее расположеніе духа, обращая наше вниманіе или (что все равно), вызывая въ насъ тѣ идеи или воспоминанія, способныя пробудить въ насъ чувство любви. Подобными же стимулами воли, вызывая въ себѣ каталогъ обидъ, испытанныхъ нами, мы можемъ раздуть въ себѣ чувство негодованія. И, наоборотъ, мы можемъ удалить отъ себя потокъ тѣхъ или другихъ чувствъ, намѣренно обращая наше вниманіе въ противоположную сторону. Въ этомъ случаѣ мы сами дѣлаемъ для себя тоже, что наши друзья, а равно проповѣдники и моралисты, пытаются сдѣлать для насъ, представляя намъ извѣстныя мысли, факты и разсужденія, могущія возбудить въ насъ желаемое настроеніе духа. Но эта операція (надъ самимъ собою) не легка и превосходитъ средства большинства людей» [3].

Эта послѣдняя замѣтка Бэна едва ли справедлива: въ большей или меньшей степени каждый изъ насъ имѣетъ эту власть черезъ посредство вниманія надъ своими чувствованіями и каждый сколько-нибудь ею пользуется. Но, конечно, люди, способные подавить во всякое время самый сильный взрывъ страстей,—эти моральные силачи, встрѣчаются также рѣдко, какъ громадные физическіе силачи и геніальные умы.

Бэнъ справедливо полагаетъ, что такое вліяніе на страсти, черезъ посредство идей, легче, чѣмъ непосредственное вліяніе на мускулы: «такъ, смѣхъ намъ легче подавить, обращая мысли въ другую сторону, безъ прямыхъ усилій». Но мы кромѣ того полагаемъ, что второй способъ подавленія страстей отъ перваго отличается тѣмъ, что въ сущности онъ вовсе не уничтоженіе страсти, а сокрытіе ея: такъ, подавляя наружное проявленіе смѣха, мы тѣмъ злѣе можемъ смѣяться надъ человѣкомъ въ глубинѣ нашей души; тогда-какъ, измѣнивъ идеи наши, мы уничтожимъ самую причину смѣха. Спиноза придавалъ также, какъ и

---

[1] Ibid. p. 414.

[2] Locke's Works Vol. I, p. 83. «Очень важно, говоритъ Локкъ, найти средство пріобрѣтать это умѣнье; но я не могу указать другаго, какъ частымъ упражненіемъ вниманія пріобрѣсть привычку вниманія». Тутъ ясно ошибочное пониманіе привычки: привычка и вниманіе—двѣ вещи, исключающія другъ друга. Привычка дѣлаетъ вниманіе ненужнымъ.

[3] Ibid. p. 415.

Руссо, огромное значеніе этому средству черезъ вниманіе управлять нашими страстями. «Если мы, говоритъ Спиноза въ своей этикѣ, станемъ часто думать о несправедливости свойственной людямъ и о томъ, что лучшее средство побѣдить ненависть вовсе не ненависть, а любовь и великодушіе, то между образомъ несправедливости и этимъ правиломъ установится такая связь, что какъ только намъ будетъ сдѣлана несправедливость, такъ и это правило предстанетъ нашему уму» [1]. Руссо, властью нашею надъ вниманіемъ, и черезъ него надъ воображеніемъ, показываетъ возможность управлять нашими склонностями [2]. Самое полное искорененіе страстей противоположными имъ идеями представляютъ намъ христіанскіе мученики, не обнаружившіе и признака злобы къ своимъ мучителямъ, слѣдовательно вырвавшіе съ корнемъ то чувство гнѣва, которое кажется намъ столь естественнымъ. Бэнъ смотритъ на это высшее и по-истинѣ удивительное свойство человѣческой души глазами практическаго англичанина, для котораго главное дѣло въ дѣлѣ, а не въ душѣ. «Привычки, говоритъ онъ, прикованивать теченіе нашихъ идей и направлять наше вниманіе, имѣетъ высочайшую цѣну какъ для интеллектуальныхъ цѣлей, такъ и для управленія нашимъ темпераментомъ и нашими чувствами: достигнуть этой привычки — есть высшая степень самоуправленія» [3]. Мы же видимъ, что есть степень еще выше.

Тѣмъ же характеромъ отзывается и мнѣніе Локка о томъ же предметѣ. Показывая, какъ направленіе нашего вниманія зависитъ отъ привычки заниматься тѣми или другими предметами и смотрѣть на нихъ съ той или съ другой точки зрѣнія, Локкъ говоритъ: «очень нужно пріучиться держать умъ нашъ свободнымъ отъ такихъ преобладаній; обязанность воспитанія состоитъ не въ томъ, чтобы сдѣлать умъ нашъ совершеннымъ въ той или другой наукѣ, но такъ раскрыть его, чтобы онъ былъ способенъ ко всему» [4]. Еще рѣшительнѣе выражается другой англійскій психологъ Ридъ, говоря: «большая часть нашей мудрости и добродѣтели зависитъ отъ направленія, которое мы даемъ нашему вниманію» [5]. Знаменитый логикъ Джонъ Стюартъ Милль также придаетъ большее значеніе *произвольному* вниманію, хотя признаніе правды во вниманіи противорѣчитъ его міросозерцанію [6].

25. Однакоже, эта борьба со страстью, увлекающею наше вниманіе на ту или другую дорогу — не легка.

---

[1]) Spinoza Ethica. Part. V. Propos. 10. Сравни также P. IV Prop. 38.

[2]) Emil. p. 237. «Mais l'homme est-il maître d'ordonner ses affections? Sans doute s'il est maître de diriger son imagination sur tel ou tel objet, ou de lui donner telle ou telle habitude.»

[3]) The Emotion and the Will. p. 310.

[4]) On the Conduct of the Understanding, by Locke. 1859. Lond. p. 45 и др.

[5]) Read P. II. p. 538.

[6]) Mill's Logic. B. V. (on Fallacies). Ch. I. § 3.

«Если, говорит Бэнъ, мы имѣемъ въ виду усиліемъ нашей воли измѣнить теченіе нашихъ мыслей въ глубокой печали или при сильномъ гнѣвѣ, то противъ насъ дружно возстаютъ двѣ остальныя силы нашей природы: мы должны въ одно и тоже время противодѣйствовать потоку ассоціацій или собственно уму и бѣшенству возбужденнаго чувства» [1]).

Понятно само собою, что тому, у кого связь ассоціацій слабѣе, теченіе ихъ медленнѣе и самое чувство не такъ сильно, легче совладать съ этими врагами, которые однакоже въ другомъ отношеніи являются величайшими двигателями человѣческаго развитія и усовершенствованія. Сильная связь душевныхъ ассоціацій, а равно и упорная страсть, быстро и вѣрно подбирающая эти ассоціаціи, составляютъ необходимую принадлежность всякаго великаго характера,— необходимое условіе великихъ открытій и великихъ дѣяній. Вотъ почему у британскаго психолога слагается такой высшій идеалъ человѣка:

«Если мы представимъ себѣ, говоритъ Бэнъ: великій страстный характеръ, упорно подыскивающій то, что ему нужно,— умъ, необыкновенно сильный въ элементахъ умственнаго производства, и волю, которая держитъ въ подчиненіи и то, и другое — то должны будемъ сознаться, что желаемъ чего-то сверхъ-человѣческаго». Этотъ же британскій національный идеалъ встрѣчаемъ мы и во многихъ англійскихъ романахъ, такъ-какъ романъ вообще, насколько онъ націоналенъ, рисуетъ всегда, или положительно, или отрицательно, народный идеалъ человѣка.

ГЛАВА XX.

Вниманіе: выводы.

Изъ критическаго разбора различныхъ анализовъ вниманія, мы можемъ сдѣлать слѣдующіе выводы:

1. Вниманіе совершенно необходимо для того, чтобы *впечатлѣніе* могло превратиться въ *ощущеніе*; это единственная дверь, черезъ которую впечатлѣнія внѣшняго міра, или ближе, состоянія нервнаго организма, вызываютъ въ душѣ ощущенія. Впечатлѣнія же, не сосредоточивающія на себѣ нашего вниманія, хотя и могутъ производить вліяніе на нашъ организмъ, но эти вліянія не будутъ сознаны нами.

2. Вниманіе не можетъ принадлежать самой нервной системѣ, такъ какъ ясныя наблюденія показываютъ, что оно часто находится въ борьбѣ съ вліяніемъ нервовъ и въ этой борьбѣ иногда одолѣваетъ то вниманіе, то нервная система. Кромѣ того мы видѣли, что нервная система, выполнивъ необходимо всѣ *физическія* условія впечатлѣнія, отразивъ предметъ на сѣтчаткѣ глаза по законамъ оптики, или передавъ дрожаніе воздуха водѣ ушнаго лабиринта по законамъ акустики, тѣмъ не менѣе,

---

[1]) The Emotion and the Will. p. 417.

не дастъ намъ ощущенія, если вниманіе наше по какому-нибудь обстоятельству отвлечено отъ дѣятельности нервовъ. Наконецъ, мы видѣли, что вниманіе можетъ переходить съ одного предмета на другой и съ одной части предмета на другую безъ всякаго замѣтнаго измѣненія въ нервной системѣ. Всѣ эти наблюденія заставляютъ насъ признать, что вниманіе принадлежитъ какому-то особенному агенту, тѣсно связанному съ нервной системой, но не тождественному съ нею.

3. По дѣятельности своей, вниманіе можетъ быть раздѣлено на *произвольное* или *активное* и *непроизвольное* или *пассивное*. Произвольное вниманіе отличается отъ пассивнаго по тому вѣрному признаку, что выбираетъ себѣ предметъ съ замѣтнымъ усиліемъ съ какой стороны; тогда какъ *пассивное* вниманіе, наоборотъ, увлекается предметами или, вѣрнѣе сказать, состояніями нервной системы, которыя вызываются въ ней тѣми или другими вліяніями внѣшняго міра. Этотъ психическій фактъ такъ знакомъ каждому, что отъ него не могли отвернуться даже тѣ мыслители и психологи, для которыхъ существованіе *произвольнаго* вниманія было загадкою, противорѣчащею ихъ теоріи. Такъ, Гербартъ признаетъ вниманіе «непроизвольное» и «произвольное», объясняя послѣднее самообладаніемъ души [1]; но, какъ мы увидимъ ниже, самообладаніе души не имѣетъ никакого опредѣленнаго смысла, если признать самую душу собраніемъ представленій или слѣдовъ представленій: представленія, обладающія сами собою, совершенно непонятны и такая душа, подчиняющаяся *своей* самой низкой страсти, точно также *обладаетъ собою*, какъ и та, которая подчиняется своей разумной мысли. Душа гербартовской теоріи, подчиняющаяся законамъ механики, знаетъ только *силу*, не разбирая, чья это сила — разума или страсти. Знаменитый логикъ Джонъ Стюартъ Милль также въ противорѣчіи съ своею теоріею, говоря о вниманіи, постоянно прибавляетъ, что оно «произвольно въ извѣстныхъ предѣлахъ» [2], хотя самъ же не можетъ признать существованія произвола. Бенеке въ своей психологіи уклоняется отъ рѣшенія вопроса, что такое произвольное вниманіе и объясняетъ вниманіе такъ, что произволъ въ немъ становится невозможнымъ. Но въ своей педагогіи онъ не можетъ уже уклониться отъ вопроса о произвольномъ вниманіи и долженъ, противъ своего желанія, признать его существованіе или отказаться отъ возможности педагогической дѣятельности. Такимъ образомъ, не объясняя покудова, изъ чего можетъ происходить произволъ вниманія, мы просто должны признать существованіе произвольнаго вниманія за несомнѣнный фактъ, открываемый психологическими наблюденіями; должны признать, что «воля, какъ выражается Миллеръ, въ направленіи вниманія дѣйствуетъ съ внѣшнею силою, какъ и въ управленіи нервами движенія» [3].

---

[1] Lehrbuch der Psychologie § 213, а также и въ своей педагогіи.
[2] Mill's Logic. B. V. Ch. 1. § 3. s. 294, 295.
[3] Man. de Phys. T. II. p. 88.

4. Въ обыкновенномъ ходѣ нашего мышленія вниманіе *произвольное* и *пассивное* безпрестанно перемѣшиваются между собою, какъ это можно удачными примѣрами, хотя съ другою цѣлью, объяснилъ Рау, излагая психологію Бенеке [1]. Но, иногда мы ясно замѣчаемъ, что пассивное вниманіе беретъ верхъ надъ нами, что мы въ этомъ состояніи непроизвольно выбираемъ предметы для нашего мышленія, увлекаемые тѣми впечатлѣніями, которыя, по какой-нибудь причинѣ, настойчивѣе возбуждаются нашею нервною системою. Часто, несмотря ни на какія усилія нашей воли, мы не можемъ оторваться отъ какого-нибудь предмета созерцанія или отъ какого-нибудь воспоминанія.

5. Власть наша надъ вниманіемъ играетъ большую роль и въ нашемъ умственномъ развитіи, и въ нашей практической жизни. Для человѣка необыкновенно важно быть въ состояніи произвольно выбирать предметы для своего мышленія и отрываться отъ тѣхъ, которые безсознательно въ него вторгаются. «Умѣнье быть невнимательнымъ», отрываться отъ предметовъ, завладѣвающихъ нашимъ вниманіемъ, Кантъ ставитъ даже выше умѣнья быть внимательнымъ [2]. Локкъ ищетъ средства этого умѣнья и не находитъ другаго, кромѣ привычки быть внимательнымъ, пріобрѣтаемой упражненіемъ [3]. Въ самомъ дѣлѣ, какъ справедливо замѣчаетъ Ридъ, наше спокойствіе, а часто и наша добродѣтель зависятъ отъ большей или меньшей степени нашей власти надъ направленіемъ нашего вниманія; но эта власть не безгранична. Можетъ быть, стоило бы только не думать о самой сильной боли, отвлечь отъ нея свое вниманіе, чтобы ее не чувствовать, и нѣтъ сомнѣнія, что самая мучительная мысль перестаетъ насъ мучить, когда мы замѣнимъ ее другою, но у многихъ ли людей и въ отношеніи всѣхъ ли мыслей и чувствъ найдется достаточно силы, чтобы по произволу удалять ихъ?

6. Формація и развитіе *пассивнаго* вниманія такъ хорошо разъяснены у Бенеке, что намъ осталось только дополнить его теорію теоріею Гербарта и показать, какъ мы это и сдѣлали выше, что предметъ, для того, чтобы быть для насъ интереснымъ, долженъ быть непремѣнно отчасти *знакомъ* намъ, а отчасти *новъ*: долженъ или вносить новыя звенья въ вереницы нашихъ слѣдовъ, или разрывать эти вереницы. Не такъ легко объяснить усиленіе произвольнаго вниманія, хотя это фактъ, не подлежащій сомнѣнію. Почти всѣ психологи, начиная съ Локка, согласно утверждаютъ, что произвольное вниманіе наше или, выражаясь точнѣе, власть нашей души надъ перемѣнами предметовъ сознанія, усиливается отъ *упражненія*. Но какая перемѣна происходитъ въ насъ отъ такихъ упражненій—этого нигдѣ не выяснено. Видно только одно, что власть

---

[1] Beneke's Seelenlehre von Raue. p. 88.

[2] Kant's Antropologie § 3. Фризъ также думаетъ, что «многіе люди несчастливы именно отъ того, что не умѣютъ отвлечь своего вниманія». Handbuch der Antropol. s. 86.

[3] Works. Vol. 1. p. 83.

наша надъ вниманіемъ тѣсно связана, съ одной стороны, вообще съ силою нашей воли, а съ другой — съ здоровымъ состояніемъ нашего организма: разстроенный или сильно раздраженный нервный организмъ — такой врагъ произвольнаго вниманія, съ которымъ не можетъ всегда справиться и сильная воля. Но вообще люди, замѣчательные по силѣ своей воли, замѣчательны также и по власти своей надъ вниманіемъ. Такъ, говорятъ, что Наполеонъ I могъ засыпать по желанію и спать спокойно наканунѣ самыхъ рѣшительныхъ битвъ; тогда-какъ люди съ раздраженными нервами и слабовольные лишаются сна отъ самой пустой безпокоящей ихъ мысли. Такъ, говорятъ, что Карлъ XII, отличавшійся желѣзною волею, а вовсе не блестящими умственными способностями могъ, точно также, какъ и Цезарь, диктовать разомъ нѣсколькимъ секретарямъ, что показываетъ огромную степень власти въ распоряженіи своими мыслями. Слѣдовательно, все, что укрѣпляетъ волю, укрѣпляетъ вмѣстѣ съ тѣмъ и произвольное вниманіе. Воля же, какъ мы это увидимъ дальше, укрѣпляется именно своими побѣдами. Каждая побѣда воли надъ чѣмъ бы то ни было, придаетъ человѣку *увѣренности* въ собственной своей нравственной силѣ, въ возможности побѣдить и всѣ другія препятствія, и этой увѣренности приписываемъ мы именно укрѣпленіе воли, а вмѣстѣ съ тѣмъ, и укрѣпленіе произвольнаго вниманія. Кромѣ того, если человѣкъ съ дѣтства и юности своей не пріучилъ нервамъ властвовать надъ собою, то они не привыкнутъ раздраженію и будутъ ему послушны.

7. Вниманіе *активное* или произвольное естественно переходитъ во вниманіе *пассивное*. Почти всякое, новое для насъ занятіе требуетъ сначала отъ насъ активнаго вниманія, болѣе или менѣе замѣтныхъ усилій воли съ нашей стороны; но чѣмъ болѣе мы занимаемся этимъ предметомъ, чѣмъ удачнѣе идутъ наши занятія, чѣмъ обширнѣе совершается работа сознанія въ слѣдахъ, оставляемыхъ въ насъ этими занятіями — тѣмъ болѣе предметъ возбуждаетъ въ насъ интереса, тѣмъ пассивнѣе въ отношеніи къ нему становится наше вниманіе. Локкъ, а вслѣдъ за нимъ и Бэнъ, хотя не такъ абсолютно, какъ Локкъ, этимъ самымъ процессомъ объясняютъ образованіе въ человѣкѣ тѣхъ или другихъ способностей и умственныхъ наклонностей. «Умъ, мало воспріимчивый къ какому-нибудь предмету, говоритъ Бэнъ, можетъ выработать въ себѣ это расположеніе настойчивымъ занятіемъ, подъ вліяніемъ произвольныхъ рѣшеній, направленныхъ на одинъ предметъ [1]».

Такое выработанное вниманіе дѣлается потомъ какъ-бы природною способностью; а если оно, по какимъ-нибудь обстоятельствамъ, выработалось въ раннемъ дѣтствѣ, то и дѣйствительно принимается часто за природную способность. Это явленіе намъ понятно, что и природныя способности наши разработываются въ наклонности и таланты тѣмъ же самымъ процессомъ. Мы уже видѣли, выше, что особенно удачно устрем-

---

[1] The Emotion and the Will by Bain. p. 411.

ный, тонкій, впечатлительный органъ зрѣнія или слуха привлекаетъ къ себѣ сознаніе преимущественно передъ другими органами,—привлекаетъ именно тѣмъ, что даетъ сознанію болѣе работы и работы, относительно, легкой, если сравнить ея трудность съ результатами, которые ею достигаются т. е. болѣе обширной и удачной работы [1]). Мы увидимъ далѣе, что коренное свойство души нашей состоитъ въ требованіи дѣятельности и потому она преимущественно обращаетъ свое сознаніе къ той области ощущенія и слѣдовъ ощущенія, въ которой можетъ получить болѣе обширную, разнообразную и сравнительно легкую дѣятельность. Дѣятельность же сознанія, въ свою очередь, накопляетъ еще болѣе слѣдовъ въ той области, въ которой она преимущественно работаетъ; а слѣды этихъ работъ сознанія, расширяясь, усложняясь, укореняясь отъ повторенія, все сильнѣе и сильнѣе привлекаютъ сознаніе къ новымъ работамъ въ той же области. Такъ развиваются въ насъ пріобрѣтенныя способности и наклонности, точно также развиваются и тѣ природные задатки, которые были намъ даны уже въ особенностяхъ нашей нервной системы.

8. На такую формацію и на такое развитіе нашихъ способностей и наклонностей могутъ имѣть вліяніе совершенно случайныя обстоятельства. «Мы, говоритъ Локкъ, часто называемъ даромъ природы то, что есть только слѣдствіе упражненія и практики. Если человѣкъ, по счастливому случаю, успѣлъ въ чемъ-нибудь, то эта удача заставляетъ его вновь пробовать себя на томъ же поприщѣ, пока онъ нечувствительно, самъ того не замѣчая, выработаетъ въ себѣ способность къ тому или другому дѣлу». Однако-жъ эта мысль Локка, не смотря на всю свою справедливость, проведена слишкомъ далеко. Сама первая удача должна же была отъ чего-нибудь зависѣть; если же она была чистымъ дѣломъ случая и не имѣла основанія въ нашихъ природныхъ способностяхъ, то за нимъ неминуемо послѣдуютъ неудачи, которыя парализируютъ вліяніе удачъ и отобьютъ у человѣка охоту идти по дорогѣ, для которой у него не было природнаго дара. Правда, есть характеры, для которыхъ, чѣмъ сильнѣе была борьба, тѣмъ крѣпче они привязываются къ пріобрѣтенному; но часто бываетъ и наоборотъ: непосильная трудность, встрѣчаемая въ началѣ дѣла, дѣлаетъ намъ самое дѣло противнымъ. Слѣдовательно, и въ этомъ случаѣ, какъ и всегда въ душѣ человѣческой, многое зависитъ отъ счастливой гармоніи и равновѣсія силъ. Сознаніе наше не любитъ ни слишкомъ легкой, ни слишкомъ трудной работы; оно любитъ средину, т. е. *посильный* трудъ, но положеніе этой средины у различныхъ людей различно. Оно опредѣляется, съ одной стороны, нашими способностями, а съ другой — силою нашей воли. Кромѣ того на него имѣютъ вліяніе обстоятельства и даже просто случай. Но самъ по себѣ чистый случай способности не создаетъ, хотя многіе однородные случаи, слѣдуя одинъ за другимъ, могутъ выработать наклонность, которая будетъ тогда не соотвѣтствовать способностямъ. Такъ, напримѣръ, извѣстна

---

[1]) См. выше, глава VII, п. 11, 12.

страсть Ришельё къ стихоплетству, хотя у великаго политика не было ни малѣйшаго дара поэзіи. Мы не знаемъ, какъ выработалась въ немъ эта наклонность, но понимаемъ, что льстецы могли ее укоренить въ немъ. Очень часто слишкомъ снисходительныя похвалы къ рисункамъ дитяти, развиваютъ въ немъ страсть къ рисованію, хотя у него нѣтъ ни малѣйшаго дара живописи [1]).

9. При такомъ взглядѣ на активное вниманіе, а равно и на возможность перехода активнаго вниманія въ пассивное, понятна уже сама собою обязанность воспитателя въ отношеніи вниманія воспитанника. Воспитатель долженъ пользоваться способностью души — произвольно управлять свое вниманіе, долженъ укрѣплять власть души надъ вниманіемъ; но въ тоже самое время долженъ заботиться о томъ, чтобы пассивное вниманіе развивалось въ воспитанникѣ, чтобы его интересовало то, что должно интересовать развитаго и благороднаго человѣка, а это достигается не иначе, какъ множествомъ и стройностью слѣдовъ того или другаго рода. Принуждать себя вѣчно никто не въ состояніи, и если въ человѣкѣ не разовьется интересъ къ добру, то онъ не долго пройдетъ по хорошей дорогѣ. Изъ частныхъ побѣдъ надъ собою мало по малу выростаетъ сила, которая, сначала облегчаетъ намъ тотъ или другой путь, а потомъ ведетъ насъ по этому пути.

10. Аристотель, Спиноза, Локкъ, Ридъ, Руссо, Бэнъ, всѣ единогласно находятъ во вниманіи лучшее средство управлять страстями. Почему воспитывая власть человѣка надъ вниманіемъ, мы не только открываемъ ему широкую дорогу къ умственному развитію, но и даемъ могущественнѣйшее средство бороться со страстями и, не смотря на нихъ впередъ идти дорогою здраваго разсудка и добродѣтели. «Мы не можемъ вѣрить въ какую-нибудь мысль только изъ желанія или изъ страха», говоритъ Джонъ Стюартъ Милль: «самое страстное желаніе не дастъ возможности даже слабѣйшему изъ людей повѣрить чему-нибудь безъ признака дѣйствительнаго основанія, безъ какой-нибудь, хотя кажущейся, очевидности. Но чувства наши дѣйствуютъ на то, что въ нѣкоторой степени произвольно, а именно — на вниманіе человѣка, направляя его на заключеніе ему пріятное» [2]) и въ этомъ Милль видитъ одну изъ главныхъ причинъ нашихъ ошибокъ. Бороться же съ такимъ *вліяніемъ чувства* на вниманіе можетъ только тотъ, у кого не только окрѣпло *произвольное* вниманіе, но и *пассивное* вниманіе развилось, какъ слѣдуетъ: у кого интересы истины и добродѣтели сдѣлались главными руководящими интересами жизни именно потому, что онъ часто вращался и часто одерживалъ побѣды надъ собою въ этой области мысли и дѣйствій.

11. Что же такое вниманіе? какъ мы опредѣлимъ его? Одни психологи придаютъ ему слишкомъ большую самостоятельность. Такъ, напр.

---

[1]) О противорѣчіи между наклонностями и способностями см. у Бэна The Senses and the Intellect, p. 45.

[2]) Mill's Logik. B. V. Ch. 1. § 3 p. 294.

— 185 —

бря. Рид дѣлаетъ его особенною способностью души и ставитъ рядомъ съ сознаніемъ ¹). Другіе, какъ напримѣръ, Бенеке, вовсе вычеркиваютъ вниманіе изъ числа способностей и видятъ въ немъ только большее или меньшее накопленіе слѣдовъ, привлекающихъ другіе одно-родные слѣды. Намъ кажется, что справедливѣе всѣхъ думаютъ тѣ, которые опредѣляютъ вниманіе, какъ *способность сознанія сосредоточиваться* ²). Мы думаемъ, однако, что это опредѣленіе слѣдуетъ расширить и опредѣлить вниманіе способностью, *не одного сознанія только, а всей души* сосредоточиваться въ той или другой сферѣ своей дѣятельности, т. е. или въ сферѣ сознанія, или въ сферѣ воли, или въ сферѣ внутренняго чувства.

Мы ясно можемъ замѣтить надъ собою, что при сильныхъ тѣлесныхъ страданіяхъ, а также въ гнѣвѣ, въ горѣ, въ радости и другихъ сердечныхъ или внутреннихъ чувствахъ, сознаніе наше тускнѣетъ и впечатлѣнія внѣшняго міра ощущаются нами слабо и неясно. Точно также, при сильномъ напряженіи нашей воли въ какомъ нибудь актѣ не только сознаніе, но и внутреннее чувство наше дѣйствуетъ слабо, какъ мы видѣли это на примѣрѣ матери, спасающей свое дитя изъ пламени. Вотъ почему мы думаемъ, что слѣдуетъ отличать *вниманіе въ широкомъ смыслѣ*, т. е. способность души сосредоточиваться въ одной изъ трехъ сферъ своей дѣятельности, *отъ вниманія въ тѣсномъ смыслѣ*, т. е. отъ способности души сосредоточиваться въ области сознанія на томъ или другомъ предметѣ сознанія.

14. Причины, сосредоточивающія дѣятельность души, очень разнообразны. Однѣ изъ нихъ принадлежатъ самой душѣ и изъ нея вытекаютъ—таковы источники произвольнаго вниманія; другія причины скрываются во вліяніяхъ на душу внѣшняго міра, чрезъ посредство нервнаго организма: это причины пассивнаго вниманія. Причины пассивнаго вниманія можно снова раздѣлить на внутреннія и внѣшнія.

а) *Внѣшнія причины*, сосредоточивающія наше пассивное вниманіе, заключаются въ силѣ самаго впечатлѣнія: не замѣчая легкаго прикосновенія, мы замѣчаемъ сильный толчекъ. Кромѣ абсолютной силы впечатлѣнія важна и его относительная сила: въ тишинѣ ночи мы слышимъ такіе звуки, которыхъ не могли бы разслышать днемъ; бѣлое виднѣе на насъ на черномъ фонѣ, чѣмъ на сѣромъ и т. п. Къ этому же роду причинъ, сосредоточивающихъ наше вниманіе, слѣдуетъ причислить болѣзненныя или періодическія состоянія нашего организма, которыя неволыно привлекаютъ наше вниманіе, отвлекая его отъ другихъ предме-

---

¹) Reid's Works, Vol. I. p. 230 и 240. Здѣсь Ридъ называетъ вниманіе произвольною дѣятельностью души; но въ другомъ мѣстѣ (Vol. II. p. 538) самъ себѣ противорѣчитъ, показывая прекрасными примѣрами, до какой степени бываетъ непроизвольно наше вниманіе.

²) Fichte. Psychologie. T. I. s. 89.

тов. «Каждое тѣлесное чувство, говоритъ Гербартъ, можетъ ввести въ сознаніе связанные съ нимъ ряды представленій ¹)».

б) Ко *внутреннимъ* причинамъ пассивнаго вниманія слѣдуетъ отнести самую связь слѣдовъ нашихъ ощущеній и ассоціаціи этихъ слѣдовъ. Одно представленіе вызываетъ за собою другое, съ нимъ связанное по законамъ ассоціаціи слѣдовъ, о которыхъ мы скажемъ ниже. Сюда же слѣдуетъ отнести вліяніе сердечныхъ чувствъ, заправляющихъ нашимъ вниманіемъ, безъ посредства нашей воли и даже противъ воли. Такъ мы противъ воли внимательны ко всему тому, что затрогиваетъ сильно возбужденное въ насъ чувство: гнѣвъ, страхъ, любовь, самолюбіе и т. д.

13. Мы невнимательны ко всему тому, что намъ совершенно знакомо, если только при этомъ не задѣто какое-нибудь внутреннее, сильно возбужденное чувство; но мы такъ же невнимательны и ко всему тому, что намъ совершенно незнакомо, а потому не можетъ составить связныхъ ассоціацій съ тѣми слѣдами, которыя уже укоренились въ насъ. Другими словами, чтобы возбудить наше вниманіе, предметъ долженъ представлять для насъ новость; но новость интересную, т. е. такую новость, которая или дополняла бы, или подтверждала, или опровергала, или разбивала то, что уже есть въ нашей душѣ, т. е. однимъ словомъ, такую новость, которая что-нибудь измѣняла бы въ слѣдахъ, уже у насъ укоренившихся. Появленіе новой планеты, могущее взволновать всѣ обсерваторіи, не было бы даже и замѣчено толпою. Нужно уже быть волхвомъ, звѣздочетомъ, чтобы замѣтить новую звѣзду на небѣ.

14. Перечисливъ причины, сосредоточивающія нашу душу, перечислимъ теперь, хотя коротко, и послѣдствія такого сосредоточенія. Общія послѣдствія тѣ же, какія бываютъ всегда отъ сосредоточенія силъ. Чѣмъ сосредоточеннѣе душа въ какомъ-нибудь своемъ актѣ, тѣмъ болѣе силы обнаруживаетъ она въ немъ. Безумные обнаруживаютъ неожиданно большую силу во всѣхъ своихъ движеніяхъ. Лунатики, какъ замѣтилъ еще Мюллеръ ²), потому съ необычайной ловкостью ходятъ по крышамъ и заборамъ, что вся душа ихъ такъ сосредоточена на одномъ актѣ, какъ не можетъ быть она сосредоточена у бодрствующаго человѣка, чувства котораго открыты тысячамъ внѣшнихъ впечатлѣній. Животныя, можетъ быть, именно потому такъ ловки въ своихъ дѣйствіяхъ, что мало думаютъ и разсѣеваются.

15. Сосредоточеніе сознанія на предметѣ дѣлаетъ всѣ ощущенія, получаемыя нами отъ этого предмета, рѣзче и яснѣе, такъ что мы замѣчаемъ такія черты въ картинѣ или такіе оттѣнки въ звукахъ, которыхъ и не подозрѣвали, когда сознаніе наше было развлечено. Отсутствіе развлеченія уже само по себѣ открываетъ возможность сосредоточенія сознанія. Вотъ почему вслушиваются въ арію пѣвца, въ какой-

---

¹) Herbart's Schriften zur Psychologie. Herausgegeben von Hartenstein. 2-r T. § 214.

²) Man. de Physiologie. T. II. p. 99.

тельно закрываемъ глаза, удерживаемъ дыханіе, даже приподымаемся съ мѣста, желая по возможности уменьшить поле нашихъ впечатлѣній и тѣмъ самымъ усилить ощущеніе, вызываемое въ насъ наблюдаемымъ предметомъ. Вотъ почему у слѣпыхъ, для которыхъ закрыта громадная область дѣятельности зрѣнія, бываютъ обыкновенно тонки слухъ и осязаніе.

16. Чѣмъ сильнѣе вниманіе, тѣмъ ощущеніе отчетливѣе, яснѣе, а потому и слѣдъ его тѣмъ прочнѣе ложится въ нашу память [1]). Всякій испыталъ надъ собою, что мы тѣмъ тверже запоминаемъ какой-нибудь предметъ или какое-нибудь обстоятельство, чѣмъ болѣе они сосредоточили на себѣ наше вниманіе [2]). Незамѣчательные, обыденные предметы тысячами проходятъ ежедневно передъ нашими глазами, не сосредоточивая на себѣ нашего вниманія и потому не оставляя по себѣ никакого слѣда въ нашей памяти; предметъ же сильно сосредоточившій на себѣ наше вниманіе запоминается надолго. Можетъ быть, если бы человѣкъ способенъ былъ къ долговременному и *абсолютному* вниманію, то для него достаточно было бы прочесть разъ большую книгу, чтобы помнить ее отъ слова до слова. Такимъ абсолютнымъ вниманіемъ отличаются иногда идіоты, не развлекаемые въ своемъ созерцаніи словъ даже смысломъ того, что читаютъ. Такъ идіотъ, приводимый въ примѣръ Дробишемъ, прочтя разъ объемистую медицинскую диссертацію на латинскомъ языкѣ, пересказалъ ее отъ слова до слова, не зная ни медицины, ни даже латинскаго языка [3]).

17. Не только ощущеніе, непосредственно получаемое нами отъ внѣшнихъ предметовъ, но также и *слѣды ощущеній*, изъ которыхъ слагаются наши представленія, становятся для насъ ярче, образнѣе, когда мы сосредоточиваемъ на нихъ свое вниманіе или когда умѣньшается въ нихъ возможность развлеченія. Во тьмѣ и тишинѣ ночи наши представленія пріобрѣтаютъ яркость дѣйствительности; и когда сонъ лишаетъ насъ возможности сравнивать яркость нашихъ внутреннихъ представленій съ яркостью дѣйствительныхъ ощущеній, то наши мечты превращаются въ видѣнія до того образныя, что мы вѣримъ въ ихъ дѣйствительность.

18. Сосредоточенность души въ области сердечныхъ чувствъ произво-

---

[1]) Elements of the Phylosophy by Dugald Stewart Ed. 1867. p. 218.

[2]) Для доказательства такого отношенія вниманія къ памяти Дюгальдъ Стюартъ приводитъ примѣръ, что человѣкъ, незанимающійся особенно лошадьми, можетъ долго смотрѣть на лошадь, и потомъ не узнать ее; тогда какъ лошадиный торговецъ, разъ и бѣгло взглянувъ на лошадь, узнаетъ ее потомъ между тысячами другихъ. (Elements of Phylosophy p. 217). Но это приписать не подходящій: здѣсь не столько дѣйствуетъ *интересъ*, сколько множество прежнихъ слѣдовъ и, вслѣдствіе этого множества слѣдовъ одного типа, лошадиный торговецъ умѣетъ отыскать сразу отличительный признакъ каждой новой лошади.

[3]) Empyrische Psychologie, von Drobisch. § 37. s. 95.

— 188 —

дать иногда гибельное действіе. Сосредоточенное, ни чѣмъ не развлекаемое горе, а еще болѣе радость, иногда убиваютъ человѣка, или производятъ такой глубокій переворотъ въ его нервномъ организмѣ, что этотъ разстроенный, извращенный организмъ отражается въ душѣ помѣшательствомъ. Сосредоточенность же души въ актѣ воли часто придаетъ этому акту, какъ мы уже показали выше, изумительную силу и ловкость.

ГЛАВА XXI.

Что такое значитъ — сознавать? Появленіе ощущенія.

1. Изучая вниманіе, мы не безъ намѣренія пропустили одну изъ замѣчательнѣйшихъ его особенностей, такъ какъ она можетъ прямо ввести насъ къ ближайшему знакомству съ *дѣятельностію сознанія* и къ ближайшему опредѣленію, что такое *ощущеніе* — этотъ матеріалъ всѣхъ душевныхъ построекъ.

2. Всякій, безъ сомнѣнія, замѣчалъ надъ самимъ собою, что *ясность сознанія*, независимо отъ большей или меньшей возбужденности вниманія, причины которой мы изложили выше, *находится въ обратномъ пропорціональномъ отношеніи съ числомъ впечатлѣній, входящихъ одновременно въ сознаніе*. «Вниманіе, говоритъ Мюллеръ, не можетъ заниматься разомъ большимъ числомъ впечатлѣній; если же многія впечатлѣнія являются одновременно, то ясность ихъ уменьшается пропорціонально ихъ множеству.» [1].

3. Это такое простое и знакомое каждому явленіе, что мы не имѣли бы нужды доказывать его дѣйствительность, если бы не было противуположныхъ теорій. «Мы никогда не въ состояніи, говоритъ Вундтъ, одновременно видѣть образъ и слышать звукъ, сознавать настоящее впечатлѣніе и вспоминать протекшее представленіе, составлять сужденіе и образовывать понятіе. Если же наблюденіе надъ собственнымъ духомъ представляетъ намъ одновременность различныхъ актовъ мышленія, то это значитъ, что мы обманываемся быстротою, съ которою одинъ актъ смѣняется другимъ» [2]. Англійскій психологъ одного направленія съ Вундтомъ, Гербартъ Спенсеръ, отличаетъ физіологическія явленія отъ психическихъ именно тѣмъ, что тогда — какъ нервныя представляютъ безчисленнымъ числомъ различныхъ рядовъ (идущихъ разомъ, одновременно), явленія психическія представляются намъ единичнымъ рядомъ, т. е. идутъ одно за другимъ, а не вмѣстѣ, какъ явленія физіологическія [3].

---

[1] Man. de Phys. par J. Müller. T. II, p. 272.

[2] Vorlesungen über die Menschen und Thierseele. 1863. Erst. Th. I Vorl. s. 40.

[3] Principles of Psychologie by Herb. Spencer. Lond. 1855. p. 491.

4. Но если самонаблюдение въ этомъ случаѣ насъ обманываетъ, представляя намъ ощущенія, слѣдующія одно за другимъ, одновременными, то, спрашивается, какъ могли эти психологи удостовѣриться въ ошибкѣ нашего сознанія? Вундтъ, правда, ссылается на Аристотеля; но развѣ возможно въ такомъ дѣлѣ, какъ самосознаніе, ссылаться на кого-нибудь, кромѣ самого сознанія? Если мы всѣ ошибаемся, принимая быстроту послѣдовательности душевныхъ актовъ за одновременность, то точно также могъ ошибаться и Аристотель, и повѣрить этой ошибки нѣтъ никакой возможности. Замѣчательно однако, что то мѣсто въ сочиненіи Аристотеля «De sensu et sensili», на которые ссылается Вундтъ, вовсе его не подтверждаетъ. «Есть нѣкоторыя вещи, говоритъ Аристотель, которыя могутъ быть соединяемы въ одно ощущеніе и есть другія, которыя соединяться не могутъ. Первыя принадлежатъ къ одному чувству и способны къ смѣшенію, послѣднія же принадлежатъ различнымъ чувствамъ. Такъ могутъ соединиться между собою различныя краски, а равно и различные тоны; но соединить въ одно ощущеніе, тонъ и краску—нельзя» *). Гдѣ же тутъ видитъ Вундтъ утвержденіе въ томъ, что два одновременныя впечатлѣнія невозможны? Здѣсь говорится только объ очень простомъ фактѣ смѣшанныхъ красокъ и смѣшанныхъ тоновъ и что нельзя смѣшивать тона и краски, какъ нельзя складывать аршинъ и пудовъ. Напротивъ, въ своей книгѣ «О душѣ», Аристотель съ обычною силою своей логики опровергаетъ тѣхъ греческихъ натуръ-философовъ, которые, предупреждая Гоббеза, Вундта и Спенсера, объясняли душевныя явленія движеніями матеріи и потому не могли примириться съ очевиднымъ фактомъ необходимости сравненій между ощущеніями и, слѣдовательно, одновременности сравниваемыхъ ощущеній **). Это мѣсто въ Аристотелевой книгѣ «О душѣ» такъ замѣчательно, что мы разберемъ его подробнѣе, не потому, чтобы мы ссылались на Аристотеля въ дѣлѣ самосознанія, но потому, что его проницательная логика поможетъ намъ яснѣе описать явленіе, столько же доступное наблюденію нашему и каждаго изъ нашихъ читателей, сколько и наблюденію Аристотеля.

5. «Ощущеніе, говоритъ Аристотель, есть средняя мѣра для проти-

---

ч. Спенсеръ проницательнѣе Вундта и, видя вполнѣ невозможность мышленія безъ сравненій, а сравненій безъ одновременности сравниваемыхъ ощущеній, старается примирить открывающееся противорѣчіе, но принимается его очень неудачно (стр. 503—505 и др.).

*) De sensu et sensili. Edit Berolin 1833. cap. 7, p. 231. Wund. Erst. Th. I Vorles. S. 42 и въ концѣ: Anmerkung zu 4 Vorles. S. 471

**) Гоббезъ только возобновилъ мнѣніе древнихъ: «образы и цвѣта, говоритъ онъ, суть только появленіе въ насъ движеній, волненій или измѣненій которыя производятся предметомъ въ нашемъ мозгу, или въ какой-нибудь внутренней субстанціи головы».

воположностей въ ощущаемомъ, и потому-то ощущеніе можетъ различ[ать]
ощущаемое. Среднее и есть различающее; ибо оно, въ отношеніи об[оихъ]
ихъ крайностей, есть нѣчто другое» [1]). Въ слѣдующей за тѣмъ глав[ѣ]
Аристотель говоритъ о растеніяхъ, что хотя они испытываютъ теп[ло и]
холодъ, но не чувствуютъ ихъ именно потому, что у нихъ нѣтъ сре[д]-
няго различающаго» [2]). Въ третьей же книгѣ «О душѣ» Аристотель [еще]
яснѣе высказываетъ мысль, что ощущающее не можетъ быть п[о сво]-
ни одной природы съ ощущаемымъ. «Мы *чѣмъ-то различаемъ*, говоритъ
онъ, бѣлое и сладкое и все ощущаемое; вотъ изъ чего видно, что [это]
не есть послѣднее орудіе ощущенія; ибо тогда можно было бы разл[ичать]
осязаніемъ то, что само различаетъ. Нельзя отличать *отдѣльно*, [какъ]
бѣлое различается отъ сладкаго; но и то, и другое должны сд[ѣлаться]
ясными черезъ нѣчто *одно*, общее имъ обоимъ; ибо иначе выход[итъ]
какъ будто *одно* ощущаешь *ты*, а *другое* ощущаю — я, и изъ э[того]
уяснилось бы, что ощущаемое тобою отличается отъ ощущаемаго мно[ю].
Итакъ что-нибудь *одно* должно выражать, что впечатлѣнія разл[ичны],
что бѣлое различается отъ сладкаго, и это одно *столько же мысл[итъ],
сколько и чувствуетъ* [3]). Что отдѣльнымъ и въ отдѣльное время не[льзя]
различать отдѣльнаго — это ясно. Точно также *это различающее* вы-
ражаетъ, что добро отличается отъ зла: говоря объ одномъ (имен[но]
о добрѣ), что оно различно отъ другаго (отъ зла), это различающее [то]
же самое (и въ то же время) говоритъ и о другомъ (о злѣ), что о[но]
отличается отъ перваго (добра). Если я говорю, что что-нибудь разли-
чается отъ другаго, то хотя я и не выражаю тогда же, что это друг[ое]
отличается отъ перваго; но выражаю разомъ и то, и другое. Так[имъ]
образомъ это дѣлается нераздѣльно и въ нераздѣльное время» [4]). Пе[ре]-
водчикъ Аристотеля, Вейсе, думаетъ, что эта глава изъ книги «О ду[шѣ]»
очень испорчена [5]), и дѣйствительно нѣкоторыя выраженія въ ней не
совсѣмъ понятны; но общій смыслъ ея такъ ясенъ, что не трудно было
возстановить его, тѣмъ болѣе, что это не описаніе какого-нибудь исто-
рическаго событія, которое никогда не возвратится, но описаніе [акта],
которое безпрестанно въ каждомъ изъ насъ вновь и вновь совершае[тся].

6. Какъ бы не объяснили мы себѣ природу ощущенія, но въ то[мъ]
уже не можетъ быть сомнѣнія, что во всякомъ ощущеніи нашемъ мы
что-нибудь да *различаемъ*: тьму отъ свѣта, тепло отъ холода, тиш[ину]
отъ звука, одинъ звукъ отъ другаго, красное отъ зеленаго, твердое [отъ]
мягкаго, сладкое отъ кислаго, движеніе отъ покоя, движеніе вверх[ъ отъ]
движенія внизъ и т. д. Если бы по какому-нибудь случаю, субъек[тъ]

---

[1]) Arist. De anima L. II cap. 11. Uebers. von. Weise. s. 62.
[2]) Ibid. cap. 12.
[3]) Посла[вивши] [со разсудкомъ] мы увидимъ всю справедливость и гл[убину]
этой замѣтки Аристотеля.
[4]) De anima, L. III. cap. 2. Uebers. s. 70 и 71.
[5]) Ibid. S. 286.

въ насъ самихъ или объективно во внѣшней для насъ природѣ, исчезла бы для насъ возможность *различать*, то вмѣстѣ съ тѣмъ прекратилась бы и возможность *ощущать*. Если бы не было *свѣта*, то мы не только не ощущали бы свѣта, но не ощущали бы и *тьмы*, какъ не ощущаютъ ее слѣпорожденные; тьма существовала бы для зрячихъ, но не существовала бы для насъ, хотя мы ходили бы во тьмѣ: не существовала бы потому, что мы не имѣли бы возможности отличить ее отъ свѣта. Слѣдовательно, въ этомъ случаѣ *различеніе* совершенно тождественно *съ ощущеніемъ*. Но, можетъ быть, только свѣтъ и тьма, какъ отсутствіе свѣта, находятся между собою въ такомъ отношеніи, въ какомъ, по замѣчанію Аристотеля, находится для насъ добро и зло, или въ какомъ находятся между собою *плюсъ* и *минусъ* въ математикѣ? Однако же, всмотрѣвшись внимательнѣе и во всѣ другія ощущенія, мы замѣтимъ въ нихъ тоже самое. Предположимъ себѣ, что предсказаніе современной физики сбылось и что температура всѣхъ тѣлъ уравновѣсилась, такъ что всѣ тѣла, не исключая и нашего, имѣли бы одну и ту же высокую или низкую температуру, и положимъ, что мы продолжали бы жить и чувствовать. Тогда, безъ сомнѣнія, мы потеряли бы ощущеніе температуры: не имѣя случая *различать* тепло отъ холода, мы не ощущали бы ни тепла, ни холода. Могло бы даже случиться, что мы сильно *страдали* бы отъ *постояннаго*, *неизмѣняющагося* жара или отъ *постояннаго*, *неизмѣняющагося* холода, но не знали бы, отъ чего страдаемъ, не различали бы жара отъ холода; а слѣдовательно, не сознавали бы ни жара, ни холода; эти ощущенія, эти акты сознанія были бы для насъ невозможны. И въ этомъ случаѣ, слѣдовательно, *различеніе*, *ощущеніе* и *сознаваніе* суть только различныя названія одного и того же психическаго акта. Возьмемъ еще одинъ случай: предположимъ, что все въ мірѣ стало желтаго цвѣта и мы легко поймемъ, что тогда для насъ не только бы не существовало ощущенія другихъ цвѣтовъ, потому что ихъ не было бы; но *не существовало бы ощущенія и желтаго цвѣта*, хотя бы онъ и былъ въ природѣ и дѣйствовалъ на наши глазные нервы, какъ дѣйствуетъ и теперь. Мы не ощущали бы его потому, что намъ не съ чѣмъ было бы его *сравнивать*, не отъ чего было бы его *отличать*, и потому мы перестали бы его *ощущать*, не могли бы его *сознавать*. Слѣдовательно, въ нашей психической дѣятельности не было бы всѣхъ тѣхъ матеріаловъ, которые даются ей теперь ощущеніями различныхъ цвѣтовъ, а слѣдовательно, не было бы и *понятія о цвѣтѣ*. Тоже самое примѣнимо ко вкусу, запаху и движеніямъ. Если мы сознали движеніе земли, то только потому, что наблюдали звѣзды. Если же бы вся вселенная двигалась также, какъ движется наша земля со всѣмъ, что на ней есть, то мы считали бы землю неподвижною.

Изъ всѣхъ этихъ небольшихъ анализовъ, а равно изъ всѣхъ тѣхъ опытовъ надъ различнаго рода ощущеніями, которые мы приводили въ главахъ объ органахъ чувствъ, мы вправѣ вывести, что *ощущеніе или сознавать есть не болѣе, какъ различеніе, плодъ сравненія, и что тамъ, гдѣ невозможны сравненіе и различеніе—нѣтъ ощущенія и нѣтъ сознанія.*

7. Но, спрашивается, развѣ мы не можемъ чувствовать страданія или удовольствія, не сравнивая ни съ чѣмъ нашихъ страданій и нашихъ наслажденій? Развѣ страданія и наслажденія, гнѣвъ и зависть не чувства? Дѣйствительно, если слову *чувство* мы придадимъ обширное значеніе, включивъ въ него, какъ сознаніе внѣшнихъ впечатлѣній, такъ и внутреннія *сердечныя* чувства, недовольства, страданія, гнѣва и т. п., то слово *чувствовать* будетъ заключать въ себѣ слово *сознавать*. Но мы можемъ гнѣваться, почти не сознавая того, что мы гнѣваемся, хотя въ нашихъ словахъ и поступкахъ будетъ выражаться гнѣвъ — таковъ именно самый сильный гнѣвъ. Напротивъ, какъ только мы обратимъ свое сознаніе на наше чувство, на то, что мы гнѣваемся, тогда наше начнетъ замѣтно ослабѣвать. Точно также слѣдуетъ различать радость и сознаніе радости, страданіе и сознаніе страданія. Но можемъ ли радоваться, не сознавая радости, или страдать не сознавая страданія? Конечно, нѣтъ: если страданіе такъ сильно, что вся душа въ немъ сосредоточивается и сознаніе становится невозможнымъ, тогда мы теряемъ сознаніе, впадаемъ въ обморокъ. Точно также удовольствіе, гнѣвъ, страхъ могутъ до того усилиться, что сдѣлаютъ сознаніе невозможнымъ. Чувствовать боль и сознавать боль не одно и тоже: если мы слѣдимъ за перерывами боли, повышеніемъ или пониженіемъ ея интенсивности и мѣстнымъ распространеніемъ и пр., это значитъ, что мы сознаемъ боль. Но чѣмъ сильнѣе боль, тѣмъ сознаніе ея становится затруднительнѣе; поднявшись до высокой степени, она прекращаетъ сознаніе. Въ этой главѣ мы говоримъ о чувствѣ только въ тѣсномъ смыслѣ слова и находимъ, что сознавать и различать одно и тоже. Анализъ же *внутреннихъ, сердечныхъ чувствъ* ожидаетъ насъ впереди.

8. Убѣдившись въ томъ, что сознавать или ощущать значитъ различать, а различеніе возможно только при сравненіи, мы легко уже убѣдимся въ томъ, что, еслибы сознаніе наше не могло *одновременно* воспринимать двухъ или болѣе впечатлѣній, то оно не могло бы ихъ различать, слѣдовательно, не могло бы ихъ сознавать—не было бы сознанія. Еслибъ мысль Вундта, а отчасти и Спенсера, была справедлива, т. е. еслибы въ нашемъ сознаніи въ одно и тоже время не могло быть болѣе одного впечатлѣнія, то актъ сравненія былъ бы невозможенъ. Съ чѣмъ же я могу сравнить *единичное* впечатлѣніе, если не съ другимъ современнымъ же ощущеніемъ или слѣдомъ бывшаго впечатлѣнія, который, однакожъ, при актѣ сравненія, изъ слѣда дѣлается современнымъ ощущеніемъ [1]? Сравненіе есть камень преткновенія теорій, подобныхъ теоріямъ Вундта и Спенсера. Вотъ почему, можетъ быть, и Дж.

---

[1] См. выше гл. XIX. п. 14. Тоже утверждаетъ и самъ Спенсеръ въ своей теоріи памяти. Это очень ясно выражено также у Милля (Logic T. I, p. ...

— 193 —

Стюартъ Милль, какъ-то обходя этотъ актъ мышленія, называетъ его «необъяснимымъ», «исключительнымъ», «специфическимъ» и относитъ ему особенное, послѣднее мѣсто въ основныхъ актахъ мышленія [1]). Но мы видимъ уже теперь, что сравненіе вовсе не какой-нибудь исключительный, неважный, *стоящій особнякомъ* актъ мышленія; но что это есть самый существенный актъ сознанія, безъ котораго самое сознаніе, а слѣдовательно и вся сознательная жизнь человѣка невозможны. Безъ современнаго ощущенія двухъ или нѣсколькихъ ощущеній или слѣдовъ бывшихъ ощущеній [2]), невозможно *сравненіе*; безъ сравненія — невозможно *различеніе*, безъ различенія — нѣтъ *сознанія*. Слѣдовательно, возможность сравненія есть необходимое условіе сознанія; а одновременность сознанія разомъ нѣсколькихъ ощущеній — есть необходимое условіе сравненія.

9. Вмѣстѣ съ признаніемъ необходимости процесса сравненія для происхожденія каждаго опредѣленнаго ощущенія, дѣлается совершенно невозможнымъ объясненіе психическихъ явленій, какими бы то ни было матеріальными движеніями, будутъ ли то движенія нервныхъ волоконъ или движенія *нервнаго принципа*, или *психическаго эфира* и т. п. Если всякое впечатлѣніе, по признанію современной физіологіи, есть нечто иное, какъ движеніе нервовъ, вызываемое въ нихъ внѣшними вліяніями, то ясно само собою, что два нервныя движенія не могутъ сравнивать себя другъ съ другомъ: для этого первое движеніе должно бы быть вторымъ движеніемъ и въ тоже время самимъ собою, а второе движеніе — первымъ и въ тоже время самимъ собою. Впечатлѣніе сладкаго, примѣняясь къ выраженію Аристотеля, даетъ нашимъ нервамъ *одно движеніе*, а впечатлѣніе горькаго даетъ *другое* — противоположное; впечатлѣніе же зеленаго цвѣта опять особеннымъ образомъ движетъ наши нервы. Движенія эти могутъ совершаться въ отношеніи другъ другу двоякимъ образомъ: или *одновременно*, но *разномѣстно*, или въ одномъ и томъ же мѣстѣ, но *разновременно*. Въ первомъ случаѣ два

---

[1]) Mill's Logic. Book. I. Ch. III. § 11. S. 75. Онъ признаетъ чувство сходства особеннаго рода ощущеніемъ; мы же доказываемъ, что всякое ощущеніе есть результатъ сравненія, т. е. чувство сходства и различія. Также с. B. I. Ch. V. § 6. Здѣсь онъ даетъ предложеніямъ, основаннымъ на сходствѣ особое и, притомъ, послѣднее мѣсто. Мы же утверждаемъ, что чувство сходства и различія есть основаніе всякаго предложенія. Но не противорѣчитъ ли Милль самъ себѣ (В. IV. гл. 2, р. 196), говоря, что сравненіе предшествуетъ всякой индукціи? Подробнѣе этотъ вопросъ разобранъ въ главѣ о разсудкѣ.

[2]) Ощущать слѣдъ бывшаго впечатлѣнія и ощущать настоящее впечатлѣніе — въ сущности одно и тоже. Въ обоихъ случаяхъ мы ощущаемъ нервное состояніе; слѣдовательно, ощущая слѣдъ бывшаго впечатлѣнія и настоящее впечатлѣніе одновременно, мы ощущаемъ разомъ два различныя состоянія нервовъ.

Псих. Антр. т. I.

различныя нервныя движенія, изъ которыхъ одно, положимъ, дастъ намъ впечатлѣніе зеленаго цвѣта, а другое впечатлѣніе краснаго, будутъ выполняться двумя разными системами глазныхъ нервовъ[1]). Во второмъ случаѣ два различныя нервныя движенія одного и того же рода, но различной силы (быстроты, или непрерывности) будутъ выполняться одними и тѣми же нервами, но въ различное время: одно сначала, а другое потомъ, когда первое уже прекратится. Ясно само собою, что ни въ томъ, ни въ другомъ случаѣ сравненіе между этими различными нервными движеніями, а слѣдовательно и различеніе ихъ было бы совершенно невозможно, если бы то, что различаетъ, были бы тѣ же самые движущіеся нервы. Утверждать это все равно — пользуемся опять мѣткимъ словомъ Аристотеля — что утверждать, что если бы одинъ человѣкъ ощущалъ красный цвѣтъ, а другой ощущалъ зеленый, то изъ этого могло бы возникнуть различеніе зеленаго цвѣта отъ краснаго. Но такъ-какъ различеніе, какъ мы уже доказали, есть тоже самое, что ощущеніе и сознаніе, то ясно, что актъ сознанія не можетъ быть выполняемъ нервами, а долженъ быть выполняемъ чѣмъ-то особеннымъ, отдѣльнымъ отъ нервовъ, чѣмъ-то такимъ, что не стѣсняется условіями мѣста и времени.

10. Нервы наши способны къ *одновременнымъ*, но *разномѣстнымъ* движеніямъ; они способны также къ *одномѣстнымъ*, но *разновременнымъ* движеніямъ: къ соединенію же различныхъ движеній въ одно мѣсто и въ одно время, что требуется для выполненія самаго простаго ощущенія, самаго простаго акта сознанія, не способны ни нервы, ни что-нибудь иное матеріальное. *Ничто матеріальное*, на сколько наука опредѣлила матерію, *не способно*, какъ замѣтилъ еще Аристотель, *въ одно и тоже время и въ одномъ и томъ же мѣстѣ двигаться въ различныхъ направленіяхъ*. Движеніе, вызываемое въ нервахъ впечатлѣніями чернаго цвѣта, противоположно движенію, вызываемому въ нервахъ впечатлѣніями бѣлаго цвѣта. Но для того, чтобы совершился актъ ощущенія, т. е. различенія между этими двумя движеніями, первое должно было бы сдѣлаться вторымъ и второе первымъ въ одинъ и тотъ же моментъ времени и въ одномъ и томъ же мѣстѣ. Напрасно мы, слѣдуя Фехнеру, старались бы увернуться изъ желѣзныхъ клещей аристотелевской логики, представляя себѣ, что такое *отождествленіе противоположныхъ движеній съ полнымъ сохраненіемъ ихъ противоположности* (иначе нечего было бы и различать) сдѣлается возможнымъ, если мы ускоримъ быстроту этихъ движеній въ громадной степени (громадныя цифры — обыкновенное прибѣжище худой логики). Мы не можемъ понять движенія иначе, какъ совершающимся въ пространствѣ и времени, иначе это будетъ уже не движеніе, а нѣчто другое. Какъ бы ни было быстро движеніе, всякая данная частица движущагося

---

[1]) См. выше, гл. VI. п. 10.

тѣла (всякій молекюль его или даже атомъ) въ настоящій моментъ будутъ уже не тамъ, гдѣ была въ прошедшей. Напрасно также прибѣгли бы мы въ этомъ случаѣ, какъ и пробовали дѣлать иные, къ извѣстному механическому явленію одновременнаго дѣйствія двухъ силъ на одно и тоже тѣло или, къ такъ называемому, *параллелограму силъ*. Если тѣло подъ вліяніемъ двухъ различно дѣйствующихъ на него силъ движется по среднему направленію, т. е. по діагонали параллелограма, то, какъ справедливо замѣтилъ Лотце [1]), здѣсь происходитъ не соединеніе двухъ движеній, а третье, новое движеніе, тогда-какъ для акта сознанія должны бы совпасть два различныя движенія, нисколько не утрачивая своего различія. Движеніе, которое дается нашимъ нервамъ вліяніемъ краснаго луча, должно бы ощущать, что оно не то, которое дается вліяніемъ желтаго луча, а для этого оно должно бы быть движеніемъ желтаго луча и въ то же время движеніемъ краснаго. *Изъ этого мы въ полномъ правѣ вывести, что никакое матеріальное движеніе не способно выполнить того акта, который мы называемъ ощущеніемъ или вообще сознаніемъ*. Вотъ почему психологи и мыслители физіологическаго направленія такъ неохотно вдумываются въ актъ сравненія, лежащій, какъ мы видѣли, въ основѣ всѣхъ ощущеній,—этихъ существенныхъ матеріаловъ всѣхъ нашихъ сознательныхъ психическихъ актовъ.

11. Однако же не привелъ ли насъ нашъ анализъ акта ощущенія къ странному и непримиримому противорѣчію? Для того, чтобы ощущать, какъ мы доказали, нужно уже сравнивать два различныя впечатлѣнія, нужно ихъ уже различать; но для того, чтобы сравнивать и различать впечатлѣнія, развѣ не нужно уже ихъ ощущать? Къ этому противорѣчію, какъ кажется, пришелъ и Аристотель и отвѣтилъ на него положительно, но вопросомъ, смыслъ котораго не совсѣмъ для насъ ясенъ [2]). Это же противорѣчіе почувствовалъ и Кантъ, когда задалъ вопросомъ: «видимъ ли мы цвѣта только чувственно или съ помощью сравнивающаго разума?» Это же противорѣчіе заставило и Фризе отличать «чистое созерцаніе» отъ «чувственнаго созерцанія» [3]). Однако же всякое различеніе кажется намъ лишеннымъ смысла, ибо мы видимъ, что самые чувственные изъ нашихъ актовъ сознанія — ощущенія цвѣтовъ, звуковъ, вкусовъ и т. д., требуютъ уже предварительно различенія, а слѣдовательно и сравненія. Что же такое будетъ «чувственное созерцаніе», если оно не будетъ ощущеніемъ? Въ этомъ случаѣ мы только описываемъ явленіе, не будучи въ состояніи отгадать тѣхъ средствъ, которыми это явленіе выполняется; но развѣ, описывая напр. явленіе тяготѣнія или электричества или явленіе химическаго сродства, мы понимаемъ средства, которыми эти явленія выполняются? «Вездѣ мы

[1]) Mikrokosmos. Erst. B. s. 179.
[2]) Arist De Anima. Lib. III. Cap. 2. Uebers. s. 71.
[3]) Antrop. Erst. T. s. 106.

видимъ только *какъ* и не знаемъ *почему*¹). И въ явленіи сознанія для насъ ясно только одно, что душа наша начинаетъ сознавать, когда получается возможность сравнивать и различать,—что ощущеніе единичныхъ впечатлѣній въ ихъ раздѣльности для души невозможно, что она, наконецъ, сознаетъ только отношеніе между единичными впечатлѣніями, а не самыя единичныя впечатлѣнія. Всякое ощущеніе, какъ сказалъ Аристотель, есть непремѣнно отношеніе и душа сознаетъ только отношенія между нервными движеніями, а не самыя нервныя движенія, о которыхъ она *непосредственно* ничего не знаетъ, равно какъ и о самыхъ нервахъ: то и другое открывается только *объективному* знанію.

12. Признавъ за фактъ, что ощущеніе единичнаго нервнаго движенія для души невозможно, мы, вмѣстѣ съ тѣмъ, должны признать, что и *раздвоеніе* сознанія между двумя нервными движеніями также невозможно. Если бы сознаніе при этомъ раздваивалось, то ощущеніе опять было бы невозможно, какъ невозможно полное совпаденіе двухъ различныхъ движеній съ полнымъ сохраненіемъ ихъ различія. Изъ этого прямой выводъ тотъ, что *актъ сознанія не есть движеніе, а что особенное, свойственное одной душѣ и невозможное для матеріальнаго міра.* Самое поверхностное наблюденіе надъ дѣятельностью нашего сознанія убѣдитъ насъ, что всякое раздвоеніе противно природѣ сознанія и что если оно не можетъ соединять, то оно перестаетъ существовать. Сознаніе можетъ собою обнимать одновременно два впечатлѣнія; но только подъ условіемъ, что оно находитъ между ними отношеніе. Собственно говоря, сознаніе сознаетъ всегда только одно отношеніе между впечатлѣніями и не можетъ стремиться въ разныя стороны, къ разнымъ впечатлѣніямъ, несоединяемымъ въ одно отношеніе. Въ этомъ смыслѣ слѣдуетъ понимать слова Аристотеля о *единствѣ* сознанія, которыми такъ злоупотребилъ Вундтъ.

13. Нервныя впечатлѣнія могутъ разсѣевать сознаніе, могутъ, такъ сказать, тянуть его въ разныя стороны. Не признавъ этого, мы не могли бы себѣ объяснить, какимъ образомъ одно впечатлѣніе можетъ вытѣснить изъ души другое, а этотъ фактъ ежеминутно въ насъ совершается. Во время борьбы новаго впечатлѣнія со старымъ, съ которымъ у него нѣтъ ничего общаго (когда, напримѣръ, стукъ или холодъ, или какое-нибудь другое впечатлѣніе прерываютъ ходъ нашихъ мыслей и т. п.) долженъ быть непремѣнно моментъ, когда оба эти впечатлѣнія и вытѣсняющее, и вытѣсняемое, находятся въ сознаніи, т. е. оба имъ сознаются. Но само по себѣ сознаніе не можетъ стремиться къ двумъ разнымъ, ничѣмъ между собою несоединеннымъ впечатлѣніямъ. Вотъ

---

¹) Введеніе въ опытную медицину. Клодъ-Бернара, стр. 130. «Когда мы знаемъ, что вода и всѣ ея свойства представляютъ результатъ соединенія кислорода съ водородомъ въ извѣстныхъ пропорціяхъ, то мы знаемъ все, что можемъ знать объ этомъ предметѣ, и это отвѣчаетъ на вопросъ какъ и почему».

невозможность такого раздвоенія сознанія можетъ испытать на себѣ всякій, попытавшись разомъ направить свое сознаніе на два предмета. Изъ этого мы вправѣ вывести, что вліянія внѣшняго міра, вызывая въ нашемъ организмѣ разомъ множество различныхъ, одновременныхъ нервныхъ движеній, стремятся всегда развлечь сознаніе, увлекаютъ его въ разныя стороны, но сознаніе, по самой природѣ своей, борется съ этими увлеченіями и всегда стремится къ единству, къ сознанію общаго отношенія. Не только сознаніе не можетъ направиться на два разныя впечатлѣнія, но оно точно также не можетъ направиться на два разныя, уже сознанныя имъ отношенія. Оно всегда будетъ стремиться найти отношеніе, общее этимъ отношеніямъ — *отношеніе отношеній*. Это стремленіе сознанія всегда къ единству и *полная невозможность для него стремленія обратнаго*, стремленія въ различныя стороны или въ различныхъ направленіяхъ, безъ сомнѣнія, и было причиною, почему при поверхностномъ наблюденіи, Вундту, Спенсеру и другимъ писателямъ того же направленія казалось, что сознаніе въ одно и то же время можетъ ощущать только одно впечатлѣніе, одно нервное движеніе.

14. Изучая впослѣдствіи дѣятельность памяти, воображенія и разсудка, мы увидимъ, что самая степень ясности сознанія зависитъ отъ количества выполненныхъ имъ соединеній; но и теперь уже можно замѣтить, что чѣмъ болѣе отношеній соединило сознаніе въ одно общее отношеніе, тѣмъ яснѣе отразится въ немъ предметъ, который своимъ вліяніемъ на органы чувствъ и нервную систему вызвалъ въ душѣ всѣ эти акты сравненія и различенія, всѣ эти отношенія и отношенія отношеній. Взглянувъ бѣгло на большую картину, на которой нарисовано множество лицъ въ самыхъ разнообразныхъ положеніяхъ, мы сохранимъ въ душѣ нашей только самое неясное сознаніе картины; но чѣмъ пристальнѣе мы будемъ вглядываться въ ея подробности, связывая эти подробности въ общія отношенія и если, наконецъ, идя этимъ путемъ, мы постигнемъ *основную идею* картины, т. е. то общее для всѣхъ ея подробностей отношеніе, которымъ всѣ онѣ связываются въ одно цѣлое, тогда только наше сознаніе картины достигнетъ высшей степени. При такой степени сознанія достаточно, чтобы въ насъ родилась основная идея картины, и всѣ подробности ея возникнутъ передъ нашимъ умственнымъ взоромъ. Впрочемъ, это явленіе объяснится намъ болѣе, когда мы изучимъ законы ассоціацій, по которымъ сознаніе наше дѣйствуетъ въ этомъ случаѣ и на основаніи которыхъ слѣды работъ нашего сознанія сохраняются въ памяти тѣлесной и душевной не отдѣльно, а цѣлыми вереницами, группами и сѣтями.

ГЛАВА XXII.

Припоминаніе.

1. Актъ *припоминанія* такъ часто и такъ ясно совершается въ насъ, что каждый имѣетъ полную возможность наблюдать его. Наблюдая же этотъ актъ, мы легко замѣтимъ, что онъ бываетъ *двоякаго рода*: или припоминаніе бываетъ невольное, которое потому мы назовемъ *механическимъ*; въ другомъ мы замѣчаемъ ясно участіе нашего желанія: мы стараемся припомнить, что намъ нужно, и наше желаніе исполняется иногда очень не скоро, а иногда остается даже и вовсе безъ исполненія, не смотря на долгія старанія наши. Такое припоминаніе, такъ какъ иниціатива его выходитъ изъ души, мы назовемъ *душевнымъ*. Припоминаніе душевное и припоминаніе механическое часто перемѣшиваются между собою въ одинъ продолжительный процессъ. Вспомнивъ произвольно какое-нибудь событіе нашей жизни, мы начинаемъ развертывать длинную цѣпь воспоминаній—одно звено за другимъ, и при этомъ замѣтимъ, что одни изъ звеньевъ этой верениицы воспоминаній сами собою идутъ въ наше сознаніе, иногда пробуждая въ насъ замѣтное чувство изумленія, вызываемаго неожиданностью; тогда какъ другое звено, наоборотъ, долго, а иногда и вовсе не поддается нашимъ душевнымъ усиліямъ.

2. Причины и средства *механическаго припоминанія* уже объяснены нами въ главахъ «о рефлексахъ», «привычкѣ» и «нервной памяти». Ясно само собою, что въ этомъ припоминаніи привычки нервовъ, почему либо связанныя между собою, взаимно вызываютъ одна другую; какъ вообще одинъ рефлексъ вызываетъ другой, съ нимъ связанный [1]).

3. Гораздо труднѣе объяснить явленіе *душевнаго припоминанія*, хотя это одно изъ самыхъ частыхъ и самыхъ яркихъ душевныхъ явленій. Кто изъ насъ не испытывалъ того, довольно мучительнаго, состоянія, когда мы припоминаемъ что-нибудь, чего, казалось, не могли забыть, а что однако-же позабыли. То *то*, то *другое* подвертывается нашему сознанію; но оно отвергаетъ и *то*, и *другое*, ясно сознавая, что это не то, чего оно ищетъ. Слѣдовательно, нельзя сказать, чтобы наше сознаніе совершенно не знало, чего оно ищетъ: уже для того, чтобы искать, оно должно знать, чего ищетъ. Но, съ другой стороны, если бы сознаніе наше знало, чего ищетъ, то ему не нужно было бы искать. Если библіотекарь ищетъ данной книги въ своей библіотекѣ и не находитъ, то это потому, что библіотекарь и библіотека два разныя существа, и на полкахъ библіотеки можетъ не оказаться тѣхъ книгъ, образъ и заглавіе которыхъ, а можетъ быть и содержаніе, сохраняются въ головѣ библіотекаря. И на оборотъ, можетъ случиться и такъ, что на полкахъ библіотеки стоитъ книга, о которой ничего не знаетъ библіотекарь. Но если душа наша была бы разомъ и библіотекарь и библіотека, то этого не

---

[1]) См. выше гл. XII, XIII, XVI.

могло бы съ нею случиться. Библіотека, одаренная сознаніемъ, не могла бы позабыть, что въ ней хранится; а если бы та или другая книга исчезла изъ нея, то библіотека не могла бы ее вспомнить. Если бы память библіотекаря была въ то же время и библіотекою, то ей нечего было бы искать: все, что въ ней есть, было бы ею самою.

4. Такимъ образомъ, если бы припоминаніе было дѣломъ одной души, какъ это утверждаютъ психологи—идеалисты [1]), то тяжелое ощущеніе долгаго и нерѣдко безплоднаго припоминанія было бы невозможно. Душа или воспроизводила бы свой прежній актъ или не могла бы его воспроизвести, не зная ничего о своемъ безсиліи: середины не могло бы быть. А между тѣмъ, душа наша очень часто ищетъ *чего-то опредѣленнаго* въ области памяти: перебираетъ при этомъ тѣ или другія подвертывающіяся ей воспоминанія и отвергаетъ ихъ, какъ негодныя, какъ не тѣ, которыхъ она ищетъ; слѣдовательно, *душа наша знаетъ, чего она ищетъ въ области памяти*. То же самое слѣдуетъ сказать и о нервной системѣ. Если бы весь актъ воспоминанія совершался одною нервною системою, то явленіе припоминанія, столь знакомое каждому изъ насъ, было бы невозможно. Нервная система или прямо воспроизводила бы прежде установившееся въ ней привычное движеніе, или не могла бы его воспроизводить, и не сознавала бы въ то же время своего безсилія; она не могла бы въ одно и тоже время и знать то, чего она въ себѣ не находитъ, и не находить того, что она въ самой себѣ знаетъ. Словомъ, актъ неудачнаго припоминанія, продолжающійся въ насъ иногда слишкомъ долго, чтобы мы могли его не замѣтить, былъ бы невозможенъ, если бы въ этомъ актѣ не участвовали два агента: *сознаніе* и *нервная система*. Можетъ быть, ни въ чемъ не выражается такъ ощутительно двойственность нашей природы, какъ въ актѣ припоминанія.

5. Чтобы уяснить себѣ сколько возможно способъ участія каждаго изъ этихъ двухъ агентовъ (нервной системы и сознанія) въ актѣ припоминанія, мы должны припомнить, какую роль играли тѣ же агенты въ произведеніи ощущенія: *нервная система* давала два или болѣе одновременныя движенія; а *сознаніе* ощущало отношеніе этихъ движеній и, такимъ образомъ, рождалось опредѣленное ощущеніе. Но если таковъ способъ происхожденія ощущеній, то, вѣроятно, таковъ же и способъ храненія ихъ слѣдовъ въ нашей памяти. Душа помнитъ то, что есть ея собственное дѣло—т. е. помнитъ *отношенія*, а нервная система сохраняетъ слѣды того, что произведено ею же,—а именно: слѣды нервныхъ движеній въ видѣ пріобрѣтенной *привычки* къ тому или другому движенію.

6. Въ какой формѣ сохраняются душею *слѣды* разъ прочувствованныхъ ею *отношеній* между двумя нервными движеніями—этого мы не знаемъ; но точно также не знаемъ мы и того, въ какой формѣ нервная система сохраняетъ слѣды *движеній*, испытанныхъ ею разъ или нѣ-

---

[1]) Напр. Эрдманъ, Розенкранцъ, Фихте-сынъ и др.

— 200 —

сколько разъ. Послѣднюю форму мы назвали *привычкою*, показавъ въ то же время всю неудачу попытокъ объяснить, въ чемъ состоитъ сущность привычки [1]; первую же форму—форму, въ которой душа сохраняетъ слѣды прочувствованныхъ ею отношеній,—мы назовемъ *идеею*.

7. Мысль о томъ, что душа сохраняетъ въ себѣ только отношенія движеній, вызываемыхъ въ тѣлѣ вліяніями внѣшняго міра, видна уже у Аристотеля, и изъ этой мысли, съ помощію Декарта, вышла впослѣдствіи крайняя идеалистическая школа, превратившая всю душу въ одни *отношенія*, и математическая школа въ психологіи, поставившая всю задачу этой науки въ томъ, чтобы уловить математическіе законы этихъ отношеній. «Идея, говоритъ Ридъ: вошла въ философію съ своимъ характеромъ образа или представителя вещи»; но потомъ она разрушила существованіе того, что должна была представлять собою. Посредствомъ идей найдено было, что «тепло и холодъ, звукъ и цвѣтъ, вкусъ и запахъ суть сами только идеи». Берклей провелъ *идею* еще на шагъ далѣе и нашелъ, что протяженіе, плотность, пространство, фигура и тѣло суть идеи и что нѣтъ ничего въ мірѣ, кромѣ идей и духа. «Но полнаго торжества идея достигла въ «трактатѣ о человѣческой природѣ» Юма, въ которомъ удаленъ уже и духъ, и оставлены однѣ идеи, какъ единственныя существа міра» [2].

8. Въ Германіи слово *идея* имѣло подобную же исторію, потому что философская Германія въ этомъ отношеніи получала свое направленіе изъ Франціи и Англіи. Картезіанское опредѣленіе души, какъ существа всегда мыслящаго, пройдя субъективный идеализмъ Фихте — отца, выработалось въ гегелевской философіи въ опредѣленіе души, какъ мысли, или какъ идеи [3]; а въ психологіи Гербарта, и еще болѣе Бенеке, душа, потерявъ всѣ особенности, дающія ей возможность отдѣльнаго существованія, превратилась въ ассоціацію впечатлѣній.

9. Мы же постараемся удержаться на этомъ скользкомъ пути, и не пойдемъ, покудова, дальше того значенія идеи, которое мы здѣсь ей придали. Для насъ идея есть не болѣе какъ *слѣдъ*, оставшійся въ сознаніи отъ совершившагося въ немъ акта опредѣленнаго ощущенія, соотвѣтствующій слѣду движеній въ нервной системѣ, который мы назвали привычкою. Идея, слѣдовательно, есть слѣдъ *отношенія* двухъ или болѣе нервныхъ движеній, оставшійся въ душѣ, тогда какъ слѣдъ этихъ самыхъ движеній, въ видѣ привычки къ нимъ, остался въ нервной системѣ.

10. Мы знаемъ уже изъ предыдущаго [4], что *всѣ ощущенія*, ощущеніе свѣта, цвѣта, звука, вкуса и т. д. суть душевныя акты, которымъ во внѣшнемъ мірѣ соотвѣтствуютъ только *движенія* матеріи, а

---

[1] См. выше. Гл. XII. п. 7.
[2] Read. Vol. I, p. 109.
[3] Hegel's Werke. Berl. 1845. VII B. 2 Abth. S. 15, 20, 46, 51 и др.
[4] См. выше. Гл. X. п. 12.

— 201 —

рождающіяся движеніями же въ нервной системѣ. Этими душевными актами отвѣчаетъ душа на всѣ вибраціи нервной системы, а совершивъ ихъ разъ, душа сохраняетъ слѣды своихъ актовъ, или идеи разъ вызванныхъ въ ней отношеній и стремится вновь воплотить ихъ въ нервныя движенія, т. е. вновь объектировать ихъ въ формѣ тѣлесныхъ движеній, или, другими словами, стремится *представить* ихъ самой себѣ. При такомъ взглядѣ на *идею* и *представленіе* мы будемъ твердо различать ихъ: *идея* будетъ для насъ только слѣдъ отношенія, схваченнаго душею, отношенія между двумя или болѣе нервными вибраціями, схваченнаго и превращеннаго въ ощущеніе; *представленіе* же будетъ для насъ *воплощенною идеею* и *воплощенною* въ тѣхъ самыхъ движеніяхъ, которыя вызвали въ душѣ то ощущеніе или, вѣрнѣе, то отношеніе, слѣдомъ котораго является идея.

11. Миллеръ весьма мѣтко замѣтилъ, что идею какого-нибудь цвѣта слѣдуетъ отличать отъ ощущенія этого цвѣта, замѣчая, что ощущеніе гораздо ярче идеи [1]. Но почему оно ярче? Именно потому, что здѣсь совпадаетъ дѣятельность двухъ агентовъ сознанія: нервной системы и души. Тоже самое слѣдуетъ сказать и объ отношеніи идеи къ представленію: представленіе гораздо ярче идеи именно потому, что въ немъ идея души заставляетъ дѣйствовать и нервы, вызывая въ нихъ ту же дѣятельность, которая вызывалась въ нихъ внѣшними вліяніями. Но, къ сожалѣнію, отличивъ такъ мѣтко идею отъ ощущенія, Миллеръ смѣшалъ идею съ представленіемъ; тогда-какъ идея также относится къ ощущенію, какъ и къ представленію.

12. Отношеніе идеи къ ея воплощенію, ощущенію или представленію, Миллеръ сравниваетъ съ отношеніемъ знака къ вещи и слова къ тому предмету, котораго представителемъ оно служитъ [2]. Но въ этомъ сравненіи есть нѣкоторая неточность. Слово само по себѣ есть уже собраніе нервныхъ движеній, т. е. уже воплощеніе идеи. Но, думая о красномъ цвѣтѣ въ *формѣ слова*, мы ощущаемъ только это слово, а не красный цвѣтъ, и нужно употребить замѣтное усиліе, чтобы ощущеніе краснаго цвѣта дѣйствительно появилось. Слово есть уже представленіе особеннаго рода, общее для всѣхъ ощущеній—условный, но *чувственный* знакъ ощущеній; тогда-какъ идея есть необходимое душевное послѣдствіе ощущенія.

13. Изъ предыдущаго уже ясно, что мы напрасно старались бы представить себѣ идею въ какой-либо *формѣ*: представить ее нельзя;

---

[1] Mül. de Phys. T. II. p. 508. «Кажется, говоритъ Миллеръ: есть абсолютное различіе между идеею и ощущеніемъ: ощущеніе требуетъ энергіи нашихъ чувствъ, которой не требуется, чтобы составить себѣ идею». Въ доказательство же того, что идея не есть слабое ощущеніе, Миллеръ приводитъ, что можно имѣть идею цвѣта вообще, идею ощущеній вообще, т. е. по нашему объясненію можно сознавать не только отношеніе между нервными движеніями, но и отношенія отношеній.

[2] Ibid p. 509.

ибо тогда она перестанетъ быть идеею и станетъ представленіемъ. Все что мы можемъ сказать о ней, такъ это только то, что идея есть предполагаемый слѣдъ акта души, остающійся въ душѣ; точно также какъ привычка есть предполагаемый слѣдъ акта нервной системы, остающійся въ ней и послѣ того, какъ дѣятельность нервовъ прекратилась. Милль хочетъ себѣ представить отношеніе идеи къ ощущенію въ видѣ отношенія геометрической фигуры къ алгебраическому ея выраженію; но, конечно, это не болѣе, какъ сравненіе: всякая попытка представить себѣ идею въ какой-нибудь формѣ противна самой сущности идеи, которая не есть представленіе. Представленіе уже выражаетъ идею въ нервныхъ движеніяхъ, но въ такомъ случаѣ это не идея.

14. Установивъ опредѣленный взглядъ на *привычку* нервовъ, *ощущеніе*, *представленіе* и *идею*, мы уже легко можемъ объяснить самый актъ припоминанія. Въ этомъ актѣ *идея* ощущенія, или цѣлой ассоціаціи ощущеній, *совпадаетъ* съ нервными привычками къ тѣмъ движеніямъ, изъ отношенія между которыми уже прежде возбуждалась въ душѣ та же идея, которая теперь, въ актѣ припоминанія, снова въ нихъ воплощается. Это уже *повторительный актъ*, совершаемый совмѣстнымъ дѣйствіемъ нервной системы и души; но *иниціатива* въ этомъ повторительномъ актѣ можетъ принадлежать или нервной системѣ, или душѣ.

15. «Какъ только какой-нибудь предметъ дѣйствуетъ снова на наши чувства, говоритъ Милль, то мы узнаемъ его посредствомъ идеи, которая въ насъ осталась объ этомъ предметѣ; изъ этого не слѣдуетъ выводить, что между идеею и ощущеніемъ предмета есть сходство, а только то, что всякое ощущеніе вызываетъ непремѣнно опредѣленную идею и что одно и тоже ощущеніе вызываетъ всегда одну и ту же идею» [1]. Но великій физіологъ описалъ здѣсь только одинъ путь припоминанія; тогда какъ можетъ быть и другой, обратный: идея, возбужденная въ душѣ собственною внутреннею жизнью души, собственнымъ теченіемъ идей, можетъ возбудить тѣ самыя движенія въ нервахъ, которыя прежде вызвали ее или вызывали нѣсколько разъ, и можетъ произвести ощущеніе, возбудивъ тѣ самыя движенія въ нервной системѣ, для которыхъ эта идея есть ихъ взаимное отношеніе. Въ припоминаніи перваго рода *напоминаніемъ* служитъ впечатлѣніе, идущее изъ внѣшняго міра: въ припоминаніи втораго рода *напоминаніемъ* служитъ сама идея, до которой душа достигла какимъ-нибудь образомъ въ процессѣ своихъ психическихъ работъ. Оба эти противоположные акта припоминанія каждый можетъ замѣтить въ самомъ себѣ. Иногда мы смотримъ на представившійся намъ предметъ, какъ бы не понимая или не узнавая его: предметъ подѣйствовалъ на наши нервы и возбудилъ въ нихъ привычныя движенія; движенія эти вызвали въ душѣ соотвѣтствующія имъ отношенія, т. е. ощущенія; но отношеніе между этими

---

[1] Man. de Phys. T. II. p. 502.

ощущеніями, отношеніе между отношеніями, т. е. *идея* предмета еще не возбуждена, можетъ быть, потому, что вниманіе нашей души развлечено ея внутренними работами. Противоположное этому чувство испытываемъ мы, когда душа наша въ своихъ мысленныхъ работахъ достигнетъ до какой-нибудь идеи и захочетъ воплотить ее или въ общую связку всѣхъ идей — слово, или въ ощущеніе, для чего самые нервы, дающіе то или другое ощущеніе, должны прійти въ движеніе. Въ первомъ случаѣ *напоминаніе* идетъ изъ внѣшняго міра въ видѣ матеріальныхъ движеній, сообщающихся нервамъ; во второмъ изъ души — въ видѣ идеи.

16. Но, кромѣ того, *напоминаніемъ* можетъ служить намъ или другая нервная привычка, или *другая* идея. Одно привычное движеніе нервовъ можетъ вызывать другое, связанное съ нимъ въ одну *ассоціацію*, и, такимъ образомъ, одно внѣшнее впечатлѣніе можетъ вызвать не одно привычное движеніе нервовъ, но цѣлую *группу* или *вереницу ихъ*. Такъ, первыя два-три слова заученныхъ стиховъ вызываютъ за собою остальныя, одно за другимъ, въ заученномъ порядкѣ. При такомъ развертываніи вереницъ нервныхъ привычекъ душа наша можетъ оставаться совсѣмъ безучастною зрительницею, испытывая ощущенія знакомыхъ звуковъ но не улавливая отношенія между звуками. Точно также одна идея можетъ вызвать въ душѣ нашей цѣлую группу или вереницу другихъ, связанныхъ съ нею или общимъ смысломъ, или общимъ чувствомъ, и эти вереницы идей могутъ развертываться въ душѣ нашей съ такою быстротою, что мы рѣшительно не успѣваемъ облекать ихъ ни въ слова, ни въ образы, ни въ какія другія нервныя движенія, и если захотимъ потомъ высказать или записать то, что совершилось въ душѣ нашей въ одно мгновеніе, то употребляемъ для этого цѣлые часы, дни, мѣсяцы, а можетъ быть, и годы.

17. Связь нервныхъ слѣдовъ въ пары, группы, вереницы и сѣти, и связь идей между собою существенно различны. Первыя связываются своею внѣшнею стороною, вторыя — своимъ внутреннимъ содержаніемъ. Но тѣ и другія безразлично разсматриваются въ психологіяхъ подъ именемъ *ассоціацій представленій*, къ которымъ мы и перейдемъ въ слѣдующей главѣ.

ГЛАВА XXIII.

Ассоціація представленій.

1. Словомъ *представленіе* мы обозначили въ прошедшей главѣ соединеніе идеи съ нервными движеніями, ей соотвѣтствующими, откуда бы ни проистекала иниціатива этого соединенія: изъ впечатлѣній ли внѣшняго для души міра, или изъ идей, внутренняго міра самой души. Вотъ почему мы будемъ говорить прямо объ ассоціаціяхъ представленій безразлично, будутъ ли эти ассоціаціи связаны единствомъ идеи и родствомъ одной идеи съ другою, или механическою связью самихъ нерв-

ныхъ слѣдовъ, въ которыхъ воплощается идея. При самомъ разсмотрѣніи ассоціацій мы ясно увидимъ, къ какому роду слѣдуетъ отнести ту или другую.

2. На разнообразную связь представленій между собою давно уже обратили вниманіе психологи и философы. У Локка, у Юма, у Канта анализируется эта связь. Гербартъ и Бенеке болѣе занимаются законами движенія ассоціацій, чѣмъ самими ассоціаціями; но гербартіанцы стараются пополнить этотъ пропускъ. Однако же, несмотря на эту разработку ассоціацій памяти, самое дѣленіе ихъ еще не установилось, такъ что каждый психологъ даетъ ассоціаціямъ свое особое раздѣленіе. Такъ напр., Юмъ и Кантъ отдѣляютъ ассоціаціи представленій по мѣсту отъ ассоціацій по времени и ассоціація по сходству отъ ассоціаціи по противуположности; но Древишъ связь по единству времени и связь по единству мѣста принимаетъ за одну и ту же, а равно и различаетъ связи по сходству отъ связи по противоположности. Германъ Фихте, вмѣсто всѣхъ разнообразныхъ ассоціацій, принимаетъ только двѣ: ассоціацію «внѣшнюю, эмпирическую», данную самимъ положеніемъ предметовъ въ пространствѣ и времени, ассоціація «внутреннюю, логическую», данную мышленіемъ [2]. Это различіе между психологами, какъ мы увидимъ далѣе, не существенно и зависитъ отъ метафизическихъ воззрѣній того или другаго психолога. Имѣя въ виду нашу педагогическую цѣль, мы избрали наиболѣе мелкое дѣленіе: самый же анализъ различнаго рода ассоціацій укажетъ уже намъ на сродство между ними.

3. Единичные слѣды ощущеній могутъ связываться въ представленія [4], а единичныя представленія въ цѣлыя группы и вереницы представленій различно: во-первыхъ, противоположностью: припоминая бѣлый цвѣтъ, мы вспоминаемъ черный; во-вторыхъ, большимъ или меньшимъ сходствомъ: такъ, напримѣръ, взглядъ на человѣка въ похожемъ платьѣ на другаго человѣка, заставляетъ насъ припомнить лицо этого другаго; въ-третьихъ, единствомъ времени: такъ, происшествія, слѣдовавшія одно за другимъ, связываются въ насъ въ одинъ рядъ представленій; въ-четвертыхъ, единствомъ мѣста: такъ предметы, которые мы видѣли вмѣстѣ, производятъ въ насъ одинъ рядъ

---

[1] На этомъ основаніи Гегель говоритъ, что эти законы ассоціацій «возникшіе во время упадка философіи, въ періодъ процвѣтанія эмпирической психологіи», вовсе не законы (Hegel's Werke. 1845. VII B. 2 Abt. § 455. S. 329). Гегель видно и не предчувствовалъ, что эмпирическая психологія, о которой онъ отзывается съ такимъ презрѣніемъ, далеко переживетъ и похоронитъ его философскую психологію.

[2] Empirische Psychologie § 63.

[3] Psychologie. Erst B. S. 457.

[4] Всякое, сколько-нибудь сложное представленіе соединяетъ въ себѣ множество слѣдовъ ощущеній.

следовъ, и воспоминаніе одного слѣда ведетъ за собою воспоминаніе другаго; въ-пятыхъ, *связь разсудочная*, когда мы разсудкомъ сковываемъ представленія въ одинъ рядъ, какъ причину и слѣдствіе, какъ цѣлое и часть, необходимо его дополняющую, и т. п.; въ-шестыхъ — *связь по сердечному чувству*, когда два представленія связываются именно тѣмъ, что оба они порождаютъ въ насъ одинаковое *сердечное чувство*; въ-седьмыхъ — *связь развитія или разумная*.

Теперь разберемъ поочередно всѣ эти роды связей, или, какъ выражается гербартовская теорія, *спаекъ* представленій.

Ассоціаціи по противуположности.

4. Мы уже видѣли выше, что представленіе о жарѣ связывается у насъ съ представленіемъ о холодѣ; представленіе свѣта съ представленіемъ мрака и т. п. Эта связь служитъ къ тому, чтобы выяснить особенность каждаго представленія, которое, какъ мы уже сказали, безъ всякихъ сравненій вовсе невозможно. Вотъ почему ничто такъ не уяснитъ намъ особенности какого-нибудь представленія, какъ противоположность его съ другимъ представленіемъ: бѣлое пятно ярко вырѣзывается на черномъ фонѣ, черное на бѣломъ.

5. Поэтому, если мы хотимъ запечатлѣть въ душѣ дитяти особенность какой-нибудь картины, то лучше всего прибѣгнуть къ сравненію съ другой картиной, въ которой по возможности было бы болѣе сгруппировано противоположныхъ признаковъ. Такъ, напримѣръ: если мы хотимъ, чтобы дитя вполнѣ постигло и твердо усвоило себѣ преимущества какой-нибудь благословенной мѣстности, орошаемой рѣками, покрытой прохладными рощами и тучными нажитями, наполненной деревнями и городами и т. д., то мы достигнемъ этого всего лучше, если рядомъ представимъ противуположную картину песчаной пустыни, гдѣ недостатокъ влаги ведетъ за собою отсутствіе растительности, животныхъ и людей, гдѣ солнце, катясь по безоблачному небу, раскаляетъ и воздухъ, и почву. Если мы хотимъ выставить, напримѣръ, ученику преимущества цивилизаціи какого-нибудь народа, то поставимъ рядомъ съ этимъ картины жизни дикарей и т. п. Такимъ сопоставленіемъ противоположностей мы достигаемъ нѣсколькихъ цѣлей: не только мы даемъ ученику вмѣсто одной картины двѣ, но каждая изъ этихъ картинъ становится яснѣе въ его душѣ и укореняется глубже, чѣмъ укоренялась бы одна, по тому общему закону, что два слѣда, вызывающіе въ душѣ одинъ другой, укореняются лучше, чѣмъ одинъ; каждый слѣдъ придаетъ силы другому и получаетъ силы другаго, не теряя своей собственной. Словомъ, противоположности, связываясь, какъ нервные слѣды или какъ идеи, взаимно дополняютъ и укореняютъ другъ друга.

Ассоціаціи по сходству.

6. Если возбужденное въ насъ представленіе есть вполнѣ повтореніе прежняго, то оно только углубляетъ слѣдъ прежняго и тѣмъ укореняетъ его въ памяти. Тоже самое происходитъ, если новое представленіе, хотя собственно и могло бы быть отличено отъ прежняго, но это отличіе такъ слабо, что сознаніе не могло его уловить. Такъ, напримѣръ, новое имя сильно сходное съ тѣмъ, которое мы уже помнимъ, не запоминается нами, если мы не обратимъ особеннаго вниманія на различіе, между ними существующее. Но если въ новомъ представленіи есть нѣсколько членовъ, которые были и въ прежнемъ, а вмѣстѣ съ тѣмъ есть нѣсколько и новыхъ, которыхъ въ прежнемъ не было, тогда происходитъ совершенно другое явленіе: сходные слѣды, одинаковые члены ассоціацій *совпадаютъ*, усиливая другъ друга и, вмѣстѣ съ тѣмъ, крѣпко связывая и то, что есть различнаго въ новыхъ представленіяхъ. Это объясняется свойствами нервной системы, съ которыми мы познакомились уже въ главѣ о привычкѣ. Усвоивъ какую-нибудь привычку, можетъ быть, съ большимъ трудомъ, нервы наши легко уже дѣлаютъ прибавленіе къ этой привычкѣ; такъ, человѣкъ, привыкшій къ игрѣ на фортепьяно, легко усвоиваетъ новую музыкальную пьесу и т. п. Новая ассоціація представленій, такъ сказать, сростаясь одною своею частью со старою, уже глубоко укоренившеюся, опирается новою своею частью на это прочное основаніе. На этомъ свойствѣ памяти основаны, напримѣръ, всѣ методы изученія иностранныхъ языковъ, берущіе свое начало отъ методы Жакото (методы Робертсона, Зейденштюкера и др.). Здѣсь трудны собственно только первые уроки: дальнѣйшіе же всѣ постепенно становятся легче и легче, если первые были выучены съ величайшею точностію. Новыя слова и обороты, безпрестанно перемѣшиваясь со старыми, укрѣпляются крѣпостью именно этихъ старыхъ, твердо выученныхъ; а старыя, хотя и сообщаютъ свою крѣпость новымъ, но не теряютъ своей силы, потому что безпрестанно повторяются. Въ этомъ и заключается психологическій секретъ методы Жакото, такъ удивлявшей въ свое время педагоговъ Европы. Казалось бы, что при такомъ безпрестанномъ повтореніи ученье должно идти медленно, а выходитъ на оборотъ; оно идетъ медленно тогда, когда мы пріобрѣтаемъ все новое и новое, не повторяя стараго и не сплавляя новаго со старымъ.

7. Весьма естественно, что новое представленіе, сросшееся своими тождественными членами со старымъ, глубоко укоренившимся, ложится съ нимъ *рядомъ*, отъ чего образуется новая ассоціація двухъ, трехъ, четырехъ представленій и т. д., спаянныхъ между собою общими имъ или повторяющимися. Понятно также, что эти ряды связанныхъ между собою ассоціацій возникаютъ въ нашемъ сознаніи такою же цѣпью, какою легли въ нашу память: одно звено этой цѣпи слѣдовъ вытягиваетъ за собою другое, за другимъ выходитъ третье и т. д. То-есть, простая привычка нервовъ, мало по малу, разростается въ сложную привычку

и простая идея въ сложную идею, и каждое звено изъ *этого ряда* или усвоенныхъ *привычекъ* или душевныхъ *идей* влечетъ за собою деятельность другаго звена, другое — третьяго и т. д.

8. Теперь намъ легко объяснять себѣ, почему человѣкъ, занимающійся преимущественно, напримѣръ, исторіею, все легче и легче усвоиваетъ историческія событія, а человѣкъ, занимающійся ботаникою, все легче и легче усвоиваетъ ботаническія свѣдѣнія; почему у различныхъ людей формируются различныя памяти — ботаническая, историческая, математическая и т. д. Новые историческіе факты, входя въ память, укладываются въ ней тѣмъ легче и прочнѣе, чѣмъ болѣе находятъ возможности образовать ассоціаціи съ прежними, уже твердо залегшими въ памяти фактами. Ботаникъ, напримѣръ, легко замѣчаетъ десятки и сотни растеній, тогда-какъ неботаникъ быстро забываетъ и тѣ немногія, на которыя случайно обратилъ свое вниманіе. Это происходитъ не только отъ того, что ботаникъ знаетъ, на что слѣдуетъ обратить вниманіе въ растеніи, въ чемъ собственно состоитъ его особенность, тогда какъ неботаникъ, смотря безразлично на всѣ части растенія, не различая случайнаго отъ существеннаго, не замѣчаетъ прочно ничего, — но также и отъ того, что въ памяти ботаника есть уже твердо укоренившіяся представленія множества растеній, такъ-что представленіе всякаго новаго растенія сейчасъ же составляетъ въ умѣ его множество ассоціацій со слѣдами прочихъ и укореняется прочно силою уже укоренившихся прежде представленій. Тотъ же самый ботаникъ, занявшись изученіемъ другаго предмета, напримѣръ, языковъ или исторіи, оказывается часто безпамятнымъ. Такъ знаменитый Линней, обладая необъятною ботаническою памятью, былъ замѣчательно безпамятенъ въ отношеніи изученія языковъ. Проживъ три года въ Голландіи, онъ не могъ выучиться говорить по голландски, даже латынь онъ зналъ плохо, хотя создалъ ботаническую номенклатуру на латинскомъ языкѣ [1]. «Люди, занимавшіеся ученіемъ какой-либо номенклатуры, говоритъ г-жа де-Соссюръ, могли замѣтить, что первыя пять-шесть словъ заучиваются съ большимъ трудомъ и что потомъ удерживается безъ труда несравненно болѣе. Тоже самое замѣчается при изученіи иностранныхъ языковъ, стихотвореній и вообще при всякомъ упражненіи памяти. Кажется, какъ *будто при входѣ въ каждую область знанія стоитъ препона, которая, будучи снята однажды, уже не представляется болѣе* [2]». Однако же, принимая вмѣстѣ съ послѣдователями Гербарта, что память есть нѣчто пріобрѣтаемое человѣкомъ, есть ассоціація слѣдовъ, — мы не согласны видѣть въ этомъ всю способность памяти и всю причину различія этой способности у разныхъ людей. Мы уже видѣли, какъ, съ одной стороны, память находится вообще въ зависимости отъ нервной системы, какъ она ослабѣваетъ съ годами и подвергается вліянію болѣзненнаго состоянія нер-

---

[1] Erziehung und Unterrichts-Lehre von Beneke, I B. S. 92.
[2] L'éducation progressive par M. Necker-de-Saussure, 4 édit. T. II, p. 134.

ковъ; а съ другой — какъ направленіе памяти можетъ зависѣть отъ прирожденныхъ способностей организма: отъ различной силы, воспріимчивости и разборчивости, того или другаго органа нервной системы у различныхъ лицъ.

9. Ассоціація представленій посредствомъ частнаго сходства тѣмъ имѣетъ чрезвычайно важное значеніе для педагога. Привязывать къ старому, уже твердо укоренившемуся, все изучаемое вновь — это то педагогическое правило, отъ котораго главнымъ образомъ зависитъ успѣхъ всякаго ученья. Хорошая школа кажется только и дѣлаетъ, что повторяетъ, а между тѣмъ знанія учениковъ быстро растутъ; другая школа только и дѣлаетъ, что все учитъ вновь, или повторяетъ забытое, а между тѣмъ знанія мало прибавляются. Хорошій педагогъ, прежде чѣмъ сообщить какое-нибудь свѣдѣніе ученикамъ, обдумаетъ, какія ассоціаціи, по противоположности или по сходству, можетъ оно составить со свѣдѣніями, уже укоренившимися въ головахъ учениковъ, и, обративъ вниманіе учащихся на сходство или различіе новаго свѣдѣнія со старымъ, прочно вплететъ новое звено въ цѣпь старыхъ, а потомъ прочно подыметъ старыя звенья вмѣстѣ съ новыми и тѣмъ самымъ придастъ прочно новыя ассоціаціи. Безпрестанное передвиженіе въ памяти старыхъ звеньевъ необходимо уже для того, чтобы придать имъ силу, укрѣпляющую новыя звенья, и потому хорошій педагогъ повторяетъ старое не для того, чтобы повторять забытое, но для того, чтобы этимъ старымъ прочнѣе укрѣпить новое. Понятно, что сила такой пріобрѣтенной памяти увеличивается новыми пріобрѣтеніями.

Ассоціаціи по порядку времени.

10. Два представленія, слѣдовавшія непосредственно одно за другимъ, связываются уже тѣмъ, что они одно за другимъ слѣдуютъ. Такимъ образомъ связываются въ памяти ученика слова какого-нибудь отрывка на незнакомомъ для него языкѣ. Не понимая значенія словъ, онъ ставитъ одно слово за другимъ единственно потому, что они въ этомъ порядкѣ улеглись въ его памяти, и если отрывокъ заученъ твердо и голосовые мускулы привыкли къ данному порядку звуковъ, то довольно сказать первое слово, чтобы всѣ остальныя побѣжали за нимъ, какъ кольца развертывающейся якорной цѣпи, безъ участія воли или сознанія дитяти. Но замѣчательно, что если ученикъ заучилъ такой отрывокъ не разомъ, а въ различное время, то каждый разъ будетъ онъ наѣзживаться на этихъ перерывахъ и долженъ прочесть отрывокъ въ цѣлости нѣсколько разъ, чтобы связать эти куски, раздѣленные собственно только временемъ изученія. Конечно, такое изученіе, требующее меньше всего работы сознанія, а только упражненія, главнымъ образомъ, голосовыхъ мускуловъ и отчасти слуховыхъ и глазныхъ нервовъ, есть изученіе самое механическое. Вотъ почему такимъ именно ученьемъ отличаются всѣ тѣ натуры, для которыхъ по непривычкѣ ихъ къ умствен-

ной работѣ, она является самою тяжелою и нелюбимою. Для дѣтей вообще мышленіе тяжело, и иной ученикъ, не привыкшій къ мышленію, охотнѣе выкрикиваетъ заданный урокъ нѣсколько десятковъ разъ, чѣмъ прочтетъ его разъ съ сознаніемъ: онъ полагается на силу привычки голосовыхъ мускуловъ и она дѣйствительно его вывозила въ старинныхъ школахъ. Остановится такое дитя: учитель подскажетъ ему слово, и опять мельница замолола. Но, сознавая вполнѣ всю нелѣпость ученья, основаннаго только на удивительной силѣ привычки въ голосовыхъ мускулахъ, мы, тѣмъ не менѣе, находимъ, что и такое ученіе въ хорошей школѣ, хотя въ самыхъ тѣсныхъ предѣлахъ, имѣетъ свое мѣсто, именно, укрѣпляя въ сознаніи учащагося слѣды представленій и понятій движеніемъ голосоваго органа.

Ассоціаціи по единству мѣста.

11. Предметы, размѣщенные въ пространствѣ одинъ возлѣ другаго, въ такомъ же порядкѣ оставляютъ и слѣды въ нашей памяти. Припоминая предметъ, мы припоминаемъ и сосѣдній съ нимъ. Эти ассоціаціи, конечно, схватываются болѣе всего органомъ зрѣнія и отчасти только органомъ осязанія. Такія ассоціаціи, основанныя на единствѣ мѣста, весьма сильны у людей, у которыхъ природою и упражненіемъ тонко развитъ органъ зрѣнія, и особенно сильны у живописцевъ. Но вообще у дѣтей почти всегда преимущественно развита память зрѣнія и часто цѣлые уроки укореняются въ памяти дитяти такими ассоціаціями мѣста. Отвѣчая урокъ, дитя видитъ передъ собою развернутую книгу или развернутую тетрадь и переходитъ со строчки на строчку, со страницы на страницу. Вотъ почему полезно печатать въ дѣтскихъ книгахъ крупными буквами собственныя имена и подчеркивать въ тетрадяхъ тѣ слова или фразы, которыя должны быть твердо замѣчены.

12. Ассоціаціи по мѣсту всего болѣе способствуютъ установленію въ нашемъ умѣ не рядовъ, а цѣлыхъ группъ представленій, въ которыхъ съ однимъ среднимъ звеномъ связано множество другихъ, идущихъ въ разныя стороны. Конечно, описывая въ словахъ такую группу и даже вызывая ее внимательно въ своемъ воображеніи, мы не можемъ разомъ идти въ разныя стороны; но, тѣмъ не менѣе, это не мѣшаетъ намъ, идя въ одну сторону, помнить, что есть другія, и, разсмотрѣвши или описавши все, что стоитъ на лѣво, приняться потомъ за такое же разсмотрѣніе или описаніе того, что стоитъ на право. Вотъ почему ученикъ, изучившій хорошо, напримѣръ, карту страны, группу красокъ и очертаній на ней изображенныхъ, можетъ потомъ свободно описывать эту карту, начиная съ какого угодно конца; и, конечно, такое изученіе географіи несравненно полезнѣе и тверже изученія ея по книгѣ. Можно только тогда назвать географическое изученіе основательнымъ и прочнымъ, когда ученикъ, у котораго вы потребуете, напримѣръ, описанія Волги, немедленно можетъ представить въ своей зрительной памяти всю

эту рѣку, какъ она изображается на картѣ, съ ея извилинами, притоками и городами, и достаточно оторвалъ свои познанія отъ книги и
привязалъ къ картѣ, чтобы начать описывать Волгу отъ истока къ устью
или отъ устья къ истоку. Словомъ, надобно заботиться, чтобъ географическія познанія ученика, черезъ разсматриваніе и черченіе карты, изъ
ассоціацій по времени изученія въ книгѣ, перешли *въ ассоціаціи по
мѣсту*, связанныя не нитью разсказа, но картой, составившею глубокій
слѣдъ въ памяти и безъ труда вызываемой воображеніемъ ученика въ
его зрительномъ органѣ.

13. Зрительный органъ нашъ имѣетъ такое преимущественное участіе
въ актѣ памяти и мы такъ привыкаемъ все облекать въ краски и формы, что, даже изучая самые отвлеченные философскіе предметы, мы все
же придаемъ имъ какую-то форму, что не мало помогаетъ намъ удерживать нить разсказа и группировать его. Такъ, даже знаменитый профессоръ философіи, съ которымъ въ ясности изложенія самыхъ трудныхъ
и отвлеченныхъ философскихъ категорій едва-ли кто можетъ сравняться,
знаменитый іенскій профессоръ Куно-Фишеръ, читая свою лекцію, прибѣгаетъ къ помощи доски и на ней чертитъ, и именно *чертитъ*,
не *пишетъ*, схему своей лекціи, столько же для слушателей, сколько
и для самого себя: чертами онъ показываетъ, какъ два или три понятія выходятъ изъ одного, какъ они сливаются или раздѣляются и въ
какомъ отношеніи находятся другъ къ другу.

14. Всѣ предметы въ мірѣ расположены группами, а не рядами, и
у каждаго предмета не только два сосѣда — передній и задній, но множество: и справа, и слѣва, и сверху, и снизу. То же самое можно сказать и о представленіяхъ души, а также и о мысляхъ. Умѣнье охватить
умственными глазами нашими предметъ *въ центрѣ всѣхъ его отношеній* составляетъ отличительный признакъ великихъ умовъ. «Этой способностію, говоритъ Неккеръ-де-Соссюръ, отличаются именно великіе полководцы и администраторы. Они ведутъ разомъ (de front) тысячи различныхъ нитей, слѣдятъ за ихъ соединеніемъ, раздѣленіемъ, переплетаньемъ, потому что эти люди, такъ сказать, *видятъ всѣ предметы
своей мысли разомъ*. Можетъ быть и мы видимъ, болѣе или менѣе
темно, предметы нашихъ мыслей; можетъ быть наши соображенія, даже
самыя отвлеченныя, сопровождаются какими-нибудь образами въ нашемъ
умѣ. Если это такъ, то очень важно сообщать дѣтямъ такой способъ
представленія, который позволилъ бы имъ обнимать разомъ многіе
предметовъ вмѣстѣ и созерцать ихъ внутренно, не раздѣляя. Но этакая способность, которой нельзя образовать посредствомъ языка, потому
что языкъ, какъ письменный такъ и изустный, подчиненъ порядку послѣдовательности, выпускаетъ идеи одна за другой, и тогда, какъ мы
разсматриваемъ одну, другая можетъ отъ насъ ускользнуть. Вотъ почему люди, получившіе только одно литературное образованіе, идутъ способность очень далеко преслѣдовать послѣдствій одной и той же мы

теряются въ лабиринтѣ, какъ только предметъ усложняется ¹). Вотъ почему, для удаленія неудобства, соединеннаго съ исключительнымъ употребленіемъ языка, полезно сколько возможно прибѣгать къ ученью, обращающемуся къ чувству зрѣнія. Память мѣстная или представляющая (въ картинѣ) имѣетъ уже сама по себѣ преимущество представлять образы въ одно и то же время и можетъ пріучить дѣтей и для идей составлять картины или планы того же рода ²)».

15. Для этой цѣли Неккеръ-де-Соссюръ рекомендуетъ не только изученіе географіи по картамъ и черченіе таблицъ синоптическихъ и синхронистическихъ, но и рисовку плановъ комнаты, зданія, улицы. Мы же находимъ, кромѣ того, очень полезнымъ вообще черченіе схемъ всякаго рода, какъ-только приходится дать замѣтить дѣтямъ соотношеніе частей какого-нибудь предмета, нѣсколькихъ предметовъ, составляющихъ одну группу и т. п. Такъ напримѣръ, весьма полезно при изученіи съ дѣтьми человѣческаго тѣла, семействъ, родовъ и видовъ животныхъ и т. п. чертить на доскѣ соотвѣтствующія таблички, по которымъ дитя вело бы свой разсказъ.

16. На основаніи того же самаго психическаго закона полезно изучать историческія происшествія, имѣя передъ собою карту мѣстности, въ которой эти происшествія совершались, чертить походы, о которыхъ разсказывается, чертить постепенное расширеніе какого-нибудь государства, родословныя таблицы, словомъ все, что можетъ быть начерчено. Посредствомъ такихъ чертежей учитель пріобрѣтаетъ въ зрительной памяти дѣтей самаго могущественнаго союзника ³).

¹) «Отсюда частая односторонность въ мысляхъ кабинетныхъ людей».

²) L'Education progressive par M-me Necker de-Saussure. 4 édition. T. II. p. 137 et 138. Здѣсь же глубокомысленная писательница дѣлаетъ важное замѣчаніе, что «самые успѣхи науки обязаны много этой возможности одновременнаго представленія многихъ предметовъ вмѣстѣ, такъ-какъ и въ природѣ предметы образуютъ группы». Читая эти строки и припоминая, что психологіи Гербарта и Бенеке были неизвѣстны этой писательницѣ (впрочемъ, Соссюръ была знакома не только съ Локкомъ, Кантомъ, но и съ англійскимъ психологомъ Ридомъ), нельзя по истинѣ не удивляться ея психологическому и педагогическому такту, равныхъ которому мы не видимъ ни въ одномъ нѣмецкомъ педагогѣ. Я думаю, что нѣмецкіе педагоги (а французы и подавно) даже не воспользовались еще всѣмъ тѣмъ, что представляетъ сочиненіе этой, понятнѣ, великой педагогической писательницы. Какія пошлости въ педагогической литературѣ представила Франція послѣ сочиненія Соссюръ! Какъ будто и не читала его. Нѣмецкіе педагоги цитируютъ ее также очень рѣдко.

³) Англійскій математикъ Валлисъ (Wallis) не только могъ удерживать въ памяти число изъ 53 цифръ, но извлекалъ въ умѣ квадратный корень изъ числа, состоящаго изъ 27-ми цифръ. Приводя этотъ примѣръ, Дробишъ весьма справедливо замѣчаетъ, что здѣсь надо болѣе удивляться во-

14*

17. Такъ-какъ память зрѣнія въ особенности сильна у дѣтей, то потому и ассоціаціи, основанныя на связи *по мѣсту*, всего удобнѣе воспринимаются дѣтьми и крѣпче залегаютъ въ ихъ душѣ. Вотъ по чему изученіе географіи, ассоціаціи которой преимущественно основаны на *связи по мѣсту*, самое приличное занятіе для ученья дѣтей, какъ это замѣтилъ уже Кантъ [1]).

Разсудочныя ассоціаціи.

18. Въ разсудочныя ассоціаціи слѣды связываются нами по внутренней логической необходимости: какъ причина и слѣдствіе, какъ средство и цѣль, какъ цѣлое и *необходимая* его часть, какъ положеніе и выводъ и т. д. Мы называемъ эти ассоціаціи *разсудочными* не потому, чтобы въ другихъ ассоціаціяхъ (по мѣсту, времени и т. д.) вовсе не участвовалъ разсудокъ (мы видѣли, что участіе разсудка, т. е. способности сравнивать и различать, необходимо даже для всякаго опредѣленнаго ощущенія), но потому, что въ разсудочныхъ ассоціаціяхъ участіе разсудка преобладаетъ надъ механизмомъ, составляетъ основаніе, главную причину и цѣль ассоціаціи. Всякая механическая ассоціація можетъ быть превращена въ разсудочную, какъ-только я сознаю логическую необходимость связи. Такъ напримѣръ, два послѣдовательныя явленія: появленіе весенней теплоты и появленіе травы, могутъ связаться сначала въ чисто-механическую ассоціацію, по единству времени сихъ этихъ явленій; а потомъ эту же самую механическую ассоціацію я могу превратить въ разсудочную, признавъ въ одномъ явленіи причину, а въ другомъ слѣдствіе этой причины.

19. Замѣтимъ при этомъ, что лучшимъ началомъ для ученья есть превращеніе (вопросами) механическихъ ассоціацій, готовыхъ уже въ душѣ дитяти, въ ассоціаціи разсудочныя. Для этого стоитъ только обратить вниманіе дитяти на тѣ ассоціаціи, которыя механически уже въ немъ установились, и показать логическую связь между тѣми явленіями, которыя уже связаны въ душѣ его единствомъ времени, мѣста, по внѣшнему сходству и т. д. Вайтцъ [2]) совершенно справедливо замѣчаетъ, что уже «сама природа даетъ намъ много разсудочныхъ ассоціацій, показывая явленія, какъ причину и слѣдствіе» [3]). Но та же природа, какъ

ображенію, чѣмъ памяти. Самое воображеніе такого рода основано на памяти и справедливѣе было бы сказать, что здѣсь слѣдуетъ удивляться памяти зрѣнія, рисующей такую громадную таблицу цифръ.

[1]) Kant's Rechtslehre etc. 1838 s. 408 и 411. На основаніи уже пріобрѣтенныхъ дѣтьми географическихъ свѣдѣній, Кантъ совершенно логично совѣтуетъ переходить къ исторіи. Но даже и эта простая и естественная мысль встрѣтила у насъ тупыхъ соперниковъ.

[2]) Waitz. Lehrbuch der Psychologie § 109.

[3]) На это мы указывали уже въ предисловіи къ первымъ изданіямъ

— 213 —

стоящія явленія, вовсе не относящіяся одно къ другому, какъ причина и слѣдствіе, нерѣдко вводятъ насъ и въ ошибки. Такъ, напримѣръ, находя послѣ грозы фульгуриты въ пескѣ и видя, какъ при ударахъ молніи чертятся на небѣ блестящая стрѣла и расщепляются деревья, дѣти составили разсудочное, но ошибочное умозаключеніе о громовыхъ стрѣлахъ. Часто также, наблюдая природу, человѣкъ принимаетъ причину за слѣдствіе, и наоборотъ, такъ, напримѣръ, замѣчая, что при вѣтрѣ облака бѣгутъ по небу, дѣти приписываютъ бѣгу облаковъ причину вѣтра и т. п. Изъ этого уже видно, что разсудочная логическая ассоціація вовсе не означаетъ ассоціаціи вѣрной, безошибочной. Она, будучи вѣрной логически, можетъ быть въ то же время ложна, потому что основана на ложныхъ данныхъ, на неточныхъ или неполныхъ наблюденіяхъ; такъ, если бы крестьянинъ зналъ образованіе фульгуритовъ, то не приписалъ бы имъ раздробленія деревьевъ.

20. На этомъ основывается различіе логической *разсудочной* истины отъ истины *разумной*. Гдѣ собственно логическая истина переходитъ въ разумную, опредѣлить невозможно. Мы можемъ имѣть только большую или меньшую степень достовѣрности и разумности логической истины, но никогда полной увѣренности; такъ, мы не можемъ сказать ни объ одномъ явленіи, что совершенно знаемъ его причину: можетъ быть завтра же наука покажетъ намъ, что то, что мы считаемъ за причину, вовсе не причина, а только сопровождающее явленіе. Логическая же истина сама по себѣ самая дешевая истина и вовсе не показываетъ особаго развитія головы, а только особенность въ направленіи человѣка. Мы часто встрѣчаемъ глупѣйшихъ резонеровъ, у которыхъ то на слово—то разсудочная истина; а вмѣстѣ съ тѣмъ, что ни слово—то ложь и доказательство невѣжества и тупости. Вотъ почему, хотя и необходимо, съ самаго же начала ученья, развивать въ дѣтяхъ разсудочныя ассоціаціи, но должно остерегаться, чтобы не внести при этомъ односторонности и не сообщить дѣтямъ страсти къ резонерству, которая могла бы увлечь ихъ далѣе того, чѣмъ идутъ ихъ знанія и точныя наблюденія. Разсудочныя ассоціаціи должны развиваться и усложняться вмѣстѣ съ развитіемъ способности къ точнымъ наблюденіямъ и увеличеніемъ запаса знаній. Даже надо сообщить дѣтямъ опасеніе преждевременныхъ разсудочныхъ ассоціацій, показывая имъ, какъ часто эти ассоціаціи бываютъ ошибочны.

21. Изъ сказаннаго уже видно, что разсудочныя ассоціаціи не составляютъ сами по себѣ чего-нибудь твердаго, постояннаго и что онѣ измѣняются вмѣстѣ съ развитіемъ человѣка, увеличеніемъ его знаній и измѣненіемъ взглядовъ. Post hoc — propter hoc есть тоже разсудочная

«Исторію Міра»,—и вотъ чего не хотѣли понять люди, обвинявшіе насъ между за то, что мы начинаемъ книгу для класснаго чтенія предметами, дѣтямъ уже знакомыми или полузнакомыми, каковы, напр., времена года и домашнія животныя.

ассоціація, хотя на ней-то и основана большая часть человеческих предразсудковъ. После просыпки соли на столѣ случилась въ домѣ ссора, эти два явленія связываются въ душѣ человѣка, конечно, сначала во времени, механически; но потомъ, замѣчая нѣсколько разъ повтореніе послѣдовательности этихъ явленій и, не обращая вниманія на то, что сама просыпка соли была иногда уже слѣдствіемъ дурнаго расположенія духа, что ссоры были и безъ просыпки соли, или что послѣ просыпки соли иногда и не слѣдовало ссоры, человѣкъ превращаетъ механическую ассоціацію по времени въ разсудочную ассоціацію и видитъ въ просыпкѣ соли причину ссоры [1]). Слѣдовательно, и эта глупѣйшая ассоціація есть тоже разсудочная ассоціація, а не ассоціація по единству времени, какъ говоритъ Дробишъ: она была ассоціаціей по времени только до тѣхъ поръ, пока я не увидѣлъ въ одномъ явленіи причину другаго. Правда такихъ ассоціацій относительна: почему мы знаемъ, что иная ученая правда (какъ, напр., прежнее horror vacui природы) не обратится со временемъ въ предразсудокъ, надъ которымъ посмѣется наука?

22. Въ этой передѣлкѣ механическихъ ассоціацій по времени и мѣсту въ разсудочныя, однѣхъ разсудочныхъ въ другія и связи отдѣльныхъ разсудочныхъ ассоціацій въ болѣе общія, на основаніи опыта точнѣйшихъ и обширнѣйшихъ наблюденій и открытій науки, — состоитъ главнымъ образомъ умственная жизнь отдѣльнаго человѣка и цѣлаго человѣчества.

Ассоціаціи по сердечному чувству.

23. Строго говоря, эти ассоціаціи входятъ въ разрядъ ассоціацій по противуположности и сходству. Такъ, если поэтъ подмѣчаетъ въ шумѣ моря сходство со стонами человѣка, въ блескѣ глазъ видитъ блескъ молніи, въ шумѣ лѣса слышитъ жалобы, въ прекрасномъ оживленномъ ландшафтѣ видитъ улыбку и т. п., то въ сущности это не болѣе, какъ ассоціаціи по сходству, но только это сходство открывается не разсудкомъ, а поэтическимъ чувствомъ человѣка. Такими ассоціаціями полнъ языкъ народа; изъ нихъ образовалось множество метафорическихъ выраженій въ языкѣ, какъ напримѣръ: «завываніе вѣтра», «стонъ моря» и т. п., на нихъ построены большею частію миѳологіи народовъ, а народная поэзія обильно черпаетъ изъ этого источника. Бѣлая овечка, отставшая отъ своего стада, связывается съ представленіемъ дѣвушки, выданной замужъ на чужую сторону и т. п. Эти ассоціаціи усыпаютъ метафорами, какъ цвѣтами, языкъ народа и придаютъ ему жизнь и красоту. Мы съ самаго дѣтства, сами того не замѣчая, впи-

---

[1]) Бэконъ совершенно справедливо видитъ причину подобныхъ предразсудковъ въ томъ, что человѣкъ, замѣчая каждый случай, когда оправдывается предразсудокъ, забываетъ сотни случаевъ, когда онъ не оправдывается; а Локкъ обращаетъ особенное вниманіе педагоговъ на предупрежденіе такихъ ложныхъ ассоціацій.

всея этою поэзіею языка, выработанною милліонами поэтовъ, изъ которыхъ одни самостоятельно подмѣтили какія-нибудь поэтическія сходства и противоположности, а другіе оцѣнили и сохранили ихъ, ввели въ общее употребленіе и передали намъ.

24. Конечно, не всѣ связи по внутреннему чувству такого поэтическаго характера. Часто любовь и ненависть, симпатіи и антипатіи связываютъ представленія въ нашей памяти: такъ, представленіе о дорогомъ для меня человѣкѣ можетъ сковаться во мнѣ съ представленіемъ какого-нибудь цвѣта, который онъ особенно любилъ, вещи, которую онъ особенно употреблялъ и т. п. Точно также какое-нибудь событіе, возбудивъ во мнѣ чувство отвращенія или ненависти, можетъ связаться такъ съ представленіемъ какой-нибудь самой обыкновенной вещи, что одинъ взглядъ на нее пробудитъ во мнѣ воспоминаніе событія или лица и при томъ такъ пробудитъ, что я только долгимъ и внимательнымъ анализомъ открываю, какое напоминаніе заставило меня вспомнить это лицо или событіе.

Связь развитія или разумная.

25. Наше перечисленіе всѣхъ родовъ ассоціацій было бы неполно, если бы мы не прибавили къ нимъ *ассоціацій развитія*, хотя эти ассоціаціи относятся собственно къ явленіямъ духовной жизни. Вотъ почему мы ограничимся здѣсь однимъ намекомъ на нихъ, однимъ указаніемъ, хотя бы въ видѣ общеизвѣстнаго факта. Это намъ тѣмъ болѣе необходимо, что эта, чисто человѣческая, духовная память (если ее можно назвать памятью) опредѣляетъ относительное положеніе въ человѣкѣ всѣхъ перечисленныхъ уже ассоціацій и придаетъ этимъ явленіямъ, общимъ и человѣку и животному, особый, *чисто человѣческій* характеръ.

26. Положимъ, что дитя заучило какіе-нибудь стихи на иностранномъ, непонятномъ для него языкѣ, заучило, слѣдовательно, только звуки въ ихъ послѣдовательности одинъ за другимъ. Сознаніе, конечно, принимало участіе въ этомъ заучиваньи: безъ участія вниманія дитя не слышало бы звуковъ, безъ участія разсудка не сознавало бы различія и сходства между этими звуками, а слѣдовательно и не усвоило бы ихъ въ ихъ послѣдовательности. Однако же роль сознанія была самая пассивная. Но вотъ, наконецъ, нервы усвоили механическую привычку произносить заученные стихи и, вмѣстѣ съ тѣмъ, участіе сознанія въ этомъ произнесеніи все болѣе и болѣе ослабѣваетъ, такъ-что дитя, произнося эти стихи, можетъ уже думать въ то же самое время о чемъ-нибудь другомъ. Положимъ, что дитя черезъ нѣсколько времени выучится языку, на которомъ написаны заученые стихи, и переведетъ ихъ, буквально, отъ слова до слова, не понимая, впрочемъ, смысла, выражающагося въ связи этихъ словъ: тогда на помощь прежней механической ассоціаціи звуковъ придетъ уже менѣе механическая ассоціація понятыхъ словъ. Но и эти ряды словъ отъ упражненія станутъ снова

однимъ механизмомъ. Положимъ далѣе, что дитя, подростая, пойметъ наконецъ и самую связь словъ, мысль, въ нихъ выражающуюся; но эта мысль будетъ до того чужда душѣ дитяти, что останется въ ней въ своей отдѣльности. Эта мысль, повторяясь часто, будетъ снова все болѣе и болѣе механической ассоціаціей словъ, не требующей особеннаго усиленнаго сосредоточенія вниманія. Случайное напоминаніе можетъ вызвать въ ребенкѣ заученныя созвучія и кадансированныя строчки; строчки и риѳмы вызовутъ понятныя слова; ряды понятныхъ словъ вызовутъ заключающуюся въ нихъ мысль: но мысль такъ и замретъ безъ послѣдствій въ душѣ дитяти. Но положимъ, наконецъ, что дитя сдѣлалось юношею, что въ душѣ юноши созрѣлъ *вопросъ*, на который мысль, заключающаяся въ стихахъ, будетъ отвѣтомъ, или созрѣло *чувство*, для котораго заученные стихи будутъ болѣе полнымъ, поэтическимъ выраженіемъ, — тогда зерно, заключающееся въ стихахъ, освобожденное отъ всѣхъ своихъ оболочекъ, перейдетъ въ *духовную* память юноши и перейдетъ не въ видѣ стиховъ, не въ видѣ словъ, даже не въ видѣ мысли, выраженной въ словахъ, а въ видѣ новой *духовной силы*, такъ что юноша, вовсе уже не думая объ этихъ стихахъ, не вспоминая даже мысли, въ нихъ заключенной, будетъ, послѣ усвоенія ихъ, глядѣть на все нѣсколько измѣнившимся взоромъ, будетъ чувствовать нѣсколько другимъ образомъ, будетъ хотѣть уже не совсѣмъ того, чего хотѣлъ прежде, — то-есть, другими словами, какъ говорится, человѣкъ сдѣлался ступенью выше. Такое усвоеніе духовной памятью есть не только *духовный актъ*, какъ говоритъ довольно неясно Германъ Фихте [*]), но актъ, обратившійся въ новую *силу духа*. И эта новая сила духа, какъ и всѣ прежде имъ пріобрѣтенныя, будетъ всегда ему сопричужна и будетъ участвовать, какъ новая функція, въ каждомъ новомъ духовномъ актѣ.

27. Существованіе въ человѣкѣ этой духовной памяти, или памяти развитія, придаетъ памяти какъ разсудочной, такъ и механической, совершенно новый чисто человѣческій характеръ, ставя ихъ, такъ сказать, въ служебное къ себѣ отношеніе. Изъ духовной памяти появляются въ человѣкѣ идеи; разсудочная память облекаетъ ихъ въ форму логической мысли, а механическая облекаетъ эти мысли въ слова, краски, звуки, движенія. И наоборотъ: изъ слѣдовъ, сохраненныхъ механическою памятью, выплетаетъ разсудокъ сѣть ассоціацій, а изъ сближенія этихъ ассоціацій рождается идея, усвояемая духовной памятью. Такой оборотъ вѣчно совершается въ человѣкѣ; но не все, усвоенное механическою памятью, и даже все, переработанное разсудочною, приноситъ идею въ память духовную и, наоборотъ, — не всякая идея духа находитъ себѣ воплощеніе въ силлогизмахъ разсудка и слѣдахъ, сохраненныхъ нервами. Много слѣдовъ воспринято нашею механическою памятью и даже много есть у насъ разсудочныхъ знаній, которыя не приносятъ никакой пользы нашему ду-

---

[*]) Psychologie. T. I. s. 61.

ковому развитію, ни на волосъ не подвигаютъ его впередъ, и, на оборотъ, много мы носимъ въ себѣ глубокихъ духовныхъ убѣжденій, которымъ, можетъ быть, никогда не суждено высказаться не только въ формѣ дѣла, но даже въ формѣ слова. Однако же эти два *потока* нашей душевной жизни, идущіе, такъ сказать, отъ периферіи человѣческаго существа къ его центру и отъ центра къ периферіи, составляютъ самое существенное явленіе нашего психическаго міра.

Этого поверхностнаго анализа явленій памяти достаточно съ насъ покуда, и мы перейдемъ къ такому же анализу явленій забвенія, чтобы потомъ, собравъ всѣ эти явленія вмѣстѣ, намъ удобнѣе было сдѣлать характеристику памяти.

ГЛАВА XXIV.

Забвеніе: разрывъ ассоціацій памяти.

1. Слово *забвеніе*, по замѣчанію Эрдмана, имѣетъ два смысла: *во-первыхъ*, подъ именемъ забвенія разумѣется вообще переходъ представленій изъ области нашего сознанія въ безсознательную область памяти, изъ которой они опять могутъ быть вызваны; и *во-вторыхъ*, подъ именемъ забвенія мы разумѣемъ совершенное исчезновеніе изъ памяти самыхъ слѣдовъ какого-нибудь представленія [1]). Разговорный языкъ не различаетъ этихъ двухъ формъ забвенія и, можетъ быть, руководствуется при этомъ вѣрнымъ чутьемъ, что въ дѣйствительности невозможно различить ихъ, такъ-какъ ни объ одномъ представленіи, вышедшемъ изъ нашего сознанія, нельзя сказать съ полною достовѣрностью, сохраняется ли оно еще въ нашей памяти или навсегда и безъ слѣда исчезло изъ нея. Мы привыкли думать, что многое забываемъ совершенно, а между тѣмъ вопросъ о томъ, можемъ ли мы что-нибудь совершенно забыть,— вопросъ нерѣшенный.

2. Послѣднею степенью забвенія можно, кажется, считать, если мы видимъ вещь, которую видѣли, и не сознаемъ, что видѣли ее; а между тѣмъ, и это еще не можетъ служить доказательствомъ совершеннаго забвенія. Такъ, напримѣръ, переложивъ какую-нибудь вещь съ мѣста на мѣсто, мы можемъ совершенно позабыть, какъ и когда это сдѣлали, хотя переложенная вещь очевидно будетъ свидѣтельствовать, что это дѣло рукъ вашихъ. Однако же очень часто случается, что, перебирая нарочно или случайно въ нашей памяти событія прошедшаго дня или часа, мы ясно вспоминаемъ, что вещь дѣйствительно была переложена нами и какъ, когда и для чего мы это сдѣлали. Все дѣло состоитъ въ томъ, чтобы попасть на ту цѣпь слѣдовъ, въ которой состоитъ звеномъ и слѣдъ нашего дѣйствія, забытаго нами, что бываетъ не легко, а иногда и совершенно невозможно. Но никакъ нельзя ручаться, чтобы мы совершенно нечаянно не набрели на забытый нами слѣдъ.

[1]) Psychologische Briefe. Leipzig 1863. 14-er Brief. S. 286.

Такъ иногда мы искренно споримъ о томъ, что не видали какого-нибудь человѣка, или не сказали какихъ-нибудь словъ, а потомъ совершенно случайно вспоминаемъ, что мы были не правы, что мы видѣли этого человѣка, или сказали эти слова.

3. Еще большему сомнѣнію подвергается возможность абсолютнаго забвенія многочисленными примѣрами поразительныхъ воспоминаній въ болѣзненномъ состояніи человѣка, и особенно въ горячкахъ. Нѣкоторые изъ этихъ примѣровъ мы привели выше [1]), а здѣсь приведемъ еще нѣсколько:

Одна простая женщина произносила въ горячечномъ бреду цѣлыя тирады по-сирійски и по-еврейски, — оказалось, что она прежде была служанкою одного ученаго пастора, часто читавшаго вслухъ тирады на этихъ языкахъ. Безъ сомнѣнія, эта женщина и сама не знала, что эти звуки, долетавшіе къ ней въ кухню, такъ врѣзались въ ея память и такъ долго сохранялись въ ней [2]). Шубертъ упоминаетъ о маркизѣ С. лари, которая говорила въ раннемъ дѣтствѣ по-французски, а потомъ совершенно забыла этотъ языкъ и стала говорить по-итальянски; заболѣвъ горячкою, она забыла по-итальянски и стала говорить по-французски; по выздоровленіи она опять забыла французскій языкъ и стала говорить по-итальянски; въ глубокой старости она снова заговорила на языкѣ своего дѣтства [3]). Знаменитый математикъ Паскаль, какъ говорятъ, заболѣвши, вспомнилъ все, что онъ читалъ, дѣлалъ, говорилъ, думалъ во всю свою жизнь. Локкъ считаетъ такія явленія рѣдкими, но возможными, хотя вполнѣ совершенную память предполагаетъ только у ангеловъ [4]).

4. Оставивъ однако въ сторонѣ нерѣшенный психологіею вопросъ о существованіи *абсолютнаго* забвенія, мы примемъ, что оно существуетъ въ той релятивной формѣ, которая знакома каждому. Что многое, —

---

[1]) См. выше глава XV п. 5.

[2]) Benecke's Neue Seelenlehre von Raue. 1865. S. 11.

[3]) См. также подобные примѣры: System der Psychologie v. Fortlage 1855. S. 126.

[4]) Of hum. underst. Ch. X. § 9. Упомянувъ о памяти Паскаля, Локкъ говоритъ: «эта привиллегія такъ мало извѣстна большинству людей, что она кажется невѣроятною тому, кто мѣряетъ всѣхъ другихъ по своей мѣрѣ, но однакоже она можетъ устремить нашу мысль къ совершенству этой способности въ высшемъ рядѣ духовъ. Способность памяти у Паскаля все была соединена съ слабостью человѣческаго ума, сознающаго большое разнообразіе идей послѣдовательно, а не всѣ разомъ; тогда какъ ангелы, вѣроятно, могутъ быть одарены способностью удерживать вмѣстѣ и имѣть передъ собою разомъ, какъ бы въ одной картинѣ, всѣ свои протекшія знанія. Если бы думающій человѣкъ имѣлъ всегда передъ собою всѣ свои предшедшія мысли и разсужденія, то это, какъ мы можемъ себѣ представить, дало бы немалое преимущество его наукѣ».

очень многое, ускользаетъ изъ нашей памяти, въ этомъ мы можемъ убѣдиться, разсказывая даже вчерашнее происшествіе и повѣривъ нашъ разсказъ разсказами другихъ очевидцевъ. При этомъ мы увидимъ, какъ обманываетъ насъ наше воображеніе, вставляя свои кольца въ разорванныя цѣпи памяти, такъ-что, желая связать какую-либо цѣпь слѣдовъ, разорвавшуюся въ нашей памяти, мы связываемъ ее кольцомъ, которое только-что вновь сковано нашимъ разсудкомъ, или нашимъ воображеніемъ или вытянуто нами изъ совсѣмъ другаго ряда звеньевъ. Надобно особенное усиліе воли, чтобы съ полной точностью разсказать происшествіе, видѣнное нами, не вковавши въ этотъ разсказъ ни малѣйшаго кольца своего собственнаго производства. При потворствѣ же себѣ, это обращается въ привычку очень неблаговидную, такъ-что мы лжемъ, сами того несознавая. У дѣтей, у которыхъ особенно сильно развито воображеніе, а усиліе воли возстановлять объективную истину еще слабо, такая невольная ложь встрѣчается очень часто. Бываетъ даже, что дѣти смѣшиваютъ съ дѣйствительностью то, что видѣли во снѣ, припутывая еще къ этому какія-нибудь ассоціаціи своего собственнаго воображенія, которыя, по особенной впечатлительности дѣтской нервной системы, являются въ ней съ такою силою, глубиною и яркостью, что дитя, встрѣчаясь потомъ въ своей памяти со слѣдами этихъ ассоціацій воображенія, принимаетъ ихъ за слѣды дѣйствительныхъ событій и впечатлѣній внѣшняго міра ¹). Взрослыхъ спасаетъ отъ этихъ невольныхъ ошибокъ или разсудокъ, показывающій невозможность событія, или сильное напряженіе вниманія, причемъ слѣды внѣшнихъ впечатлѣній отличаются своею особою яркостью отъ слѣдовъ внутри создаваемыхъ ассоціацій; у дѣтей же воля и разсудокъ еще слабы, психическій анализъ почти не существуетъ, поэтому не удивительно, что такая невольная

---

¹) «Есть, говоритъ Эйлеръ, большое различіе между идеями (Эйлеръ беретъ слово *идеи* въ обширномъ, локковскомъ смыслѣ, т. е. всѣ, что мы сознаемъ), которыя дѣйствительно ощущаютъ, и идеями воспоминаемыми; первыя производятъ гораздо живѣйшее впечатлѣніе и болѣе занимательны, чѣмъ вторыя» (Lettres d'Euler. T. I. Let. XXX. p. 329). Что касается до втораго, то здѣсь Эйлеръ совершенно не правъ, и воспоминаніе бываетъ весьма часто гораздо интереснѣе ощущенія, вызываемаго непосредственно внѣшнимъ міромъ. На относительной же *слабости, блѣдности* воспоминаній дѣйствительно шотландскіе спиритуалисты строили возраженіе противъ сенсуализма Локка, Юма и Кондильяка. Но эта опора очень не надежна: не кажутся ли намъ во снѣ воспоминанія наши дѣйствительными ощущеніями? Во снѣ мы теряемъ возможность *сравнивать* представленія, возбуждаемыя *извнѣ*, съ представленіями, возбуждаемыми *извнутри*. Весьма вѣроятно, что *различный ходъ* этого возбужденія и заставляетъ различать насъ представленія, возбуждаемыя внѣшнимъ міромъ, отъ представленій, возбуждаемыхъ душею.

ложь встрѣчается безпрестанно, и ее надобно старательно отличать отъ лжи преднамѣренной, которую самъ ребенокъ сознаетъ, какъ ложь¹).

5. Разсказывая то, что мы наблюдали, мы сознаемъ только то, что вспоминаемъ, и потому естественно разсказъ нашъ кажется намъ совершенно вѣрнымъ и полнымъ; но стоитъ намъ взглянуть опять на тотъ же предметъ или услыхать отъ другихъ разсказъ того же событія, чтобы мы сознали, какъ многое мы забываемъ и какъ не точно наблюдаемъ. Тутъ мы убѣдимся на дѣлѣ, что множество слѣдовъ ощущеній не возобновляется нами при воспоминаніи и, невозобновляемые никогда, естественно исчезаютъ изъ памяти. Это несовершенство памяти есть отчасти благодѣяніе, потому-что иначе она была бы загромождена такимъ количествомъ слѣдовъ, что, наконецъ, воспріятіе новыхъ было бы крайне затруднительно или даже совершенно невозможно. Слѣды, совершенно безполезные и ни къ чему негодные, напрасно загромождали бы намъ память, которая какъ ни обширна, но все же имѣетъ свои предѣлы. Вотъ почему Куртманъ²) весьма основательно совѣтуетъ укоренять въ дѣтской памяти только то, что стоитъ укорененія и предавать забвенію то, чего помнить не стоитъ.

6. Весьма часто мы забываемъ какой-нибудь слѣдъ ощущенія по тому, что онъ, по сходству своему съ другими слѣдами, не имѣя рѣзкаго отъ нихъ отличія, сливается съ ними. Такъ, напримѣръ, многіе дни, проведенные нами однообразно, въ регулярныхъ занятіяхъ, сливаются въ

---

¹) Эти явленія указываютъ педагогу на необходимость пріучать дѣтей къ вѣрной передачѣ событій или созерцаній и предупреждать тѣмъ возможность образованія, особенно у дѣтей съ развитымъ воображеніемъ, привычки полуневольной лжи, которая можетъ потомъ остаться и въ зрѣломъ возрастѣ. Для этого слѣдуетъ наставлять дѣтей описывать предметъ, который они видѣли, разсказывать событіе, въ которомъ они принимали участіе или котораго были свидѣтелями. Такъ, напримѣръ, весьма полезно, если ученики въ концѣ уроковъ разсважутъ весь ходъ уроковъ, или въ концѣ недѣли разскажутъ занятія своей недѣли. При этихъ разсказахъ обыкновенно высказываются дѣти съ особенно сильнымъ воображеніемъ и у которыхъ міръ внутреннихъ концепцій такъ силенъ и оставляетъ такіе яркіе слѣды въ памяти, что вѣрный разсказъ событія становится для нихъ чрезвычайно затруднительнымъ. Наставникъ будетъ внимателенъ къ такимъ дѣтямъ и вмѣстѣ съ тѣмъ и снисходителенъ, если самъ на себѣ испыталъ, какъ трудно съ объективною вѣрностью передать самое простое событіе, и замѣтилъ, какъ разнообразно передается одно и то же событіе разными людьми безъ всякаго желанія лгать. Это вмѣшательство нашихъ внутреннихъ концепцій въ ходѣ нашихъ непосредственныхъ наблюденій бываетъ причиною множества невольныхъ ошибокъ и ложныхъ взглядовъ, и потому пріученіе дѣтей къ точному наблюденію и точной передачѣ наблюдаемаго есть одна изъ важнѣйшихъ задачъ воспитанія.

²) Lerhbach der Erziehung and Unterrichts. 1865. Т. II. S. 211.

нашихъ воспоминаніяхъ въ одинъ день, и жизнь для насъ никогда не протекаетъ такъ быстро, какъ тогда, когда одинъ день похожъ на другой, проходятъ регулярно, ни чѣмъ отъ другихъ не отличаясь. Мѣсяцы и даже годы, проведенные такимъ образомъ, кажутся намъ въ воспоминаніи однимъ днемъ, и только слѣды жизни, оставшіеся въ насъ или въ дѣлахъ нашихъ, говорятъ, что мы жили долго. Точно также сливаются у насъ въ одинъ слѣдъ всякія сходныя ассоціаціи, если только сознаніе наше не отмѣтило рѣзко ихъ различій. Такъ сливаются часто у насъ сходныя имена, потому что мы не обратили вниманія на ихъ различіе, сходные образы лицъ, воспоминанія сходныхъ происшествій. Вотъ почему, когда, напримѣръ, ученику какое-нибудь новое имя, сходное съ тѣмъ, которое онъ замѣтилъ прежде, мы должны указать именно на различіе этихъ именъ, или желая, чтобы ребенокъ замѣтилъ годъ, подходящій къ другому году, имъ уже замѣченному, мы должны указать на соотношеніе этихъ годовъ и т. п.

7. Одну изъ причинъ забвенія Дробишъ [1]) указываетъ совершенно справедливо въ отрывочности слѣда: такъ имена, чуждыя нашему слуху, трудно укореняются въ памяти и легко исчезаютъ изъ нея; таковы, напримѣръ, имена, взятыя нами изъ чуждыхъ намъ языковъ семитической расы, которыя однако спеціалистъ помнитъ очень хорошо, именно потому, что они ложатся въ памяти его не отдѣльными звуками, а входятъ въ обширныя ассоціаціи слѣдовъ его ученыхъ изслѣдованій. Для европейскаго ученика также нѣтъ почти возможности запомнить десятокъ именъ китайскихъ императоровъ, тогда какъ китаецъ помнитъ ихъ сотни.

8. На томъ же основаніи видитъ Дробишъ, вслѣдъ за Гербартомъ, причину забвенія въ томъ, что мы сами разрываемъ цѣпи слѣдовъ, вынимая изъ нихъ тѣ звенья, которыя намъ почему-нибудь понадобились, и вставляя ихъ въ новую цѣпь. Такой разрывъ прежнихъ вереницъ представленій мы дѣлаемъ безпрестанно при нашей умственной работѣ, сплетая новыя вереницы и для того разрывая старыя. Вотъ почему, напримѣръ, философское мышленіе у многихъ ослабляетъ память, такъ какъ пріучаясь къ постройкѣ рядовъ, связанныхъ философскою необходимостью, мы безпрестанно разрываемъ для этого ряды другихъ нашихъ представленій и беремъ только то, что имѣетъ для насъ философское значеніе [2]). Цѣпи и слѣды, разорванные на отдѣльные куски и отдѣльныя представленія, быстро изглаживаются изъ памяти именно по причинѣ своей отдѣльности и разорванности.

9. На этой же причинѣ забывчивости основано отчасти то явленіе, что дѣти съ сильно-возбужденнымъ воображеніемъ оказываются очень забывчивыми. Они забываютъ не потому, что у нихъ память слаба, но потому, что при безпрестанной постройкѣ воображеніемъ новыхъ и но-

---

[1]) Empirische Psychologie. 1842. S. 88.
[2]) Философскія занятія, впрочемъ, не помѣшали Канту сохранить до глубокой старости сильную механическую память.

выхъ ассоціацій, они берутъ матерьялъ изъ прежнихъ, безпрестанно ихъ разрывая. Кромѣ того, внутренняя работа воображенія отвлекаетъ вниманіе дитяти отъ уроковъ и вообще незанимающихъ его предметовъ. Вотъ на какомъ основаніи раннее развитіе воображенія можетъ считаться опаснымъ соперникомъ памяти, хотя въ сущности это вовсе не противуположныя способности, и вотъ почему педагогъ долженъ избѣгать всего, что слишкомъ сильно возбуждаетъ ни къ чему не ведущія, безполезныя ассоціаціи въ душѣ дитяти, какъ, напр., чтенія романовъ, противъ котораго вооружался еще Кантъ [1]). Но чтеніе не однихъ романовъ, вообще всякое чтеніе, не имѣющее отношенія къ ученію ребенка, и потому остающееся безъ повторенія, дѣйствуетъ ослабляющимъ образомъ на память, разрывая прежнія ассоціаціи и составляя новыя, которыя не будучи потомъ повторяемы, ослабляются сами, ослабивъ въ свою очередь другія. Конечно, изъ этого не выходитъ, что ребенку не удобно давать читать ничего, не относящагося къ урокамъ; но воспитатель долженъ знать дѣйствіе чтенія на душу дѣтей и ослаблять его дурныя вліянія, оставляя хорошія. Не только чтеніе, но и безполезное ученье ослабляетъ память: такъ, если мы выучимъ дитя чему-нибудь, что оно потомъ забудетъ, то это дѣйствуетъ ослабляющимъ образомъ на его память. Если мы слишкомъ рано, напримѣръ начали учить ребенка географіи или исторіи, а потомъ бросили, то можемъ знать, что подѣйствовали дурно на его память вообще.

10. Забывчивость, во многихъ отношеніяхъ, можетъ быть названа также дурною привычкою. Эта привычка часто происходитъ отъ лѣни. Каждый можетъ замѣтить надъ самимъ собою, что при упорномъ воспоминаніи требуется сосредоточеніе вниманія, которое, въ свою очередь, требуетъ усилія воли, большаго или меньшаго, смотря по трудности воспоминанія. Вспоминая что-нибудь упорно и долго, мы ясно ощущаемъ, что это трудъ не легкій. Вотъ почему общая лѣность, отвращеніе отъ труда вообще и въ особенности отъ труда умственнаго, который гораздо тяжелѣе физическаго для дѣтей и людей не развитыхъ, можетъ имѣть сильное вліяніе на ослабленіе памяти. Оставляя по лѣности многіе слѣды не возбужденными къ сознанію, мы позволяемъ имъ затеряваться болѣе и болѣе въ темной области памяти, загромождаясь новыми ассоціаціями, и вмѣстѣ съ тѣмъ пріобрѣтаемъ вообще дурную привычку забывать.

11. Англійскій психологъ Спенсеръ [2]) причисляетъ къ забывчивости и то явленіе, когда какое-нибудь воспоминаніе повторяется до такой степени часто, что обращается наконецъ въ привычку, за которою уже не признаютъ характера воспоминанія: таково, напримѣръ, употребленіе

---

[1]) Kant's Rechtslehre etc. 1838. s. 407. «Чтеніе романовъ ослабляетъ память, потому-что было-бы смѣшно запоминать романъ и потомъ разсказывать ихъ другимъ. Читая романъ, дѣти вплетаютъ въ него свой собственный романъ и сидятъ, мечтая, и безъ мысли въ головѣ.

[2]) The principles of Psychology by Herb. Spencer. Lon. 1855 S. 561.

слонъ роднаго языка, не требующее, повидимому, ни малѣйшаго усилія памяти; таково множество навыковъ: ходить, читать и т. п., таковы, наконецъ, всѣ тѣ привычки, которыя, какъ мы видѣли выше, составляются нами въ безпамятномъ младенчествѣ: видѣть двумя глазами одинъ предметъ, видѣть предметы неподвижными при движеніяхъ головы и глазъ, видѣть предметы въ перспективѣ и т. п., словомъ, всѣ тѣ навыки человѣчества, которые оно пріобрѣтаетъ въ безпамятномъ бытіи и считаетъ потомъ до того принадлежностями своей природы, что только новѣйшая физіологія разрушаетъ это заблужденіе. Принимать такіе твердо укоренившіеся слѣды памяти за забвеніе мы считаемъ игрой словъ. Собственно здѣсь нѣтъ забвенія, а есть только уничтоженіе чувства воспоминанія отъ чрезвычайной твердости слѣдовъ и вслѣдствіе того отъ уничтоженія всякой трудности возстановленія ихъ изъ нервной системы къ сознанію.

12. Однако же печальные опыты убѣждаютъ насъ, что и эти, какъ казалось, неизгладимые слѣды привычекъ нервной системы могутъ изглаживаться изъ нея подъ вліяніемъ хроническихъ болѣзней или временныхъ потрясеній нервной системы. Такъ, при паралитическомъ состояніи мозга, больные забываютъ названіе многихъ предметовъ; такъ, часто въ глубокой старости человѣкъ путается въ словахъ и разучается говорить. Тоже самое явленіе замѣчаемъ мы при совершенномъ опьяненіи человѣка, которое дѣйствуетъ сильно на нервную систему. При сильномъ опьяненіи, человѣкъ разучается въ тѣхъ привычкахъ, которыя, казалось, были неотъемлемою принадлежностью его природы: разучается на время въ привычкахъ безпамятнаго дѣтства; такъ, напримѣръ, у него двоится въ глазахъ, т. е. онъ видитъ два предмета двумя глазами; у него кружатся предметы при движеніяхъ головы, то-есть, представляются ему, какъ представляются они младенцу; онъ протягиваетъ руку, чтобы схватить далекій предметъ, натыкается на печку, которую считаетъ далекою; онъ разучается ходить, то-есть, комбинировать движенія своихъ мускуловъ, и подымаетъ ногу, когда надо ее опустить,—вотъ почему пьянымъ такъ неудобно ходить по лѣстницамъ. Недостаткомъ силы этого объяснить нельзя, потому что пьяные часто бываютъ очень сильны. Во всѣхъ дѣйствіяхъ и словахъ пьяный рѣзко напоминаетъ собою младенца: вмѣсто рѣчи онъ издаетъ лепетъ, подобный младенческому, кричитъ безъ цѣли, какъ ребенокъ, изъ одного удовольствія крикнуть, двигаетъ руками и ногами безъ всякаго соображенія и соотвѣтствія движеній, только изъ одного удовольствія двигаться. И чѣмъ сильнѣе степень пьянства, тѣмъ ближе человѣкъ къ младенчеству, такъ-что онъ и засыпаетъ наконецъ безмятежнымъ сномъ младенца. Пьяный—это младенецъ, но только въ отвратительномъ видѣ, производящемъ на насъ тяжелое впечатлѣніе именно этимъ уродливымъ сближеніемъ чертъ младенчества и возмужалости.

ГЛАВА XXV.

Исторія памяти.

1. Въ продолженіе жизни человѣка память его, работающая постоянно, обнаруживаетъ то возрастаніе своихъ силъ, то упадокъ ихъ, то особенное направленіе въ своихъ работахъ. Эти періодическія измѣненія въ дѣятельности памяти, конечно, имѣютъ важное значеніе для педагога, который пользуется памятью воспитанника едва ли не больше, чѣмъ какою-либо другою его способностью. Казалось бы, что въ младенческомъ возрастѣ память должна быть чрезвычайно воспріимчива и усвоивать быстро и прочно; но мы замѣчаемъ, напротивъ, что память младенца усвоиваетъ съ большимъ трудомъ и забываетъ легко; въ отрочествѣ память усвоиваетъ легко и забываетъ легко; въ возрастѣ мужества одно помнитъ хорошо, а другое забываетъ. Всѣ эти явленія можно объяснить не иначе, какъ прослѣдивъ начало, развитіе и установленіе памяти въ человѣкѣ.

2. Дитя родится безо всякихъ *слѣдовъ* въ своей памяти, и въ *этомъ отношеніи* дѣйствительно представляетъ «чистую таблицу» (tabula rasa) Аристотеля, на которой еще ничего не написано. Отъ же отъ самаго свойства таблицы зависитъ уже, легко или трудно на ней писать, а также большая или меньшая степень прочности въ сохраненіи ею того, что на ней *будетъ* написано. Младенецъ, не имѣя никакихъ слѣдовъ воспоминаній, имѣетъ уже возможность быстрѣе или медленнѣе принимать ихъ, ярче или тусклѣе отражать, сохранять болѣе или менѣе прочно, комбинировать и воспроизводить живѣе или менѣе. Эти прирожденныя способности зависятъ, по нашему мнѣнію, отъ особенностей нервной системы и составляютъ дѣйствительную основу такъ-называемыхъ врожденныхъ способностей человѣка, которымъ одни психологи приписываютъ всерѣшающее значеніе, а другіе, какъ напр. психологи гербартовской школы, не даютъ почти никакого [1]. При-

---

[1] Признавая душу за ассоціацію представленій и оставаясь вѣрнымъ этой мысли, трудно объяснить не подлежащее сомнѣнію явленіе прирожденности способностей. По этой-то причинѣ Бенеке нашелся уже вынужденнымъ, отвергая всякія прожденныя способности души и не отнявъ, какъ онъ знаетъ, вліянія организма на душу, признать *особенныя свойства* первичныхъ душевныхъ силъ у различныхъ людей. Особенности эти: Reizempfänglichkeit, Beharrlichkeit und Lebhaftigkeit, по терминологіи Бенеке, онъ приписываетъ нервной системѣ и даже не существу души, а первичнымъ силамъ (Urvermögen). Такъ фактъ, отъ котораго нельзя было отвернуться, былъ признанъ и на живую нитку, кое-какъ, пришитъ къ теоріи. См. объ этомъ во ІІ-мъ томѣ Антропологіи.

этихъ прирожденныхъ способностей, зависящихъ отъ *общихъ* природ-
ныхъ свойствъ всей нервной системы и отъ разнообразія въ устройствѣ
отдѣльныхъ ея органовъ, у различныхъ индивидовъ (системы зритель-
ныхъ нервовъ, слуховыхъ и такъ далѣе), нервная система можетъ за-
ключать въ себѣ, какъ мы уже видѣли выше, наслѣдственные *задатки*
(возможности установленія) какихъ-нибудь привычекъ и наклонностей;
но ни одного опредѣленнаго образа, ни одного опредѣленнаго слѣда ка-
кого-нибудь ощущенія не заключаетъ въ себѣ память младенца: въ этомъ
отношеніи все предстоитъ еще сдѣлать собственному труду младенца,
труду, къ которому онъ *получаетъ стремленіе* вмѣстѣ съ рожденіемъ.

3. Первое проявленіе жизни выражается въ тѣхъ, повидимому, без-
сознательныхъ и безцѣльныхъ движеніяхъ, которыя начинаются у живаго
существа еще въ зародышномъ состояніи и высказываются съ энергіею
при рожденіи на свѣтъ. «Новорожденный младенецъ, говоритъ Бэнъ, дви-
жется, не имѣя еще никакой цѣли этихъ движеній, не зная ихъ по-
слѣдствій, *даже не ощущая ихъ*,—это только выраженіе стремленія
жизни къ проявленію себя въ чемъ бы то ни было, врожденная по-
требность движенія¹)». Что младенецъ «не ощущаетъ» своихъ первыхъ
движеній—это не имѣетъ никакого вѣроятія: нѣтъ причины, почему
онъ не могъ бы ощущать ихъ; но ощущеніе міра внѣшняго, внѣшняго
по отношенію къ организму ребенка, должно наступить только по разви-
тіи органовъ чувствъ и прежде всего, безъ сомнѣнія, органа осязанія.
Съ перваго *столкновенія* съ тѣлами внѣшняго міра начинается безпре-
рывный рядъ ощущеній, а вмѣстѣ съ тѣмъ опытовъ и приноровленій.
Всѣ же эти первые акты душевной жизни оставляютъ свои *слѣды* въ
памяти ребенка, слѣды болѣе или менѣе глубокіе и болѣе или менѣе
связанные между собою.

4. Но мы очень ошиблись бы, представивъ себѣ, что младенецъ въ
первые дни своей жизни ощущаетъ такъ же, какъ ощущаемъ
и мы. Всѣ наши ощущенія болѣе или менѣе опредѣленны, сложны
и немедленно становятся въ извѣстное отношеніе къ *слѣдамъ* ощуще-
ній, пережитыхъ нами прежде. Для взрослаго человѣка, въ строгомъ
смыслѣ слова, не можетъ быть никакихъ *совершенно новыхъ ощущеній*.
Если бы вамъ случилось, напримѣръ, увидать животное, котораго вы
до сихъ поръ не видали ни въ натурѣ, ни на картинѣ, о которомъ
даже ничего не слыхали, то и тогда это не будетъ совершенно новое
ощущеніе. Видъ никогда невиданнаго животнаго пробудитъ въ вашей
памяти множество слѣдовъ прежнихъ ощущеній: цвѣтъ животнаго уже
знакомъ вамъ, безъ сомнѣнія, потому что вы видѣли этотъ цвѣтъ или
въ растеніяхъ, или на другихъ животныхъ; величина новаго животнаго
напомнитъ вамъ величину другихъ, уже знакомыхъ. Вы будете искать
въ немъ уже знакомыхъ вамъ членовъ животнаго, имѣя понятіе о томъ,
что такое голова, глаза, ротъ, ноги и т. д., и если не найдете одного

---

¹) The Senses and the Intellect. S. 301, 302.

изъ этихъ членовъ, то это васъ удивитъ, и, слѣдовательно, будетъ вами замѣчено. Если какой-нибудь изъ членовъ будетъ развитъ особенно, и на это вы обратите вниманіе, понимая эту особенность. Вы пріучите немедленно новую ассоціацію слѣдовъ, полученную вами отъ созерцанія новаго животнаго, къ тысячамъ другихъ ассоціацій, которыя получили отъ прежнихъ созерцаній, или которыя построились въ васъ мыслительною способностію изъ тысячи другихъ слѣдовъ ощущеній и соотвѣтствъ, какъ, напримѣръ: къ понятіямъ о формѣ, величинѣ, жизни, сознаніи, движеніи и т. п. Если, напримѣръ, у новаго животнаго голова будетъ какая-нибудь вытянутая, то вы замѣтите это потому, что давно уже соединили съ понятіемъ головы понятіе о шарообразной формѣ и т. д. Созерцаніе новаго животнаго дастъ вамъ очень мало новыхъ слѣдовъ, сравнительно съ тѣмъ количествомъ старыхъ, которыя оно пробудитъ въ вашей памяти. Вы привяжете къ старымъ слѣдамъ, можетъ быть, одинъ, можетъ быть, два новые признака — не болѣе, и тѣ свяжете по противоположности или по сходству съ прежними слѣдами; такъ-что въ васъ произойдетъ собственно лишь нѣсколько другое перемѣщеніе признаковъ, уже прежде вами усвоенныхъ. Словомъ, взрослый человѣкъ не можетъ относиться совершенно пассивно ни къ какому новому ощущенію и ощущаетъ его не только органами чувствъ, но и многочисленнѣйшими слѣдами своихъ прежнихъ ощущеній, представленій и ассоціацій.

5. Совсѣмъ не таково должно быть ощущеніе поврежденнаго младенца, если бы то же животное и по законамъ той же оптики, отражалось на сѣтчаткѣ его глазъ. *Величина* животнаго.... но величина ощущается только сравнительно съ другими величинами и притомъ совмѣстно съ разстояніемъ предмета отъ глазъ, и притомъ по движенію глазныхъ мускуловъ, какъ это убѣдительно доказала физіологія [1]; слѣдовательно, величина предмета не возбудитъ *никакого ощущенія въ* младенцѣ. *Цвѣтъ* животнаго.... но ощущеніе цвѣта есть только выводъ изъ сравненія цвѣтовъ [2]; а если это *первый* цвѣтъ, который поражаетъ концевые аппараты глазной сѣтки младенца, то онъ произведетъ *физическое* впечатлѣніе; но оно не перейдетъ въ *психическое* состояніе и, слѣдовательно, не оставитъ никакого слѣда въ памяти. *Форма* животнаго.... но понятіе о формѣ есть слѣдствіе тысячи опытовъ и наблюденій, да кромѣ того, чтобы судить о формѣ, нужно видѣть животное, а ребенокъ *его не видитъ*, ибо не получаетъ ощущенія ни цвѣта, ни величины, хотя животное точно также отражается на сѣтчаткѣ младенца, какъ и на сѣтчаткѣ взрослаго, потому что законы оптики одинаковы, какъ для младенца, такъ и для взрослаго. Вотъ почему младенецъ, въ первые дни своей жизни оказывается совершенно индеферентнымъ ко всему тому, что совершается передъ его глазами и что должно бы поражать его слухъ: онъ, съ

---

[1] См. выше, глава VI, п. 23.
[2] См. выше, глава XXI, п. 17.

строго говоря, и не видитъ, и не слышитъ, и не обоняетъ, остается равнодушнымъ ко вкусу пищи и даже самое осязаніе его, начавшее свои акты въ эмбріоническомъ состояніи младенца, еще крайне не развито. Явленіе это не можетъ быть объяснено неполнотою физическаго развитія органовъ младенца, ибо въ нихъ не произойдетъ существенной перемѣны черезъ 3 или 4 мѣсяца, когда ребенокъ замѣтно начнетъ слышать, видѣть, различать вкусъ пищи. Слѣдовательно, эта перемѣна можетъ быть объяснена только психически, и мы должны отдать справедливость теоріи Гербарта, что она сравнительно съ прежними теоріями даетъ самое удовлетворительное объясненіе этого явленія.

с. Младенецъ, какъ мы уже показали выше, ощущаетъ только отношеніе одного состоянія нервовъ, вызываемаго однимъ внѣшнимъ впечатлѣніемъ, къ другому состоянію, вызываемому другимъ впечатлѣніемъ, да и то сначала ощущаетъ очень не ясно. Только нѣсколько разъ повторившійся переходъ оставляетъ опредѣленный слѣдъ въ его памяти. Чѣмъ чаще совершается этотъ переходъ въ душѣ ребенка, тѣмъ яснѣе вырѣзываются противоположныя особенности состояній, тѣмъ прочнѣе запечатлѣвается слѣдъ каждаго изъ ощущеній. Такъ, напримѣръ, переходъ отъ свѣта къ темнотѣ и отъ темноты къ свѣту сначала не производитъ никакого замѣтнаго вліянія на младенца; но, чѣмъ чаще онъ совершается, тѣмъ болѣе глубокіе слѣды оставляетъ въ памяти, и тѣмъ яснѣе начинаетъ сознавать младенецъ противоположность свѣта и темноты. Вѣроятно это наблюденіе повело Бенеке къ тому, что онъ призналъ возможность непосредственнаго перехода безсознательныхъ впечатлѣній, явленій внѣшней природы на органы чувствъ, въ сознательныя ощущенія, то-есть, другими словами, что смѣна тьмы свѣтомъ, въ началѣ совершенно безсознательная для ребенка, дѣлается потомъ, вслѣдствіе повторенія, самосознательною¹). Но мы уже замѣтили выше, что, выставляя такое положеніе, Бенеке дѣлаетъ громадный скачекъ, и изъ простой фразы хочетъ выстроить мостъ черезъ ту бездну, которая отдѣляетъ сознательный міръ отъ безсознательнаго. Не трудно видѣть, что если бы ребенокъ не сознавалъ перваго перехода отъ тьмы къ свѣту, то этотъ переходъ не могъ бы оставить слѣда въ его памяти, а слѣдовательно младенецъ также мало могъ бы сознать его во второй и третій разъ, какъ и въ первый. Конечно, мы можемъ предположить, что повторенія впечатлѣній внѣшняго міра, не сознаваемыя младенцемъ, могутъ, какимъ-то непонятнымъ для насъ образомъ, усиливать свое дѣйствіе на органы чувствъ, такъ что, наконецъ, младенецъ, сознающій собственно только одну свою нервную систему, а не внѣшній міръ, начнетъ замѣчать ихъ, такъ-какъ они углубляются въ эту систему все болѣе и болѣе. Но это будетъ чистое предположеніе, не основанное ни на какихъ физіологическихъ данныхъ, которыя бы показали, что первое впечатлѣніе свѣта такъ-то и такъ-то измѣнитъ нервы, второе уси-

¹) Erziehungs und Unterrichtslehre von Benecke. Erst B. S. 73.

ливает это измѣненіе и так далѣе ¹). Несомнѣнно только то, что если бы *сознаніе* не было *прирождено* младенцу, то оно также мало могло бы родиться въ немъ и отъ десятаго или сотаго впечатлѣнія, какъ и отъ перваго, и ребенокъ остался бы безъ ощущеній сознательныхъ, какъ остается растеніе, хотя частые порывы вѣтра въ одну сторону могутъ мало по малу измѣнить направленіе и ростъ его вѣтвей. Словомъ, изъ повторенія безсознательныхъ впечатлѣній никакъ не вытечетъ сознательныхъ ощущеній, и мы вправѣ укорить Бенеке и его послѣдователей въ то, что они, ради законченности своей теоріи, закрыли фразою пропасть еще непереходимую для науки ²).

7. Оставивъ однако въ сторонѣ таинственное рожденіе перваго ощущенія, о которомъ замѣтимъ только тотъ фактъ, что повтореніе ощущеній, усиливая слѣдъ, оставляемый этими ощущеніями въ памяти, даетъ все большую и большую яркость самимъ ощущеніямъ. Отъ повторенія перехода свѣта въ тьму и обратно, тишины въ шумъ, тепла и холодъ, младенецъ сознаетъ все опредѣленнѣе и яснѣе отношенія этихъ ощущеній между собою и, вмѣстѣ съ тѣмъ, особенность каждаго изъ нихъ; ибо эта особенность выдается только сравненіями. Слухъ и зрѣніе ребенка, а съ ними и его вниманіе къ впечатлѣніямъ, развиваются вмѣстѣ съ углубленіемъ слѣдовъ ощущеній отъ повторенія ихъ и усиливаются съ увеличеніемъ числа этихъ слѣдовъ. Каждый слѣдъ, уже пріобрѣтенный, облегчаетъ пріобрѣтеніе новаго, потому-что новый слѣдъ не только углубляется самъ собою отъ повтореній, но и привязывается къ прежнему слѣду и каждый слѣдъ въ этомъ отношеніи есть не только остатокъ отъ прежняго ощущенія, но и *задатокъ* (Anlage) воспріятія новаго ³). Такимъ образомъ, чѣмъ больше пріобрѣтается слѣдовъ, тѣмъ

---

¹) Но да не поставлена будетъ такая нерѣшенность основныхъ вопросовъ въ упрекъ психологіи. Этотъ недостатокъ раздѣляетъ она со всѣми прочими науками опыта. «Каковъ бы ни былъ предметъ человѣческихъ изысканій, говоритъ Морель, всегда есть въ нихъ предѣлъ, за которымъ перестаютъ говорить факты и остается мѣсто только для аналогій и умозаключеній. Рожденіе насѣкомаго или растенія также переходитъ въ трансцендентную область, какъ и зарожденіе души», точно такъ же, какъ и зарожденіе сознанія, добавимъ мы, признавая полную неудачу попытокъ Бенеке. Elements of Psychologie by Morel. P. I, p. 67.

²) Впрочемъ, Бенеке, чувствуя неполноту своей системы, оговаривается и признаетъ прирожденность душѣ того, что *предопредѣляетъ* сознаніе (prädeterminirt) (Erz. u. Unt.-Lehre. S. 75); а Дреслеръ, издатель сочиненій Бенеке, объясняетъ это весьма неудачно *большею силою* прирожденныхъ человѣку «первичныхъ силъ» (Urvermögen): какъ будто у животнаго нѣтъ сознанія, и какъ будто сила впечатлѣнія, увеличиваясь, можетъ породить сознаніе! Врѣзывайтесь въ дерево, какъ хотите, глубоко—оно не почувствуетъ.

³) «Остающіеся въ душѣ слѣды, говоритъ Бенеке, дѣйствуютъ всегда какъ новыя силы, для воспріятія новыхъ ощущеній, и чѣмъ болѣе вос-

прiобрѣтенiе новыхъ идетъ легче и быстрѣе; вмѣстѣ съ тѣмъ, усиливается душевная работа младенца и по мѣрѣ этого усиленiя замедляется его ростъ, то-есть, другими словами: дѣятельность нервнаго организма, называемая психическою жизнью все болѣе и болѣе требуетъ пищи, которая сначала шла почти вся на ростъ и развитiе тѣла.

8. Изъ того, что уже сказано, ясно само собою, что предметъ, отражаясь одинаково на сѣтчаткѣ глазъ взрослаго человѣка и младенца, совершенно различно отражается въ ихъ сознанiи. Взрослый видитъ, сознаетъ и запоминаетъ весь предметъ, со всѣми его особенностями; младенецъ усвоиваетъ только то изъ созерцанiя предмета, на что у него хватаетъ уже прежде прiобрѣтенныхъ имъ слѣдовъ. Такъ, напримѣръ, мы видимъ не только огонь на свѣчѣ, но и свѣчу, и подсвѣчникъ, и руку человѣка, который держитъ подсвѣчникъ; ребенокъ же ощущаетъ только свѣтъ, и то не въ первые дни своей жизни, а начинаетъ поворачивать головку за свѣчею уже гораздо позже, потому что для этого требуется довольно сложная привычная комбинацiя движенiй съ ощущенiями. Первыя ощущенiя младенцемъ внѣшняго мiра должны быть самыя общiя: свѣта въ противоположность темнотѣ, звука въ противоположность тишинѣ, холода въ противоположность теплотѣ, движенiя въ противоположность неподвижности. Вмѣстѣ съ укрѣпленiемъ слѣдовъ этихъ общихъ ощущенiй, которое высказывается въ томъ, что ребенокъ, напримѣръ, безпокоится отъ свѣта или плачетъ въ темнотѣ, — усиливается въ ребенкѣ *вниманiе* къ этимъ ощущенiямъ, и *вслѣдствiе этого усиленiя вниманiя* общiя ощущенiя начинаютъ яснѣть и *раздѣляться на частныя*: общее ощущенiе свѣта на ощущенiя различныхъ цвѣтовъ, общее ощущенiе звука на ощущенiя различныхъ звуковъ и т. д. Мы можемъ замѣтить сами на себѣ, какъ отъ усиленiя вниманiя при созерцанiи какого-нибудь предмета, показавшагося намъ въ началѣ совершенно однообразнымъ, онъ начинаетъ разнообразиться и вмѣсто одного ощущенiя даетъ намъ цѣлую ассоцiацiю ощущенiй. Всматривайтесь внимательнѣе въ самое простое чернильное пятно, и вы будете находить въ немъ все болѣе и болѣе разнообразiя. Всѣ эти внѣшнiя ощущенiя, изъ которыхъ многiя вызываются произвольными движенiями младенца (поворачивая голову, младенецъ видитъ то, чего не видѣлъ, протягивая руку испытываетъ холодъ тѣла, къ которому прикасается, и т. п.), комбинируются съ ощущенiями внутренними, съ ощущенiями и впечатлѣнiями собственныхъ произвольныхъ движенiй, а вмѣстѣ съ тѣмъ начинаютъ, мало по малу, орiентироваться, прiурочиваться къ опредѣленному мѣсту и времени, помѣщаться въ точку, опредѣленную коордиинатами пространства и времени. Для посторонняго наблюдателя вся эта психическая, сознательная работа младенца, вся эта безпрестанно растущая и усложняющаяся сѣть внутреннихъ и внѣшнихъ ощущенiй и

растетъ этихъ слѣдовъ, тѣмъ совершеннѣе дѣлается этотъ психическiй внутреннiй дѣятель». Erziehungs und Unterrichtslehre von Benerke. I B, S. 75.

их комбинацій, сознательныхъ наблюденій и тысячеобразно повторяющихся опытовъ, весь этотъ сознательный ростъ души выражается видимымъ усиленіемъ способностей зрѣнія, слуха, вкуса, осязанія, регуляризаціею движеній, въ началѣ безпорядочныхъ и неудачныхъ, усиленіемъ внимательности младенца къ тому, что вокругъ него совершается, и, наконецъ, видимымъ пониманіемъ ребенка, что предметы, лежащіе внѣ его, размѣщены въ перспективѣ, видимою удачею движеній, чтобы схватить эти предметы. *Младенческій* глазъ становится *дѣтскимъ*; онъ не только *смотритъ*, какъ открытое окно, но и *видитъ*; видитъ же онъ не потому, чтобъ онъ измѣнился, но потому, что къ нему пришло вниманіе, или, по выраженію великаго славянскаго поэта, «душа уже прилетѣла къ глазамъ».

9. Уже большіе успѣхи сдѣлаетъ младенецъ въ то время, когда начнетъ брать рученками подаваемую ему вещь. Если же мы видимъ, что ребенокъ начинаетъ узнавать мать, отличать ее отъ другихъ лицъ и тянуться къ ней, то мы можемъ сказать, что уже много слѣдовъ ощущеній накопилось въ его душѣ. «Въ первомъ дѣтствѣ, говоритъ Гербартъ¹), составляется несравненно большій запасъ простыхъ (элементарныхъ) чувственныхъ представленій, чѣмъ во всю послѣдующую жизнь, дѣло которой состоитъ уже въ разнообразнѣйшихъ комбинаціяхъ этого запаса». Всѣмъ, что мы сказали выше, объясняется извѣстное явленіе, что младенецъ такъ медленно запоминаетъ предметъ, который взрослымъ запоминается съ перваго разу. Нѣсколько недѣль нужно младенцу, чтобы узнавать мать, или кормилицу, хотя онъ безпрестанно ихъ видитъ. Это совершенно противорѣчитъ той свѣжести и незагроможденности памяти, которую должно предполагать въ младенцѣ, но объясняется хорошо, сначала, совершеннымъ отсутствіемъ, а потомъ, не многочисленностію слѣдовъ въ памяти, которыхъ нужно уже очень много, чтобы усвоить такое сложное представленіе, какъ лицо человѣческое²). Потомъ эти усвоенія идутъ все быстрѣе и быстрѣе; но однакоже безпамятство младенчества, зависящая именно отъ малочисленности *слѣдовъ*, накопляемыхъ только постепенно, замѣчается еще очень долго. Трехлѣтній ребенокъ скоро забываетъ человѣка, котораго не видалъ нѣсколько времени, перемѣшиваетъ лица, имена, съ трудомъ заучиваетъ два, три стиха, которые черезъ годъ, чрезъ два, замѣтитъ съ перваго же разу. Какъ ни быстро развивается память въ ребенкѣ, какъ ни быстро запечатлѣваются въ немъ слѣды ощущеній; но все же внимательный наблюдатель долго еще будетъ замѣчать постепенно исчезающій оттѣнокъ той младенческой безпамятности, которая въ послѣдствіи выражается въ

---

¹) Herbart's Lehrbuch zur Psychologie. 4 Auflage D. 65.
²) Да и вообще всякое человѣческое представленіе, которое, какъ говоритъ Гербартъ, «состоитъ изъ безчисленнаго множества безконечно малыхъ и притомъ неодинаковыхъ воспріятій (слѣдовъ по Бенеке), которыя образовались въ различные моменты времени.» Herbart's Lehrbuch der Psycholog. S. 35.

том, что ребенок, съ необычайною быстротою усвоивающій слѣды ощущеній, которыя легко могутъ составить ассоціаціи съ ощущеніями, пріобрѣтенными имъ прежде, съ большимъ трудомъ усвоиваетъ слѣды ощущеній совершенно новаго рода. Такъ, напримѣръ, дитя съ большимъ трудомъ усвоиваетъ первые звуки чуждаго языка; но, потомъ, усвоивъ эти первые звуки, идетъ въ усвоеніи дальнѣйшихъ съ быстротою, недоступною для взрослаго человѣка, такъ какъ память взрослаго уже загромождена слѣдами и сознаніе его работаетъ надъ комбинаціями этихъ слѣдовъ, поглощающихъ вниманіе человѣка образовавшимися уже въ немъ интересами.

10. Здѣсь мы еще разъ напомнимъ читателю то, что говорили выше о безпамятности младенчества [1]), такъ-какъ думаемъ, что теперь объяснили достаточно причину этой безпамятности. Мы не помнимъ того, что испытывали въ младенчествѣ, не потому, чтобы не сознавали этого въ то время, когда испытывали, а потому, что не имѣли въ младенчествѣ такихъ опредѣленныхъ ассоціацій слѣдовъ, которыя можно было бы запомнить. Всѣ наши воспоминанія совершаются въ опредѣленныхъ образахъ, звукахъ или словахъ; а въ первомъ младенчествѣ у насъ ничего этого не было. Вспоминать же переходъ отъ покоя въ движеніе, отъ свѣта къ темнотѣ, отъ тепла къ холоду, конечно, невозможно; потому что эти переходы, повторяясь безпрестанно, сливаются потомъ въ одинъ общій слѣдъ [2]): ихъ невозможно вспоминать уже потому, что невозможно незабывать [3]). Говоря о происхожденіи слова въ человѣкѣ, мы покажемъ все его отношеніе къ процессу памяти; но и теперь уже будетъ понятно, что младенецъ не говоритъ до тѣхъ поръ, пока не въ состояніи будетъ удерживать въ памяти своей не только сложныя представленія, но и вырабатывать умомъ своимъ отвлеченныя понятія, потому что слово выражаетъ собою всегда отвлеченное понятіе. Надобно видѣть множество деревьевъ и соединить ихъ признаки въ одно общее понятіе, чтобы намъ сознательно понадобилось слово *дерево*. Вотъ почему дитя начинаетъ говорить *собственными* именами. Для него слова *мама*, *папа* не нарицательныя, а собственныя; для него слово *киса* означаетъ только ту кошку, которую онъ знаетъ, и слово *столъ*—только тотъ столъ, который онъ привыкъ видѣть въ своей комнатѣ [4]). Уже потомъ, замѣчая сходство другихъ предметовъ того же

---

[1]) См. главу XIII, п. 10.

[2]) Эркманъ справедливо, кажется, полагаетъ, что наши воспоминанія не могутъ идти дальше втораго года и то, конечно, въ самой темной, неопредѣленной формѣ. Psychologische Briefe. Br. 14. S. 296.

[3]) См. выше. Гл. XXIV, п. 11.

[4]) Если ребенокъ не видалъ никакого другаго животнаго, кромѣ кошки, то онъ называетъ кошкою и собаку; тоже дѣлаютъ часто и идіоты. Это показываетъ, съ одной стороны, неполноту дѣтской памяти, а съ другой,— уже дѣятельность разсудка въ ребенкѣ: онъ находитъ уже сходство между

рода съ предметами, которыя оно знаетъ, дитя даетъ имъ общее имя и нерѣдко ошибается; такъ, называетъ папою каждаго мужчину, и если первый цвѣтокъ, съ которымъ оно познакомилось, была роза, то розой всякій другой цвѣтокъ [1]). Изъ этого явленія Бенеке выводитъ правило, чтобы дѣтямъ называть предметы ихъ общими именами, напримѣръ, всякую птицу — «птицей» [2]). Но мы не придаемъ этому правилу никакого особеннаго значенія.

11. Періодъ отрочества ребенка, начиная отъ 6-ти или 7-ми лѣтъ до 14-ти и 15-ти, можно назвать періодомъ самой сильной работы механической памяти. Память къ этому времени пріобрѣтаетъ уже очень много слѣдовъ и, пользуясь могущественною поддержкою слова, можетъ работать быстро и прочно въ усвоеніи новыхъ слѣдовъ и ассоціацій, а внутренняя работа души, перестановка и передѣлка ассоціацій, которая могла бы помѣшать этому усвоенію, еще слаба. Вотъ почему періодъ отрочества можетъ быть названъ именно *учебнымъ періодомъ*, и этимъ короткимъ періодомъ жизни долженъ воспользоваться педагогъ, чтобы обогатить внутренній міръ дитяти тѣми представленіями и ассоціаціями представленій, которыя понадобятся мыслящей способности для ея работъ. Тратить это время исключительно на *такъ называемое развитіе разсудка* — было бы великой ошибкой и виною передъ дѣтствомъ, а эта ошибка не чужда новѣйшей педагогикѣ.

12. Періодъ сильной механической памяти продолжается не у всѣхъ одинаково. «Замѣтный упадокъ памяти, говоритъ Бенеке, начинается у большей части дѣтей довольно рано (иногда уже на двѣнадцатомъ году). Этотъ упадокъ долженъ показаться съ перваго разу чрезвычайно загадочнымъ, такъ-какъ память, будучи только удержаніемъ образовавшихся въ насъ представленій, должна бы съ каждымъ годомъ возрастать болѣе и болѣе, до безконечности». «Это такъ и бываетъ, говоритъ далѣе Бенеке: но только для тѣхъ представленій, въ которыя то, что усвоено прежде, входитъ какъ составная часть. Занимаясь, напримѣръ, постоянно изученіемъ стиховъ, проповѣдей, ролей, мы пріучаемся изучать ихъ все быстрѣе. Но вмѣстѣ съ тѣмъ замѣчается убыль силы воспріятія совершенно новыхъ представленій и новыхъ рядовъ представленій, ибо тѣ, которыя уже образовались и образовались съ извѣстною силою, разрываютъ новыя. Элементы, условливающіе сознаніе и связь представленій (т. е. Uhrvermögen, вырабатываемыя душою), привлекаются туда, гдѣ находятъ для себя уже готовое русло» [3]). Но какъ бы замѣчая недостаточность этого объясненія, Бенеке прибавляетъ нѣсколько сл...

двумя животными, только вмѣсто слова «животное» употребляетъ единственно ему извѣстное названіе животнаго.

[1]) L'Education progressive par M-me Necker de Saussur. 4 Edit. T. I, 141 et cet.
[2]) Erziehungs und Unterrichtslehre von Benecke. S. 71.
[3]) Ibid. 1 B. S. 96.

— 233 —

дитя, которое пошло далѣе въ интеллектуальномъ развитіи, отвращается отъ механическаго изученія, потому-что въ немъ возбуждается реакція, увлекающая его къ высшимъ, духовнымъ занятіямъ». Но и это справедливо только отчасти. *Постепеннаго* же и *общаго* упадка силы памяти съ возрастомъ нельзя объяснить себѣ иначе, какъ признавъ дѣятельное участіе нервной системы въ актѣ усвоенія.

13. Однако же самая эта быстрота усвоенія новыхъ и новыхъ ассоціацій въ дѣтскомъ и отроческомъ возрастѣ ведетъ за собою тотъ недостатокъ дѣтской памяти, на который мы указали выше. Младенецъ усвоиваетъ трудно и медленно; но усвоенное разъ не забываетъ, потому что его *элементарныя усвоенія* повторяются безпрестанно. Дитя усвоиваетъ легко и быстро; но также легко и быстро забываетъ, если не повторяетъ усвоеннаго. Это происходитъ именно отъ того, что, дѣлая все новыя и новыя ассоціаціи, дитя разрываетъ прежнія и забываетъ ихъ, если не повторяетъ. Вотъ почему, напримѣръ, семилѣтняя Соня, удивляющая всѣхъ поразительнымъ знаніемъ географіи, т. е. именъ и цифръ, можетъ утратить *всякій слѣдъ* своего знанія въ продолженіи года, какъ только ее перестаютъ спрашивать, наскучивъ ея всегда безошибочными отвѣтами [1]).

14. Въ юности, когда въ человѣкѣ пробуждаются съ особенною силою и идеальныя стремленія, и тѣлесныя страсти, работа механической памяти естественно становится на второй планъ; но мы ошиблись бы, сказавъ, что память вообще въ юношескомъ возрастѣ ослабѣваетъ. Она также сильна, но только въ отношеніи тѣхъ ассоціацій, которыя находятся въ связи съ стремленіями юности.

15. Память зрѣлаго возраста, въ противоположность отроческой, мы можемъ назвать *спеціальною памятью*: здѣсь человѣкъ усвоиваетъ легко только то, что относится къ его спеціальнымъ занятіямъ, обращая мало вниманія на все остальное. Въ старости и эта спеціальная память слабѣетъ. Однако же у многихъ замѣчательныхъ людей даже механическая память сохраняется до глубокой старости—такъ сильна и живуча ихъ нервная система.

Уже само собою видно, что такая постепенность въ развитіи памяти имѣетъ обширное приложеніе въ воспитательной и особенно въ учебной дѣятельности и что съ этою постепенностію должны соображаться и семья, и педагогъ, и учебникъ.

16. Содержимое нашею памятью не есть что-нибудь постоянное, неизмѣняющееся, къ которому только изъ внѣшняго міра прибавляется новый матеріалъ. Сознаніе не только извлекаетъ изъ впечатлѣній новыя идеи для души и для нервной системы новыя привычки, но еще болѣе, особенно начиная съ юношескаго возраста, работаетъ надъ ассоціаціями, уже прежде усвоенными: не оставляетъ ряды и группы слѣдовъ въ томъ видѣ, какъ они залегли въ памяти, но—то разрываетъ, то связываетъ

---

[1]) L'éducation progressive par M-me Necker de Saussure. T. II. p. 139.

их, или по законамъ разсудка, или подъ вліяніемъ какого-нибудь сердечнаго чувства, или по требованію разумной воли. Совершивъ такія перемѣны въ рядахъ и группахъ представленій, сознаніе опять превращаетъ ихъ съ одной стороны въ душевныя идеи, а съ другой — въ нервныя привычки, укореняющіяся тѣмъ болѣе, чѣмъ чаще онѣ повторяются. Эта безпрестанная работа сознанія безпрестанно измѣняетъ составъ того, что мы помнимъ.

17. Понятно само собою, что на этой работѣ сознанія надъ содержаніемъ памяти должны отразиться не только большая или меньшая дѣятельность работника, но и тѣ вліянія, подъ которыми совершалась его работа. Чѣмъ менѣе жилъ человѣкъ внутреннею жизнію, тѣмъ менѣе цѣлости будетъ въ сѣти его воспоминаній. У человѣка мало развитаго воспоминанія представляются въ отдѣльныхъ, ничѣмъ не связанныхъ рядахъ и группахъ; у человѣка много думавшаго, часто перебиравшаго и пересматривавшаго матеріалы своей памяти, выплетется изъ нихъ болѣе или менѣе одна общая сѣть,—общее міросозерцаніе. Конечно, нѣтъ такой головы, въ которой бы душевная жизнь не выплетала ровно ничего, и за исключеніемъ случаевъ идіотизма, въ которой въ числѣ рядовъ и группъ представленій не было бы хотя какого-нибудь отдѣла, наиболѣе обширнаго и стройнаго: такая голова давала бы намъ каждое мгновеніе только противорѣчія и безсмыслицы. Конечно, нѣтъ и такой головы, въ которой бы всѣ матеріалы памяти были передуманы, перечувствованы и сплетены этою думою и этимъ чувствомъ въ одну общую, стройную сѣть, такъ-чтобы въ душѣ не оставалось никакихъ оторванныхъ рядовъ или группъ представленій: въ самой философской головѣ очень часто встрѣчаемъ мы не только оторванныя группы представленій, но даже иногда грубѣйшія противорѣчія и предразсудки, не находящіеся ни въ какой связи съ общею сѣтью. Однако же по большему или меньшему единству сѣти матеріаловъ памяти мы судимъ о большемъ или меньшемъ душевномъ развитіи человѣка.

18. Но не въ одной только стройности, цѣльности и обширности этой сѣти слѣдовъ ассоціацій отразится работникъ: въ самомъ характерѣ плетенья выразится ясно природный характеръ, условія жизни и вытекающія изъ нихъ стремленія того, кто сплеталъ эту сѣть. Натура этическая изъ тѣхъ же звеньевъ сплететъ совсѣмъ не ту сѣть, какую сплететъ натура философская, и сѣть, выплетенная кабинетнымъ философомъ, будетъ отличаться отъ сѣти, выплетенной философомъ практикомъ, философомъ опыта. Если сѣть эту сплеталъ человѣкъ отъ природы робкій, мнительный, безпрестанно подверженный разнымъ страхамъ, то она будетъ вовсе не похожа на ту, которую выплететъ человѣкъ бодрый, легко и весело переходящій отъ одного впечатлѣнія къ другому. Жизнь бѣдная, трудовая, или жизнь обезпеченная, жизнь исполненная радости или горя... все это оставитъ свой отпечатокъ не на элементахъ слѣдовъ, которые болѣе или менѣе у всѣхъ одинаковы, но на сѣти, выплетенной изъ этихъ элементовъ. Характеръ этого плетенья и есть тотъ

того, что мы называемъ *образомъ мыслей*. Если мы возьмемъ два самые противоположные образа мыслей, то увидимъ, что звенья, изъ которыхъ они сложены, и здѣсь и тамъ, почти одни и тѣ же, но что плетутъ эти сѣти разные работники—различные люди и различныя жизни.

ГЛАВА XXVI.

Что же такое память? Значеніе памяти.

1. Слово «память» употребляется очень неопредѣленно; но, принявъ во вниманіе всѣ явленія, которыя относятся къ области памяти, можно найти *три* значенія этого слова, значенія родственныя и дополняющія другъ друга. Подъ именемъ памяти мы разумѣемъ: 1) или способность сохранять слѣды протекшихъ ощущеній и представленій и потомъ снова сознавать ихъ, 2) или психофизическій процессъ, посредствомъ котораго мы возобновляемъ пережитыя нами прежде ощущенія, 3) или мы представляемъ память какъ результатъ этой способности и этого психофизическаго процесса, т. е. какъ сумму всего того, что мы помнимъ. Въ этомъ послѣднемъ смыслѣ психологи, принимающіе всю душу за ассоціацію слѣдовъ, дѣлаютъ память и душу понятіями тождественными. Всѣ эти три значенія памяти справедливы, но односторонни, и мы будемъ имѣть вѣрный взглядъ только на память тогда, когда будемъ видѣть въ ней разомъ и способность, и процессъ, руководимый этою способностью, и результатъ этого процесса. Выразимъ всѣ эти три значенія возможно короче и яснѣе.

2. *Память, какъ способность*, принадлежитъ всякому сколько-нибудь развитому животному организму. Мы видимъ признаки памятливости даже у насѣкомыхъ. Но въ человѣческой памятливости мы различаемъ собственно не одну, а двѣ способности: одну, принадлежащую тѣлу, или точнѣе, нервной системѣ, и другую, принадлежащую душѣ, или точнѣе, исключительно духу человѣческому.

3. Основаніе способности нервной памяти мы нашли въ способности нервной системы усвоивать привычки. Привычка можетъ установиться въ организмѣ только вслѣдствіе его способности сохранять въ себѣ слѣды своей дѣятельности и проявлять существованіе этихъ слѣдовъ при всякой новой дѣятельности. Въ этомъ смыслѣ способность усвоивать привычки и способность памяти совершенно тождественны. Такою памятью обладаютъ не только живые, но даже растительные организмы, и если бы мы представили себѣ растеніе, вдругъ одаренное сознаніемъ, то оно сознавало бы свои привычки, какъ слѣды бывшихъ движеній: не только бы наклоняло свои вѣтви въ ту сторону, въ которую подъ какимъ-нибудь постороннимъ вліяніемъ они привыкли наклоняться, но и чувствовало бы, что ему легче наклоняться въ эту сторону, чѣмъ въ другую,—чувствовало бы наклонность именно къ такому наклоненію. Явленіе памяти, которое мы замѣчали у животныхъ, объясняется вполнѣ

этою органическою способностью усвоивать привычки; но одною этою способностью нельзя объяснить явлений человеческой памяти.

4. Мы не знаем, какъ совершается процессъ воспоминанія у животныхъ; но, судя по аналогіи, можемъ легко себѣ представить, что онъ весь состоитъ въ одномъ нервномъ процессѣ, который только отражается въ душѣ животнаго, какъ вообще отражаются въ ней всѣ состоянія нервной системы. Видъ какого-нибудь знакомаго предмета возбуждаетъ въ нервной системѣ животнаго слѣды или привычки, оставшіеся въ ней отъ прежнихъ впечатлѣній того же предмета. Эти слѣды, въ силу рефлективной способности нервнаго организма и по закону ассоціаціи слѣдовъ, возбуждаютъ къ дѣятельности другіе слѣды, связанные съ ними въ одну ассоціацію,—связанные или по сходству и по противоположности, или по мѣсту и по времени, или, наконецъ, по единству сердечнаго чувства: гнѣва, страха, радости и т. п. Ассоціація слѣдовъ, вошедшая въ сознаніе, или, другими словами, ассоціація представленій пробуждаетъ другіе слѣды или другія представленія; второе представленіе возбуждаетъ третье, третьимъ вызывается четвертое и т. д. Этотъ пассивный процессъ воспоминанія необходимо долженъ совершаться и въ животныхъ, точно также, какъ совершается и въ насъ; иначе мы не могли бы объяснить себѣ явленій памятливости въ животномъ царствѣ.

5. Кромѣ этого *пассивнаго* процесса памяти мы замѣчаемъ въ самихъ себѣ процессъ *активный*, стимулъ котораго выходитъ уже не изъ нервной системы, а изъ души, когда мы ищемъ въ нервной памяти нашей того, что намъ нужно, употребляемъ для этого замѣтныя душевныя усилія и часто долго боремся съ недостатками нашей нервной памяти. Этого активнаго процесса воспоминанія мы не можемъ предположить въ животныхъ именно потому, что онъ не нуженъ намъ для объясненія какого бы то ни было явленія памятливости въ животномъ царствѣ: въ себѣ же самихъ мы очень ясно замѣчаемъ этотъ процессъ. Для объясненія этихъ, человѣку только свойственныхъ, явленій памяти мы признали, что ощущеніе, прочувствованное нами, не только оставляетъ свой слѣдъ въ нервной системѣ, въ таинственной формѣ *привычки*, но и въ душѣ, въ столь же таинственной формѣ *идеи*. Эту свойственную только человѣку память мы назвали еще *памятью развитія*, потому что этою духовною памятью обусловливается тотъ духовный и свойственный одному человѣку процессъ, который, по аналогіи съ процессами растительной природы, принято называть развитіемъ. Если бы животныя не имѣли *пассивной* памяти, то мы не видѣли бы многихъ явленій памятливости въ животныхъ: если бы животныя обладали *активною* памятью, то породы животныхъ могли бы развиваться умственно, какъ развивается человѣчество. Вотъ почему мы должны были признать въ животныхъ память пассивную и не признать въ нихъ памяти активной. *Животному вспоминается, но животное не вспоминаетъ*. Въ человѣкѣ же мы различаемъ ясно оба эти явленія памяти. На памяти душевной, *памяти развитія*, мы не могли остановиться, но

что она, какъ особенность человѣческой души, какъ одинъ изъ признаковъ человѣческаго духа, подлежитъ разсмотрѣнію въ третьей части нашей антропологіи. Здѣсь же намъ достаточно было указать на существованіе этого явленія.

6. Слѣдъ *нервный* и слѣдъ *душевный* относятся между собою, какъ *идея* и ея *воплощеніе*, или какъ *отношеніе* къ тѣмъ *различіямъ*, между которыми оно является отношеніемъ. Если различныя движенія, возбужденныя въ нервахъ внѣшними напоминающими впечатлѣніями, вызываютъ въ душѣ ощущеніе отношенія, то такое воспоминаніе будетъ для души *пассивнымъ*: если *идея* или *отношеніе*, возбужденное въ душѣ ея внутреннимъ процессомъ, вызываетъ въ нервной системѣ именно тѣ различныя движенія, изъ которыхъ отношеніе возникло, то такое воспоминаніе для души будетъ *активнымъ*. Такимъ образомъ, мы имѣли два процесса воспоминанія, какъ и два процесса вниманія: процессъ *активный*, идущій изъ души въ нервный организмъ, и процессъ *пассивный*, идущій обратнымъ путемъ — изъ нервной системы въ душу.

7. *Память*, какъ *психо-физическій процессъ*, какъ процессъ *сохраненія, забвенія и воспоминанія*, совершается въ насъ безпрерывно во все время дѣятельности нашего сознанія и совершается подъ вліяніемъ не одного стимула, какъ у животныхъ, но подъ вліяніемъ двухъ стимуловъ — нервной системы и души: то внѣшнее впечатлѣніе пробуждаетъ въ нервной системѣ нашей прежде усвоенные ею слѣды, расположенные въ ней парами, группами, вереницами и сѣтями, и эти слѣды отражаются въ нашемъ сознаніи представленіями и вереницами представленій; то, наоборотъ, душа наша въ своей внутренней работѣ, переходя отъ идеи къ идеѣ, стремится къ воплощенію этихъ идей и воплощаетъ ихъ въ формѣ тѣхъ же слѣдовъ привычекъ нервной системы, изъ которыхъ или съ помощію которыхъ эти идеи возникли. Тогда идея снова является въ форму *представленія* и сознается душою съ удвоенною ясностью, которая происходитъ отъ дѣятельности органовъ чувствъ, такъ что душа сознаетъ свою воплощенную идею какъ нѣчто объективное, ощущаетъ ее въ *представленіи* энергіею внѣшняго чувства.

8. Такимъ образомъ *представленіе*, въ нашей теоріи памяти, стоитъ посрединѣ между нервными слѣдами и идеею души, служа какъ бы переходомъ, какъ при воплощеніи идей въ ассоціаціи нервныхъ слѣдовъ, такъ и при вызовѣ идей въ нашей душѣ отношеніями этихъ слѣдовъ и ихъ ассоціацій. Представленіе есть тоже ассоціація, но уже не нервныхъ слѣдовъ, еще не доступныхъ сознанію, и не идей, еще не доступныхъ внѣшнему чувству, но ассоціація ощущеній, доступныхъ уже сознанію въ формѣ внѣшняго чувства. Вотъ почему мы излагали потомъ не ассоціацію нервныхъ слѣдовъ и не ассоціацію идей, а ассоціацію сознанныхъ представленій, которыя только и даютъ намъ возможность предполагать съ одной стороны ассоціацію и нервныхъ слѣдовъ, а съ другой — ассоціацію идей. Только въ формѣ представленій можемъ мы ясно изучать нашу психическую дѣятельность и только изъ этой ясной сферы

можемъ заглядывать, болѣе догадкою и силлогизмомъ, чѣмъ опытомъ, въ область нервной системы, съ одной стороны, и въ область нашего духа, съ другой.

9. Въ психо-физическомъ процессѣ памяти развивается самая способность памяти и притомъ такъ развивается, что самое содержаніе памяти является матеріаломъ ея развитія или, лучше сказать, память развивается въ томъ, что она содержитъ. Такой взглядъ на память, установленный психологіею со времени Гербарта, имѣетъ очень важное педагогическое приложеніе. Когда считали память какою-то самостоятельною способностью, индиферентною въ отношеніи содержимаго ею, то полагали, что память вообще можно развивать безразлично всякаго рода упражненіями,—что, изучая, напримѣръ, латинскіе или нѣмецкіе вокабулы, мы изощряемъ память для воспріятія историческихъ фактовъ или ученыхъ событій. Теперь же ясно, что память не можетъ изощряться, какъ стальное лезвіе, на какомъ бы оселкѣ мы его ни точили; но что память развивается именно тѣми фактами, которые мы въ нее влагаемъ, и изощряется къ принятію подобнаго же рода фактовъ, на сколько эти новые факты могутъ составить прочныя ассоціаціи съ фактами, пріобрѣтенными прежде. Теперь, наоборотъ, мы видимъ ясно, что, предавая памяти факты безполезные, не ведущіе къ усвоенію другихъ полезныхъ фактовъ, мы наносимъ ей вредъ, потому-что во всякомъ случаѣ сила памяти, зависящая такъ много отъ нервной системы, ограничена. Свѣдѣніе же, которое танется въ памяти одинокимъ и не послужитъ къ усвоенію другихъ однородныхъ свѣдѣній, только обременяетъ, а не развиваетъ память. Доказавъ это, психологія оказала весьма важную услугу педагогикѣ.

10. Однако же, признавъ вполнѣ важность этого вывода новой психологіи, мы не можемъ принять его безъ всякаго ограниченія. Признавая вполнѣ, что память развиваютъ только тѣ представленія и ассоціаціи представленій, которыя могутъ послужить залогами для воспріятія новыхъ представленій, мы должны однако же сказать, что вообще всякое упражненіе произвольнаго воспоминанія (не запоминанія) упражняетъ власть нашей воли надъ нашей нервной системой. Заставляя себя упорно вспоминать то или другое, мы привыкаемъ не забывать,—получаемъ увѣренность въ возможности вспомнить, а эта увѣренность имѣетъ сильнѣйшее вліяніе на актъ воспоминанія. Въ этомъ можетъ легко убѣдиться всякій внимательный наставникъ. Дитя, неувѣренное въ своей памяти, привыкшее знать, что оно забываетъ, легко отказывается отъ усилій воспоминанія и тѣмъ самымъ заставляетъ изглаживаться въ памяти пріобрѣтенные ею факты. Часто учитель самъ виноватъ въ этой неувѣренности ученика и можетъ легко замѣтить, какъ дурно дѣйствуетъ на память подобная неувѣренность. Уже только по тому слѣдуетъ начать твердо и часто повторить изученное, чтобы дѣти не привыкали забывать и, не будучи часто въ состояніи преодолѣть слишкомъ большія трудности насильственныхъ воспоминаній, не потеряли увѣренности въ

силу своей памяти: безпрестаннымъ повтореніемъ слѣдуетъ предупреждать забвеніе, а не возобновлять забытое.

11. Безпрестанное повтореніе въ началѣ ученія необходимо уже и потому, что представленія, усвоиваемыя памятью, суть въ тоже время залоги для усвоенія новыхъ представленій; чѣмъ прочнѣе будутъ эти залоги, тѣмъ легче и прочнѣе будутъ усвоиваться новыя представленія. Въ силу этого же самаго психическаго закона слѣдуетъ полагать въ память учащагося прежде всего такіе залоги, которые могли бы повести къ усвоенію многихъ, однородныхъ.

12. Въ процессъ развитія памяти входитъ не только усвоеніе новыхъ представленій, но и новыя ассоціаціи представленій уже усвоенныхъ. Собственно говоря, память наша вовсе не усвоиваетъ единичныхъ, отъ всего оторванныхъ представленій, да и всякое представленіе есть уже ассоціація многихъ элементарныхъ ощущеній. Сознаніе наше безпрестанно работаетъ надъ этою перестановкою представленій и перестановкою ассоціацій. Но, тѣмъ не менѣе, ассоціаціи, составленныя въ раннемъ дѣтствѣ или подъ вліяніемъ сильнаго сердечнаго чувства, разрываются потомъ съ величайшею трудностью. Если эти ассоціаціи ложны, односторонни или почему нибудь вредны, то онѣ безпрестанно путаются въ нашъ умственный процессъ и мѣшаютъ его правильному и свободному совершенію. Это явленіе обратило на себя особенное вниманіе Локка и онъ совѣтуетъ воспитателямъ и наставникамъ ревностно заботиться о томъ, чтобы въ головѣ дитяти не устанавливались и не укоренялась такія ложныя и вредныя ассоціаціи [*]. Не должно думать, что стоитъ только высказать человѣку ложь подобной ассоціаціи—много основанія всѣхъ человѣческихъ предразсудковъ,—чтобы ее разрушить. Она разрушится только въ томъ случаѣ, когда новая правильная ассоціація, которую вы хотите дать вмѣсто прежней ложной, будетъ повторяться столько же разъ, сколько и прежняя старая, а главное—будетъ прилагаться безпрестанно и войдетъ въ обширныя связи съ другими ассоціаціями: что же дѣлается не съ разу.

13. Перестройка ассоціацій составляетъ главную работу души и хотя рѣдкая душа (да едва ли и какая-нибудь) достигаетъ того, чтобы всѣ, хранящіяся въ ней представленія составили одну стройную систему; но тѣмъ не менѣе, степень этой стройности можетъ служить лучшимъ мѣриломъ развитія и сосредоточенности души, а сосредоточенность души и ея сила. Мы, конечно, не можемъ требовать отъ дѣтской души, чтобы всѣ представленія, въ ней хранящіяся, составляли одну систему; но мы должны подготовлять возможность такой системы въ умѣ ученика и пріучать его къ внутренней работѣ надъ приведеніемъ въ ясную и отчетливую стройность всего богатства его представленій.

14. *Память, какъ результатъ процесса нашей сознательной жизни.* Мы—то, что мы помнимъ—вотъ выводъ новой психологіи. Съ этимъ выводомъ нельзя вполнѣ согласиться, даже если мы введемъ

[*] Cond. of the Underst. p. 100.

въ области нашей памяти наши сердечныя чувства и желанія, какъ результаты борьбы усвоенныхъ нами представленій. Внѣ области самой памяти все же будутъ лежать способности, врожденныя нашей душѣ и нашему нервному организму, ихъ врожденныя потребности и стремленія. Возьмемъ, напримѣръ, одну потребность пищи: развѣ она не имѣетъ вліянія на наши умственные процессы? А между тѣмъ потребность эта не есть слѣдствіе представленій, усвоенныхъ душою. Странно даже, что гербартовская и беневовская психологія упустила изъ виду такое крупное явленіе. Однако же, не отождествляя душу и память, душу и то, что она помнитъ, какъ это дѣлаетъ даже Фихте младшій, мы, тѣмъ не менѣе, придаемъ памяти, какъ *суммѣ всѣхъ* сохраняемыхъ нами представленій или какъ суммѣ душевныхъ актовъ, огромное, хотя невсеобъемлющее, значеніе. Мотивы нашей душевной дѣятельности выходятъ изъ врожденныхъ потребностей нашего тѣла и врожденныхъ потребностей нашей души, какъ это мы увидимъ дальше еще яснѣе. Но матеріалъ, надъ которымъ душа работаетъ, дается тѣмъ, что она помнитъ, а этотъ матеріалъ опредѣляетъ и самую форму ея работъ. Не признавая тождества между душою и тѣмъ, что она помнитъ, мы тѣмъ не менѣе не знаемъ, что память есть исторія души и, притомъ, исторія не прошлая, но всегда настоящая. Все, что сохраняется памятью, имѣетъ вліяніе на душу и принимаетъ такое или иное участіе въ ея дѣятельности. У души, въ строгомъ смыслѣ слова, нѣтъ прошедшаго, все прошедшее живо въ ея настоящемъ, и отдаленнѣйшее событіе нашего дѣтства не есть дѣло, сданное въ архивъ, хотя мы позабыли бы само производство этого дѣла и когда оно производилось, но всегда какъ членъ нашей настоящей дѣятельности. Мы можемъ измѣнять функцію той или другой ассоціаціи представленій, но не можемъ сдѣлать не бывшимъ того, что разъ уже было въ душѣ.

15. *Въ психическомъ* отношеніи все значеніе памяти выяснится для насъ, если мы представимъ себѣ существо, вовсе лишенное памяти. Какимъ является только-что родившійся младенецъ въ первые часы своей жизни, такимъ, безъ пособія памяти, и остался бы онъ на всю жизнь, то-есть, болѣе не развитымъ въ душевномъ отношеніи, чѣмъ являются намъ самыя низшія породы животныхъ. Такое существо не только не могло бы помнить своихъ ощущеній и усложнять ихъ, привязывая слѣды однихъ ощущеній къ другимъ, но даже не могло бы имѣть, какъ мы доказали выше, никакихъ опредѣленныхъ ощущеній, безцѣльныя, ничего не выражающія движенія—вотъ все, чѣмъ обнаруживалось бы присутствіе жизни въ такомъ безпамятномъ существѣ. Все развитіе животнаго и человѣка совершается не иначе, какъ въ области памяти и черезъ ея посредство, такъ что все психическое развитіе живаго существа есть собственно развитіе памяти.

16. *Способность сохранять слѣды ощущеній въ формѣ нервныхъ слѣдовъ и въ формѣ идей, вызывать эти слѣды снова къ сознанію, ассоціировать эти повторенныя ощущенія*, снова о-

укрѣплять слѣды этихъ *ассоціацій, вызывать эти слѣды ассоціацій* *къ сознанію въ формѣ представленій*, *вновь комбинировать эти представленія въ ряды и группы, сохранять слѣды этихъ рядовъ и группъ въ ассоціаціяхъ привычекъ нервной системы и въ ассоціаціяхъ идей, вновь вызывать къ сознанію эти ряды и группы, выдѣлять изъ нихъ цѣлыя, болѣе или менѣе обширныя сѣти, сохранять слѣды этихъ цѣльныхъ сѣтей привычекъ и идей*—вотъ въ чемъ *состоитъ дѣятельность памяти*, а потому уже само собою видно все психическое значеніе этой способности. На ней основана вся внутренняя жизнь человѣка, для которой внѣшняя служитъ только обнаруживаньемъ. Способность памяти, сохраняя въ насъ слѣды вліяній на насъ внѣшняго міра, даетъ самостоятельность нашей внутренней жизни. Мы работаемъ уже не надъ этими впечатлѣніями, измѣнчивыми, какъ міръ и наши отношенія къ нему, но надъ ихъ слѣдами, которые остаются; безъ этого мы находились бы въ такой же зависимости отъ внѣшняго міра, въ какой находится растеніе [1]).

17. *Нравственное значеніе* того, что мы помнимъ, раскроется для насъ вполнѣ тогда только, когда мы, излагая зарожденіе чувствъ, желаній и стремленій, увидимъ, что и ихъ развитіе совершается также въ области памяти и ея силами, какъ и развитіе умственныхъ способностей,—когда мы убѣдимся, что отъ нашихъ чувствъ, желаній и стремленій точно также остаются слѣды въ душѣ, какъ и отъ нашихъ представленій, и что эти слѣды, превращаясь въ силы, точно также развиваютъ наши сердечныя чувства, желанія и волю, какъ и слѣды представленій развиваютъ нашу память и нашъ умъ. Теперь же намъ можетъ показаться, что содержаніе того, что мы помнимъ, не имѣетъ значительнаго вліянія на наши нравственныя стремленія. Такъ, напримѣръ, не только читая, но даже создавая какой-нибудь разбойничій романъ или описывая плутовство, человѣкъ не получаетъ еще наклонности къ воровству и разбою, или, описывая геройскіе подвиги, можетъ остаться трусомъ и т. п. Однако же, съ другой стороны, чтеніе *дурныхъ романовъ* развратило не одного юношу. Отчего же происходитъ такое различіе? Оттого, что, читая, напримѣръ, описаніе разбойничьей или развратной жизни, я могу не сочувствовать или сочувствовать ей: въ первомъ случаѣ, ассоціаціи представленій не входятъ въ комбинаціи съ чувствами, а во второмъ входятъ. Не только представленія могутъ составлять между собою ассоціаціи; но ассоціаціи представленій могутъ комбинироваться съ чувствами, желаніями и стремленіями. Въ Спартѣ показывали дѣтямъ пьянаго илота, чтобы укоренить въ нихъ

---

[1]) Клодъ Бернаръ *внутренней физіологической средѣ* приписываетъ самостоятельность организмовъ въ отношеніи внѣшнихъ вліяній. (Введеніе въ опыт. мед. стр. 79, 98 и др.). Еще по большему праву мы можемъ сказать, что память создаетъ *внутреннюю психическую среду*, дающую самостоятельность душѣ въ отношеніи вліяній на нее внѣшняго міра.

навсегда отвращеніе къ пьянству, то-есть, *представленіе пьяницы комбинировали съ чувствомъ отвращенія*, и эта комбинація представленія съ чувствомъ оставляла глубокій слѣдъ въ душѣ дѣтей. Если то, что заучивается дѣтьми, не пробуждаетъ въ нихъ никакого чувства, желанія и стремленія, то тогда заученое не можетъ имѣть никакого *непосредственнаго* вліянія на ихъ нравственность, но если чтеніе или ученье, какъ говорится, *затрогиваютъ сердце*, то въ памяти останутся слѣды комбинацій представленій съ чувствами, желаніями и стремленіями, пробужденными чтеніемъ или ученьемъ, и такой сложный образъ, *слѣдъ*, возбуждаясь къ сознанію, пробудитъ въ немъ не только представленіе, но и желаніе, стремленіе, чувство [1]).

18. Изъ комбинацій слѣдовъ этихъ моментальныхъ и, какъ кажется, забытыхъ чувствъ, желаній и стремленій образуются страсти и упорныя нравственныя или безнравственныя наклонности. Вотъ почему далеко не безразлично въ нравственномъ отношеніи, что учитъ, что слышитъ и что читаетъ дитя. Конечно, еще важнѣе то, что дитя переживаетъ, перечувствуетъ; но нѣтъ и такой книги и такой науки, которая не задѣвала бы хоть сколько-нибудь сердца ребенка, а отъ этихъ маленькихъ задѣваній образуются черточки, а изъ этихъ черточекъ образуются ассоціаціи, а изъ этихъ ассоціацій иногда слагаются потомъ такіе источники наклонностей и страстей, съ которыми уже не въ состояніи совладать и взрослый человѣкъ. Теперь уже для насъ понятны будутъ слѣдующія знаменательныя слова Бенеке, которыя не теряютъ своей силы отъ того, что въ нихъ нѣсколько выражается односторонность теоріи этого психолога:

«Мысль, что отъ всего, что только развивается въ душѣ, остается *слѣдъ въ ея внутреннемъ существѣ*, должна служить съ одной стороны великимъ *ободреніемъ* для воспитателя. Онъ можетъ быть увѣренъ, что недаромъ работаетъ, и если онъ только умѣетъ придать настоящую крѣпость своимъ вліяніямъ и ихъ продуктамъ и умѣетъ поставить ихъ въ настоящее положеніе другъ къ другу, то они, такъ или другимъ образомъ, будутъ приносить плоды во всю жизнь человѣка. Но съ другой стороны, мысль эта должна внушить воспитателю и серьезную *осторожность*, какъ въ отношеніи его собственныхъ дѣйствій, такъ и еще больше въ отношеніи постороннихъ вліяній, которымъ подвергается воспитанникъ. Многіе воспитатели, и въ особенности большая часть родителей, имѣютъ несчастную способность страуса, который, спрятавъ голову, такъ что онъ самъ ничего не видитъ, полагаетъ, что и его никто не видитъ. Не зная, какъ предохранить дитя отъ вредныхъ вліяній со стороны прислуги, товарищей, гостей и т. п., они не находятъ ничего лучшаго, какъ предоставить этимъ вліяніямъ идти, какъ они идутъ.

---

[1]) Комбинація представленій съ чувствами и стремленіями особенно хорошо развита у Фортлаге. System der Psychologie. Erst. B. S. 133, 134, 159, 160 и 174.

долгая, что дурныя послѣдствія не будутъ слишкомъ значительны и что ихъ удастся безъ труда уничтожить ихъ, какъ только они возьмутся за дѣло. Но ничто не можетъ быть невѣрнѣе этой надежды» [1].

19. Дѣйствительно, смотря на способности душевныя, какъ смотрѣлъ на нихъ Бенеке, мы должны придать *безграничную* силу воспитанію. Если всѣ душевныя способности слагаются изъ слѣдовъ ощущеній, то самое созданіе всего внутренняго человѣка въ рукахъ воспитанія, если только оно сумѣетъ завладѣть тѣми путями, какими эти слѣды проходятъ въ душу человѣка. Но мы, придавая также огромное значеніе воспитанію, какъ преднамѣренному, такъ и случайному, видимъ однако, что вліянію его есть предѣлъ въ прирожденныхъ силахъ души и въ тѣхъ прирожденныхъ задаткахъ наклонностей, о которыхъ мы говорили въ главахъ о привычкѣ. Воспитаніе можетъ сдѣлать много, очень много—но не все: природа человѣка, какъ мы видѣли уже во многихъ мѣстахъ нашего труда, имѣетъ также значительную долю въ развитіи внутренняго человѣка.

Послѣ всего сказаннаго не нужно уже и говорить о *педагогическомъ значеніи* памяти. Можно сказать безъ большой натяжки, что воспитатель имѣетъ дѣло только съ одною памятью воспитанника и что на способности памяти основывается вся возможность воспитательнаго вліянія. «Только то, что мы удерживаемъ внутри насъ, говоритъ Бенеке, можемъ мы переработывать далѣе: развивать въ высшія духовныя формы и прилагать къ жизни. Разсудокъ, способность сужденій и умозаключеній короче, всѣ духовныя силы, въ тѣсномъ смыслѣ этого слова, зависятъ отъ совершенства памяти» [2]. «Вся культура и всякій успѣхъ культуры, говоритъ тотъ же психологъ въ другомъ мѣстѣ, основываются на томъ, что каждому уже въ самомъ раннемъ дѣтствѣ сообщаются безчисленныя комбинаціи (ассоціаціи слѣдовъ), не только тѣ, которыя комбинированы людьми, поставленными съ воспитанниками въ непосредственное соотношеніе, но и тѣ, которыя накоплялись безчисленными поколѣніями человѣчества, въ продолженіи тысячелѣтій, и всѣми народами земли. Усвоивая эти комбинаціи, человѣкъ пріобрѣтаетъ умственное, эстетическое и моральное наслѣдство милліоновъ и пользуется для своего образованія плодами трудовъ (плодами жизни) возвышеннѣйшихъ силъ, какихъ только производила человѣческая природа».

ГЛАВА XXVII.

Процессъ воображенія.

1. Отдѣлить процессъ воображенія, съ одной стороны, отъ процесса ощущеній и воспоминаній, а съ другой, отъ процесса мышленія — не такъ легко, какъ можетъ показаться съ перваго раза. Рѣшенію этой

---

[1] Beneke's Erziehungs- und Unterrichtslehre. Erst. B. S. 32.
[2] Ibid, стр. 93.

задачи Аристотель посвящаетъ почти всю третью книгу свою «О душѣ» и, несмотря на туманность этой книги, происходящую вѣроятно отъ испорченности, мы воспользуемся изъ нея многимъ. Гербартовская психологія соединяетъ воспоминаніе, мышленіе и воображеніе въ одномъ актѣ *воспроизведенія* (reproductio). Но такимъ смѣшеніемъ она, какъ намъ кажется, не уясняетъ, а затемняетъ явленія. Вотъ почему, можетъ быть, нѣкоторые изъ гербартіанцевъ, какъ напр. Дробишъ, считаютъ уже необходимымъ признать, что воспоминаніе и воображеніе суть двѣ вѣтви одного и того же процесса ассоціацій и воспроизведенія [1]. Но въ такомъ случаѣ слѣдовало показать, гдѣ раздѣляются и чѣмъ различаются между собою эти двѣ вѣтви и гдѣ отдѣляется отъ нихъ третья — мышленіе, или, по крайней мѣрѣ, показать, откуда происходитъ у насъ то ясное чувство различія этихъ трехъ процессовъ, которое говоритъ намъ, что *вспоминать, воображать и мыслить* — не одно и тоже. Постараемся же съ помощью Аристотеля, а еще болѣе съ помощью самонаблюденія, разграничить эти три главные душевные процесса: тогда будетъ для насъ понятнѣе и связь между ними.

2. Взглянувъ на какой-нибудь предметъ, даже очень сложный, мы можемъ потомъ воспроизвести его въ своемъ сознаніи съ большею или меньшею вѣрностью и большею или меньшею ясностью. Степень этой ясности бываетъ очень различна, и отъ слабаго очерка, какъ бы закрытаго туманомъ, достигаетъ иногда до яркости дѣйствительнаго созерцанія, такъ-что на яву насъ часто поражаетъ эта необыкновенная живость представляемаго нами лица, зданія, произшествія и т. п.; а во снѣ мы получаемъ полное убѣжденіе въ дѣйствительности того, что представляемъ. Спрашивается, что же это такое, — *воспоминаніе или воображеніе*? Если предположить, что мы ничего не *прифантазировали* къ тому, что было сохранено нашею памятью и что теперь воспроизводится нашимъ сознаніемъ, то, безъ сомнѣнія, это будетъ воспоминаніе — самое живое, но все же воспоминаніе. Слѣдовательно, степенью живости и образности воспоминаемыя представленія не могутъ быть отличаемы отъ воображаемыхъ.

3. Нельзя ли вывести изъ этого, что произведенія воображенія отличаются отъ произведеній воспоминанія тѣмъ, что въ воображеніи мы измѣняемъ воспоминаемое или создаемъ нѣчто такое, чего не было въ нашихъ воспоминаніяхъ? Можетъ быть, въ процессѣ воображенія мы *создаемъ* нѣчто *новое*, чего не было положено въ нашу память? Однако нетрудно убѣдиться, что воображеніе наше рѣшительно не можетъ создать что-нибудь совершенно новое; но мы не можемъ *представить* себѣ чего-нибудь такого, чего совершенно не было бы въ нашихъ воспоминаніяхъ. «Власть человѣка въ маленькомъ мірѣ его понятій, говоритъ Локкъ, такова же, какова и въ большомъ мірѣ видимыхъ вещей, гдѣ человѣкъ можетъ творить только изъ даннаго уже ему при-

---

[1] Empir. Psych. § 118.

— 245 —

его матеріала, но не можетъ ни разрушать, ни создавать ни одного атома. Воображеніе египтянъ сфантазировало и выразило въ гранитѣ не существующаго въ природѣ сфинкса; но каждая черта въ этомъ фантастическомъ животномъ взята изъ природы. Только соединеніе этихъ чертъ принадлежитъ воображенію человѣка. Тогда рождается вопросъ, не можемъ ли мы отличить представленій воображаемыхъ тѣмъ, что первыя вѣрны дѣйствительности, а вторыя нѣтъ? Но, во-первыхъ, не всѣ наши воспоминанія вѣрны дѣйствительности и даже едва ли есть совершенно вѣрныя, а во-вторыхъ, если я представляю себѣ сфинкса, образъ котораго сформировалъ прежде, то ясно, что въ этомъ случаѣ я вспоминаю, а не воображаю. Но что же я вспоминаю? То, что прежде было сформировано моимъ воображеніемъ изъ элементовъ, сохраненныхъ памятью. Изъ этого мы можемъ вывести, что воображеніе отличается отъ воспоминанія *новостью* производимыхъ имъ ассоціацій изъ тѣхъ представленій, которыя сохранялись въ памяти. Память сохраняетъ намъ слѣды и идеи представленій; процессъ воспоминанія, откуда бы ни шла его иниціатива [1]), выдаетъ ихъ снова сознанію въ ощущаемой формѣ представленій, а воображенію принадлежитъ только *новая комбинація* этихъ элементовъ сохраненныхъ памятью [2]).

Отдѣливъ процессъ воображенія отъ процесса воспоминанія, мы должны отличить его и отъ процесса *мышленія*, хотя не можемъ сдѣлать этого съ тою же точностью, такъ какъ процессъ мышленія еще не анализированъ нами. Но сдѣлаемъ хотя предварительное отдѣленіе, предоставивъ себѣ право исправить его, если это окажется необходимымъ, когда мы ближе ознакомимся съ процессомъ мышленія.

Въ процессѣ мышленія мы также не дѣлаемъ ничего иного, какъ только комбинируемъ представленія, выдаваемыя сознанію памятью. Одно же, какъ справедливо замѣчаетъ Аристотель, мы можемъ произвольно сфантазировать какую-нибудь комбинацію представленій безъ всякой вѣры въ дѣйствительность этой комбинаціи, зная, что это только дѣло нашего воображенія. Мало этого, мы можемъ даже совершенно невольно представлять себѣ что-нибудь и въ тоже время сознавать, что это не болѣе, какъ фантазія. Мы, какъ говоритъ Аристотель, представляемъ себѣ солнце небольшимъ кругомъ, а между тѣмъ *думаемъ*, что оно гораздо больше всей обитаемой нами земли [3]). Не только на яву, но даже и во снѣ мы нерѣдко сознаемъ, что представляемое нами

---

[1]) См. выше, гл. XXII, п. 15.

[2]) «Душа наша, говоритъ Локкъ, часто обнаруживаетъ активную дѣятельность въ образованіи многихъ комбинацій; будучи снабжена простыми идеями, она можетъ соединять ихъ въ комбинаціи и, такимъ образомъ, составлять множество разнообразныхъ сложныхъ идей (представленій), не справляясь, существуютъ ли онѣ вмѣстѣ въ природѣ». (Of hum. Underst. Ch. XIII. § 2).

[3]) Arist. De anima. L. III c. 3. Uebers. von Weisse. S. 74.

явленіе есть только фантазія. Слѣдовательно, въ этомъ случаѣ въ насъ ясно совершаются два одновременные процесса: мы мыслимъ о томъ, что *воображаемъ*,— оцѣниваемъ его странности, вѣроятность или невѣроятность, красоту или безобразіе, передѣлываемъ его, исправляемъ или прогоняемъ. Вотъ почему Аристотель былъ *отчасти* вправѣ сказать, что мы отличаемъ воображеніе отъ мышленія увѣренностью, которою сопровождается наше мышленіе: если мы увѣрены въ дѣйствительности того, что воображаемъ, то, значитъ, мы мыслимъ. Слѣдовательно, между воображеніемъ и мышленіемъ есть лишь одно субъективное, для насъ только существующее различіе, и безумецъ, воображающій, напр., что у него стеклянныя ноги, и вполнѣ увѣренный въ этомъ, уже не фантазируетъ, а мыслитъ.

5. Принявъ такое отличіе воображенія отъ памяти, съ одной стороны, и отъ мышленія, съ другой, мы можемъ задать себѣ вопросъ: чѣмъ же воображеніе отличается отъ непосредственнаго ощущенія? Отвѣтъ на это мы находимъ опять же у Аристотеля. «Воображеніе, говоритъ онъ, есть какъ бы чувствованіе, но только безъ матеріала») Это замѣчаніе поразитъ насъ своею вѣрностью, если мы ясно припомнимъ тѣ минуты, когда намъ приходилось долго и упорно бороться съ созданіемъ нашего собственнаго воображенія. Мы боремся тогда съ ними, какъ съ непосредственными впечатлѣніями, возбуждаемыми въ насъ внѣшнимъ міромъ, съ тою только разницею, что отъ предметовъ внѣшняго міра мы можемъ отвернуться или уйти, но созданія нашего воображенія мы носимъ съ собою всегда и вездѣ, и можемъ отдѣлаться отъ нихъ только прямымъ усиліемъ нашей воли, выбирающей другой матеріалъ для нашей психической дѣятельности. Это усиліе не всегда легко и не всегда увѣнчивается успѣхомъ съ перваго же раза: какъ только усиліе ослабѣетъ, такъ созданіе нашего воображенія опять возникаетъ въ нашемъ сознаніи, и иногда нужно какое нибудь сильное нервное потрясеніе, чтобы отдѣлаться отъ такого фантома, нами самими созданнаго. Это явленіе объяснится намъ безъ труда, когда мы припомнимъ, что въ высшихъ психофизическихъ актахъ дѣйствуетъ не одна душа, но и нервная система со своею способностью сохранять слѣды впечатлѣній: и если душа возбуждена къ сильной дѣятельности, вводитъ эти слѣды въ наше сознаніе уже въ формѣ ощущеній и ассоціацій ощущеній или представленій. По теоріи же души, какъ ассоціаціи слѣдовъ или представленій, и вообще по теоріи, не раздѣляющей души и тѣла, это явленіе, каждому изъ насъ знакомое, вовсе не можетъ быть объяснено. Вѣдь мы видимъ борьбу *чего-то* съ нервной системой, а не дѣятельность одного и того же агента. Замогильные призраки, приводимые мистиками или плутами для доказательства отдѣльнаго существованія души, не доказываютъ противное. Хороша душа, одѣтая въ саванъ или въ нѣчто, и которую можно видѣть и слышать. Но человѣкъ, спокойно разсмат-

---

¹) De anima. L. III, c. 8.

имеющій такое явленіе съ сознаніемъ, что это дуритъ его больная фантазія, доказываетъ, что душа и нервы не одно и то же. Не трудно же видѣть, что это вовсе не какое-нибудь исключительное душевное явленіе и что если оно не часто встрѣчается въ рѣзкой формѣ фантомовъ и видѣній, то, тѣмъ не менѣе, ясное присутствіе его мы можемъ замѣтить почти при всякомъ процессѣ мышленія. Наблюдая внимательно за процессомъ нашей мысли, мы убѣдимся, что мы безпрестанно боремся съ тѣми представленіями, которыя подсовываетъ намъ наша фантазія: то признаемъ ихъ вѣрность дѣйствительности, то отвергаемъ, какъ представленія ложныя, то передѣлываемъ и исправляемъ.

6. Невсегда однако воображеніе наше дѣйствуетъ какъ бы наперекоръ нашему мышленію; но столь же часто является оно болѣе или менѣе покорнымъ слугою нашей мысли и нашей воли. Сильное, стремительное и яркое воображеніе, съ которымъ душа человѣка не можетъ бороться, создаетъ безумцевъ. То же самое воображеніе, покорное волѣ человѣка, создаетъ не только великихъ поэтовъ, но также великихъ мыслителей и ученыхъ. «Для самостоятельнаго мышленія въ наукѣ, говоритъ Гербартъ, нужно не менѣе фантазіи, какъ и для поэтическаго творчества, и трудно рѣшить, у кого было болѣе фантазіи, у Шекспира или у Ньютона» [1]). Воображеніе слабое, вялое, блѣдное не доведетъ человѣка до безумія, но и не создастъ генія. Слѣдовательно, мы видимъ, что если воображеніе наше есть дѣятельность нервовъ, отражающаяся въ сознаніи, то управленіе этою дѣятельностью можетъ вытекать или изъ души, или изъ источниковъ, внѣшнихъ для души. Выражаясь другими словами, такъ какъ мы признали за воображеніе только новую комбинацію представленій, сохраняемыхъ памятью, то эти комбинаціи могутъ происходить или независимо отъ нашей души, по какимъ-то внѣшнимъ для нея причинамъ, или производиться ею самою. Такимъ образомъ и самый процессъ воображенія мы можемъ раздѣлить на процессъ *пассивный* и процессъ *активный*, подобно тому, какъ раздѣлили уже и процессъ воспоминанія, и процессъ вниманія или ощущенія. Это дѣленіе, встрѣчающееся уже у Мелебранша [2]) (но онъ не вывелъ изъ него тѣхъ послѣдствій, какія изъ него сами собою вытекаютъ), кажется намъ наиболѣе соотвѣтствующимъ тѣмъ явленіямъ, которыя каждый изъ насъ, не задаваясь предварительно никакою теоріею, наблюдаетъ въ самомъ себѣ. Разсмотримъ особо каждый изъ этихъ процессовъ.

ГЛАВА XXVIII.

Воображеніе пассивное.

1. Признавъ за нервнымъ организмомъ способность удерживать слѣды бывшихъ ощущеній и притомъ въ тѣхъ комбинаціяхъ, въ которыхъ эти ощущенія сознавались душою, признавъ, съ другой стороны, что душа

---

[1]) Herbart's Schriften. Erst T. § 92.
[2]) Oeuvres de Malebranche. 1854. T. 2. p. 120.

наша можетъ ощущать всѣ перемѣны въ состояніяхъ нервнаго организма, когда эти перемѣны достигнутъ опредѣленной степени интенсивности и переступятъ тотъ порогъ сознанія, на который указалъ еще Гербартъ и который старались опредѣлить Веберъ и Фехнеръ, — мы легко себѣ представимъ, что если нервная система наша будетъ чѣмъ-нибудь возбуждена, взволнована, то эти волненія, достигнувъ опредѣленной степени высоты, будутъ сказываться въ нашемъ сознаніи ощущеніями и ассоціаціями ощущеній—представленіями. Понятно, что нервная система, взволнованная чѣмъ-нибудь, будетъ вводить въ сознаніе, по законамъ *своего волненія*, тѣ или другіе слѣды, привычки прежнихъ движеній, и сознаніе будетъ превращать ихъ въ представленія и въ вереницы группы представленій. Но при такомъ взглядѣ слѣдуетъ ожидать, что душа наша будетъ сознавать эти слѣды бывшихъ ощущеній именно въ томъ видѣ, въ какомъ они залегли въ нервную систему, въ томъ видѣ и въ тѣхъ комбинаціяхъ; слѣдовательно, въ насъ будетъ происходить актъ воспоминанія, но не воображенія, тогда-какъ мы замѣчаемъ, что *невольная мечта* наша заводитъ насъ своими вереницами представленій совсѣмъ не туда, куда могло бы завести одно воспоминаніе.

2. Чтобы объяснить себѣ явленіе *невольной мечты*, мы должны сознать прежде всего, что всякое представленіе наше непремѣнно сложено изъ множества слѣдовъ, ставшихъ элементами одного представленія. Если бы мы захотѣли перечислить на бумагѣ всѣ «простые» элементы, какъ ихъ называетъ Локкъ, изъ которыхъ сложено, напр., наше представленіе извѣстнаго дерева, то едвали умѣстили бы этотъ каталогъ на нѣсколькихъ листахъ. Всѣ эти элементы не сбиты въ одно представленіе безформенною кучею, но размѣщены въ немъ группами: каждая такая группа (кора, листъ и проч.) представляетъ собою сложное представленіе, въ которомъ простые элементы опять расположены своеобразными группами [2]). Такое обширное и сложное представленіе каждымъ изъ своихъ безчисленныхъ элементовъ, каждымъ изъ слѣдовъ его составляющихъ, связано со множествомъ другихъ, самыхъ разнообразныхъ представленій. Эти связывающіе, *общіе слѣды* и являются тѣми звеньями, по которымъ отъ одного какого-нибудь представленія, напр., дерева или цвѣтка, *мечта* наша можетъ уйти на самыя разнообразныя дороги. Въ этомъ отношеніи каждое представленіе, занимающее собою въ данную минуту ясное поле нашего сознанія, является

---

[1]) См. выше, гл. XIX, пп. 4—10, а также у Гербарта: Herbart's Schriften B. I. § 14. s. 19 и 20.

[2]) «Всѣ наши сложныя идеи, говоритъ Локкъ, у котораго *idea* значитъ тоже, что у насъ *представленіе*: «всѣ наши сложныя идеи разрѣшаются окончательно въ простыя идеи, изъ которыхъ онѣ первоначально составлены, хотя можетъ быть ихъ непосредственные ингредіенты, какъ можно такъ выразиться, были также сложными идеями». Of hum. Underst. Ch. XXII. § 9.

как бы перекрестком тысячи путей, и на таком-то перекрестке мысленных путей стоит наше сознаніе каждую минуту. Положим, напримѣръ, что въ моемъ сознаніи, почему бы то ни было, возникаетъ представленіе *розы*. Это одно представленіе можетъ увлечь мою мечту на самые различные пути. Если я обращу вниманіе на цвѣтъ розы, то, можетъ быть, по сходству вспомню о цвѣтѣ какого-нибудь платья, отъ платья перейду къ лицу, которое его носило, отъ этого лица къ годамъ моей юности и т. д. Если я обращу вниманіе на форму розы и потому именно не цвѣтъ, а форма этого цвѣтка сильнѣе отразится въ моемъ сознаніи, то я могу перейти къ представленію шара, отсюда къ представленію земли и увлечься на путь геометрическихъ и астрономическихъ представленій. Если я обращу особенное вниманіе на шипы розы и вслѣдствіе того именно эти шипы, а не какой-нибудь другой признакъ цвѣтка, съ особенною ясностью отразятся въ моемъ сознаніи, и потому сильнѣе затронутъ въ нервной системѣ моей тѣ слѣды, которые составляютъ или могутъ составить ассоціацію именно съ шипами розы, то, можетъ быть, я вспомню змѣиное жало, или угрызеніе совѣсти и т. д. Если же въ это время вниманіе мое обращено не столько на предметъ, сколько на слово, обозначающее предметъ, то очень можетъ случиться, что нервная система моя подскажетъ мнѣ извѣстную поговорку: «нѣтъ розы безъ шиповъ», а затѣмъ, можетъ быть станутъ выдаваться извѣстные стихи Державина, воспоминаніе же о Державинѣ приведетъ къ воспоминанію Екатерининскаго вѣка и т. д. Обративъ вниманіе на время, когда цвѣтутъ розы, я могу вспомнить Неаполь; а если я обращу вниманіе на имя розы больше, чѣмъ на самый предметъ, то вспомню, можетъ быть, какого-нибудь пріятеля Розанова. *Словомъ, отъ одного и того же представленія я могу уйти на самые разные пути съ моей мечтѣ.* Кольца цѣпи все будутъ тѣ же; но вереницы, выплетаемыя изъ этихъ колецъ, могутъ быть безконечно разнообразны, совершенно новы и до того для насъ самихъ неожиданны, что занесенные мечтою, не вѣсть куда, мы съ удивленіемъ спрашиваемъ себя, какъ попали въ такую глушь, и не всегда даже можемъ добраться до выхода изъ этого лабиринта по той самой дорогѣ, по которой пришли; чаще же, вмѣсто того, чтобы медленно и осторожно добираться до этого выхода по аріадниной нити нашихъ воспоминаній, мы однимъ усиліемъ разрываемъ паутинную сѣть, сотканную нашею мечтою. Но если эта дорога покажется намъ почему либо замѣчательною — оживитъ и сосредоточитъ на себѣ наше сознаніе — то мы *запомнимъ ее*, т. е. скуемъ новую и прочную ассоціацію изъ тѣхъ колецъ, по которымъ, совершенно отъ насъ независимо, руководимая, можетъ быть, какою нибудь органическою причиною, пробѣжала наша мечта. Такимъ образомъ изъ этого *непроизвольнаго блужданія* сознанія по безконечной сѣти слѣдовъ, сгруппированныхъ въ безчисленныя представленія, возникаютъ иногда, совершенно для насъ неожиданныя, новыя ассоціаціи, новыя представленія и новыя группы представлений, которыя мы называемъ созданіями нашего воображенія. Но если ничто не возбудитъ нашего особеннаго вниманія, то сознаніе наше, покачавшись на этихъ волнахъ нервной системы, вдругъ перейдетъ къ своимъ очереднымъ работамъ и въ насъ не сохранится никакого воспоминанія нашей мечты. Такихъ *легкихъ* мечтаній проходитъ ежедневно безчисленное множество въ нашей головѣ, не оставляя по себѣ никакого слѣда: и это большое счастье для человѣка, ибо эти безполезные слѣды пустыхъ мечтаній и сновидѣній быстро загромоздили бы нашу память. Во снѣ, когда наше вниманіе не развлекается внѣшними впечатлѣніями, это безцѣльное и безслѣдное блужданіе сознанія «по вершинамъ волнъ движеній нервной системы» пріобрѣтаетъ яркій характеръ сновидѣній, изъ которыхъ только весьма немногія запоминаются нами, т. е. превращаются въ новыя ассоціаціи—созданія нашего воображенія.

3. Откуда же возникаетъ это движеніе представленій? Отчего интензивность одного нервнаго слѣда, достигшая степени, вызывающей вниманіе, начинаетъ потомъ понижаться, тогда какъ интензивность другого слѣда начинаетъ возвышаться, и вслѣдствіе этого одно представленіе смѣняется въ сознаніи другимъ? На этотъ вопросъ мы уже отчасти отвѣтили выше [1]), говоря о вліяніи усталаго и бодраго состоянія нервовъ на воображеніе, и объясняя, почему одно и тоже представленіе не можетъ долго и въ одинаковой степени яркости оставаться въ сознаніи. Это, какъ мы видѣли, происходитъ по той же самой причинѣ, по которой нога или рука не можетъ долго выполнять однихъ и тѣхъ же движеній не ощущая усталости и потребности отдыха, и почему послѣ отдыха она опять получаетъ эту возможность. Нервная система ваша также нуждается въ безпрестанномъ возобновленіи своихъ тканей, т. е. нуждается въ подновленіи своихъ силъ изъ крови, этого общаго источника силъ, вырабатываемыхъ организмомъ въ процессѣ питанія. Если бы правильно и мѣрно совершающійся процессъ питанія и кровообращенія былъ одинъ причиною смѣны нашихъ представленій, то въ этой смѣнѣ мы могли бы замѣтить также правильность и періодическую равномѣрность. И дѣйствительно что-то правильное и періодически-равномѣрное подмѣчается въ ходѣ нашихъ представленій, что и навело Локка, а затѣмъ Гербарта, на мысль о возможности вычислить движеніе во времени хода нашихъ идей, по Локку, или представленій, по Гербарту, какъ можно измѣрить біеніе пульса. Но эта попытка не привела ни къ какимъ положительному результату и остановилась на общемъ замѣчаніи именно потому, что на ходъ нашихъ представленій вліяетъ не одна, а множество причинъ. Представленіе, или вѣрнѣе, комбинація нервныхъ движеній, превращаемая въ представленіе сознаніемъ, можетъ еще не вполнѣ потерять свою интензивность, не упасть ниже порога возможности сознанія, и въ то же время уступить мѣсто другимъ представленіямъ. Ас-

---

[1]) См. гл. XVII, п. 3 и гл. XI, пп. 3—5.

лютной интензивности въ данномъ представленіи еще достаточно для существованія въ сознаніи; но такъ-какъ эта интензивность упала уже на несколько градусовъ ниже, то другое представленіе, почему либо съ нимъ связанное, и которое за мгновеніе было слабѣе перваго, не усилившись само, становится сильнѣе своего сосѣда и потому вытѣсняетъ его, хотя оно, если можно такъ выразиться, еще не отжило своего короткаго вѣка. Другой нервный слѣдъ стремится сдѣлаться представленіемъ или потому, что въ немъ, по какимъ-нибудь физическимъ причинамъ, накопилось болѣе силы, чѣмъ *осталось* ея въ томъ представленіи, которое въ настоящую минуту занимаетъ собою сознаніе, или потому, что этотъ слѣдъ, оставаясь съ тѣмъ же запасомъ силы, какъ и прежде, становится сильнѣе сознаваемаго представленія, такъ-какъ это послѣднее, вслѣдствіе собственной своей дѣятельности, утратило уже часть своей силы и стало слабѣе того, которое граничитъ съ нимъ. Явленіе это будетъ для насъ ясно, если мы припомнимъ, какъ болѣе сильныя впечатлѣнія внѣшняго міра заставляютъ насъ не замѣчать впечатлѣній болѣе слабыхъ; но если это болѣе сильное впечатлѣніе ощущается довольно продолжительно, то мы начинаемъ различать и современныя ему слабыя, которыхъ прежде не ощущали за сильнымъ. Перенесите то же самое явленіе въ сферу отношеній нашей души къ нервнымъ слѣдамъ, не къ непосредственнымъ внѣшнимъ впечатлѣніямъ, но къ слѣдамъ ихъ въ нервной системѣ, и вы поймете, какъ одинъ нервный слѣдъ можетъ *вытѣснять* другой, еще довольно сильный, чтобы держаться въ сознаніи, если бы его не тѣснили. Но при этомъ не слѣдуетъ забывать, что степень интензивности силъ въ нервномъ слѣдѣ, точно также, какъ и въ мускулѣ [1]), зависитъ не отъ того только, что этотъ слѣдъ набрался силы изъ процесса питанія, но и отъ степени раздраженія, которому подвергается этотъ слѣдъ и вслѣдствіе котораго онъ можетъ превращать свои силы, можетъ быть, изъ формы электричества или тепла въ форму силы движенія или проще въ движеніе— начинаетъ двигаться. Мы видѣли, что сила движенія мускула зависитъ не только отъ силы, поглощаемой имъ изъ процесса питанія, но и отъ силы раздраженія, прилагаемой къ мускулу или предметами внѣшней природы (кислотами, щипцами и т. п.) или нервомъ движенія. Мы видѣли даже, что какъ бы ни наполнялся мускулъ силами, самое превращеніе этихъ силъ въ форму движенія (сокращеніе мускула) начинается только при раздраженіи мускула или внѣшними агентами или нервами движенія. Можно предполагать, *по аналогіи*, конечно, что то же самое совершается и при движеніи нервовъ, которыми физіологія думаетъ объяснять психофизическія явленія. При такомъ же положеніи мы поймемъ, что вызовъ нервнаго слѣда къ дѣятельности, къ движенію, зависитъ не отъ одного процесса его питанія, но и отъ степени раздраженія, которому подвергается этотъ слѣдъ. Раздраженіе это въ данномъ

---

[1]) См. выше, гл. VIII, п. 13.

случаѣ происходитъ отъ того представленія, которое занимаетъ сознаніе и которое раздражаетъ всѣ нервные слѣды, находящіеся съ нимъ въ связи, но раздражаетъ ихъ не въ одинаковой степени.

4. Мы уже видѣли, что на каждое представленіе, сколько нибудь сложное, можно смотрѣть не только какъ на ассоціацію многихъ слѣдовъ, но какъ на перекрестокъ, въ которомъ сходятся многіе другіе представленія, соприкасаясь съ центральнымъ, т. е. сознаваемымъ въ данное мгновеніе—соприкасаясь тѣмъ или другимъ изъ своихъ слѣдовъ. Если теперь предположить, что ассоціація слѣдовъ, занимающая наше сознаніе въ формѣ представленія, не вся одинаково отразилась въ нашемъ сознаніи и что, *почему бы то ни было*, одинъ изъ слѣдовъ, составляющихъ ассоціацію, особенно ясно сознается нами, то и нервное движеніе, соотвѣтствующее этому члену ассоціаціи или этому признаку представленія, будетъ особенно сильно и, слѣдовательно, будетъ съ особенной силой дѣйствовать на связанные съ ними слѣды въ тѣхъ ассоціаціяхъ, которыя, хотя и скованы съ ассоціаціей, занимающей наше сознаніе, но еще сами не вошли въ него. Если эти ассоціаціи полны силъ, то малѣйшее раздраженіе вызываетъ ихъ въ сильной дѣятельности; если эти ассоціаціи, напротивъ, уже истощены, то нужно большое раздраженіе, чтобы ихъ вызвать; если эти ассоціаціи полны силъ и раздраженіе ихъ велико, то превращеніе скопленныхъ ими силъ въ силы движенія начинается очень быстро; если же, наоборотъ, они слабы, то раздраженіе должно быть очень сильно, чтобы вызвать ихъ въ дѣятельности, достаточно интензивной, чтобы она могла быть сознаваема.

5. Предположимъ себѣ, что сознаваемая ассоціація окружена другими, такъ-что съ каждою изъ этихъ ассоціацій она связывается своими слѣдами, какъ радіусами, идущими изъ одного центра въ разныя стороны. Предположимъ также, что всѣ слѣды сознаваемой ассоціаціи въ одинаковой степени интензивности отражаются въ нашемъ сознаніи, т. е. что степень ихъ дѣятельности одинакова (чего, однако, въ дѣйствительности не бываетъ: какое бы представленіе мы ни сознавали, всегда, въ данный моментъ, одинъ признакъ его сознаемъ мы яснѣе, чѣмъ остальные) и положимъ, что вся эта ассоціація, т. е. всѣ слѣды, ее составляющіе, начинаетъ слабѣть, отживая свой недолгій вѣкъ. Спрашивается, какая же изъ всѣхъ ассоціацій, периферически ее окружающихъ, войдетъ въ сознаніе? Та, въ которой болѣе будетъ накопившихся физическихъ силъ, ибо, по нашему предположенію, степень раздраженія, исходящая изъ центральной ассоціаціи, для всѣхъ периферическихъ ассоціацій одинакова. Этимъ можно объяснить дѣйствіе ненормальныхъ состояній организма на ходъ представленій. Для человѣка голоднаго, жаждущаго, или подверженнаго вліянію какой-нибудь другой сильной тѣлесной потребности, малѣйшей *напоминающей* черты въ сознаваемомъ представленіи достаточно, чтобы вызвать цѣлые ряды ассоціацій о пищѣ, о водѣ и т. п. Эта напоминающая черта можетъ быть или сходство, или противоположность, или одинаковость мѣста, или одинаковость времени,

словомъ, всякая *родная* черта. Положимъ теперь, наоборотъ, что въ ассоціаціи слѣдовъ, которую мы сознаемъ, одинъ изъ слѣдовъ особенно живъ, особенно ясенъ въ нашемъ сознаніи,— тогда понятно, что онъ вызоветъ къ сознанію именно тѣ ассоціаціи, которыя этимъ слѣдомъ скованы съ сознаваемою ассоціаціею. Эта особенная живость одного слѣда можетъ или зависѣть отъ нашего произвола, или быть независимою отъ насъ: мы *произвольно* можемъ въ разсматриваемомъ нами представленіи сосредоточить наше вниманіе на томъ или другомъ признакѣ его, и тогда уже этотъ самый признакъ приведетъ насъ къ другимъ родственнымъ ассоціаціямъ, или эта живость слѣда можетъ опять же зависѣть отъ другихъ, *физическихъ*, причинъ и тогда она насъ *невольно* приведетъ къ соотвѣтствующимъ ассоціаціямъ. Изъ этого уже видно, какъ важно для человѣка быть въ состояніи произвольно сосредоточивать свое вниманіе на той или другой сторонѣ предмета, на томъ или другомъ членѣ сознаваемой ассоціаціи, и что въ этомъ именно состоитъ власть наша надъ воображеніемъ, отъ которой столь многое зависитъ въ нашей жизни и въ нашей нравственности.

6. Что же однако все это такое? Что это за движенія нервовъ, или лучше сказать, нервныхъ атомовъ и молекюлей, которыхъ никто не видалъ? Что это за отношенія между этими движеніями, которыхъ никто не наблюдалъ? Не есть ли это просто созданіе психологическаго воображенія? Можетъ быть; но странно только, что именно на эту фантазію наталкивались и древніе мыслители, и новые; а *Гербартъ* именно *на этой фантазіи построилъ всю свою психологическую систему*. Такое совпаденіе болѣе или менѣе полное между мыслителями самыхъ разныхъ направленій въ объясненіи дѣятельности воображенія не можетъ быть совершенно случайно. Дѣйствительно, каждый изъ насъ, наблюдая прилежно надъ ходомъ своихъ мечтаній и мыслей, можетъ замѣтить что-то сходное въ этихъ движеніяхъ съ движеніями волнъ и тогда невольно родится мысль: нельзя ли въ движеніи этихъ психо-физическихъ волнъ, которое мы ощущаемъ въ самихъ себѣ, подмѣтить той же самой правильности и законности, которую удалось подмѣтить въ движеніи волнъ морскихъ? Нельзя ли и въ эти психо-физическія явленія внести математическихъ исчисленій, какъ вносятъ ихъ въ движенія водяной поверхности, несмотря на всю, кажущуюся, прихотливость этихъ движеній? Сходство волнообразныхъ движеній, наблюдаемыхъ въ жидкостяхъ, съ психо-физическими явленіями, совершающимися въ насъ самихъ, поразило даже такого осторожнаго мыслителя, каковъ Мюллеръ; но онъ поспѣшилъ прибавить, что это не болѣе, какъ сходство и сравненіе [1], и не пошелъ далѣе за Гербартомъ, психологическую теорію

---

[1] Наблюдая надъ непроизвольною смѣною представленій въ нашемъ сознаніи, Мюллеръ говоритъ, что кромѣ сродства идей (представленій) должна быть какая-нибудь другая причина, полагающая срокъ жизни каждой идеи. Безъ причины этого рода, продолжаетъ онъ, нѣтъ возможности понять, какимъ

котораго впрочемъ ставилъ высоко,—не пошелъ именно потому, что было бы странно говорить въ мірѣ душевныхъ явленій о какихъ-нибудь столкновеніяхъ, стѣсненіяхъ, замѣщеніяхъ, перевѣсѣ силъ и т. п. Гербартъ же прямо принялся строить на этомъ явленіи свою «статику и динамику духа» [1]).

7. Мюллеръ совершенно правъ, замѣчая, что невозможно внести «статику» и «динамику» въ психическія явленія и говорить о борьбѣ силъ духовныхъ по образцу борьбы силъ физическихъ, и дѣйствительно вся эта борьба представленій совершается по теоріи Гербарта какъ въ пустомъ пространствѣ: борьба за мѣсто между существами, не знающими мѣста; борьба за сознаніе между существами, которыя, по замѣчанію Розенкранца [2]), внѣ сознанія равняются нулю. Но, тѣмъ не менѣе, никакъ нельзя слишкомъ легко отнестись къ попыткѣ Гербарта и въ его математико-психическихъ формулахъ мы невольно поражаемся тѣмъ, что эти формулы иногда чрезвычайно мѣтко выражаютъ то или другое психическое явленіе, въ насъ совершающееся. Гербартъ ошибся только въ одномъ: онъ принялъ за *психическія* явленія тѣ чисто *физическія* вліянія, которыя наша нервная система въ своихъ движеніяхъ, подчиненныхъ конечно математическимъ законамъ, оказываетъ на наши чисто психическія явленія. Если же мы всю эту борьбу представленій, или лучше сказать, борьбу слѣдовъ перенесемъ въ органы

образомъ идея, разъ вызванная къ дѣятельности, можетъ перейти въ состояніе покоя. Въ волнообразномъ движеніи это объясняется стремленіемъ къ равновѣсію, но въ движеніи идей нельзя и думать о какомъ-нибудь механическомъ препятствіи. Однако же кажется, что даже и здѣсь стремленіе къ равновѣсію идей, существующихъ въ духѣ въ скрытомъ состояніи, снимаетъ помѣху, производимую тѣмъ напряженнымъ состояніемъ, до котораго идея была доведена. Итакъ продолжительность идеи (т. е. продолжительность ея сознаванія) зависитъ отъ времени, которое необходимо для того, чтобы она пришла въ равновѣсіе. Въ продолженіе этого времени движеніе идеи, которая была въ состояніи напряженія, распространяется на другую идею и тогда уже эта послѣдняя переходитъ въ состояніе напряженія. Кромѣ того, продолжительность идеи зависитъ отъ интенсивности ея движеній (какъ будто сама идея можетъ двигаться?), отъ быстроты, съ которою это движеніе распространяется въ ея собственномъ содержаніи, отъ обширности этого распространенія». (Man. de Phys. T. II. S. 505). Не лучше ли, вмѣсто того, чтобы такъ механизировать духъ, перенести эту борьбу туда, гдѣ она становится возможною и понятною, а именно—въ нервную систему, какъ мы это сдѣлали? Душа же, какъ мы думаемъ и какъ мы уже отчасти видѣли, управляется не механическими законами, а своими собственными, совершенно противуположными механическимъ, нарушающими механику.

[1]) Herbart's Schriften. Erst T. § 13. S. 17 и мн. др.
[2]) Psychologie, s. 108.

ческую жизнь нашей нервной системы, то намъ покажется совершенно понятнымъ, что мы, подмѣчая эти физическія вліянія въ нашей психической жизни, можемъ подмѣтить въ нихъ періодичность, свойственную вообще всякимъ движеніямъ матеріи. Къ такому переносу приходятъ отчасти сами гербартіанцы, хотя еще не могутъ сдѣлать рѣшительнаго шага и оторваться отъ теоріи своего великаго учителя. Такъ, напр., Вайцъ приписываетъ уже и нервной системѣ способность сохранять слѣды (Residua) ея прежнихъ состояній, которыя дѣйствуютъ или какъ благопріятствующія, или какъ затрудняющія расположенія, и изъ этого выводитъ вѣроятность, что «функціи нервовъ оказываютъ столь же существенное вліяніе на воспроизведеніе (Reproductio) представленій, какъ и на ихъ первоначальное образованіе» [1]).

2. Можемъ ли мы, наблюдая эти нервныя движенія черезъ призму нашего сознанія и не будучи въ состояніи наблюдать ихъ внѣ сознанія, въ мозгу и нервахъ, какъ другія внѣшнія для насъ явленія,—можемъ ли мы узнать законы этихъ движеній достаточно для того, чтобы выразить ихъ въ математическихъ формулахъ? Это другой вопросъ, который мы здѣсь не будемъ рѣшать. Замѣтимъ только, что на одну ловкость математики въ этомъ отношеніи положиться нельзя, и если мы, отыскавъ какой-нибудь математическій законъ нервныхъ движеній, станемъ выводить изъ него формулу за формулой, какъ это дѣлаетъ Гербартъ, то очень легко можемъ далеко разойтись съ дѣйствительностью, какъ и расходится иногда теорія Гербарта, именно потому, что сама организація того, что здѣсь движется, намъ очень мало извѣстна, такъ что опытъ можетъ опрокинуть всѣ наши формулы. Такъ, если бы мы, наблюдая уменьшеніе объема тѣла при пониженіи температуры, основались на наблюденіи нѣкоторыхъ тѣлъ и по аналогіи приложили тотъ же законъ къ водѣ, то очень бы ошиблись: плаваніе льда на поверхности воды фактически опровергало бы выведенный нами законъ. Опытъ и наблюденіе даютъ матеріалъ математикѣ, и математика не всегда можетъ замѣнить ихъ своими вычисленіями.

3. Прямыя же психическія наблюденія надъ вліяніемъ органической жизни нервовъ на ходъ нашихъ представленій чрезвычайно затруднительны, если и возможны. Можетъ быть, кому нибудь и удастся найти средство удалить тѣ постороннія вліянія, которыя безпрестанно измѣняютъ этотъ органическій и, по всей вѣроятности, математически правильный процессъ. Рѣдко удается видѣть столбъ дыма, который бы выходилъ изъ трубы, нисколько не колеблясь; но нѣтъ возможности подмѣтить въ себѣ совершенно нормальнаго хода представленій. Вліяніе органической жизни нервной системы на ходъ нашихъ представленій безпрестанно колеблется и видоизмѣняется, какъ столбъ дыма подъ вѣяніемъ то ослабѣвающаго, то усиливающагося вѣтра и притомъ безпрестанно мѣняющаго свои направленія. Эти вліянія, измѣняющія нор-

---

[1]) Lehrbuch der Psychologie. § 15. s. 119.

мальный (предполагаемый нормальным) ходъ нашихъ представленій можно раздѣлить на *физическія, психо-физическія* и *психическія*.

10. О *физическихъ* вліяніяхъ на ходъ нашихъ представленій мы уже говорили выше [1]). Теперь же намъ болѣе уяснился самый способъ этихъ вліяній: они могутъ безсознательно для насъ ускорять процессъ питанія въ тѣхъ нервныхъ слѣдахъ, которые имъ соотвѣтствуютъ, и тѣмъ самымъ подготовлять ихъ къ дѣятельности, такъ-что они будутъ возбуждаться къ сознанію уже при самомъ слабомъ намекѣ, при самомъ слабомъ возбужденіи со стороны того представленія, которое въ данный моментъ занимаетъ собою наше сознаніе. Вотъ почему намъ бываетъ такъ трудно не пустить въ сознаніе этихъ нервныхъ слѣдовъ, переполненныхъ силами. Всякое представленіе, составленное изъ множества слѣдовъ, почти всегда имѣетъ и такіе элементы, которые могутъ намъ напомнить слѣды, приготовленные уже къ дѣятельности какими-нибудь органическими причинами, и тогда-какъ для того, чтобы возбудить къ дѣятельности другой слѣдъ, неособенно наполненный силами, нужно сильное возбужденіе этого слѣда, сильное сродство его съ тѣмъ, что мы знаемъ въ настоящую минуту, или большое усиліе нашей воли,—достаточно въ то же время самаго слабаго раздраженія напоминаніемъ, чтобы возбудить къ сильной и продолжительной дѣятельности такую ассоціацію слѣдовъ, которая уже по органическимъ, независящимъ отъ сознанія причинамъ переполнена силами и, такъ сказать, сама просится въ свѣтлую область сознанія. Достаточно самаго легкаго прикосновенія къ такой ассоціаціи, самой отдаленной черты сходства, чтобы она съ силою ворвалась въ сознаніе и повела за собою множество другихъ родственныхъ ей ассоціацій. Этимъ объясняется то знакомое каждому явленіе, что намъ бываетъ трудно мыслить произвольно, когда въ тоже время какая-нибудь органическая причина или внѣшнее впечатлѣніе увлекаютъ наше сознаніе въ противоположную сторону. Мы дѣлаемъ предметомъ нашего сознаванія какое-нибудь представленіе и обращаемъ наше вниманіе на тотъ элементъ этого представленія, который намъ нуженъ по ходу нашихъ душевныхъ работъ; но въ тоже время въ этомъ представленіи есть много и другихъ элементовъ, на которые мы не хотѣли бы обращать вниманія, но которые находятся въ связи съ сильными ассоціаціями слѣдовъ, уже подготовленными къ дѣятельности какою-нибудь органическою причиною, и эти ассоціаціи врываются въ наше сознаніе, несмотря на то что напоминаніе ихъ, казалось, было слабо. Мы насильственно удаляемъ эти непрошенныя ассоціаціи и пробуждаемъ тѣ, которыя намъ были нужны, употребляя для этого замѣтное усиліе; но новыя ассоціаціи, явившіяся въ нашемъ сознаніи представленіями, снова заключаютъ въ себѣ много элементовъ и одинъ изъ этихъ элементовъ, едва замѣтный для нашего вниманія, можетъ опять пробудить тѣ ассоціаціи, которыя мы только что прогнали, или родственныя имъ. Такую борьбу мы все

---

[1]) См. выше, глава XVII.

убѣждаемся въ самихъ себѣ, когда, напр. томимые жаждою, голодомъ или другою какою-нибудь физическою потребностью, хотимъ насильственно думать о предметѣ, нами избранномъ, и удалять отъ себя мысли, вызываемыя въ насъ нашими физическими потребностями. При этомъ мы легко замѣтимъ, что чѣмъ стремительнѣе ходъ нашихъ мыслей, тѣмъ труднѣе разорвать ихъ тѣми нервными слѣдами, которые подсовываются сознанію нервными же причинами.

II. *Психо-физическія* причины, имѣющія вліяніе на подборъ нашихъ представленій и на формировку тѣхъ вереницъ ихъ, которыя безпрестанно проходятъ въ нашемъ сознаніи, называются у германскихъ психологовъ *аффектами*; а мы, не заботясь покуда о точности выраженія, назовемъ ихъ просто *страстями*. О страстяхъ мы будемъ говорить въ слѣдующей книгѣ; но и здѣсь уже должно замѣтить, что онѣ имѣютъ такое же вліяніе на формировку вереницъ нашихъ представленій, какъ и физическія потребности, и притомъ дѣйствуютъ тѣмъ же самымъ путемъ. Гнѣвъ, или страхъ, или любовь, пробужденные чѣмъ нибудь въ нашей душѣ, не остаются безъ вліянія на нервный организмъ, которое мы ясно ощущаемъ въ усиленномъ біеніи сердца, въ судорожномъ состояніи мускуловъ, въ дрожаніи кожи и т. п. Нѣтъ сомнѣнія, что такое дѣйствіе страсти на организмъ совершается не иначе, какъ черезъ посредство нервной системы: посредствомъ тѣхъ измѣненій, которыми прежде всего воплощается страсть въ нашу нервную систему. Подѣйствовавъ же на нашъ нервный организмъ, гнѣвъ или страхъ оказываетъ тоже вліяніе, *оттуда же и тѣми же средствами*, на работу нашего сознанія, какъ и физическія потребности тѣла. Съ чувствомъ возбужденнаго страха или гнѣва, безпрестанно подсовывающимъ намъ ассоціаціи, ему соотвѣтствующія, намъ также трудно бываетъ бороться при работахъ нашего сознанія, какъ и съ представленіями, вызываемыми прямо физическими потребностями тѣла. Страсти, какъ замѣтилъ еще Декартъ, зарождаясь почему-либо въ душѣ, прежде всего дѣйствуютъ на тѣло и потомъ уже изъ области тѣла обратно дѣйствуютъ на душу [1]).

Психическія вліянія на воображеніе уяснятся для насъ, когда мы будемъ говорить объ *активномъ* воображеніи, къ которому теперь и перейдемъ.

ГЛАВА XXIX.

Воображеніе активное.

1. Кто старался заниматься какою-нибудь наукою, когда его безпрестанно развлекали взволнованныя въ немъ чувства или страсти, кто пытался, помня требованія правды, думать безъ гнѣва о человѣкѣ, почему-либо ненавистномъ, или, не обманываясь любовью, разсмотрѣть любимый предметъ, тотъ знаетъ хорошо, что такое борьба воображенія,

---

[1]) Oeuvres de Descartes. Les passions de l'ame. Art. 45.

активнаго съ *пассивнымъ*. Если мы не совсѣмъ еще потеряли самообладаніе, что случается рѣдко, то какъ бы ни сильно и какъ бы ни часто врывались въ наше сознаніе представленія, такъ сказать, вгоняемыя въ него интенсивностью нашихъ тѣлесныхъ потребностей и нашихъ страстей, мы можемъ еще бороться съ ними и можемъ думать о томъ, о чемъ хотимъ, хотя съ большими трудностями, перерывами и замѣтнымъ психическимъ усиліемъ съ нашей стороны. Правда, перепляс нашихъ представленій будетъ именно напоминать собою столбъ дыма, вырывающійся изъ трубы и въ тоже время колеблемый и разносимый вѣтромъ; но все же намъ удается наклонять его въ ту сторону, куда мы хотимъ. Ясно, что здѣсь борятся два агента на одномъ и томъ же полѣ сознанія, изъ которыхъ одинъ съ большею или меньшею настойчивостью подсовываетъ свои матеріалы, а другой выбираетъ свои. Орудіе, посредствомъ котораго въ этомъ случаѣ борется душа, есть та ея способность сосредоточиваться, на чемъ она хочетъ, которую мы уже изучали выше. Здѣсь же мы видимъ только приложеніе этой способности.

2. Чтобы легче сознать тѣ средства, которыми воля наша оказываетъ вліяніе на ходъ нашихъ представленій, предположимъ, что въ данный моментъ сознаніе наше занято какимъ-нибудь сложнымъ представленіемъ, элементы котораго пусть будутъ: a, b, c, d, e, f. Положимъ, что элементъ a связываетъ это представленіе съ другимъ, которое *намъ нужно*, по теченію нашего произвольнаго мышленія. Элементы c, d *сильно связаны* съ другими ассоціаціями слѣдовъ, которыя намъ безразличны и въ то же время не особенно полны силъ, не питаясь какою-нибудь физическою потребностью или сердечною страстью, тогда какъ элементы e, f очень *слабо связаны*, но связаны съ такими ассоціаціями слѣдовъ, которыя уже подготовлены къ сильной дѣятельности какими-нибудь органическими причинами. Понятно, что эти послѣдніе слѣды, e и f, при малѣйшемъ напоминаніи, почти безъ зова, ворвутся въ наше сознаніе, тогда какъ намъ нужно усиленно сосредоточить вниманіе наше на элементѣ a, чтобы онъ пробудилъ относительно слабую ассоціацію слѣдовъ, съ нимъ связанную, и которая намъ нужна. Въ главѣ о дѣятельности мускуловъ мы видѣли, что мускулъ, уже ослабѣвшій, нуждается въ болѣе сильномъ раздраженіи, чтобы прійти въ ту степень дѣятельности, которой мускулъ, полный силъ, достигаетъ при слабомъ раздраженіи. Точно также и, можетъ быть, по тѣмъ же самымъ причинамъ мы должны, если хотимъ мыслить, а не увлечься мечтою, усиліемъ нашимъ, прилагаемымъ къ элементу a, вознаградить всю ту разницу въ силахъ, которая существуетъ между ассоціаціею слѣдовъ, связанною съ элементомъ a и ассоціаціями слѣдовъ, связанными съ элементами e и f. Кромѣ того элементы c и d, сильно связанные (или сходствомъ, или единствомъ времени, или единствомъ мѣста) съ ассоціаціями слѣдовъ не особенно сильныхъ, будутъ тянуть сознаніе въ свою сторону не силою слѣдовъ, но силою связи. Можетъ случиться,—это можно иногда замѣтить въ самомъ себѣ, что сознаніе наше на мигъ

вленіе какъ бы остановится, увлекаемое въ разныя стороны силами, противодѣйствующими одна другой: можетъ побѣдить сила сродства элементовъ c и d, можетъ побѣдить органическая сила тѣхъ слѣдовъ, съ которыми слабо связаны элементы d и f; можетъ, наконецъ, побѣдить и элементъ a; но для этого мы должны придать ему силу, сосредоточивъ на немъ вниманіе *силою нашей воли*, и эта сила, приданная нами элементу a, должна перевысить силу, съ которою дѣйствуютъ въ нашемъ сознаніи остальные элементы или признаки представленія, сознаваемаго нами въ данный моментъ. Если же мы въ этомъ не успѣемъ, то въ сознаніе войдутъ, противъ нашей воли, или ассоціаціи, связанныя со слѣдами c и d, или со слѣдами d и f, смотря по тому, что пересилитъ — сродство ли ассоціацій или органическія силы слѣдовъ. Въ такомъ случаѣ мы часто даемъ время *отжить* этимъ представленіямъ, когда они, слѣдуя естественному закону жизни всѣхъ представленій, станутъ ослабѣвать, тогда мы пользуемся этимъ мгновеніемъ слабости ихъ, прежде чѣмъ войдутъ въ наше сознаніе другія представленія, родственныя съ тѣми, которыя подсунуты намъ страстью или физическою потребностью, поспѣшно возвращаемъ назадъ прежнее представленіе, сосредоточиваемъ свое вниманіе на элементѣ a и стараемся перейти къ очередной работѣ нашего мышленія. Иногда это намъ удается; въ представленіи, возвращенномъ назадъ, элементы c и f будутъ уже дѣйствовать слабо, такъ-какъ они утратили свою силу въ дѣятельности. Но если страсть или физическая потребность очень въ насъ сильны, а воля слаба, то вслѣдъ за первыми представленіями, втиснутыми въ наше сознаніе, быстро появляются другія, третьи и т. д. родственныя имъ представленія: тогда уже остается дать отжить не одному стороннему представленію, а иногда цѣлымъ сотнямъ и тысячамъ ихъ. Если же мы довольно осторожны и не настолько потеряли самообладаніе, чтобы позволить этимъ незваннымъ представленіямъ перейти въ поступки, то замѣтимъ, какъ они, перебывавъ по нѣсколько разъ въ нашемъ сознаніи, ослабѣютъ и дадутъ намъ возможность сосредоточить наше умственное усиліе на элементѣ a и все же перейти, наконецъ, къ очереднымъ работамъ нашего мышленія. На этомъ психофизическомъ явленіи основано то практическое замѣчаніе, что вспыльчивому человѣку надобно дать время перекипѣть, т. е. слѣдуетъ обождать, пока представленія, исполненныя гнѣва, отживутъ въ немъ свой короткій вѣкъ. Чѣмъ больше этихъ представленій, т. е. чѣмъ болѣе причинъ раздраженія (мнимыхъ или дѣйствительныхъ — это все равно) и чѣмъ медленнѣе представленія движутся, смотря по темпераменту человѣка[1]), тѣмъ продолжительнѣе совершается въ немъ этотъ процессъ гнѣва. Этимъ же объясняется и другое, всѣмъ знакомое явленіе, что, напримѣръ, ударъ по столу рукою, сдѣланный въ гнѣвѣ, на мгновеніе ослабляетъ нашъ

---

[1]) См. выше, гл. XVII, п. А.

гнѣвъ. Но всѣ эти явленія найдутъ себѣ болѣе полное объясненіе въ главахъ о *сердечномъ чувствѣ*.

3. Мы видѣли, что *нормальное* движеніе представленій въ процессѣ пассивнаго воображенія условливается закономъ питательнаго процесса такъ-что каждый слѣдъ представленія постепенно слабѣетъ, по мѣрѣ потери физическихъ силъ отъ дѣятельности, и наконецъ ослабѣетъ до того, что станетъ ниже порога сознанія и тогда естественно смѣнится другою волною, стоящею выше этого порога. Конечно, такое нормальное движеніе представленій бываетъ только въ сновидѣніяхъ, да и то не всегда, потому-что и во снѣ на него могутъ имѣть вліяніе различныя органическія причины. Но чѣмъ же руководится *активное* воображеніе въ своемъ подборѣ представленій? Что побуждаетъ его къ этому подбору, къ смѣнѣ одного представленія другимъ? Почему мы не дожидаемся, пока представленіе само уйдетъ, отживъ нормально свой короткій вѣкъ, а болѣе или менѣе быстро смѣняемъ его другимъ. Въ этомъ случаѣ мы руководствуемся уже другимъ закономъ, чисто *психическимъ*, а именно требованіемъ безпрестанной, легкой и все расширяющейся дѣятельности, которое присуще нашей душѣ, какъ это мы увидимъ далѣе.

4. Мы ошиблись бы однако, если бы видѣли въ пассивномъ воображеніи процессъ, только враждебный нашему свободному мышленію. Напротивъ, въ пассивномъ воображеніи почерпаетъ себѣ матеріалъ и ученый, и художникъ, и поэтъ. Обширною и быстрою дѣятельностью пассивнаго воображенія условливается не только *остроуміе*, но и *изобразительность*. Матеріальная основа остроумія въ томъ и состоитъ, что имѣя въ нашемъ сознаніи въ одно и тоже время цѣлую ассоціацію смѣжныхъ представленій, съ безчисленными элементами, ихъ составляющими, мы подмѣчаемъ малѣйшія черты сходства, которыми шевелятся всѣ ихъ элементы, связанные со множествомъ другихъ, едва мелькающихъ въ сознаніи, схватываемъ это сходство и выражаемъ его въ мѣткомъ и неожиданномъ словѣ. Слѣдовательно, чѣмъ обширнѣе и быстрѣе совершается въ насъ процессъ пассивнаго воображенія, тѣмъ болѣе мы имѣемъ шансовъ уловить самое отдаленное сходство и попасть на такую параллель мыслей, на которую другіе не попадали. Остроуміе и состоитъ именно въ сближеніяхъ, которыхъ не ожидали, въ отысканіи возможности связать два такія представленія, связи между которыми другіе не видали. Вотъ почему остроуміе бываетъ также двоякаго рода: пассивное и активное. Пассивное связано всегда съ необыкновенно живымъ, подвижнымъ, нервнымъ темпераментомъ и проявляется только тогда, когда нервы раздражены, когда безчисленные слѣды, въ нихъ находящіеся, взволнованы и просятся въ сознаніе, такъ сказать, напоминая о родствѣ своемъ съ представленіемъ, въ немъ пребывающимъ. Активное же остроуміе, при живаго и дѣятельнаго нервнаго темперамента, требуетъ еще сильной воли, могущей обозрѣвать все поле представленій, не давая имъ увлекать себя и отыскивая сходство или различіе, но не увлекаясь ими. Вотъ почему остроуміемъ отличаются и два сорта людей: или люди нер-

... живые, слабовольные, болтливые, которые скорѣе наталкиваются
... остроту, чѣмъ отыскивать ее,—или люди сосредоточенные, холод-
... повидимому и неразговорчивые. Изобрѣтательность имѣетъ тоже
... физическое основаніе, какъ и остроуміе, но только матеріалъ ея
... и цѣль серьезнѣе. Цѣль остроумія — шутка; цѣль изобрѣтатель-
... —дѣло. Однако же не трудно видѣть, что какъ остроуміе, такъ и
изобрѣтательность уже не произведенія одного воображенія. Главная черта
... воображенія, какъ замѣтилъ еще Аристотель, есть *движеніе*: въ вообра-
... представленія движутся и смѣняютъ другъ друга безпрестанно;
... воображеніе—опять же, по мѣткому слову Аристотеля — видитъ только
... представленіе, которое воображаетъ, а не сосѣднее съ нимъ; но для
... чтобы найти сходство или различіе между представленіями, надобно
... на мгновеніе остановить ихъ теченіе и окинуть однимъ душевнымъ
... взглядомъ возможно большую сѣть ихъ. Эта же мгновенная остановка
... представленій, какъ мы увидимъ далѣе, есть дѣло разсудка.

5. Сила нашего активнаго воображенія или, вѣрнѣе сказать, сила
... власти надъ теченіемъ представленій въ процессѣ воображенія,
... отъ силы нашей воли вообще, отъ большей или меньшей по-
... нашей нервной системы, и отъ силы нашего хотѣнія въ
... случаѣ. Эта сила хотѣнія условливается въ свою очередь опять
... нашей воли или силою нашей душевной страсти. Если бы чело-
... удивляющійся изобрѣтательности генія, могъ взглянуть на самый
... этихъ изобрѣтеній, то сталъ бы удивляться не уму, а силѣ
... страсти и настойчивости изобрѣтателя. Наблюдатель, можетъ быть,
... бы, что при такомъ непрестанномъ психическомъ трудѣ, какой
предшествовалъ открытію, *невозможно было не сдѣлать его*. Безчис-
... число разъ улавливаетъ геній неуловимое повидимому сходство
... различіе и, испытавъ тысячи неудачныхъ попытокъ, онъ дѣлаетъ
... перебираетъ все содержаніе своей души, разрываетъ, строитъ и
... перестраиваетъ ея ассоціаціи и все это дѣло идетъ обширно и
... быстро, потому что нервная организація его сложна, впечатлительна, па-
... жива и сильна. Что же удивительнаго, если, наконецъ, вый-
... такая комбинація представленій, которую міръ назоветъ великимъ
открытіемъ? Въ продолженіи долгихъ лѣтъ воображеніе Колумба все под-
... ассоціаціи одного рода, строило новыя и перестраивало ихъ все
въ одной идеѣ. Но страсть, одушевляющая ученаго и художника, не есть
страсть сердечная, а умственная: она работаетъ въ идеяхъ и посред-
... идей же подбираетъ представленія, смѣняемыя въ сознаніи быст-
... и живымъ воображеніемъ.

6. Однако же страсть необходимая для усиленной дѣятельности актив-
наго воображенія, дѣлаетъ его одностороннимъ: она сосредоточиваетъ
вниманіе человѣка на той сторонѣ предмета, которая ему нужна, или
которая соотвѣтствуетъ заранѣе избранной цѣли; но она же заставля-
... не видѣть сторонъ противорѣчащихъ и, усиливая теченіе пред-
... ставленій все въ одну сторону, мѣшаетъ всестороннему ихъ разсмотрѣ-

нію. Отсюда и происходитъ та односторонность, которая такъ часто замѣчается въ великихъ дѣятеляхъ. Можетъ быть ничего нельзя и сдѣлать великаго безъ этой страстной односторонности. Страстный математикъ всюду видитъ математическія отношенія и все думаетъ разрѣшить ими, страстный физикъ повсюду видитъ признаки физическихъ законовъ, поэтъ смотритъ на міръ сквозь свои поэтическія очки и т. д. Цѣлыя эпохи бываютъ подчинены такому одностороннему направленію воображенія и, можетъ быть, только такими односторонними движеніями, какою лавировкою подвигается человѣчество впередъ. Новый геніальный человѣкъ, новая эпоха замѣчаетъ односторонность въ прежней и тоже насильственно и чрезмѣрно подвигается въ другую сторону. На, скажутъ намъ, въ такомъ случаѣ мы осуждены на вѣчную односторонность и это было бы дѣйствительно такъ, если бы въ человѣкѣ не было врожденной любознательности, стремленія знать предметъ, каковъ онъ есть въ себѣ, однимъ словомъ—стремленія къ всесторонней истинѣ. И его то, благороднѣйшую изъ страстей, слѣдуетъ воспитывать въ дѣтяхъ и юношахъ всестороннимъ и въ тоже время основательнымъ образованіемъ. Воспитаніе приготовляетъ человѣка, а не исключительнаго, односторонняго генія. (Замѣчаютъ обыкновенно, что женщины одностороннѣе мужчинъ въ своемъ воображеніи, т. е. вносятъ болѣе страсти въ этотъ психическій процессъ. Въ миломъ человѣкѣ имъ все мило и въ самомъ дурномъ поступкѣ его онѣ непремѣнно отыщутъ хорошую сторону и съумѣютъ незамѣтить дурныхъ. Но, безъ сомнѣнія, и въ женщинѣ этотъ недостатокъ могъ бы быть исправленъ образованіемъ болѣе глубокимъ и всестороннимъ, чѣмъ то, которое имъ даютъ обыкновенно. Кто привыкнетъ повсюду искать истины, тотъ и полюбитъ ее больше всего на свѣтѣ).

ГЛАВА XXX.

Исторія воображенія.

1. Воображеніе человѣка, какъ и память, и притомъ въ зависимости отъ ней, переживаетъ различные періоды, сообразные возрасту человѣка. Оно работаетъ только надъ матеріалами, которые доставляетъ ему памятью; но и въ свою очередь ввѣряетъ памяти плоды своихъ произведеній. Воображеніе въ этомъ отношеніи можетъ быть названо *движущеюся памятью*, которая, кромѣ того, и запоминаетъ нѣкоторыя изъ своихъ движеній.

2. Воображеніе начинаетъ развиваться въ дѣтяхъ, вѣроятно, очень рано, хотя имъ въ первое время и не можемъ замѣтить его прямой работы. Образы, надъ которыми работаетъ младенческое воображеніе, не многочисленны, но за то необыкновенно ярки, такъ-что дитя увлекается ими, какъ бы дѣйствительностью. Физической причины этого слѣдуетъ искать въ необыкновенной впечатлительности дѣтскаго мозга, а пси-

ченая причина — неумѣнье отличать дѣйствительность отъ созданій вообряженія, такъ какъ умѣнье это дается только опытомъ. Дѣти очень часто, по замѣчанію Бенеке, считаютъ свои сновидѣнія за дѣйствительность, требуютъ игрушки, которую они видѣли во снѣ и т. п. Незнаніе самыхъ обыкновенныхъ законовъ природы, съ которыми потомъ само собою познакомится дитя, заставляетъ его вѣрить самой нелѣпой сказкѣ; за то вы напрасно пожелали бы удивить младенца какимъ-нибудь фокусомъ: для того, чтобы понять, напримѣръ, что въ исчезновеніи шарика есть фокусъ, надобно убѣжденіе въ невозможности исчезновенія вещи. Ребенокъ, можетъ быть, смѣется, смотря на фокусъ, но онъ доволенъ взмахомъ, движеніемъ рукъ, и вовсе не понимаетъ, что тутъ есть фокусъ. Вотъ почему, слушая какую-нибудь сказку, гдѣ совершаются самыя невозможныя чудеса, ребенокъ вовсе не удивляется этимъ чудесамъ, а прямо сочувствуетъ говорящимъ козламъ, принцу, превращающемуся въ муху, и вовсе не спрашиваетъ о томъ, какъ козлы могутъ говорить, или принцы превращаться въ мухъ: для ребенка не существуетъ невозможнаго, потому-что онъ не знаетъ, что возможно и что нѣтъ.

3. Слушаніе сказокъ уже на третьемъ году начинаетъ доставлять большое удовольствіе ребенку. «Удовольствіе, говоритъ г-жа Неккеръ-де-Соссюръ [¹]), доставляемое дѣтямъ самыми простыми разсказами, зависитъ отъ живости представленій въ ихъ душѣ. Картины, вызываемыя разсказомъ въ дѣтской душѣ, можетъ быть, гораздо блестящѣе и радужнѣе дѣйствительныхъ предметовъ и сказка показываетъ ребенку волшебный фонарь. Не нужно большихъ усилій воображенія, чтобы занять дитя. Дайте въ вашемъ разсказѣ главную роль ребенку, присоедините сюда кошку, лошадку, нѣсколько подробностей, чтобы выходила картинка, разсказывайте съ одушевленіемъ и вашъ слушатель будетъ слушать васъ съ жадностью, доходящею до страсти. Встрѣчая васъ, ребенокъ всякій разъ заставитъ повторить вашъ разсказъ, но берегитесь что-нибудь измѣнять въ немъ». Дитя хочетъ видѣть тѣ же сцены и малѣйшее обстоятельство, нами опущенное или прибавленное, разсѣеваетъ въ немъ то заглядѣніе, которое именно ребенку нравилось. Послѣднее происходитъ отъ того, что ребенокъ въ сказкѣ видитъ правду и хочетъ только правды; если же онъ замѣтитъ, какъ вы создаете или передѣлываете сказку, то она перестанетъ его интересовать: художественная правда еще недоступна ребенку. Вотъ почему дѣти любятъ больше сказки простыхъ людей, въ которыхъ обыкновенно не измѣняется ни одно слово.

4. «Многіе удивляются, говоритъ далѣе та же писательница, что самыя грубыя подражанія природѣ совершенно удовлетворяютъ дѣтей, и выводятъ изъ этого, что у дѣтей нѣтъ понятія объ искусствѣ, тогда какъ слѣдовало бы удивляться могуществу дѣтскаго воображенія, которое дѣлаетъ для нихъ иллюзію возможною. Вылѣпите, какую угодно, фигуру изъ воску, лишь былъ бы какой-нибудь признакъ рукъ и ногъ,

---

[¹]) Éducation progressive. T. I. p. 186.

и шарикъ или кружокъ сидѣли на мѣстѣ головы, и наша работа будетъ совершеннымъ человѣкомъ въ глазахъ ребенка. Потеря одного изъ его членовъ ничего не измѣнитъ въ любимцѣ, и онъ будетъ прекрасно исполнять всѣ роли, какія дастъ ему ребенокъ. Ребенокъ видитъ не наружную копію, но образъ, который сохраняется у него въ головѣ. Восковая фигура для ребенка только символъ, на которомъ онъ не останавливается» [1]).

Въ играхъ ребенка можно замѣтить еще и другую особенность: дѣти не любятъ игрушекъ неподвижныхъ, оконченныхъ, хорошо отдѣланныхъ, которыхъ они не могутъ измѣнить по своей фантазіи; ребенку нравится именно живое движеніе представленій въ его головѣ и онъ хочетъ, чтобы игрушки его хоть сколько-нибудь соотвѣтствовали ассоціаціямъ его воображенія. «Опрокинутый стулъ представляетъ для ребенка лодку или коляску; поставленный на ноги, онъ является лошадью или слономъ. Кусочекъ картона для него то домъ, то шкафъ, то экипажъ — все, что дитя хочетъ» [2]). Вотъ почему лучшая игрушка для дитяти та, которую онъ можетъ заставить измѣняться самымъ разнообразнымъ образомъ, и вотъ почему Жанъ-Поль-Рихтеръ говоритъ, что для маленькихъ дѣтей самая лучшая игрушка — куча песку.

6. Игра для ребенка — не игра, а дѣйствительность. «Двухлѣтнее дитя моихъ знакомыхъ, говоритъ г-жа Неккеръ, проводитъ часть своего дня, разыгрывая роль кучера; лошадьми для дитяти служатъ два стула, запряженные ниточками; самъ онъ, сидя позади на третьемъ, съ возжами въ одной рукѣ и кнутикомъ въ другой, управляетъ своими мнимыми бѣгунами. Легкое покачиваніе его тѣла показываетъ, что онъ видитъ, какъ бѣгутъ лошади; но если кто-нибудь остановится передъ стулами, то неподвижность предмета разочаровываетъ мальчика и онъ приходитъ въ отчаяніе, что помѣшали бѣжать его лошадкамъ» [3]). Дитя искренно привязывается къ своимъ игрушкамъ, любитъ ихъ нѣжно и горячо и любитъ въ нихъ не красоту ихъ, а тѣ картины воображенія, которыя само же къ нимъ привязало. Новая кукла, какъ бы она ни была хороша, никогда не сдѣлается сразу любимицей дѣвочки и она будетъ продолжать любить старую, хотя у той давно нѣтъ носа и лицо все затерлось. Попробуйте поправить разбитую куклу и дѣвочка ее разлюбитъ, а часто даже броситъ съ негодованіемъ. «Въ одномъ госпиталѣ принуждены были отрѣзать ногу маленькой дѣвочкѣ; она вынесла операцію съ удивительнымъ мужествомъ и только прижимала къ себѣ свою куклу. Окончивъ операцію, хирургъ сказалъ, смѣясь: «вотъ я отрѣжу теперь ногу твоей куклѣ», и дитя, перенесшее жестокую операцію безъ малѣйшаго крика, залилось слезами» [4]).

---

[1]) Ibid. p. 187.
[2]) Ibid. p. 188.
[3]) Ibid. p. 189.
[4]) Ibid. p. 191.

7. Такая живость детскаго воображенія и такая вѣра дитяти въ дѣйствительность его собственныхъ представленій показываетъ уже, какъ опасно играть дѣтскимъ воображеніемъ и дѣтскою безграничною довѣрчивостью. При раздражительности нервовъ дѣйствіемъ страха можно сдѣлать дѣтей безумными, тупыми или подверженными ужасамъ, которые составятъ несчастіе ихъ жизни. «Вліяніе ужаса на нравственность—безгранично: оно дѣлаетъ трусливымъ, притворщикомъ, иногда лживымъ, и дитя можетъ потеряться при малѣйшей опасности» [1]) Многіе писатели уже возставали противъ пуганья дѣтей домовыми, стучащими въ стѣну, волками, влѣзающими въ окошко, и т. п. Но и теперь, къ сожалѣнію, эти пуганья продолжаются, особенно со стороны нянюшекъ, которыя не находятъ лучшаго средства, чтобы заставить унять дитя, расплакавшееся ночью, или заставить его послушаться, когда оно упрямится. Стуча въ стѣну и говоря при этомъ, что «вотъ идетъ волкъ» пугаетъ ребенка, няня, конечно, не понимаетъ, что дитя видитъ и этого волка и какъ онъ къ нему приближается. Что бы сдѣлалось съ самой няней, если бы она сама дѣйствительно увидѣла волка, а она должна знать, что ребенокъ вѣритъ ей вполнѣ? Разувѣрить ребенка въ томъ, во что онъ уже повѣрилъ, невозможно; потому-что тутъ дѣйствуетъ не вѣра, а живость представленія. При словѣ «волкъ», «старикъ съ мѣшкомъ», «домовой» — эти чудовища рисуются ребенку, подобно тому, какъ рисуются намъ во снѣ, и тутъ одно средство—развлечь дитя другими представленіями и избѣгать всякаго напоминанія о томъ, что напугало дитя. Если ребенокъ знаетъ даже, что его пугаютъ нарочно, то и это не мѣшаетъ ему испугаться: онъ знаетъ очень хорошо, что старшій братъ спрятался въ углу темной комнаты и хочетъ испугать его, но кричитъ и проситъ, чтобъ его не пугали. Такъ же вольно и такъ сильно потрясаются нервы дитяти.

8. Г-жа де Соссюръ, описавшая такъ хорошо первыя проявленія воображенія въ дѣтскомъ возрастѣ, ошибается однако, называя дѣтей маленькими поэтами, а воображеніе ихъ сильнымъ, богатымъ, могучимъ. Такой взглядъ имѣютъ многіе на дѣтское воображеніе и думаютъ, что съ возрастомъ оно слабѣетъ, тускнѣетъ, теряетъ живость, богатство и разнообразіе. Но это большая ошибка, противорѣчащая всему ходу развитія человѣческой души. Воображеніе ребенка и бѣднѣе, и слабѣе, и однообразнѣе, чѣмъ у взрослаго человѣка, и не заключаетъ въ себѣ ничего поэтическаго, такъ-какъ эстетическое чувство развивается позднѣе прочихъ; но дѣло въ томъ, что и слабенькое дѣтское воображеніе имѣетъ такую власть надъ слабой и еще неорганизовавшейся душой дитяти, какую не можетъ имѣть развитое воображеніе взрослаго человѣка надъ его зрѣлой душой. Не воображеніе у дѣтей сильно, но душа слаба и власть ея надъ воображеніемъ ничтожна.

9. Въ исторіи памяти мы уже показали, какъ мало по малу изъ от-

---

[1]) Ibid. p. 192.

дѣльныхъ небольшихъ верениц представленій выплетаются все болѣе и болѣе обширныя сѣти, и какъ душа человѣка мало по малу приходитъ къ единству своего содержанія, никогда, впрочемъ, не достигая его вполнѣ [1]). Въ дѣтской же душѣ разорванность верениц представленій или вѣрнѣе, совершенная отдѣльность ихъ, такъ-какъ онѣ и не были никогда сплетены вмѣстѣ, составляетъ самую характеристическую черту дѣтства. Вотъ почему въ ребенкѣ болѣе всего поражаетъ насъ быстрота перехода отъ одного порядка мыслей къ другому, и отъ однихъ чувствъ къ другимъ: отъ смѣха къ слезамъ и отъ слезъ къ смѣху, отъ гнѣва къ ласкѣ, отъ скуки къ веселью и отъ веселья къ скукѣ. Эта необыкновенная подвижность дѣтской души зависитъ именно отъ того, что въ ней, такъ сказать, еще мало собственнаго вѣсу; эта безпрестанная смѣна ея характеровъ объясняется именно тѣмъ, что въ ней не выработался еще *свой* характеръ.

10. Вереницы представленій у дитяти коротки, а потому и прохожденіе ихъ въ сознаніи совершается быстро: каждая изъ нихъ скоро отживаетъ свой вѣкъ. За этой короткой вереницей слѣдуетъ другая—такая же короткая и ничѣмъ съ прежнею не связанная. Ее втолкнетъ въ сознаніе какое нибудь внѣшнее впечатлѣніе: неожиданный стукъ, пролетѣвшая птица, собственное тѣлодвиженіе ребенка. Новая, также короткая вереница отживаетъ въ сознаніи свой вѣкъ также скоро, какъ и прежняя, и также неожиданно смѣняется новою, м. б. совершенно противоположною. Отсюда-то происходитъ та необыкновенная внимательность и та необыкновенная разсѣянность, которой мы часто удивляемся у дѣтей. Ребенокъ заигрался, замечтался и ничего не видитъ и не слышитъ, но вереница отжила свой недолгій вѣкъ и дитя внимательно ловитъ каждую мелочь, чтобы вновь увлечься ею. Движеніе дѣтскаго воображенія напоминаетъ прихотливое порханье бабочки, а уже никакъ не могучій полетъ орла: малѣйшее движеніе вѣтра, малѣйшій шелестъ листка, кажется, даже каждый солнечный лучъ можетъ измѣнить направленіе движенія бабочки и потому-то они идутъ такою ломаною линіею и кажутся такими случайными и прихотливыми.

11. Но если вереницы представленій, наполняющія дѣтскую память и движущіяся въ дѣтскомъ воображеніи, коротки, за то каждая изъ нихъ, въ недолгій періодъ своей жизни въ сознаніи, царствуетъ тамъ полновластно, именно потому, что она отдѣльна: она не ведетъ за собою множество другихъ верениц, которыя могли бы напомнить ребенку дѣйствительность; она не вызываетъ у него идей возможности и невозможности и дѣйствуетъ на душу дитяти почти такъ, какъ дѣйствуетъ

---

[1]) Мечтательный Гербартъ, изучившій лучше другихъ психологовъ постепенную организацію представленій, думаетъ, что только къ загробной жизни душа оканчиваетъ эту организацію и, наконецъ, въ ней установляется полное равновѣсіе. Herbart's, Schriften zur Psychologie. 1850. Bd. II. § 249. S. 172.

сновидѣніяхъ на душу взрослаго. Представленія же наши въ сновидѣніяхъ ярки именно потому, что на нихъ сосредоточивается все наше вниманіе, неразвлекаемое внѣшними впечатлѣніями, и потому также, что мы не можемъ сравнивать степень ихъ яркости со степенью яркости дѣйствительныхъ созерцаній, передъ которыми они показались бы блѣдными, едва мелькающими очерками. Недостатокъ же внутренняго, уже образовавшагося интереса не даетъ ребенку возможности управлять своимъ воображеніемъ: ребенку все равно, куда бы его ни несла его прихотливая мечта, волнуемая разнообразіемъ внѣшнихъ впечатлѣній, только бы эти мечты занимали его душу, уже по природѣ своей требующую безпрестанной дѣятельности. Только тогда, когда созрѣютъ въ душѣ внутренніе для ней интересы и когда выплетутся въ памяти обширныя сѣти изъ отдѣльныхъ верениц, душа, выражаясь метафорически, получаетъ собственный вѣсъ, становится тяжелѣе и не позволяетъ прихотливой мечтѣ гонять себя, куда попало.

12. Эту разорванность вереницъ представленій душа уничтожаетъ мало по малу въ своихъ безпрестанныхъ внутреннихъ работахъ: связываетъ одну, разрываетъ другую, сплетаетъ нѣсколько въ одну ассоціацію, изъ нѣсколькихъ сложныхъ ассоціацій дѣлаетъ еще болѣе обширную. Въ это же самое время, и отчасти тѣми же средствами, выработываются душевные интересы, постоянныя наклонности, и страсти, и душа, усвоивая всю ихъ стремительностью, овладѣваетъ фантастической игрой пассивнаго воображенія. Эта сковка и перековка веренницъ представленій можетъ происходить подъ различными вліяніями: или подъ вліяніемъ дѣйствительности и дѣйствительныхъ событій жизни, или, при недостаткѣ ихъ, внутреннею, самостоятельною работою воображенія, образуя такъ называемый мечтательный характеръ, — или подъ вліяніемъ науки, или подъ вліяніемъ физическихъ потребностей, или подъ вліяніемъ быстро развивающихся страстей юности. Память человѣка сохраняетъ всѣ новыя образованія, будутъ ли они слѣдствіемъ вліяній дѣйствительнаго міра и науки или будутъ они произведеніемъ души, волнуемой страстью.

13. Чѣмъ болѣе сковываются между собою вереницы представленія, тѣмъ непрерывнѣе движется наша мечта, тѣмъ дольше проходятъ ряды ихъ сѣти въ нашемъ сознаніи, и тѣмъ богаче наше воображеніе. Удивляясь богатству воображенія поэтовъ, мы готовы видѣть въ немъ природный даръ; но природнаго здѣсь только богатая, впечатлительная нервная организація, вѣрно сохраняющая слѣды впечатлѣній, и сильно трепещущая душа, жаждущая безпрестанной дѣятельности — все же сокровища воображенія, поражающія насъ своею роскошью, созданы уже этими двумя агентами въ ихъ безпрестанномъ и дѣятельномъ воздѣйствіи другъ на друга. Поэтъ или живописецъ щедро сыплетъ намъ роскошнѣйшія гирлянды цвѣтовъ, людей, ангеловъ, ландшафтовъ и пр.: Рафаэль буквально засыпалъ ими стѣны и потолки Ватикана, а Байронъ — страницы своихъ поэмъ; но каждый цвѣтокъ въ этихъ гирляндахъ уже

выткан прежде, самые куски гирляндъ тоже были готовы и художникъ, руководимый своею идеею, только комбинируетъ эти, уже давно заготовленныя сокровища. Если чему должно удивляться въ этихъ натурахъ, то это именно силѣ и быстротѣ ихъ внутренней дѣятельности и силѣ памяти, сохранившей безчисленныя произведенія этой дѣятельности. О силѣ эстетическаго чувства мы здѣсь не говоримъ, хотя оно то, конечно, и управляетъ работами какъ въ образованіи подробностей, такъ и въ комбинаціи этихъ подробностей въ великое цѣлое: вотъ въ чему оно и проникнуто тѣмъ, что мы называемъ поэзіею.

14. Изъ сказаннаго мы уже видимъ, какое важное значеніе и на нравственной стороны человѣка имѣютъ тѣ вліянія, подъ которыми работаетъ наше воображеніе, создавая новыя вереницы представленій и связывая прежнія. «Человѣческое воображеніе, говоритъ Ридъ, есть обширная сцена, на которой разыгрывается все въ человѣческой жизни хорошее и дурное, великое и ничтожное, высокое и низкое. Въ иныхъ воображеніе—игрушечная лавка, [1]) а въ тѣхъ, кто пользуется болѣе памятью, чѣмъ сужденіемъ—это лавка ветошника. У нѣкоторыхъ сцена воображенія занята темными предразсудками, съ ихъ свитою горгонъ, гидръ и химеръ; у другихъ играютъ на этой сценѣ демоны убійства и грабежа; здѣсь начинается все, что есть въ жизни дурнаго; но какъ счастливъ тотъ, въ чьей душѣ свѣтъ истиннаго знанія разгоняетъ фантомы воображенія, а ясность души охраняетъ воображеніе отъ всего грязнаго» [2]).

15. Въ этихъ словахъ Рида мы видимъ, что онъ не вполнѣ уяснилъ себѣ значеніе воображенія и приписываетъ ему то, что принадлежитъ уже исторіи сердечныхъ чувствъ. Мы видимъ, что душа поэта или романиста можетъ быть постоянно занята сценами убійствъ, грабежа и разврата, не дѣлая поэта ни злодѣемъ, ни развратникомъ. Но если въ душѣ не выработались высшіе интересы, которые позволяютъ ей безопасно обращаться съ такимъ грязнымъ матеріаломъ, то нѣтъ сомнѣнія, что характеръ этихъ верениц воображеній отразится и въ характерѣ того, въ чьей головѣ онѣ бродятъ. Наполните голову дитяти предразсудками и душа выплететъ изъ этого матеріала темный и трусливый характеръ; набейте его голову романами и очень вѣроятно, что выйдетъ романическій характеръ. Но это отношеніе воображенія къ нравственности можетъ быть уяснено только тогда, когда мы будемъ говорить о формаціи *сердечныхъ* чувствъ и желаній, которая имѣетъ свои особенности, хотя во многомъ и зависитъ отъ формаціи воображенія.

16. Если вы хотите узнать, какое направленіе принимаютъ работы

---

[1]) Но не каждый ли возрастъ, говоря словами поэта, имѣетъ свои «игрушки». Чѣмъ же старикъ, распоряжающійся, какъ должны вести себя звѣзды за его гробомъ, благоразумнѣе дитяти, которое привязываетъ къ ножкѣ стола свою деревянную лошадку, чтобы она не убѣжала?

[2]) Read. Vol. I. p. 388.

дѣтскаго воображенія, то наблюдайте внимательно за играми ребенка. Мы короче познакомились бы съ душою взрослаго человѣка, если могли заглянуть въ нее свободно; но въ дѣятельности и словахъ взрослаго намъ приходится только угадывать его душу, и мы часто ошибаемся; тогда какъ дитя въ своихъ играхъ обнаруживаетъ безъ притворства всю свою душевную жизнь. Вотъ почему не совершенно лишено основанія то мнѣніе, что игры ребенка, хотя отчасти и очень отчасти, предсказываютъ его будущее. Но это угадываніе будущаго въ дѣтскихъ играхъ имѣетъ еще большее основаніе, если принять вмѣстѣ съ Бенеке, что «дѣтскія игры могутъ сами быть причиною будущаго направленія или имѣть съ ними одинаковыя причины¹)». Для дитяти игра — дѣйствительность и дѣйствительность, гораздо болѣе интересная, чѣмъ та, которая его окружаетъ. Интереснѣе она для ребенка именно потому, что понятнѣе; а понятнѣе она ему потому, что отчасти есть его собственное созданіе. Въ игрѣ дитя живетъ и слѣды этой жизни глубже остаются въ немъ, чѣмъ слѣды дѣйствительной жизни, въ которую онъ не могъ еще войти по сложности ея явленій и интересовъ. Въ дѣйствительной жизни дитя не болѣе, какъ дитя; существо, не имѣющее еще никакой самостоятельности, слѣпо и беззаботно увлекаемое теченіемъ жизни; въ игрѣ же дитя — уже зрѣющій человѣкъ, пробуетъ свои силы и самостоятельно распоряжается своими же созданіями. Вотъ почему Бенеке совершенно справедливо замѣчаетъ, что «въ первомъ возрастѣ игра имѣетъ гораздо большее значеніе въ развитіи дитяти, чѣмъ ученье»²).

II. Но если дитя больше и дѣятельнѣе живетъ въ игрѣ, чѣмъ въ дѣйствительности, то тѣмъ не менѣе, окружающая его дѣйствительность имѣетъ сильнѣйшее вліяніе на его игру: она даетъ для нея матеріалъ, гораздо разнообразнѣе и дѣйствительнѣе того, который предлагается игрушечною лавкою. Присмотритесь и прислушайтесь, какъ обращаются дѣвочки со своими куклами, мальчики со своими солдатиками и лошадками, и вы увидите въ фантазіяхъ ребенка отраженіе дѣйствительной, окружающей его жизни, — отраженіе, часто отрывочное, странное, подобное тому, какъ отражается комната въ граненомъ хрусталѣ, но тѣмъ не менѣе поражающее вѣрностію своихъ подробностей. У одной дѣвочки кукла стряпаетъ, шьетъ, моетъ и гладитъ; у другой величается на диванѣ, принимаетъ гостей, спѣшитъ въ театръ или на раутъ, у третьей бьетъ людей, заводитъ копилку, считаетъ деньги. Намъ случалось видѣть мальчиковъ, у которыхъ пряничные человѣчки уже получали чины и брали взятки. Не думайте же, что все это пройдетъ безслѣдно съ періодомъ игры, исчезнетъ вмѣстѣ съ разбитыми куклами и разломанными барабанщиками: весьма вѣроятно, что изъ этого сложатся ассоціаціи представленій и вереницы этихъ ассоціацій, которыя со временемъ, если какое-нибудь сильное, страстное направленіе чувства

---

¹) Erzieh. u. Unter. B. I. S. 103.
²) Ibid. p. 101.

и мысли не разорветъ и не передѣлаетъ ихъ на новый ладъ, сольются въ одну обширную сѣть, которая опредѣлитъ характеръ и направленіе человѣка.

18. Въ играхъ общественныхъ, въ которыхъ принимаютъ участіе многія дѣти, завязываются первыя ассоціаціи общественныхъ отношеній. Дитя, привыкшее командовать или подчиняться въ игрѣ, не легко отучается отъ этого направленія и въ дѣйствительной жизни. Насъ, русскихъ, упрекаютъ часто въ лѣности, въ страсти распоряжаться и ничего не дѣлать самимъ; но нѣтъ сомнѣнія, что на образованіе такой черты въ нашемъ характерѣ, рѣзко кидающейся въ глаза, особенно среди иноземцевъ, имѣли большое вліяніе игры помѣщичьихъ дѣтей съ крѣпостными мальчиками и дѣвочками, которые, исполняя всѣ прихоти своего маленькаго барина, избавляли его отъ труда что-нибудь дѣлать самому.

19. Игра потому и игра, что она самостоятельна для ребенка, и потому всякое вмѣшательство взрослаго въ игру лишаетъ ее дѣйствительной, образовывающей силы. Взрослые могутъ имѣть только одно вліяніе на игру, не разрушая въ ней характера игры, а именно — представленіемъ матеріала для построекъ, которыми уже самостоятельно займется самъ ребенокъ. Но не должно думать, что этотъ матеріалъ весь можно купить въ игрушечной лавкѣ. Вы купите для ребенка свѣтлый и красивый домъ, а онъ сдѣлаетъ изъ него тюрьму; вы накупите для него куколки крестьянъ и крестьянокъ, а онъ выстроитъ ихъ въ ряды солдатъ; вы купите для него хорошенькаго мальчика, а онъ станетъ его сѣчь: онъ будетъ передѣлывать и перестроивать купленныя вами игрушки не по ихъ значенію, а по тѣмъ элементамъ, которые будутъ вливаться въ него изъ окружающей жизни, — и вотъ объ этомъ-то матеріалѣ должны болѣе всего заботиться родители и воспитатели. Что касается до ученья, то оно только очень не скоро можетъ вложить и свои матеріалы въ работы дѣтскаго воображенія. Всѣ начатки ученья такъ сухи и бѣдны, что ребенокъ не въ состояніи съ ними ничего сдѣлать; только въ будущемъ они могутъ принести свои плоды и войти дѣйствительнымъ матеріаломъ въ самостоятельную жизнь человѣка. Впрочемъ, всѣ попытки воспитанія внести игрою, а еще лучше, дѣтскими работами серьезный матеріалъ въ фантазію ребенка (самыя удачныя изъ этихъ попытокъ, конечно, принадлежатъ фребелевской системѣ) имѣютъ всю полную цѣну, какъ это мы увидимъ впослѣдствіи.

20. Въ исторіи воображенія ни одинъ періодъ не имѣетъ такой важности, какъ періодъ юности. Въ юности отдѣльныя, болѣе или менѣе обширныя вереницы представленій сплетаются въ одну сѣть. Въ это время именно идетъ самая сильная передѣлка этихъ верениц, которыхъ уже накопилось столько, что душа, такъ сказать, занята ими. Мы считаемъ періодъ въ жизни человѣческой отъ 16 до 22—3 лѣтъ самымъ рѣшительнымъ. Здѣсь именно довершается періодъ образованія отдѣльныхъ верениц представленій, и если не всѣ онѣ, то значительная часть ихъ группируется въ одну сѣть, достаточно обширную, чтобы дать рѣшительный перевѣсъ тому или другому направленію въ образѣ мыслей человѣка и въ его характерѣ. Если какая нибудь возвышенная

или какая-нибудь благородная страсть руководили въ это время окончательнымъ формировкою матеріала въ воображеніи, то многое еще можетъ быть исправлено: многія ложныя или грязныя ассоціаціи дѣтства и отрочества будутъ отброшены, изъ многихъ, безразличныхъ въ нравственномъ отношеніи, выплетется что-нибудь высокое и, въ концѣ концовъ, умное и благородное стремленіе возьметъ верхъ. Впослѣдствіи уже такая перестройка всего содержанія души гораздо затруднительнѣе, если и возможна. *Въ огнѣ, оживляющемъ юность, отливается характеръ человѣка*. Вотъ почему не слѣдуетъ ни тушить этого огня, ни бояться его, ни смотрѣть на него какъ на нѣчто опасное для общества, ни стѣснять его свободнаго горѣнія, а только заботиться о томъ, чтобы матеріалъ, который въ это время вливается въ душу юноши, былъ хорошаго качества.

21. Говорятъ, что въ старости воображеніе слабѣетъ,—и это справедливо въ томъ отношеніи, что къ этому періоду жизни душа уже наберетъ столько ассоціацій, что работаетъ въ нихъ и надъ ними, не нуждаясь въ новыхъ.

ГЛАВА XXXI.

Разсудочный процессъ.

1. Въ прежнихъ психологіяхъ подъ именемъ разсудка принимали особенную способность «образовывать понятія и соединять ихъ сообразно свойствамъ и отношеніямъ предметовъ, подвергнутыхъ нашему мышленію [1]».

---

[1] Empyrische Psychologie, von Drobisch. S. 249. Мы беремъ изъ старыхъ опредѣленій разсудка наиболѣе ясное и простое, наиболѣе подходящее къ факту человѣческаго самосознанія. У психологовъ же мы можемъ встрѣтить самыя странныя опредѣленія разсудка. Такъ, напр., Фрисъ, (впрочемъ вслѣдъ за Кантомъ), чтобы отдѣлить разсудочный процессъ отъ процесса воображенія и воспоминанія, раздѣляетъ мышленіе на верхнее и нижнее теченіе мыслей (Obere und Untere Gedankenlauf), относя къ нижнему теченію мыслей дѣятельность памяти и воображенія (Anthropol. Erst T. S. 49 и др.), а къ верхнему — «произвольное» теченіе мыслей, принадлежащее разсудку. Но, какъ справедливо замѣчаетъ Милль, нѣтъ ничего непроизвольнѣе разсудка: какъ бы ни противно намъ было рѣшеніе разсудка, но оно стоитъ передъ нашими глазами. Бываютъ случаи, что какъ очень бы хотѣлось думать, что $1 \times 2 = 5$, но это оказывается совершенно невозможнымъ. На выборъ предметовъ для нашего разсужденія можетъ имѣть вліяніе наша произволъ, но не на заключеніе разсудка о выбранномъ предметѣ. Вообще понятіе Фриса (да и его ли одного?) о разсудкѣ чрезвычайно смутны: онъ противополагаетъ разсудку въ мышленіи — *убѣжденіе и самосознаніе*, въ чувствахъ — *вкусъ и совѣсть*, въ дѣйствіяхъ — *разумное рѣшеніе* (ib. s. 52). Но чтожъ нашъ вкусъ и наша совѣсть не противорѣчатъ часто нашему разсудку? Мысль, что разсудокъ нашъ управляется съ тѣмъ, что доставляется

Этой особенной способности приписывали обыкновенно также дѣятельность сравнивающую, различающую и дѣлающую выводы изъ этихъ сравненій и различій. Новая же опытная психологія, сначала въ теоріи Гербарта, а потомъ еще рѣзче въ ученіи Бенеке, возстала не только противъ такого опредѣленія разсудка, но и вообще противъ признанія его за отдѣльную способность души. «Прежде перваго процесса абстракціи, говоритъ Бенеке: прежде перваго процесса отвлеченія, посредствомъ котораго образуются понятія, въ человѣческой душѣ не существуетъ никакой разсудочной формы, или другими словами, человѣкъ не имѣетъ еще разсудка [1])». Мы уже видѣли выше, какъ, по теоріи Бенеке, образуются въ душѣ слѣды представленій. Оставаясь вѣренъ своей теоріи, Бенеке признаетъ, что самые эти слѣды, накопляясь въ душѣ болѣе и болѣе, являются въ ней *силами* или *задатками*, изъ которыхъ сами собою образуются понятія; *понятія*, въ свою очередь, являются также задатками (Anlage), изъ которыхъ также сами собою образуются *сужденія*; изъ сужденій, по накопленіи сужденій однородныхъ, самостоятельно и сами собою, образуются *умозаключенія*. «Разсудокъ, говоритъ Бенеке, начинается у ребенка рано: какъ только наберется въ душѣ его достаточно представленій, чтобы они своими сходными признаками могли составить *понятія*. Накопившіяся *понятія* сами составляютъ уже *сужденія*, а изъ комбинаціи понятій возникаютъ *умозаключенія*. Изъ понятій же, сужденій и умозаключеній выплетаются ученыя системы [2]).

———

ему нашемъ воображеніемъ,—вѣрна; но какъ управляется? Понятно намъ этого, что Фрисъ, какъ и многіе другіе психологи (основаніе ошибки этой см. у Канта: Kritik der Rein. Vern. § 15), какъ отчасти даже и Локкъ, видятъ въ разсудкѣ какое-то особое существо, которое можетъ быть управляемо дѣятельностью, какъ мускулъ, и можетъ получать привычки въ этой дѣятельности, о чемъ постоянно говоритъ Локкъ. (Locke's Works Vol. I. p. 27, 39, 44, 52 и друг.). Но не должно забывать, что и мускулъ крѣпнетъ собственно не отъ дѣятельности: напротивъ отъ дѣятельности мускулъ ослабѣваетъ, а крѣпнетъ онъ отъ той пищи, которую получаетъ. Чѣмъ же могла бы быть *привычка* въ отношеніи разсудка внѣ идей, сохраняемыхъ памятью—это невозможно и представить. Привычка души, привычка разсудка, привычка воображенія — темныя, неразъяснимыя пятна въ системѣ Локка.

[1]) Erziehungs und Unterrichtslehre von Benecke. T. 1. S. 125.

[2]) Lehrbuch der Psychologie. § 125. Мы вовсе не приписываемъ Бенеке оригинальную выработку такого взгляда на разсудокъ. Зародышъ этого воззрѣнія мы видимъ уже у Локка, который, напр. въ одномъ мѣстѣ, говоритъ: «Слѣдите за ребенкомъ съ его рожденія и наблюдайте перемѣны, производимыя въ немъ временемъ, и вы замѣтите, что душа его пробуждается по мѣрѣ того, какъ она черезъ посредство чувствъ обогащается идеями: чѣмъ болѣе она получаетъ матеріаловъ для мысли, тѣмъ болѣе думаетъ». (Of hum. Underst. Ch. I. § 23). Но Локкъ не остановился на этой мысли и не до-

2. Чтобы оцѣнить всю противоположность этого взгляда прежнему, мы приведемъ мнѣніе Руссо о томъ, какъ формируется разсудокъ въ дѣтяхъ. «Изъ всѣхъ человѣческихъ способностей», говоритъ онъ, возставая противъ требованій Локка, чтобы съ дѣтьми разсуждали: «разсудокъ, который, такъ сказать, состоитъ изъ всѣхъ прочихъ способностей, которыя развивается всѣхъ труднѣе и всѣхъ позднѣе, и его-то именно хотятъ употреблять, чтобы развивать первыя? Это значитъ начинать съ конца» ¹). «Самый опасный періодъ человѣческой жизни, говоритъ Руссо нѣсколько далѣе, это періодъ отъ рожденія до 12 лѣтъ: тутъ-то зарождаются ошибки и пороки, тогда-какъ нѣтъ еще орудія, которымъ можно было бы ихъ разрушать, а когда придетъ это орудіе (т. е. разсудокъ), корни зла уже слишкомъ глубоки и прошло время вырывать ихъ. Вотъ на какомъ основаніи Руссо говоритъ дальше: «первое воспитаніе должно быть чисто отрицательное: оно состоитъ не въ томъ, чтобы учить добродѣтели и истинѣ, но въ томъ, чтобы сохранить сердце отъ порока и умъ отъ ошибки. Еслибы вы могли ничего не дѣлать съ вашимъ воспитанникомъ и ничего не позволить съ нимъ дѣлать, чтобы вы могли донести его до 12 лѣтъ, здороваго и крѣпкаго, такъ чтобы онъ не умѣлъ отличить своей правой руки отъ лѣвой, то съ первыхъ же вашихъ уроковъ глаза его понимания открылись бы разуму, безъ предразсудковъ, безъ привычекъ, дитя не имѣло бы въ себѣ ничего, что могло бы противодѣйствовать нашимъ заботамъ. Въ вашихъ рукахъ вашъ воспитанникъ сдѣлался бы скоро мудрѣйшимъ изъ людей, и вы, начавъ тѣмъ, что ничего бы съ нимъ не дѣлали, сдѣлали бы изъ него чудо воспитанія» ²). Это-то и заставило Руссо такъ затрудняться, куда бы помѣстить своего Эмиля; онъ хотѣлъ бы кажется спрятать его на луну, но за невозможностью — прятать въ глухую деревню, гдѣ всякій которой подкупаетъ обманывать ребенка за одно съ воспитателемъ.

3. Воспитатель же, придерживающійся новой психологіи, могъ бы сказать Руссо, что изъ такого воспитанія не только не можетъ выйти какое-нибудь чудо, но не выйдетъ ничего, кромѣ звѣря, едва ли уже способнаго къ воспитанію. Руссо забываетъ, что до 12-лѣтняго возраста онъ долженъ былъ бы по крайней мѣрѣ выучить Эмиля говорить, вмѣстѣ съ языкомъ, сколько бы привычекъ, навыковъ, понятій, пришло бы въ душу дитяти ³)? Къ такимъ противоположнымъ

---

¹) важнаго значенія въ своей психологіи, какъ это показываютъ его постоянныя упоминанія о привычкахъ души. Если можно кому-нибудь въ особенности приписать разработку взгляда на разсудокъ, какъ на способность, низшую жизнью души, то это, конечно, Гербарту; Бенеке же только съ особенною ясностью выразилъ это воззрѣніе.

¹) Emile, p. 70.
²) Ibid, p. 76.
³) Впрочемъ, Руссо отчасти самъ догадывается, что въ этихъ словахъ

воззрѣніямъ приводятъ два различные взгляда на разсудокъ и его образованіе въ человѣкѣ! Если разсудокъ есть особенная прирожденная человѣку способность, то она можетъ одинаково работать, къ чему бы ни была приложена, и развитіе разсудка возможно одинаково на всякомъ предметѣ, который только упражняетъ его силу. Разсудокъ, развитой, напримѣръ, на математикѣ, окажется развитымъ и въ приложеніи къ вопросамъ общественной или частной жизни, не имѣющихъ ничего общаго съ математикою; а разсудокъ, развитой, напримѣръ, филологіею, окажется развитымъ при изученіи математики, исторіи или географіи [*]. Если же принять мнѣніе Бенеке, что разсудокъ есть только сумма образовавшихся въ душѣ понятій, сужденій и умозаключеній, то выводы будутъ совершенно противоположные, и разсудокъ, обогащенный математическими понятіями, можетъ оказаться совершенно тупымъ, т. е. слабымъ въ жизненныхъ вопросахъ, не имѣющихъ ничего общаго съ математикою; точно также, какъ разсудокъ, развитой на филологіи, т. е. наполненный филологическими понятіями, сужденіями и умозаключеніями, можетъ оказаться чрезвычайно слабымъ и дѣтскимъ, даже тупымъ, въ области математики, исторіи и т. п.

Изъ этого уже видно, какъ важно для воспитателя и наставника

есть недоразумѣніе. Такъ въ другомъ мѣстѣ онъ говоритъ: «чувство и разсудокъ двѣ способности совершенно различныя, но одна не развивается иначе, какъ вмѣстѣ съ другою» и тутъ же, въ противорѣчіе съ самимъ собою, прибавляетъ: «прежде возраста разсудка дитя воспринимаетъ не идеи, а только образы». «Я слишкомъ далекъ отъ того, говоритъ еще Руссо, чтобы думать, что дѣти не имѣютъ никакого разсудка; напротивъ, я вижу, что дѣти разсуждаютъ очень хорошо о томъ, что знаютъ и что относится къ ихъ настоящимъ и ощутительнымъ для нихъ интересахъ» (Em. p. 95). Въ примѣчаніи Руссо оправдывается недостаточностью языка, т. е. онъ бы хотѣлъ сдѣлать различіе между разсудкомъ дѣтей и разсудкомъ взрослыхъ; но намъ кажется, что это не недостатокъ языка, а неясность въ пониманіи самого Руссо, о которомъ весьма справедливо сказала г-жа Неккеръ-де-Соссюръ, что онъ превосходный наблюдатель и плохой мыслитель (L'education progressive. T. I. p. 121).

[*] Такъ, Локкъ, согласно своей системѣ, требуетъ отъ воспитанія, чтобы оно не дѣлало воспитанника «совершенно ученымъ во всѣхъ наукахъ или въ одной изъ нихъ, но дало его уму ту свободу, то расположеніе и тѣ навычки, которыя сдѣлали бы его способнымъ достичь всякой степени знанія, какая понадобится ему въ жизни» (Locke's Works. Vol. I. Cond. of Underst. p. 53). Но новая психологія могла бы сказать Локку, желая развить умственныя привычки, я должна дать только отчасти по направленію такія знанія, которыя имѣли бы наиболѣе обширное приложеніе въ жизни и въ наукѣ. Здѣсь не только разница въ словахъ, но большая разница въ самой идеѣ, и эта разница необходимо должна отразиться и въ воспитательной практикѣ.

решать, по возможности вернѣе, психологическій вопросъ о томъ, что такое разсудочная дѣятельность, какими силами и какъ она совершается?

4. Въ обоихъ выставленныхъ нами воззрѣніяхъ на разсудокъ, не смотря на ихъ крайнюю противоположность, есть однако нѣчто общее, въ чемъ оба эти воззрѣнія согласны. Они согласны въ томъ, что предметами разсудочной дѣятельности являются:

1) образованіе понятій,
2) составленіе сужденій,
3) выводъ умозаключеній.

Если мы прибавимъ къ этому еще три сродныя же дѣятельности, обыкновенно приписываемыя разсудку:

4) постиженіе предметовъ и явленій,
5) постиженіе причинъ и законовъ явленій и
6) постройку системъ науки и практическихъ правилъ для жизни,—

то, кажется, мы перечислимъ всѣ тѣ дѣятельности, которыя обыкновенно приписываются разсудку и разсудочному мышленію. Разберемъ же поочередно всѣ эти роды разсудочной дѣятельности и въ нихъ постараемся указать характеръ дѣятеля.

ГЛАВА XXXII.
Образованіе понятій.

1. Слово *понятіе* принимается обыкновенно въ двухъ смыслахъ — *обширномъ* и *тѣсномъ*.

Въ обширномъ смыслѣ понятіемъ называютъ то, что Локкъ называетъ *идеей*, а именно все, о чемъ мы можемъ думать, что является предметомъ нашего мышленія: не непосредственнаго ощущенія, не созерцанія, а мышленія. Если я мыслю о моемъ братѣ, о какомъ-нибудь предметѣ, мнѣ знакомомъ, мною видѣнномъ, или о какомъ нибудь извѣстномъ мнѣ фактѣ, то все это въ области мышленія является мнѣ уже въ формѣ понятій.

2. Въ смыслѣ болѣе тѣсномъ подъ именемъ понятія разумѣются тѣ, несуществующіе въ дѣйствительномъ мірѣ, но существующіе только въ нашемъ мышленіи предметы, которые грамматически обозначаются *общими* или *нарицательными* именами. Эти общія имена принадлежатъ цѣлому роду существъ, качествъ и дѣйствій, въ отличіе отъ именъ собственныхъ, которыя мы усиливаемся признать къ предметамъ, существующимъ одиночно. Легко замѣтить, что въ мірѣ внѣшнемъ нѣтъ ничего, что сколько-нибудь соотвѣтствовало бы нашимъ общимъ, нарицательнымъ именамъ: въ мірѣ все единично, и потому только и существуетъ, что оно единично: omne quod est, eo quod est, singulare est, замѣтилъ еще Боецій, тогда-какъ въ языкѣ человѣческомъ, а слѣдовательно, и въ человѣческомъ мышленіи, все общія и даже единичныя представленія о единичныхъ предметахъ, которыя мы усиливаемся удержать въ ихъ единичности собственными именами, принимаютъ общій характеръ. Такъ,

18*

напримѣръ, мы придаемъ человѣку собственное имя; но подъ этимъ именемъ есть множество людей; или желая ввести единичность въ языкѣ, мы говоримъ: *вотъ это* дерево, вотъ *эта именно* картина; но слова: *это, эта именно*, какъ замѣтилъ Гегель въ своей «Феноменологіи духа», оказываются самыми общими, которыя одинаково относятся ко всѣмъ возможнымъ предметамъ. Чтобы уединить предметъ совершенно, намъ остается только взять его въ руку, или указать на него пальцемъ, такъ какъ языкъ нашъ не имѣетъ словъ для обозначенія единичныхъ предметовъ въ той единичности, въ какой они существуютъ въ мірѣ. Вотъ почему мы думаемъ, что Ридъ сказалъ еще мало, говоря что «большинство словъ въ языкѣ составляютъ имена общія, и въ большинствѣ книгъ нѣтъ ни одного слова, которое бы не было общимъ». Мы же думаемъ, что во всемъ человѣческомъ языкѣ нѣтъ и не можетъ быть другихъ словъ, кромѣ общихъ, представляющихъ собою понятія.

3. Эта-то противоположность между всѣмъ существующимъ во внѣшней природѣ и понятіемъ и дѣлаетъ понятіе труднымъ для пониманія явленіемъ. Въ мірѣ нѣтъ вообще треугольника, какъ и нѣтъ вообще животнаго, или дерева, нѣтъ дома и т. д., а между тѣмъ понятія эти въ насъ существуютъ и замѣняютъ собою для нашего мышленія дѣйствительный міръ, весь состоящій изъ единичностей. На этомъ противорѣчіи понятій со всѣмъ существующимъ основанъ давній и безконечный споръ между реалистами, номиналистами и концепціоналистами. Не вдаваясь въ этотъ споръ, мы по своему обыкновенію, постараемся подсмотрѣть въ самихъ себѣ душевный процессъ, посредствомъ котораго образуется въ насъ понятіе.

4. Въ главахъ о памяти мы видѣли уже, что всякое внѣшнее впечатлѣніе, перешедшее въ опредѣленное *ощущеніе*, оставляетъ свой слѣдъ въ нашей нервной системѣ и въ нашей душѣ, а самое существованіе такихъ слѣдовъ объяснили мы возможностію нервныхъ привычекъ и душевныхъ идей. Тамъ же мы видѣли, какъ изъ этихъ слѣдовъ образуются небольшія отдѣльныя *ассоціаціи*, а потомъ изъ этихъ ассоціацій вылетаются цѣлые *ряды* и *сѣти* ассоціацій. Ассоціаціи слѣдовъ ощущеній, возникающія снова къ сознанію нашей души, называемъ мы представленіями. Представленія наши одиночны и въ этомъ отношеніи соотвѣтствуютъ дѣйствительнымъ предметамъ, впечатлѣніемъ которыхъ они произведены: закрывши глаза, я вижу дѣйствительно розу *которую* я только что разсматривалъ, розу индивидуальную,—какою она и въ дѣйствительности. Однакожъ, не слѣдуетъ забывать, что всякое представленіе внѣшняго для насъ, реальнаго предмета есть не болѣе, какъ ассоціація его атрибутовъ или признаковъ [2]. Чѣмъ же являются наши понятія относительно нашихъ представленій? Понятіе является соединеніемъ въ одну ассоціацію *одинаковыхъ* атрибутовъ, взятыхъ изъ многихъ единичныхъ представленій. Мы видимъ, напримѣръ,

---

[1] Read. Vol. I. p. 389.
[2] Тоже у Гербарта. Erst. T. 8. 126.

различныхъ лошадей: вороныхъ, гнѣдыхъ, рыжихъ, большихъ, малыхъ, старыхъ, молодыхъ, хромыхъ и здоровыхъ,—составляемъ о каждой изъ нихъ единичное представленіе и, вмѣстѣ съ тѣмъ, изъ этихъ многихъ единичныхъ представленій образуется у насъ, мало по малу, *общее* понятіе лошади. Въ этой *лошади понятія* нѣтъ уже никакого особеннаго цвѣта, она ни стара, ни молода, ни велика, ни мала и т. д. Все наше понятіе о лошади составлено изъ *признаковъ, общихъ всѣмъ* лошадямъ, которыхъ мы видѣли и о которыхъ составились у насъ представленія, причемъ мы отбросили всѣ *особенные признаки* той или другой лошади. Какимъ же психо-физическимъ процессомъ произошло въ насъ это превращеніе многихъ *единичныхъ* представленій въ одно *общее понятіе?* Могъ ли произойти этотъ процессъ съ помощью тѣхъ психо-физическихъ силъ, какія мы уже видѣли, или для этого понадобилась новая сила—сила абстракціи, сила разсудка?

5. Мы видѣли также въ главахъ, посвященныхъ нами памяти, что, по свойству этой способности, слѣды въ ней, послѣ каждаго повторенія тѣхъ же ощущеній или послѣ каждаго новаго вызова слѣдовъ этихъ ощущеній въ область сознанія,—*углубляются*, т. е. залегаютъ въ памяти прочнѣе и вызываются изъ нея легче и вѣрнѣе. Отъ этого само собою происходитъ, что при многочисленныхъ нашихъ однородныхъ представленіяхъ, напр. различныхъ лошадей, *признаки общіе всѣмъ этимъ лошадямъ* (общіе атрибуты этихъ различныхъ представленій), повторяясь въ насъ всякій разъ, при всякомъ новомъ представленіи лошади, укореняются въ памяти тверже, чѣмъ признаки *особенные*, принадлежащіе только нѣкоторымъ, но не всѣмъ лошадямъ, повторяемые гораздо рѣже или не повторяемые вовсе. Понятно, что такимъ образомъ, по самому свойству нашей памяти, изъ *однихъ общихъ* признаковъ однородныхъ представленій должна возникнуть особая, сильная ассоціація признаковъ, въ сравненіи съ которою ассоціаціи частныхъ представленій будутъ гораздо слабѣе и, такъ сказать, стушевываются.

6. Но исчезаютъ ли совсѣмъ эти частные признаки единичныхъ представленій? Выходитъ ли понятіе изъ этого процесса совершенно чистымъ, свободнымъ отъ частныхъ, несущественныхъ признаковъ тѣхъ единичныхъ представленій, изъ которыхъ оно отложилось такимъ естественнымъ путемъ? Напротивъ, на всякомъ понятіи мы видимъ долго, до превращенія его въ слово и часто даже послѣ, слѣды его образованія, обрывки тѣхъ пеленокъ, изъ которыхъ вышло это новое, многообѣщающее дитя нашей психо-физической жизни. Легко замѣтить, что какъ только захотимъ мы представить себѣ, сколько-нибудь живѣе, напр. понятіе о лошади, такъ оно и начинаетъ облекаться въ особенные индивидуальные признаки той или другой лошади изъ тѣхъ, которыхъ мы видѣли,—начинаетъ принимать опредѣленный цвѣтъ, опредѣленный ростъ и т. д. Мы не можемъ *представить* себѣ лошади вообще, хотя можемъ *мыслить* о ней. Процессъ *воображенія*, слѣдовательно, *совершается въ формѣ единичныхъ представленій, а процессъ мышленія въ формѣ понятій.*

7. Но такъ ли въ дѣйствительности, въ нашей дѣйствительной психической жизни различаются процессы воображенія и мышленія, которые мы такъ рѣзко различаемъ въ нашихъ логическихъ выводахъ? Въ дѣйствительности вовсе нѣтъ такого рѣзкаго различія между этими двумя процессами [1]. Въ сущности это одинъ и тотъ же, безпрестанно совершающійся въ насъ психо-физическій процессъ, на одномъ концѣ котораго мы видимъ *представленія* въ опредѣленныхъ формахъ и краскахъ, или, лучше сказать, видимъ множество мелькающихъ представленій, а на другомъ — *понятіе* безъ опредѣленныхъ формъ и опредѣленныхъ красокъ. Эти мелькающія въ душѣ нашей представленія сбиваютъ другъ друга во всемъ, что въ нихъ есть различнаго, и оставляютъ въ душѣ нашей прочный слѣдъ только сходными своими признаками. Процессъ этотъ можетъ идти и назадъ и впередъ: иногда берутъ верхъ представленія, а иногда понятія, выдѣлившіяся изъ этихъ представленій: въ первомъ случаѣ мы *воображаемъ* и *мечтаемъ*, во второмъ *думаемъ*; но можетъ быть никогда въ чистотѣ своей ни тотъ, ни другой процессъ не совершаются отдѣльно въ душѣ человѣка.

8. Такое отношеніе понятія къ представленіямъ, изъ которыхъ оно отложилось, побудило нѣкоторыхъ психологовъ вовсе отвергать существованіе понятій. «Мнѣ кажется, говоритъ Юмъ, что можно избѣжать многихъ нелѣпостей и противорѣчій, принявъ, что нѣтъ вовсе абстрактныхъ въ нашихъ идеяхъ (идея у Юма тоже, что и у Локка, т. е. представленіе); но что всѣ общія идеи наши суть въ дѣйствительности только частныя, привязанныя къ общимъ терминамъ, которыя напоминаютъ намъ другія частныя идеи, сходныя при извѣстныхъ обстоятельствахъ съ тою, которую душа сознаетъ. Такъ, когда произносятъ слово *лошадь*, то мы непосредственно представляемъ себѣ идею чернаго или бѣлаго животнаго, опредѣленнаго роста и фигуры. Но такъ какъ это названіе прилагается тоже къ животнымъ другихъ цвѣтовъ, размѣровъ и фигуры, то идеи ихъ, хотя и не присущія въ туже минуту воображенію, легко припоминаются и наше сужденіе и умозаключеніе совершается такъ, какъ будто эти идеи были бы дѣйствительно присущи. Если это допустить (какъ того требуетъ здравый разсудокъ), то изъ этого выйдетъ, что всѣ идеи количествъ, о которыхъ разсуждаютъ математики — тоже только частныя идеи, внушаемыя намъ чувствомъ и воображеніемъ» [2]. Однако же не трудно видѣть, что если бы Юмъ былъ правъ и мы дѣйствительно мыслили только представленіями, а не понятіями, то самыя понятія въ насъ не могли бы образоваться, а вслѣдствіе того не могъ бы образоваться и языкъ, слова котораго вызваны были потребностью выразить понятія, а не вызывали понятій. Принимая же теорію Юма, слѣдовало бы принять, что ...

---

[1] На отличіе *психическаго понятія* отъ *логическаго* указалъ только Гербартъ. Herbart's Schriften Erst. T. § 79.

[2] Hume's Essais ed. 1757. p. 371. Locke's Works. Vol. I. p. 222.

людьми для выраженія понятій, а данъ людямъ и вызвалъ въ нихъ понятія, что конечно не имѣетъ смысла [1]). Кромѣ того мы очень часто, какъ справедливо замѣчаетъ Милль [2]), исправляемъ, пополняемъ или ограничиваемъ значеніе словъ, влагая въ нихъ точныя понятія, которыхъ они не имѣли или которыя они утратили; а если бы понятіе и слово были тождественны, то это явленіе было бы невозможно.

9. Любопытно отношеніе Джона Стюарта Милля къ этому вопросу. «Названіе класса, говоритъ онъ, вызываетъ въ насъ нѣкоторую идею, посредствомъ которой мы можемъ думать о цѣломъ классѣ, а не только объ индивидуальномъ членѣ его» [3]). Милль избѣгаетъ рѣшительнаго отвѣта на вопросъ: что такое идея, говоря, что рѣшеніе этого вопроса не принадлежитъ логикѣ; но намъ кажется, что логика, только и занимающаяся что понятіями, должна бы ясно сознавать, чѣмъ она занимается. «Вѣрно только то, говоритъ Милль, что нѣкоторая идея или умственная концепція внушается намъ нарицательнымъ именемъ, слышимъ ли мы его или употребляемъ сами съ сознаніемъ его значенія и это,—что мы можемъ назвать, если намъ угодно, общею идеею—представляетъ въ нашей душѣ цѣлый классъ вещей, къ которому прилагается данное названіе. Думая или разсуждая о данномъ классѣ, мы дѣлаемъ это посредствомъ идеи. Свободная же власть, которую имѣетъ душа, обращать вниманіе только на часть того, что представляется ей въ данный моментъ и оставлять безъ вниманія другую часть, даетъ намъ возможность разсуждать и дѣлать наши умозаключенія относительно цѣлаго класса, не подвергая этихъ заключеній и разсужденій вліянію того, чего нѣтъ дѣйствительно въ нашей идеѣ или нашемъ образѣ (?), или по крайней мѣрѣ вліянію того, чего мы не считаемъ общимъ цѣлому классу» [4]). Правда, Милль не хочетъ метафизировать; но однакоже онъ принужденъ

---

[1]) На ту же мысль нашелъ новый филологъ г. Гейгеръ, книга котораго (Ursprung und Entwickelung der menschlichen Sprache und Vernunft von Geiger, Stuttgart 1868) вышла послѣ перваго изданія нашего перваго тома. Мы встрѣчаемся съ этой книгой г. Гейгера при изложеніи теоріи языка въ 3-мъ томѣ.

[2]) Mill's Logic. B. IV. Ch. II. § 2. Здѣсь Милль признаетъ, что языкъ есть орудіе, облегчающее мышленіе, но не условіе его. «Какъ искусственная память, говоритъ Милль въ другомъ мѣстѣ: языкъ дѣйствительно является орудіемъ мысли; но одно быть орудіемъ, а другое быть исключительнымъ предметомъ, надъ которымъ упражняется орудіе. Дѣйствительно, мы по большей части думаемъ посредствомъ именъ; но то, о чемъ мы думаемъ, суть вещи, называемыя этими именами, и не можетъ быть большей ошибки, какъ воображать, что мы можемъ мыслить одними именами,—или что мы можемъ заставить имена думать за насъ» (Mill's Logic. B. I. Ch. II. § 2. p. 200).

[3]) Mill's Logic. B. IV. Ch. II. § 1. примѣч.
[4]) Ibid. p. 190.

употребить слово *абстракція*, хотя и сваливаетъ объясненіе этого слова на метафизику. Что Миль не привязываетъ идеи, или по воображенію, общей концепціи къ названію, это видно изъ слѣдующихъ словъ: «хотя наведеніе возможно безъ употребленія знаковъ (т. е. словъ) но безъ нихъ оно никогда не пошло бы выше самыхъ простыхъ случаевъ, составляющихъ, по всей вѣроятности, предѣлъ въ мышленіи животныхъ, которымъ не доступенъ условный языкъ» [1]. Но если признать несправедливымъ, что идея или понятіе тождественны слову и что безъ слова они ничто, то, отказавшись отъ мнѣнія Юма, нельзя пристать и къ тому мнѣнію, на которое намекаетъ Миль своимъ двусмысленнымъ «образомъ». Мышленіе словами о значеніи словъ невозможно и мышленіе объ индивидуальныхъ образахъ тоже невозможно. Никакое представленіе не признается нашимъ умомъ и если бы кто-нибудь сказалъ, что лошадь есть существо бѣлое, то мы бы его поправили даже въ томъ, что надобно раздѣлять процессъ воображенія отъ процесса мышленія: въ воображеніи мы имѣемъ дѣло съ единичными представленіями, а въ мышленіи—съ понятіями или идеями. Мы дѣйствительно *представляемъ* себѣ всегда единичную лошадь; но въ тоже время сознаемъ, что это представленіе не совпадаетъ съ нашимъ понятіемъ лошади и когда хотимъ думать о лошади, то сокращаемъ признаки нашихъ представленій, отбрасывая несущественныя. Такую же передѣлку представленій дѣлаемъ мы, конечно, соображаясь съ чѣмъ нибудь существующимъ *въ нашей душѣ*, но не въ нашихъ представленіяхъ, и это-то *что-нибудь*, несоизмѣримое съ нашими представленіями, мы называемъ идеею, или понятіемъ, или абстракціею; но какъ бы мы его не называли, дѣло въ томъ, что оно въ насъ есть, что мы можемъ имъ *мыслить*, но не можемъ его *представить*,—не можемъ его вы*разить*, т. е. воплотить въ образъ, въ движенія нервовъ.

10. Есть еще одно различіе между воображеніемъ и мышленіемъ (на него мы намекнули выше), по которому мышленіе можно назвать *усовершившимся воображеніемъ*. Въ процессѣ воображенія одно представленіе смѣняется другимъ; въ процессѣ мышленія нѣсколько представленій *одновременно* остаются въ ясномъ полѣ нашего сознанія, что и даетъ намъ возможность дѣлать сравненія, составлять понятія, сужденія, выводы и т. д. [2]. Легко видѣть, что безъ процесса воображенія процессъ мышленія невозможенъ; труднѣе подмѣтить, что безъ процесса мышленія невозможенъ процессъ воображенія, но тѣмъ не менѣе это такъ. Мы не можемъ воображать отдѣльныхъ признаковъ, и воображаемъ только *ассоціаціи* этихъ признаковъ или представленія, а чтобы составить ассоціацію признаковъ, мы должны были *подумать*, т. е. посредствомъ

---

[1] Ibid. § 3. p. 207.

[2] На это различіе, кажется, намекаетъ Аристотель, говоря, что воображеніе знаетъ только одно текущее представленіе, и не знаетъ другого сосѣдняго. (Arist. De Anima. Lib. C. III c. 3. Uebers. von Weisse. S.

сравненія и различенія сковать эти признаки въ одну ассоціацію или представленіе. Кромѣ того, когда мы мечтаемъ, то въ сознаніи нашемъ проходятъ не однѣ представленія, но и понятія, по которымъ мы забираемъ представленія. Можетъ быть только въ состояніи полной галлюцинаціи проходятъ въ воображеніи однѣ представленія во всей своей реальной яркости, не тронутыя отвлеченіемъ. даже въ обыкновенныхъ сновидѣніяхъ мы не много *думаемъ*, точно также, какъ при отвлеченнѣйшихъ умствованіяхъ немного *мечтаемъ*. Но такъ какъ самыя представленія наши скованы изъ отдѣльныхъ ощущеній посредствомъ мышленія, да и всякое опредѣленное ощущеніе есть уже актъ сравненія двухъ или болѣе психо-физическихъ состояній нашихъ, то мы и можемъ сказать, что продукты мышленія дѣлаются матеріаломъ въ процессѣ воображенія. а воображеніе поставляетъ процессу мышленія матеріалъ, мышленіемъ же заготовленный.

11. Такимъ образомъ мы видимъ, что оба эти процесса безпрестанно у насъ перемѣшиваются и безпрестанно переходятъ одинъ въ другой, такъ что мы рѣшительно не могли бы различать ихъ, закрѣпить процессъ мышленія, выдѣлить его изъ хаоса воображенія, *если бы не обладали даромъ слова и идеи*. Только въ *словѣ и идеѣ*, какъ мы увидимъ ниже, понятіе совершенно отвлекается отъ частныхъ признаковъ тѣхъ представленій, изъ которыхъ оно выдѣлилось, пріобрѣтаетъ произвольный признакъ, созданный духомъ, получаетъ *печать* духа и дѣлается полною его собственностью. Каждое слово для насъ есть тоже, что номеръ книги въ библіотекѣ, подъ этимъ номеромъ скрывается цѣлое твореніе, стоившее намъ продолжительнаго труда въ свое время. Библіотекарь, знающій только номера и заглавія библіотеки, знаетъ не много; но и человѣкъ, прочитавшій всѣ книги огромной библіотеки, но не знающій номеровъ и заглавій, безполезно потерялся бы въ ней. Слова, значеніе которыхъ мы понимаемъ, дѣлаютъ насъ обладателями громадной областью нашей памяти: это произвольные значки, которые мы налагаемъ на безчисленныя творенія, нами же выработанныя. Но мы имѣемъ способность не только наложить эти значки въ нашей памяти, но и сохранять, какъ бы въ геометрической точкѣ духа, самое содержаніе твореній, хранящихся въ библіотекѣ нашей памяти и записанныхъ въ ней подъ тѣмъ или другимъ номеромъ: эта *геометрическая точка* (конечно, это лишь сравненіе, и довольно грубое) называется *идеей*. Въ *идеѣ* мы сохраняемъ содержаніе библіотеки нашей памяти; въ *словахъ* хранится каталогъ этой библіотеки [¹]. И только это участіе духа въ процессѣ мышленія, посредствомъ *идеи и слова*, даетъ намъ возможность безконечно умножать богатство нашего разсудка и свободно распо-

---

[¹] Не должно забывать, что слово, какъ собраніе звуковъ и мускульныхъ движеній голосоваго органа, есть само по себѣ *представленіе*, когда мы его знаемъ, и *ассоціація слѣдовъ* въ нервной системѣ, когда мы его не сознаемъ.

лагать этими богатствами, а эта возможность поставила наш разсудок такъ недосягаемо высоко надъ разсудкомъ животныхъ, не обладающихъ ни *словомъ*, ни *идеей*. Мы имѣемъ всѣ данныя предполагать, что въ душѣ животныхъ процессъ мышленія, или разсудочный процессъ, и процессъ воображенія совершаются именно въ такомъ хаотическомъ движеніи, въ какомъ совершались бы въ насъ, если бы мы не обладали двумя могучими средствами, завершающими процессъ образованія понятій, т. е. *словомъ* и *идеею*.

12. Бенеке весьма справедливо замѣчаетъ, что процессъ отвлеченія, которымъ составляются понятія, весьма рѣдко достигаетъ въ насъ полнаго своего результата, что большая часть нашихъ понятій вовсе не чистыя понятія, а только полувыдѣленные аггрегаты болѣе или менѣе особенныхъ представленій [1]). Въ насъ есть какая то неудержимая сила, побуждающая насъ *воплощать* наши понятія, т. е. *представлять* ихъ такъ, что при каждомъ нашемъ понятіи мелькаютъ какіе либо особенные признаки, обрывки тѣхъ представленій, изъ которыхъ оно отвлечено. Обыкновенно яснѣе выдаются признаки тѣхъ особенныхъ представленій, которыя, или по новости своей, или по силѣ своей, вкоренились прочнѣе въ нашей нервной системѣ; такъ, напр., при понятіи лошади мелькаютъ признаки послѣдней лошади, которую мы видѣли, или той, которую мы особенно часто видѣли, или наконецъ той, которая почему бы то ни было произвела на насъ особенно сильное впечатлѣніе. Легко уже видѣть, что эти обрывки представленій, привязывающіеся къ понятіямъ, какъ обрывки тѣхъ пеленокъ, изъ которыхъ оно вышло, могутъ значительно затруднять правильность мышленія и портить его процессъ. Въ этомъ смыслѣ говорятъ обыкновенно, что *воображеніе мѣшаетъ разсудочному процессу*; но мы видѣли также, что разсудочный процессъ безъ воображенія невозможенъ. Вотъ почему можетъ быть Гегель опредѣлилъ понятіе только, какъ *стремленіе* духа уловить общее въ безчисленныхъ признакахъ предметовъ, и, по своему обыкновенію обратясь къ этимологіи, показалъ, что самое слово Begriff (понятіе) происходитъ отъ глагола begreifen (ergreifen), т. е. ловить. Замѣчательно, что и на нашемъ языкѣ слово *понятіе* и слово *понимать* имѣютъ общій корень съ глаголомъ *поймать*, такъ что понятіе можно передать словомъ *уловленіе*, т. е., процессъ улавливанія общихъ признаковъ, мелькающихъ въ массѣ единичныхъ представленій: это безконечный процессъ, безпрестанно совершающійся и никогда не завершающійся вполнѣ до тѣхъ поръ, пока это ловимое нами понятіе по формѣ не превратится въ слово, а содержаніе его не выразится въ духѣ нашемъ идеею [2]).

13. У дѣтей эти мелькающіе обрывки представленій, при святости

---

[1]) Lehrbuch der Psychologie von Beneke § 129. S. 89. Анмек. 2.

[2]) Но не одно слово *понятіе* заставляетъ удивляться глубокому философскому и психическому такту народа; таковы же напр. слова *вѣра*, *воображеніе*, *законъ*, *животное*, *растеніе*, *разсудокъ* и мн. др.

понятій, бываютъ ярче и многочисленнѣе, чѣмъ у взрослыхъ, болѣе привыкшихъ обращаться съ отвлеченными понятіями, и на эту особенность дѣтскаго мышленія долженъ обращать вниманіе педагогъ, какъ мы это увидимъ ниже. У людей съ сильнымъ и притомъ распущеннымъ воображеніемъ понятія почти утопаютъ въ этихъ яркихъ обрывкахъ представленій; но и у самыхъ холодныхъ людей, привыкшихъ работать разсудкомъ, понятія не являются въ своемъ чистомъ видѣ, и если бы человѣкъ не обладалъ способностью идей и слова, то его процессъ мышленія остался бы на той же ступени, на которой онъ находится и у животныхъ [1]). Но такъ какъ даръ *слова* и даръ *идеи* (означимъ ихъ покудова хотя подъ этимъ именемъ) идутъ изъ другаго источника, а именно—*духа человѣческаго*, изъ тѣхъ особенностей, которыми человѣкъ отличается отъ всего существующаго (а мы покудова говоримъ здѣсь только о животной душѣ, о тѣхъ способностяхъ и душевныхъ процессахъ, которые общи и душѣ человѣка, и душѣ животнаго, то и не будемъ, *сколько возможно* [2]), вдаваться преждевременно въ тѣ чисто человѣческія особенности, которыя въ душѣ человѣка вносятъ сильнѣйшее измѣненіе во весь разсудочный процессъ, общій въ своихъ основахъ и человѣку, и животному.

14. Многіе философы и психологи отличали человѣка отъ животныхъ именно тѣмъ, что человѣкъ можетъ образовывать понятія, а животное нѣтъ, и это мнѣніе справедливо, если къ процессу образованія понятій присоединяютъ *слово и идею*, какъ завершеніе этого процесса въ человѣкѣ. Но если брать этотъ процессъ въ его отдѣльности, какъ мы его изложили здѣсь, то нельзя сомнѣваться, что онъ совершается и у животныхъ.

15. Мы видимъ, что въ разсудочномъ процессѣ, какъ мы его изложили, нѣтъ никакихъ новыхъ агентовъ, а все тѣ же, съ которыми мы уже ознакомились выше: сознаніе, какъ способность различать, а слѣдовательно и сравнивать ощущенія, способность механической памяти усвоивать слѣды опредѣленныхъ ощущеній; способность этихъ слѣдовъ и ихъ сочетаній возникать вновь въ сознаніи, въ формѣ представленій; пребываніе этихъ представленій въ области сознанія и временное замедле-

---

[1] Языкъ, говоритъ Эйлеръ, также необходимъ, чтобы развивать и предохранять свои мысли, какъ и для того, чтобы сообщать ихъ другимъ (Ed. T. II. L. LXXII p. 339).

[2] Сколько возможно, говоримъ мы, потому что, говоря о разсудочномъ процессѣ, какъ онъ совершается въ человѣкѣ, невозможно вовсе не говорить также и объ идеѣ. Всякій душевный процессъ въ человѣкѣ, какъ мы уже неоднократно замѣчали, представляетъ результатъ всѣхъ его особенностей и тѣлесныхъ, и душевныхъ, и духовныхъ; но необходимость ясности въ изложеніи заставляетъ насъ говорить сначала *преимущественно* о первыхъ, потомъ о вторыхъ и, наконецъ, о третьихъ, хотя мы не можемъ въ тоже время не забѣгать впередъ и не принимать какъ бы за извѣстное то, что вполнѣ раскроется только впослѣдствіи.

— 284 —

ніе или временная остановка этого передвиженія, — вотъ всѣ тѣ акты и процессы, изъ которыхъ состоитъ такъ называемый разсудочный процессъ. Изъ этого уже видно, что этотъ процессъ очень сложенъ и мы никакъ не согласны признать его вмѣстѣ съ Дробишемъ за самый простой [1]: напротивъ, это самый сложный психо-физическій процессъ, составляющійся изъ одновременнаго дѣйствія нѣсколькихъ психо-физическихъ агентовъ, и въ которомъ соединяются нѣсколько психо-физическихъ актовъ. Въ разсудочномъ процессѣ мы —

1) сознаемъ разомъ нѣсколько различныхъ ощущеній, понятій, представленій, сужденій, и т. д.,
2) сознаемъ ихъ сходство,
3) сознаемъ ихъ различіе,
4) сознаемъ ихъ отношенія въ этихъ сходствахъ и различіяхъ,
5) соединяемъ въ одинъ выводъ, не уничтожая различія.

Кромѣ того въ этомъ процессѣ, какъ мы увидимъ ниже, принимаютъ дѣятельное участіе состоянія нашей нервной системы и наши сердечныя чувства. Болѣе сложнаго психо-физическаго акта мы не знаемъ; это вѣнецъ, до котораго достигаетъ животная природа, послѣдняя ступень развитія этой природы и первая, на которую опирается духовная природа человѣка.

16. Однако, какъ ни сложенъ этотъ процессъ, но главный характеристическій дѣятель въ немъ одинъ, и этотъ дѣятель не есть что нибудь новое, для чего нужно было бы особенное названіе разсудка, а знакомое уже намъ *сознаніе*.

Читатель нашъ уже знакомъ съ этою мыслью, потому что она изъ начала высказывалась нами уже давно; но мы считаемъ необходимымъ высказать ее здѣсь вполнѣ, чтобы потомъ уже не возвращаться къ ней и пользоваться ею, какъ доказанною. Всякая новая мысль не можетъ быть высказана сразу вся, особенно, если она вытекаетъ изъ сложныхъ, разнообразныхъ наблюденій, принадлежащихъ къ различнымъ областямъ знанія. Мысль эта уже высказана отчасти Бэномъ, но только онъ не придаетъ ей всего того значенія, которое она должна имѣть и не выводитъ изъ нея всѣхъ тѣхъ важныхъ послѣдствій, которыя изъ ней вытекаютъ сами собой.

17. Новая физіологія, особенно со времени наблюденій Вебера надъ осязаніемъ, приходитъ къ заключенію, по крайней мѣрѣ для тѣхъ чувствъ, дѣятельность которыхъ наиболѣе уяснена, что ощущеніе есть сознаваемыя колебанія въ нашей нервной системѣ, сознаніе разницы въ нашихъ различныхъ состояніяхъ. Слѣдовательно, всякое опредѣленное ощущеніе есть уже результатъ *сравненія*, а сравненіе, какъ извѣстно, есть основная отличительная дѣятельность разсудка. На этомъ основаніи мы сказали уже выше, что уже при образованіи первыхъ ощущеній работаетъ

---

[1] Empyrische Psychologie. S. 160.

рассудок. Точно также работаетъ онъ при образованіи *слѣда*¹). Слѣдъ не можетъ быть образованъ безъ участія разсудка, такъ какъ слѣдъ есть результатъ сравненія, иначе мы не могли бы узнать въ немъ слѣда опредѣленнаго ощущенія. Я припоминаю красный цвѣтъ только потому, что могу его *отличить* отъ всѣхъ другихъ цвѣтовъ, *узнать* его между другими цвѣтами. Безъ участія разсудка не можетъ быть сдѣлана ни одна ассоціація слѣдовъ, такъ-какъ всякая ассоціація дѣлается только по сходству или различію слѣдовъ,—слѣдовательно есть плодъ *сравненія и различенія*, а способность сравнивать и различать приписывается разсудку. Изъ этого уже видно, что *представленіе* — эта ассоціація ассоціацій слѣдовъ,—есть плодъ дѣятельности разсудка. Ничего новаго не встрѣтимъ мы и въ образованіи *понятій*: здѣсь продолжается таже работа разсудка, начатая имъ съ простаго первоначальнаго ощущенія и съ простаго основнаго *слѣда*; понятіе есть тоже не болѣе, какъ плодъ сравненія многихъ представленій.

12. При этомъ объясненіи, какъ мы показали выше¹), остается одна трудность объяснить появленіе *перваго* ощущенія; но какъ только показано первое ощущеніе, какъ только оно оставило *слѣдъ* свой въ душѣ, такъ и появляется возможность безконечной *цѣпи сравненій*, такъ и начинается процессъ, порождающій безпрестанно новыя ощущенія, болѣе и болѣе опредѣляющіяся, новые *слѣды* ощущеній, новыя ассоціаціи слѣдовъ, новыя *представленія* и наконецъ новыя *понятія*, однимъ словомъ, начинается *жизнь сознанія*.

13. Что же такое разсудокъ въ этомъ процессѣ, въ этой жизни сознанія? Явленіе ли, сопровождающее сознаніе, одна ли изъ способностей сознанія? Не трудно видѣть, что другой способности сознанія и нѣтъ, и что если вся способность разсудка состоитъ только въ различеніи и сравненіи различныхъ состояній въ нервной системѣ, отражающихся различными состояніями въ душѣ, то—*разсудокъ и сознаніе одно и тоже*.

Что сознаніе есть только процессъ различенія и сравненія—это мы уже показали, но что *разсудокъ есть тоже только процессъ различенія и сравненія*,—этого мы еще не доказали вполнѣ. Мы доказали это также для ощущеній и ихъ слѣдовъ, для ассоціацій слѣдовъ и представленій, доказали наконецъ для *понятій*; но намъ остается еще доказать это для тѣхъ дѣятельностей, приписываемыхъ обыкновенно разсудку, которыя называютъ *сужденіями, умозаключеніями*, постиженіемъ предметовъ и ихъ отношеній, постиженіемъ законовъ явленій, уче-

¹) Здѣсь видна ошибка Бенеке, когда онъ говоритъ: «Дитя въ первое время своей жизни ничего не понимаетъ». (Erz. und Unter. § 6. S. 27). Дитя понимаетъ, т. е. сравниваетъ и различаетъ, слѣдовательно, понимаетъ. Прежде, чѣмъ начинаютъ образовываться понятія, положить нельзя: образованіе ихъ начинается съ первой дѣятельностью сознанія, а не отличается отъ нея и во всю жизнь.

¹) См. гл. XXI, п. 11.

ными системами или наукою, и наконец правилами житейской деятельности.

Эти то доказательства и составят предмет следующих глав, а теперь мы позволим себе маленькое отступление в пользу царства животных. Это отступление уяснит нам еще больше мысль, которую мы хотели здесь провести.

20. Если мы только признаем, что у животных есть сознание, т. е. способность получать определенныя (т. е. различаемыя, а следовательно и сравниваемыя) ощущения, есть память, т. е. способность сохранять и возстановлять, а следовательно и различать (а следовательно и сравнивать) следы этих ощущений; если мы признаем (а этого невозможно отрицать), что у животных есть воображение, т. е. что следы представлений, возникая в их сознании передвигаются там с большею или меньшею быстротою, то замедляясь, то на время останавливаясь, — то не можем не признать, что в сознании животных могут образовываться и понятия, только не могут они превращаться в идеи и облекаться в слова. Опыт подтверждает этот психологический вывод. Не трудно убедиться, что животныя руководятся в своей деятельности не единичными представлениями, но понятиями, более или менее ясными, вообще о той или другой породе животных, вообще о пище и т. д. И по прежнему понятию о разсудке, как отдельной способности сравнивать, различать и делать выводы из этих сравнений и различий, мы не можем отказать животному в разсудке. Собака, преследуя лисицу, из многих дорог выбирает кратчайшую или удобнейшую; следовательно, она различает, сравнивает и делает правильное умозаключение. Но действия животных по *разсудку* следует строго отличать от действий по *инстинкту*. Для этого различения весьма пригоден прием, употребленный Фортлаге для доказательства присутствия сознания, а именно — нерешительность, колебание, раздумье, ошибки, опыт и поправки. Действуя по инстинкту, животное не колеблется, не разсуждает, не мыслит и не ошибается, как не колеблется и не ошибается сама безчувственная природа в своей деятельности. Действуя по разсудку, животное ошибается, недоумевает, делает опыты и поправляется. Чем ближе животное к человеку по своей нервной организации, тем более у него проявляется разсудочной деятельности и тем менее инстинктивной, и наоборот, чем менее развита нервная система животнаго, тем более замечаем в его деятельностях инстинкта и тем менее разсудка. Вот почему самыя удивительныя произведения животных принадлежат именно животным низших пород, у которых едва замечаются только кое-какие признаки нервной системы. (Кто не удивлялся устройству сотов, паутины, коралловым островам, постройкам муравьев и т. п.?). Но и этим маленьким животным нельзя отказать в некоторой доле разсудка, так-как наблюдения показывают, что и они могут, как то прекрасно доказал Дарвин, делать опыты и приноровляться к обстоятельствам; только эти опыты делают

чрезвычайно медленно, может быть въ тысячахъ поколѣній, микроскопическими дозами, пока наконецъ изъ нихъ наслѣдственно образуется новая привычка и войдетъ въ составъ наслѣдственнаго инстинкта животнаго, измѣненіе его сообразно новымъ обстоятельствамъ, новому климату, новой почвѣ, новому матеріалу для работъ, и т. п. Наука ожидаетъ отъ Дарвина подробнаго развитія этого процесса измѣненій инстинкта животныхъ [1]).

Въ породахъ же высшихъ животныхъ разсудочныя дѣйствія преобладаютъ надъ инстинктивными: въ дѣйствіяхъ слона, напр. не менѣе, если не болѣе, разсудочности, чѣмъ въ дѣйствіяхъ новозеландскаго дикаря [2]). Только слово и идея—эти *дары духа* развили разсудокъ человѣка до такой степени, на которой онъ кажется, съ перваго взгляда, неимѣющимъ ничего общаго съ разсудкомъ животнаго.

ГЛАВА XXXIII.

Образованіе сужденій и умозаключеній.

1. Въ простомъ сужденіи Бенеке совершенно справедливо видитъ только соединеніе понятія съ единичнымъ представленіемъ. Такъ, напримѣръ, говоря: *это* (то, что я вижу, или то, что я видѣлъ, а теперь себѣ представляю) *есть дерево; это коршунъ* и т. п., я только соединяю представленіе съ понятіемъ, въ которое оно входитъ; но понятіе, въ свою очередь, содержится въ представленіи, такъ какъ въ каждомъ единичномъ *деревѣ* находятся всѣ признаки *дерева вообще*, да кромѣ того есть еще особенные признаки, принадлежащіе только этой *породѣ* деревьевъ, этому *виду*, этой *семьѣ* и, наконецъ, этой *особи* [3]). Эту же мысль можно, кажется, выразить такъ: въ сужденіи представленіе совмѣщается съ понятіемъ своими *общими* признаками, исчерпываю-

---

[1]) «Въ душѣ животныхъ не образуется разсудокъ, говоритъ Бенеке (Ps. und Unter. § 30, S. 126) и основываетъ это на несовершенствѣ первичныхъ силъ животнаго. Но это противорѣчитъ факту: у животныхъ внѣшнія чувства часто сильнѣе, чѣмъ у человѣка; память часто тоже замѣчательна. На это указалъ и Миллеръ (Man. de Phys. T. II. p. 495). «Причину слабости отвлеченія, говоритъ онъ, вовсе не должно искать въ ясности или темнотѣ впечатлѣній, ибо въ этомъ нѣтъ различія между человѣкомъ и животнымъ». Въ способности же «отвлекать общія идеи изъ частныхъ» Миллеръ видитъ главное отличіе человѣка отъ животнаго. Но это не совсѣмъ справедливо, какъ мы видимъ: у животнаго формируются понятія, но они не превращаются въ *идеи*; процессъ абстракціи начинается, но не оканчивается. (Man. de Phys. T. II. p. 509).

[2]) Бремъ. Жизнь животныхъ. Петерб. 1866. т. I. Общій обзоръ жизни животнаго царства, стр. II.

[3]) Lehrbuch der Psychologie § 124.

щими все содержание понятія, и въ тоже время *отдѣляется* отъ видовыми *особенными*, ему только принадлежащими признаками. Липа, напримѣръ, имѣя всѣ общіе признаки дерева, имѣетъ, кромѣ того, свои особенные признаки. Сознаніе *разомъ* отражаетъ въ одномъ сужденіи это соединеніе и различіе, а языкъ выражаетъ ихъ въ формѣ, которую мы называемъ *предложеніемъ*. Такимъ образомъ, и въ этой формѣ разсудочной дѣятельности мы не находимъ ничего, чтобы превышало средства сознанія. И въ сужденіи сознаніе только сравниваетъ и различаетъ: соединяетъ, не сливая, и различаетъ, не разрывая. Для этой дѣятельности не нужно никакой особенной способности—*для нея довольно сознанія*.

2. Но если сужденіе есть сознательное соединеніе (но не сліяніе) понятія съ особеннымъ представленіемъ, или одного понятія съ другимъ понятіемъ, входящимъ въ первое въ роли единичнаго представленія (такъ напр. *это* [1] липа, липа — дерево; дерево — растеніе; растеніе — организмъ); то съ другой стороны всякое понятіе, какъ справедливо замѣтилъ Дробишъ, есть «дитя сужденія», составлено нами посредствомъ соединенія нѣсколькихъ сужденій, а иногда такого множества ихъ, что и перечислить трудно; такъ, напримѣръ, въ понятіи человѣка соединилось такъ много сужденій, что для изложенія ихъ, для того, чтобы исчерпать содержаніе этого понятія, потребовались бы цѣлые томы. Спрашивается однако, если въ сужденіи предполагается уже понятіе, а каждому понятію необходимо предшествуетъ сужденіе, то что же произошло прежде, понятіе или сужденіе? Такимъ вопросомъ задается англійскій психологъ Ридъ и говоритъ, что его рѣшить также невозможно, какъ и тотъ знаменитый вопросъ: вышло ли первое яйцо изъ курицы или первая курица изъ яйца, и прибавляетъ, что начало каждаго сужденія также же скрыто отъ насъ, какъ источники Нила [2].

Но мы видѣли, что сознаніе и при воспріятіи перваго опредѣленнаго ощущенія уже сравниваетъ и различаетъ, и вопросъ Рида принимаетъ для насъ другую форму: какъ родилось у насъ первое опредѣленное ощущеніе, когда для того, чтобы оно родилось, нужно уже сравненіе, а для того, чтобы возможно было сравненіе, нужно уже ощущеніе? Мы уже выше указали на этотъ вопросъ, какъ и на то, что въ психологіи нѣтъ на него отвѣта [3].

---

[1] Въ сужденіяхъ, выраженныхъ словами, мы обыкновенно соединяемъ подчиненное понятіе съ главнымъ; для особей у насъ нѣтъ словъ, а есть только указательныя мѣстоименія, которыя, въ свою очередь, представляютъ самое общее въ человѣческомъ языкѣ: сказать «вотъ это дерево», все тоже, что указать на дерево пальцемъ; но указать пальцемъ можно одинаково на все.

[2] Reid, p. 322.

[3] Смотри выше, гл. XXI.

3. «Въ сужденіи, замѣчаетъ Бенеке, особенное представленіе становится яснѣе черезъ соединеніе съ понятіемъ, а понятіе въ свою очередь вызывается черезъ присоединеніе къ нему особеннаго представленія» [1]. Мысль эта очень вѣрна; но къ ней слѣдуетъ прибавить, что представленіе наше становится яснѣе въ томъ только случаѣ, когда мы поняли особенности даннаго представленія, выдвигающія его изъ понятія и мѣшающія ему слиться съ понятіемъ, отъ чего собственно и происходитъ сужденіе. Если же этого нѣтъ, то сужденіе есть не болѣе, какъ словесный актъ, ничего не прибавляющій къ содержанію разсудка, и можетъ потому имѣть значеніе только грамматическаго примѣра. Это уже не сужденіе, а *пустая форма сужденія*.

4. Въ простомъ сужденіи особенное представленіе является подлежащимъ, а понятіе сказуемымъ. (Иванъ — человѣкъ, лошадь — млекопитающее животное и т. п.). Такое сужденіе называется *простымъ* или *категорическимъ*, но легко видѣть, что къ тому же роду относятся и тѣ сужденія, въ которыхъ мы приписываемъ какой-нибудь признакъ предмету, только тутъ особенный признакъ играетъ роль особеннаго представленія: напр. у коровы раздвоенныя копыта. Здѣсь особый признакъ или вносится въ понятіе, *еще не готовое*, или выводится изъ него, или понятіе *уже готово*. Простыя *сужденія* выражаются и простыми предложеніями. Предложеніе, имѣющее смыслъ, есть только словесная форма сужденія и болѣе ничего; въ предложеніи только выражается, въ формѣ языка, отношеніе между двумя явленіями или двумя предметами. Какъ ни проста эта мысль, однакоже неясное пониманіе ея вело ко многимъ ошибкамъ.

5. «Мнѣніе, говоритъ Джонъ Стюартъ Милль, что для логики всего важнѣе въ предложеніи отношеніе между двумя идеями, соотвѣтствующими подлежащему и сказуемому (вмѣсто отношенія между двумя явленіями, которыя выражаются этими идеями), кажется мнѣ самою гибельною ошибкою изъ всѣхъ, когда-либо введенныхъ въ философію логики, и главною причиною, почему теорія этой науки сдѣлала такіе незначительные успѣхи въ теченіи послѣднихъ двухъ столѣтій. Трактаты по логикѣ и по тѣмъ отдѣламъ философіи, которые связаны съ логикою, писанные со времени введенія этой основной ошибки (cardinal error), хотя и принадлежатъ часто людямъ необыкновенныхъ способностей, всегда въ себѣ заключаютъ въ себѣ молчаливое признаніе теоріи, что изысканіе истины состоитъ въ созерцаніи и обработкѣ нашихъ идей или концепцій вещей, вмѣсто самихъ вещей» [2]. Главная заслуга Милля состоитъ именно въ указаніи этой гибельной ошибки и вся его обширная «Логика есть, собственно говоря, только развитіе и доказательство этой простой идеи и указаніе тѣхъ важныхъ ошибокъ, которыя вкрались въ мы-

---

[1] Lehrbuch der Psychologie, § 44.
[2] Logic. Book I. Ch. V. § 1. p. 98. На это ошибочное направленіе мышленія указалъ еще Баконъ.

мленіе человѣка и науку изъ идеи противоположной, до пресыщенія развитой номиналистами и идеалистами и достигшей въ «Логикѣ» Гегеля своего печальнаго апоѳеоза.

6. Заслуга Милля состоитъ именно въ томъ, что онъ вновь и энергически выразилъ эту здравую идею *реальности мышленія* и внесъ ее въ логику, откуда, какъ можно надѣяться, она уже не выйдетъ болѣе и сдѣлаетъ опять эту науку достойною изученія. Но Милль только угадалъ теченіе мысли своего вѣка, уже шевелившейся повсюду, въ самыхъ разнообразныхъ областяхъ науки и жизни, но шевелившейся еще подъ покрываломъ. Милль только сбросилъ это покрывало. Въ области воспитанія, которую мы исключительно имѣемъ здѣсь въ виду, идея эта тоже давно начинала высказываться въ формѣ громкихъ требованій. «Les choses! les choses!» говоритъ уже Руссо: «Je ne répéterai jamais assez que nous donnons trop de pouvoir aux mots: avec notre éducation babillarde nous ne faisons que des babillards» [1]. Песталоцци старался приложить эту идею къ практикѣ обученія; за нее же стояли и сражались лучшіе германскіе педагоги; къ ней пробивается и педагоги Англіи; а наша педагогика, едва взглянувши на нее, поспѣшила отворотиться. Но нѣтъ сомнѣнія, что исторія скоро опять поворотитъ насъ лицомъ къ этой своей очередной идеѣ.

7. Милль признаетъ *пять* видовъ предложеній (т. е. сужденій, выраженныхъ въ формѣ слова), а именно: *одни* выражающія *существованіе*, напр. *есть душа, есть добродѣтель*, и т. п.; *другихъ* выражаютъ *сосуществованіе*, напр.—*человѣкъ смертенъ*, *третьи* выражаютъ *послѣдовательность* между явленіями: *за зимой слѣдуетъ весна*; *четвертыя* выражаютъ *причинность*, *солнце согрѣваетъ водѣ*; *пятыя*, наконецъ, выражаютъ *сходство*: *олово блеститъ подобно серебру* [2]. Разберемъ всѣ эти виды предложеній или сужденій и мы найдемъ, что во всѣхъ сознаніе наше дѣлаетъ все одно и тоже: находитъ сходство и различіе или, однимъ словомъ, сравниваетъ.

8. Что мы утверждаемъ собственно въ сужденіяхъ, *только заявляющихъ существованіе предмета*? На это даетъ намъ отвѣтъ Декартъ со своимъ знаменитымъ: cogito ergo sum, и первая категорія Гегелевской логики, выводящая идею «бытія и небытія» [3]; но только мы, смотря на тотъ же предметъ съ точки зрѣнія опытной психологіи, присоединимъ къ этимъ двумъ великимъ идеямъ простое чувство своего бытія, которое каждый изъ насъ носитъ въ самомъ себѣ. Что утверждаютъ собственно такія сужденія, каковы: *есть Богъ, есть душа, есть тѣло, есть матерія, есть сила* и т. п.? Самое поставленіе слова *быть* въ началѣ этихъ предложеній показываетъ уже, что всѣ они суть

---

[1] Emile p. 189. «Вещей! вещей! Я никогда не перестану повторять, что мы придаемъ слишкомъ много значенія словамъ: съ нашимъ болтливымъ воспитаніемъ мы и дѣлаемъ только болтуновъ».

[2] Mill's Logic. L. I. Ch. V. §§ 5 и 6.

[3] Hegel's Wissenschaf. der Logik. 1841. Ers. B. Die Lehre von Sein. S. 72 и.

въ этомъ глаголѣ, и что здѣсь онъ уже не связка, а сказуемое и притомъ сказуемое, на которое говорящій хочетъ обратить вниманіе слушающаго. Если мы припомнимъ тотъ изящный пріемъ, которымъ Гегель выдѣляетъ изъ понятія бытія (какъ Фихте старшій изъ понятія Я) все, что могло бы его опредѣлить, тогда мы поймемъ, что во всѣхъ этихъ утвержденіяхъ или сужденіяхъ выражается только одно *бытіе* того или другаго предмета нашего сознанія и ничего болѣе, кромѣ бытія, что въ нихъ нѣтъ никакой опредѣленности, что, словомъ, это самыя отвлеченныя сужденія, какихъ только можетъ достигнуть умъ человѣческій: далѣе *бытія* обобщеніе уже идти не можетъ. Но между тѣмъ это не есть какая нибудь идея, выработанная метафизиками, а чувство, каждому изъ насъ присущее. Заслуга Декарта состоитъ вовсе не въ томъ, что онъ сказалъ: «я *существую*»,—это и безъ Декарта чувствуетъ очень хорошо каждый ребенокъ. Заслуга же Декарта состоитъ только въ томъ, что онъ это неопредѣленное чувство, живущее въ каждомъ изъ насъ, превратилъ въ мысль: *я мыслю, слѣдовательно существую* и мысль эту положилъ въ основу своей метафизики [1]). Но каждый изъ насъ, говоря: *есть душа, есть матерія* и т. п., только строитъ уравненіе между декартовскимъ cogito ergo sum и какимъ-нибудь предметомъ, т. е. собраніемъ какихъ-нибудь признаковъ. Понятіе бытія взято нами изъ чувства своего собственнаго бытія; но если я говорю, что какой-нибудь предметъ существуетъ, то выражаю въ этомъ собственно два утвержденія или, лучше сказать, два сравненія: во-первыхъ, что предметъ имѣетъ бытіе, т. е. то самое, что я въ самомъ себѣ ощущаю, и во-вторыхъ, что это бытіе предмета независимо отъ моего бытія, точно также, какъ мое бытіе не зависитъ отъ тѣхъ предметовъ, которые я ощущаю. Говоря: *есть тѣло*, я, кромѣ того, что говорю, что оно есть, утверждаю также, что это *не моя фантазія* и что тѣло существуетъ отдѣльно отъ моего бытія, независимо отъ него. Я не скажу—*есть призракъ*, хотя онъ и существуетъ въ моей фантазіи, и не скажу этого именно потому, что признаю его лишь за созданіе моей фантазіи. Говоря: *есть Богъ*, я не только утверждаю бытіе Божіе, но въ тоже время отрицаю, чтобы оно было созданіемъ моего воображенія. Мы убѣждены, что всякій, кто всмотрится внимательнѣе въ *эти предложенія существованія*, какъ ихъ называетъ Милль, увидитъ въ нихъ тоже самое, что видимъ мы, т. е. отысканіе сходства и процессъ сравненія между бытіемъ, которое я чувствую въ самомъ себѣ, и признакомъ, который я хочу придать тому или другому предмету.

9. *Сужденія сосуществованія* выражаютъ также сходство и разницу между двумя предметами моего мышленія. Такъ, въ предложеніи, *человѣкъ смертенъ*, выражается только *логическое уравненіе* между двумя ассоціаціями признаковъ: ассоціаціею, обозначенною словомъ «смер-

---

[1]) Ошибка же въ томъ, что онъ не указалъ на непосредственное чувство, какъ на источникъ своей категоріи.

тѣнъ», и ассоціаціею, обозначенною словомъ «человѣкъ»: явленія смертности, поразившія наше сознаніе, приравниваются къ понятію человѣка и въ это понятіе вводится новый атрибутъ. Но вслѣдствіе чего составилось у насъ понятіе *смертенъ*? Конечно, вслѣдствіе сравненія впечатлѣній, полученныхъ нами въ различное время, впечатлѣній, очень разнообразныхъ, составляющихъ различныя группы, но такія, въ которыхъ, въ каждой, есть одна общая черта—прекращеніе жизни. Точно такимъ же путемъ образовалось у насъ понятіе человѣка, хотя оно гораздо сложнѣе. Сравнивая эти два понятія, я ихъ соединяю и говорю: человѣкъ смертенъ. Положимъ, что мы не знали бы, что человѣкъ умираетъ, какъ и не знали мы этого въ дѣтствѣ, но видѣли бы умирающихъ животныхъ и составили бы себѣ понятіе о *смертномъ существѣ*, о цѣломъ классѣ смертныхъ существъ, въ который мы не ввели бы человѣка. Потомъ, увидавъ, что и человѣкъ умеръ, мы сказали бы сами себѣ: «а, и человѣкъ смертенъ!» Если же мы не говоримъ теперь этого знаменательнаго «а», то только потому, что говоря: «человѣкъ смертенъ», мы собственно не дѣлаемъ новаго для насъ сужденія, но только анализируемъ, такъ сказать, распарываемъ по швамъ, сужденіе, давно уже въ насъ составившееся, и которое, въ числѣ множества другихъ сужденій, давно уже введено нами въ понятіе *человѣкъ*. Въ предложеніи же: «а, и человѣкъ смертенъ!» нѣтъ ничего другого, кромѣ открытія сходства. Можетъ конечно случиться и такъ, что самое понятіе смертности составится нами изъ наблюденій не надъ животными, а надъ людьми, тогда мы скажемъ просто: «человѣкъ умираетъ» и это будетъ ничто болѣе, какъ выводъ изъ сравненія тѣхъ впечатлѣній, которыя мы получаемъ, глядя на живаго человѣка, съ тѣми, которыя получаемъ мы, глядя на трупъ: изъ сходства и различія этихъ двухъ сложныхъ группъ впечатлѣній выйдетъ у насъ сужденіе—человѣкъ умираетъ; а изъ многихъ сравненій подобнаго рода выйдетъ сужденіе—человѣкъ смертенъ, выражающее только увѣренность, что перемѣна признаковъ, много разъ замѣченная нами, случится со всякимъ человѣкомъ. Каинъ, убившій брата, безъ сомнѣнія, изумился явленію смерти, вотъ почему и первая мысль его была, что и его могутъ убить, и эту же боязнь выражаетъ онъ въ словахъ своихъ.

10. Возьмемъ другой примѣръ сужденій, выражающихъ сосуществованіе, примѣръ, также приводимый Милемъ: «*вершина Чимборазо-бѣла*», и тутъ мы увидимъ тотъ же процессъ сравненія. Множество разновременныхъ ощущеній, по чувству ихъ одинаковости, я назвалъ однимъ словомъ — *бѣлый*. Взглянувъ на вершину Чимборазо, я испытываю тоже чувство и изъ этого, по выраженію Миля, специфическаго чувства сходства рождается сужденіе — вершина Чимборазо бѣла. Но если бы признать вмѣстѣ съ Милемъ, что чувство сходства есть нѣчто то особенное, специфическое [1]), тогда слѣдовало бы признать еще

---

[1]) Ibid. p. 112.

другое специфическое чувство — *чувство различія*. Но мы уже видѣли, что какъ чувство сходства, такъ и чувство различія только двѣ стороны одного и того же процесса — процесса сравненія, или проще, процесса сознанія. Я не могъ бы найти сходства между двумя предметами, если бы въ то же время не различалъ ихъ, тогда это были бы уже не сходные предметы, а тождественные: не два предмета, а одинъ и тотъ же предметъ. Точно также я не могъ бы различать двухъ предметовъ, если бы не сознавалъ сходства между ними, хотя бы это сходство все заключалось въ томъ, что оба эти предмета существуютъ или на самомъ дѣлѣ, или въ моей фантазіи.

11. Ошибка Милля принадлежитъ, впрочемъ, не ему: она заимствована имъ у Локка, который также отдѣляетъ сознаваніе сходства отъ сознанія различія и первое приписываетъ *остроумію*, а второе — *сужденію*. Локкъ ставитъ однимъ изъ своихъ положеній: «нѣтъ знанія безъ различенія» (No knowledge without discernment) [1]; но въ слѣдующемъ же пунктѣ онъ хочетъ отличить *остроуміе* (Wit) отъ *сужденія* (Judgement) тѣмъ, что остроуміе отыскиваетъ сходство, а сужденіе отыскиваетъ различіе. Несправедливость этого положенія кидается въ глаза. Развѣ мы не называемъ остроуміемъ, когда человѣкъ находитъ существенное различіе въ двухъ явленіяхъ, которыя казались другимъ совершенно сходными? Развѣ мы можемъ не назвать сужденіемъ того умственнаго процесса, посредствомъ котораго Франклинъ нашелъ существенное сходство между грозовыми явленіями и явленіями, представляемыми электрическою машиною? Между остроуміемъ и сужденіемъ вся различіе не въ процессѣ, а въ матеріалахъ и цѣляхъ процесса, какъ это мы показали выше [2]. Если бы Локкъ и Милль сознали ясно, что, находя сходство, мы сознаемъ различіе и, находя различіе, мы сознаемъ сходство, и въ обоихъ случаяхъ только сравниваемъ, то Локкъ не назвалъ бы сравненія «особеннымъ процессомъ ума» [3], отличающимся отъ остроумія и сужденія, а Милль не сдѣлалъ бы изъ «предложеній сходства» какого-то спеціальнаго и притомъ пятаго класса сужденій — какого-то *пятаго колеса* въ нашемъ разсудочномъ процессѣ.

12. Въ *сужденіяхъ сосуществованія* мы всегда вводимъ обсуждаемый нами предметъ въ ассоціацію другихъ предметовъ, уже связанную нами. Говоря: «человѣкъ смертенъ», я или ввожу человѣка въ ассоціацію смертныхъ существъ, или признакъ смертности ввожу въ ассоціацію признаковъ, которые соединились у меня въ понятіи человѣка. Точно также, говоря: «золото есть металлъ», я или ввожу золото въ ассоціацію предметовъ, которая обозначалась у меня однимъ словомъ — металлъ, или беру изъ этой ассоціаціи признакъ и ввожу его въ ассоціацію призна-

---

[1] Гоббсъ сказалъ уже: «судить есть нѣчто иное, какъ различать».
[2] См. выше, гл. XXVII.
[3] Of hum. Underst. B. II. Ch. XI. § 4.

ковъ, составляющихъ въ моемъ умѣ понятіе золота. То или другое направленіе моей мысли въ этомъ случаѣ зависитъ отъ того, на что я направилъ мое вниманіе, или что я хотѣлъ особенно выразить, то ли, что золото принадлежитъ къ числу металловъ, или то, что у золота есть всѣ признаки металла; нужно ли мнѣ было описать золото или нужно ли мнѣ было помѣстить его въ извѣстный классъ. Въ самомъ сужденіи здѣсь разницы нѣтъ, а есть только разница въ томъ употребленіи, какое я хочу изъ него сдѣлать; слѣдовательно, разница внѣшняя для самаго сужденія.

13. Милль не соглашается съ такимъ взглядомъ на сужденія существованія. Онъ думаетъ, что хотя въ такомъ взглядѣ есть которое основаніе, но только весьма слабое. «Помѣщеніе предмета въ классы, каковы, напр., классъ—*металлъ* или классъ—*человѣкъ*, основывается на сходствѣ предметовъ, помѣщаемыхъ въ одинъ и тотъ же классъ, но не на общемъ сходствѣ. Сходство это состоитъ въ обладаніи всѣми этими предметами извѣстною, общею имъ особенностью и эта особенность, выражающаяся въ терминѣ, и есть именно то, что предложеніе утверждаетъ, а не сходство. Ибо, говоря «золото есть металлъ» я хотя и подразумѣваю, что если есть какой-нибудь другой металлъ, то онъ долженъ походить на золото; но еслибы и не было никакого другого металла, кромѣ золота, то я могъ бы утверждать то же предложеніе съ тою самою мыслью, какъ и теперь, а именно, что золото имѣетъ всѣ различные признаки, входящіе въ слово металлъ. Точно также я могъ бы сказать «христіане суть люди» и тогда, еслибы не было другихъ людей, кромѣ христіанъ. Итакъ предложенія, въ которыхъ предметы относятся къ какому-нибудь классу, потому что они обладаютъ атрибутами, составляющими классъ, такъ далеки отъ того, чтобы утверждать только сходство, что, собственно говоря, они вовсе не утверждаютъ сходства» [1]).

14. Милль правъ въ томъ, что въ приводимыхъ имъ сужденіяхъ утверждается не одно сходство; но не правъ, говоря, что мы вовсе въ нихъ не утверждаемъ сходства. Дѣло же въ томъ, что мы равно утверждаемъ въ нихъ и сходство, и различіе. Разберемъ внимательно одно изъ этихъ предложеній: *золото есть металлъ*. Милль говоритъ, что еслибы и не было другихъ металловъ, кромѣ золота, то это предложеніе не измѣнилось бы и имѣло бы тотъ же смыслъ; мы же утверждаемъ, что еслибы не было другихъ металловъ, кромѣ золота, то предложеніе, *золото есть металлъ*, было бы вовсе невозможно, потому что тогда не было бы ни понятія, ни слова—металлъ, а было бы только слово *золото*; точно также, какъ предполагаемый физиками эѳиръ не есть ни твердое тѣло, ни жидкое, ни газъ, а просто эѳиръ. Теперь же произнося: «золото есть металлъ», я говорю собственно сокращенное предложеніе, сокращенное изъ другаго, полнаго: *золото есть одинъ*

---

[1]) Mill's Logic. B. I. Ch. 5. § 6. p. 113.

металловъ. Въ этомъ же предложеніи утверждаются два факта, взятые изъ многочисленныхъ опытовъ и наблюденій. *Первый фактъ* говоритъ, что въ золотѣ есть всѣ признаки, изъ которыхъ люди составили понятіе *металла*, и составлено это понятіе потому, что замѣтили нѣсколько признаковъ, принадлежащихъ вмѣстѣ нѣсколькимъ металламъ, а именно ковкость и особенный блескъ, который потому и названъ *металлическимъ*. Еслибы не было такого особаго рода металловъ, или еслибы былъ только одинъ, то не было бы и понятія о металлѣ и невозможно было бы сужденіе: *золото есть металлъ*. *Второй фактъ*, выражаемый тѣмъ же сужденіемъ, состоитъ въ томъ, что золото есть особый металлъ, что выражается въ самомъ словѣ золото. Еслибы золото не имѣло особенныхъ признаковъ, то оно было бы желѣзомъ, мѣдью и т. д., а не золотомъ и самое слово золото не существовало бы. Тоже самое слѣдуетъ сказать и о предложеніи: *всѣ люди христіане*. Еслибы не было различныхъ религій въ настоящемъ или, по крайней мѣрѣ, въ прошедшемъ, то такое сужденіе было бы невозможно. Слѣдовательно, въ предложеніяхъ сосуществованія *утверждается разомъ и различіе, и сходство предметовъ*, и кромѣ различія и сходства ничего болѣе не утверждается. Въ этихъ сужденіяхъ, какъ и во всѣхъ другихъ, мы видимъ только *уравненіе*, но не *математическое*, утверждающее только равенство, а *логическое*, утверждающее разомъ и различіе, и сходство или, однимъ словомъ, *отношеніе* предметовъ, составляющихъ сужденіе.

15. Въ сужденіяхъ, утверждающихъ *послѣдовательность явленій*, тоже утверждается только различіе и сходство. Между молніей и громомъ то сходство, что они являются въ одинъ періодъ времени, непосредственно одно за другимъ; различіе же то, что молнія повидимому бываетъ прежде грома, и что одно блеститъ, а другое гремитъ. Здѣсь двѣ различныя ассоціаціи ощущеній связаны также сходствомъ и различіемъ.

16. Въ *сужденіяхъ причины* тоже самое, что и въ сужденіяхъ послѣдовательности, потому-что мы называемъ причиною такое *предшествующее явленіе*, послѣ котораго, по нашему убѣжденію, непосредственно слѣдуетъ другое, и это другое мы называемъ *слѣдствіемъ*. Что же касается *сужденій по сходству*, то они прямо уже вытекаютъ изъ сравненія и показываютъ только, что умъ нашъ, остановившись на сходствѣ, не пошелъ далѣе и не окончилъ сужденія, не вывелъ никакого результата изъ этого сходства. Таково сужденіе: «*снѣгъ блеститъ какъ серебро*». Такъ-какъ одного этого сходства было недостаточно, чтобы свести снѣгъ и серебро въ одно понятіе, то образованіе понятія и остановилось на отрывочномъ сужденіи. Но изъ многихъ сужденій сходства образуется понятіе, какъ мы показали выше.

17. Къ какому же окончательному выводу придемъ мы, разсмотрѣвъ происхожденіе сужденія?

Сужденіе есть не болѣе, какъ тоже понятіе, но еще въ процессѣ своего образованія. Окончательное сужденіе превращается въ понятіе.

Изъ понятія и особеннаго представленія, или изъ двухъ и болѣе понятій можетъ опять выйти сужденіе; но, оконченное, оно опять превратится въ понятіе и выразится однимъ словомъ: напр. у этого животнаго раздвоенныя копыта, на лбу у него рога; оно отрыгаетъ жвачку и т. д. Всѣ эти сужденія, слившись вмѣстѣ, образуютъ одно понятіе животнаго двукопытнаго и жвачнаго. Мы можемъ разложить каждое понятіе на составляющія его сужденія, каждое сужденіе опять на понятія, понятія опять на сужденіе и т. д. Слѣдовательно, сужденіе есть то же понятіе на пути своей формировки, и слѣдовательно для сужденій нуженъ только тотъ же агентъ, который образуетъ понятія—нужно *сознаніе*.

18. *Умозаключеніе* вовсе не есть какая-нибудь самостоятельная форма разсудочнаго процесса, а только повѣрка и анализъ того, что уже образовалось въ формѣ *сужденій* и слилось въ *понятіе*. Кай человѣкъ; всѣ люди смертны; слѣдовательно, Кай смертенъ. Весь этотъ силлогизмъ, какъ справедливо замѣчаетъ Джонъ Стюартъ Милль, заключается уже въ первомъ сужденіи: Кай человѣкъ [1] и во всемъ этомъ силлогизмѣ рѣшается одинъ только вопросъ: человѣкъ ли Кай? Если Кай человѣкъ, то въ понятіе человѣка, какъ составная часть его, вошло сужденіе, взятое изъ опыта, что всѣ люди умираютъ и что, слѣдовательно, и безсмертный Кай, воскресающій въ каждой логикѣ, наконецъ умретъ. Прежде-чѣмъ человѣкъ высказалъ такой силлогизмъ, онъ уже сдѣлалъ его въ первой посылкѣ, слѣдовательно, силлогизмъ этотъ ни на шагъ не подвигаетъ далѣе разсудочнаго процесса и есть не болѣе, какъ разложеніе уже готоваго понятія на сужденія, изъ которыхъ оно составилось. Милль сравниваетъ силлогизмъ съ повѣркою переписки. Заботливый переписчикъ, говоритъ онъ, повѣряетъ переписанное имъ по оригиналу, и если нѣтъ ошибки, то признаетъ, что переписано вѣрно. Но не будемъ же называть повѣрку копіи частью акта переписки [2]. Намъ кажется, что еще удачнѣе будетъ сравнить силлогизмъ съ распарываніемъ уже сшитаго платья по швамъ, что дѣлается иногда съ тою цѣлію, чтобы узнать, какъ было платье сшито. Въ силлогизмѣ мы разлагаемъ понятіе на сужденія, и если попадаемъ на шовъ, то нашему анализу легко двигаться и мы говоримъ: *истина*. Эта дешевая истина показываетъ только, что мы попали на путь, которымъ составилось анализируемое нами понятіе; но это нисколько не мѣшаетъ самому понятію быть ложно составленнымъ, если оно выведено или изъ ошибочныхъ наблюденій или изъ недостаточнаго числа ихъ.

---

[1] Mill's Logic. B. II, Ch. II, p. 188.
[2] Ibid. Ch. III, § 8, p. 233.

ГЛАВА XXXIV.

Постиженіе предметовъ и явленій, причинъ и законовъ.

1. Въ предыдущихъ главахъ мы видѣли, что образованіе *понятій*, *сужденій* и *силлогизмовъ* не превышаетъ основной способности сознанія, способности чувствовать сходство и различіе. Это чувство сходства и различія воспринимается сознаніемъ, какъ отношенія между сознаваемыми впечатлѣніями; выраженіе этихъ отношеній есть сужденіе, а выраженіе отношеній между различными сужденіями есть понятіе; обратное же разложеніе понятія на сужденія, изъ которыхъ оно составилось, есть силлогизмъ или умозаключеніе. Всѣ эти явленія психической жизни выполняются сознаніемъ при помощи вниманія, памяти, воображенія и, наконецъ, особенной способности *останавливать ходъ представленій* въ процессѣ воображенія и обозрѣвать разомъ большее или меньшее количество представленій въ мысленномъ воображеніи. Если что нибудь можетъ быть названо особенною разсудочной способностью, то это именно эта способность останавливать ходъ представленій въ воображеніи съ тѣмъ, чтобы сознать ихъ взаимное отношеніе. Теперь намъ предстоитъ убѣдиться, что тотъ же самый процессъ сознанія различій и сходствъ лежитъ въ основѣ, такъ называемаго, *постиженія предметовъ и явленій природы*, *ихъ причинъ и ихъ законовъ*.

Постиженіе предметовъ.

2. Всякій, безъ сомнѣнія, замѣтилъ, что предметы въ отношеніи возможности ихъ постигнуть не одинаковы: одни предметы мы понимаемъ вполнѣ, другіе — отчасти, третьи-же кажутся намъ совершенно непонятными. Это общее всѣмъ намъ чувство отношенія нашего пониманія къ предметамъ пониманія имѣетъ вѣрное основаніе. Дѣйствительно всѣ предметы, въ отношеніи ихъ къ нашему пониманію, мы можемъ раздѣлить на три категоріи: къ *первой* относятся *предметы умственные*, или созданія нашего собственнаго ума, которыя мы понимаемъ вполнѣ именно потому, что они нами самими созданы; ко *второй* категоріи можно причислять тѣ предметы, въ которыхъ мы только кое-что сами сдѣлали, а остальное взяли изъ природы, уже готовое, — это *предметы искусственные*, и мы понимаемъ ихъ только въ половину; къ *третьей* категоріи мы должны отнести предметы природы, не нами созданные, которыхъ мы вовсе не понимаемъ въ томъ смыслѣ, какъ понимаемъ предметы умственные.

3. *Предметы умственные* образованы нами самими изъ опытовъ и наблюденій и понять предметъ умственный значитъ только повѣрить, дѣйствительно ли онъ то, чѣмъ мы хотѣли его сдѣлать. Въ прежнихъ сочиненіяхъ эти предметы назывались, и не безъ основанія, *номинальными* и, по справедливому замѣчанію Рида, понять такой номинальный

предметъ значитъ вывести его атрибуты изъ самаго понятія предмета, что для насъ вовсе не трудно, потому что и самый-то предметъ мы создали только для соединенія тѣхъ или другихъ атрибутовъ. Къ такимъ предметамъ принадлежатъ всѣ математическія понятія, алгебраическія формулы и геометрическія фигуры, которыя въ своей математической правильности въ природѣ не существуютъ, а созданы нами самими. Вотъ почему мы *вполнѣ* понимаемъ, *что такое треугольникъ, квадратъ, кругъ* и въ этихъ предметахъ ничего не остается для насъ непонятнаго. Мы не только знаемъ и можемъ перечислить признаки треугольника или квадрата, но можемъ вывести эти признаки изъ самой сущности предмета, показать ихъ *полную необходимость*, такую необходимость, что безъ этихъ признаковъ треугольникъ не будетъ треугольникомъ, а квадратъ квадратомъ.

4. Но число *умственныхъ предметовъ* мы не ограничиваемъ, какъ дѣлаютъ иные, областью математики: напротивъ, мы причисляемъ къ умственнымъ предметамъ всѣ *слова* языка, и думаемъ, что слова намъ также *вполнѣ* понятны, или могутъ быть понятны, какъ и геометрическія фигуры. Что значитъ *понять слово?* Это значитъ узнать, что оно собою выражаетъ, или другими словами, для чего оно человѣкомъ придумано; а это конечно возможно въ отношеніи всякаго слова. Такихъ словъ, которыхъ невозможно было бы вполнѣ понять, не существуетъ; иначе это уже не слово, а безсмысленное собраніе звуковъ, никогда неимѣвшее значенія, или значеніе котораго позабыто. Но *понять слово* и *понять предметъ*, означаемый словомъ — двѣ вещи совершенно разныя. Такъ, мы понимаемъ слово *душа*, но не понимаемъ, что такое душа; понимаемъ слово *жизнь*, но не понимаемъ, что такое жизнь; мы понимаемъ слово *матерія*, но не понимаемъ, что такое матерія. Сознавать и твердо удерживать это различіе между словомъ и предметомъ, который означается словомъ — весьма важно. Не понимая предмета, обозначаемаго словомъ, мы, по крайней мѣрѣ, можемъ сознавать, для выраженія какихъ ощущеній или группъ ощущеній придумано или употребляется нами данное слово. Мы можемъ не понимать, откуда идутъ тѣ или другія ощущенія, какъ они соединяются между собою, отъ чего зависятъ; но мы можемъ всегда понять, для чего придумали или приняли извѣстное слово, для чего мы его употребляемъ, что хотимъ имъ выразить; т. е., мы можемъ всегда узнать значеніе слова, если не въ языкѣ народа или языкѣ человѣчества, для чего надобно быть глубочайшимъ филологомъ, то въ нашемъ собственномъ языкѣ, для чего надобно быть только мыслящимъ человѣкомъ [*]. Этимологической исторіи слова очень важно. Но она не, что можно...

---

[*] Какъ образуемъ мы математическія понятія — это мы изложимъ...

[**] Въ этомъ дѣлѣ психологія и филологія могутъ сильно содѣйствовать взаимнымъ успѣхамъ; но, къ сожалѣнію, до сихъ поръ эти двѣ науки не помогаютъ другъ другу.

употреблять то или другое слово не только въ различныхъ, но даже въ противоположныхъ смыслахъ, теряться въ безполезныхъ недоумѣніяхъ и спорахъ, именно потому, что мы для самихъ себя не опредѣлили значенія того слова, о которомъ споримъ, или которое вводимъ въ наши споры. Слово есть созданіе человѣка[1]) и потому непремѣнно должно имѣть и свою психическую исторію, и одно изложеніе этой исторіи показало бы множество споровъ или, по крайней мѣрѣ, упростило бы спорные вопросы. Такъ, напримѣръ, мы чрезвычайно неопредѣленно употребляемъ слово *матерія* и слово *душа*; но если мы изложили бы психическую исторію этихъ словъ, то сами увидали бы, что часто приписываемъ матеріи такіе атрибуты, которые не входятъ въ наше собственное опредѣленіе *матеріи*, и называемъ психическими такія явленія, которыя не входятъ въ наше понятіе *души*. Здѣсь дѣло не въ томъ, чтобы рѣшить неразрѣшимые вопросы, что такое *душа*, и что такое *матерія*, и каково ихъ взаимное отношеніе, а въ томъ, чтобы рѣшить, каково *наше понятіе о душѣ* и каково *наше понятіе о матеріи*, и каково въ нашемъ мышленіи взаимное отношеніе этихъ понятій; а эти вопросы имѣютъ полную возможность быть рѣшенными *номинально*, ибо мы споримъ не о томъ, что отъ насъ не зависитъ, но о томъ, что мы сами создали.

5. Само собою разумѣется, что рѣшеніемъ такихъ вопросовъ открывается только *номинальная*, а *не реальная истина*, и эта номинальная истина можетъ оказаться ложью, т. е., другими словами, мы откроемъ, что созданное или принятое нами понятіе заключаетъ въ себѣ или неопредѣленность, или неполноту, или даже прямое противорѣчіе, соединяя атрибуты несоединяемые въ дѣйствительности. Такая повѣрка номинальной истины новыми и новыми наблюденіями и анализами совершенно необходима и совершается постоянно; но очень часто случается, что новое наблюденіе сдѣлано, а слово не исправлено и продолжаетъ играть свою путающую роль въ нашихъ разсужденіяхъ и спорахъ. Человѣкъ часто забываетъ самую простую истину, что (употребляя выраженіе Бэкона) «силлогизмы состоятъ изъ предложеній, а предложенія изъ словъ, а слова суть только заглавія вещей»[2]). Особенно это замѣтно въ новѣйшее время, когда новыхъ фактовъ, опытовъ и изслѣдованій появилось множество, а между тѣмъ не появляется уже давно такія философскія системы, которыя дѣлали бы, такъ сказать, генеральный смотръ всѣмъ основнымъ словамъ, играющимъ главную роль въ нашемъ современномъ міросозерцаніи. Эту потребность начинаютъ теперь живо чувствовать не только идеальные мыслители, но люди чистаго опыта. Вотъ почему, напримѣръ, Клодъ-Бернаръ, физіологъ, стяжавшій себѣ славу физіологическими опытами, находитъ нуж-

---

[1]) Но пусть человѣкъ не забываетъ, что слова, хотя и создаются человѣкомъ, но потомъ, по выраженію Бэкона, «возвращаютъ пониманію тѣ смыслы, которые отъ него получили». Nouvel Organum. L. 1. Aphor. LIX.
[2]) Nouvel Organum. L. 1. Aph. XIV.

нымъ писать такое «Введеніе въ опытную медицину», въ которомъ онъ бы лѣе говорить о томъ, что такое субстанція, явленіе, законъ, причемъ о медицинѣ. Однако же повѣрка общихъ понятій съ точки зрѣнія той или другой спеціальной науки оказывается очень неудовлетворительною, и нельзя не чувствовать, что напрасно въ послѣднее время логика была почти вычеркнута изъ списка *дѣльныхъ* наукъ. Признаніе за логикой обязанности открывать только одну номинальную истину уронило эту науку, какъ справедливо замѣтилъ Милль; но если бы логика взяла на себя трудъ исправлять имена по новымъ фактамъ, поступающимъ въ человѣческое знаніе, тогда эта наука стала бы на принадлежащее ей мѣсто, т. е. въ преддверіи всѣхъ прочихъ наукъ.

6. *Предметы искусственные* мы понимаемъ на столько, на сколько они искусственны, т. е. на сколько они наше собственное произведеніе. Такъ, въ ткацкомъ станкѣ или паровой машинѣ для насъ нѣтъ ничего понятнаго, кромѣ тѣхъ матерьяловъ и силъ природы, которыми мы воспользовались, чтобы сдѣлать эти орудія. Зная назначеніе машины, потому что это назначеніе мы сами ей дали, мы можемъ вывести всѣ ея атрибуты изъ этого назначенія. *Субстанція* машины, выстроенной, будетъ ея назначеніе; атрибуты или признаки машины относятся къ этой субстанціи, какъ средства, которыя мы сами отыскали для достиженія нами же даннаго назначенія. Непонятными для насъ остаются здѣсь только матерьялы и сила природы, которыми мы же пользовались, узнавъ по опыту, какъ они дѣйствуютъ. Мы пользуемся упругостью стали; но совершенно не понимаемъ, отчего зависитъ ея упругость. Точно также мы пользуемся силою тяготѣнія, силою теплоты, электричества, магнитности, узнавъ по опыту, какъ дѣйствуютъ эти силы; но вовсе не понимаемъ, что такое электричество, теплота, тяготѣніе, магнитность. Вотъ почему мы говоримъ, что предметы искусственные мы понимаемъ только *въ половину*, на сколько они искусственны, т. е. на сколько они сдѣланы нами. Мы не говоримъ здѣсь о *предметахъ искусства*, или, вѣрнѣе, о предметахъ художества, потому что это внесло бы въ наши разсужденія новый, часто лучшій элементъ, для разсмотрѣнія котораго у насъ нѣтъ покуда никакихъ данныхъ.

7. Къ *предметамъ природы* мы причисляемъ всѣ тѣ предметы, которые дѣйствуютъ на наше сознаніе, но въ созданіи которыхъ оно нисколько не участвовало. Пониманіе этихъ предметовъ въ томъ знаніи, какъ мы понимаемъ наши собственныя созданія, совершенно разнится. Къ этимъ предметамъ природы мы относимъ не только всѣ предметы внѣшняго для насъ міра, но и самаго человѣка, не только тѣло человѣческое, но и его душу, хотя въ отношеніи души понимаемъ

---

²) «Когда спеціалисты, говоритъ Бэконъ, обращаются къ своимъ самымъ общимъ предметамъ, то они ихъ коверкаютъ и отличаютъ по ихъ первымъ фантазіямъ». Nouv. Organum. L. 1. Aphor. 1. LIV.

...ть несколько въ другомъ положеніи, такъ какъ здѣсь мы сами тотъ ... предметъ, который стремимся понять. Объ особенномъ отношеніи ...иманія къ душѣ мы уже говорили выше и будемъ еще говорить ...е; здѣсь же мы устранимъ этотъ вопросъ, чтобы онъ не мѣшалъ намъ ...игнуть нашей прямой цѣли.

... Что значитъ *понять предметъ природы*? Это значитъ ни бо... ни менѣе, какъ узнать изъ опыта *признаки* предмета, связанные ...предполагаемою нами, но непостижимою для насъ, *субстанціею*, ...ственною носительницею этихъ признаковъ. Мы увидимъ дальше, ...понятіе субстанціи перенесено нами изъ міра внутреннихъ душевныхъ ...ній и наблюденій въ міръ опытовъ внѣшнихъ надъ внѣшними для ...предметами, которые *дѣйствуютъ на насъ своими признаками, но ...своею субстанціею*. Если мы можемъ перечислить всѣ признаки предме... ... признаки желѣза, то мы говоримъ, что понимаемъ, что такое желѣ... ... же ясно, что мы тутъ ровно ничего не понимаемъ, или, по крайней ... ..., что между пониманіемъ, что такое желѣзо, и пониманіемъ, что такое ...угольникъ, большая разница. Въ понятіи треугольника признаки не... ...имо вытекаютъ изъ сущности предмета; признаковъ этихъ не мо... ...быть ни больше, ни меньше, и они не могутъ быть другими; ..., они необходимы, иначе треугольникъ не будетъ треугольникомъ. ...ршенно не такъ мы понимаемъ желѣзо. Между цвѣтомъ желѣза и ...жестью у насъ нѣтъ никакой необходимой связи: желѣзо могло бы ...сколько легче или нѣсколько тяжелѣе, имѣть больше или мень... ...угости, плавиться при большей или меньшей степени жара и т. д. ... не понимаемъ необходимости соединенія признаковъ, составляющихъ ...понятіе желѣза. Мы только *изучили* эти признаки; но какъ мы ...изучили?

... Легко видѣть, что подъ именемъ всякаго *признака* въ предме... ...природы мы разумѣемъ ничто иное, какъ отношеніе этого предмета ...другимъ предметамъ. Говоря «*желѣзо имѣетъ тяжесть*», мы го... ...собственно только, что земля притягиваетъ желѣзо; говоря — ...тяжело, мы сравниваемъ степень притяженія землею желѣза ...степенью притяженія ею другихъ тѣлъ. Говоря, что *желѣзо пла*... ..., мы выражаемъ собственно отношеніе между огнемъ и желѣзомъ; ..., что желѣзо есть предметъ матеріальный, занимаетъ мѣсто въ ...странствѣ, мы выражаемъ только отношеніе желѣза къ нашей рукѣ, ...говоримъ, что желѣзо мѣшаетъ нашему движенію, что рука наша ...него упирается. Самый цвѣтъ предмета есть только отношеніе между ...выми лучами, предметомъ его отражающимъ и сѣткою нашего гла... ...признаковъ, которые не былибы отношеніями, во внѣшней для насъ ...ствѣ не существуетъ.

... Что такое предметъ *внѣ своихъ признаковъ* или, вѣрнѣе ска... ..., внѣ всѣхъ отношеній ко всѣмъ другимъ предметамъ — этого мы ...немъ и знать не можемъ, потому что предметъ дѣйствуетъ на насъ ...ими признаками, а не своею субстанціею. Отчего зависитъ такое

— 302 —

явленіе намъ предмета? Отъ того ли, что сознаніе наше, какъ мы видѣли это выше, по самому свойству своему, начинаетъ дѣйствовать только тогда, когда можетъ сравнивать, или отъ того, что всѣ предметы природы и въ самомъ дѣлѣ не имѣютъ никакой субстанціи и существуютъ внѣ отношеній? Гербартъ сдѣлалъ послѣднее предположеніе, и его метафизика старается видѣть во всемъ мірѣ только отношенія; намъ кажется такое предположеніе ни на чемъ неоснованнымъ: сказать, изъ свойства нашей души сознавать только отношенія мы не имѣемъ еще права заключать, что во внѣшнимъ для насъ мірѣ дѣйствительно нѣтъ ничего, кромѣ отношеній. Напротивъ, чувствуя въ самихъ себѣ субстанцію, мы весьма естественно переносимъ ее и въ тѣ вещи, которыя, независимо отъ насъ, оказываютъ на насъ вліяніе [1]. Безъ крайней натяжки мы не можемъ думать о предметахъ, не влагая въ нихъ субстанціи, и не можемъ смотрѣть, напримѣръ, на желѣзо, какъ на собраніе признаковъ или отношеній къ другимъ предметамъ.

11. Слово *субстанція*, конечно, изобрѣтеніе философіи; но ошибочно было бы выводить изъ этого, что философія выдумала и самую субстанцію; философія въ этомъ случаѣ, какъ и часто съ нею случается, только выразила придуманнымъ ею словомъ глубокое чувство, присущее каждому человѣку, и которое, именно по этой всеобщности своей, нашло себѣ выраженіе въ человѣческомъ языкѣ. Человѣкъ до того не сомнѣвается въ субстанціи предметовъ природы, что для выраженія этой увѣренности не придумалъ даже никакого слова. Скептицизмъ въ этомъ отношеніи вышелъ уже изъ философскаго мышленія, и для того, чтобы сдѣлать необходимымъ слово субстанція, философія должна была, указывая на измѣняемость всѣхъ предметовъ въ природѣ, усомниться въ томъ, что въ основѣ этихъ перемѣнъ все же лежитъ неизмѣняемая субстанція, остающаяся во всей перемѣнѣ признаковъ. Попробуйте сказать человѣку, никогда не занимавшемуся философіею, что предметъ есть только собраніе отношеній, а самъ въ себѣ ничто, и вы очень удивите его вашимъ открытіемъ, если онъ не сочтетъ его шуткою: онъ даже ни разу и пойметъ, что вы хотите ему доказать,—такъ присуща каждому изъ насъ увѣренность въ субстанціи, какъ носительницѣ признаковъ безпрестанно мѣняющихся. Въ этомъ отношеніи Фихте младшій совершенно правъ, говоря, что мы не можемъ представлять себѣ вещей, не внося въ нихъ идеи субстанціи, и что это есть необходимое условіе пониманія нами внѣшнихъ для насъ предметовъ [2]. Но субстанціи самой мы не знаемъ, потому что не можемъ ничего ощущать въ предметѣ

---

[1] «Невозможно предположить, говоритъ Клодъ-Бернаръ, въ какомъ тѣлѣ абсолютно уединеннаго: оно было бы лишено реальности, потому въ этомъ случаѣ никакое отношеніе не обнаружитъ его реальности. (Введ. въ оп. медиц. стр. 94).

[2] Fichte. Psychologie.

…роды, время их действія другъ на друга и окончательно на нашу …ную систему.

… Не всѣ признаки созерцаемаго нами предмета соединяемъ мы въ …ятіи предмета. Въ этомъ случаѣ мы отдѣляемъ *признаки существен-* …*отъ признаковъ несущественныхъ.* Такъ, мы называемъ желѣзомъ …ольшой кусокъ, и малый; не обращаемъ вниманія также на форму …на то, заржавѣлъ ли онъ, или нѣтъ и т. д. Но чѣмъ же мы ру-…ствуемся, отдѣляя существенные признаки отъ несущественныхъ? …всѣхъ твердымъ, а только *большимъ* или *меньшимъ постоянствомъ* …знака [?]); но ни объ одномъ признакѣ какого бы то ни было пред-…природы мы не можемъ сказать съ увѣренностью, что вотъ это …вленно абсолютно постоянный, неизмѣнный, всегда присущій предмету. …рость желѣза при дѣйствіи огня исчезаетъ, цвѣтъ его мѣняется, …съ его на землѣ одинъ, на Сатурнѣ будетъ другой. Химія называетъ …желѣзо простымъ элементомъ, но кто знаетъ, не удастся ли ей …ложить его завтра? Какой же признакъ въ желѣзѣ можно назвать по-…ымъ, если всѣ они измѣняются или могутъ измѣниться? Слѣдо-…льно, въ понятіи мы соединимъ не неизмѣнные признаки предмета, … тѣ, которые при обыкновенныхъ условіяхъ обитаемой нами …ты являются наиболѣе постоянными. Такъ, напримѣръ, въ понятіе …у насъ входитъ признакъ жидкости; даже и подъ словомъ вода …азумѣемъ непремѣнно жидкость, хотя каждая зима наглядно убѣж-…насъ, что вода можетъ быть названа столько же жидкимъ, сколько …дымъ тѣломъ. Чѣмъ болѣе мы изучаемъ предметы природы, тѣмъ …открываемъ фактовъ измѣненія тѣхъ признаковъ, которые каза-…намъ наиболѣе постоянными. Вмѣстѣ съ тѣмъ измѣняются и наши …нія о предметахъ. Такимъ образомъ, понять предметъ природы зна-… замѣтить его признаки, кажущіеся намъ наиболѣе постоян-…и соединить ихъ въ одно *понятіе* предмета. Въ этомъ дѣлѣ су-…ственную помощь нашему изученію природы оказываетъ *класси-…ція*.

… Если мы захотимъ перечислить всѣ признаки какого-нибудь …мета природы, то найдемъ, что это довольно длинно. Такъ, пере-…признаки золота, напримѣръ, мы должны сначала показать, что …есть тѣло, потомъ перечислить признаки, отличающіе его отъ …ній, потомъ признаки, отличающіе его отъ другихъ минераловъ, …ъ признаки, отличающіе его отъ другихъ металловъ, т. е. спе-…ные признаки золота, какъ одного изъ металловъ. Но, вмѣсто всего …мы прямо говоримъ: «золото есть металлъ», и потомъ уже пере-…емъ специфическіе признаки золота, какъ одного изъ металловъ. …нужно только указать мѣсто золота между металлами, потому что …имѣютъ уже для насъ свое опредѣленное мѣсто въ числѣ дру-

---

…отъ пытается нашу въ отличіи признаковъ существенныхъ или несу-…ныхъ замѣтилъ и Милль.

гихъ предметовъ природы. Классификаціи, слѣдовательно, служатъ къ опредѣленію предметовъ и есть прекрасный, сокращающій пріемъ, которымъ обширно пользуется не только наука, но и вообще всякій человѣкъ въ своемъ мышленіи. Вмѣсто того, чтобы перечислять безчисленные признаки какого-нибудь растенія или какого-нибудь животнаго, мы только указываемъ мѣсто его въ системѣ растеній или животныхъ, и бо́льшая часть труда въ опредѣленіи предмета уже выполнена. Послѣ этого намъ останется только перечислить какіе-нибудь особенные признаки или отношенія опредѣляемаго нами предмета къ обыкновеннымъ условіямъ міра, обитаемаго нами: такъ, напримѣръ, показать мѣстность, въ которой растетъ опредѣляемое растеніе, время, когда оно цвѣтетъ, дѣйствіе его на животныхъ, приложимость въ промышленности и т. п. Смотря на классификацію съ этой точки зрѣнія, мы вовсе не посовѣтуемъ педагогамъ пренебрегать ею, какъ это было когда-то въ мѣру въ антагонизмѣ со схоластикою, которая, дѣйствительно, ухватившись за крайность, вся почти превратилась въ классификацію, да еще и искусственную.

14. Понять предметъ природы, слѣдовательно, значитъ только изучить его признаки, т. е. его отношенія къ другимъ предметамъ и дать ему надлежащее мѣсто въ числѣ предметовъ доступнаго намъ міра, опредѣлить родъ, видъ и особенность предмета. Всего же этого мы достигаемъ единственно процесомъ сравненія, отысканіемъ сходства и различія между предметами; слѣдовательно, пониманіе предмета не превышаетъ средствъ нашего сознанія и не требуетъ никакой новой способности, кромѣ основной способности сознанія — находить сходство и различіе между предметами, или лучше, между тѣми ощущеніями, которыя вызываются въ насъ предметами природы.

Пониманіе явленій природы.

15. Причина шаткости нашихъ понятій о предметахъ природы выражается въ явленіяхъ. *Явленіе* есть перемѣна признаковъ. Тѣло то увеличивается въ объемѣ, пріобрѣтаетъ или теряетъ цвѣтъ, измѣняетъ форму, перемѣняетъ мѣсто, при приближеніи другихъ предметовъ выказываетъ новыя свойства, и т. п. Но такъ какъ признаковъ неизмѣнныхъ нѣтъ, то и справедливо называютъ всякій предметъ явленіемъ. Однако же эти слова не могутъ замѣнять одно другое, какъ совершенные синонимы. Между явленіемъ и предметомъ мы не можемъ открыть объективной разницы, но есть разница субъективная, психическая. Если мы разсматриваемъ камень безъ отношенія ко времени и къ перемѣнѣ въ признакахъ во времени, то мы видимъ въ немъ предметъ; но если мы изучаемъ геологическое происхожденіе камня, то мы уже видимъ въ немъ только явленіе. Предметъ въ пространствѣ есть для насъ предметъ, предметъ во времени есть для насъ явленіе. Въ сущности же

одно и тоже, и разница тутъ только психическая, и между предметомъ и явленіемъ *тоже самое отношеніе, какъ между пространствомъ и временемъ*.

16. Въ природѣ мы замѣчаемъ явленія двухъ родовъ: перваго рода явленія Платонъ называетъ *перемѣною*, втораго рода — *переходомъ* ¹). Въ однихъ явленіяхъ признаки измѣняются безъ перемѣны предметомъ мѣста: снѣгъ таетъ, листъ желтѣетъ, вода твердѣетъ и т. п.; въ другихъ явленіяхъ предметъ перемѣняетъ мѣсто и эту перемѣну мѣста предметомъ мы также называемъ явленіемъ. Движеніе, слѣдовательно, есть только особаго рода явленіе. Но мы относимся къ движенію совсѣмъ не такъ, какъ къ другимъ явленіямъ. Движеніе для насъ понятнѣе, именно потому, что мы сами можемъ производить движеніе; мало этого, даже перемѣна признаковъ предмета кажется для насъ понятнѣе, когда мы представляемъ ихъ себѣ какъ движенія: такъ, напримѣръ, когда мы стали представлять себѣ явленіе тепла, какъ движеніе частицъ (молекулъ), или, когда мы стали представлять себѣ измѣненія въ цвѣтахъ, какъ измѣненія въ движеніи лучей, то и то, и другое стало для насъ болѣе понятнѣе: внѣ формы движеній мы не можемъ представить себѣ перемѣны признаковъ. Такъ ли это или не такъ во внѣшней природѣ, этого мы не знаемъ; но мы не можемъ представить себѣ перемѣны иначе, какъ въ формѣ движеній. Вотъ почему уже древніе философы, Платонъ и Аристотель, хотя отдѣляютъ *переходъ* тѣла съ мѣста на мѣсто отъ *перемѣны*, но смотрятъ уже и на *перемѣны* какъ на движенія особаго рода. Новая же наука всѣ перемѣны въ предметѣ пытается изъяснить движеніями, которыя мы ощущаемъ только въ ихъ результатахъ.

17. Къ явленію мы относимся точно также, какъ и къ предмету, только слово *признакъ* перемѣняется нами въ слово *условіе*. Въ предметѣ мы также замѣчаемъ признаки и отдѣляемъ болѣе постоянные отъ менѣе постоянныхъ. Въ явленіяхъ мы замѣчаемъ *условія* явленій, и тѣже признаки и называемъ условіями только постоянные признаки явленій. Понять предметъ — значитъ составить о немъ понятіе, т. е. соединить признаки предмета, кажущіеся намъ болѣе постоянными, въ одно понятіе; понять явленіе значитъ тоже самое — составить понятіе о явленіи изъ признаковъ или условій, которые мы считаемъ постоянными.

18. Пониманіе предмета относится къ пониманію явленія точно такъ, какъ самый предметъ относится къ явленію. Предметъ есть явленіе въ пространствѣ, явленіе есть предметъ во времени: при постиженіи предмета мы представляемъ себѣ признаки существующими одновременно, при постиженіи явленія мы представляемъ признаки его разновременно, т. е. слѣдующими другъ за другомъ. Только въ явленіи

¹) Dialogues de Platon. Théétète ou de la Science. Къ *переходу* слѣдуетъ отнести вращеніе тѣла на одномъ и томъ же мѣстѣ; ибо здѣсь части тѣла мѣняютъ мѣсто, хотя все тѣло продолжаетъ занимать одно и тоже мѣсто.

видимаго движенія *разномѣстность* и *разновременность* соединяются нами въ одну идею *движенія*.

Постиженіе причинъ въ явленіяхъ природы.

19. Слово *причина* такъ злоупотреблялось, что оно кажется намъ чѣмъ-то таинственнымъ, тогда какъ психическое происхожденіе этого понятія очень просто. Собственно говоря, мы *постигаемъ* вполнѣ причину только тѣхъ явленій, которыхъ причиною мы сами являемся. Книга была на одномъ столѣ и очутилась на другомъ, и причину этого явленія я вполнѣ постигаю, потому что я самъ переложилъ книгу. Это *единственная причина, которую человѣкъ вполнѣ постигаетъ.* Видя же напримѣръ, что за нагрѣваніемъ тѣла слѣдуетъ его расширеніе, я тутъ *ровно ничего не постигаю*, а только замѣчаю послѣдовательность явленій, и *явленіе предшествующее называю причиною, а явленіе послѣдующее — слѣдствіемъ*, когда замѣчаю, что они постоянно идутъ вмѣстѣ и именно въ томъ же порядкѣ. Будутъ ли всегда они слѣдовать въ томъ же порядкѣ — этого мы не знаемъ, а только говоримъ, что должно быть будутъ, вѣримъ до того сильно, что если, напримѣръ, замѣчаемъ, что вода, охладившись до 4 градусовъ и продолжая охлаждаться далѣе, не сжимается уже въ объемѣ, а напротивъ расширяется, то думаемъ, что это зависитъ отъ какихъ нибудь особенныхъ обстоятельствъ, можетъ быть, отъ кристаллизаціи частицъ воды, но не хотимъ признать, что тѣло, охлаждаясь, можетъ увеличиваться въ объемѣ, а нагрѣваясь, можетъ уменьшаться. Мы говоримъ, что причина, по которой всѣ тѣла падаютъ на землю, есть тяготѣніе; но сказать это — значитъ сказать только, что всѣ тѣла падаютъ на землю, и что всѣ тѣла, близкія къ солнцу, также упали бы на солнце, а близкія къ Сатурну, упали бы на Сатурнъ. Это не болѣе, какъ расширеніе нашихъ опытовъ, изъ котораго вытекаетъ убѣжденіе, что они всегда и вездѣ будутъ также совершаться. Причины, почему тѣла увеличиваются въ объемѣ отъ нагрѣванія и почему тѣла взаимно притягиваются, мы по прежнему не постигаемъ, а только убѣдились въ томъ, что во всѣхъ обстоятельствахъ, какія намъ доступны, эти явленія совершаются такъ, а не иначе, и что если кожа отъ нагрѣванія сжимается, то это потому, что въ ней есть влага, испаряющаяся отъ тепла, и если пушинки не падаютъ на землю, а извѣстные газы рвутся вверхъ, то причиною этого является воздухъ, мѣшающій этимъ тѣламъ подчиняться притяженію земли.

20. Какъ, при изученіи предмета, мы отдѣляемъ болѣе постоянные признаки отъ менѣе постоянныхъ, и не можемъ никогда съ увѣренностью добраться до признака неизмѣннаго, т. е. до субстанціи предмета, такъ также и изучая причину явленій, мы отдѣляемъ обстоятельства, лишь сопровождающія явленіе, отъ тѣхъ, которыя, по нашему мнѣнію, составляютъ необходимое его условіе; но точно также, какъ не можемъ мы

добраться до субстанціи предмета, не можемъ мы добраться и до причины явленій. Произведя сами извѣстное условіе, мы вызываемъ всегда одно и тоже явленіе, т. е. произведя сами какое-нибудь явленіе и видя, что всякій разъ за нимъ слѣдуетъ другое, мы говоримъ, что мы знаемъ причину явленія, но собственно мы вовсе ее не знаемъ. Деревенскій знахарь, дающій больному какой-нибудь корешокъ съ причитаньемъ и пришептываніемъ, приписываетъ явленіе, происходящее за тѣмъ въ больномъ, отчасти корешку, а больше своимъ пришептываньямъ и причитаньямъ. Но медикъ, дающій хинину противъ лихорадки, знаетъ ли причину прекращенія лихорадки? Въ корѣ хиннаго дерева развѣ нѣтъ множества элементовъ, которые также не нужны для прекращенія лихорадки, какъ и причитанія знахаря? Положимъ, однако, что химіи, наконецъ, удалось выдѣлить изъ хинной корки именно тотъ элементъ, который прекращаетъ лихорадку, но увѣрена ли химія въ простотѣ своихъ простыхъ элементовъ? Можетъ ли быть она вполнѣ увѣрена въ томъ, что въ элементѣ, выдѣленномъ ею изъ хинной корки и прекращающемъ лихорадку, все необходимо для произведенія этого дѣйствія? Такимъ образомъ, собственно говоря, мы не можемъ ни одного условія явленій природы такъ уединить, чтобы быть убѣжденнымъ, что въ этомъ условіи нѣтъ ничего лишняго, ничего такого, что не было бы необходимо для произведенія извѣстнаго явленія. Если же мы не можемъ этого сдѣлать, то не можемъ и *указать* настоящей причины явленія, а не только уже постичь, *почему и какъ* эта причина вызываетъ извѣстное дѣйствіе.

21. Мы знаемъ только одну, *простую* причину явленій—это нашу собственную волю и переносимъ чувство этой причины въ изученіе причинъ явленій природы, ищемъ и тамъ такой же простой, понятной для насъ причины, но не находимъ ее точно также, какъ не находимъ и субстанціи вещей. Идея причины и идея субстанціи берутся нами изъ внутренняго, душевнаго опыта или, вѣрнѣе сказать,—изъ чувства, присущаго каждому изъ насъ, что мы существуемъ и по нашей волѣ можемъ производить тѣ или другія измѣненія въ предметахъ природы. Изъ нашего внутренняго опыта мы вносимъ идею субстанціи и причины во внѣшній для насъ міръ, ищемъ тамъ ихъ упорно и не находимъ. Но мы скажемъ объ этомъ переносѣ подробнѣе въ особенной главѣ.

Законы явленій.

22. Если мы замѣчаемъ такое соотношеніе между двумя явленіями—*предшествующимъ* и *послѣдующимъ*, т. е. между причиною и слѣдствіемъ, что можемъ выразить это соотношеніе *въ математической формулѣ*, то называемъ эту формулу *закономъ явленія*. Наблюдая, напримѣръ, что каждое тѣло падаетъ на землю, и вычисляя, съ какою скоростью оно падетъ, мы *отвлекаемъ* это явленіе отъ всѣхъ несущественныхъ обстоятельствъ, которыя могли бы помѣшать тѣлу упасть или

замедлить скорость его падения. Выразивъ же эту скорость въ математической формулѣ, мы называемъ ее закономъ паденія тѣлъ. Мы говоримъ,—скорость паденія тѣлъ пропорціональна квадратамъ ихъ разстоянія отъ земли; но это есть не болѣе, какъ описаніе явленія, отвлеченное отъ всѣхъ несущественныхъ обстоятельствъ, которыя могли бы измѣнить его. *Сравнивъ* разстояніе тѣла отъ земли и скорость паденія тѣла, мы выразили отношеніе между двумя этими представленіями въ математической формулѣ: вотъ все, что мы сдѣлали.

23. Такимъ образомъ мы видимъ, что постиженіе предметовъ природы, постиженіе ея явленій, ихъ законовъ и причинъ, доставляетъ все тотъ же разсудочный процессъ, который мы изучали уже въ образованіи понятій. Понять предметъ природы, или явленіе, или законъ этого явленія, или его причину значитъ все тоже, что составить понятіе о предметѣ. Но мы видимъ также, что въ этомъ процессѣ принимаютъ дѣятельное и существенное участіе какія-то *предубѣжденія* съ нашей стороны, *предразсудки*, если можно такъ выразиться, вникая въ этимологію слова. Не испытывая субстанціи нигдѣ во внѣшнемъ мірѣ, мы ищемъ ее въ вещахъ; не зная *причины* ничему, что не сдѣлано нами, мы вездѣ ее предполагаемъ, какъ необходимую. Мы вносимъ понятіе субстанціи и причины, какъ нѣчто уже готовое, въ тотъ разсудочный процессъ, которымъ мы постигаемъ предметы природы и ея явленія. Эти убѣжденія, слѣдовательно, *предшествуютъ* разсудочному процессу, и вотъ почему мы можемъ ихъ назвать *предразсудками*, если только не убѣдимся, что они вытекли изъ того же самаго разсудочнаго процесса. Къ такимъ предразсудкамъ относится не одна идея или лучше сказать, не одно чувство субстанціи и причины, но также понятіе *времени, пространства, матеріи и силы*. Вотъ почему, не приступая далѣе изученія разсудочнаго процесса, мы должны прежде всего задать себѣ вопросъ: откуда и какимъ образомъ входятъ въ насъ эти убѣжденія, повидимому, не вытекающія изъ опыта, но тѣмъ не менѣе предшествующія всякому опыту; откуда появляются въ нашемъ разсудочномъ процессѣ эти *предразсудки*, безъ которыхъ не можетъ даже совершаться самъ разсудочный процессъ?

ГЛАВА XXXV.

Образованіе понятій времени, пространства и числа.

1. Вопросъ объ образованіи въ насъ понятій времени и пространства всегда былъ однимъ изъ труднѣйшихъ въ метафизикѣ и психологіи. Трудность здѣсь въ томъ, что всѣ *предметы* внѣшняго для насъ міра и всѣ его *явленія* представляются намъ не иначе, какъ уже размѣщенными въ пространствѣ и совершающимися во времени, изъ чего само собою выходитъ, что понятія о пространствѣ и времени должны бы образоваться въ насъ прежде всѣхъ другихъ представленій. Изъ какихъ

не представленій могли образоваться эти понятія, если въ каждомъ нашемъ представленіи они уже являются готовыми? Получить ихъ изъ непосредственныхъ ощущеній, этихъ простыхъ элементовъ каждаго представленія, мы также не могли: всѣ ощущенія наши вызываются въ насъ вліяніями матеріальныхъ предметовъ внѣшняго міра на нашу нервную систему; но такого матеріальнаго предмета, какъ время, или такого какъ пространство, во внѣшнемъ мірѣ нѣтъ. Одно ощущаемъ мы нервами зрѣнія, другое — нервами слуха, третье — нервами осязанія; но какими же нервами ощущаемъ мы время или пространство?

2. Такое положеніе понятій времени и пространства заставило многихъ мыслителей признать идеи пространства и времени уже врожденными душѣ. Локкъ, вооружившійся вообще противъ всякой врожденности идей, доказываетъ конечно и эмпирическое происхожденіе нашихъ понятій о пространствѣ и времени [1]). Кантъ, знакомый съ доказательствами Локка, однако не удовольствовался ими и призналъ понятіе пространства и времени понятіями апріорными, то-есть, не выведенными изъ опыта. «Пространство, говоритъ Кантъ, не есть эмпирическое понятіе, выведенное изъ какого-нибудь внѣшняго опыта. Ибо при внѣшнемъ опытѣ тѣ или другія ощущенія относятся къ чему-то внѣ меня, и для того, чтобы я могъ представить ихъ внѣ меня и одно подлѣ другаго, не только различными, но и въ различныхъ мѣстахъ, въ основѣ должно уже находиться представленіе пространства». «Представленіе пространства, говоритъ Кантъ далѣе, не можетъ быть извлечено изъ отношеній внѣшнихъ явленій посредствомъ опытовъ, ибо самъ внѣшній опытъ возможенъ только при представленіи пространства». Эти основанія заставили Канта назвать пространство «необходимымъ представленіемъ a priori, лежащимъ въ основѣ всѣхъ нашихъ внѣшнихъ созерцаній». Но такъ-какъ въ то же время онъ не признавалъ его и вообще за понятіе, то и назвалъ его «чистымъ созерцаніемъ» [2]), т. е. другими словами, тою же врожденною идеею. Тоже самое и почти въ тѣхъ же словахъ высказалъ Кантъ и о времени. «Время, говоритъ онъ, не есть эмпирическое понятіе, выведенное изъ какого-нибудь опыта, ибо современность или послѣдовательность (явленій) не могли бы быть восприняты нами, если бы представленіе времени a priori не лежало уже въ основаніи». Слѣдовательно, «время есть необходимое представленіе, которое лежитъ въ основѣ всѣхъ созерцаній» [3]). Не забудемъ, что, отправляясь отъ этихъ положеній, Кантъ приходилъ къ очень важнымъ выводамъ: такъ, напр., признавалъ геометрію «наукою, опредѣляющею свойство пространства синтетически и a priori», и вообще называлъ «время и пространство двумя источниками знанія, изъ которыхъ, a priori, могутъ почерпаться различныя синтетическія познанія, какъ это блестящимъ

---

[1]) Locke's Works. Of hum. Underst. B. II. Ch. II. § 2, 3. Ch. XIII und Ch. XIV.
[2]) Krit. der Rein. Vern. Edit. Hartenstein. S. 62, 63.
[3]) Ibid. S. 69.

образомъ доказала чистая математика въ отношеніи постиженія пространства и его отношеній» ¹). Въ настоящее время защитники опытной психологіи, какъ напр. Бэнъ, Вундтъ и др., безъ сомнѣнія продолжаютъ доказывать опытное происхожденіе этихъ основныхъ понятій человѣческаго мышленія, а защитники самостоятельности душевной жизни, какъ напр. Лотце, принимаютъ наоборотъ, что идеи пространства и времени несомнѣнно врождены душѣ, и что самое существованіе пространства и времени во внѣшнемъ мірѣ не можетъ быть доказано. «Можетъ быть, говоритъ Лотце, внѣшній міръ и размѣщенъ въ пространствѣ, можетъ быть событія дѣйствительно протекаютъ во времени, и въ такомъ случаѣ наше сознаніе, выражаясь своимъ собственнымъ языкомъ, вмѣстѣ съ тѣмъ угадало и языкъ вещей. Но черезъ это дѣятельность сознанія не измѣнилась и не сдѣлалась менѣе принадлежащею сознанію» ²).

3. Мы считаемъ безполезнымъ входить здѣсь въ разборъ различныхъ мнѣній, высказанныхъ по этому поводу ³); но, скажемъ прямо, что отчетливая постройка Кантомъ категорій пространства и времени и полное выдѣленіе чувства мускульныхъ движеній изъ внѣшнихъ чувствъ, сдѣланное англійскими психологами, начиная съ Броуна ⁴), даютъ намъ

---

¹) Ibid. S. 75. Не Кантъ первый указалъ на невозможность вывести изъ дѣятельности внѣшнихъ чувствъ идеи пространства и времени. Эта мысль встрѣчается уже у Аристотеля; она очень ясно высказана Гутчесономъ, около нея ходитъ и Ридъ; но Гамильтонъ, толкователь Рида, имѣлъ полное право сказать, что „первый Кантъ высказалъ великое ученіе, что время есть основное условіе, форма или категорія мысли" (Read. Vol. I. p. 13. Примѣч. Гамильтона 2). Можно быть увѣреннымъ, что Гамильтонъ, одинаково знавшій и Канта, и Рида, и Локка, не отзывался бы съ такимъ глубокимъ уваженіемъ о Кантѣ, еслибы видѣлъ въ немъ человѣка, безпрестанно заимствующаго свои мысли у англійскихъ мыслителей, да еще и превращающаго ихъ въ «чепуху», какъ высказано было недавно въ нашей литературѣ.

²) Mikrokosmos v. Lotze. 1856. B. I. S. 251. Замѣчательно, какъ по этому же поводу выражается Ридъ: «Есть философы (Беркли и Юмъ), которые утверждаютъ, что тѣло есть только собраніе того, что мы называемъ ощущаемыми качествами... Для меня же ничто не кажется болѣе нелѣпымъ, какъ признать, что можетъ быть протяженіе безъ чего-нибудь протяженнаго или движеніе безъ чего-нибудь движимаго; но я не могу дать доказательства моего мнѣнія, потому что оно кажется само собою очевиднымъ и естественнымъ изреченіемъ моей природы». Неужели же это похоже на то, что высказалъ Кантъ? (Read. Vol. I. p. 322).

³) Есть еще одно оригинальное мнѣніе о происхожденіи въ насъ идеи пространства и это мнѣніе принадлежитъ, кажется, Мюллеру: а именно, что душа наша ощущаетъ свой нервный организмъ въ протяженіи. Но это мнѣніе не выдерживаетъ кантовскаго анализа, ибо нервный организмъ будетъ тогда для души тоже только внѣшнимъ явленіемъ.

⁴) Bain. The Senses. p. 71.

теперь возможность уяснить себѣ гораздо болѣе прежняго происхожденіе въ человѣкѣ понятій пространства и времени, а равно понятій числа, движенія, покоя, матеріи, силы и причины, которыя уже Гутчессонъ помѣщалъ въ одинъ разрядъ понятій, происхожденіе которыхъ не можетъ быть объяснено вполнѣ изъ дѣйствія внѣшнихъ чувствъ.

4. Прежде всего обратимъ вниманіе на тотъ замѣчательный фактъ, что отсутствіе зрѣнія, и даже отсутствіе слуха и дара слова вмѣстѣ, не мѣшаютъ образованію въ человѣкѣ очень вѣрныхъ понятій о пространствѣ и времени. Слѣпорожденные нерѣдко удивляютъ зрячихъ своимъ точнымъ измѣреніемъ пространства или, другими словами, вѣрностью своихъ движеній, которая была бы невозможна, если бы слѣпые не имѣли точныхъ ощущеній быстроты или медленности своихъ движеній и точнаго понятія о предѣлахъ пространства, въ которыхъ эти движенія совершаются. Уже для того только, чтобы ходить взадъ и впередъ по комнатѣ и не натыкаться безпрестанно на стѣны, слѣпой долженъ вѣрно измѣрять отношеніе между быстротой своихъ движеній и величиною комнаты; но съ какою точностью онъ долженъ представлять себѣ фигуру тѣлъ, чтобы вырѣзывать изъ дерева съ такимъ совершенствомъ, съ какимъ иногда вырѣзываютъ и лѣпятъ изъ воску слѣпорожденные? Съ другой стороны, если мы представимъ себѣ человѣка, одареннаго зрѣніемъ, слухомъ и обоняніемъ, но лишеннаго возможности мускульныхъ движеній, то легко поймемъ, что такой *человѣкъ-растеніе* не помѣщалъ бы всѣ ощущаемое имъ нигдѣ внѣ самого себя; ибо онъ не могъ бы даже узнать, что у него есть тѣло, отдѣльное отъ тѣхъ явленій, которыя онъ ощущаетъ, и занимающее мѣсто въ пространствѣ между другими тѣлами, а просто испытывалъ бы различныя ощущенія, какъ различныя свои состоянія. Вотъ что побуждаетъ насъ не соглашаться съ тѣми психологами, которые, какъ напр. Вундтъ, придаютъ главное значеніе зрѣнію въ образованіи понятія о пространствѣ [1]). Правда слѣпые медленнѣе зрячихъ сознаютъ различныя разстоянія; но, тѣмъ не менѣе, доказываютъ собою, что безъ помощи зрѣнія могутъ быть не только пріобрѣтаемы очень точныя понятія разстояній, но и составляемы ясныя представленія формы тѣлъ; тогда какъ легко представить, что зрѣніе само по себѣ не можетъ намъ дать понятій о пространствѣ. Слухъ же вовсе не участвуетъ въ опредѣленіи пространства [2]), хотя въ послѣдствіи, комбинируя свою дѣятельность съ дѣятельностью зрѣнія и осязанія, а болѣе всего съ дѣятельностью памяти, можетъ служить къ распознаванію отдаленности или положенія въ пространствѣ звучащихъ тѣлъ.

5. Слѣдовательно, понятіе о пространствѣ и времени можетъ возникнуть изъ двухъ источниковъ: *чувства мускульныхъ движеній и чувства осязанія*. Впрочемъ легко видѣть, что чувство осязанія, взятое въ точномъ смыслѣ этого слова, само по себѣ не можетъ еще

---

[1]) Thier- und Menschenseele. Vorles. XVI. S. 262.
[2]) Müller. Man. de Phys. T. II. p. 460.

дать намъ понятій о пространствѣ и времени. Ощущеніе тепла или холода не ограничивается собственно никакимъ мѣстомъ, а ощущеніе внѣшняго прикосновенія какого-нибудь тѣла, судя по выводамъ физіологіи, есть въ началѣ общее ощущеніе, испытываемое въ центральныхъ мозговыхъ органахъ, и только уже въ послѣдствіи, черезъ посредство цѣлой цѣпи опытовъ, пріучается человѣкъ давать опредѣленное мѣсто своимъ осязательнымъ ощущеніямъ, оріентировать ихъ[1]; слѣдовательно, осязаніе само нуждается еще въ опытахъ, чтобы сдѣлаться ощущеніемъ мѣстнымъ, и потому не можетъ дать намъ понятія мѣстности.

6. Признавъ однако чувство мускульныхъ движеній за первоначальный и главный дѣятель въ образованіи нашихъ понятій о пространствѣ и времени, мы должны задаться слѣдующимъ вопросомъ: положимъ, что всякому мускульному ощущенію движенія должно уже предшествовать произвольное движеніе; но не должно ли всякому произвольному движенію предшествовать сознаніе пространства? Не нужно ли прежде чѣмъ двинуться, сознавать, что можно двинуться, что есть пространство для движенія? Такими вопросами и дѣйствительно задаются психологи-метафизики, какъ напр., Фортлаге; но мы, *не выходя изъ области опытовъ*, можемъ сказать, что не знаемъ въ психическихъ явленіяхъ ничего, предшествующаго произвольному движенію. «Произвольныя движенія, говоритъ Мюллеръ, выполняются зародышемъ прежде чѣмъ какой-нибудь предметъ можетъ произвести на него впечатлѣніе, прежде-чѣмъ можетъ составиться идея о томъ, что произойдетъ отъ такихъ движеній: зародышъ движетъ своими членами только потому, что можетъ ими двигать». Предшествуетъ ли такому движенію воля, какъ утверждаетъ Шопенгауеръ[2], или *стремленіе* (Trieb), какъ проводятъ Фортлаге[3] и Браубахъ[4], мы этого *фактически* знать не можемъ. Думаемъ, однако, что слово *стремленіе* слишкомъ неопредѣленно, чтобы мы могли придать ему въ этомъ случаѣ какой-нибудь смыслъ. Стремленіе — къ чему? Не слѣдуетъ ли всякому стремленію предпослать знаніе, или, по крайней мѣрѣ, чувство того, къ чему оно стремится? Точно также и воля, ничѣмъ неопредѣленная, не есть еще воля, а только возможность воли, душевная способность, еще непроявившаяся. Скорѣе всего можно предположить, что первыя движенія человѣка вызываются какимъ-нибудь *внутреннимъ* чувствомъ, изъ разряда чувствъ сердечныхъ; можетъ быть, чувствомъ недовольства своею бездѣятельностью, которое и впослѣдствіи часто вызываетъ въ насъ движенія, безъ всякой никакой опредѣленной цѣли, кромѣ удовлетворенія потребности движенія; а можетъ быть *органическимъ* чувствомъ голода, жажды и т. п. Во

---

[1] См. выше, гл. XIII п. 8.
[2] Die Welt als Wille und Vorstellung. Leipzig. 1819. S. 28, 29.
[3] System der Psychologie als empyrische Wissenschaft. 1855. Vorr. S. III
[4] Psychologie des Gefühls. 1847. S. 16.

тоже принимает движение первым фактом обнаруживания жизни [1], но хочет объяснить это явление накоплением нервной силы въ центральныхъ органахъ нервной системы [2]. Бэнъ ссылается въ этомъ случаѣ на Миллера, забывая, что Миллеръ говоритъ не о движеніяхъ вообще, а о движеніяхъ *произвольныхъ*, которыми физіологія только и можетъ отличать жизнь животную отъ жизни растительной, *такъ-какъ другаго отличающаго признака покуда не найдено*. Всякая же безжизненная сила, къ которой конечно слѣдуетъ причислить и силу электричества, хотя бы и нервнаго, а равно и силу всякаго тока, хотя бы тоже «нервнаго», какой напр. принимается Бэномъ, движется конечно по законамъ всякой другой жидкости и всякаго другаго газа, а потому можетъ производить только механическія движенія, по которымъ физіологія не могла бы признать животнаго.

7. Не вдаваясь, впрочемъ, въ метафизическія изысканія и просто принимая физіологическій фактъ, что произвольныя движенія предшествуютъ опредѣленнымъ ощущеніямъ, для воспріятія которыхъ у зародыша могутъ быть еще не развиты и органы, мы можемъ отправиться отъ этого факта даже въ нашихъ наблюденіяхъ. Очевидно, что вмѣстѣ съ развитіемъ органовъ, и прежде всего конечно органа осязанія (кожи), всякое существо, движущееся «безъ всякой идеи» или, лучше сказать, безъ всякой *извѣстной* намъ идеи, будетъ, тѣмъ не менѣе, наталкиваясь на ощущенія, будетъ ощущать *послѣдствія* своихъ движеній. «Органическая потребность движеній, говоритъ Гербартъ, сопровождается при выполненіи ощущеніями, и эти ощущенія комбинируются съ ощущеніями двигаемыхъ членовъ» [3]. Гербарту слѣдовало только добавить, что эту органическую потребность движенія душа испытываетъ прежде всѣхъ прочихъ ощущеній; но это противорѣчило бы теоріи Гербарта, у котораго душа является только лейбницевскою монадою и, притомъ, лишена всякой особенности.

8. Это предшествованіе движеній ощущеніямъ и вызовъ ощущеній движеніями проливаетъ яркій свѣтъ на то психическое явленіе, которое привело Канта и другихъ мыслителей къ одностороннему умозаключенію о прирожденности душѣ идей времени и пространства. Дѣйствительно, всякое опредѣленное ощущеніе наше изъ внѣшняго міра предполагаетъ уже

---

[1] The Emotion and the Wille, p. 327.
[2] The Senses and Intellect, p. 76.
[3] Lehrbuch zur Psychologie §.47. «Движеніе, говоритъ Вундтъ, есть средній членъ между двумя ощущеніями: между ощущеніемъ, которое есть послѣдствіе внѣшняго впечатлѣнія, и ощущеніемъ, возникающимъ изъ движенія (Thier und Mensch.-Seele. R. L. Vorl. XVI. S. 224). Здѣсь слѣдовало только переставить слова и сказать: движеніе есть средній членъ между ощущеніемъ, возникающимъ изъ движенія, и ощущеніемъ внѣшняго впечатлѣнія, вызваннаго при столкновеніи движущагося существа съ тѣломъ внѣшняго міра.

готовыми понятія о пространствѣ и времени; но это объясняется не врожденностью этихъ понятій душѣ, а тѣмъ, что движенія и ощущенія движеній *предшествуютъ* въ самой исторіи развитія человѣка всякому другому опредѣленному ощущенію. Понятія пространства и времени возникаютъ изъ опыта, какъ и всѣ другія понятія; но изъ опытовъ не *пассивныхъ*, а *активныхъ*, изъ опытовъ движеній, которые даютъ намъ разомъ сознаніе времени и пространства и какое-нибудь опредѣленное ощущеніе или, выражаясь точнѣе, даютъ намъ ощущенія уже въ пространствѣ и времени. Попробуемъ же начертить исторію образованія этихъ понятій. Хотя конечно первое развитіе души, какъ удачно выразился Лотце, открыто только нашимъ догадкамъ, какъ первыя эпохи земли [1]); но психологъ имѣетъ то преимущество передъ геологомъ, что въ каждомъ изъ насъ живо чувство возможности тѣхъ или другихъ психическихъ событій, и этимъ чувствомъ мы можемъ повѣрять наши догадки.

9. Предположимъ, что первое движеніе, откуда бы ни выходилъ къ нему мотивъ, уже совершено живымъ существомъ, лишеннымъ еще зрѣнія и слуха, и совершено притомъ въ пустомъ пространствѣ, такъ что чувство осязанія не было затронуто. Можно ли почувствовать такое движеніе? Если мы, двигая руку въ темной комнатѣ, ощущаемъ движеніе, то не оттого ли это, что мы уже воображаемъ себѣ руку, какъ бы видимъ ее движущеюся? Конечно, нѣтъ; потому-что независимо отъ направленія движеній, мы ощущаемъ то *усиліе*, которое употребляется нами, чтобы привести въ движеніе наши члены. Слѣпые очень ясно сознаютъ направленіе движенія своихъ рукъ и своихъ пальцевъ, если лѣпятъ изъ воску или рѣзать изъ дерева, а между тѣмъ они никогда не видѣли ни своихъ движеній, ни даже своей руки. Какъ же объяснить это явленіе? Оно объясняется единственно тѣмъ, что мы ощущаемъ усилія, употребляемыя нами на движеніе. Если носильщику, несущему три пуда, прибавить къ нимъ еще одинъ, то, безъ сомнѣнія, онъ почувствуетъ прибавку тяжести. Но что же собственно онъ чувствуетъ, какъ не прибавку въ расходѣ силъ? Вотъ почему мы имѣемъ основаніе утверждать, что и движеніе членовъ, не вызывающее внѣшнихъ ощущеній, уже само собою порождаетъ ощущеніе и именно ощущеніе расхода силъ на движеніе, или, вѣрнѣе, той прибавки въ *усиліи* души, которую она ощущаетъ, все болѣе и болѣе возбуждая къ сокращенію мускулъ, все болѣе и болѣе тратящіе силу. Поясним эту послѣднюю мысль, такъ какъ въ ней именно лежитъ ключъ къ отгадкѣ образованія въ насъ идей пространства и времени.

10. Мы не могли бы ощущать расхода силъ, и равно усиленія или уменьшенія въ этомъ расходѣ, если бы ощущаемое и ощущающее были въ этомъ случаѣ одно и то же, или, другими словами: сила расходуемая не можетъ сама чувствовать, что она расходуется и въ какой

[1]) Mikrokosmos. B. I. S. 211.

— 315 —

мѣрѣ она расходуется. На это обстоятельство, сколько намъ извѣстно, ни одинъ психологъ и физіологъ не обратили должнаго вниманія; *а оно очень важно*. Положимъ, что какое-нибудь внѣшнее раздраженіе, дѣйствующее на нервы чувства, вызываетъ рефлексъ въ нервахъ движенія и сокращеніе въ мускулахъ. На это сокращеніе тратятся силы организма, заготовленныя имъ изъ пищи; но откуда же здѣсь возьмется то *чувство усилія*, которое мы такъ ясно сознаемъ въ себѣ при всякомъ, сколько-нибудь интенсивномъ произвольномъ движеніи? Откуда возьмется не оно,—источникъ силы мы знаемъ,—но самое *усиліе*? Организмъ далъ все, что можетъ дать, и въ той мѣрѣ, которая опредѣляется раздраженіемъ—вотъ и все. Если бы что-нибудь, при такомъ положеніи дѣлъ, могло ощущать *усиліе*, то это само внѣшнее раздраженіе, вызвавшее силы организма на трату въ мускульномъ движеніи. Но внѣшнее раздраженіе для насъ *внѣшнее*, и если у него есть усилія, какъ у человѣка, который насъ толкаетъ, то это *не наше усиліе* и мы чувствовать его не можемъ. Мы видѣли выше [1]), что сокращающійся мускулъ тратитъ не только тѣ силы, которыя есть у него въ запасѣ (да и тѣ затрачиваются въ силу движенія уже при раздраженіи мускула), но тратитъ вообще силы организма, поглощая ихъ изъ другихъ органическихъ процессовъ, чѣмъ и объясняется сверхштатная дѣятельность раздраженнаго мускула. Но что же можетъ вызвать такое передвиженіе силъ въ мускулѣ или ихъ превращеніе изъ элементовъ, вносимыхъ въ мускулъ кровью, въ силу движенія, выражающуюся сокращеніемъ мускула? Если внѣшнее раздражающее вліяніе, то оно же должно бы и чувствовать усиліе, а чувствуемъ его мы. И дѣйствительно, при движеніяхъ, совершенно непроизвольныхъ, какъ бы они сильны не были, напр. въ судорогахъ, доводящихъ иногда больнаго человѣка до совершеннаго истощенія, самъ человѣкъ не ощущаетъ усилій, кромѣ тѣхъ, которыя онъ дѣлаетъ (если дѣлаетъ), чтобы противиться невольнымъ движеніямъ. То же самое должно бы происходить и при всѣхъ движеніяхъ безразлично, если бы трата силъ всегда вызывалась, какъ вызывается она въ рефлексахъ, самимъ состояніемъ организма, а не чѣмъ то другимъ, живущимъ въ организмѣ и заставляющимъ его двигаться, какъ вызывается она въ движеніяхъ произвольныхъ. Вотъ изъ какого яснаго и каждому знакомаго чувства *усилія* выводимъ мы, что, если организмъ самъ собою вырабатываетъ физическія силы изъ пищи, то превращеніе этихъ силъ въ силу движенія, при сокращеніи мускуловъ, происходитъ не само собою, а вызывается или внѣшнимъ раздраженіемъ, и тогда мы не ощущаемъ никакихъ усилій, какъ это бываетъ въ движеніяхъ рефлективныхъ, или *воздѣйствіемъ души на нервъ движенія, и тогда мы ощущаемъ усиліе, какъ это бываетъ въ движеніяхъ произвольныхъ*. Слѣдовательно, чувство усилія принадлежитъ не организму, пріемлющему и воспроизводящему силы, но душѣ, заставляющей организмъ

---

[1]) См. гл. XI, п. 5.

их тратить. Вот почему (и только поэтому) чувства усилія нѣтъ при рефлексахъ и вотъ почему чувство усилія возможно и тогда, когда у тѣла нѣтъ уже силъ двигаться или когда движеніе, почему бы то ни было, невозможно. Чѣмъ меньше силъ въ мускулѣ, тѣмъ больше нужно усилій со стороны души для вызова въ немъ одного и того же движенія, какъ это видно ясно изъ тѣхъ физіологическихъ опытовъ, что для вызова движенія въ истощенномъ мускулѣ требуется большее раздраженіе, чѣмъ для того, чтобы вызвать движеніе такой же общирности въ мускулѣ неистощенномъ. Здѣсь сила раздраженія, такъ сказать, замѣняетъ силу мускула и наоборотъ [1]). Замѣны тутъ собственно нѣтъ, и мускулъ сильнымъ раздраженіемъ возбуждается къ тратѣ своихъ послѣднихъ запасныхъ силъ. Кромѣ того мы видѣли уже выше, какъ возможно передвиженіе силъ и ихъ сосредоточиваніе въ томъ или другомъ мускулѣ, который мы хотимъ сократить. Всякое сокращеніе мускула предполагаетъ уже непремѣнно трату силы и чѣмъ болѣе мускулъ истощенъ, тѣмъ болѣе требуется или внѣшняго раздраженія или, въ произвольныхъ движеніяхъ, дѣйствія нервовъ движенія, т. е. усилія со стороны души, чтобы вызвать силы изъ другихъ частей организма и сосредоточить ихъ въ мускулѣ, который мы хотимъ сократить. Тоже явленіе происходитъ и отъ внѣшнихъ причинъ, т. е. отъ препятствій, представляемыхъ мышцею природою сокращенію мускула: чѣмъ тяжелѣе тѣло, тѣмъ болѣе оно растягиваетъ мускулъ, тѣмъ труднѣе его сократить, тѣмъ болѣе должно въ немъ сосредоточиться силъ, тѣмъ болѣе должно быть чувство усилія употребляемое душою для этого сосредоточенія. Душа наша въ движеніяхъ тѣла, съ нею связаннаго, не только распоряжается передвиженіемъ силъ, выработываемыхъ вообще въ растительномъ процессѣ, и ихъ переработкою въ силу движенія, но и чувствуетъ большую или меньшую трудность въ этомъ передвиженіи и этой переработкѣ. Такъ образуется въ чувство усилія, столь ясно сознаваемое нами при всѣхъ произвольныхъ движеніяхъ тѣла. Физіологи не имѣютъ вѣрнаго средства для отличія непроизвольныхъ движеній отъ произвольныхъ и потому часто ошибаются и смѣшиваютъ эти два рода движеній; но каждый изъ насъ носитъ въ себѣ вѣрное средство для такого отличія — и это средство есть *чувство усилія*, всегда сопровождающее движенія произвольныя и совершенно отсутствующее при рефлективныхъ.

Образованіе понятія времени.

11. *Чувство усилія*, употребляемаго для сокращенія мускуловъ, не только сознается душою, но и можетъ быть *измѣряемо* ею. Она сознаетъ, что одно ея усиліе больше, а другое меньше, и эта способность души — измѣрять свои собственныя усилія — есть первая возможность *всякой мѣры, всякаго числа*, и первая возможность сознанія душою *времени* и *пространства*. Движеніе обширное или

---

[1]) См. выше, гл. VIII п. 10, 11, 12, 13.

— 317 —

более больших усилий, чѣмъ движеніе не столь обширное, а движеніе быстрое, при другихъ равныхъ условіяхъ, стоитъ намъ болѣе усилій, чѣмъ движеніе короткое. Вотъ почему, можетъ быть, самыя слова, *короткій* и *долгій*, прилагаются нами одинаково какъ къ пространству, такъ и ко времени. Но этого мало: въ ощущеніи усилія и его мѣры мы получаемъ возможность отличать *быстрое* движеніе отъ *медленнаго*; быстрое движеніе, одинаковой величины съ медленнымъ, стоитъ *того же количества силъ*, но это количество тратится скорѣе, чѣмъ при медленномъ движеніи, и эту разницу, не въ количествѣ траты, а въ отношеніи количества ко времени, мы испытываемъ очень ясно. Независимо отъ всякихъ другихъ ощущеній *и безъ всякой идеи времени* мы сознаемъ, что подняться на одну и ту же гору медленно и скоро — не одно и то же: въ первомъ случаѣ, если можно такъ выразиться, сила наша тратится капля по каплѣ и въ то же время успѣваетъ вознаграждаться изъ питательнаго процесса; во второмъ случаѣ сила тратится широкою волною и вознаграждается изъ питательнаго процесса капля за каплей. Въ этой способности нашей мы пріобрѣтаемъ возможность измѣрить *не усталость временемъ*, о которой мы еще ничего не знаемъ, *а время усталостью*, которую мы непосредственно ощущаемъ въ *чувствѣ усилія* и его возрастанія или ослабленія. Въ чувствѣ усилія и въ его относительной интенсивности мы испытываемъ не только переработку и передвиженіе силъ болѣе или менѣе затруднительныя, но и отношеніе между *приходомъ* и *расходомъ* силъ. Вотъ, по всей вѣроятности, первыя основанія нашихъ математическихъ познаній: потому-то корни ихъ и лежатъ до того глубоко, что многіе мыслители считали эти корни прирожденными.

12. Чувство усилія такъ присуще намъ, что не оставляетъ насъ можетъ быть ни на одну минуту во всю нашу сознательную жизнь. Но кромѣ того, стоя, сидя, двигая произвольно нашими членами, но даже и въ то время, когда мы лежимъ, повидимому, безъ движенія и только *думаемъ*, чувство усилія насъ не покидаетъ. Если мы *хотимъ* что-нибудь представить себѣ живо, или упорно *припоминаемъ* что-нибудь *бывшее*, или упорно *прогоняемъ* надоѣдающее намъ представленіе, или упорно заставляемъ себѣ представить что-нибудь — мы испытываемъ чувство усилія, которое лишь нѣсколько видоизмѣняется, смотря потому, дѣйствуетъ ли оно на одни нервы или на нервы и мускулы, самое чувство сокращенія которыхъ примѣшивается къ чувству душевнаго усилія. Интенсивность нашихъ усилій замѣтно возрастаетъ по мѣрѣ траты силъ и возрастающей отсюда затруднительности ихъ передвиженія и переработки; но безъ сомнѣнія всякое движеніе мускуловъ или нервовъ, какъ бы оно незамѣтно ни было, требуетъ не только траты физическихъ силъ, но, если оно совершается произвольно, то и усилій со стороны души. Только совершенно *пассивная мечтательность*, точно такъ же, какъ и совершенно пассивныя, т. е. вполнѣ рефлективныя, мускульныя движенія, трата тѣлесныя силы, не требуетъ усилій со стороны ду-

ми. Вотъ почему, можетъ быть, житель востока такъ любитъ гашишъ и опіумъ: эти опьяняющія средства, сильно возбуждая нервы, занимаютъ его душу яркими картинами, не требующими никакихъ душевныхъ усилій, какъ не требуетъ ихъ совершенно пассивное созерцаніе движущихся и мѣняющихся картинъ волшебнаго фонаря. Но именно потому, что чувство усилія такъ присуще намъ, мы обращаемъ на него вниманіе только тогда, когда оно достигаетъ не совсѣмъ обыкновенной степени интенсивности, когда намъ нужно поднять что нибудь потяжелѣе, нужно ускорить наши шаги, нужно идти, а мы уже устали, нужно оторваться отъ предмета насъ увлекшаго и т. п. Однако же, въ первое время жизни, когда эти усилія составляли для живаго существа новизну и когда они одни были предметомъ его сознанія, они должны были ощущаться имъ гораздо яснѣе, чѣмъ впослѣдствіи. Такимъ образомъ, изъ чувства усилія, испытываемаго нами въ безчисленныхъ движеніяхъ, мы могли получить отличіе *движенія* отъ *покоя*, т. е. траты силы отъ ея накопленія, чувство *начала движенія* и его *прекращенія*, чувство *медленнаго* и чувство *быстраго* движенія. Но всѣ эти чувства только уже при столкновеніи нашемъ съ внѣшнимъ міромъ могли превратиться, и то мало по малу, въ ясное сознаніе времени.

13. Изъ чувства усилія при сокращеніи мускуловъ должно было произойти прежде всего *сознаніе времени*, т. е. сознаніе промежутка между движеніемъ и неподвижностью, во время которой силы выработываются и не тратятся, а равно и отличіе быстрыхъ движеній, когда сила тратится широкой волною, отъ медленныхъ движеній, когда она тратится капля по каплѣ. Хотя не совсѣмъ по тѣмъ же причинамъ, но Локкъ и Банъ [1]) также признаютъ сознаніе времени предшествующимъ сознанію пространства. Дѣйствительно, отъ сознанія времени уже есть ясный переходъ къ сознанію пространства. Но для того, чтобы сформировалось сознаніе пространства, нужно было къ чувству усилія и къ чувству разнообразія въ усиліяхъ присоединиться еще *одному осязанію*, нужно уже было, чтобы движеніе встрѣтило препятствіе. Въ этой встрѣчѣ или, лучше сказать, изъ многихъ подобныхъ встрѣчъ — онѣ должны были бы быть безпрестанны — могло возникнуть не одно, а нѣсколько нашихъ основныхъ понятій, а именно понятія о матеріи, объ *упругости*, о *тяжести*, о *силѣ* и о *пространствѣ*.

Образованіе понятія пространства.

14. Если мы въ темной комнатѣ опустимъ нашу руку въ ящикъ и будемъ двигать ее отъ одной стѣнки ящика до другой [2]), то мы вѣрно не вѣрно опредѣлимъ величину ящика. Ясно, что, при такихъ обстоятельствахъ, мы могли измѣрить данную величину только величиною нашихъ

---

[1]) The Senses, p. 111.

[2]) Мы пользуемся примѣромъ, который придуманъ, кажется, Баномъ, но въ выводахъ не совсѣмъ съ нимъ сходимся.

...жений, а величину движений — величиною траты силъ на это движе... самую же трату силъ мы измѣримъ степенью душевныхъ усилій, ...требленныхъ нами на то, чтобы вызвать къ дѣятельности нервы дви...ія и, посредствомъ ихъ, превратить скрытыя силы организма въ ...ныя сокращенія. Но такъ-какъ движеніе можетъ быть и быстрѣе, ...леннѣе, то въ это измѣреніе входитъ ощущеніе самаго *способа* ...ты силъ. Если преодолѣніе даннаго разстоянія движеніемъ — при ...ъ другихъ равныхъ обстоятельствахъ и при одинаковой быстротѣ ...женія, которая, какъ мы уже видѣли, ощущается непосредственно, — ...буетъ большей траты силъ, то значитъ само разстояніе болѣе. Такой ...бъ измѣренія разстояній, конечно, можетъ показаться намъ очень ...вершеннымъ и медленнымъ, такъ-какъ мы обладаемъ зрѣніемъ, ко...е сильно облегчаетъ и сокращаетъ измѣреніе разстояній; но мы не ...ны забывать, что, во-первыхъ, слѣпорожденные только однимъ этимъ ...собомъ достигаютъ весьма точнаго измѣренія разстояній; а во-вто...ъ, что и въ измѣреніи разстоянія зрѣніемъ главную роль играютъ ...же мускульныя ощущенія, рождающіяся при движеніи глазныхъ ...скуловъ [1]). Мы не будемъ входить въ подробности, какимъ образомъ ...тѣ зрѣнія сокращается способъ измѣренія пространства [2]), доволь...ись тѣмъ, что теперь для насъ уже понятно главное, а именно, ...ъ чувство усилія можетъ передѣлаться опытами въ чувство времени, ...ство времени въ чувство пространства. Пространство и время, соб...нно, только двѣ стороны одной и той же идеи [3]). Если мы, напри...ѣръ, проведя глазами отъ одного конца ландшафта до другого, пред...имъ себѣ всю длину пути въ настоящій моментъ, то получимъ идею ...стоянія; если же мы будемъ помнить начало ландшафта, какъ про...ное, а конецъ, какъ настоящее, то получимъ идею періода време...и. Мы вспоминаемъ пройденный нами путь, или какъ пространство, ...или какъ время, смотря по тому, какъ обратится наше сознаніе въ ...му воспоминанію: если мы обратимъ вниманіе на трату нами силъ, ...ъ результатѣ будетъ ощущеніе времени, если на результатъ траты, ...идея разстоянія. Если сравниваю два ощущенія и сознаю ихъ оба, ...ъ настоящія, то я сознаю *предметъ* въ протяженіи; но если, со...ая тѣ же ощущенія, я сознаю одно изъ нихъ предшествующимъ, ...угое послѣдующимъ, то я сознаю тотъ же предметъ, но во време...и, т. е. въ формѣ *явленія:* движеніе совершающееся даетъ намъ вре...я, движеніе остановившееся — пространство. И поэтому тоже мы мо...ъ замѣтить, что идея времени образуется первая; но не должно ду...ть, что когда ея образованіе закончится вполнѣ, тогда только начнется ...разованіе идеи пространства: обѣ эти идеи образуются вмѣстѣ, мало

---

[1]) См. выше, глава VI, п. 23, 24.
[2]) Это очень хорошо изложено у Вундта.
[3]) «Время (продолжительность) есть текущее разстояніе», говоритъ Локкъ. (Locke. Und. K. II. Ch. XIV).

по малу, въ безчисленныхъ опытахъ, но образованіе идеи времени всегда предшествуетъ.

15. Намъ замѣтятъ, можетъ быть, что мы поступили неосновательно, приписавъ періоду безпамятнаго младенчества и отчасти даже періоду эмбріоническаго состоянія человѣка выработку такихъ отвлеченныхъ философскихъ понятій, каковы понятія о времени и пространствѣ, которыя и до сихъ поръ являются самыми темными въ логикахъ, метафизикахъ и психологіяхъ. На это мы отвѣтимъ, что идеи эти именно потому и темны, что первобытны: *все первобытное для насъ темно*. Выработывая мало по малу чувство времени и пространства въ безчисленныхъ опытахъ движеній, человѣкъ употреблялъ ихъ безпрестанно и именно это-то безпрестанное употребленіе такъ долго мѣшало ему обратить вниманіе на эти чувства, которыя не у многихъ и доходятъ до сознательной идеи. Мы носимъ на себѣ огромную тяжесть воздуха и только физика открыла намъ, что мы носимъ эту тяжесть; мы не замѣчали ее именно потому, что носимъ ее отъ рожденія и до могилы. Дитя, начинающее ходить, соблюдаетъ уже законы равновѣсія и мы можемъ наблюдать, какъ оно мало по малу пріучилось къ этому; но понятіе о равновѣсіи и знаніе его законовъ дитя можетъ пріобрѣсть только гораздо позже и то съ помощію науки. Крестьянка, неся ведро воды въ одной рукѣ, наклоняетъ свой станъ въ противоположную сторону; явленіе это объясняютъ намъ анатомія и механика; но, тѣмъ не менѣе, крестьянка, будучи еще ребенкомъ, опытами уже усвоила этотъ законъ, котораго, можетъ быть, никогда не будетъ въ состояніи объяснить. Силу рычага знаетъ каждый взрослый крестьянинъ; но законъ рычага знаетъ только наука, а между тѣмъ было время, когда тотъ же крестьянинъ, будучи мальчикомъ, еще не испыталъ силы рычага и потому не умѣлъ употреблять его. Изъ этого мы можемъ вывести, что есть большая разница между знаніемъ, которое дается намъ прямо чувствомъ опыта, и знаніемъ, возведеннымъ въ сознательную идею. Такое *чувственное знаніе*, если можно такъ выразиться, пріобрѣталъ человѣкъ въ условіяхъ пространства и времени изъ безчисленныхъ опытовъ безчисленныхъ движеній въ ихъ встрѣчѣ съ препятствіями матеріальнаго міра. Это-то чувство, пріобрѣтенное и развитое опытами, но не возведенное въ сознательную мысль, вноситъ онъ потомъ во всѣ свои представленія о внѣшнемъ мірѣ, такъ-что Кантъ совершенно вправѣ былъ замѣтить, что человѣкъ во всѣ свои представленія о внѣшнемъ мірѣ уже вноситъ готовыя понятія о пространствѣ, времени, хотя и не вправѣ былъ называть эти понятія врожденными.

16. Какимъ образомъ понятіе пространства формировалось мало по малу посредствомъ опытовъ и наблюденій — это не трудно себѣ представить.

Упираясь во что-нибудь, дитя испытываетъ препятствіе, помѣху своему движенію, а удаляя эти предметы или минуя ихъ, дитя снова ощущаетъ возможность продолжать движеніе. Изъ многочисленныхъ торения таких опытов должно было образоваться *чувство* пустоты, в противоположность *чувству препятствия*, чувству матеріи. Таким образом первое чувство пространства было только отрицаніемъ матеріи. Въ дальнѣйшихъ опытахъ, сличая уже образовавшееся чувство времени, какъ продолжительности движенія, съ чувствомъ свободы движенія или пустоты, образовалось чувство *разстоянія*, съ темнымъ понятіемъ величины разстоянія, измѣряемаго величиною усилія, употребляемаго душою, чтобы преодолѣть разстояніе движеніемъ. Изъ этихъ двухъ *чувствъ: пустоты* и *разстоянія*, какъ пустоты между двумя матеріальными предметами, мѣшающими движенію, впослѣдствіи легко уже могло образоваться понятіе *мѣста*, какъ отрицанія пустоты въ границахъ тѣла; за тѣмъ уже могло образоваться и самое понятіе *пространства*, какъ пустоты, въ которой тѣла расположены, какъ острова въ безпредѣльномъ океанѣ. Въ началѣ, конечно, не было понятія о безконечномъ пространствѣ, но не было и о конечномъ. О конечныхъ предѣлахъ просто не думалось, да не думается и теперь, какъ дѣтямъ, такъ и дикарямъ. Но когда мысль человѣческая обратилась на предѣлы пространства, то оказалась *душевная невозможность* дать ему предѣлы; ибо душа выглядывала за всякіе предѣлы и спрашивала: «а тамъ что же?» и, объективируя это свойство души, человѣкъ создалъ идею безконечнаго пространства.

17. Идеи *безпредѣльности*, равно какъ и идеи *вѣчности*, человѣкъ не могъ отвлечь изъ *внѣшнихъ* опытовъ, дающихъ исключительно только временное и конечное; но онъ извлекъ эти идеи изъ *внутреннихъ* опытовъ, убѣдившихъ его въ томъ, что душа не можетъ ограничиться никакими предѣлами времени или мѣста, но какъ только замѣтитъ ихъ, такъ и переступаетъ. Это-то наблюденіе надъ собственною своею душою и выразилъ человѣкъ въ идеѣ *безпредѣльности* и *вѣчности*. Убѣжденіе въ безконечности пространства Милль причисляетъ къ ошибочнымъ предубѣжденіямъ и объясняетъ это предубѣжденіе тѣмъ, что человѣкъ, «не зная части пространства, за которою не было бы другой части, не можетъ себѣ представить абсолютныхъ предѣловъ»[1]. Но онъ не обратилъ вниманія на самую эту невозможность души вообразить конечнаго пространства, а она-то и характеристична. Собственно говоря, мы не можемъ себѣ представить ни *конечнаго*, ни *безпредѣльнаго* пространства, но какъ только захотимъ дать *абсолютные* предѣлы пространству, такъ и почувствуемъ невозможность этой абсолютности, почувствуемъ порываніе сознанія за всякіе предѣлы.

Образованіе понятія числа.

18. Чтобы измѣрять пространство и время, которыя и существуютъ только въ измѣреніяхъ, нужно уже было *число*. Число есть общее для

---

[1] Mill's Logic. B. V. Ch. III. § 3. p. 315.

пространства и времени, какъ замѣтилъ еще Локкъ, а мы прибавим и для тяжести, потому что и тяжесть мы опредѣляемъ только измѣреніемъ. Мѣра времени, мѣра пространства, мѣра тяжести—все это вмѣстѣ есть не болѣе, какъ мѣра усилій, употребляемыхъ человѣкомъ для движеній, мѣра стоимости мускульныхъ сокращеній организму и окончательно мѣра усилій души, приводящей организмъ въ движеніе. Общее же для всѣхъ этихъ мѣръ есть число и Локкъ былъ совершенно правъ, возобновляя опять мысль Пиѳагора, что число есть самая простая и самая общая (универсальная) изъ всѣхъ идей [1]).

19. Намъ кажется страннымъ, что психологи, перечисляя различныя ассоціаціи представленій, образуемыхъ нашимъ сознаніемъ, пропустили *числовыя ассоціаціи*, или вѣрнѣе, *ассоціаціи числа*. Говоря: три, четыре, семь, и т. д., мы уже высказываемъ ассоціацію представленій. Число 4 не мыслимо безъ отношенія къ тремъ, пяти и единицѣ. Всякое число есть уже ассоціація единицъ или частей единицы; самое понятіе единицы не могло бы образоваться, если бы не было понятія о двухъ, трехъ единицахъ и т. д. Числовыя ассоціаціи самыя обыкновенныя, но вмѣстѣ съ тѣмъ, самыя обширныя и самыя употребительныя. Онѣ держатся въ памяти и возникаютъ изъ нея точно также, какъ и всѣ прочія ассоціаціи. Воспоминаніе о 5 влечетъ за собою воспоминаніе о 4 или 6, воспоминаніе о цѣломъ влечетъ за собою воспоминаніе о части, и наоборотъ.

20. Первое понятіе о числѣ образовалось, безъ сомнѣнія, изъ созерцанія человѣкомъ совершенно одинаковыхъ предметовъ, между которыми онъ не могъ отыскать никакого различія. Легко было замѣтить, что два глаза, двѣ руки, двѣ ноги не то, что одинъ глазъ, одна рука или одна нога. Можетъ быть понятіе пары было первымъ числовымъ понятіемъ, на что отчасти указываетъ и самая филологія. Не считать человѣкъ выучивался понемногу и у многихъ дикарей мы и теперь находимъ весьма ограниченный счетъ. Какъ развивалось понятіе числа въ человѣчествѣ, такъ развивается оно теперь въ каждомъ ребенкѣ, у котораго понятіе счета появляется значительно позже многихъ другихъ понятій. Локкъ замѣчаетъ, что дѣти научаются считать не скоро и только «спустя еще довольно времени послѣ того, когда они пріобрѣтутъ большой запасъ другихъ идей. «Можно замѣтить, прибавляетъ Локкъ, что они спорятъ и разсуждаютъ довольно хорошо и имѣютъ очень ясное представленіе о многихъ предметахъ прежде, чѣмъ выучатся считать и двѣнадцати. Иные же по недостатку своей памяти, которая не можетъ удерживать нѣсколькихъ числовыхъ комбинацій съ ихъ особенными названіями и связь долгаго ряда числовыхъ прогрессій и ихъ взаимныхъ отношеній, на всю свою жизнь остаются неспособными считать далѣе скромнаго ряда чиселъ [2])». Въ этой замѣткѣ Локка не все справедливо. Многія дѣти поражаютъ именно своею раннею способностью

---

[1]) Locke's Works. Of hum. Underst. B. II. Ch. XVI. § 1.
[2]) Ib. Ch. XVI. § 7.

считать, и многіе люди имѣютъ дурную математическую память, имѣя впрочемъ очень хорошую во всѣхъ другихъ отношеніяхъ. Вообще Локкъ въ слишкомъ большую зависимость ставитъ число отъ названія числа [1]). Безъ, конечно, безъ названій человѣкъ не могъ бы удерживать въ памяти длиннаго ряда чиселъ; но не названіе вызываетъ счетъ—это только облегчающее средство, какъ и цыфры—а счетъ, уже сдѣланный, вызываетъ названіе. Если не было бы надобности считать, то не появилось бы, конечно, и словъ для счета. Слово родится изъ потребности, а не потребность изъ слова. Справедливость этого мы можемъ повѣрить и на дѣтяхъ, которыя обыкновенно перенимаютъ у большихъ названія чиселъ прежде, чѣмъ сами выучатся считать, и потому произносятъ число, но не считаютъ. Такъ они считаютъ: *два, семь, пять, одиннадцать* и т. д. Слѣдовательно, знаніе *названія чиселъ* еще не вызываетъ *идеи числа*, какъ этого хочетъ Локкъ.

21. Идеи мѣры не слѣдуетъ смѣшивать съ идеей числа, хотя на практикѣ онѣ, конечно, соединяются. Первою мѣрою является самъ человѣкъ или то усиліе, которое онъ употребляетъ для опредѣленнаго движенія. Локоть, шагъ, четверть, день пути, часъ перехода—вотъ, безъ сомнѣнія, первыя единицы мѣры человѣка. Число же, соединившись съ мѣрою, даетъ возможность началу математики.

ГЛАВА XXXVI.

Значеніе произвольныхъ движеній въ разсудочномъ процессѣ.

1. Изъ всего сказаннаго въ прошедшей главѣ мы вправѣ вывести, что сознаніе времени и пространства, а равно и измѣреніе ихъ, рождается изъ чувства нашихъ собственныхъ произвольныхъ движеній [2]). Движеніе есть общее, коренное понятіе для пространства и для времени. Пространство мы измѣряемъ движеніемъ, говоря: во мгновеніе ока, на часъ пути и т. п. Время мы также измѣряемъ движеніемъ: или своимъ собственнымъ, или движеніемъ солнечной тѣни, движеніемъ песку въ песочныхъ часахъ, движеніемъ маятника и т. д. Время мы измѣряемъ пространствомъ, пространство измѣряемъ временемъ, а то и другое измѣряемъ движеніемъ; но самыя эти движенія мы измѣряемъ стоимостью ихъ для организма и окончательно для души. Переносъ ощущенія усилій и движенія внѣшней природы, не зависящія отъ насъ и не стоющія намъ

---

[1]) В. III. 5. 6.

[2]) Не можемъ не привести здѣсь замѣчательныхъ словъ Руссо: «Только посредствомъ движеній мы узнаемъ, что есть вещи внѣ насъ (les choses qui n'est pas nous), и только посредствомъ собственныхъ движеній мы пріобрѣтаемъ идею пространства» (Emil. p. 41). Эти слова обличаютъ, какъ глубоко работало самонаблюденіе въ Руссо; но не рѣдко результаты этихъ глубокихъ работъ, выходя наружу, извращались страстнымъ характеромъ писателя.

никакихъ усилій, совершился очень естественно. Мы влагаемъ въ его движенія и измѣненія идею усилія и измѣряемъ эти усилія тою же мѣрою, какою измѣряли ихъ въ самихъ себѣ: измѣряемъ пространство временемъ, время пространствомъ, а то и другое движеніемъ, самое же движеніе усиліемъ. Въ этомъ отношеніи мы не ошибаемся и движеніе является дѣйствительно единственнымъ посредствующимъ звеномъ между нами и внѣшнею природою.

2. Что все во внѣшнемъ мірѣ есть движеніе, эту гипотезу, высказанную впрочемъ и въ индійскихъ ведахъ, первый высказалъ въ формѣ ясной и логической мысли Анаксагоръ. Впослѣдствіи мысль эта въ своей односторонности сдѣлалась любимою темою софистовъ. Сократъ и Платонъ также признаютъ ее, хотя и ограничиваютъ; но только въ настоящее время она сдѣлалась достояніемъ положительной науки. Мы уже выше указывали на эту мысль, легшую въ основу современнаго научнаго міросозерцанія; но теперь должны снова возвратиться къ ней. Не зная сущности предметовъ внѣшняго міра, не зная, что такое матерія, мы наблюдаемъ только явленія и всѣ явленія подводимъ подъ одну идею движенія. Движеніе это мы принимаемъ въ двухъ формахъ: движеніе *массивное*, замѣтное для внѣшнихъ чувствъ въ формѣ движенія, и движеніе *скрытое*, или вѣрнѣе сказать, молекулярное или, еще вѣрнѣе, атомическое, которое недоступно нашимъ внѣшнимъ чувствамъ въ формѣ движенія, но тѣмъ не менѣе приводитъ наши нервы въ соотвѣтствующую вибрацію и эта вибрація сказывается въ нашей душѣ уже не движеніемъ, а тѣмъ или другимъ специфическимъ ощущеніемъ: ощущеніемъ свѣта, цвѣта, звука, тепла, холода и т. д. Ощущеніе это вовсе не соизмѣримо съ причиною, его производящею, и вотъ почему это превращеніе душою атомическихъ движеній внѣшней природы въ ощущенія всегда кажется намъ чѣмъ-то непонятнымъ, какимъ-то чудомъ. Эти ощущенія атомическихъ движеній, замѣчаемыя нами какъ явленія, тѣмъ не менѣе, кажутся намъ необъяснимыми, а если мы хотимъ объяснить ихъ для себя, то переводимъ эти явленія въ форму движеній единственно постижимую для нашей души, такъ какъ душа сама производитъ движенія во внѣшнемъ для нея мірѣ и измѣряетъ ихъ усиліями, которыя тратитъ для того, чтобы ихъ произвести.

3. Математика, какъ замѣчаетъ Милль, можетъ превращать индуктивную науку въ *дедуктивную*. Такъ, «наука звука», продолжаетъ онъ, «которая стояла прежде въ низшихъ рядахъ только экспериментальнаго знанія, сдѣлалась дедуктивною, когда доказано было опытомъ, что волна варіацій въ звукѣ есть слѣдствіе яснаго и опредѣленнаго измѣненія въ вибраціи передающей среды [1]». Но почему однакоже такое превращеніе тупого сознанія опытовъ, котораго мы даже не можемъ назвать наукою, а только матеріаломъ науки, въ дѣйствительную науку? Именно потому, что ощущеніе звука, представлявшееся прежде въ формѣ

---

[1] Mill's Log. B. II. Ch. IV. p. 251.

непостижимаго чуда, было переведено на языкъ движеній, языкъ постижимый для души, потому что онъ совпадаетъ съ ея собственнымъ языкомъ: она сама производитъ движенія во внѣшнемъ для нея мірѣ и измѣряетъ ихъ, и потому естественно, что все является въ формѣ движеній и доступно измѣреніямъ, кажется душѣ постигнутымъ. Но одна ли акустика, о которой говоритъ Милль, родилась такимъ образомъ? Не такъ ли родилась и оптика? Явленія, передаваемыя намъ органомъ зрѣнія, составляли прежде также чисто-экспериментальную науку или просто собраніе матеріаловъ для науки, которыя превратились въ дѣйствительную науку тогда только, когда зрительныя явленія были переведены въ форму движеній, совершающихся по законамъ математики. Вотъ уже и *слѣпой* англійскій математикъ, Саундерсонъ, могъ написать оптику [?], доказавъ тѣмъ, что для души не нуженъ органъ зрѣнія, чтобы постичь законы движеній свѣтоваго эѳира, вызывающихъ въ насъ зрительныя ощущенія. Химія перестала быть алхіміей и рецептурой и сдѣлалась дѣйствительною наукою, когда былъ отысканъ законъ эквивалентовъ, выражаемый въ формѣ числа. Намъ кажется, что мы постигли законъ паденія тѣлъ именно потому, что мы можемъ уже выразить это явленіе математическою формулою. Въ настоящее время явленія теплоты, которыя и прежде мы измѣряли только движеніями ртути и спирта, становятся для насъ все яснѣе и яснѣе, по мѣрѣ того, какъ онѣ объясняются движеніями, хотя и гипотетическими. Вотъ почему мы можемъ сказать, что если ассоціаціи по *противуположности* и *сходству* даютъ намъ чисто эмпирическую науку о внѣшней природѣ, или скорѣе собираютъ матеріалъ для нея, то единственно *математическія ассоціаціи*, основанныя на чувствѣ нашихъ собственныхъ движеній, дадутъ намъ дѣйствительную, точную науку природы. Вотъ почему, наконецъ, о математикѣ можно сказать, что она есть единственный ключъ къ *постиженію* явленій внѣшней природы, которыя мы *ощущаемъ* всѣми нашими пятью внѣшними чувствами, но которыя мы *постигаемъ* умственно только въ формѣ движеній и измѣряемъ тою же мѣрою, которою душа мѣряетъ свои усилія для произведенія произвольныхъ движеній въ связанномъ съ нею тѣлесномъ организмѣ.

Происхожденіе математическихъ аксіомъ.

4. Такое отношеніе нашихъ произвольныхъ движеній къ измѣренію движеній внѣшняго міра объясняетъ намъ также очень хорошо, откуда происходитъ та *особенная ясность математическихъ аксіомъ*, которая побудила многихъ мыслителей и психологовъ признать эти аксіомы *врожденными* душѣ. Самому тупому ребенку не нужно объяснять, что часть меньше своего цѣлаго, что двѣ величины, порознь равныя третьей, равны между собою, что прямая линія есть кратчайшая между двумя

[?] Emp. Psych. v. Drobisch. § 41.

точками, что двумя прямыми линіями нельзя ограничить пространства, что двѣ параллельныя никогда не пересѣкутся, что двѣ прямыя могутъ пересѣчь одна другую только въ одной точкѣ и т. п. Если ребенокъ не понимаетъ васъ, то это значитъ, что онъ только не понимаетъ значенія словъ, употребляемыхъ вами; но какъ-только пойметъ онъ это значеніе, такъ и убѣдится въ истинѣ того, что вы ему говорите, такъ-что этихъ истинъ не нужно да и нельзя доказывать: истинность ихъ очевидна сама собою. Всѣ же остальныя алгебраическія и геометрическія теоремы приводятся къ этимъ очевиднымъ истинамъ и посредствомъ тѣхъ же самыхъ очевидныхъ истинъ. Но отвуда же происходитъ эта *очевидность* математическихъ аксіомъ? Отвѣтами на этотъ вопросъ и спорами по этому поводу можно было бы наполнить цѣлые томы. При нашей же точкѣ зрѣнія на постижимую нами математическихъ ассоціацій онъ разрѣшается самъ собою.

5. Всѣ представленія наши, какъ это мы видѣли уже выше, совершаются не иначе, какъ въ формѣ нервныхъ движеній; но всѣ движенія, будетъ ли это вибрація нервовъ или движеніе планеты, совершаются по однимъ и тѣмъ же законамъ — законамъ движенія матеріи въ пространствѣ и времени. Представляя что нибудь, душа наша приводитъ нервы въ движеніе; но эти движенія нервовъ совершаются также не иначе, какъ по общимъ законамъ движенія тѣлъ въ пространствѣ и времени. Слѣдовательно, хотя душа наша, по врожденному ей произволу, движетъ нервами, но въ этихъ движеніяхъ подчиняется вообще законамъ матеріальныхъ движеній, излагаемыхъ математикою. Вотъ почему мы не можемъ представить себѣ ничего такого, что противно этимъ аксіомамъ: нервы наши не выполнятъ этихъ представленій *по невозможности*, потому что они выполняютъ представленія только движеніями, а движутся только по законамъ движенія, общимъ всему матеріальному. Ни мускульныя движенія глазъ, ни движенія другихъ мускуловъ и нервовъ не могутъ представить намъ части больше своего цѣлаго, двухъ прямыхъ линій, пересѣкающихся въ двухъ точкахъ, пространства, ограниченнаго двумя прямыми и т. п. Эта-то *физическая невозможность* и отражается въ нашемъ сознаніи тою особенною ясностью, которая сопровождаетъ всегда актъ сознаванія нами геометрическихъ аксіомъ: это не болѣе, какъ чувство совершеннаго безсилія нервовъ и мускуловъ выполнить противоположное представленіе. Если намъ, повидимому, это удается иногда, то это только потому, что мы не ясно, не ярко себѣ представляемъ, — потому что мы мысленно произносимъ *слово*, но не *представляемъ* того, что въ нихъ заключается; но какъ-только мы ясно *представимъ себѣ*, т. е. отразимъ въ нашихъ нервахъ то или другое движеніе, такъ и сознаемъ ихъ истинность, т. е. невозможность противоположныхъ движеній. *Вотъ почему мы заключаемъ объ истинности математическихъ аксіомъ не иначе, какъ по невозможности противуположнаго представленія*. Вотъ почему въ математикѣ всѣ доказательства приводятся къ *невозможности противоположнаго представленія*: самую же эту невозможность доказывать незачѣмъ—

доказывають *нервы*: они не могуть двигаться иначе, какъ по общимъ законамъ движенія. На этой *невозможности* представленія *антиматематическихъ* движеній, которую испытываетъ человѣкъ безпрестанно съ самаго ранняго младенчества, при всякомъ своемъ произвольномъ движеніи и представленіи движенія, и строится вся математика. Человѣкъ начинаетъ учиться математикѣ, какъ только начинаетъ двигаться.

6. Здѣсь мы не можемъ не обратить вниманія читателей на одну странность. Приверженцы матеріалистическаго объясненія психическихъ явленій обыкновенно возстають противъ признанія врожденныхъ идей, а идеалисты, наоборотъ, обыкновенно отстаиваютъ ихъ. Но, въ сущности, какъ идеалисты, такъ и матеріалисты могли бы признать врожденныя идеи безъ всякаго подрыва своимъ противоположнымъ взглядамъ. Въ самомъ дѣлѣ, если стать на точку зрѣнія матеріалистовъ и признать мозгъ существомъ мыслящимъ, то самая организація мозга предпишетъ уже законы мышленію. Если мышленіе есть не болѣе, какъ движенія частицъ, составляющихъ мозговую массу и такъ или иначе въ ней расположенныхъ, то уже само собою ясно, что это движеніе можетъ совершаться не иначе, какъ по общимъ законамъ движенія, и, кромѣ того, эти общіе законы будутъ обусловлены особенностями мозговой организаціи. Эти условія и эти законы и будутъ врожденными идеями съ матеріалистической точки зрѣнія. Если бы мозгъ въ своихъ движеніяхъ могъ сознавать и мыслить, то не иначе, какъ на основаніи математическихъ законовъ движенія.

Три источника человѣческихъ знаній.

7. Если мы раздѣлимъ всѣ наши знанія *по источникамъ*, изъ которыхъ они происходятъ, то увидимъ, что этихъ источниковъ *не одинъ*, какъ признаютъ крайніе эмпиристы и идеалисты, и *не два*, какъ признаетъ, наприм., Локкъ, но *три*; а именно: 1) *впечатлѣнія внѣшняго міра на наши органы чувствъ* — зрѣніе, слухъ, осязаніе, обоняніе и вкусъ; 2) *опыты произвольныхъ движеній и связанное съ ними мускульное чувство* и 3) *наблюденіе душою своей собственной дѣятельности*, т. е. самонаблюденіе или *рефлексія*, какъ назвалъ Локкъ эту дѣятельность души, или *самосознаніе*, какъ называютъ ее другіе. Мы же видимъ, что одними внѣшними опытами, какъ того хотятъ крайніе эмпиристы, не возможно объяснить появленія въ насъ идей пространства и времени, которыя однако служатъ основаніемъ всѣхъ нашихъ математическихъ знаній. Время и пространство не производятъ вліянія ни на одно наше *внѣшнее* чувство. Что же касается до попытокъ вывести всѣ знанія человѣка изъ самосозерцанія души, попытокъ, родоначальникомъ которыхъ обыкновенно считаютъ Платона, то мы видимъ въ философіи Гегеля и Шеллинга, до какихъ безплодныхъ фантазій можетъ достичь мысль человѣческая, оторвавшись отъ опыта и наблюденія. Кромѣ того, всмотрѣвшись внимательнѣе въ самыя эти фантазіи, будто бы выводимыя изъ чистаго самосозерцанія души, мы найдемъ,

что большое количество своего матерьяла эти идеалистическія фантазіи берутъ также изъ опыта; но только, по какому то странному самообольщенію, не сознаютъ этого или не хотятъ сознать¹). Мы увидимъ далѣе, что оба эти источника знаній дѣйствительно существуютъ и что для объясненія происхожденія многихъ нашихъ знаній намъ необходимы оба: какъ тотъ, который даютъ намъ *внѣшніе опыты и наблюденія*, такъ и тотъ, который дается намъ *опытами и наблюденіями внутренними*. Теперь же мы видимъ, что кромѣ этихъ *двухъ* источниковъ нашихъ знаній существуетъ еще *третій*: это наша собственная произвольная дѣятельность, результатъ которой передается намъ нашимъ мускульнымъ чувствомъ или чувствомъ нашихъ собственныхъ произведенныхъ движеній. Мы не имѣемъ слова, чтобы отличить этотъ *опытъ движеній* отъ внѣшнихъ и внутреннихъ опытовъ; но разница между ними очевидна: то *опытъ*, а это *дѣйствіе*, то средство къ дѣятельности, а это сама дѣятельность. И замѣчательно, что только то, что мы можемъ представить себѣ въ *формѣ движеній*, кажется намъ дѣйствительнымъ, точнымъ знаніемъ. Только приравнивъ къ движенію какое нибудь явленіе, наблюдаемое нами или во внѣшней природѣ, или въ нашей собственной душѣ, мы *постигаемъ* его, т. е. *видимъ возможность его произвесть*. Вотъ какой смыслъ, какъ мы думаемъ весьма простой, имѣетъ и *энтелехія* Аристотеля, такъ часто объясняемая въ самыхъ противоположныхъ значеніяхъ. «*Движеніе* (внѣшнее, вовсякій, *покой, протяженіе, форму, число, единицу*», говоритъ Аристотель, «*все это мы воспринимаемъ движеніемъ*» ²). Какъ въ этой главѣ, такъ и въ предыдущей мы развивали и доказывали на опытныхъ основаніяхъ одну эту сжатую фразу величайшаго мыслителя всѣхъ вѣковъ.

8. Не только въ каждой наукѣ, системѣ знаній, но почти въ каждомъ отдѣльномъ человѣческомъ знаніи соединяются элементы, проистекающіе изъ всѣхъ этихъ *трехъ источниковъ знанія*. Однако же не трудно видѣть, что въ одной наукѣ преобладаютъ элементы, проистекающіе изъ внутренняго *самонаблюденія*, въ другой изъ *внѣшняго наблюденія*, а въ третьей изъ *опыта движеній*. Въ описательныхъ наукахъ природы, напримѣръ, (описательной зоологіи, ботаникѣ, минералогіи) сильно преобладаетъ внѣшнее наблюденіе; въ наукахъ философскихъ и историческихъ — самонаблюденіе; въ наукахъ математическихъ — опытъ движеній.

9. Самосознаніе, какъ одинъ изъ источниковъ нашихъ знаній, должно быть разсмотрѣно нами въ третьемъ отдѣлѣ нашей антропологіи, когда мы будемъ говорить объ особенностяхъ души человѣческой; ибо, какъ мы увидимъ далѣе, это есть главная черта, отличающая человѣка отъ всѣхъ другихъ живыхъ существъ. Но уже и теперь придется намъ, для уясненія себѣ разсудочнаго процесса, разсмотрѣть происхожденіе нѣко-

---

¹) Для Гегелевской философіи это прекрасно доказано Геймомъ.
²) Arist. De anim. Ch. III, cap. 1.

рыхъ знаній, проистекающихъ какъ изъ самосознанія, такъ и изъ опыта дѣяній; ибо безъ этого многое въ разсудочномъ процессѣ осталось бы для насъ непонятнымъ. Къ такимъ знаніямъ причисляемъ мы идеи: *субстанцій и признаковъ, матеріи и силы, причины и слѣдствія*. Но эти идеи до того вплетаются нами въ каждый разсудочный процессъ нашъ, что, не объяснивъ ихъ происхожденія, мы не можемъ идти далѣе.

ГЛАВА XXXVII.

Идея субстанціи и признаковъ.

1. Если бы въ мірѣ ничто не мѣнялось, то мы не имѣли бы понятія времени. Перемѣна мѣста предметомъ, какъ напр., движеніе часовой стрѣлки, солнца, тѣни и т. п., или измѣненіе въ самомъ предметѣ, не измѣнившемъ своего мѣста, какъ напр., когда свѣтлое небо темнѣетъ, зеленый листъ желтѣетъ, теплый воздухъ холодѣетъ,—даютъ намъ сознаніе времени, даютъ намъ время; а періодичность въ этихъ измѣненіяхъ (перемѣны временъ года, временъ дня, фазовъ луны, перелетъ птицъ, какъ у дикарей и т. п.) даетъ намъ возможность измѣрять время, какъ справедливо замѣтилъ Локкъ [1]). Но не трудно понять, что если бы какое-нибудь изъ этихъ явленій вдругъ получило способность сознавать, то оно никакъ не могло бы сознать своего измѣненія. Предметъ, *самъ измѣняющійся*, не можетъ сознавать того, что онъ мѣняется и, слѣдовательно, не можетъ имѣть понятія о времени. Положимъ, что какое-нибудь нервное движеніе передаетъ намъ ощущеніе какого-то звука, который постепенно ослабѣваетъ. Ощущеніе звука ослабѣваетъ, но сами нервы, ощущающіе этотъ звукъ, не могли бы замѣтить, что онъ слабѣетъ. Для этого нервъ долженъ бы разомъ ощущать прежній, сильный звукъ, и послѣдующій, слабый, т. е. дрожать разомъ и сильно, и слабо, что ни для чего матеріальнаго невозможно. *То, что само измѣняется, не можетъ ощущать своихъ измѣненій*, и то, что само живетъ въ условіяхъ времени, не можетъ имѣть понятія о времени. Для того, чтобы имѣть понятіе о времени, нужно имѣть возможность жить разомъ въ прошедшемъ, настоящемъ и будущемъ. Если мы, наблюдая явленіе, сознаемъ его временность, то именно потому, что въ одномъ актѣ соединяемъ начало явленія и его продолженіе. Если мы періодичностью явленій научились измѣрять время, то именно потому, что въ одномъ актѣ сознанія мы соединяемъ воспоминаніе начала явленія, ощущеніе его середины и предвидѣніе его окончанія. Но и воспоминаніе, ощущеніе и предвидѣніе суть только три одновременныя и одномѣстныя ощущенія соединенныя, но не слитыя въ одинъ актъ сознанія. Но если бы ощущеніе было только нервнымъ движеніемъ,

[1]) Locke's Works. Of hum. underst. B. II. Ch. XIV.

то такое соединеніе трехъ различныхъ движеній было бы невозможно. Это также невозможно, какъ пересѣченіе двухъ прямыхъ линій въ двухъ точкахъ.

2. Тоже самое слѣдуетъ сказать и о сознаніи нами пространства. Мы сознаемъ пространство только изъ движенія, соединяя въ одномъ актѣ сознанія два предмета, раздѣленные пространствомъ. Нѣчто, находящееся *все* въ пространствѣ, не можетъ сознавать, что оно движется, именно потому что оно *все* движется. Въ данное мгновеніе оно уже не тамъ, гдѣ было въ прошедшее. Движеніе, какъ бы мы себѣ его ни объясняли, во всякомъ случаѣ есть перемѣна мѣста; но то, что само перемѣняетъ мѣсто, не можетъ имѣть сознанія мѣста. Для того, чтобы сознавать, что я перемѣнилъ мѣсто, я долженъ сознавать, что въ настоящую минуту я въ *новомъ* мѣстѣ, а для того, чтобы сознавать, что я въ *новомъ* мѣстѣ, я долженъ въ тоже время сознавать, что въ прошедшее мгновеніе я *былъ* въ *другомъ* мѣстѣ. Если же принять гипотезу психическихъ явленій, какъ нервныхъ движеній, гипотезу, на которой такъ настаиваетъ софистика со временъ Протагора [1]), еще не знавшаго нервовъ, но предугадывавшаго ихъ, и до временъ Поля и Спенсера, то мы должны признать, что движеніе одного и того же нерва должно разомъ совершаться не только въ двухъ различныхъ мѣстахъ, но и въ два различные періода времени. Но матерія, по мнѣнію тѣхъ же мыслителей, есть именно то, что не можетъ занимать двухъ различныхъ мѣстъ въ одинъ періодъ времени. Это свойство матеріи одно только и даетъ ей способность двигаться, т. е. перемѣнять мѣсто: но то, что существуетъ вездѣ, не можетъ перемѣнять мѣста. *Движущееся само не можетъ сознавать своего движенія и то, что занимаетъ мѣсто въ пространствѣ, не можетъ сознавать пространства.*

3. Если мы сознаемъ движеніе, то именно потому, что въ насъ есть *нѣчто*, что можетъ двигать, само не двигаясь; если мы сознаемъ измѣненіе явленій во времени, то именно потому, что въ насъ есть *нѣчто*, что само не мѣняется; и если, наконецъ, мы сознаемъ протяженіе тѣлъ въ пространствѣ, т. е. сложеніе тѣлъ изъ частей, то именно потому, что въ насъ есть *нѣчто*, само недѣлимое. Такъ ли это дѣйствительно или нѣтъ—этого повѣрить невозможно: но таково именно психическое происхожденіе въ насъ понятія субстанціи. Мы до того чувствуемъ эту неизмѣнную субстанцію въ самихъ себѣ, до того вносимъ ее во всѣ наши воззрѣнія на внѣшній міръ, что не можемъ представить себѣ явленія безъ субстанціи или безъ субстрата, который остается неизмѣннымъ во всей измѣнчивости явленій и остается тождественнымъ самому себѣ по всемъ разнообразіи признаковъ. Мы вносимъ этотъ субстратъ въ явленія внѣшняго міра не потому, чтобы мы знали о немъ что-нибудь изъ опыта—опытъ даетъ намъ только явленія и признаки,

---

[1]) Dialogues de Platon. Edit. Charp. 1861 Théétète. Ор. 45 и 46, гдѣ Сократъ излагаетъ Протагорово ученіе о происхожденіи ощущеній.

потому, что мы не можем *думать* о явленіяхъ природы, не примышляя ихъ къ субстрату, который остается всегда тождественнымъ самому себѣ, и не можемъ думать о *признакахъ* предметовъ, не фантазируя носителя этихъ признаковъ, который вездѣ остается однимъ и тѣмъ же. Не въ *природѣ нашей* думать о явленіяхъ безъ субстрата этихъ явленій и о признакахъ безъ носителя этихъ признаковъ.

4. Но не только сознаніе времени и пространства даетъ намъ идею субстанціи, не подверженной условіямъ времени и пространства; но и самая способность наша считать, какъ ни кажется она проста съ перваго взгляда, обличаетъ въ томъ, кто считаетъ, субстанцію, неспособную къ раздѣленію. Если я считаю: *одинъ, два, три*, то это именно потому, что, говоря *три*, я въ тоже самое время сознаю, что передъ этимъ сказалъ *два* и что послѣ этого скажу *четыре*. Нервное движеніе, говорящее *три*, не могло бы въ то же время говорить *два* и т. д. Простая, повидимому, способность считать, есть одно изъ убѣдительнѣйшихъ доказательствъ, что психическія явленія не суть нервныя движенія и что акты сознанія выполняются какимъ-то такимъ существомъ, которое не можетъ быть раздѣлено на части, слѣдовательно существомъ, которое не подходитъ подъ наше понятіе о матеріи. Математическая способность — есть именно способность въ одинъ и тотъ же моментъ времени сознавать множество различій и сходствъ между величинами, множество отношеній. Самая простая геометрическая теорема и самая простая ариѳметическая задача требуютъ такого соединенія въ одномъ актѣ сознанія множества отношеній. Говоря $2 \times 7 = 14$, мы сознаемъ разомъ, въ одномъ актѣ сознанія, значеніе 2, 7, знака умноженія, равенства и 14. Никакое матеріальное движеніе, въ одно и тоже время и въ одномъ и томъ же мѣстѣ совершающееся, не могло бы разомъ совершаться такъ, чтобы происходило ощущеніе 2-хъ, 7-ми и 14-ти. Двигаться въ одно и тоже время 2 раза, 7 разъ и 14 разъ — невозможно для матеріи, а между тѣмъ мы никогда не могли бы сказать $2 \times 7 = 14$, еслибы въ одинъ и тотъ же моментъ не сознавали 2, 7, 14, умноженія и равенства. Еслибы психическіе акты выполнялись нервными движеніями, какъ того хотятъ матеріалисты, или еслибы мы не могли сознавать разомъ многихъ отношеній, то не только математика, но даже и простой счетъ были бы явленіями невозможными. Кто хочетъ доказать, что психическія явленія выполняются матеріальными движеніями, тотъ пусть сначала докажетъ, что что-нибудь матеріальное можетъ, въ одинъ и тотъ же моментъ времени и въ одномъ и томъ же мѣстѣ, дать 2, 7 и 14 движеній.

5. Однако же, что мы хотимъ доказать, указывая при каждомъ удобномъ случаѣ, что акты психическіе въ настоящемъ смыслѣ этого слова не могутъ быть выполняемы матеріею? Почему мы знаемъ, что можетъ матерія и чего она не можетъ? Развѣ мы знаемъ матерію на столько, чтобъ сказать о ней: *этого она уже не можетъ, это не ея дѣло*. Эти вопросы имѣютъ значеніе тогда только, если мы подъ «матеріей»

разумѣемъ нѣчто недоступное нашему понятію; но такое пониманіе слова матерія было бы равносильно признанію, что это слово не имѣетъ для насъ никакого опредѣленнаго смысла. Что-нибудь одно изъ двухъ: или слово *матерія* имѣетъ опредѣленный смыслъ, или оно его не имѣетъ; но въ послѣднемъ случаѣ оно должно быть исключено изъ сознательнаго языка, по крайней мѣрѣ, изъ языка науки. Мы же утверждаемъ только то, что матерія, *какъ понятіе*, составленное нами и слѣдовательно способное выразиться въ опредѣленіи, не можетъ выполнить психическихъ актовъ ощущенія, вниманія, воспоминанія, воли, сознанія пространства, времени и числа, идеи которыхъ входятъ во всѣ наши представленія о внѣшнемъ мірѣ. Къ чему способна и къ чему не способна матерія, *намъ невѣдомая*, объ этомъ было бы также раціонально разсуждать, какъ разсуждать о томъ, къ чему способенъ какой-нибудь X или Z, о которыхъ мы ничего не знаемъ. Мы же утверждаемъ только, что, признавъ для объясненія доступныхъ намъ явленій, *субстратъ* матеріи и давъ опредѣленіе этому субстрату, опредѣленіе, даже самое широкое, *какое мы только можемъ придумать*, мы, признавъ такое наше же собственное опредѣленіе, и *не забывая его*, вынуждены будемъ дать другой субстратъ явленіямъ психическимъ.

6. Во всемъ, что мы думаемъ и что утверждаемъ, мы не выходимъ изъ области понятій, нами же выработанныхъ; сознать точное *значеніе этихъ понятій* есть дѣло первой необходимости, чтобъ въ нашихъ сужденіяхъ о явленіяхъ внѣшней природы и души не путаться въ путахъ, нами же самими напутанныхъ. Лучшими же средствами для такого анализа нашихъ собственныхъ понятій мы считаемъ, во-первыхъ, выраженіе ихъ въ *точныхъ опредѣленіяхъ*, въ которыхъ каждое слово строго взвѣшено, а *во-вторыхъ*, изложеніе *исторіи образованія понятія*, потому что каждое понятіе непремѣнно должно имѣть свою исторію. Если же въ началѣ этой исторіи мы приходимъ къ *посредственному* чувству, то должны засвидѣтельствовать это чувство какъ всеобщій *фактъ* въ душевной жизни человѣка. Далѣе подобнаго *факта* мы идти не можемъ, хотя и можемъ еще, вынуждаемые потребностью систематическаго изложенія явленій, строить гипотезы, но съ условіемъ постояннаго сознанія, что это не болѣе, какъ гипотеза нами же построенная, помогающая намъ обозрѣвать явленія, но не объясняющая ихъ, словомъ, что это не болѣе, какъ дидактическій пріемъ.

ГЛАВА XXXVIII.

Образованіе понятій матеріи и силы.

Матерія.

1. За объясненіемъ слова матеріи всего естественнѣе обратиться къ физикѣ, такъ какъ она занимается изученіемъ свойствъ различныхъ

материя. «*Материя*, говорит нам физика, *есть все то, что (формы тел) занимает место в пространстве*». Но рядом выставляет она и другое опредѣленіе, не совсѣмъ сходное съ первымъ, а именно: «*матеріею называется все то, что подлежитъ нашимъ чувствамъ*» [1]). Эти опредѣленія не совсѣмъ тождественны и мы должны разобрать, какъ они относятся одно къ другому.

1. Мы уже познакомились выше съ психическимъ рожденіемъ понятія о пространствѣ и видѣли, что это понятіе родилось въ человѣкѣ самомъ вслѣдствіе его столкновеній съ матеріею, какъ *антитезисъ* матеріи, какъ понятіе о пустотѣ, не мѣшающей намъ двигаться, въ противоположность матеріи, являющейся помѣхою для нашихъ движеній. Слѣдовательно, опредѣлить матерію пространствомъ, которое она занимаетъ, все равно, что опредѣлить ее тѣмъ, что она мѣшаетъ нашимъ движеніямъ, и сказать: «матерія есть то, во что упирается наша рука или наша нога». Ясно, что это опредѣленіе матеріи возникло не изъ ощущеній пяти нашихъ внѣшнихъ чувствъ, но изъ чувства мускульныхъ движеній, причину остановки которыхъ, идущую извнѣ, а не изъ нашей воли, мы называемъ *матеріею*. При такомъ опредѣленіи матеріи, мы конечно должны выдѣлить изъ ея области *то, чему* она мѣшаетъ производить движенія, усиліямъ *чего* она оказываетъ сопротивленіе должны выдѣлить *душу*, ибо самую матерію опредѣлили только сопротивленіями матеріи усиліямъ души.

2. Къ тому же результату придемъ мы, принявъ и второе опредѣленіе, что *матерія есть все то, что подлежитъ нашимъ чувствамъ*; не выключивъ при этомъ нашихъ чувствъ или ихъ совокупности, сознанія, изъ области матеріальнаго, мы вынуждены будемъ сдѣлать новое опредѣленіе—сказать, что матерія есть все то, что подлежитъ матеріи. Дѣло не подвинется впередъ, если мы признаемъ сознаніе только однимъ изъ свойствъ матеріи; тогда опредѣленіе матеріи выйдетъ еще страннѣе: *матерія есть то, что подлежитъ одному изъ своихъ свойствъ*. Но, можетъ быть, намъ слѣдуетъ отдѣлить сознаніе отъ нашихъ внѣшнихъ чувствъ и опредѣлить матерію, какъ нѣчто такое, что подлежитъ нашимъ *пяти внѣшнимъ чувствамъ*. Тогда мы заранѣе должны признать сознаніе чѣмъ-то нематеріальнымъ, иначе сказать, что сознаніе подлежитъ одному изъ пяти своихъ внѣшнихъ чувствъ или, придерживаясь выраженія Аристотеля, что различающее можетъ быть само различаемо. «Если слово душа значитъ что-нибудь, говоритъ Милль, то означаетъ то, что чувствуетъ» [2]); но, добавимъ мы, если единственно возможное опредѣленіе души есть опредѣленіе ея тѣмъ, что она есть *существо чувствующее*, то ея невозможно помѣстить въ область ощущаемаго: чувствующее всегда очутится внѣ той области,

---

[1]) Traité élémentaire de Physique, par Ganot p. 1.
[2]) Mill's Logic. B. VI, ch. IV, p. 428. «Непосредственно предшествующее ощущенію есть состояніе тѣла, но само ощущеніе есть состояніе души.»

которую чувствуетъ. Сами внѣшнія чувства ничто иное, какъ [двери] въ сознаніе, и усиливаться уловить сознаніе пятью нашими чувствами все равно, что усиливаться ввести домъ въ его собственныя двери.

4. Опредѣлимъ ли мы матерію пространствомъ, которое она занимаетъ, опредѣлимъ ли доступностью ея нашимъ внѣшнимъ чувствамъ, въ сущности выйдетъ одно и тоже: мы опредѣлимъ матерію, какъ *неизвѣстную намъ причину нашихъ впечатлѣній, и другаго болѣе точнаго опредѣленія мы не можемъ ей дать*. Всякая попытка зайти за предѣлы этого *чисто субъективнаго* опредѣленія матеріи и узнать, что она такое *тамъ*, сама въ себѣ, внѣ тѣхъ разнообразныхъ ощущеній, которыя она въ насъ вызываетъ, оказывались только *гипотезами*, достоинство которыхъ можетъ измѣряться лишь ихъ *эмпирическимъ* значеніемъ, какъ болѣе или менѣе удачныхъ пріемовъ для группировки физическихъ явленій. Такою гипотезою является и нынѣшняя *атомистическая теорія*, на которой, за неимѣніемъ лучшей, и не смотря на всю ея логическую несостоятельность, продолжаютъ и сихъ поръ опираться всѣ окончательныя объясненія причинъ физическихъ явленій въ физикѣ, химіи и даже физіологіи, приводящей тоже къ вибраціи атомовъ или нервныхъ частицъ.

5. По *атомистической гипотезѣ* каждое тѣло состоитъ изъ *атомовъ*—чрезвычайно мелкихъ, недѣлимыхъ частицъ, которыя собираются въ группы болѣе или менѣе тѣсныя (молекулы), но когда *не дотрогиваются* одна до другой. Такая непреходимая раздѣльность атомовъ въ пространствѣ необходима наукѣ, какъ для объясненія химическихъ комбинацій, такъ и для объясненія многихъ физическихъ явленій, какъ, напримѣръ, упругости тѣлъ, движеній вибраціи, расширенія и т. п. Атомистическая гипотеза, слѣдовательно, представляетъ намъ каждый атомъ и каждое тѣло среди особенной *коры изъ пустоты*, въ которой дѣйствуютъ силы матеріи. Эта странная кора, облегающая тѣла и атомы, можетъ расширяться и уменьшаться до безконечности, но никогда не можетъ быть совершенно уничтожена. Толстоту этой коры изъ пустоты гипотеза представляетъ намъ неизмѣримо малою, когда дѣло идетъ о частичномъ притяженіи между атомами плотнаго тѣла, и неизмѣримо обширною, когда дѣло идетъ о взаимномъ тяготѣніи небесныхъ тѣлъ [1], такъ что Фихте былъ совершенно правъ, назвавъ ученіе объ атомахъ только добавленіемъ къ астрономіи [2]. Тѣла небесныя, точно такъ же, какъ атомы тѣлъ дѣйствуютъ другъ на друга *безъ непосредственнаго прикосновенія*. Эти блестящіе міры, эти безчувственныя громады, движущіяся въ

---

[1] Впрочемъ, Фехнеръ, знаменитый защитникъ атомистической системы говоритъ, что и въ тѣлахъ слѣдуетъ представлять себѣ атомы весьма малыми въ отношеніи раздѣляющаго ихъ пространства (Ueber die physikalische Atomenlehre von T. Fechner. Zw. Auflage. 1864, S. 94).

[2] Ibidem. S. 90.

омъ пространствѣ вселенной, *чувствуютъ*, выражаясь аналогически, присутствіе другъ друга за милліарды верстъ, *взвѣшиваютъ* друга, и тянутся другъ къ другу какими-то незримыми, нематеріальными, *непостижимыми узами* [1]. Если месмеристъ говоритъ намъ, что одинъ человѣкъ можетъ дѣйствовать на другаго за сотни верстъ, какимъ-то наитіемъ, безъ *всякаго матеріальнаго прикосновенія*, и угадывать желанія его безъ электрической проволоки, то мы совершенно справедливо называемъ месмериста шарлатаномъ или мечтателемъ; ибо онъ не представляетъ намъ фактовъ такого воздѣйствія. Но если астрономія говоритъ намъ, что бездушныя массы небесныхъ тѣлъ, отдѣленныя другъ отъ друга громаднѣйшими пространствами, входятъ между собою въ дѣятельное и разумное соотношеніе, даже безъ *всякаго матеріальнаго соприкосновенія*, то можемъ ли мы не признать въ этомъ великаго, хотя непостижимаго факта природы? И можемъ ли мы объяснить себѣ этотъ фактъ, или, по крайней мѣрѣ, представить его себѣ въ наглядной формѣ? Это *фактъ — вотъ и все, что мы знаемъ*, и какимъ бы *чудомъ* ни казался намъ этотъ фактъ, мы не можемъ отрицать его, если не хотимъ отрицать такихъ положительныхъ наукъ, каковы физика и астрономія, строющихся на этомъ чудесномъ фактѣ.

6. Эта невозможность *представить себѣ воздѣйствіе тѣла на тѣло на разстояніи, черезъ пустую среду*, — невозможность, которую ощущаетъ каждый и теперь, какъ ощущалъ ее Ньютонъ, излагая законъ тяготѣнія, — происходитъ отъ той психической причины, на которую мы указали выше. Мы легко и ясно представляемъ себѣ только то, что сами, вполнѣ или отчасти, можемъ выполнить. Мы же дѣйствуемъ на мертвыя тѣла не иначе, какъ непосредственнымъ къ нимъ прикосновеніемъ или, по крайней мѣрѣ, намъ кажется, что мы *такъ* на нихъ дѣйствуемъ. Вотъ почему дѣйствіе магнита, на разстояніи притягивающаго желѣзо, и дѣйствіе солнца на землю — намъ кажется чѣмъ-то чудеснымъ и мы стараемся объяснить эти воздѣйствія, придумывая то магнитную жидкость, дѣйствующую между магнитомъ и желѣзомъ, то какой же невидимый и невѣсомый эфиръ, наполняющій всѣ пустыя пространства, и во вселенной между планетами, и въ каждомъ тѣлѣ между его атомами. Но не одна эта *привычка представленія*, если можно такъ выразиться, побудила Ньютона, изложивъ явленія и законъ тяготѣнія, принять гипотезу существованія эфира. Къ тому повело его и то противорѣчіе, которое существуетъ между опредѣленіемъ матеріи, какъ занимающей мѣсто въ пространствѣ и доступной нашимъ чувствамъ, и принятіемъ дѣйствія тѣла на тѣло на разстояніи, безъ по-

---

[1] Въ старину движеніе планетъ объяснялось живущимъ въ каждой изъ нихъ духомъ руководителемъ, spiritus rector. Теперь намъ извѣстны, конечно, законы движенія планетъ; но такъ же мало, какъ и въ старину, знаемъ мы, что тянетъ другъ къ другу эти слѣпыя и нѣмыя громады.

средствующаго тѣла. Въ самомъ дѣлѣ, если матерія есть то, что занимаетъ мѣсто въ пространствѣ, и въ то же время она дѣйствуетъ в[нѣ] того мѣста, которое занимаетъ, то спрашивается: гдѣ же собственно матерія? Тамъ ли, гдѣ она дѣйствуетъ, или тамъ, гдѣ она не дѣй[ст]вуетъ? Тамъ ли, гдѣ мы ее чувствуемъ, или тамъ, гдѣ мы ее не чу[в]ствуемъ? И что она такое тамъ, гдѣ она не дѣйствуетъ, и гдѣ мы её не чувствуемъ, т. е. въ томъ мѣстѣ, которое она занимаетъ? Т[акъ] также пустое пространство между тѣлами непримиримо съ опредѣл[ені]емъ матеріи, какъ доступной нашимъ чувствамъ. Напротивъ, по а[то]мистической гипотезѣ матерія оказывается именно недоступною нашимъ чувствамъ, ибо всякую матерію облекаетъ непроницаемая кора [изъ] пустоты. Вотъ тѣ «несообразности», которыя побудили Ньютона [и] Ейлера отвергнуть *пустое* пространство и наполнить его [эѳиромъ], не одинъ устарѣлый предразсудокъ, какъ это даетъ понять Милль.

7. Но Милль совершенно правъ, говоря, что признаніе неве[сомаго] эѳира нисколько не облегчило намъ представленія взаимодѣйствія [тѣлъ] на разстояніи, конечно, если подъ словомъ эѳиръ мы будемъ разум[ѣть] не что нибудь таинственное и нематеріальное, но тоже матерію. Прин[явъ] *гипотетическій* эѳиръ для объясненія *гипотетической* пустоты, меж[ду] *гипотетическими* же атомами, атомическая теорія явилась въ сл[ѣ]дующемъ видѣ:

«Вѣсомая матерія представляется раздѣленною пространствомъ [на] отдѣльныя части, между которыми находится *невѣсомая* субста[нція] эѳиръ. Природа эѳира и его отношенія къ вѣсомой матеріи предс[тав]ляютъ еще много неопредѣленнаго, неяснаго [¹]; но, тѣмъ не менѣе эѳиръ воображаютъ не иначе, какъ занимающимъ опредѣленное пространство и также раздѣленнымъ на части, между которыми нахо[дится] уже *абсолютно-пустое пространство*. Всѣ эти малѣйшія частич[ки] (атомы), какъ вѣсомой, такъ и невѣсомой матеріи, состоятъ между собою въ такомъ же отношеніи, посредствомъ взаимнаго воздѣйствія сил[ъ] въ какомъ состоятъ и небесныя тѣла. Послѣдніе атомы (атомъ отл[и]чается отъ группы атомовъ или молекулей) неразрушимы, к[акъ]

[¹] Замѣчательно, какъ даже великіе ученые и мыслители, принявъ гипотезу и давъ ей греческое названіе, скоро забываютъ, что это только гипотеза. «Если бы, говоритъ, напримѣръ, Ейлеръ: былъ хотя одинъ случай въ мір[ѣ], когда бы два тѣла притягивали другъ друга, хотя пространство между ни[ми] не было бы наполнено эѳиромъ, тогда должно было бы допустить существованіе притяженія, какъ особой силы; *но такой случай не существуетъ*» (P. II, Let. XI). Но какъ же существовать такому случаю, когда приняв[ъ] эѳиръ и ничего о немъ не зная, мы помѣщаемъ его вездѣ, гдѣ намъ угодно. Пус[ть] ученые, принимающіе эѳиръ, *удалятъ его при опытахъ* и покажутъ, что безъ эѳира тѣла не подчиняются законамъ тяготѣнія. Кажется было бы полезно принять обычай ставить особый значекъ при всякомъ употреб[леніи] гипотетическаго слова въ наукѣ.

крайней мѣрѣ, въ области химіи и физики нѣтъ средствъ ихъ разрушить. [?]

Но если эѳиръ снова состоитъ изъ атомовъ, а эти атомы снова дѣйствуютъ другъ на друга безъ матеріальнаго соприкосновенія, на разстояніи, въ пространствѣ, признаваемомъ *пустымъ*, то спрашивается, принявъ эѳиръ, облегчили ли мы себѣ сколько-нибудь представленіе дѣйствія тѣла на тѣло и атома на атомъ на разстояніи и въ пустомъ пространствѣ? Такимъ образомъ, мы видимъ, что принятіе эѳира для того, чтобы избавить отъ необходимости признать силу, дѣйствующую между тѣлами внѣ матеріи, ни къ чему не повело,—и эѳиръ далъ намъ только лишнее и совершенно безполезное звено въ этой цѣпи гипотезъ. Такъ или иначе, но естествознанію приходится признать *силу*, дѣйствующую внѣ матеріи и закрывающую саму матерію отъ нашей пытливости. [?]

4. На что же такое сама сила безъ матеріи? Что это за нематеріальное существо, закрывающее отъ насъ всегда и вездѣ субстанцію матеріи? На это, конечно, не даетъ намъ отвѣта ни одна физика. Это просто значитъ создать новую гипотезу, для примиренія противорѣчій и прежней. Тѣло, вся сущность котораго опредѣляется *мѣстомъ*, которое оно занимаетъ и въ которомъ оно для насъ недоступно по своей отталкивающей силѣ, и воздѣйствіе тѣла на тѣло черезъ пустое пространство противорѣчатъ одно другому—и вотъ придумана сила, какъ существующая между тѣлами и *незанимающая пространства*. Но что же это такое, что существуетъ и дѣйствуетъ, не занимая пространства? Неудобоваримость такого представленія заставила замѣнить слово «сила» или словами «свойство матеріи» или словомъ «законъ» (какъ, напримѣръ, у Фехнера). Но это значитъ поставить одно непонятное вмѣсто другаго, столь же непонятнаго. Это живо чувствовалось самими естествоиспытателями; но дѣлать было нечего: по крайней мѣрѣ «сила» и «матерія», какъ существа отдѣльныя, хорошо исполняли свою роль при группировкѣ и посильномъ объясненіи физическихъ явленій. Но въ новѣйшее время, когда послѣ сатурналій гегелевской философіи, философская арена осталась праздною и ее поспѣшили занять естественныя науки, потребовалось и для нихъ болѣе стройное міросозерцаніе, а прежде всего, во что бы то ни стало, должно было отдѣлить отъ *нематеріальнаго существованія матеріальныхъ силъ*, и отвергнувъ понятіе силы, оставить одно понятіе матеріи. Но Фехнеръ совершенно справедливо замѣчаетъ, что матеріализмъ, принявшій такое

[?] Fechner, Ibidem, S. 93—95.
[?] «Физикъ, говоритъ Шнель, имѣетъ дѣло только съ силами и инерціей. Самостоятельно же существующее, къ которому должны быть привязаны силы, можетъ имѣть мѣсто только въ метафизикѣ» (Die Streitfrage des Materialismus von Schnell. 1858, S. 32).

положеніе, долженъ былъ бы попытаться провести его въ физикѣ, и тогда оказалось бы, что такое представленіе силы и матеріи, какъ существующихъ въ пространствѣ вездѣ и всегда вмѣстѣ, уничтожаетъ атомистическую теорію, на которой покудова держится не только вся физика, но и вся химія — эти двѣ главнѣйшія опоры матеріализма[2]. Признавать же пустое пространство между атомами и тѣлами, и въ то же время признавать, что *тамъ, гдѣ есть сила, есть и матерія* — значитъ *признавать, что матерія существуетъ внѣ мѣста, занимаемаго тѣломъ*, то-есть существуетъ *внѣ самой себя*. Что же иное значитъ положеніе, что сила неотдѣлима отъ матеріи, какъ не то, что нѣтъ мѣста въ пространствѣ, гдѣ бы сила существовала безъ матеріи? Но главныя объясненія физика строятся, именно, на возможности такого отдѣльнаго существованія силы и матеріи въ пространствѣ.

9. Любопытно для насъ и поучительно, какъ отнесся къ тому же вопросу знаменитый англійскій логикъ Миль въ главѣ «объ ошибкахъ» и именно, объ ошибкахъ, происходящихъ оттого, что положеніе кажущееся намъ очевиднымъ a priori, мы часто переносимъ, какъ необходимое требованіе, въ дѣйствительность, и думаемъ, наоборотъ, что то что мы считаемъ невозможнымъ a priori, невозможно и въ дѣйствительности. Какъ примѣръ такой ошибки Миль приводитъ слова Ньютона, въ которыхъ знаменитый астрономъ выражаетъ логическую необходимость, побудившую его принять гипотезу эѳира. «Мнѣ кажется, говоритъ Ньютонъ, такою громадною нелѣпостью думать, что тяготѣніе врождено и присуще матеріи, такъ-что одно тѣло можетъ дѣйствовать на другое на разстояніи, черезъ пустое пространство и безъ посредства чего-нибудь другого, черезъ что и посредствомъ чего дѣйствіе и сила могли бы быть сообщены другому, — что я не полагаю, чтобы кто-нибудь имѣющій компетентную способность мыслить о философскихъ предметахъ, могъ впасть въ эту ошибку». Миль видитъ въ этихъ словахъ

---

[1]) Fechner. Ibid. S. 118.

[2]) Замѣтимъ, для избѣжанія недоразумѣній, что, выставляя невозможность выразить въ ясномъ представленіи гипотезу, на которой строится физика и химія, мы, тѣмъ не менѣе, вполнѣ сочувствуемъ Фехнеру, когда онъ говоритъ: «если нынѣшняя атомистическая теорія кажется слишкомъ слабою, то пусть онъ промѣняетъ физику другою, но не можетъ же онъ промѣнять своего талера на пустой кошелекъ, который стоилъ бы больше талера, если бы былъ полонъ». (Fechner, S. 99). Атомистическая гипотеза выполняетъ свое назначеніе, группируя химическія и физическія явленія въ одну стройную систему. Конечно, «гипотеза, какъ говоритъ Миль, и имѣетъ цѣну именно всегда оставаясь гипотезою» (Mill's Logic. Т. II л. II) но пока гипотеза находится въ видѣ гипотезы, то мы считаемъ совершенно ложнымъ и чрезвычайно вреднымъ переносить ее въ другія области изслѣдованія и переносить уже не какъ гипотезу, а какъ вполнѣ доказанную истину, которая можетъ служить точкой отправленія другой науки.

Ньютона только *прежнее, уже пережитое человечеством предубѣжденіе*. «Теперь, говоритъ Милль, уже никто не чувствуетъ никакой трудности думать, что тяготѣніе, какъ и всякое другое свойство, присуще матеріи; теперь никто не находитъ, чтобы пониманіе этого было сколько-нибудь облегчено предположеніемъ эѳира и вовсе не считаетъ невѣроятнымъ, что небесныя тѣла могутъ дѣйствовать и дѣйствительно дѣйствуютъ тамъ, гдѣ ихъ нѣтъ (внѣ мѣста занимаемаго ими) ¹). Теперь мы не болѣе удивляемся тому, что тѣла могутъ дѣйствовать другъ на друга безъ взаимнаго соприкосновенія, какъ и тому, что они дѣйствуютъ, соприкасаясь. Мы хорошо знакомы съ обоими этими фактами и находимъ, что они *одинаково необъяснимы*, и что въ нихъ одинаково легко вѣрить (We find them equally inexplicable, but equally easy to believe) ²).

10. Признавъ однако за фактъ, неподлежащій сомнѣнію, хотя и необъяснимый, что тѣло можетъ дѣйствовать на другія тѣла, а слѣдовательно и на наши органы чувствъ, на разстояніи, безъ непосредственнаго соприкосновенія, будемъ ли мы вправѣ опредѣлить тѣло тѣмъ, что оно занимаетъ мѣсто въ пространствѣ? Мы знаемъ тѣла только по ихъ дѣйствію на наши чувства, какъ это утверждаетъ самъ же Милль въ другомъ мѣстѣ, а такъ-какъ они дѣйствуютъ на разстояніи, то можемъ ли мы знать, что такое тѣло въ самомъ себѣ, что оно такое *тамъ, гдѣ оно пребываетъ*, но гдѣ оно на насъ не дѣйствуетъ и гдѣ оно для насъ недоступно? Всегда отдѣленные отъ матеріи областью ея дѣйствія, мы должны считать ее недоступною нашимъ чувствамъ. Но этого мало: если матерія *всегда* дѣйствуетъ на разстояніи, какъ это доказываетъ Милль, и какъ это принимаетъ Милль въ своей главѣ «объ ошибкахъ», по какому же праву мы должны предположить матерію *тамъ*, гдѣ мы не испытываемъ ея дѣйствія, гдѣ она для насъ недоступна, и почему

---

¹) Замѣчательно, что для Эйлера эѳиръ кажется также необходимымъ, какъ и для Ньютона и по той же самой причинѣ: «Мысль, что притяженіе свойственно всякой матеріи, ведетъ къ такимъ несообразностямъ (именно къ дѣйствію тѣла внѣ самаго себя), что слѣдуетъ признать, что то, что называютъ притяженіемъ, есть *сила*, содержащаяся въ тонкой матеріи, наполняющей пространство, *хотя мы и не знаемъ какимъ образомъ*». (P. II, lett. VII, p. 356). Спрашивается, что же мы выиграли признавъ эѳиръ? Не лучше ли было бы прямо перейти къ той мысли, которую высказываетъ подъ конецъ и Эйлеръ: «Должно привыкнуть сознаваться въ своемъ незнаніи». Это тоже, что говоритъ и Милль, но чистосердечнѣе выражено. Но надо опасаться, чтобы привычка употреблять слово «притяженіе» не укрѣпила въ насъ мысли, что мы и дѣйствительно понимаемъ, что такое притяженіе. Мы не сдѣлали въ этомъ отношеніи никакого прогресса со времени Ньютона, хотя на такой прогрессъ указываетъ Милль; а можетъ быть привыкли употреблять слово «тяготѣніе» и довольствуемся словомъ тамъ, гдѣ онъ требовалъ мысли.

²) Mill's Logic. B. V. Ch. III, § 3, p. 314 и 315.

мы не можемъ предполагать ее тамъ, гдѣ она на насъ дѣйствуетъ? Признавая фактъ тяготѣнія неизъяснимымъ, Милль, въ то же время, точно также какъ и Ньютонъ, старается его разъяснить, съ тою только разницею, что Ньютонъ предлагаетъ для этого гипотезу эѳира, оказавшую большую пользу физикѣ, а Милль гипотезу существованія матеріи въ области недоступной для нашихъ чувствъ, гипотезу вовсе безполезную; но обѣ эти гипотезы одинаково не объясняютъ намъ чуда тяготѣнія. Что же касается до привычки, которую мы сдѣлали со времени Ньютона въ употребленіи слова «тяготѣніе», безъ всякихъ заднихъ мыслей, то это дѣйствительно *психическій* фактъ. Употребляя какое-нибудь слово, люди наконецъ совершенно теряютъ его смыслъ и говорятъ о словѣ, которое сами же создали, какъ о чемъ то, внѣ ихъ существующемъ и отъ нихъ независящемъ. Но значеніе мыслителей именно въ томъ и состоитъ, какъ замѣтилъ, если не ошибаемся, Карлейль, что они сбрасываютъ эту привычку и находятъ предметъ недоумѣнія или удивленія въ томъ, чему толпа давно уже перестала удивляться, и что кажется ей совершенно понятнымъ и простымъ.

11. Но заблужденіе Милля на этомъ не останавливается. Въ числѣ подобныхъ же ошибокъ, основанныхъ на убѣжденіи въ дѣйствительной невозможности того, что намъ кажется невозможнымъ субъективно, Милль помѣщаетъ убѣжденія, что матерія не можетъ думать, что пространство безпредѣльно и что ничто не можетъ быть сдѣлано изъ ничего. (Ех nihilo nihil fit). «Вѣрны или нѣтъ эти предположенія, говоритъ Милль, и могутъ ли эти вопросы быть разрѣшены умомъ человѣческимъ—этого мы разсматривать здѣсь не будемъ. Но такія положенія не болѣе могутъ быть считаемы очевидными истинами, какъ и старое положеніе, что вещь не можетъ дѣйствовать тамъ, гдѣ ея нѣтъ, но что не вѣритъ теперь ни одинъ образованный человѣкъ въ Европѣ. Матерія не можетъ думать; почему? Потому-что мы не можемъ представить себѣ мысль, соединенную съ какимъ-нибудь расположеніемъ матеріальныхъ частицъ. Пространство безконечно потому только, что, не видѣвъ никогда части пространства, за которою не слѣдовало бы другой части, мы не можемъ

---

¹) Нѣтъ, не потому, а потому, что мы не можемъ себѣ представить такое расположеніе матеріальныхъ частицъ, которое объяснило бы намъ возможность сознанія и мысли. Слѣдовательно, сказать, что сознаніе рождается при *извѣстномъ* расположеніи матеріальныхъ частицъ—значитъ все равно, что ничего не сказать, ибо это *извѣстное* расположеніе частицъ, намъ именно неизвѣстно, и мы даже не можемъ себѣ сфантазировать такое расположеніе частицъ, которымъ объяснилось бы появленіе чувствъ. Удивительно, какъ даже въ науку и на всѣхъ языкахъ (certain, gewiss) проникло это безсмысленное употребленіе слова *извѣстный* тамъ, гдѣ какъ именно ничего неизвѣстно.

ставить себѣ понятія объ абсолютномъ предѣлѣ [1]). Ex nihilo nihil fit, потому что, не видѣвъ никогда физическаго продукта безъ существующаго физическаго матерьяла, мы не можемъ, или думаемъ, что не можемъ, вообразить себѣ созданіе изъ ничего. Но сами по себѣ всѣ эти вещи могутъ быть мыслимы, точно также, какъ „притяженіе безъ посредствующей среды, что Ньютонъ считалъ такою нелѣпостью, которую не можетъ принять ни одинъ человѣкъ, способный думать." [2])

12. Въ этомъ мѣстѣ своей книги Миль не только впадаетъ въ заблужденіе, но, что гораздо хуже, въ противорѣчіе съ самимъ собою. Принявъ, *что изъ внѣшняго міра мы не знаемъ и не можемъ знать ничего, кромѣ ощущеній, которыя отъ него испытываемъ,—опредѣливъ тѣло какъ внѣшнюю и притомъ скрытую причину* (the hidden external cause), *которой мы приписываемъ наши ощущенія, признавъ тѣло таинственнымъ нѣчто* (something), *возбуждающимъ чувство въ душѣ, а душу таинственнымъ нѣчто, что чувствуетъ и думаетъ* [3]). Миль не могъ уже, не впадая въ противорѣчіе съ самимъ собою, внести въ число логическихъ ошибокъ мысль, что матерія не можетъ думать. Матерія можетъ думать, но тогда она не будетъ тою матеріею, какою ее опредѣлилъ самъ Миль, ибо единственное опредѣленіе, которое Миль даетъ матеріи, состоитъ въ томъ, что она ощущается душою, а душѣ—что она ощущаетъ матерію. Слѣдовательно, ощущающая матерія не будетъ уже матерія, а душа; а ощущаемая душа не будетъ уже душою, а матеріею. Что-нибудь одно изъ двухъ: или опредѣленіе, данное Милемъ матеріи въ началѣ его книги, не годится, или мысль, что матерія не можетъ думать—нелѣпа. [4]). Не самъ ли Миль говоритъ, что внѣ нашихъ ощущеній мы не знаемъ ничего, слѣдовательно, не знаемъ матеріи, а въ нашихъ ощущеніяхъ знаемъ матерію только какъ причину, вызывающую въ насъ ощущенія, а, слѣдовательно, не тѣмъ, что ощущаетъ. Мы можемъ опредѣлять матерію, какъ намъ угодно; но, безъ сомнѣнія, и новая логика признаетъ правило старой, что, давши разъ опредѣленіе, мы должны уже остаться ему вѣрны. Мы можемъ допускать *неизъяснимые факты*, но не имѣемъ права допускать *неизъяснимыхъ мыслей*. Мы можемъ указывать на противорѣчіе въ фактахъ, отказываясь примирять эти противорѣчія, но не

---

[1]) И опять ошибка: не части пространства, а цѣлое надо бы намъ видѣть, чтобы убѣдиться въ его конечности.
[2]) Ib. p. 315.
[3]) Mill's Logic. B. I, Ch. III. §§ 7 и 8 p. 67, 68.
[4]) Замѣчательно, что Локкъ, находя невозможнымъ мышленіе въ матеріи, полагаетъ однако, что Богъ могъ дать матеріи, какъ и всякой другой сущности, способность чувствовать и мыслить (Of hum. Understanding B. IV, Ch. III, § 6), на что Эйлеръ весьма справедливо замѣтилъ, что въ такомъ случаѣ будетъ мыслить божество, а не матерія. (Euler. Lettre III, p. 270).

— 342 —

можемъ допускать противорѣчій въ нашихъ разсужденіяхъ; ибо все зна-
ченіе разсужденія состоитъ именно въ томъ, что оно стремится къ из-
гнанію противорѣчій.

13. Какъ же примирить всѣ эти противорѣчія въ опредѣленіи ма-
теріи? Что же такое, наконецъ, матерія въ существѣ своемъ? Читатель,
безъ сомнѣнія, не ждетъ, чтобы мы дали категорическій отвѣтъ на этотъ
вопросъ. Слѣдуя принятой нами методѣ, мы удовольствуемся тѣмъ,
что начертимъ психическую исторію понятія матеріи.

Какъ только человѣкъ, выполняя свое первое произвольное движеніе,
встрѣтился съ внѣшними для него тѣлами, которыя помѣшали его дви-
женіямъ, такъ и должно было родиться въ немъ первое чувство ма-
теріи. Если бы въ это время человѣкъ могъ выражать свои чувства, то
онъ опредѣлилъ бы матерію какъ нѣчто такое, что мѣшаетъ произволь-
нымъ движеніямъ. Но не такъ ли опредѣляютъ матерію и тѣ ученые,
которые, какъ, напримѣръ, Эйлеръ, Шнель и др., называютъ инерцію
главнымъ свойствомъ матеріи, которое и дѣлаетъ матерію для насъ чув-
ствительною [1]). Но эти ученые распространяютъ, конечно, понятіе инер-
ціи, какъ сопротивленія матеріи не однимъ движеніямъ человѣка, но и
всякимъ другимъ движеніямъ. Это распространеніе могъ сдѣлать и про-
стой человѣкъ, но только впослѣдствіи, по расширеніи своихъ опытовъ
и наблюденій. Но что же такое *инерція*? «Инерція, говоритъ Эйлеръ,
есть свойство, находящееся въ самой природѣ тѣлъ, по которому они
стремятся оставаться всегда въ одномъ и томъ же состояніи, будетъ
ли то покой, или движеніе» [2]). Не трудно замѣтить, что въ этомъ опре-
дѣленіи инерціи слово *стремленіе* употреблено только въ переносномъ
значеніи. Человѣкъ можетъ ощущать стремленія лишь въ самомъ себѣ;
если же здѣсь говорится о стремленіи въ матеріи, это уже злоупотреб-
леніе чисто психическаго термина. Стремится ли къ чему нибудь матерія
или нѣтъ,—этого мы знать не можемъ, а знаемъ только за нею факти-
чески одинъ *отрицательный* признакъ, а именно, что, будучи въ со-
стояніи покоя, она *не можетъ* сама собою выйти изъ этого состоянія,
а приведенная въ состояніе движенія, она *не можетъ* сама собою пе-
рейти въ состояніе покоя [3]). Но естественно, что *отрицательный* при-

---

[1]) Lettres d'Euler, p. II, l. VI, p. 252.

[2]) Ib. p. 250.

[3]) Странно отношеніе такъ называемой положительной философіи къ вопросу
объ *инерціи* тѣлъ. Льюисъ, излагая философію Огюста Конта, говоритъ:
«Контъ начинаетъ (свое изложеніе содержанія механики) съ подробнаго раз-
смотрѣнія важнаго и необходимаго философскаго пріема, употребляемаго въ
механикѣ, безъ котораго нельзя было бы установить ни одного положенія
относительно абстрактныхъ законовъ равновѣсія или движенія. Это пред-
положеніе, что всѣ тѣла инертны: не въ силу того, чтобы они подлежали
такъ называемому закону инерціи (что совершенно другое), но въ силу того,
что они не могутъ самопроизвольно измѣнять дѣйствіе приложенныхъ къ

имѣя непремѣнно уже предполагаетъ положительный, для котораго онъ служитъ отрицаніемъ. Положительный же признакъ въ этомъ случаѣ даетъ человѣкомъ изъ собственнаго своего внутренняго опыта. Опредѣляя матерію инерціею, человѣкъ только отличаетъ ее отъ самого себя. «Матерія,—говоритъ онъ въ этомъ опредѣленіи, переведенномъ на простой языкъ, — есть то, что не можетъ ни двинуться, когда захочетъ, ни перестать двигаться, какъ это могу сдѣлать я и существа, мнѣ подобныя». Слѣдовательно, въ этомъ опредѣленіи человѣкъ только противополагаетъ матерію самому себѣ, какъ нѣчто такое, что не имѣетъ въ себѣ воли, и что можетъ мѣшать произвольнымъ движеніямъ человѣка.

14. Впослѣдствіи, при расширеніи наблюденій и опытовъ, человѣкъ долженъ былъ видоизмѣнить это первоначальное чувство матеріи. Онъ видѣлъ, что тѣла, которыя онъ признавалъ инертными, также движутся и останавливаются независимо отъ его воли. Здѣсь-то и начинается рядъ человѣческихъ объясненій, рядъ кажущихся примиреній, а вслѣдствіе того и рядъ ошибокъ. Первое примиреніе состоитъ въ томъ, что человѣкъ, не долго думая, *одушевляетъ* матерію: влагаетъ въ нее волю, подобную своей. Это мы замѣчаемъ на дѣтяхъ, которыя весьма замѣтно одушевляютъ свои игрушки и вообще вещи, оказывающія на нихъ вліяніе; это мы замѣчаемъ надъ необразованными людьми во множествѣ предразсудковъ; это замѣчаемъ мы, наконецъ, и на цѣлыхъ народахъ, оставшихся въ первобытномъ состояніи. Дикарь гдѣ видитъ движеніе, тамъ предполагаетъ и душу; особенно, если это движеніе для него—новость. Такъ дикари, видѣвшіе въ первый разъ часы, принимали ихъ за живое существо. «Дикіе народы, говоритъ Ридъ, совершенно убѣждены, что солнце, мѣсяцъ и звѣзды, земля, море и воздухъ, источники и озера обладаютъ умомъ и волею» [1]. Вся шаманская религія, легшая въ основу и китайской національной религіи, основана на такомъ одушевленіи всѣхъ предметовъ природы, а это за исключеніемъ, конечно, откровенной религіи, безъ сомнѣнія — самая древняя изъ религій человѣчества. Всѣ языки, какъ замѣчаетъ Ридъ, носятъ на себѣ слѣды того, что они образовались въ то время, когда преобладала такая увѣренность; особенно это замѣтно по отношенію къ тѣмъ тѣламъ природы, кото-

---

какъ онъ. Въ дѣйствительности это — чистое предположеніе; ибо каждое одушевленное или неодушевленное тѣло въ большей или меньшей степени имѣетъ самопроизвольную дѣятельность или движеніе» (Льюисъ и Милль. Огюстъ Контъ. 1867. Стр. 77). Но изъ двухъ предположеній, что матерія инертна и что всякое неодушевленное тѣло имѣетъ самопроизвольную дѣятельность, которой по понятіямъ Льюиса же не имѣетъ даже и человѣкъ, безъ сомнѣнія первое вѣроятнѣе, и если Льюисъ называетъ его «осколкомъ старинной метафизики», то второе—осколокъ еще болѣе старинаго фетишизма и средневѣковыхъ алхимистическихъ понятій о spiritus rector, сидящемъ въ каждомъ тѣлѣ.

[1] Mill. Vol. I, 392.

рыхъ не могъ двигать самъ человѣкъ. Такъ, мы говоримъ: солнце садится и встаетъ, вѣтеръ дуетъ, день приходитъ, жара наступаетъ и т. п., изъ чего Ридъ не безъ основанія заключаетъ, что «эти понятія образовались тогда, когда человѣкъ вѣрилъ, что неодушевленные предметы имѣютъ и жизнь и волю.» [1])

15. По расширеніи опытовъ и наблюденій и эта вѣра должна была разрушиться. Она была слишкомъ груба, чтобы человѣкъ могъ ужиться съ нею. Въ безчисленныхъ опытахъ пріобрѣлъ онъ множество средствъ управлять движеніями природы и, ближе ознакомившись съ вещами, не нашелъ въ нихъ ни чувства, ни воли. Тогда появляются у него души, управляющія явленіями, дивы, гномы и, наконецъ, нептуны, волнующіе море, эолы, дующіе вѣтры, юпитеры-громовержцы, кидающіе молнію, драконы, проглатывающіе луну, черепахи, потрясающія землю и т. п. Во всѣхъ этихъ олицетвореніяхъ, безъ сомнѣнія, былъ историческій прогрессъ, но здѣсь намъ нѣтъ до него никакого дѣла. Наблюдая далѣе надъ своимъ собственнымъ тѣломъ, человѣкъ, конечно, скоро пришелъ къ убѣжденію, что и тѣло его движется не всегда по его желанію, а не противъ часто противится и мѣшаетъ тѣмъ движеніямъ, которыя онъ хочетъ въ немъ вызвать. Тогда окончательно должно было образоваться въ человѣкѣ понятіе о *душѣ* и о *волѣ*, какъ источникѣ произвольныхъ движеній, и о *матеріи*, какъ субстратѣ этихъ движеній. Но какъ же объяснить человѣку тѣ движенія, которыя онъ замѣчаетъ въ матеріи, но причины которыхъ не видитъ ни въ себѣ, ни въ существахъ, ему подобныхъ, когда онъ уже убѣдился, что нептуны и эолы—созданія его собственной фантазіи? Здѣсь начинается длинный рядъ отыскиванія причинъ движеній или вообще причинъ явленій, потому что всякое явленіе, какъ мы уже объяснили выше, представляется человѣку не иначе, какъ въ формѣ движенія. *Ближайшія* изъ причинъ дѣйствительно отыскивались въ явленіяхъ, всегда предшествующихъ тому, причина котораго отыскивается, а *дальнѣйшія* опять же фантазировались; только фантазіи были уже другаго свойства. Но объ этомъ отыскиваніи причинъ мы скажемъ въ слѣдующей главѣ, а теперь обратимся опять къ формаціи понятій о матеріи.

16. Изъ стремленія объяснить причины движеній или явленій у человѣка образовались два понятія, условливающія другъ друга понятіе *воли*, какъ *силы*, вызывающей произвольныя движенія въ его собственномъ тѣлѣ, и *силы*, какъ *воли*, лежащей внѣ души человѣческой и отъ ней независящей. Матерія, или вѣрнѣе сказать, движенія матеріи являлись для человѣка причиною всѣхъ тѣхъ ощущеній, которыя онъ чувствуетъ независимо отъ своего произвола. Тогда опредѣленіе матеріи приняло другую форму: «все, что вызываетъ въ душѣ человѣка ощущенія зрительныя, слуховыя, осязательныя и т. д., все это матерія», или, другими словами: «матерія есть все, что подлежитъ нашему ощущенію».

---

[1]) Ibid. p. 393.

Но, всмотревшись и въ это опредѣленіе матеріи, мы замѣчаемъ, что и здѣсь основными идеями являются всѣ тѣ же первоначальныя идеи: идеи произвола, ощущаемаго человѣкомъ въ самомъ себѣ, и идея матеріи, въ которой отрицается произволъ: произвола, какъ отрицанія матеріи, и матеріи, какъ отрицанія произвола. Уже гораздо позднѣе, когда человѣкъ сталъ испытывать природу научнымъ образомъ и замѣтилъ, что, по крайней мѣрѣ, въ огромномъ большинствѣ случаевъ, два тѣла являются несовмѣстными въ одномъ и томъ же мѣстѣ, появилось опредѣленіе матеріи какъ чего-то, занимающаго мѣсто въ пространствѣ. Это опредѣленіе нашло себѣ поддержку въ опредѣленіи матеріи какъ чего-то, мѣшающаго движенію въ противоположность пустотѣ, не мѣшающей ему. До пониманія же матеріи, какъ необходимой для движенія, человѣкъ могъ дойти только уже философскимъ путемъ. Онъ могъ только философскимъ путемъ дойти до убѣжденія, что помѣха, которую оказываетъ матерія произвольному движенію, что инерція матеріи также необходима для выполненія движеній, какъ и сила, нарушающая эту инерцію.

17. Изъ такихъ-то антагонистическихъ идей составилось обширное и неопредѣленное понятіе матеріи, скорѣе обширное чувство, чѣмъ идея, чувство, которое наука до сихъ поръ напрасно старается уловить и выразить въ точномъ опредѣленіи. До сихъ поръ въ основѣ понятія о матеріи лежитъ непосредственное ощущеніе ея человѣкомъ — ощущеніе, въ которомъ высказываются разомъ и идея души, и идея матеріи, такъ-что идея матеріи предполагаетъ идею души и, наоборотъ, идея души предполагаетъ идею матеріи. Всѣ попытки разорвать это ощущеніе, присущее всякому человѣку, какой бы теоріи онъ ни держался, разорвать на двѣ, составляющія его части, и выразить каждую изъ нихъ въ самостоятельномъ опредѣленіи оказывались до сихъ поръ тщетными. Мы не можемъ опредѣлить души иначе, какъ отрицаніемъ матеріи, и матеріи иначе, какъ отрицаніемъ души. Если міръ матеріальный кажется намъ понятнѣе міра духовнаго, то только потому, что мы можемъ представлять себѣ міръ матеріальный, какъ бы ощущая его нашимъ осязаніемъ и нашимъ зрѣніемъ, возбуждая въ себѣ ту дѣятельность нервовъ, которую Миллеръ назвалъ «энергіею ощущенія» и забывая, что въ этомъ случаѣ мы опредѣляемъ матеріальное одною его способностью быть ощущаемымъ, т. е. опредѣляемъ матерію, какъ *отрицаніе души*.

18. Родоначальника идеалистовъ, Платона, упрекаютъ въ томъ, что онъ опредѣляетъ душу только отрицательными признаками: «душа нематеріальна, невидима, безсмертна, безпространственна, неразделима» и т. д. [1]). Упрекъ этотъ совершенно справедливъ. Но мы утверждаемъ только, что онъ одинаково приложимъ и къ опредѣленію матеріи и что мы не можемъ иначе опредѣлить ее, какъ *отрицательными признаками*, какую бы положительную *форму* ни придавали имъ. Такъ въ опредѣленіи, что матерія занимаетъ мѣсто въ пространствѣ, есть только

---

[1]) System der Psychologie, von Fortlage. Erst Th. § 28.

одинъ смыслъ, а именно, что матерія мѣшаетъ нашимъ произвольнымъ движеніямъ. Въ опредѣленіи матеріи инерціей есть только тотъ смыслъ, что матерія не можетъ сама по произволу начинать и прекращать своихъ движеній, не есть иниціатива движеній, въ противоположность душѣ, какъ иниціативѣ произвольныхъ движеній. Въ опредѣленіи матеріи, какъ подлежащей нашимъ чувствамъ, есть только тоже одинъ смыслъ, а именно, что матерія есть то, что ощущается душою, а душа есть то, что ощущаетъ матерію—опредѣленіе, къ которому пришелъ и Милль въ началѣ своей «Логики», хотя впослѣдствіи и позабылъ объ этомъ. Таково *антагонистическое понятіе матеріи и души*, присущее каждому человѣку, выражающееся въ словахъ и поступкахъ людей, но конечно не всегда выражающееся въ ихъ метафизическихъ теоріяхъ. Милль совершенно справедливо замѣчаетъ, что уже Ѳалесъ и Анаксименъ попробовали выйти изъ этого антагонизма души и матеріи [1]). Милль могъ бы точно также указать на Спинозу, Гегеля и матеріалистовъ (наприм. Герберта Спенсера), какъ на попытки примирить этотъ психическій антагонизмъ и превратить весь духъ въ матерію или всю матерію въ духъ. Но Милль долженъ былъ показать, успѣли-ли эти фантазіи проникнуть въ общія убѣжденія человѣчества и успѣли-ли онѣ разубѣдить человѣка въ томъ, что въ душѣ его есть воля, а въ матеріи нѣтъ воли, и вышло ли изъ этихъ попытокъ какое-нибудь опредѣленіе матеріи и души. Лучшимъ доказательствомъ, что ни того, ни другаго не было, служитъ сама «Логика» Милля: будучи знакомъ съ мнѣніями Ѳалеса, Анаксимена, Мальбранша, Спинозы, Лейбница, Гегеля и матеріалистовъ, Милль не задумался положить въ основу своей «Логики» тотъ психическій антагонизмъ въ понятіи матеріи и души, который мы хотѣли выяснить. И для Милля душа есть то, что ощущаетъ матерію, а матерія есть то, что ощущается душою. Онъ не вывелъ только логическихъ послѣдствій, необходимо вытекающихъ изъ понятія такого антагонизма, а именно, что въ понятіе матеріи не входитъ понятіе ощущающаго, а въ понятіе души—понятіе ощущаемаго. Если въ понятіе матеріи ввести признакъ ощущающаго, а въ понятіе души—признакъ ощущаемаго, то вмѣстѣ съ тѣмъ исчезнутъ и самыя эти понятія, а вмѣстѣ съ ними и рухнетъ основаніе, на которомъ строится «Логика» Милля. Смѣшавъ понятіе души и матеріи мы уничтожимъ эти понятія, ибо вся сила ихъ, все ихъ главное дѣло заключается въ ихъ взаимномъ антагонизмѣ. Съ этимъ вмѣстѣ мы подорвемъ основу человѣческаго мышленія о внѣшнемъ для него мірѣ, уничтожимъ единственно возможную точку опоры для какого бы то ни было міросозерцанія, строющагося на опытахъ, а не на фантазіяхъ, ибо всякій опытъ разлагается окончательно на ощущенія, а въ каждомъ ощущеніи есть ощущаемое и ощущающее, которыхъ соединить для человѣка невозможно.

---

[1]) Mill's Logic. B. III. Ch. V. Note. p. 400.

Сила.

19. Уже анализируя образованіе понятія матеріи, мы выяснили и образованіе понятія силы, такъ что намъ остается здѣсь высказать только его опредѣленіе, и мы не можемъ его высказать лучше, какъ словами знаменитаго астронома Джона Гершеля. «Наше непосредственное сознаніе усилія, говоритъ онъ въ своемъ *Трактатѣ объ Астрономіи*, когда мы употребляемъ силу, чтобы привесть матерію въ движеніе или чтобъ воспротивиться движенію и нейтрализировать силу, даетъ намъ внутреннее убѣжденіе *силы или причинности*, на сколько это относится къ матеріальному міру, и побуждаетъ насъ вѣрить, что вездѣ, гдѣ мы замѣчаемъ переходъ тѣла изъ состоянія покоя въ состояніе движенія, или уклоненіе тѣла съ прямого пути, или ускореніе, или замедленіе движеній,— вездѣ это есть слѣдствіе подобнаго же нашему усилія, гдѣ нибудь приложеннаго, хотя и не сопровождаемаго нашимъ сознаніемъ» [1]).

20. Переносъ идеи нашего собственнаго усилія въ явленія внѣшняго міра, независящія отъ нашихъ усилій, могъ совершиться очень естественно. Употребляя свою силу, чтобъ преодолѣть инерцію матеріи и привести ее въ движеніе, человѣкъ испытывалъ сопротивленіе этой инерціи и естественно видѣлъ въ этомъ сопротивленіи силу, подобную своей. Испытавъ же инерцію матеріи и убѣдившись въ ея неспособности къ самостоятельной иниціативѣ движенія или покоя, человѣкъ объяснялъ замѣченное имъ въ природѣ движеніе матеріи,—а вслѣдствіе того и всѣ явленія, которыя онъ понимаетъ только какъ движенія,—приложеніемъ къ инертной матеріи такого же агента, какой онъ самъ въ себѣ испытываетъ, когда приводитъ въ движеніе инертную матерію или когда прекращаетъ движенія матеріи, уже разъ ей данныя. Такъ образовались въ человѣкѣ двѣ идеи: идея матеріи, какъ *противоположности* его душѣ, и идея силы, какъ *подобія той же душѣ*. Это снова двѣ *антагонистическія* идеи, *матеріи и силы*, изъ которыхъ одна есть результатъ непосредственнаго ощущенія человѣкомъ матеріи, а другая возникаетъ уже вслѣдствіе попытки уяснить себѣ тѣ движенія инертной матеріи, которыя не вызываются волею человѣка. Принимая разнообразныя, то миѳологическія, то научныя формы, обѣ эти идеи живутъ же въ человѣчествѣ такъ давно, какъ живетъ и мыслитъ оно само, и живутъ до сихъ поръ, измѣняя одежду, но оставаясь въ сущности тѣми же самыми.

21. Если мы взглянемъ на отношеніе матеріи къ силѣ, то увидимъ, что изъ ихъ взаимодѣйствія объясняются человѣкомъ всѣ явленія природы. Ни изъ силы самой по себѣ нельзя объяснить этихъ явленій, ни изъ одной матеріи они также не объясняются. «Чтобы міръ внѣшнихъ явленій могъ произойти, говоритъ извѣстный германскій физикъ Шиль, для этого необходимымъ условіемъ является сила сопротивленія, инер-

---

[1]) Traitise on Astronomy. Ch. VII. Bain The Wille. p. 473.

ція» [1]). Другими словами, если бы не было инертной матеріи, сопротивляющейся движенію, то не было бы и самаго движенія: нечему было бы двигаться. Но и наоборотъ: если бы не было силы, движущей матерію, то не было бы движенія; а слѣдовательно и не было бы никакихъ явленій, ибо человѣкъ можетъ понять явленіе только въ формѣ движенія, какъ мы это указали выше [2]). Спрашивается однако, что же такое является причиною явленія: сила или матерія? Въ обычномъ представленіи человѣкъ воображаетъ матерію элементомъ страдательнымъ, а силу — элементомъ дѣйствующимъ. Но ясно, что это только переносъ въ явленія внѣшняго міра отношеній самого человѣка къ матеріи. Матерія настолько же является причиною явленія, насколько и сила. Но этого мало, свойства матеріи непремѣнно усложняютъ самое явленіе ровно на столько же, насколько и свойства силъ, приложенныхъ къ матеріи. Но если мы представляемъ это иначе, то только потому, что воображаемъ матерію чѣмъ-то противоположнымъ, а силу, наоборотъ, чѣмъ-то родственнымъ нашей душѣ.

22. Чѣмъ болѣе изучалъ человѣкъ явленія природы, тѣмъ болѣе убѣждался, что сила, которую сначала онъ считалъ чѣмъ-то витающимъ между тѣлами, олицетворяя ее въ разныхъ созданіяхъ своего воображенія, связана съ матеріею, составляетъ ея неотъемлемое свойство. Наконецъ, онъ пришелъ къ убѣжденію, что сила во внѣшней природѣ тогда только проявляется, когда одно тѣло дѣйствуетъ на другое, что сила обнаруживается только при взаимномъ воздѣйствіи тѣлъ и что при этомъ воздѣйствіи оба тѣла являются столько же дѣйствующими въ отношеніи другъ друга, сколько и страдающими. Такимъ образомъ понятіе силы сдѣлалось тождественнымъ понятію свойства тѣлъ, которое обнаруживается тогда только, когда одно тѣло дѣйствуетъ на другое. Но прежній вопросъ по прежнему же остается не рѣшеннымъ, а только принимаетъ другую форму: вмѣсто того, чтобъ спрашивать, откуда берется сила, спрашивается уже, что же приводитъ тѣла въ то соотношеніе, что они начинаютъ дѣйствовать другъ на друга, начинаютъ обнаруживать свои свойства въ силахъ? Тѣла, по этой системѣ, всегда въ мірѣ, всегда дѣйствуютъ одни на другія: откуда же начало явленій, откуда перемѣна ихъ, откуда собственно то движеніе, которое мы и называемъ явленіемъ?

23. Если-бы явленія зависѣли единственно отъ взаимодѣйствія разнообразныхъ тѣлъ, наполняющихъ вселенную, то эти явленія давно бы уже всѣ совершились или, что все равно, никогда бы не начались. Кусокъ магнита и кусокъ желѣза, лежащіе на столѣ, притягиваютъ другъ друга; но это притяженіе или уже выполнилось бы и желѣзо, соединившись съ магнитомъ, не представляло болѣе явленій движенія или никогда бы не началось. Для того, чтобы движеніе желѣза къ маг-

---

[1]) Die Streitfrage des Materialismus von K. Schnell. 1858 §§ 31—35.
[2]) См. выше Гл. XXXVI, п. 7.

ату совершилось, нужно вмѣшательство *третьяго агента*; надобно или приблизить ихъ на извѣстное разстояніе, или удалить отъ обоихъ ихъ притягивающей земли, или сблизить желѣзо и магнитъ такъ, чтобы сила ихъ взаимнаго притяженія перевысила силу притяженія обоихъ къ землѣ. Словомъ, нуженъ былъ снова агентъ, приводящій тѣла въ движеніе—причина начала явленій, продолженіе которыхъ могло уже зависѣть отъ самаго свойства тѣлъ.

14. Въ послѣднее время съ особенной ясностью обнаружилось это стремленіе превратить силу въ свойства тѣлъ, а самыя свойства, обнаруживаемыя тѣлами, или все разнообразіе силъ, объяснить движеніемъ, т. е. опять пришли туда, откуда вышли. Пришли къ тому убѣжденію, что для того, чтобы явленія начались и продолжали совершаться, нужно только *движеніе*. Но такъ-какъ всѣ различныя явленія суть только различныя движенія матеріи, то видно, что нужно не мало. Источникъ этихъ движеній наука указываетъ въ солнцѣ, въ его раскаленной атмосферѣ, но такъ-какъ сама высокая температура солнца объясняется движеніемъ атомовъ, его составляющихъ, то снова рождается вопросъ: что же возбудило въ атомахъ, составляющихъ солнце, такое именно движеніе? Вопросъ этотъ касается насъ здѣсь, конечно, только съ своей психической стороны; а именно, для насъ важно только узнать, откуда происходитъ въ человѣкѣ такое твердое убѣжденіе въ невозможности признать движеніе возникающимъ безъ причины? Откуда происходитъ въ человѣкѣ та неодолимая вѣра въ причинность всѣхъ вещей, которая является сама источникомъ всякаго движенія въ душѣ?

ГЛАВА XXXIX.

Идея причины, цѣли, назначенія и случая.

Идея причины.

1. Понятіе причины, говоритъ Милль, есть корень всей теоріи индукціи (т. е. единственнаго способа пріобрѣтенія человѣкомъ дѣйствительныхъ знаній), и потому понятіе это должно быть опредѣлено съ возможною ясностью и точностью» [1]. Мы послѣдуемъ за Миллемъ въ опредѣленіи причины, такъ-какъ, разбирая его мнѣніе, намъ удобнѣе выяснить наше. «За извѣстными фактами, говоритъ Милль, всегда слѣдуютъ и, какъ мы убѣждены, всегда будутъ слѣдовать другіе извѣстные же факты: неизмѣнно предшествующее называется *причиною*, неизмѣнно слѣдующее — *слѣдствіемъ*». При этомъ Милль выражаетъ свою неколебимую *вѣру въ причинность* всѣхъ явленій: «пусть, говоритъ онъ, фактъ будетъ тотъ или другой; но если онъ уже разъ существовалъ, то онъ былъ предшествуемъ другимъ фактомъ или фактами, за которыми онъ неизмѣнно слѣдовалъ».

---

[1] Mill's Logic. B. III. Ch. V. § 2. p. 363.

2. «Рѣдко случается, говоритъ далѣе Милль, если когда-нибудь бываетъ, чтобы эта неизмѣнная послѣдовательность существовала между слѣдствіемъ и *однимъ* предшествующимъ [1]. Обыкновенно же она бываетъ между слѣдствіемъ и суммою нѣсколькихъ предшествующихъ, соединеніе которыхъ требуется, чтобы произошло извѣстное слѣдствіе. Въ такихъ случаяхъ обыкновенно выдѣляютъ одно изъ предшествовавшихъ подъ именемъ *причины*, называя прочія только *условіями* [2]. На это Милль совершенно справедливо замѣчаетъ, что, «говоря философски, мы не имѣемъ права давать названіе причины одному изъ предшествующихъ, а должны называть причиною всѣ необходимо предшествующія *условія*, такъ что причиною слѣдуетъ признать всю сумму *условій*, какъ положительныхъ, такъ и отрицательныхъ, которыя, когда осуществятся, то необходимо будетъ данное послѣдствіе» [3].

3. Опредѣливъ причину, какъ сумму фактовъ всегда предшествующихъ явленію, Милль встрѣтился съ опроверженіемъ Рида, что при такомъ опредѣленіи причины мы должны признать ночь причиною дня и день причиною ночи, такъ-какъ два эти явленія неизмѣнно слѣдуютъ одно за другимъ съ начала міра. Опроверженіе этой *остроты* Рида сдѣланное Миллемъ, кажется намъ не совсѣмъ удачнымъ. «Чтобы употребить слово причина, говоритъ Милль, мы должны *вѣрить* не только въ то, что за даннымъ *предшествующимъ* всегда слѣдовало извѣстное *послѣдствіе*, но что всегда это такъ и *будетъ*, пока существуетъ настоящій порядокъ вещей. Мы не убѣждены, чтобы ночь всегда слѣдовала за днемъ, при всѣхъ воображаемыхъ обстоятельствахъ, но только, что это будетъ до тѣхъ поръ, пока солнце будетъ вставать надъ горизонтомъ. Если же солнце перестанетъ вставать, что, какъ мы знаемъ, совершенно возможно по общимъ законамъ матеріи, то ночь будетъ или можетъ быть вѣчною» [4]. Едва ли такія пророческія соображенія могли прійти въ голову, незараженную философскими мечтами. Солнце вставало и садилось прежде, чѣмъ были люди на землѣ, и человѣкъ не могъ изъ опытовъ и наблюденій вывести вѣру въ вѣчность этого явленія, а все же не считалъ никогда дня причиною ночи. Мы думаемъ, что на возраженіе Рида слѣдовало отвѣчать нѣсколько иначе; а именно: что ночь, какъ отвлеченное и при томъ собирательное понятіе для множества явленій ночи, дѣйствительно есть причина дня и день причина ночи; ибо еслибы всегда былъ день, то мы не имѣли бы понятія ни о ночи, ни о днѣ, а еслибы всегда была ночь, то мы не имѣли бы понятія не только о днѣ, но и о ночи. Но

---

[1] Мы же думаемъ, что этого въ явленіяхъ внѣшней природы никогда не бываетъ, потому что каждое явленіе природы есть слѣдствіе взаимнаго воздѣйствія по крайней мѣрѣ двухъ тѣлъ, да нуждается еще въ томъ или другомъ взаимномъ положеніи этихъ тѣлъ.

[2] Ib. § 3.
[3] Ib. p. 370.
[4] Ib. § 5.

.... смѣны дня и ночи является видимое движеніе солнца, въ
.... мосъ очень легко убѣдиться самыми простыми опытами:
...... въ свою темную хижину или выходя изъ нея, наблюдая, что
.... когда солнце скрывается за густыя тучи, за горизонтъ и т.
...... Вотъ почему мы думаемъ, что Милль напрасно къ своему, совершенно
.... опредѣленію причины природныхъ явленій прибавляетъ сло-
.. *необходимо слѣдуетъ*, принимая слово *необходимость* за одно-
.... со словомъ *безусловность* и говоря, что ночь слѣдуетъ за
.... безусловно и не необходимо. Мы вовсе не знаемъ и не мо-
.... знать изъ опытовъ ничего объ этой необходимости и безусловно-
.. которою связывается причина и ея послѣдствія. «Опытъ», какъ
.... Клодъ Бернаръ, «даетъ намъ только относительную истину,
.... не будучи въ состояніи доказать уму, что онъ обладаетъ ею
.... образомъ.» [1]. По крайней мѣрѣ это совершенно справед-
.... отношенія внѣшнихъ опытовъ и причинъ внѣшнихъ для насъ
......., о которыхъ здѣсь и говоритъ Милль. Что желѣзо всегда и вез-
.... притягиваться магнитомъ, что кислородъ всегда и вездѣ бу-
.... соединиться съ водородомъ и давать воду, въ это мы можемъ
...... вѣрить, но знать этого *абсолютнымъ* образомъ мы не можемъ.
.. въ кислородѣ или водородѣ нѣтъ такихъ условій, выдѣливши ко-
......., соединеніе между ними сдѣлается невозможнымъ и что слѣдова-
.... въ этомъ условіи намъ неизвѣстномъ, а не въ самомъ кисло-
.... водородѣ, скрывается причина ихъ соединенія въ формѣ воды,—
.... тоже мы никакъ не можемъ быть убѣждены. Развѣ химія не
.... уже и теперь въ кислородѣ возможности измѣненія въ его
......., которыя были бы невозможны, если бы кислородъ былъ дѣй-
.... простымъ элементомъ, и развѣ чистый углеродъ не причи-
....., для насъ совершенно непонятнымъ, не является намъ также со-
.... въ различныхъ состояніяхъ алмаза, угля и, наконецъ, газа,
.... только въ соединеніи съ другими тѣлами? Вотъ почему
.... признаемъ, что первое опредѣленіе причины, сдѣланное Миллемъ,
.... втораго и что причина явленій природы есть для человѣ-
.... сумма тѣхъ фактовъ, которые, *насколько мы это знаемъ
.... наблюдать можемъ*, всегда и вездѣ, на сколько эти слова опять
.... доступны для человѣка, непосредственно предшествуютъ явленію,
.... мы называемъ слѣдствіемъ.

Далѣе Милль сильно возстаетъ противъ того ученія, которое
.... что «*душа* или, говоря точнѣе, *воля* есть единственная
.... явленій, и что типъ причинности и единственный источникъ,
.... котораго мы заимствуемъ ея идею, есть дѣйствіе нашей собствен-
.... воли.» «Въ этомъ дѣйствіи и только въ немъ (говоритъ эта теорія,
.... Миллемъ) имѣемъ мы прямую очевидность причинности.
.. знаемъ, что мы можемъ двигать наше тѣло. Что же касается до

---

[1] Клодъ-Бернаръ. Введеніе въ оп. мед. стр. 40.

— 352 —

явленій неодушевленной природы, то мы знаемъ только, что одни изъ нихъ — предшествующія, а другія — послѣдующія, тогда-какъ въ нашихъ произвольныхъ дѣйствіяхъ мы сознаемъ силу прежде, чѣмъ испытаемъ ея результатъ. Актъ воли, слѣдуетъ ли за нимъ дѣйствіе или нѣтъ, сопровождается сознаніемъ усилія. Это чувство энергіи или силы, присущее акту воли, есть знаніе *апріорное*: увѣренность, предшествующая опыту, что мы имѣемъ силу производить явленія. Воля, слѣдовательно, есть нѣчто болѣе, чѣмъ безусловное предшествующее: это есть причина не въ томъ смыслѣ, въ которомъ одно физическое явленіе называется причиною другого. Это есть дѣйствительная причина (an Effectual Cause). Изъ этого уже легокъ переходъ къ тому, что воля есть единственная, *дѣйствительная* причина явленій. Самое слово *дѣйствіе* имѣетъ значеніе только тогда, когда оно прилагается къ дѣятельности разумнаго агента. Пусть кто-нибудь себѣ представитъ, если можетъ, власть, энергію или силу, присущую куску матеріи. Можетъ казаться, что явленіе производится физическими причинами, но въ дѣйствительности они производятся непосредственнымъ дѣйствіемъ ума».

5, «Что касается до меня, говоритъ Милль, опровергая эту теорію причины, какъ воли, то я думаю, что воля не есть *дѣйствительная*, а просто физическая причина. Наша воля производитъ тѣлесныя движенія точно въ томъ же смыслѣ, въ которомъ холодъ производитъ ледъ или искра взрывъ пороха. Воля, т. е. состояніе нашей души есть предшествующее; движеніе же нашихъ членовъ, сообразное съ волею, есть послѣдующее. Я не признаю, продолжаетъ Милль, чтобы эта послѣдовательность была предметомъ прямаго сознанія, какъ этого хочетъ изложенная выше теорія. Предшествующее и послѣдующее дѣйствительно сознаются нами; но связь между ними есть слѣдствіе опыта. Я не могу допустить, чтобы сознаніе воли содержало въ самомъ себѣ апріорное знаніе, что мускульное движеніе будетъ слѣдовать за волею. Если бы наши нервы движенія были парализованы или мускулы не двигались и такъ продолжалось во всю нашу жизнь, то я не вижу ни малѣйшаго основанія предполагать, чтобы мы узнали что-нибудь (если не не слуху отъ другихъ людей [1]) о волѣ, какъ физической власти, или сознавали бы какое-либо стремленіе въ ощущеніяхъ нашей души произвести движенія въ нашемъ тѣлѣ или въ другихъ тѣлахъ. Я не стану разбирать — имѣли ли бы мы въ этомъ случаѣ то *физическое чувство*, о которомъ, какъ и предполагаю, думаютъ эти писатели, говоря о *сознаніи усилія*. Я не вижу причины, почему мы не могли бы ощущать этого физическаго чувства, такъ-какъ оно, по всей вѣроятности, есть состояніе нервнаго ощущенія, которое начинается и оканчивается въ мозгу, не задѣвая нашихъ органовъ движенія. Но мы не должны были бы называть это чувство терминомъ *усилія*, такъ-какъ въ усиліи уже подразумѣвается сознательное стремленіе къ цѣли, котораго мы не

---

[1] По разсказамъ другихъ ужъ конечно никакъ нельзя узнать воли.

— 353 —

этомъ случаѣ не можемъ имѣть. Если мы уже сознаемъ это особенное
ощущеніе, то можемъ сознавать его только, какъ нѣкотораго рода не-
удовлетворенность, сопровождающую наше ощущеніе желаній» [1]. Далѣе
Милль пользуется доказательствомъ Гамильтона, который опровергаетъ
теорію воли, какъ единственной причины явленій тѣмъ, что мы сами
не знаемъ, какъ наши нервы и наши мускулы выполняютъ наши же-
ланія движеній.

6. Однако же Милль признаетъ, что это отношеніе между нашею во-
лею и движеніемъ нашихъ членовъ, могло послужить къ развитію въ
насъ идеи причины: «Послѣдовательность, говоритъ онъ, между волею
двигать наши члены и дѣйствительными ихъ движеніями, есть одна изъ
самыхъ прямыхъ и самыхъ быстрыхъ послѣдовательностей, какія только
мы можемъ наблюдать. Она сопровождаетъ каждую минуту всѣ наши
акты съ самаго ранняго дѣтства, и потому болѣе знакома намъ, чѣмъ
какая-нибудь послѣдовательность явленій, внѣшнихъ для нашего тѣла,
и въ особенности болѣе, чѣмъ какая-нибудь другая причина кажущагося
намъ движенія. Въ умѣ же нашемъ есть естественное стремленіе пы-
таться облегчить себѣ пониманіе незнакомыхъ ему фактовъ, уподобляя
ихъ другимъ, которые ему знакомы. Вслѣдствіе этого, такъ-какъ наши
произвольныя дѣйствія знакомѣе намъ, чѣмъ всѣ остальные случаи при-
чинности, то въ дѣтствѣ и въ ранней юности человѣчества они прини-
маются какъ типъ причинности вообще, и всѣ явленія предполагаются
прямо производимыми волею какого-нибудь чувствующаго существа».
Это, говоритъ Милль нѣсколько далѣе, есть *инстинктивная* философія
человѣческаго ума на первыхъ ступеняхъ его развитія, пока онъ не оз-
накомится съ какими-нибудь другими неизмѣнными послѣдовательностями,
кромѣ тѣхъ, которыя существуютъ между его хотѣніемъ и его произ-
вольными дѣйствіями. По мѣрѣ же того, какъ устанавливаются твердыя
цѣпи послѣдовательности между внѣшними явленіями, стремленіе от-
носить всѣ явленія къ дѣятельности воли мало по малу проходитъ. Но
такъ какъ внушенія ежедневной жизни все же продолжаютъ дѣйствовать
на человѣка сильнѣе, чѣмъ внушенія научной мысли, то первичная, ин-
стинктивная философія удерживаетъ свое мѣсто въ умѣ. Теорія, про-
тивъ которой я возстаю, продолжаетъ Милль, навлекаетъ свою пищу именно
изъ этого основанія и сила этой теоріи заключаются не въ доказатель-
ствахъ, но въ средствѣ съ упрямымъ стремленіемъ дѣтства человѣче-
скаго ума» [2].

7. Милль, слѣдовательно, признаетъ то же психическое происхожденіе
идеи причинности, на которое мы указали нѣсколько выше [3]; но Милль

[1] Ibid. § 9, p. 387—389. Сравн. что сказано въ гл. XXXV п. 6—10.
[2] Ibid. p. 393.
[3] См. выше, гл. XXXIV п. 19. Но далѣе Милль самъ себѣ противорѣчитъ,
являясь доказательствами, что идея причины взята человѣкомъ изъ опы-
та.

считаетъ этотъ источникъ временнымъ, полагая, что при развитіи ума и обогащеніи его наблюденіями и опытами человѣкъ можетъ замѣнить и дѣйствительно замѣняетъ этотъ источникъ идеи причинности другимъ. Но это едвали справедливо. Мы полагаемъ, напротивъ, что человѣкъ не вышелъ и теперь изъ коренныхъ условій своей природы, и что та *инстинктивная философія*, о которой говоритъ Милль, остается и до сихъ поръ присущею человѣку и даже человѣческой наукѣ, хотя и можетъ принять другія формы. Мы не стоимъ вполнѣ ни на сторонѣ Милля, ни на сторонѣ той теоріи, которую онъ здѣсь опровергаетъ, и не стоимъ потому, что, какъ намъ кажется, и Милль, и его противники, начавъ съ факта, доступнаго наблюденіямъ, совершенно напрасно выходятъ потомъ изъ области опыта и наблюденій и вдаются въ область трансцендентальныхъ умозрѣній, гдѣ уже возможенъ споръ только о словахъ, но не о фактахъ. Теорія воли, какъ единственной причины явленій, не выдерживаетъ критики, основанной на фактахъ и опытахъ, но не потому, чтобы ее можно было *опровергнуть* на основаніи фактовъ, а потому, что ее нельзя *доказать* на этомъ основаніи. Принявъ же за аксіому, что природа дѣйствуетъ также, какъ дѣйствуетъ и человѣкъ, мы введемъ въ науку ту «армію призраковъ», которую, по выраженію Бэкона, создало именно это предубѣжденіе [1]. Словомъ, для теоріи, опровергаемой Миллемъ, лучше было бы, еслибы она не пошла далѣе факта: тогда бы она стояла на твердой почвѣ. Но тоже слѣдовало сдѣлать и Миллю. Еслибы онъ остановился на *психическомъ фактѣ* усилія и не назвалъ его *физическимъ чувствомъ*, то, вѣроятно, не пришелъ бы къ тѣмъ результатамъ, къ какимъ пришелъ. Всякое чувство уже потому самому, что оно чувство, есть явленіе не *физическое*, которое мы можемъ изучать внѣ насъ, а *психическое*, которое доступно намъ только въ самихъ себѣ [2]. Кромѣ того, Милль бросаетъ темный намекъ, что это чувство усилія «есть вѣроятно (probably) состояніе нервнаго ощущенія, начинающееся и оканчивающееся въ мозгу», и этимъ обличаетъ въ своей логикѣ метафизическую подкладку, хотя онъ и возстаетъ вездѣ противъ метафизики и противъ предвзятыхъ идей, не выводимыхъ изъ фактовъ, но вносимыхъ въ обсужденіе фактовъ. Мы спросили бы Милля, откуда и что онъ знаетъ положительнаго или даже *гадательнаго* о томъ состояніи мозга, которое сказывается въ насъ чувствомъ усилія, или прямѣе, актомъ воли? *Ничего онъ не можетъ знать объ этомъ и ничего не знаетъ*. Конечно, опытъ, столь уважаемый и Миллемъ, есть лучшее изъ доказательствъ, но подъ тѣмъ условіемъ, какъ говоритъ Бэконъ, «чтобы опираться только на тѣ факты, которые находятся передъ глазами: потому что ничего не можетъ быть обманчивѣе, какъ спѣшить прилагать результаты первыхъ наблюденій къ предметамъ, которые кажутся имѣющими аналогію съ тѣми, которые наблюдаются, и для

---

[1] Dignité et accroissement des sciences. L. V, Ch. IV, p. 253.
[2] См. выше, гл. XVIII п. 10.

— 355 —

...приложение не въ извѣстномъ порядкѣ и съ извѣстной методой» [1]), ...ючаніи, который сдѣланъ здѣсь Милемъ. Мы же видѣли, что *внут-* ...*ренній опытъ* говоритъ намъ объ усиліи, которымъ мы въ произволь-...ныхъ движеніяхъ возбуждаемъ наши нервы приводить въ движеніе му-...скулы, въ отличіе отъ судорожныхъ движеній, при которыхъ мы не за-...мѣчаемъ никакихъ усилій [2]), и ничего не говоритъ намъ о какихъ бы ...то ни было мозговыхъ движеніяхъ. Мы можемъ только сожалѣть, что ...писатель, подобный Милю, и притомъ въ книгѣ, посвященной логиче-...скому мышленію и которая потому самому должна бы безпристрастно и ...вдумчиво относиться ко всякаго рода страстнымъ увлеченіямъ, позво-...ляетъ себѣ *дѣтскія* фантазіи тамъ, гдѣ слѣдуетъ сказать зрѣлое, со-...знательное — *не знаю*. Смѣшеніе различныхъ причинъ, которое не ло-...гичное миросозерцаніе Миля заставляетъ его сдѣлать, много повредило его ...книгѣ.

Для всякаго безпристрастнаго наблюдателя ясно, что не всѣ при-...чины мы постигаемъ одинаково. Одинаковы ли онѣ или нѣтъ въ самомъ ...дѣлѣ — этого мы не знаемъ; но знаемъ фактически только то, что ...наше отношеніе къ нимъ различно. Если бы Миль не былъ ...человѣкомъ партіи, а только логикомъ, то слѣдующая за симъ глава его ...книги, въ которой онъ говоритъ о комбинаціи причинъ (Of the com-...bination of causes) [3]), должна была бы привести его къ сознанію раз-...личнаго отношенія человѣческаго ума къ различнаго рода причинамъ. За-...мѣтимъ прежде всего, что *сложныя причины* не составляютъ какого-...нибудь особеннаго спеціальнаго явленія. Миль, какъ мы видѣли, самъ ...признаетъ большинство причинъ сложными и даже сомнѣвается въ су-...ществованіи одиночныхъ. Мы же положительно утверждаемъ, что всѣ ...причины внѣшнихъ явленій — сложныя причины; ибо во всякомъ физи-...ческомъ явленіи непремѣнно принимаютъ участіе, по крайней мѣрѣ, два ...тѣла, изъ взаимнаго воздѣйствія которыхъ только и можетъ возникнуть ...явленіе, на что мы уже указали выше [4]). Слѣдовательно, говоря о слож-...ныхъ причинахъ, Миль говоритъ вообще о причинахъ природныхъ на-...чалъ, ибо простую причину мы и знаемъ только одну — волю. Самъ же ...Миль очень хорошо видитъ разницу между такими явленіями, происхо-...дящими изъ сложенія причинъ, въ которыхъ, зная дѣйствіе каждой при-...чины отдѣльно, мы можемъ *предсказать*, что выйдетъ изъ ихъ сло-...женія, и между такими явленіями, въ которыхъ такія предсказанія для ...насъ невозможны. Миль не замѣчаетъ или не хочетъ замѣтить, что если ...кто-то вѣрно предсказываетъ затмѣніе солнца или появленіе кометы, ...или вѣрно отгадываетъ необходимость присутствія новой планеты, ко-...торой никогда не видалъ, то такое знаніе причинъ слѣдуетъ отличать

---

[1]) Novum organum. L. I, Aphor. LXX.
[2]) См. выше, гл. XXV п. 10.
[3]) Mill's Logic. B. III, Ch. VI.
[4]) См. выше п. 2.

отъ знаній химика, который никакъ не можетъ сказать впередъ, что выйдетъ изъ соединенія двухъ элементовъ, которыхъ онъ никогда еще не соединялъ. Механикъ можетъ вѣрно опредѣлить, какъ измѣнится движеніе тѣла, которое онъ знаетъ, если на это движеніе окажетъ вліяніе другая сила, которую онъ также знаетъ, что и дало возможность ему дать теорію «сложенія силъ» и эту теорію можетъ написать человѣкъ безъ всякихъ опытовъ. Можетъ ли химикъ составить безъ опытовъ такую теорію сложенія химическихъ элементовъ? Миль, конечно, и самъ говоритъ, что «различіе между случаями, въ которыхъ соединенныя дѣйствія причинъ есть сумма ихъ отдѣльнаго дѣйствія, и случаями, въ которыхъ соединеніе дѣйствій не соотвѣтствуетъ самымъ дѣйствіямъ, а также различіе между законами, которые, дѣйствуя вмѣстѣ, не измѣняются, и законами, которые, будучи призваны дѣйствовать вмѣстѣ, перестаютъ дѣйствовать и даютъ мѣсто другимъ законамъ, есть одно изъ самыхъ основныхъ различій въ природѣ» [1]. Но Миль ошибается когда говоритъ, что первый случай есть *общій*, а второй всегда *спеціальный и исключительный* [2]. Неужели всѣ факты химическихъ комбинацій можно назвать спеціальными и исключительными? Неужели можно назвать спеціальными и исключительными явленія, повторяющіяся положительно во всѣхъ тѣлахъ, какія были только доступны человѣческому наблюденію? Къ какому же тѣлу неприложимы химическіе анализы и въ какомъ химическомъ анализѣ или въ какой химической комбинаціи еще не дѣлая ихъ, можемъ мы предсказать съ точностью то, что они намъ дадутъ? Мало этого, о какомъ химическомъ анализѣ, уже сдѣланномъ нами, можемъ мы сказать, что онъ намъ далъ все, что имѣетъ дать всякій другой анализъ того же тѣла, когда употреблены будутъ другіе реактивы и другіе пріемы разложенія? Можемъ ли мы сказать хотя объ одномъ изъ химическихъ элементовъ, что это уже дѣйствительно простой элементъ? Еслибы мы даже это и сказали, то на какомъ другомъ основаніи, кромѣ сдѣланнаго нами опыта, который завтра же можетъ быть опровергнутъ другимъ опытомъ, разложившимъ то самое тѣло, которое сегодня считалось неразложимымъ? Число химическихъ элементовъ безпремѣнно умножается, и ни одинъ химикъ не можетъ быть увѣренъ, что это число уже исчерпано. Слѣдовательно, явленія, которыя Миль называетъ спеціальными и исключительными, составляютъ не исключительный и не тѣсный, а напротивъ громадный отдѣлъ міровыхъ явленій,—столь же обширный и гораздо болѣе разнообразный чѣмъ тотъ, гдѣ мы, зная только причины и не испытавъ еще послѣдствій, можемъ навѣрное предсказать эти послѣдствія. Миль напрасно смѣшиваетъ въ примѣрахъ, приводимыхъ въ этой главѣ, явленія механическія съ явленіями химическими, тогда какъ долженъ бы былъ рѣзко различить ихъ и показать, что сознаніе наше относится къ тѣмъ и къ

---

[1] Mill's Logic. B. III. Ch. VI. § 2.
[2] Ib. p. 409.

ихъ совершенно различно. Если же онъ находитъ, что «нѣтъ предмета, въ которомъ нѣкоторыя изъ явленій не повиновались бы механическому закону сложенія силъ», то мы можемъ сказать ему, что нѣтъ и такого предмета во внѣшней для насъ природѣ, въ которомъ не принимало бы участія химическое сложеніе, гдѣ механическіе законы комбинаціи силъ непримѣнимы. Дѣло же логики различать, а не смѣшивать. Вездѣ, гдѣ есть форма, число и движеніе, есть возможность и математическаго познанія; но во всякомъ предметѣ природы, оказывающемъ вліяніе на наши чувства есть и *матеріальный субстратъ*, надъ которымъ наше математическое пониманіе безсильно и гдѣ намъ остается только изучать явленія природы, но не предугадывать ихъ,—гдѣ всякое предугадываніе есть только гаданіе, которое можетъ сбыться и не сбыться, гдѣ есть одни пробы, удача которыхъ всегда болѣе или менѣе зависитъ отъ случая, и нѣтъ возможности выводить одинъ законъ изъ другого, зная, что какъ основной законъ и выводъ вѣрны, то и выведенный законъ необходимо будетъ вѣренъ.

9. Въ отношеніи нашего постиженія явленій, мы можемъ всѣ извѣстныя намъ явленія раздѣлить на *три* рода. Это *психическое* дѣленіе фактовъ чувствуется каждымъ очень живо и мы придаемъ ему особенную важность какъ въ философскомъ, такъ и педагогическомъ отношеніи. На эти три рода мы уже намекнули выше [1]: къ первому относятся факты *психическіе*, ко второму факты *математическіе*, а къ третьему факты, которые мы назовемъ *матеріальными*, такъ какъ въ нихъ-то и выражаются *свойства* самой матеріи, внѣ отношеній ея къ пространству и времени—отношеній, составляющихъ предметъ фактовъ математическихъ.

10. Къ *психическимъ* фактамъ мы относимся совсѣмъ не такъ, какъ къ *матеріальнымъ*. Правда, мы *ощущаемъ* и тѣ, и другіе: но какъ въ психическихъ фактахъ мы сами этотъ фактъ, въ матеріальныхъ фактъ совершается *передъ* нами, но не *въ насъ* и мы не въ немъ. Въ матеріальныхъ фактахъ мы можемъ всегда подозрѣвать, что фактъ, который мы видимъ, видимъ не весь, что можетъ быть завтра мы увидимъ въ немъ то, чего не видѣли сегодня, или, выражаясь метафорически, если бы этотъ фактъ, наблюдаемый нами, могъ ощущать и высказывать самого себя, то можетъ быть онъ сказалъ бы намъ совсѣмъ не то или, по крайней мѣрѣ, болѣе того, что мы въ немъ видимъ. Въ психическихъ же фактахъ мы сами этотъ фактъ, и намъ остается только вѣрить самимъ себѣ. Въ психическихъ фактахъ нѣтъ для насъ ничего непостижимаго, потому что въ нихъ нечего постигать; я хочу, я не хочу, я *ощущаю зеленый цвѣтъ*, я *испытываю боль*—постигать здѣсь нечего и все извѣстно; или же если есть что нибудь неизвѣстное, то это одно отношеніе психическихъ явленій къ матеріальнымъ актамъ, совершающимся въ нашемъ нервномъ организмѣ. Мы, правда,

---

[1] См. выше, гл. XXXVI пп. 7, 8, 9.

не довольствуемся этим простым наименованiем, но чего же мы хотимъ? Мы хотимъ *представить* себѣ эти психическiя явленiя, т. е. воплотить ихъ въ математическую форму нервныхъ движенiй или въ форму матерiальныхъ явленiй и понятно, что и то, и другое оказывается невозможнымъ; ибо мы испытываемъ ощущенiя, чувства и желанiя, а не движенiя.

11. Факты *математическiе* или, точнѣе сказать, *механическiе*, основаны не на непосредственномъ чувствѣ нашей души, какъ факты *психическiе*, и не на одномъ впечатлѣнiи, приходящемъ намъ изъ внѣшняго мiра, какъ факты *матерiальные*, но на *выполненiи*, въ нашемъ личномъ опытѣ движенiй, опытѣ, начинающемся съ самымъ началомъ человѣческой жизни [1]). Математическiе факты мы можемъ выполнять, хотя и не знаемъ, какъ ихъ выполняемъ. Здѣсь все наше постиженiе заключается въ томъ, чтобы фактъ движенiя, наблюдаемый нами во внѣшней природѣ, если этотъ фактъ сложенъ, привести къ тѣмъ простымъ движенiямъ, которыя мы называемъ математическими аксiомами, и когда намъ это удается, то намъ нечего постигать больше, ибо мы сами выполняемъ эти движенiя. *Возможность или невозможность выполненiя ихъ въ нашей нервной системѣ — вотъ единственная повѣрка ихъ дѣйствительной возможности во внѣшней природѣ*. Въ этомъ отношенiи, что невозможно намъ, — то невозможно ничему и нигдѣ. Такъ ли это или нѣтъ — мы опять же абсолютно не знаемъ, но не можемъ себѣ *представить*, чтобы это гдѣ-нибудь и когда-нибудь было не такъ, потому что нервы наши, выполняющiе движенiями каждое представленiе, могутъ двигаться только *такъ*, а не иначе [2]). Опытъ и наблюденiе блестящимъ образомъ подтверждаютъ эту нашу увѣренность: мы предсказываемъ появленiе кометъ и открытiе новыхъ мiровъ, и это единственно потому, что наша нервная система движется по тѣмъ же самымъ законамъ, по которымъ и небесныя тѣла движутся во внѣшней Творецъ, соединившiй нашу душу съ движенiями нервной системы, тѣмъ самымъ соединилъ насъ съ движенiями всей Своей вселенной. Всегда въ изслѣдованiяхъ математическихъ также предшествуетъ знанiю — это опытъ внутреннiй, *активный*, который начинается человѣкомъ еще до рожденiя въ немъ какихъ бы то ни было опредѣленныхъ ощущенiй. Послѣдующiе же опыты въ математикѣ суть только *повѣрки* этихъ примитивныхъ опытовъ, повѣрки того, что движенiя, совершаемыя въ нашей нервной системѣ, совершаются по тѣмъ же законамъ, по которымъ движется все въ мiрѣ.

12. Совсѣмъ не такъ относится наше сознанiе къ матерiальнымъ фактамъ и опытамъ. Здѣсь *внутренняго опыта*, предшествующаго опытамъ внѣшнимъ, не существуетъ. Конечно, химическiя соединенiя и разложенiя совершаются въ насъ безпрестанно, но не мы ихъ совершаемъ

---

[1]) См. выше, гл. XXXVI пп. 4, 5.
[2]) См. выше, гл. XXII п. 10.

ся; мы ощущаемъ ихъ послѣдствія, но не ощущаемъ ихъ совершенія, и не знаемъ о нихъ ничего до тѣхъ поръ, пока не сдѣлаемъ собственнаго своего тѣла предметомъ нашихъ *внѣшнихъ* наблюденій, пока не изучимъ трупа и живаго организма, на сколько можемъ сдѣлать его внѣшнимъ для насъ явленіемъ. Здѣсь уже царство *внѣшняго* опыта, и онъ остается для насъ внѣшнимъ, какъ мы не пытаемся перенести его въ разрядъ опытовъ математическихъ, если уже не психическихъ. Въ изученіи *матеріальныхъ* фактовъ внѣшній опытъ уже *не повѣрка* справедливости нашего знанія, а *единственный его источникъ*. Мы не предупреждаемъ опыта, а идемъ за опытомъ, и останавливаемся тамъ, гдѣ онъ останавливается, никогда не зная, все ли онъ намъ выдалъ, что можетъ дать предметъ нашихъ опытовъ. Здѣсь, *собственно говоря, намъ постигать нечего, а есть только, что замѣчать.* При этомъ не слѣдуетъ заблуждаться возможностью вносить математику и въ матеріальные факты. Мы знаемъ, конечно, что въ составъ воды входитъ столько то *объемовъ* водорода и столько то *объемовъ* кислорода; но можемъ ли мы угадать *напередъ, безъ опыта*, что бы вышло, если бы прибавился одинъ объемъ кислорода или убавился одинъ объемъ водорода? Въ математическихъ же формахъ мы можемъ предсказывать, что вышло бы, если бы новая планета, даннаго объема и вѣса, прибавилась къ числу планетъ, обращающихся вокругъ нашего солнца. Можно ли же не различать между нашимъ знаніемъ фактовъ математическихъ и нашимъ же знаніемъ фактовъ матеріальныхъ?

13. Факты психическіе мы *знаемъ*, факты математическіе мы *выполняемъ*, факты матеріальные мы только *ощущаемъ* и *замѣчаемъ*. Напрасно мы думали бы, что можемъ выполнить и матеріальные факты. Намъ доступно только выполненіе однихъ математическихъ фактовъ, т. е. движеній. «Сближать между собою тѣла природы или удалять ихъ одно отъ другаго, говоритъ Бэконъ,—вотъ все, что во власти человѣка; все остальное исполняетъ природа внутри самой себя, недоступно для нашего зрѣнія». [1] Мы можемъ только поднести огонь къ пороху—взрывъ же выполняетъ сама природа; мы можемъ только слить вмѣстѣ кислоту и щелочь—соединеніе же выполняется само собою, незримо и непостижимо для насъ. Но не одни химическіе факты мы относимъ къ области фактовъ матеріальныхъ; сюда же относятся многіе факты, изученіемъ которыхъ занимается физика: таковы всѣ свойства тѣлъ, причинъ которыхъ мы не знаемъ. Къ этому же отдѣлу относятся и многіе факты физіологіи. Эта наука надѣется превратить ихъ по крайней мѣрѣ въ химическіе, если не математическіе; но до сихъ поръ это ей плохо удается; ибо «ткани и органы, надѣленные самыми различными свойствами, иногда сходны съ точки зрѣнія ихъ элементарнаго химическаго состава». [2] Въ чемъ же можетъ заключаться наше

---

[1] Nouvel organum L. I. Aphor. IV.
[2] Клодъ-Бернаръ Вв. въ опытн. Медиц. стр. 94.

постиженіе причинъ подобныхъ явленій? Естественно въ точномъ наблюденіи самыхъ явленій при условіяхъ, по возможности разнообразныхъ. Всякое превращеніе матеріальнаго факта въ математическій кажется намъ прогрессомъ; но въ настоящее время даже думать о томъ, что все разнообразіе тѣлъ зависитъ отъ математическихъ условій, отъ разнообразнаго сложенія атомовъ, отъ ихъ числа и отъ ихъ движеній было бы, по крайней мѣрѣ, преждевременнымъ; факты, которыми въ настоящее время обладаетъ наука, не уполномочиваютъ ее допустить мысли объяснить всѣ разнообразныя свойства тѣлъ одними математическими условіями, хотя такія сангвиническія надежды высказываются нерѣдко. Человѣкъ такъ склоненъ все представлять себѣ въ единственно доступной ему формѣ движеній, что преждевременно облекаетъ въ эту форму не только всѣ явленія и тѣла природы, но и свои собственные психическіе акты, хотя не ощущаетъ въ душѣ своей ничего, подобнаго движенію. Ему не довольно знать абсолютно, что онъ ощущаетъ, любитъ, ненавидитъ, желаетъ; но онъ старается, хотя совершенно безуспѣшно, перевести эти акты своей души на математическій языкъ, представить ихъ въ формѣ движеній.

14. Еслибы человѣкъ имѣлъ дѣло съ одними матеріальными фактами, то онъ могъ бы имѣть только идею *послѣдовательности*, а не причины. И это, если хотите, было бы даже основательнѣе, чѣмъ вносить въ явленія внѣшней для насъ природы субъективную идею причины. Видя молнію, человѣкъ могъ ожидать удара грома, слыша начало грозы, человѣкъ могъ прятаться, боясь ударовъ молніи,— и не имѣть при этомъ идеи причины. По всей вѣроятности, такъ же относятся къ явленіямъ природы животныя, обличающія въ своихъ дѣйствіяхъ, что имъ также очень хорошо знакома *послѣдовательность* въ явленіяхъ природы. Что такое отношеніе къ этимъ явленіямъ не чуждо и человѣку—это мы видимъ изъ того, что въ продолженіе многихъ тысячелѣтій, человѣкъ, бросая камень вверхъ, ожидалъ, что онъ непремѣнно упадетъ на землю, но и не думалъ о томъ, что должна же быть причина такого явленія. Слѣдовательно одна послѣдовательность въ явленіяхъ природы не могла еще дать человѣку идеи причины, какъ это хочетъ доказать Милль, возстающій какъ и Локкъ, противъ врожденности идей.

15. Милль опровергаетъ врожденность вѣры въ причину еще и томъ основаніи, что она пріобрѣтается не всѣми, да и нѣкоторыми пріобрѣтается поздно [1]). Но не все ли это равно, что опровергать притяженіе земли на томъ основаніи, что иныя тѣла лежатъ на горахъ. Если не всѣ люди занимаются изысканіемъ причинъ явленій, то и не всѣ уясняютъ себѣ идею необходимой причинности. Примите подпору и вещь упадетъ на землю, а не полетитъ кверху: заставьте человѣка мыслить о явленіяхъ природы—и онъ вездѣ станетъ отыскивать при-

---

[1]) Mill's Logic. B. III. Ch. XXI, § 1.

ему, а если станетъ мыслить о самой причинѣ, то дойдетъ непремѣнно до абсолютной вѣры въ причинность всѣхъ явленій, хотя бы во сто разъ зналъ больше явленій безъ причины, чѣмъ явленій съ причинами. Если есть идея, врожденныя человѣку, то онѣ безъ сомнѣнія выскажутся не положительными философскими аксіомами, какъ этого требуетъ Вайцъ [1]), а отчасти и Локкъ [2]), а въ отрицательной формѣ, въ формѣ невозможности прійти къ такимъ выводамъ, къ которымъ долженъ бы прійти человѣкъ, если бы его сужденіями руководилъ одинъ опытъ. Если мы съ точностью знаемъ силу a, которая движетъ данное тѣло по направленію b, а между тѣмъ тѣло движется по направленію c, то не вправѣ ли мы заключать, что кромѣ силы a должна быть еще другая сила, измѣняющая направленіе даннаго тѣла?

16. Милль до того увлекается своимъ желаніемъ доказать, что вѣра въ причинность всѣхъ явленій, служащая основаніемъ всякой индукціи и всего прогрессивнаго движенія наукъ, есть слѣдствіе наблюденій и опытовъ надъ явленіями внѣшней природы, что хочетъ даже увѣрить насъ, будто мы можемъ себѣ представить явленія безъ причинъ. «Если мы, говоритъ Милль, предположимъ себѣ (что очень возможно вообразить), что настоящій порядокъ вселенной пришелъ къ концу, и что за нимъ послѣдовалъ хаосъ, въ которомъ уже нѣтъ неизмѣнной послѣдовательности явленій, такъ-что прошедшее не дастъ увѣренности въ будущемъ, и еслибы человѣкъ какимъ-нибудь чудомъ остался живъ и могъ быть свидѣтелемъ этой перемѣны, то навѣрное онъ скоро пересталъ бы вѣрить въ однообразіе, такъ-какъ само однообразіе болѣе не существовало бы» [3]). Рядомъ съ этой цитатой изъ «Логики» Милля мы только поставимъ другую изъ той же книги: «Что каждый фактъ, говоритъ онъ въ другомъ мѣстѣ, начинающій существовать, имѣетъ причину, и что эта причина должна быть отыскана гдѣ-нибудь между фактами, непосредственно предшествующими — это можетъ быть принято за извѣстное. Все собраніе настоящихъ фактовъ есть непогрѣшительный результатъ всѣхъ прошедшихъ фактовъ, и, еще непосредственнѣе, всѣхъ фактовъ, существовавшихъ въ предшествующій моментъ. Если бы все прежнее состояніе цѣлаго міра опять воротилось, то за нимъ послѣдовало бы настоящее состояніе» [4]). Предоставляемъ самому читателю судить, которая изъ этихъ двухъ картинъ, набросанныхъ Миллемъ, свойственнѣе нашему разуму. Что же касается до насъ, то мы, не смотря на увѣренія Милля, рѣшительно не можемъ себѣ представить такого хаоса, въ которомъ явленія совершались бы безъ причинъ и настоящее перестало бы быть послѣдствіемъ прошедшаго.

17. Но можетъ быть такая вѣра въ причинность, которую выра-

---

[1]) Psychologie. S. 241.
[2]) Locke's. Works. Of hum. underst. B. I. Ch.
[3]) Mill's Logic. p. 98.
[4]) Ibid. B. III. Ch. VII § I.

жает Миль, есть уже слѣдствіе развитія человѣческаго ума, на который причинность всѣхъ явленій внѣшняго міра, вліяя ежеминутно и всей своей повсемѣстности и всею своею безъисключительностью, производитъ такое глубокое впечатлѣніе, что человѣкъ невольно пріобрѣтаетъ ту неноколебимую вѣру въ причинность, которую выражаетъ Миль? Напротивъ, чѣмъ болѣе мы узнаемъ причинъ явленій природы, тѣмъ болѣе узнаемъ такихъ явленій, которыхъ причинъ не знаемъ, мы положительно увѣрены, что голова, развитая наукой, знаетъ болѣе явленій безъ причины, чѣмъ голова дикаря, который всякому явленію придумалъ причину. «Человѣческій умъ, говоритъ Бэконъ, по самой природѣ своей, слишкомъ склоненъ предполагать въ вещахъ болѣе одно-образія, порядка и правильности, чѣмъ онъ находитъ ихъ на самомъ дѣлѣ, и хотя есть въ природѣ безчисленное множество вещей чрезвычайно отличныхъ отъ всѣхъ другихъ и единственныхъ въ своемъ родѣ, человѣкъ не перестаетъ воображать параллели, аналогіи, соотвѣтствія и отношенія, которыя не имѣютъ никакой дѣйствительности»[1]. Мы находимъ, что Бэконъ глубже всматривался въ человѣческую природу, чѣмъ Миль. У дикаря положительно есть на все причина и только у Сократа мы слышимъ постоянное — не знаю. Не изъ знанія слѣдовательно, извлекаемъ мы вѣру въ причинность, а вѣра въ причинность побуждаетъ насъ пріобрѣтать знанія, и мы должны удивляться не тому, какъ человѣкъ пріобрѣлъ вѣру въ причинность изъ его многочисленныхъ знаній, а напротивъ тому, какъ не разрушается вѣра отъ всѣхъ тѣхъ толчковъ, которые получаетъ человѣкъ отъ природы при его стремленіяхъ проникнуть въ ея заповѣдныя тайны. Признаетъ же Миль въ другомъ мѣстѣ врожденность человѣку вѣры въ существованіе вещей внѣшняго міра [2], хотя бы это послѣднее убѣжденіе гораздо легче вывести изъ опытовъ, чѣмъ вѣру въ причинность. Правда, Миль въ этомъ случаѣ говоритъ, что законъ врожденной вѣры принадлежитъ не логикѣ, и что потому онъ его не анализируетъ, но въ такомъ случаѣ и вѣра въ причинность не принадлежитъ логикѣ и психологіи, и напрасно Миль взялся ее анализировать. Миль доказываетъ также, что человѣкъ не всегда вѣритъ въ причину, и что есть цѣлая школа мыслителей, которая признаетъ въ человѣкѣ свободу воли, т. е. возможность дѣйствовать безъ причины. Здѣсь намъ еще некогда и время входить въ анализъ идеи свободы воли, но мы надѣемся доказать, что самъ Миль вѣритъ въ ея свободу, равно какъ и другіе, отвергающіе ее теоретики, и что всеобщность вѣры въ свободу воли, всеобщность вѣры въ причинность явленій есть величайшая аномалія человѣчества, которая, какъ бы она не раздражала разсудки, ищущаго противорѣчій, есть, тѣмъ не менѣе, *психическій фактъ*, непремѣнно присущій душѣ человѣка.

---

[1] Nouvel Organum. L. I. Aphor. XLV.
[2] Mill's Logic. B. I. Ch. III, § 4, p. 58.

Идея цѣли и назначенія.

18. Мы не будемъ распространяться объ образованіи въ человѣкѣ *идеи цѣли*; субъективное происхожденіе этой идеи слишкомъ ясно, чтобы должно было его доказывать. Въ неодушевленной природѣ мы не знаемъ и не можемъ знать никакихъ цѣлей, а знаемъ ихъ только въ самихъ себѣ. Гдѣ нѣтъ сознанія и воли, тамъ не можетъ быть и цѣли. Милль говоритъ, что если мы сомнѣваемся, какое изъ двухъ явленій причина и какое слѣдствіе, то слѣдуетъ только опредѣлить, какое изъ двухъ предшествующее, и оно будетъ причиною [1]). Въ отношеніи явленій внѣшней природы это совершенно справедливо и тѣмъ естественнѣе, что мы называемъ предшествующее явленіе причиною именно потому только, что оно предшествуетъ. Но цѣль, въ нѣкоторомъ смыслѣ, будетъ предшествующею причиною послѣдующихъ явленій, и цѣль, постановленная нами впереди, является причиною всѣхъ дѣйствій, выполняемыхъ нами къ ея достиженію. Въ области человѣческихъ дѣйствій два понятія могутъ быть *взаимною* причиною другъ друга, какъ замѣчаетъ Аристотель въ своей «Метафизикѣ»: такъ, богатство, какъ цѣль, можетъ быть причиной нашего труда, а трудъ причиной богатства [2]). Но такое упрежденіе явленія, конечно, доступно только существу мыслящему и желающему. Если же мы переносимъ идею цѣли въ матеріальную природу, то это уже неясная персонификація природы.

19. *Назначеніе* есть тоже цѣль дѣйствій, но постановленная не тѣмъ, кто дѣйствуетъ. Находя сходство между своими цѣлесообразными дѣйствіями и явленіями природы и не будучи въ состояніи заподозрить цѣлей въ мертвой природѣ, человѣкъ или превращаетъ идею цѣли въ идею *назначенія*, или объясняетъ цѣлесообразное отношеніе между явленіями природы *случаемъ*.

Идея случая.

20. *Случай* есть явленіе безъ причины, и вотъ почему Милль приводитъ идею случая, какъ доказательство того, что человѣкъ не всегда вѣритъ въ причинность явленій. Но развѣ кто-нибудь имѣетъ или можетъ имѣть серьезную идею *случая* въ явленіяхъ внѣшней природы? Это только отказъ ума искать причину, а не отверженіе причины. Безсмысленное же употребленіе этого слова ничего не доказываетъ, кромѣ того, что человѣкъ часто употребляетъ слова, съ которыми не соединяетъ никакого смысла. «Это случилось *отъ того*», говоримъ мы, и начинаемъ излагать *причину* случая. Если же случай не есть явленіе безъ причины, то что же онъ такое?

---

[1]) Mill's Logic.
[2]) Aristoteles Methaphysik. Uebers. von Hengstenberg. 1829. Erst. Th. S. 80. L. V. с. 2.

21. Въ мірѣ нашихъ произвольныхъ дѣйствій слово случай имѣетъ смыслъ неожиданнаго для насъ столкновенія нашихъ произвольныхъ и расчитанныхъ дѣйствій съ обстоятельствами, для насъ внѣшними и отъ насъ независящими. Мы хотѣли ѣхать, но поломали экипажъ, и мы называемъ это случаемъ, конечно не думая, что экипажъ поломался безъ всякой причины. Вѣра въ случай, какъ явленіе безъ причины, до того противна душѣ человѣка, что онъ приписываетъ свои неудачи старой, пустому ведру, понедѣльнику, своей лѣвой ногѣ, опрокинутой солонкѣ — только не случаю. Точно также идея *счастья*, этотъ перифразъ случая, — собственно не идея, а фантазія: счастье улыбается, хмурится, обращается къ человѣку то лицомъ, то спиною, любитъ дураковъ и озорныхъ, и т. п. Это *личность*, а не явленіе безъ причины, и если вы сбросите съ нея всѣ признаки капризной личности, группируемые фантазіей, то въ результатѣ остается не идея, а *полнѣйшій нуль*, которому ни одинъ человѣкъ не придастъ никакого значенія. Счастье — это *призракъ* воображенія, который существуетъ только до той поры, пока работаетъ воображеніе; разсудокъ же нашъ не знаетъ ни счастья, ни случая.

ГЛАВА XL.

Вообще о первыхъ основахъ разсудочныхъ работъ.

1. Въ нѣсколькихъ предшествующихъ главахъ мы старались выяснить образованіе тѣхъ идей, которыя лежатъ въ основѣ всѣхъ работъ разсудка и вносятся имъ уже готовыми въ постиженіе явленій, какъ внѣшняго для души міра, такъ и явленій психическихъ. Этихъ идей мы нашли нѣсколько; но ясно, что не всѣ онѣ имѣютъ совершенно одинаковое происхожденіе. *Идея матеріи* въ своей противоположности *идеѣ души* или, сказать точнѣе, *идеѣ воли*, какъ иниціативы произвольныхъ движеній, и *идеѣ сознанія*, какъ противоположности тому, что сознается, является кореннóю идеею для нѣсколькихъ другихъ, такихъ же антагонистическихъ идей, которыя всегда сознаются попарно, какъ отрицаніе другъ друга и внѣ такого отрицанія не имѣютъ смысла. Само собою видно, что отъ этой коренной антагонистической идеи происходятъ уже нѣсколько другихъ, каковы: *идея субстанціи* въ противоположность *идеѣ признаковъ*, *идея силы* въ противоположность *идеѣ инерціи* и *идея недѣлимой единицы* (атома) въ противоположность *дѣлимому числу*. Эти три идеи уже произведены изъ коренной идеи души и матеріи. Мы никакъ не думаемъ, чтобы этими тремя формами мы исчерпали все содержаніе этой идеи. Она можетъ принимать, и дѣйствительно принимаетъ, другія формы; но мы замѣтили только самыя существенныя, которыми сознаніе наше безпрестанно пользуется въ своихъ разсудочныхъ работахъ.

2. *Идея времени и пространства* возникаетъ уже не прямо изъ

идеи антагонизма души и матеріи, но изъ многочисленныхъ опытовъ произвольныхъ движеній, въ которыхъ душа, какъ *иниціатива движенія*, борется съ инерціею матеріи. Идея времени относится къ идеѣ пространства, не какъ антагонисты. Каждая изъ нихъ является антагонистомъ душѣ, но въ отношеніи другъ друга они являются различными формами одной и той же идеи: идеи матеріальнаго предмета и явленія въ ихъ взаимномъ отношеніи.

3. *Идея причины и слѣдствія* есть уже осложненіе антагонистическихъ идей перваго рода съ идеею времени. Опытъ даетъ намъ только явленія *предшествующія* и явленія *послѣдующія*; но мы вносимъ въ это понятіе *послѣдовательности* свою субъективную идею причинности: превращаемъ предшествующее явленіе въ *причину*, а послѣдующее — въ *слѣдствіе*. Но этимъ однимъ не можетъ быть объяснена наша *вѣра во всеобщую причинность* всѣхъ явленій и въ *безъисключительность* законовъ, наблюдаемыхъ нами явленій. Источникъ этой увѣренности уже не въ душѣ, а *въ духѣ человѣческомъ*, т. е. въ тѣхъ особенностяхъ человѣческой души, присутствіемъ которыхъ только можно и объяснить себѣ явленія, отличающія жизнь человѣка отъ жизни животныхъ. Явленія эти будутъ предметомъ нашего изученія въ третьей части антропологіи; но и теперь уже мы должны были указать на присутствіе этой увѣренности въ человѣкѣ, такъ-какъ ею только объясняется не разсудочный процессъ, но неустанное движеніе этого процесса впередъ. Въ существованіи этой увѣренности въ *благозаконность вселенной* никто не сомнѣвается, такъ-какъ каждый чувствуетъ ее въ самомъ себѣ; но происхожденіе ея объясняютъ различно. Мы же показали только, что вывести ее изъ опытовъ и наблюденій надъ явленіями природы невозможно, такъ-какъ она именно руководитъ нашими опытами и наблюденіями и побуждаетъ насъ не вѣрить природѣ, если она показываетъ намъ явленія безъ причины.

4. Необыкновенная важность всѣхъ этихъ *первичныхъ идей* и этой *вѣры въ причинность* для разсудочнаго процесса видна сама собою. Идеи эти составляютъ основу разсудочной ткани, а увѣренность въ законности и причинность явленій одушевляетъ этотъ процессъ силою движенія. Само собою также понятно, какъ долженъ условливаться весь дальнѣйшій разсудочный процессъ этимъ *утокомъ* той ткани, которую выплетаетъ разсудокъ изъ опытовъ и наблюденій надъ явленіями, какъ матеріальнаго, такъ и психическаго міра. Вотъ почему мы сочли необходимымъ остановиться на *первичныхъ идеяхъ* болѣе, чѣмъ того требовали, повидимому, объемъ и значеніе нашей книги. Понять хотя главные основные законы работъ разсудка совершенно необходимо для педагога, такъ-какъ онъ постоянно имѣетъ дѣло съ этими работами; но понять законы разсудочной работы нельзя, не всмотрѣвшись ближе въ эту основу, въ которую разсудокъ вплетаетъ результаты всѣхъ своихъ опытовъ и наблюденій.

5. Мы не могли назвать вообще всѣхъ этихъ основъ разсудочной работы *врожденными идеями*, потому что, какъ мы видѣли изъ ихъ

анализа, не всѣ онѣ и не вполнѣ врождены душѣ, но начинаются только тогда, когда душа уже приступаетъ къ своей разсудочной работѣ и составляютъ какъ бы первые узлы, къ которымъ прикрѣпляются и которыми регулируются всѣ остальныя нити. Врожденность идей подвергалась сильнымъ нападкамъ со времени Локка, который почти исключительно противъ нее направилъ свое знаменитое сочиненіе «о человѣческомъ пониманіи», хотя страннымъ образомъ противорѣчитъ самъ себѣ въ другомъ своемъ сочиненіи, гдѣ говоритъ, что человѣку врождены только *сѣмена* его будущаго разсудочнаго развитія [1]; но сказать только сѣмена — значитъ сказать очень много. Знаменитый споръ Лейбница съ Локкомъ о томъ же предметѣ находитъ отголоски и до сихъ поръ. Въ настоящее время, какъ матеріалисты, такъ и гербартіанцы, причисляя къ послѣднимъ и учениковъ Бенеке, также сильно возстаютъ противъ врожденности идей и возстаютъ совершенно справедливо, если подъ врожденною идеею разумѣть какое-нибудь опредѣленное представленіе или философскую мысль, а не невольный пріемъ души, выражающій ея характеръ въ ея работахъ. «Странно, говоритъ одинъ изъ гербартіанцевъ, Вайцъ, что, не смотря на всѣ старанія мыслителей, они не были до сихъ поръ въ состояніи привести въ совершенную ясность того, что должно бы, именно потому что оно врождено, быть яснымъ съ самаго рожденія передъ глазами каждаго человѣка» [2]. Не напрасно Вайцъ не объясняетъ, что онъ разумѣетъ подъ словами *ясно* и *передъ глазами*? Всякій изъ насъ ясно сознаетъ, что не можетъ поднять *сто* пудовъ, но никто не можетъ представить этого передъ глазами. Что же касается до того, что мыслители не успѣли до сихъ поръ выразить этихъ врожденныхъ идей съ достаточною опредѣленностью, то упрекать ихъ въ этомъ все равно, какъ бы упрекать историковъ въ неясности первыхъ событій исторіи или физіологовъ въ неясности процесса зарожденія организмовъ, хотя конечно первыя историческія событія продолжаютъ имѣть вліяніе и на ходъ современной исторіи человѣчества, а первые факты органическаго зарожденія, безъ сомнѣнія, сильно условливаютъ дальнѣйшее развитіе организма. Во всякомъ случаѣ намъ кажется, что споръ о врожденности и неврожденности идей вертится болѣе на различномъ пониманіи несчастнаго слова *идея*. Если же подъ именемъ идеи мы вообще будемъ разумѣть *неизвѣстную* намъ причину, вліяющую на наши разсудочныя работы и придающую имъ такой характеръ, который не можетъ быть объясненъ ни опытами и наблюденіями, ни вліяніями органическаго міра на нашъ организмъ, то едва ли можно сомнѣваться въ прирожденности человѣку нѣкоторыхъ идей.

6. Какъ бы мы ни представляли себѣ душу, въ видѣ ли первнаго организма, въ видѣ ли невѣсомаго эѳира, расхаживающаго по нервамъ, въ видѣ ли особенной силы, присущей матеріи, когда она достигаетъ

---

[1] Locke's Works. Conduct of the Understanding. p. 41.
[2] Lehrbuch der Psych. von Waitz. S. 503.

ной организации, въ видѣ ли особеннаго матеріальнаго или духовнаго существа — во всякомъ случаѣ душа должна имѣть свои особенности, и эти особенности непремѣнно выскажутся въ ея работахъ. Представимъ себѣ, что душа наша — кусокъ магнита: не должна ли бы она была и въ этомъ случаѣ, входя въ столкновеніе съ внѣшнимъ для нея міромъ, выказать свои особенности — особенности магнита? Встрѣчаясь съ деревомъ, мѣдью, свинцомъ, она не ощущала бы притяженія къ нимъ и при первой встрѣчѣ своей съ желѣзомъ не знала бы, что она магнитъ. Мало этого: даже послѣ многихъ и многихъ встрѣчъ съ желѣзомъ такая душа-магнитъ не сознавала бы своихъ магнитныхъ свойствъ и, можетъ быть, только послѣ изобрѣтенія магнитной стрѣлки задумалась бы надъ тѣмъ, что такое полюсы, и стала бы надъ вопросомъ, почему тянется къ сѣверу и югу, а не къ востоку и западу.

7. Физіологъ Мюллеръ не сомнѣвается въ прирожденности намъ нѣкоторыхъ идей на томъ основаніи, что фактъ убѣждаетъ его въ прирожденности животнымъ различныхъ инстинктовъ. Въ самомъ дѣлѣ, если пчела или паукъ вносятъ врожденные инстинкты въ свои работы, почему и человѣку не вносить ихъ въ главную работу — въ свой разсудочный процессъ? Онъ и вноситъ ихъ; но долго руководствуется ими, не сознавая ихъ въ формѣ ясно выраженныхъ мыслей. Едва ли можно сказать, что и въ настоящее время мы ужъ пришли къ полному сознанію этихъ первичныхъ основъ нашей разсудочной работы. Можетъ быть еще не скоро глубокій анализъ успѣетъ отдѣлить вполнѣ и съ совершенною ясностью то, что вошло въ разсудочный процессъ изъ опыта, отъ того, что вносится въ этотъ процессъ изъ прирожденныхъ свойствъ души.

ГЛАВА XLI.

Индуктивный методъ.

1. Слово *индукція* еще со временъ Платона и Аристотеля употреблялось въ логикахъ; но только Бэконъ придалъ ему настоящее его значеніе, изложивъ индуктивный методъ въ своемъ знаменитомъ сочиненіи, извѣстномъ подъ именемъ *Новаго Орудія* (Novum Organum). Говорятъ, что это названіе для своей книги Бэконъ избралъ съ тою цѣлью, чтобы противопоставить ее аристотелевскому Organon, и тѣмъ еще выставить отличіе своей новой методы мышленія отъ прежней, опиравшейся не на опытахъ и наблюденіяхъ, а на силлогизмахъ. Дѣйствительно, Бэконъ видѣлъ въ Аристотелѣ только одного изъ софистовъ, который, вмѣстѣ съ Платономъ, отличался отъ прочихъ лишь тѣмъ, что не бродилъ по площадямъ и не продавалъ своихъ уроковъ [1]. Не говоря уже о философіи, но сами естественныя науки, открывшія въ сочиненіяхъ Аристотеля множество именно тѣхъ самыхъ наблюденій

---

[1] Novum Organum. T. I. Aph. XII.

над природою, которыя составляютъ основу бэконовскаго индуктивнаго метода, показали уже давно несправедливость такого взгляда на Аристотеля. Не Аристотель виноватъ, что его ученіе о силогизмахъ, во всякомъ случаѣ очень замѣчательное, какъ первая попытка анализировать ходъ человѣческаго мышленія, пришлася болѣе по силамъ средневѣковыхъ мыслителей, чѣмъ другія идеи того же писателя, а потому было оторвано отъ почвы, признано за послѣднее слово психическаго анализа и раздуто до уродливости. Противъ этого-то формальнаго мышленія, не основаннаго на фактахъ и лишеннаго содержанія, вооружился великій геній Бэкона.

2. *Новымъ Органомъ* Бэконъ назвалъ свою книгу также и потому, что видѣлъ въ индуктивномъ методѣ какъ бы *новый*, открытый имъ *органъ чувствъ* для постиженія природы. Но легко видѣть, что это новое орудіе открытія законовъ природы и пользованіи ими было новостью, можетъ быть, для мыслителей по профессіи, но не для человѣчества, которое пользовалось индуктивною методою безъ сомнѣнія съ первыхъ дней появленія своего на свѣтъ и ей было обязано всѣми тѣми полезными открытіями, которыхъ ко времени Бэкона набралось уже столько, что открытія, сдѣланныя послѣ него, не смотря на всю свою громадность, составляютъ къ нимъ только незначительную прибавку. Если человѣкъ научился ловить и убивать звѣря, шить себѣ одежду, приготовлять пищу, сѣять хлѣбъ, обработывать металлы, строить домъ и лодку, натягивать парусъ,—словомъ, если онъ сдѣлалъ всѣ тѣ безчисленныя открытія и изобрѣтенія, которыми жизнь человѣческая отличается отъ жизни животныхъ, то этимъ онъ обязанъ единственно индуктивной методѣ, т. е. мышленію, основанному на опытахъ и наблюденіяхъ. Громадная же заслуга Бэкона состоитъ въ томъ, что онъ внесъ въ науку этотъ *вульгарный*, чернорабочій способъ добыванія истины, который, не смотря на то, что подарилъ міръ тысячами полезнѣйшихъ изобрѣтеній и открытій, все еще не входилъ въ аристократическую область ученаго мышленія. Если же и послѣ Бэкона, даже до нашего времени, приложеніе индуктивнаго метода въ наукѣ ограничивалось одною областью естествознанія, то это показываетъ только, какъ самыя простыя истины медленно распространяются и что общество ученыхъ — вовсе не та среда, въ которой истина уже не встрѣчалась бы съ закоренѣлыми предразсудками.

3. Нельзя сказать, чтобы самъ Бэконъ совершенно освободился отъ схоластическаго наслѣдства. Очень часто новая, свѣжая мысль его не находитъ себѣ приличной одежды въ тогдашнемъ ученомъ языкѣ, бьется въ устарѣлыхъ схоластическихъ формахъ, и не можетъ высказаться вполнѣ, такъ что многія выраженія Бэкона (какъ-то *формы*, *natura* *вещей*, *скрытый составъ* и т. п.) могутъ подать поводъ къ недоумѣніямъ; но основная идея бэконовской индукціи совершенно ясна. Цѣль ея состоитъ въ томъ, чтобы узнать законы явленій природы и воспользоваться этимъ знаніемъ въ практической жизни; а средство

этого метода—наблюденіе. Добыть законъ явленій природы изъ наблюденій и опытовъ и пользоваться этимъ добытымъ закономъ, съ одной стороны, для улучшеній въ практической жизни, а съ другой, для производства новыхъ опытовъ и наблюденій—вотъ въ несколькихъ словахъ характеристическая черта баконовской индукціи. Онъ находитъ удобнѣе объяснять самый ходъ индуктивнаго процесса на частномъ примѣрѣ, и избираетъ этимъ примѣромъ розысканіе истинной *формы* тепла, разумѣя подъ именемъ формы причину, производящую тепло, или, еще ближе, тѣ существенные признаки, которыми постоянно сопровождаются явленія тепла. Послѣдуемъ за Бэкономъ въ этомъ процессѣ открытія существенныхъ признаковъ избраннаго имъ явленія или *натуры*, какъ онъ выражается.

1. Прежде всего Бэконъ подготовляетъ матеріалъ для индукціи, т. е. самые факты или, по его выраженію, *примѣры* (вѣрнѣе, образчики явленій), въ которыхъ проявляется тепло при самыхъ разнообразныхъ обстоятельствахъ. Изъ всѣхъ этихъ фактовъ, изъ которыхъ иные и самъ Бэконъ заподозрѣваетъ въ полной достовѣрности, составляется у него длинный списокъ фактовъ появленія тепла. Сюда входитъ и солнечный лучъ, и гніющая трава, и известка, обнаруживающая тепло, когда на нее лить воду, и спиртъ, который возбуждаетъ въ кожѣ теплоту при втираніи и свариваетъ яичный бѣлокъ, какъ бы его сваривала кипящая вода, и т. п. Словомъ, это не болѣе, какъ собраніе въ одну общую группу всѣхъ явленій, связанныхъ между собою однимъ общимъ признакомъ, *обнаруживаніемъ теплоты*. Придерживаясь же нашей терминологіи, это не болѣе, какъ *ассоціація явленій* по одному, общему всѣмъ признаку—ассоціаціи по сходству.

2. Само собою видно, что изъ такого *огульнаго* перечисленія разнообразнѣйшихъ явленій природы, сопровождаемыхъ обнаруживаніемъ тепла, нельзя еще вывести никакого опредѣленнаго заключенія. Ассоціація слишкомъ громадна и слишкомъ разнохарактерна, чтобы сознаніе могло обозрѣть ее *разомъ* всю и извлечь изъ этого обзора отвѣтъ на данный вопросъ—какова истинная причина тепла? Вотъ почему, вслѣдъ за этою *таблицею положительныхъ примѣровъ*, Бэконъ чертитъ другую—*таблицу примѣровъ отрицательныхъ*, т. е. такихъ явленій природы, при которыхъ тепло не обнаруживается, не смотря на ихъ видимое сходство съ явленіями, собранными въ положительной таблицѣ. Такъ напр., Бэконъ вноситъ въ эту таблицу отрицательныхъ примѣровъ свѣтъ луны, аналогическій со свѣтомъ солнца, но не дающій тепла, снѣгъ, сохраняющійся на вершинахъ горъ, сильно освѣщенныхъ солнцемъ, зарницу, дающую очень яркій свѣтъ, но не зажигающую и не сопровождаемую громомъ, и т. п. Ясно, что всѣ эти явленія помѣщены въ таблицу отрицательныхъ примѣровъ именно потому, что въ нихъ есть *общій признакъ* съ нѣкоторыми изъ тѣхъ, которыя помѣщены въ первой таблицѣ, а именно *свѣтъ*, но свѣтъ этотъ не сопровождается тепломъ. Вслѣдствіе этого одинъ изъ призна-

ков, наиболѣе часто сопровождающій тепловыя явленія, оказывается признаком несущественным. Таким образом ясно, что случаи таблицы положительных примѣров съ таблицею отрицательных служитъ къ тому, чтобы исключить *несущественные признаки* изъ сложных явленій, при которых обнаруживается тепло. Цѣль же самых этих исключеній та, чтобы получить въ результатѣ *постоянные признаки* тепловых явленій, которые, смотря потому, предшествуютъ ли или обнаруженію тепла или слѣдуютъ за ним, можно будетъ назвать, въ первомъ случаѣ, необходимыми условіями или *причиною* тепла, а во второмъ—*слѣдствіемъ* тепла. При этомъ мы напомнимъ читателю процессъ образованія понятій, который мы изложили выше [1], и укажем, что между индуктивным способом открытія истины и процессом образованія понятій нѣтъ никакой существенной разницы. До сих поръ процессъ индуктивнаго мышленія и процессъ образованія понятій совершенно тождественны и даютъ въ результатѣ одно и тоже: возможно точнѣе понятіе предмета или явленія, состоящее изъ однихъ постоянныхъ признаковъ.

6. За этими двумя таблицами, изъ которыхъ по сличеніи выйдетъ одна общая и значительно сокращенная, Бэконъ чертитъ третью, которую онъ называетъ *таблицею степеней* [2]. Замѣтимъ, между прочимъ, что сокращеніе обозрѣваемыхъ случаевъ явленій, но такое сокращеніе, при которомъ ни одинъ характерный случай не ускользнулъ бы отъ суда разсудка, составляетъ одну изъ цѣлей бэконовской индукціи. Онъ хочетъ «дать опору умамъ сокращеніемъ предметовъ обозрѣнія» [3]. Но эта психологическая мысль не вполнѣ развита у Бэкона, тогда какъ она и есть дѣйствительная *психическая* основа индукціи, какъ это мы увидимъ ниже.

При помѣщеніи тепловыхъ явленій въ *таблицу степеней*, Бэконъ обращаетъ вниманіе уже не на самое обнаруженіе тепла, а на степень этого обнаруженія. Такъ Бэконъ отмѣчаетъ въ этой таблицѣ всѣ самыя горючія вещества, равно и тѣ явленія, въ которыхъ тепло обнаруживается въ самой слабой степени. Цѣль этой таблицы ясна. Въ ней Бэконъ хочетъ подсмотрѣть, отчего зависитъ усиленіе или ослабленіе тепла, т. е. ищетъ такого признака, усиленіе или ослабленіе котораго сопровождаетъ постоянно усиленіе или ослабленіе тепла, въ прямой или *обратной* прогрессіи. Если ему удастся найти такой признакъ, то онъ уже имѣетъ много вѣроятностей предположить, что въ этомъ признакѣ скрывается прямая причина тепла или прямое его послѣдствіе. Слѣдовательно, и тутъ процессъ индукціи ничѣмъ не разнится отъ процесса образованія понятій. Явленія, связанныя въ первыхъ двухъ таблицахъ по качеству, связываются въ третьей по степени этого качества, и

---

[1] См. гл. XXXII.
[2] Nov. Org. L. II. C. XII.
[3] Ibid. Preface p. 2.

по количеству; да и цѣльопять таже—отысканіе постоянныхъ признаковъ изучаемаго явленія.

7. Не лишнимъ будетъ указать здѣсь на ту ревность, съ которою подбираетъ Бэконъ всевозможные факты обнаруженія тепла: онъ менѣе заботится о томъ, чтобы помѣстить фактъ какъ разъ въ соотвѣтствующую ему таблицу, чѣмъ о томъ, чтобы не упустить его изъ виду, не позволить ему скрыться, отъ «суда ума». И дѣйствительно, трудно впередъ разсчитать, въ какомъ отношеніи намъ можетъ быть полезенъ тотъ или другой фактъ. Фактъ, повидимому, самый незначительный и который мы затруднимся помѣстить куда-нибудь, можетъ бросить самый яркій свѣтъ на все собраніе однородныхъ съ нимъ фактовъ, смотря по тому, въ какую комбинацію войдетъ съ ними, комбинацію, часто совершенно случайную и неожиданную для того самого, въ чьей головѣ она совершается. Вотъ почему громадная память, хотя иногда исключительно направленная на факты одной какой-нибудь категоріи явленій, и сильное дѣятельное воображеніе, безпрестанно и быстро перебирающее эти факты въ сознаніи и безпрестанно комбинирующее ихъ въ самыя разнообразныя и прихотливыя сочетанія, составляютъ отличительную черту въ характерѣ тѣхъ личностей, которыя подарили міръ какими-нибудь новыми открытіями и изобрѣтеніями. Къ этому присоединяется еще необычайное упорство мысли, работающей все въ одной сферѣ и въ одномъ направленіи. Но мы очень бы ошиблись, если бы въ формальномъ черченіи бэконовскихъ таблицъ, сильно еще отзывающихся средневѣковою схоластикою, которая очень любила все вносить въ таблицы и анаграммы, видѣли дѣйствительное средство индукціи. На самомъ дѣлѣ никто не чертитъ такихъ таблицъ и ни въ какія таблицы нельзя внести того безчисленнаго множества фактовъ и тѣхъ безчисленныхъ комбинацій этихъ фактовъ, которыя предшествуютъ появленію въ умѣ даже сколько-нибудь дѣльной гипотезы, а не только великаго и сложнаго открытія. Самъ Бэконъ въ концѣ каждой изъ своихъ таблицъ вынужденъ прибавить, что сюда относятся и многіе другіе факты подобнаго же рода. Самый легкій, особенный оттѣнокъ въ какомъ-нибудь фактѣ изучаемаго явленія можетъ уже дать новую мысль, а самая прихотливая комбинація наиболѣе отстоящихъ другъ отъ друга фактовъ можетъ навести на мнѣніе, наиболѣе замѣчательное. Въ какія таблицы можно умѣстить всѣ тѣ факты и тѣ разнообразнѣйшія ихъ сочетанія, которыя должны были предшествовать въ умѣ великихъ людей открытію Америки или изобрѣтенію книгопечатанія и паровыхъ машинъ?

8. Составленіе вышеприведенныхъ таблицъ образчиковъ изучаемаго явленія Бэконъ считаетъ только подготовкою къ индукціи: это только представленіе «фактовъ или примѣровъ на судъ ума». Собравъ факты и группировавъ ихъ въ три таблицы, Бэконъ приступаетъ къ самой индукціи «въ настоящемъ смыслѣ слова», цѣль которой состоитъ въ томъ, чтобы по внимательномъ обзорѣ фактовъ, всѣхъ вообще и каждаго въ

частности, отыскать природу (т. е. по-нашему постоянный признак), которая была бы всегда соединена съ природою изучаемаго явленія. Методъ, предлагаемый для этого Бэкономъ, есть методъ отрицательный, или методъ *исключенія*, который Миль весьма удачно сравниваетъ съ однимъ изъ пріемовъ (elimination), употребляемыхъ при рѣшеніи алгебраическихъ уравненій. «Только Богу, говоритъ Бэконъ, истинному творцу и вводителю всѣхъ формъ и, можетъ быть, ангеламъ и умамъ небеснымъ принадлежитъ способность знать формы (т. е. причины явленій) непосредственно, положительнымъ путемъ и съ самаго начала созерцанія: но этотъ методъ не соотвѣтствуетъ слабости человѣческаго ума, которому дано дѣйствовать сначала только посредствомъ отрицаній, и послѣ исключеній всякаго рода, прійти наконецъ, но прійти очень поздно, къ положительному (знанію)» [1]. «Только послѣ исключеній и отбрасываній, говоритъ Бэконъ нѣсколько далѣе, всѣ обманчивыя мнѣнія улетучатся, какъ дымъ, и на днѣ останется форма (признакъ) утвердительная, истинная, прочная и строго ограниченная» [2].

9. Миль хорошо формулировалъ эту мысль Бэкона объ исключеніяхъ, избавивъ ее отъ тѣхъ схоластическихъ путъ, въ которыхъ еще бьется это могучее дитя новаго времени. Миль также, какъ и Бэконъ, видитъ необходимость собрать сначала факты изучаемаго явленія и приводитъ ихъ въ порядокъ въ подобныхъ же таблицахъ, которыя называетъ методами: *методомъ сходства* и *методомъ различія* [3]. Въ этомъ и Миль, и Бэконъ совершенно сходятся; но Миль яснѣе выражаетъ правила, которыми руководствуется разумъ при *сличеніи* примѣровъ или образчиковъ явленій (а по-нашему фактовъ) и при исключеніяхъ, въ результатѣ такого *сличенія*. Эти *правила* (Canon) индукціи выражаются у Миля такъ:

Первое правило индукціи. «Если два или нѣсколько примѣровъ испытуемаго явленія имѣютъ только одно общее для нихъ обстоятельство (по-нашему одинъ общій признакъ), то это обстоятельство, одно лишь повторяющееся во всѣхъ примѣрахъ, есть *причина* или *слѣдствіе даннаго явленія*».

Второе правило. «Если примѣръ, въ которомъ испытуемое явленіе совершается, и примѣръ, въ которомъ оно не совершается, имѣютъ всѣ общіе признаки, кромѣ одного, присущаго въ первомъ примѣрѣ, то это единственное обстоятельство (единственный признакъ), въ которомъ оба примѣра различаются, есть слѣдствіе или причина или необходимая часть причины явленія» [4].

Третье правило. «Если два или нѣсколько примѣровъ, въ которыхъ явленіе совершается, имѣютъ только одно общее обстоятельство

---

[1] Ib. C. XV.
[2] Ib. C. XVI.
[3] Mill's Logic. B. II. C. VIII, § 1.
[4] Ib. § 2.

— какъ два или нѣсколько примѣровъ, въ которыхъ изучаемое явленіе не совершается, не имѣютъ между собою ничего общаго, кромѣ отсутствія этого обстоятельства, то это обстоятельство, въ которомъ оба рода примѣровъ различаются, есть или слѣдствіе, или причина, или необходимая часть причины испытуемаго явленія».[1])

Четвертое правило, называемое у Милля *методомъ остатка*. «Если отнять отъ явленія такую часть, которая по предшествующей индукціи была признана слѣдствіемъ даннаго предшествующаго, то остатокъ явленія есть слѣдствіе остающагося предшествующаго».

Пятое правило. «Если явленіе разнообразится даннымъ образомъ и при этомъ другое явленіе тоже разнообразится особеннымъ образомъ, то первое есть или причина или слѣдствіе втораго, или связано съ нимъ какими-нибудь фактами причинности».[2])

10. Послѣ нѣсколькихъ исключеній Бэконъ позволяетъ уму сдѣлать предварительное, но положительное истолкованіе явленія, предваряя впрочемъ, что безъ сомнѣнія процессъ исключеній будетъ продолжаться и для такихъ попытокъ перейти отъ отрицательной истины къ положительной. Словомъ, послѣ тщательнаго собранія фактовъ изучаемаго явленія и группировки ихъ въ различныя сочетанія, посредствомъ искусственнаго рода сличеній и исключеній, — такой группировки, которая, съ одной стороны, облегчала-бы обозрѣніе фактовъ, а съ другой, все болѣе и болѣе обнаруживала ихъ соотношенія, Бэконъ позволяетъ уже уму попытаться *построить гипотезу* или, выражаясь точнѣе, *постановить такіе вопросы*, на которые сами факты могли бы дать отвѣтъ. Нѣтъ сомнѣнія, что постановка вопросовъ имѣетъ величайшую важность во всякомъ отысканіи истины. Чѣмъ опредѣленнѣе, чѣмъ *тѣснѣе* вопросъ, тѣмъ ближе онъ къ рѣшенію; это *стѣсненіе вопросовъ* дѣлается опять исключеніями же, а потомъ самымъ рѣшеніемъ вопроса, потому что чаще всего рѣшеніе вопроса не даетъ полнаго отвѣта, а только болѣе опредѣляетъ, болѣе стѣсняетъ самый вопросъ.

11. Рѣшеніе поставленнаго вопроса конечно, должно исходить опять изъ фактовъ. Умъ, обладающій обширнымъ запасомъ и предварительно уже обработавшій ихъ, т. е. построившій ихъ въ такія сочетанія и группы сочетаній, что они могутъ быть удобно обозрѣваемы безъ упущенія изъ виду чего-нибудь существеннаго, что прежде надлежащей группировки фактовъ было невозможно, — начинаетъ отыскивать между ними и между ихъ отношеніями такія, которыя могли бы прямо дать отвѣтъ на заданный вопросъ. Иногда вопросъ такъ поставленъ, что уже одного факта достаточно, чтобы разрѣшить его; но это случается не часто. Такъ, допытываясь причины *морскихъ приливовъ и отливовъ*, Бэконъ приходитъ къ двумъ вопросамъ, — зависитъ ли это явленіе отъ поступательнаго и отступательнаго движенія воды, которое мы можемъ

---

[1]) Ib. § 4.
[2]) Ib. § 6.

наблюдать во всякомъ колеблемомъ сосудѣ, когда вода поднимается съ одной стороны сосуда на столько, на сколько опускается съ другой, или вообще отъ поднятія уровня воды въ океанѣ, такого же поднятія замѣчаемъ мы, когда вода кипитъ въ сосудѣ? Если справедливо первое предположеніе, то приливъ на одномъ берегу океана, долженъ сопровождаться отливомъ на другомъ, противоположномъ. *Такъ ли это бываетъ?* На это долженъ отвѣтить фактъ и отвѣтъ его будетъ рѣшителенъ. Вотъ почему это испытаніе и называется у Бэкона *experimentum crucis*. Фактъ отвѣчаетъ, что приливъ на берегахъ Флориды въ Америкѣ и на противуположныхъ берегахъ Испаніи и Африки бываетъ одновременно. Такимъ образомъ, первый вопросъ *исключается самимъ фактомъ*[1]; но за то второй, разрѣшенный утвердительно исключеніемъ перваго, самъ разраждается въ нѣсколько новыхъ вопросовъ. Если причина прилива и отлива есть вообще поднятіе морскаго уровня, то это поднятіе можетъ произойти тремя способами: или эта огромная масса воды выходитъ изъ внутренности земли и скрывается туда перемѣнно (какъ это бываетъ въ нѣкоторыхъ озерахъ), или вода океана, не измѣняясь въ количествѣ, разрѣжается и, увеличиваясь въ объемѣ, занимаетъ болѣе мѣста, а потомъ объемъ ея уменьшается, или наконецъ, вода океана, не увеличиваясь ни въ количествѣ, ни въ объемѣ, притягивается вверхъ какою-нибудь магнитическою силою, а потомъ собственно своею тяжестью опускается до прежняго уровня. Бэконъ отбрасываетъ два первыя предположенія, не объясняя почему, и обращается къ анализу третьяго. Вода въ океанѣ не можетъ подняться вся разомъ, такъ какъ на днѣ бассейна ничто не можетъ занять ея мѣста. И такъ остается предположить, что вода океана, подымаясь въ одномъ мѣстѣ, упадаетъ въ другомъ. Магнитическая сила, не будучи въ состояніи разомъ дѣйствовать на весь океанъ, дѣйствуетъ на него по срединѣ, такъ что уровень океана, подымаясь по срединѣ, долженъ въ тоже время упасть при берегахъ. *Такъ-ли это бываетъ?* Вопросъ снова доведенъ до той опредѣленности, когда онъ можетъ быть рѣшенъ непосредственнымъ наблюденіемъ. Если наблюденіе покажетъ, что во время отлива уровень океана поднятъ посрединѣ, то вопросъ рѣшенъ — и предположеніе оправдалось. Но тогда возникаетъ новый вопросъ, что же это за магнитическая сила, періодически подымающая и опускающая воду океана?.. И такъ далѣе всѣ могутъ возникать вопросы, опредѣляться и рѣшаться фактами. Мышленіе становится на твердую почву, чувствуешь, что оно можетъ двигаться впередъ, а не безплодно вращаться около одной и той же точки. Можно себѣ представить, какимъ свѣжимъ воздухомъ должна была повѣять книга Бэкона на его мыслящихъ современниковъ, выводимыхъ имъ на свѣтъ божій изъ мрачныхъ и безплодныхъ трущобъ схоластики, гдѣ умъ человѣческій, за недостаткомъ здоровой дѣятельности

---

[1] Мы сокращаемъ ходъ вопросовъ въ бэконовскомъ примѣрѣ, ибо для насъ важно не содержаніе вопросовъ, но только общая ихъ форма.

[...]валъ въ безплодныхъ фантазіяхъ, утомительно повторяющихся. Бэконовая метода мышленія, вносимая Бэкономъ въ мрачныя свѣтилища тогдашней науки, должна была подѣйствовать на ученыхъ также поразительно, какъ на католическихъ монаховъ реформація, вносимая въ темныя монастырскія кельи. Бэконъ звалъ мысль человѣческую изъ-за недоступныхъ стѣнъ фантастическихъ замковъ, построенныхъ схоластикою, на обширную площадь, освѣщенную яркимъ солнцемъ и кипящею дѣятельнымъ народомъ: только одна гордая чопорность могла помѣшать аристократическому барону мысли, бросивъ свое мертвящее уединеніе, замѣшаться въ толпу и жить ея дѣятельною жизнью.

12. Но дойдемъ ли мы такимъ путемъ исключенія вопросовъ до положительнаго рѣшенія, до желаемаго конца индукціи? Въ однихъ вопросахъ дойдемъ, а въ другихъ нѣтъ. Такъ въ приведенномъ примѣрѣ мы узнаемъ окончательно, какъ совершаются приливы и отливы въ океанѣ земнаго шара, т. е., другими словами, мы съ *точностью* *опишемъ* *явленіе* *приливовъ и отливовъ* или, еще, ближе, *составимъ себѣ вѣрное понятіе объ этомъ явленіи*, какъ оно совершается на земномъ шарѣ; а вопросъ о причинѣ явленія останется все же вопросомъ рѣшаемымъ гипотетически. Если примемъ даже, что можетъ быть доказано съ полною точностью, что причина поднятія океаническаго уровня зависитъ единственно отъ притяженія, оказываемаго на океанъ луною, то и тогда мы не думаемъ, чтобы рядъ вопросовъ былъ совершенно законченъ. Вопросъ о томъ, что такое притяженіе, который мы разбирали выше, останется вопросомъ, какъ ни странно можетъ это показаться приверженцамъ *положительной философіи*.

13. Дурно понялъ бы насъ тотъ, кто подумалъ бы, что мы, указывая нерѣшенность вопросовъ, выставляемыхъ намъ природою, хотимъ унизить достоинство индуктивнаго метода. Мы скажемъ прямо, что считаемъ этотъ методъ не то, что лучшимъ, но *единственно-плодотворнымъ* для изученія чего бы то ни было: явленій ли, представляемыхъ внѣшнею природою, или явленій, представляемыхъ душою человѣка. Но это не мѣшаетъ намъ видѣть тѣ скалы, о которыя до сихъ поръ разбиваются волны человѣческой пытливости. Мы не отворачиваемся отъ этихъ скалъ и не признаемъ ихъ не существующими, какъ это дѣлаетъ такъ называемая *позитивная философія*. Мы не назовемъ ихъ также и *вѣчными*, какъ это дѣлаетъ узкое телеологическое воззрѣніе. Мы не назовемъ этихъ скалъ вѣчными не только потому, что считаемъ смѣшнымъ говорить съ пророческимъ видомъ о томъ, что могутъ и чего не могутъ знать наши отдаленнѣйшіе потомки, но также и потому, что если мы видимъ эти скалы, еще гордо стоящими, то видимъ также и морскіе берега, усыпанные пескомъ, который составлялъ когда-то подобныя же скалы, въ свое время также казавшіяся непреодолимыми и вѣчными. Каждая волна уносила одну песчинку, а можетъ быть и сотни волнъ нужны были, чтобъ унести другую, но теперь этихъ скалъ нѣтъ. Видя безчисленное число знаній, уже поступившихъ въ обладаніе чело-

веческаго ума, зная, какъ теперь кажется понятнымъ многое для современнаго дитяти, что казалось непостижимымъ и необъяснимымъ даже величайшимъ мудрецамъ древняго міра, можемъ ли мы брать на себя право предсказывать, что можетъ узнать человѣкъ и чего не можетъ? Мы не только не желаемъ стѣснять индукцію, но, напротивъ, не хотимъ, чтобы торопливость или самолюбіе, желающія сдать неразрѣшенные вопросы въ архивъ и зачесть ихъ рѣшенными, ставили преграды человѣческому уму въ его вѣчномъ стремленіи все впередъ и впередъ, или опутывали человѣка такими же кажущимися окончательными рѣшеніями вопросовъ, какими опутывала его прежняя схоластика. Схоластика есть порожденіе ученаго самодовольства и не нужно думать, что она принадлежитъ только среднимъ вѣкамъ: никакой вѣкъ отъ нея вполнѣ не обезопасенъ. Мы смѣемся надъ средневѣковою схоластикою и съ тѣмъ завестись собственною. Развѣ въ *идеализмѣ* Гегеля, точно также, какъ и въ *позитивизмѣ* Конта не проглядываетъ ея мертвящаго глазъ? Не говорилъ ли намъ идеализмъ: «не изучай матеріи — ты тамъ ничего не найдешь?» Не говоритъ ли намъ новый позитивизмъ: «изучай только матерію — ты тамъ все найдешь?» Оба эти возгласа — возгласы схоластики; они выходятъ изъ самодовольства, начертывающаго дорогу отдаленнѣйшимъ потомкамъ, которые, безъ сомнѣнія, только посмѣются надъ такими притязаніями. Мы же говоримъ: «изучайте знанія — и души, и внѣшней природы; въ нихъ вы найдете рѣшенія многихъ вопросовъ изъ безчисленнаго числа еще нерѣшенныхъ, но не закрывайте глазъ на эти нерѣшенные вопросы, ибо сознательное незнаніе безконечно лучше и плодотворнѣе ложнаго пониманія. Первое даетъ безплодное успокоеніе; второе пробуждаетъ дѣятельность, а дѣятельность — это жизнь. Опытная психологія не знаетъ границъ человѣческому уму, признавая самый умъ только за организованное собраніе знаній, а знанія — дѣло наживное. Но расширять свои знанія можно только тогда, когда смотришь прямо въ глаза своему незнанію».

14. Милль желаетъ пополнить пробѣлы бэконовской индукціи, тѣмъ болѣе, что сочиненіе Бэкона объ индуктивномъ методѣ осталось неоконченнымъ, и показать, какъ умъ, начиная исключеніями и отбрасываніями, переходитъ наконецъ къ положительнымъ знаніямъ. Но какое же средство избираетъ для этого Милль? «Индукція, говоритъ онъ, есть такая операція ума, посредствомъ которой мы заключаемъ, что то, что мы знаемъ за истинное въ частномъ случаѣ или случаяхъ, будетъ истиннымъ во всѣхъ случаяхъ, которые походятъ на первый въ извѣстныхъ опредѣленныхъ отношеніяхъ. Другими словами, индукція есть процессъ, которымъ мы заключаемъ, что то, что истинно въ извѣстномъ членѣ класса, истинно для всего класса или что то, что истинно въ извѣстное время, будетъ истинно при подобныхъ обстоятельствахъ во всякое время» [1]). Желая отличить истинную индукцію отъ ложныхъ, Милль

---

[1]) Mill's Logic. B. III Ch. 11. § 1.

привести нѣсколько примѣровъ ложныхъ индукцій. «Если бы, говоритъ онъ, изъ наблюденій надъ каждою отдѣльною планетою, вывели, что всѣ планеты заимствуютъ свѣтъ свой отъ солнца, то эта индукція совершенно отличалась бы отъ нашей: это не было бы заключеніе отъ извѣстныхъ фактовъ къ неизвѣстнымъ, но только сокращенное перечисленіе извѣстныхъ фактовъ» [1]. Далѣе Милль приводитъ другой примѣръ ложной и истинной индукціи, которымъ еще болѣе уяснится, чего онъ хочетъ. «Если въ заключеніи, что всѣ животныя имѣютъ нервную систему, мы думаемъ выразить не болѣе какъ ту мысль, что всѣ извѣстныя намъ животныя имѣютъ нервную систему, то это предложеніе не общее и процессъ, которымъ мы до него достигли, не индукція. Но если мы думаемъ, что это наблюденіе, сдѣланное нами надъ различными видами животныхъ, открыло намъ законъ животной природы, и что мы въ состояніи сказать, что нервная система будетъ найдена даже въ животныхъ еще не открытыхъ, то это въ самомъ дѣлѣ есть индукція» [2]. Однако же, если только въ этомъ состоитъ отличительный признакъ индукціи, то этотъ признакъ есть нѣкотораго рода смѣлость, или даже, опрометчивость — *черта характера*, но вовсе не принадлежность и не особый пріемъ разсудочнаго процесса. Вскрывъ нѣсколько десятковъ различныхъ животныхъ и найдя въ нихъ нервную систему, мы еще заключаемъ о томъ, что и во всѣхъ животныхъ она есть, и является единственною причиною ихъ жизненныхъ свойствъ. Но вотъ въ нѣкоторыхъ животныхъ, какъ извѣстно, мы *не находимъ вовсе нервной системы*, и если, вмѣсто того, чтобы убѣдиться въ ошибочности нашего предположенія, какъ того требуетъ Бэконъ, признающій, что «*одного противорѣчащаго факта* достаточно, чтобъ разрушить все предположеніе о причинѣ явленія» [3], мы предполагаемъ, что нервная система въ этихъ живыхъ существахъ, хотя недоступна нашему наблюденію, но, тѣмъ не менѣе, существуетъ, и все же ставимъ отличительнымъ признакомъ всякаго животнаго нервную систему, — то это едва ли доказательно. Мы конечно, имѣемъ на это право, но только съ тѣмъ условіемъ, чтобы не забывать, что такой признакъ животнаго есть только *презумпціарный признакъ*, истинность котораго отыскивается, но еще не отыскана, а *дѣйствительнымъ признакомъ* все же остается по прежнему чувство, выражаемое произвольными движеніями. Мы можемъ *предчувствовать*, что оба эти признака сходятся въ единъ, что нервная система есть необходимое условіе жизненныхъ свойствъ, обнаруживаемыхъ животными, но не должны принимать нашего предчувствія за доказанный фактъ. Дѣло другое, если бы мы могли показать такую же связь между жизненными свойствами и нервной системой, какъ между силами, прилагаемыми къ тѣлу, и движеніемъ, ко-

---

[1] Ib. p. 320.
[2] Ib. B. III. Ch. II. § 1.
[3] Nov. Org. L. II. c. XVIII.

торое выполняется тѣломъ вслѣдствіе этого приложенія силъ; но развѣ мы это видимъ? «Число и природа примѣровъ, говоритъ Милль, а не все собраніе фактовъ, которые мы обозрѣли, дѣлаетъ ихъ достаточно очевидными для того, чтобъ доказать общій законъ.» Но неужели, если мы обозрѣли всѣ факты, какъ это мы можемъ сдѣлать въ отношеніи многихъ физическихъ явленій земнаго шара, то индукція отъ этого перестанетъ быть индукціею и обратится въ простое описаніе? Не вѣрнѣе ли будетъ сказать, что и въ томъ и въ другомъ случаѣ мы только составляемъ понятіе о явленіи: въ первомъ совершенно точное и законченное, а во второмъ наиболѣе вѣроятное и провизуарное? Понятія наши о движеніи земли, о приливахъ и отливахъ, о пассатныхъ вѣтрахъ совершенно закончены, хотя бы мы еще и не знали причины того или другаго явленія; понятіе же наше о нервной системѣ, какъ причинѣ жизненныхъ явленій, только провизуарное, болѣе или менѣе вѣроятное. Мы не отвергаемъ великой пользы такихъ провизуарныхъ понятій въ процессѣ науки, но не должны забывать ихъ провизуарнаго характера и не должны употреблять ихъ *для доказательства* какихъ-нибудь другихъ истинъ, покудова они сами еще нуждаются въ доказательствѣ. Мы думаемъ, что Милль, изложившій и развившій очень хорошо мысль бэконовской индукціи, неудачно дополнилъ ее, лишивъ ее той осмотрительности при каждомъ шагѣ, дѣлаемомъ наукою впередъ, которой такъ настойчиво требовалъ Бэконъ. Кромѣ того, признакъ, которымъ Милль хочетъ отличить истинную индукцію отъ ложной, собственно не мысль, а только *чувство*, которое необходимо въ нашемъ вѣчномъ изысканіи причинъ, но которое само не должно входить въ это изысканіе, точно также, какъ не входитъ въ него и врожденная человѣку любознательность и та «любовь къ чувственнымъ воспріятіямъ», признаніемъ врожденности которой Аристотель начинаетъ свою «Метафизику»[1]). Какъ индуктивные пріемы, такъ и эти врожденныя чувства — суть психическія явленія и оказываютъ вліяніе другъ на друга; но этимъ и оканчивается сходство между ними; одни принадлежатъ къ области дѣятельности сознанія, а другія — къ области душевныхъ чувствованій.

15. Мы не можемъ входить здѣсь въ подробности индуктивнаго процесса, что составляетъ предметъ логики. Но уже изъ того краткаго его очерка, который мы сдѣлали, ясно, что индуктивный процессъ *есть не болѣе, какъ процессъ образованія понятій*, основанный *на сличеніи фактовъ*. Вся суть индуктивнаго процесса состоитъ *во-первыхъ*, въ собираніи фактовъ, связываемыхъ въ одну ассоціацію какимъ-нибудь общимъ признакомъ, *въ сличеніи этихъ фактовъ и этихъ сочетаній между собою и въ судѣ надъ ними*, вслѣдствіе котораго обнаруживаются между ними сходства и различія, — *во-вторыхъ*, въ исключеніи признаковъ, случайность которыхъ доказана тѣмъ, что они иногда сопровождаютъ изучаемое явленіе, а иногда нѣтъ, и эти

---

[1]) Arist. Methaphysik. Erst. B. c. I. Uebers. von. Hengstenberg. 1834.

нами посредством этих исключений того признака, который постоянно сопровождает изучаемое явление из всех знакомых нам фактах этого явления — и, *в-третьих* наконец, если мы изучаем *предмет*, то в точном помещении его в класс, вид и семейство предметов, и в среду его постоянных отношений, а если мы изучаем *явление*, то в наименовании отысканного нами постоянного признака или *причиною* или *следствием*, смотря по тому, предшествует ли явление этого признака изучаемому нами явлению или следует за ним. Все же остальное в индуктивном процессе, как-то: постановка вопросов, постройка гипотез, принятие провизуарных идей и т. д. есть только особаго рода приемы, облегчающие нам замыкание совершающагося в нас процесса и обозрение многочисленных фактов изучаемаго явления — приемы, которые могут быть и не быть, смотря по надобности.

16. Уже из этого примера индукции, который мы заимствовали у Бэкона, видно, что во всякую преднамеренную, *научную* индукцию вносится множество прежде образовавшихся понятий, которыя в свою очередь были когда-то результатами самостоятельных индукций. Правильность этих прежде образовавшихся понятий, которыя мы вводим в индукцию уже готовыми, без сомнения, имеет громадное влияние на правильность совершаемой нами научной индукции. Если мы строим из гнилых материалов, то и все здание, выстраиваемое нами, может оказаться никуда негодным, не смотря на то, что мы строили его правильно. Каждый факт, который мы вводим в индукцию, есть так сам по себе результат прежней индукции, ибо в каждый наш опыт и в каждое наблюдение, чем собственно и добываются материалы для индукции, мы вносим уже готовыя воззрения, как это было объяснено нами в истории памяти. Тоже самое относится и к сочетанию результатов наших наблюдений и опытов, из которых мы составляем наши представления. Из этого мы видим, как подвергается человек возможности ошибок по всей этой, необыкновенно сложной работе своего ума и как осторожно должен он делать каждый шаг, чтобы все последующие за ним, как бы они правильно ни были сделаны, не завели его на ложную дорогу. Из этого также каждый должен вывести, как важно положить верныя основныя понятия в душу дитяти, как важно выучить его наблюдать, не внося в свои наблюдения ни малейшей ложной мысли, и как важно наконец, чтобы в преддверии всех наук стояла безпристрастная логика, вызывающая те понятия, которыя вносятся человеком положительно в каждый его опыт, в каждое наблюдение и в каждую индукцию.

ГЛАВА XLII.

Судить, понимать и разсуждать.

1. Латинскій терминъ *индукція* и переводъ его *наведеніе* нельзя назвать удачными. Они темны, не точны, не только не выражаютъ ясно той идеи, для обозначенія которой призваны, но даже плохо напоминаютъ ее. Этому слѣдуетъ отчасти приписать и ихъ малое, нерѣдко совершенно превратное пониманіе, которое замѣчается не только въ разговорахъ, но и въ ученыхъ сочиненіяхъ. Милль, напримѣръ, вездѣ, въ ходѣ всѣхъ наукъ, видитъ индуктивный процессъ; Клодъ-Бернаръ, человѣкъ опыта по преимуществу, видитъ только одинъ путь во всѣхъ наукахъ — *дедукцію* [1]). Ясно, что оба писателя, оба поклонника опыта и наблюденія, подъ одними и тѣми же терминами имѣютъ различныя понятія. Обыкновенно, выбирая латинскія и греческія названія для психическихъ или логическихъ понятій, думаютъ дать этимъ понятіямъ твердость, постоянство, избавить ихъ отъ той измѣнчивости и того разнообразія въ пониманіяхъ, которымъ подвержены слова живаго языка. Но мы считаемъ это большою ошибкою и остаткомъ схоластики, сей доживающимъ свой вѣкъ. Развѣ греческое слово *идея* (которое, къ сожалѣнію, мы и сами такъ часто должны употреблять, не имѣя права на нововведенія) не скрывало и не скрываетъ подъ собою самыхъ различныхъ понятій? Развѣ самое слово *психологія* не портитъ до сихъ поръ нашихъ воззрѣній на предметъ этой науки? Мы убѣждены, что еслибъ *психологія* переименовалась въ *науку о душевныхъ явленіяхъ*, то это одно много бы способствовало къ установленію правильнаго взгляда на нее. Кромѣ того, избѣгая чуждыхъ, не всѣмъ понятныхъ терминовъ, наука во многомъ избѣжала бы той аристократической замкнутости, которая вредитъ ей самой столько же, сколько и ея поступленію въ массу общечеловѣческихъ свѣдѣній, что должно составлять окончательную цѣль всякой дѣльной науки. Въ замкнутомъ домѣ или разводится сырость и плѣсень. Особенно это замѣчаніе примѣнимо и *психологіи*: удаляя себя чуждыми словами отъ общаго пониманія, она сама себя лишаетъ возможности черпать изъ того великаго источника наблюденій надъ душевными явленіями, который скрывается въ языкѣ народа.

2. Для выраженія понятій *индукціи* и *дедукціи* мы имѣемъ въ нашемъ родномъ языкѣ не два, а три, чрезвычайно удачныя, мѣткія слова; а именно: *судить, понимать* и *разсуждать*. И хорошо имѣемъ то, что этихъ словъ не два, а три, потому что въ разсудочномъ процессѣ именно не два, а три главные перехода; разберемъ каждое изъ этихъ словъ въ его отношеніи къ разсудочной работѣ.

3. Приготовительное занятіе всякой индукціи, какъ мы видѣли

---

[1]) Введ. въ опыт. медиц. стр. 63.

состоитъ въ *собираніи* и *сличеніи* фактовъ изучаемаго явленія, т. е. въ сопоставленіи ихъ *лицомъ къ лицу*, такъ, чтобы между ними не было никакого посредника, въ видѣ, напримѣръ, предвзятой идеи, и представленіи этихъ фактовъ *на судъ сознанія*. Спеціальное дѣло сознанія, какъ мы уже видѣли, состоитъ въ томъ, что, сличая отражающіеся въ немъ одновременно факты, оно изрекаетъ свой рѣшительный судъ о сходствѣ или различіи между ними и вслѣдствіе этихъ сходствъ или различій образуетъ изъ судимыхъ фактовъ ассоціаціи, или сочетанія. Эти *сочетанія* фактовъ по сходству и различію (куда уже входятъ сочетанія по времени, по мѣсту, по степени, по числу и т. д.) сознаніе выражаетъ въ *сужденіяхъ*. Сужденіе, слѣдовательно, есть актъ сознанія, въ силу котораго какія-нибудь ощущенія сочетаются въ представленіе, сочетаются, т. е. составляютъ *чету*. Въ *сочетаніи* два представленія *сочетаются*, но не соединяются, не сливаются въ одно, каждое удерживаетъ свою особенность, можетъ быть *считаемо въ отдѣльное*. Точно также поступаетъ сознаніе, въ отношеніи *представленій*, т. е. уже сочетанія ощущеній, и въ отношеніи *понятій*, т. е. сочетанія различныхъ представленій, сочетая подчиненныя понятія въ одно общее, ихъ обнимающее. Такимъ образомъ первое *дѣло* сознанія сдѣлано, когда оно постановитъ свой *судъ*, опредѣливъ въ сужденіи различіе и сходство представляющихся ему на судъ фактовъ, ощущеній, представленій или понятій.

4. Второе, дальнѣйшее дѣло сознанія состоитъ въ томъ, что въ силу найденныхъ имъ наиболѣе постоянныхъ признаковъ изучаемаго предмета или явленія, оно старается *сочетать* эти признаки въ одно *понятіе* предмета или явленія. Слово «понятіе» прекрасно выражаетъ эту часть индуктивнаго процесса. *Понять предметъ или явленіе и значитъ ничто иное, какъ составить объ нихъ понятіе*; а составить понятіе о предметѣ или явленіи значитъ соединить, не сливая, т. е. *сочетать* тѣ признаки предмета или явленія, которые мы считаемъ ему присущими. Этимъ и оканчивается индуктивный процессъ, весь результатъ котораго — дать намъ *понятіе о предметѣ или явленіи въ средѣ его постоянныхъ признаковъ*, т. е. въ средѣ его постоянныхъ отношеній къ другимъ предметамъ или явленіямъ; или, еще точнѣе, *дать намъ сочетаніе какихъ-нибудь постоянныхъ отношеній, ощущаемыхъ нами или во внѣшней для насъ природѣ, или въ нашей собственной душѣ*.

5. Слово *разсуждать* обозначаетъ собою уже обратное дѣйствіе сознанія, когда оно *разлагаетъ имъ же составленное понятіе на сужденія, изъ которыхъ оно составлено*. Понять значитъ составить о предметѣ понятіе изъ сужденій объ этомъ предметѣ; разсуждать значитъ, наоборотъ и сообразно съ этимологіей слова, разлагать понятіе на сужденія, изъ которыхъ оно составилось. Само собою видно, что этотъ процессъ разсужденія, или разложенія понятія на сужденія, можетъ быть иногда очень затруднителенъ, такъ-какъ почти ни одно понятіе не мо-

жетъ быть разложено прямо на *первичныя сужденія*, или сочетаніе непосредственныхъ ощущеній, но разлагается само на другія понятія которыя вошли въ разлагаемое понятіе, какъ готовыя произведенія предънихъ индукцій или пониманій. Въ эти понятія могутъ входить опять готовыя понятія, которыя, въ свою очередь, слѣдуетъ разлагать на сужденія и т. д. пока, наконецъ, въ результатѣ не получатся простыя сужденія, уже болѣе не разлагаемыя, каковы въ математикѣ *аксіомы*, въ психологіи *простые*, каждому знакомые, *акты души*; въ наукахъ всѣ роды *первичныхъ ощущеній*, взятыя прямо изъ непосредственныхъ наблюденій. Понятно само собою, что этотъ *разсудочный процессъ*, въ *точномъ смыслѣ слова*, т. е. разложеніе понятій на первичныя сужденія, имѣетъ очень важное значеніе и въ наукѣ, и въ жизни, несмотря на то, что онъ, повидимому, не даетъ намъ никакихъ новыхъ знаній.

6. *Дедукція* или *разсужденіе* имѣетъ важное значеніе или: 1) какъ *повѣрка* правильности образованія того понятія, которое разлагается на первичныя сужденія или *разсуждается*, 2) или, какъ *уясненіе понятія*, какое въ насъ образовалось подъ руководствомъ вѣрнаго чувства, но процессъ образованія котораго нами не сознанъ, 3) или, какъ *дидактическій пріемъ* для передачи другимъ понятія, извѣстнаго передающему. Разсмотримъ каждое изъ этихъ значеній разсужденія или дедукціи.

7. Мы уже видѣли выше, какъ важно, чтобы человѣкъ ясно сознавалъ значеніе тѣхъ понятій, которыя онъ употребляетъ, считая ихъ вполнѣ извѣстными, тогда какъ часто въ нихъ бываетъ много неяснаго. Каждая наука имѣетъ свои основныя понятія; но необходимо, чтобы она сознавала ихъ ясно и оцѣнивала вѣрно то, что въ нихъ есть вполнѣ доказаннаго и очевиднаго и что гипотетическаго. Но кромѣ спеціальныхъ понятій, принадлежащихъ каждой наукѣ въ особенности, есть понятія общія многимъ, а иныя—и всѣмъ наукамъ. Разложеніе этихъ понятій на *первичныя сужденія*, а первичныхъ сужденій на внѣшніе или внутреннее опыты и наблюденія есть дѣло логики, и пока логика не займется совершенно равнодушно къ характеру выводовъ, этимъ своимъ главнымъ дѣломъ и не станетъ на принадлежащее ей мѣсто, въ преддверіи всѣхъ прочихъ наукъ, до тѣхъ поръ будетъ происходить та печальная путаница понятій, которая обнаружилась вполнѣ въ настоящее время, когда кажущіяся философскія постройки міра улетучились, какъ дымъ.

8. Разсужденіе или дедукція, какъ разъясненіе вѣрнаго, но неяснаго понятія, даетъ намъ въ своемъ результатѣ *нѣчто новое*, а именно сознаніе процесса образованія понятія. Это значеніе разсужденія особенно важно въ *наукахъ математическихъ*. Мы уже видѣли источникъ математическихъ аксіомъ, но человѣкъ даже въ самомъ раннемъ дѣтствѣ не останавливается на однихъ аксіомахъ. Изъ безпрестанныхъ пробъ собственныхъ движеній и изъ пробъ приводить въ движеніе тѣла природы, складывать ихъ, передвигать, или измѣнять ихъ форму, человѣкъ тѣмъ же путемъ индукціи, только неясно сознаваемымъ, составляетъ

понятія, какъ ариѳметическихъ и алгебраическихъ дѣйствій, такъ и геометрическихъ фигуръ и ихъ свойствъ. Мы прежде слагаемъ, вычитаемъ, умножаемъ, дѣлимъ и строимъ уравненія, чѣмъ знаемъ правила этихъ дѣйствій; мы прежде сознаемъ, что такое линія и различныя отношенія линій, что такое треугольники и взаимное отношеніе сторонъ и угловъ треугольника, что такое кругъ, квадратъ и т. д., чѣмъ слышимъ что-нибудь изъ геометріи. Крестьянинъ, строющій избу или *вычитываю-щій по счетамъ* площадь своего участка [1]), безъ сомнѣнія, имѣетъ очень вѣрное понятіе о многихъ ариѳметическихъ и алгебраическихъ истинахъ и о свойствахъ различныхъ геометрическихъ фигуръ; но, тѣмъ не менѣе, онъ дѣйствительно не знаетъ ни алгебры, ни геометріи, т. е. не сознаетъ процесса образованія тѣхъ математическихъ понятій, которыми онъ на практикѣ очень вѣрно распоряжается. Дѣло же *дедуктивной, разграничивающей* математики въ томъ и состоитъ, чтобы разложить эти сложныя, уже образовавшіяся понятія на первичныя ощущенія движеній — на *аксіомы или очевидности*, вытекающія прямо изъ невозможности нервной системы выполнять анти математическія движенія. Конечно, кромѣ того, математическая наука идетъ и путемъ *синтетическимъ*, т. е. *преднамѣренно осложняя первичныя сужденія*. Вотъ почему мы согласны съ тѣми, кто считаетъ, что въ математикѣ разомъ прилагаются какъ индуктивный, такъ и дедуктивный способъ мышленія: сколько составленіе математическихъ понятій, столько же и разложеніе ихъ на первичныя сужденія. Сама природа своими формами и движеніями даетъ задачи математикѣ и математика рѣшаетъ эти задачи, приводя ихъ къ тѣмъ очевидностямъ, которыя основываются на чувствѣ невозможности противуположныхъ движеній; ибо и форма представляется въ математикѣ только какъ слѣдствіе движенія.

9. Значеніе разсужденія или дедукціи, какъ дидактическаго пріема, преувеличиваемое прежде, теперь почти совершенно не признается. И дѣйствительно, такъ-какъ каждая наука есть не болѣе, какъ одно чрезвычайно обширное и сложное понятіе, то начинать преподаваніе науки съ изложенія этого понятія неразумно. Для человѣка, изучившаго науку вполнѣ, вся она является однимъ понятіемъ, исторію образованія котораго онъ можетъ довести съ конца до начала, т. е. до первичныхъ сужденій, до основныхъ сочетаній изъ ощущеній. Но совсѣмъ въ другомъ отношеніи къ наукѣ стоитъ ученикъ. Ученый стоитъ на верху пирамиды, начинающій учиться — у ея основанія, и какъ нельзя начать строить пирамиду съ верхушки, а должно начинать съ основанія, точно также и изученіе науки должно начинать съ основанія, т. е. съ первичныхъ наблюденій и образованія первичныхъ сужденій, съ изученія тѣхъ фактовъ, на которыхъ зиждется пирамидальная система науки. Однакоже учебное

---

[1]) Способъ, которымъ крестьяне сѣверныхъ губерній довольно вѣрно измѣряютъ свои участки.

значеніе *разсужденія* не должно быть слишкомъ унижено. Должно, на противъ, употреблять его какъ можно чаще, разлагая понятія, устанавившіяся въ умѣ ученика, потому что ничто такъ легко не ведетъ человѣка къ ошибкамъ, какъ *забвеніе* процесса, которымъ онъ составилъ употребляемыя имъ понятія.

10. Мы не будемъ здѣсь входить въ подробности приложенія разсудочнаго процесса къ различнымъ областямъ знаній, что найдетъ себѣ мѣсто въ «общей дидактикѣ». Но такъ какъ мы уже, хотя отчасти, указали на это приложеніе къ наукамъ естественнымъ и математическимъ, то не считаемъ лишнимъ сказать хотя нѣсколько словъ и о приложеніи того же процесса къ наукамъ *психическимъ*. Въ математикѣ процессъ разсужденія доводитъ разложеніе понятія до аксіомъ; въ естественныхъ наукахъ, въ ихъ отдѣльности отъ наукъ математическихъ, до первичныхъ наблюденій, *въ психологіи же—до простыхъ актовъ души*, далѣе которыхъ анализъ идти не можетъ. Науки историческія, по главному ихъ характеру, мы причисляемъ къ психическимъ, а потому и въ нихъ тотъ же ходъ и тѣ же окончательныя доказательства.

11. Сначала исторія есть только хронологическая записка, лѣтопись фактовъ жизни человѣческой или отдѣльнаго народа, т. е. всевозможныхъ событій по *порядку времени*. Потомъ уже слѣдуетъ *другая мѣра сравненія*: не время, а значеніе этихъ фактовъ въ отношеніи жизни народовъ, при чемъ все несущественное изъ фактовъ отбрасывается и остается только то, что кажется намъ существеннымъ. И чѣмъ болѣе очищаемъ мы историческіе факты отъ несущественныхъ признаковъ, тѣмъ осмысленнѣе, научнѣе становится наша исторія. Замѣчая, что послѣ подобныхъ явленій происходятъ другія, тоже между собою подобныя, замѣчая, что и въ нашей частной дѣятельности, за подобными явленіями появляются другія, тоже между собою подобныя, которыя, кромѣ того, имѣютъ сходство и съ историческими явленіями, мы сводимъ всѣ предшествующія явленія, какъ историческія, такъ и частныя, психическія, въ одно понятіе, послѣдующія тоже въ одно; и первое понятіе называемъ причиною, а второе слѣдствіемъ, и начинаемъ объяснять историческіе факты. Чѣмъ болѣе вникаемъ въ исторію психологическихъ разъясненій, тѣмъ понятнѣе становятся для насъ историческія событія. То есть, другими словами, историческія событія, записанныя лѣтописью, и явленія психическія, ощущаемыя каждымъ изъ насъ, сводятся къ своимъ существеннымъ признакамъ; и тогда мы замѣчаемъ между ними такое сходство, что начинаемъ понимать историческія событія, какъ-будто бы они были нашимъ собственнымъ дѣломъ, вышли изъ нашей собственной души,—начинаемъ понимать *ихъ психическую необходимость*. Въ этомъ и состоитъ истинный прогрессъ историческихъ наукъ; это тоже отвлеченіе, сближеніе и соединеніе понятій.

12. Въ заключеніе мы считаемъ не лишнимъ указать на то значеніе *дедукціи*, которое выражаетъ Милль и которое не совсѣмъ сходно

сławным. Милль считаетъ *дедукцію* приложеніемъ закона, добытаго индукціею, къ частному случаю¹); но это одинъ изъ случаевъ дедукціи, а не вся она. Намъ кажется гораздо болѣе правильнымъ разумѣть подъ *дедукціей* — *сведеніе всего содержанія понятій*. Приложеніе же выработаннаго понятія къ какой-нибудь внѣшней для него цѣли уже особое дѣло, которое требуетъ опять особенной индукціи. Приложеніе понятій, выработанныхъ въ разсудочномъ процессѣ, можетъ быть дѣлаемо съ *двоякою цѣлью*, внѣшнею для самаго понятія: или для того, чтобы, принявъ выработаное понятіе за доказанное, за столь же очевидное, какъ первичный фактъ, ввести его въ другія индукціи, употребить для добыванія новыхъ истинъ; или для приложенія выработаннаго понятія къ практическимъ цѣлямъ. — Значеніе такого приложенія выработанныхъ уже понятій къ выработкѣ новыхъ, на что именно особенно указываетъ Бэконъ²), и къ практическимъ цѣлямъ уяснится намъ ниже въ слѣдующей главѣ, въ которой мы будемъ говорить о развитіи въ человѣкѣ разсудка не какъ способности, но какъ результата безчисленныхъ разсудочныхъ процессовъ сознанія.

ГЛАВА XLIII.

Исторія разсудка.

1. Въ разсудочномъ процессѣ мы видимъ съ одной стороны дѣятеля — *сознаніе*, съ его способностью одновременно сознавать, сравнивать и различать нѣсколько ощущеній, представленій и понятій, а съ другой — *матерьялы*, представляемые памятью для этихъ работъ въ процессѣ воображенія. Посмотримъ же, насколько та и другая сторона, сознаніе и матерьялъ сознанія, способны къ послѣдовательному развитію, такъ какъ развитіе разсудка въ человѣчествѣ и въ отдѣльныхъ людяхъ есть фактъ, не подлежащій сомнѣнію.

2. *Сознаніе*. Способно ли сознаніе развиваться само по себѣ? Способно ли оно постепенно усиливаться? Мы уже видѣли въ главѣ о вниманіи способность сознанія сосредоточиваться и разсѣиваться, и видѣли также, что это зависитъ не отъ самаго сознанія, а отъ постороннихъ для сознанія, но конечно не для души, вліяній: отъ вліянія воли и внутренняго чувства, напряженность которыхъ въ данномъ направленіи отражается въ сознаніи сосредоточенностью или разсѣянностью. Само же по себѣ сознаніе едва ли имѣетъ возможность развиваться. По крайней мѣрѣ мы не имѣемъ никакихъ фактовъ, которые могли бы доказать намъ, что сознаніе можетъ усиливать свою дѣятельность само по себѣ, независимо отъ тѣхъ матерьяловъ, надъ которыми оно работаетъ. *Сила сознанія всегда ограничена*; оно можетъ разомъ созна-

---
¹) Mill's Logic. B. III. Ch. XL.
²) Nov. Org. L. II. c.

вать *нѣсколько ощущеній, представленій и понятій*, но чѣмъ больше этихъ матерьяловъ и чѣмъ они разнообразнѣе, тѣмъ сознаніе каждаго изъ нихъ становится тусклѣе. Въ сознаніи, какъ мы уже видѣли выше, есть постоянное стремленіе привести все сознаваемое къ единству, и чѣмъ труднѣе удовлетворяется это стремленіе, тѣмъ самое сознаніе тусклѣе. При множествѣ неожиданныхъ и разнородныхъ ощущеній, быстро смѣняющихъ другъ друга, или толпящихся вмѣстѣ въ свѣтлую область сознанія, самая эта область темнѣетъ, и сознаніе находится въ какомъ-то трепещущемъ состояніи. Чѣмъ менѣе различныхъ матерьяловъ (но ни въ какомъ случаѣ не менѣе двухъ, потому что иначе сознаніе, какъ и каменьщику съ однимъ кирпичемъ, не надъ чѣмъ работать), тѣмъ сознаніе яснѣе. Въ этомъ отношеніи сознаніе всѣхъ людей одинаково. Разница, слѣдовательно, въ развитіи разсудка, которое такъ различно у людей, должна заключаться въ *матерьялѣ*, надъ которымъ сознаніе работаетъ, въ предметахъ сознанія, которыхъ можетъ быть болѣе или менѣе и которые, кромѣ того, могутъ быть разнаго качества. Работникъ (сознаніе) одинъ и тотъ же и силы его всегда одинаковы, по количество матерьяла и его предварительная обработка различны, и изъ этого выходитъ такое безконечное разнообразіе въ произведеніяхъ, т. е. въ разсудкѣ различныхъ людей и въ разсудкѣ одного и того же человѣка въ различные періоды его жизни. Разсмотримъ же разнообразіе этого матерьяла сначала *по количеству*, а потомъ *по качеству*.

3. *Матерьялъ сознанія*. Если негръ, невидавшій никогда никого, кромѣ негровъ, составляетъ сужденіе, что всѣ люди черны, то ошибка въ выводѣ зависитъ не отъ сознанія, которое составило свое сужденіе совершенно правильно, но отъ недостатка матерьяла. Увидавъ бѣлыхъ, негръ измѣнитъ выводъ, хотя новое сужденіе его относительно качества работы сознанія не будетъ нисколько вѣрнѣе предыдущаго: оба они абсолютно вѣрны, хотя выводы изъ нихъ различные. Отъ такого же недостатка матерьяловъ происходило, напримѣръ, ложное сужденіе древнихъ о формѣ земли. Тотъ же недостатокъ матерьяловъ допустилъ недальновиднѣйшаго изъ логиковъ, Аристотеля, признать кита рыбой. Въ этомъ отношеніи истина всѣхъ человѣческихъ выводовъ всегда относительна, и мы всегда можемъ думать, что грядущіе вѣка хранятъ въ себѣ открытіе такого множества неизвѣстныхъ намъ фактовъ, что эти факты измѣнятъ всѣ наши теперешніе выводы, хотя логика, или лучше сказать дѣятельность сознанія, не измѣнится и будетъ все та же.

4. Но развѣ мы не видимъ, что сознанія двухъ различныхъ людей относятся различно къ однимъ и тѣмъ же матерьяламъ, и дѣлаютъ изъ нихъ различные выводы? Да, такъ кажется съ перваго взгляда; а всмотрѣвшись внимательнѣе, мы увидимъ, что этого никогда не бываетъ. Сумасшедшій, который кричитъ при видѣ порога, боясь разбить него свои стеклянныя ноги, разсуждаетъ также правильно, какъ и Аристотель: онъ ошибается только въ фактѣ, и, будь у него дѣйствительно

— 387 —

стеклянныя ноги, то онъ поступилъ бы благоразумно, избѣгая пороговъ [1]). Тутъ ошибка въ фактѣ, а не въ выводѣ изъ факта,—выводъ вѣренъ. Но откуда же произошла ошибка въ фактѣ, если сознаніе наше никогда не ошибается? На это отчасти отвѣчаетъ намъ медикъ, обливающій водою руку больнаго. Но не нужно еще сойти съ ума, чтобы ошибаться въ фактѣ; для этого достаточно, напримѣръ, имѣть слабое зрѣніе или страдать глухотою; для этого достаточно даже быть разсѣяннымъ, легкомысленнымъ, влюбиться, разсердиться, подчиниться какой-нибудь страсти, которая надѣнетъ намъ на носъ очки своего собственнаго цвѣта. Вы разсердились на вашего слугу; гнѣвъ, овладѣвшій вами, направляетъ ваше вниманіе только на дурныя стороны въ его характерѣ и поступкахъ, и вотъ вы дѣлаете совершенно правильный выводъ изъ фактовъ, подсунутыхъ вамъ вашимъ гнѣвомъ—и отсылаете слугу. Но вашъ гнѣвъ прошелъ; новый слуга представляетъ вамъ новые факты—и вы видите, что сдѣлали большую глупость [2]). Поврежденные органы чувствъ, нервная система подъ вліяніемъ различныхъ болѣзненныхъ разстройствъ, воображеніе, страсти всякаго рода безпрестанно то подсовываютъ негодные матерьялы честному и безошибочному труженику—разсудку, или, по нашему сознанію, то крадутъ у него тѣ, которые онъ заготовилъ прежде—и вотъ отчего происходятъ ошибки въ его постройкахъ, хотя работа все также безошибочно вѣрна.

5. Недостатокъ матерьяловъ, слѣдовательно, является *одною* (есть и другая) изъ причинъ ошибокъ въ выводахъ разсудка. Разсудокъ строитъ только изъ того, что у него есть, а если этихъ матерьяловъ не хватитъ на цѣлое зданіе, то и постройка выходитъ *односторонняя*, которую онъ, можетъ быть, долженъ будетъ совершенно передѣлать при новыхъ фактахъ. Въ этомъ отношеніи все человѣчество не застраховано отъ возможности безпрестанной передѣлки построекъ своего сознанія. Но и сознаніемъ водится недостатокъ, который уже принадлежитъ ему собственно: зрѣніе его ограничено, оно даже очень близоруко. Чѣмъ болѣе въ немъ накопляется матерьяловъ, которые оно должно обозрѣть, тѣмъ

---

[1]) См. Mill's Logic. B. IV. Ch. I. § 2. Здѣсь мы повидимому совершенно расходимся съ Милемъ, который думаетъ, что такъ называемые обманы чувствъ, напр., при взглядѣ въ калейдоскопъ или въ извѣстномъ опытѣ осязанія, когда мы, переложивъ пальцы одинъ на другой, ощущаемъ не одинъ, а два шарика,—обманываетъ не чувство, а сужденіе. Привыкнувъ, говоритъ Милль, имѣть такія же или подобныя ощущенія только при извѣстномъ расположеніи внѣшнихъ предметовъ, я имѣю привычку становящуюся, какъ только испытываю тѣже ощущенія, предполагать существованіе того же состоянія внѣшнихъ предметовъ». Но отъ чего образовалась такая обманчивая привычка? Отъ недостатка достаточнаго разнообразія въ опытахъ: отъ-того, что я не испытывалъ, что тѣже ощущенія могутъ быть и при другомъ расположеніи внѣшнихъ предметовъ.

[2]) Kant's Anthropologie.

тусклѣе оно ихъ видитъ, тѣмъ легче выпускаетъ изъ виду то то[тъ, то] другой, и наконецъ, если матерьяловъ этихъ наберется очень мно[го,] до того растеряется, что совсѣмъ прекратитъ свои постройки, [пере]-сываетъ безъ толку кирпичъ за кирпичомъ и не строитъ ничего. Так[ою] и въ самомъ дѣлѣ является намъ иная многоученая голова, кото[рая] сама запуталась въ накопленныхъ ею матерьялахъ; такою же пр[едста]вляется намъ рѣчь досужей кумушки, которая до того нахватал[ась но]востей, что наконецъ запуталась въ разсказѣ, позабыла, чѣмъ [нача]ла, не знаетъ, чѣмъ кончить, и до того растерялась въ обиліи матерьял[овъ,] что должна умолкнуть къ великому своему неудовольствію.

6. Дѣло въ томъ, что сознаніе наше, какъ мы видѣли уже выш[е,] выказываетъ постоянное стремленіе приводить къ единству все, что [на]-ходится въ его кругозорѣ,—въ освѣщенномъ имъ кругѣ. Но кругъ этотъ, яркій въ центрѣ, все тусклѣе и тусклѣе къ окраинамъ, мало по м[алу] сливается съ тьмою, да при томъ же и не очень великъ. Трудно [опре]-дѣлить, сколько представленій могутъ одновременно находиться въ [этомъ] полѣ сознанія, но вѣрно только то, что чѣмъ ихъ болѣе, тѣмъ созна[ніе] болѣе разсѣевается, менѣе ихъ видитъ, больше пропускаетъ [1].

7. Изъ такого положенія возникаетъ для сознанія повидимому [нераз]рѣшимая дилемма: *чѣмъ менѣе матерьяловъ, тѣмъ одностороннѣе [и] ошибочнѣе будутъ выводы, а если матерьяловъ много, то созна[ніе] теряется въ нихъ, не можетъ ихъ обозрѣть разомъ съ од[и]наковою ясностью, а потому позабываетъ ихъ, пропускае[тъ и] опять приходитъ къ тому же результату—односторонности [и] ошибкамъ въ своихъ выводахъ.* Ошибки разсудочныхъ выводовъ выход[ятъ] отъ *недостатка* фактовъ, подвергаемыхъ одновременно сознанію, и [отъ] *многочисленности* ихъ: чѣмъ болѣе фактовъ, обозрѣваемыхъ соз[на]-ніемъ разомъ, тѣмъ вѣрнѣе выводъ; чѣмъ менѣе фактовъ, обозрѣв[ае]-мыхъ сознаніемъ, тѣмъ вѣрнѣе выводъ. Какъ же выйти изъ этого [про]-тиворѣчія? Какъ рѣшить эту задачу? Рѣшить ее есть одна возмо[ж]-ность—привести факты, необходимые сознанію для того или другого [рѣ]-шенія, въ такую форму, *чтобы возможно-большее число ихъ вмѣ[ща]-лось въ кругозорѣ сознанія, предѣлы котораго мы расширить не можемъ*. Нельзя ли привести факты въ такую форму, чтобы они, не тер[яя] своего различія, представляли для сознанія одинъ фактъ, и чтобы, т[а]-кимъ образомъ, вмѣсто сорока, пятидесяти и болѣе фактовъ, необход[и]-мыхъ для возможно вѣрнаго вывода и которыхъ сознаніе не можетъ [объ]-нять разомъ, составилось ихъ два, три, съ которыми ему легко сов[ла]-дать? Эту-то задачу и рѣшаетъ *постепенная обработка факт[овъ]*.

8. *Обработка матерьяловъ сознанія* (качество матерьял[овъ])* со[стоитъ] именно въ томъ, что сознаніе изъ двухъ, трехъ и наконецъ множества отдѣльныхъ матерьяловъ, фактовъ, дѣлаетъ одинъ, и по[т]омъ изъ двухъ, трехъ и наконецъ множества другого рода факт[овъ]

---

[1]. См. выше, гл. XIX п. 12, 13. Гл. XX п. 15. Гл. XXI п. 1, 2.

делается снова одинъ и, черезъ это получаетъ возможность вмѣсто того, чтобы разсѣиваться на множествѣ фактовъ, сосредоточить свою силу только на двухъ. Поясним это примѣрами.

9. Мы уже видѣли, какъ получаетъ сознаніе первыя опредѣленныя ощущенія, положимъ, о красномъ цвѣтѣ; положимъ, что, вслѣдъ за тѣмъ, оно получитъ такіе же опредѣленные слѣды другихъ цвѣтовъ. Сравнивая потомъ ощущенія какого-нибудь цвѣта съ ощущеніемъ какого-нибудь звука (или слѣды этихъ ощущеній), сознаніе замѣчаетъ между ними разницу и вотъ въ немъ появляются понятія о цвѣтѣ *вообще* и о звукѣ *вообще*, и сознаніе имѣетъ уже дѣло не со множествомъ представленій цвѣтныхъ и звуковыхъ, которыя могли бы разсѣять его силу, но съ двумя понятіями, на которыхъ сила сознанія можетъ вполнѣ сосредоточиться.

10. Другой примѣръ. Наука раздѣляетъ, напримѣръ, животныхъ на виды, классы, семейства и т. д. и всякій понимаетъ, какою могущественною помощью для науки являются эти раздѣленія и подраздѣленія. Но прежде, чѣмъ существовала какая-нибудь наука, и даже прежде, безъ сомнѣнія, чѣмъ существовала грамота, въ человѣческомъ языкѣ появились слова: лошадь, волкъ, собака, звѣрь, птица, рыба, животное. Слѣдовательно не наука начала подраздѣленіе животныхъ на виды, классы, группы; она только пополнила и исправила точнѣйшими наблюденіями ея подраздѣленія животнаго царства, которыя начались, безъ сомнѣнія, съ тѣхъ поръ, какъ человѣкъ въ первый разъ встрѣтился съ животными, и ту же самую могущественную помощь, которую оказываетъ теперь наукѣ это систематическое дѣленіе и подраздѣленіе, оказывало оно и при первомъ пробужденіи человѣческой мысли. Наука природы явилась не съ тѣхъ поръ, какъ появились первые учебники, первые зоологіи, химіи, ботаники и т. д.; но уже тогда, когда первый человѣкъ появился на свѣтъ и сталъ, волею или неволею, наблюдать окружающую его природу. Въ эти-то именно времена, предшествующія не только появленію спеціальныхъ ученыхъ, но даже появленію грамоты, заготовились обильнѣйшіе матерьялы для науки, которыми она теперь пользуется, забывая, что выработка этихъ понятій, произшедшая задолго до начала систематической науки, стоила человѣку бóльшаго труда, множества наблюденій, опытовъ, сравненій и логическихъ выводовъ. Теперь, обладая плодами трудовъ безчисленнаго множества поколѣній, усвоенныхъ нами легко и быстро съ усвоеніемъ роднаго языка, который въ свою очередь есть также богатый наслѣдникъ другихъ языковъ, идущихъ, безъ сомнѣнія, еще дальше въ глубь древности, чѣмъ санскритскій,—обладая свободно всѣми этими богатствами многовѣковой работы человѣческаго сознанія, мы даже не можемъ себѣ представить, какое впечатлѣніе могло оставить въ душѣ первыхъ людей появленіе, напримѣръ, какого-нибудь невиданнаго звѣря? Человѣкъ не могъ тогда причислить его ни къ звѣрямъ, потому что это понятіе тогда не существовало, ни даже вообще къ животнымъ, потому что и этого понятія также не было; онъ не могъ отличить его даже отъ подобныхъ себѣ лю-

дей, потому что и понятіе человѣка еще не выработалось¹). При таком, трудно теперь вообразимом для нас состояніи души, которое мы, тѣмъ не менѣе, непремѣнно должны предполагать, какъ у первобытнаго дикаря, когда языкъ его только-что начиналъ складываться, такъ и у каждаго младенца, еще не овладѣвшаго словомъ, каждое новое впечатлѣніе, особенно сколько-нибудь сложное и поражающее человѣка, должно было оставлять въ душѣ смутную смѣсь слѣдовъ, которая, вѣроятно, быстро исчезала, оставляя по себѣ одно, можетъ быть, неопредѣленное ощущеніе страха, удивленія и т. п. Десятки, сотни разъ должны были повторяться одинакія ощущенія при разныхъ обстоятельствахъ, чтобы могло выработаться какое-нибудь опредѣленное понятіе, какихъ мы уже находимъ тысячи въ самомъ неразвитомъ языкѣ.

11. Языкъ народа въ этомъ отношеніи, если въ него внимательно всматриваться, напоминаетъ ту мѣловую гору, которая, при пособіи микроскопа, оказывается состоящею всѣ изъ крошечныхъ раковинъ, или тѣ коралловые острова, въ которыхъ каждая точка стоила цѣлой жизни микроскопическому животному. Точно также каждое слово языка, каждый оттѣнокъ его обходился человѣчеству не даромъ, и надъ каждой изъ этихъ маленькихъ формъ, которыми мы обладаемъ теперь такъ свободно, трудно работало когда-то человѣческое сознаніе. Не всѣ эти безчисленныя работы состояли въ одномъ и томъ же: въ сличеніи впечатлѣній и выводѣ изъ нихъ опредѣленныхъ ощущеній и ассоціаціи изъ нихъ опредѣленнаго представленія; въ сравненіи и различеніи опредѣленныхъ представленій и выводѣ изъ нихъ понятія; съ другими понятіями представленіями, ощущеніями и выводѣ изъ нихъ новаго высшаго понятія, или родственнаго же понятія, съ новымъ оттѣнкомъ и т. д. Работа сознанія, окончательнымъ результатомъ которой является наша наука, представляетъ безконечное разнообразіе; но, присматриваясь къ этому разнообразію, мы замѣчаемъ, что главный работникъ и характеръ работы одинъ и тотъ же, а разнообразіе зависитъ отъ разнообразія матеріала, т. е. впечатлѣній, даваемыхъ природою, и различныхъ вмѣшательствъ въ эту работу: внутренняго чувства, страсти, и т. п. Кромѣ того мы замѣчаемъ всюду одну и ту же уловку работника: онъ непрерывно *концентрируетъ* матеріалы, факты, не уничтожая ихъ различія, и тѣмъ самымъ концентрируетъ свои ограниченныя силы. Въ началѣ сознаніе преодолѣваетъ какія-нибудь два, три ощущенія, потомъ пользуется цѣлою ассоціаціею многочисленныхъ ощущеній, слитыхъ въ одно представленіе, какъ однимъ матеріаломъ, потомъ пользуется понятіемъ, въ которомъ концентрировано уже безчисленное множество предварительныхъ работъ, какъ однимъ простымъ ощущеніемъ и т. д. Въ этомъ отношеніи наше сравненіе языка съ коралловымъ островомъ

---

¹) Мы говоримъ здѣсь о выработкѣ понятій, а не слова. Слово имѣетъ совершенно обратную исторію, какъ мы увидимъ это въ предисловіи, когда будемъ излагать исторію образованія языка.

али съ мѣловою горою, образованною изъ безчисленнаго множества микроскопическихъ раковинъ, изъ которыхъ въ каждой шевелилось когда-то живое существо,—не годится. Тамъ всѣ раковинки и всѣ ячейки положены одна на другую и каждая не представляетъ прогресса въ отношеніи другой; тамъ есть только *количественное* наростаніе, тогда какъ въ языкѣ, а слѣдовательно и въ разсудкѣ, происходитъ качественное измѣненіе, переработка сыраго матеріала. Каждая новая работа заключаетъ въ себѣ всѣ прежнія или, по крайней мѣрѣ, многія изъ прежнихъ, такъ что работникъ, не употребляя при новой работѣ усилій болѣе прежняго, производитъ больше, потому что пользуется накопленными результатами прежнихъ работъ. Такихъ работъ мы не видимъ въ мертвой природѣ, и потому не можемъ отыскать въ ней сравненія для этой вѣковой неустанной работы человѣчества. Такимъ работникомъ является только сознаніе и такою работою только разсудокъ, и воплощеніе его—языкъ. Мы могли бы сравнить это безпрестанное усиленіе работы съ постояннымъ прогрессомъ въ устройствѣ машинъ, позволяющихъ теперь силѣ одного человѣка, которая сама по себѣ осталась такою же, какою была и за тысячу лѣтъ (если не уменьшилась), производить больше, чѣмъ производилось прежде силами тысячи людей; но и это сравненіе будетъ не точно. Тамъ увеличеніе силы зависитъ отъ прогресса въ устройствѣ машинъ, а въ развитіи разсудка оно зависитъ отъ иной переработки матерьяла, надъ которымъ работаетъ сознаніе. Сходство же состоитъ только въ томъ, что и тамъ, и здѣсь силы работника остаются однѣ и тѣже, а количество производимой работы прогрессивно увеличивается и качество (т. е. вѣрность выводовъ дѣйствительности) улучшается.

12. Возьмемъ еще *третій* примѣръ изъ практической дѣятельности. Представимъ себѣ человѣка, который не имѣетъ ни малѣйшихъ понятій о военномъ дѣлѣ, не только не видалъ сраженій, но даже ничего не слыхалъ и не читалъ о нихъ, и для котораго слова: баттареи, полки, пушки, ружья—будутъ новыми словами. Если бы такой человѣкъ увидѣлъ сраженіе, то вся эта разнообразная, шумная картина, оставила бы въ немъ только одно смутное, неясное ощущеніе, въ которомъ можетъ быть преобладало бы одно чувство, чувство страха и изумленія. Въ человѣкѣ, не спеціалистѣ военнаго дѣла, но знающемъ, слышавшемъ или читавшемъ что-нибудь о сраженіяхъ, понимающемъ, что такое пушка, баттарея и т. п., видъ сраженія оставитъ другое впечатлѣніе, но тоже смутное: въ памяти его останутся отдѣльныя эпизоды битвы, но никакъ не вся битва, которой онъ не пойметъ въ ея цѣлости. Совсѣмъ другое впечатлѣніе оставитъ таже битва въ душѣ опытнаго полководца, который ею распоряжался: это будетъ планъ стратегическихъ дѣйствій, въ которомъ за движеніемъ различныхъ массъ войска исчезнутъ всѣ отдѣльные эпизоды. Для опытнаго полководца не существуютъ уже всѣ подробности, развлекающія вниманіе новичка, и потому, хотя усиліе сознанія обнять представляющіяся ощущенія будетъ во всѣхъ трехъ слу-

чаяхъ одно и то же; но результаты этого стремленія будутъ совершенно различные. Точно тоже, что испыталъ бы посреди шумной битвы человѣкъ, не имѣющій ни малѣйшаго понятія о сраженіи и всѣхъ его атрибутахъ, испыталъ бы дикарь, если бы *его можно было* перенести на то духовное поле, на которомъ совершается мышленіе развитаго европейца: это было бы смутное впечатлѣніе чего-то безконечно разнообразнаго, и чувство безсилія сознанія совладать съ этимъ разнообразіемъ.

13. Если опытный полководецъ поражаетъ насъ быстротою и вѣрностью своихъ соображеній, то это именно потому, что онъ не развлекается подробностями, развлекающими насъ, но сосредоточиваетъ всю мощность своего сознанія на томъ только, что можетъ рѣшить судьбу битвы. Этою же возможностью обязанъ онъ именно предварительной обработкѣ матерьяла. Съ дѣтства уже онъ имѣлъ наклонность читать и слушать о сраженіяхъ; съ дѣтства уже это было любимымъ матерьяломъ, надъ которымъ безъ устали работала его голова; потомъ тотъ же матерьялъ, уже значительно подготовленный, сдѣлался для него наукою въ юности; наконецъ въ годы мужества, уже на практикѣ, въ битвахъ и въ мирное время, онъ продолжалъ ту же работу, и такъ концентрировалъ весь этотъ сложный матерьялъ, что быстрота его соображеній поражаетъ насъ, развлекаемыхъ подготовительными работами, съ которыми онъ давнымъ давно покончилъ. Быстрота соображеній у него та же, что у насъ, да соображать-то ему приходится не столько, сколько намъ. Насъ подавляетъ безконечное разнообразіе фактовъ, а онъ переработалъ эти факты такъ, что ему легко обозрѣть ихъ, и потому кладетъ ими свободно. Тоже самое поражаетъ насъ и въ дѣйствіяхъ опытнаго торговца, сельскаго хозяина, фабриканта и т. д. Предварительная работа мысли облегчаетъ для нихъ обозрѣніе того матерьяла, который подавляетъ насъ своимъ разнообразіемъ.

14. Еслибы мы захотѣли объяснить обширную битву человѣку, никогда не слыхавшему ничего о сраженіяхъ, то должны были бы начать съ объясненія всѣхъ мелочей, такъ чтобы понятія напр. оружія, батареи, полка, конницы, пѣхоты и т. п. сдѣлались въ его головѣ готовыми понятіями, и тогда только приступить къ объясненію стратегическихъ движеній. Точно также поступаемъ мы и тогда, когда хотимъ ввести дитя въ область обширной дѣятельности развитаго разсудка. Мы переработываемъ матерьялъ, концентрируемъ его и хотя силы сознанія остаются одни и тѣ же, но результаты его работъ выходятъ совсѣмъ другіе.

15. Такимъ-то образомъ рѣшается, повидимому, неразрѣшимая задача достичь того, чтобы фактовъ одновременно было въ сознаніи какъ можно *больше* и чтобы сознаніе, могущее обнимать развѣ только немногіе факты, не растеривалось въ нихъ и не растеривало ихъ. Задача эта рѣшается тою концентрировкою матерьяла, фактовъ, которую мы называемъ развитіемъ разсудка и образованіемъ ума — рѣшается для всего человѣчества вообще и для каждаго человѣка въ част-

ности. Вотъ въ какомъ отношеніи правъ былъ Декартъ, утверждавшій, что ни одна человѣческая способность не распространена такъ равномѣрно между людьми, какъ способность сужденія, и что различіе въ нашихъ мнѣніяхъ происходитъ не отъ того, что одно лицо одарено большею способностью сужденія, чѣмъ другое, но только отъ того, что мы ведемъ нашу мысль по разнымъ дорогамъ и касаемся не однихъ и тѣхъ же предметовъ. Мы же видимъ, что это различіе зависитъ не отъ разныхъ дорогъ, но отъ различія въ количествѣ, качествѣ и обработкѣ матерьяловъ, надъ которыми трудится сознаніе. При такомъ взглядѣ мысль Декарта могла бы получить такое выраженіе: «ничто такъ равномѣрно не распространено между людьми, какъ сознаніе со своею способностью различать, сравнивать и дѣлать правильный выводъ. Разнообразіе же въ выводахъ зависитъ отъ количества матерьяловъ (фактовъ) и предварительной ихъ обработки. Чѣмъ скуднѣе матерьялъ *по количеству* и чѣмъ необработаннѣе онъ *по качеству*, тѣмъ работа сознанія будетъ несовершеннѣе, такъ какъ силы его все однѣ и тѣже. Чѣмъ обильнѣе матерьялъ сознанія и чѣмъ лучше онъ предварительно обработанъ, т. е. сгруппированъ, сосредоточенъ, тѣмъ и работа сознанія выйдетъ совершеннѣе, тѣмъ его выводы будутъ вѣрнѣе дѣйствительности, плодовитѣе, богаче послѣдствіями.»

16. Мнѣніе Декарта, что «*все ясно нами понимаемое — вѣрно*», показалось многимъ слишкомъ смѣлымъ. Кларкъ, Абернеси, Юмъ и другіе смягчили это мнѣніе, говоря только, что все, что мы можемъ себѣ вообразить,—*возможно*; но Ридъ отвергаетъ и это смягченное мнѣніе: «мы, говоритъ онъ, ясно понимаемъ, напримѣръ, что сумма двухъ сторонъ въ треугольникѣ равна третьей, хотя понимаемъ и невозможность этого предложенія [1].» Здѣсь, какъ и по большей части случается, споръ въ однихъ словахъ: если я имѣю вѣрное представленіе о сторонахъ треугольника, то я не могу иначе, какъ съ намѣреніемъ сказать безсмыслицу, утверждать, что сумма двухъ сторонъ равна третьей. Если же я говорю это предложеніе и не сознаю его неправильности, то значитъ я сознаю *грамматическое предложеніе*, а не логическую мысль: мое сознаніе работаетъ надъ словами, но не надъ понятіями, сознаетъ ясно и, слѣдовательно, вѣрно отношеніе словъ, но не отношеніе понятій, означенныхъ этими словами.

17. «Математики, говоритъ Ридъ далѣе, часто доказываютъ возможность или невозможность чего-нибудь такого, въ возможность или невозможность чего, безъ доказательства, я бы не повѣрилъ [2]». Опять Ридъ ошибается. Математическія доказательства нужны только тогда, когда представленія, составляющія математическую мысль, такъ усложняются и умножаются, что для человѣка становится труднымъ, не прибѣгая къ математическимъ знакамъ, помнить всѣ эти представленія, не-

[1] Reid. p. 377.
[2] Ibid.

но и точно сознавать ихъ одновременно, и, вслѣдствіе того, сознавая ясно ихъ отношенія, и вѣрно ихъ комбинировать въ одинъ выводъ. Весь процессъ математическихъ доказательствъ состоитъ въ томъ, чтобы привести самое сложное умозаключеніе къ простой аксіомѣ, т. е. къ такому положенію, истина котораго для каждаго одинаково очевидна и *которой не только не нужно доказывать, но и нельзя доказывать*. Правда, Юмъ также говоритъ, что «во всякомъ спорѣ мы понимаемъ обѣ стороны вопроса, но вѣримъ только въ справедливость одной»; но Юмъ, кажется, съ намѣреніемъ употребилъ слово вѣримъ (we belive) — гдѣ дѣло доходитъ до вѣры, тамъ разсудочный споръ невозможенъ, потому что, какъ мы это увидимъ ниже, вѣра пользуется разсудкомъ, но не основывается на немъ.

18. И такъ мы можемъ придти къ слѣдующимъ результатамъ:

Сила разсудка и сила сознанія одно и тоже, и потому нѣтъ надобности признавать разсудка за особенную способность, отдѣльную отъ сознанія.

Подъ именемъ разсудка мы должны разумѣть сознаніе, взятое въ данный моментъ съ опредѣленнымъ числомъ фактовъ, которыми оно обладаетъ, и съ опредѣленной предварительной переработкой ихъ.

Сознаніе распредѣлено между людьми равномѣрно (да и у животныхъ оно, какъ можно полагать, тоже самое); разница же, замѣчаемая нами столь ясно въ силѣ и развитіи разсудка, заключается не въ самомъ разсудкѣ или сознаніи, но въ количествѣ, въ качествѣ и въ переработкѣ фактовъ, надъ которыми сознаніе работаетъ.

Изощрять разсудокъ *вообще*, слѣдовательно, есть дѣло невозможное, такъ какъ разсудокъ, или лучше сказать сознаніе, обогащается только а) пріумноженіемъ фактовъ и б) переработкою ихъ. Чѣмъ болѣе фактическихъ знаній пріобрѣлъ разсудокъ и чѣмъ лучше онъ переработалъ этотъ сырой матеріалъ, тѣмъ онъ развитѣе и сильнѣе. Наблюденія и переработка этихъ наблюденій, образованіе представленій, сужденій и понятій, связь потомъ этихъ понятій въ новыя сужденія, новыя высшія понятія и т. д. — вотъ изъ чего вылетается не сила разсудка, но самъ разсудокъ. Работу же эту выполняетъ сознаніе безпрестанно, впродолженіи всей нашей жизни, у однихъ быстрѣе, у другихъ медленнѣе, у однихъ сосредоточеннѣе въ одномъ направленіи и потому односторонніе, у другихъ разбросаннѣе и потому безсвязнѣе; у немногихъ сознаніе работаетъ многосторонне и въ тоже время связно. Въ этомъ отношеніи что ни голова, то и разсудокъ, и два совершенно одинаковые разсудка невозможны. Однако же не противорѣчитъ ли этотъ психологическій выводъ ежедневнымъ наблюденіямъ? Примѣряемъ его къ тѣмъ фактамъ различія разсудка у разныхъ людей, которые мы безпрестанно замѣчаемъ.

19. Мы видимъ, напримѣръ, что люди, часто очень умные въ одномъ родѣ дѣлъ, теряются, переходя къ другому роду. Это само собой объясняется подготовленіемъ матеріаловъ, составляющихъ содержаніе разсудка

и их обработкою въ одномъ какомъ-нибудь направленіи. Хорошій математикъ оказывается очень тупымъ филологомъ, хорошій филологъ очень тупымъ математикомъ; глубокій химикъ и механикъ очень плохимъ сельскимъ хозяиномъ; а отличный сельскій хозяинъ поражаетъ насъ своею тупостью въ пониманіи самой легкой книги о сколько-нибудь отвлеченномъ предметѣ. Всѣ эти факты, которыхъ всякій изъ насъ знаетъ безчисленное множество, служатъ лучшимъ подтвержденіемъ нашего анализа разсудочнаго процесса.

20. Но не противорѣчатъ ли этому анализу другаго рода факты, также не рѣдко нами замѣчаемые? Одинъ человѣкъ за что ни возмется, выработаетъ себѣ скоро ясный и вѣрный взглядъ, другой занимается одинъ и тѣмъ же дѣломъ и все же путается въ немъ. Не показываетъ ли это, что у одного человѣка болѣе разсудка, у другаго менѣе, независимо отъ матерьяловъ и ихъ обработки? Нисколько. Это показываетъ только, что у одного человѣка или память тверже, или воображеніе быстрѣе, или постоянства въ мышленіи (т. е. воли) больше, чѣмъ въ другомъ. Работа мысли можетъ замедляться или ускоряться въ самыхъ широкихъ предѣлахъ: что одинъ обдумываетъ въ нѣсколько минутъ, съ тѣмъ другой можетъ провозиться цѣлые мѣсяцы; но это уже зависитъ не отъ сознанія и не отъ разсудка, а отъ различія въ другихъ способностяхъ. Такъ напр. если память у человѣка слаба, или усвоиваетъ не скоро, или утрачиваетъ быстро усвоенное, то естественно, что эти недостатки памяти будутъ имѣть рѣшительное вліяніе въ разсудочныхъ работахъ сознанія. У однихъ воображеніе, — этотъ помощникъ сознанія, подающій ему матерьялы, сохраняемые памятью, — работаетъ необыкновенно быстро; у другихъ — медленно. Понятно, что отъ этого происходитъ медленность или быстрота въ разсудочныхъ работахъ сознанія. Одинъ привыкъ къ постоянной умственной работѣ, привыкъ постоянно направлять свою мысль въ ту или другую сторону, тогда какъ другой любитъ больше лѣниво качаться на волнахъ воображенія, нестись туда, куда оно несетъ его; понятно, что первый быстрѣе придетъ къ цѣли, чѣмъ второй.

21. Однакожъ не замѣчаемъ ли мы, что иногда человѣкъ вообще, какъ говорятъ, очень развитой, выказываетъ менѣе разсудка, чѣмъ простой, но практическій человѣкъ? Очень часто. Но, всмотрѣвшись въ различіе сужденій этихъ двухъ людей, мы замѣтите, что у нихъ можетъ быть и равносильный разсудокъ, но матерьялы и обработка ихъ различны. У перваго можетъ быть матерьялы разнообразнѣе, но по каждому отдѣлу въ нихъ оказывается недочетъ, да и переработаны они кое-какъ; вотъ почему, хотя мысли его обширны и разнообразны, но каждая изъ нихъ не полна, лишена основательности, тогда какъ у втораго отдѣлы матерьяловъ не такъ разнообразны и вообще ихъ меньше, но по каждому отдѣлу ихъ несравненно болѣе, каждый отдѣлъ несравненно полнѣе матерьялами и эти матерьялы тщательнѣе обработаны. Вотъ почему возможно явленіе тѣхъ, повидимому, узкихъ головъ, которыя, поражая

насъ своею тупостію почти во всемъ, оказываются тѣмъ не менѣе необыкновенно проницательными въ томъ маленькомъ кругѣ дѣйствій, который они себѣ избрали. Если бы разсудокъ былъ отдѣльною способностью, которая могла бы быть вообще больше или меньше, тогда подобныя явленія были бы невозможны.

22. Но не оказываетъ ли общее образованіе весьма замѣтнаго вліянія на подготовленіе разсудка и къ спеціальнымъ занятіямъ? Безъ сомнѣнія. Но это потому, что нѣтъ занятій до такой степени спеціальныхъ, чтобы онѣ не имѣли ничего общаго съ тѣми общими знаніями, которыя даетъ намъ порядочное общее образованіе. Нѣтъ напр. такого спеціальнаго занятія, въ которомъ понятія причины и слѣдствія, существеннаго и побочнаго, цѣли и средствъ и т. п. не играли бы какой-нибудь роли, а эти понятія, равно-какъ и безконечное множество другихъ, имѣющихъ всеобщее приложеніе, установляются въ насъ каждымъ, сколько-нибудь порядочнымъ общимъ образованіемъ: слѣдовательно, болѣе или менѣе подготовляютъ насъ ко всякому спеціальному занятію, какимъ бы то ни было дѣломъ. Вотъ почему при одинаковыхъ условіяхъ, человѣкъ, получившій прочное общее образованіе, всегда будетъ имѣть перевѣсъ надъ необразованнымъ.

ГЛАВА XLIV.

Вліяніе другихъ душевныхъ процессовъ на разсудочный.

1. Мы изложили главныя черты разсудочнаго процесса въ такой отвлеченной логической формѣ, въ которой онъ никогда не совершается, такъ-какъ въ него безпрестанно вмѣшиваются постороннія для него, но не для души, процессы, и оказываютъ большее или меньшее вліяніе на правильность его совершенія. Эти вліянія мы можемъ раздѣлить на душевныя и духовныя: о первыхъ скажемъ въ этой главѣ, о вторыхъ въ слѣдующихъ. Къ душевнымъ вліяніямъ на разсудочный процессъ мы причисляемъ вліяніе большаго или меньшаго совершенства: 1) внѣшнихъ чувствъ, 2) вниманія, 3) памяти, 4) воображенія, 5) внутреннихъ чувствованій и 6) воли.

2. Вліяніе большаго или меньшаго совершенства внѣшнихъ чувствъ на разсудочный процессъ очевидно, такъ-какъ эти чувства доставляютъ матерьялъ сознанію для всѣхъ его разсудочныхъ работъ. Чѣмъ сильнѣе т. е. разборчивѣе, наши внѣшнія чувства, т. е. чѣмъ болѣе способно зрѣніе различать тонкіе оттѣнки цвѣтовъ, а слухъ тонкіе перезвоны звуковъ, тѣмъ обильнѣйшій матерьялъ ведутъ они сознанію. Прирожденная особенность того или другаго тѣлеснаго органа можетъ такимъ образомъ оказать очень сильное вліяніе на разсудочныя работы сознанія, но и въ свою очередь, сознаніе работающее сильно въ сферѣ ощущеній какого

нибудь одного органа чувствъ, можетъ усилить его прирожденную разборчивость [1]).

3. *Вліяніе вниманія*, какъ большей или меньшей сосредоточенности сознанія, на разсудочный процессъ высказывается не только въ томъ, что, чѣмъ сознаніе сосредоточеннѣе, тѣмъ яснѣе оно сознаетъ [2]), но и въ томъ, что невозможность, которую мы замѣтили въ сознаніи, идти произвольно въ разныя стороны, къ сознанію двухъ или болѣе разныхъ предметовъ, ничѣмъ между собою не связанныхъ [3]), высказывается въ разсудочномъ процессѣ *стремленіемъ или удалять изъ него противорѣчія, или примирять ихъ*. Разсудокъ, какъ говорятъ обыкновенно, не терпитъ противорѣчій; но это психическое явленіе именно зависитъ отъ того, что сознаніе наше можетъ работать только *соединяя*, а гдѣ это дѣлается невозможнымъ, тамъ работа его останавливается. Эта же остановка въ работѣ и неудача усилій продолжать ее высказываются тѣмъ тяжелымъ чувствомъ *недовольства* и *надорванности*, которымъ сопровождается сознаніе всякаго противорѣчія въ выводахъ разсудка. Мы увидимъ ниже, что именно эта невозможность ужиться съ противорѣчіями является сильнѣйшимъ двигателемъ сознанія въ его разсудочныхъ работахъ. Мы положительно не *выносимъ* противорѣчій, что служитъ лучшимъ доказательствомъ единства сознанія. Если же противорѣчія, тѣмъ не менѣе, очень часто встрѣчаются въ нашемъ разсудкѣ (какъ результатъ процесса сознанія), то это потому, что противорѣчащія понятія еще не сошлись на судъ сознанія лицомъ къ лицу, что мы никогда ихъ не *случали*. Они живутъ *покудова* отдѣльно въ ассоціаціяхъ нашей памяти, но какъ только встрѣтятся на судѣ сознанія, такъ и станутъ мучить душу своимъ противорѣчіемъ, ибо не дадутъ ей возможности работать, т. е. жить: *непрестанное стремленіе души къ дѣятельности упирается въ противорѣчія*.

4. Но если противорѣчіе въ сознаніи не уживается, то очень уживается *ложное примиреніе* противорѣчій. Въ этомъ отношеніи человѣкъ очень податливъ, и чтобы отдѣлаться съ противорѣчія, которое его мучитъ, заступая дальнѣйшій путь его сознанію, кидается съ нѣкоторою радостью, очень замѣтною, на всякое кажущееся примиреніе и съ поспѣшностью, тоже очень замѣтною, переходитъ къ другимъ работамъ. Причины этихъ *сердечныхъ движеній* мы объяснимъ въ своемъ мѣстѣ; но здѣсь для насъ важенъ фактъ ихъ существованія. Такія ложныя примиренія не чужды душѣ каждаго человѣка, но они чрезвычайно вредно дѣйствуютъ на разсудочную работу и порождаютъ множество самыхъ грубыхъ суевѣрій, предразсудковъ и предубѣжденій, за которыми человѣкъ прячется тѣмъ упорнѣе, чѣмъ яснѣе чувствуетъ, что, выйдя изъ-за этихъ ширмъ, онъ станетъ лицомъ къ лицу съ непримиримыми, мучительными

---

[1]) См. выше гл. VII п. 11, 12, 17, 22; а также гл. XVI п. 23.
[2]) См. выше гл. XIX п. 12 и 13, также гл. XX п. 15 и др.
[3]) См. выше гл. XXI п. 12 и 13.

противорѣчіями. Наука разрушаетъ эти *кажущіяся* примиренія и даетъ *истинными*; но очень часто, руководимая самолюбіемъ своихъ жрецовъ, ставитъ новыя и такія же обманчивыя ширмы, вмѣсто тѣхъ, которыя опровинула. Гораздо полезнѣе для успѣховъ ума, гораздо прямѣе и честнѣе было бы, натолкнувшись на противорѣчіе, котораго мы покуда не въ состояніи примирить, перейти прямымъ и простымъ усиліемъ воли къ другимъ работамъ, отмѣтивъ въ памяти существующее противорѣчіе до тѣхъ поръ, пока не явится возможность дѣйствительно уничтожить его.

5. *Память* сохраняетъ и прикопляетъ матерьялы, изъ которыхъ работаетъ сознаніе въ разсудочномъ процессѣ, и сберегаетъ самые результаты этихъ работъ. Изъ этого уже само собою видно, какое обширное вліяніе должны имѣть особенности памяти на разсудочный процессъ, и что разсудочный процессъ будетъ совершаться тѣмъ обширнѣе и вѣрнѣе, чѣмъ совершеннѣе память. Нерѣдко противополагаютъ память разсудку, указывая на тѣ явленія, что обширная память иногда сопровождается слабымъ разсудкомъ и, наоборотъ, сильный разсудокъ слабою памятью. Но это противорѣчіе только кажущееся. Конечно, мы часто встрѣчаемъ людей, обладающихъ обширною памятью и въ тоже время поражающихъ насъ своимъ тупоуміемъ; но всмотритесь внимательно, что собственно сохраняется въ памяти этихъ людей? Сырой, вовсе непереработанный матерьялъ, непереваренные, безсвязные факты, которые сознаніе можетъ разсматривать только по одиночкѣ, перебирать одинъ за другимъ, и никакъ не можетъ осмотрѣть *разомъ* сколько-нибудь значительное ихъ количество. Что же удивительнаго, если работа сознанія надъ такимъ матерьяломъ поражаетъ насъ своимъ несовершенствомъ? Это бываетъ отъ многихъ причинъ, изъ которыхъ иныя совершенно неизвѣстны: можетъ быть сама нервная система, усвоивая прочно, возобновляется медленно и отъ того воображеніе работаетъ слишкомъ вяло; можетъ быть духовныя потребности были мало возбуждены, а можетъ быть и то, что въ дѣтскіе лѣта завалили память человѣка матерьяломъ, не заботясь о своевременной переработкѣ его разсудкомъ.

6. Но какъ же объяснить совершенно противоположное явленіе: сильный, свѣтлый, быстрый разсудокъ, сопровождаемый очень слабою памятью? Это явленіе—тоже легко объясняется. Кто ничего не помнитъ, тому и о чемъ разсуждать, и сильная, обширная дѣятельность разсудка непремѣнно предполагаетъ обильный матерьялъ, въ которомъ и надъ которымъ сознаніе только и можетъ выразить свою разсудочную работу; безъ матерьяловъ наилучшій каменьщикъ ничего не построитъ, а слѣдовательно и не обнаружитъ своего превосходства. Если же часто удается слышать «этотъ очень умный человѣкъ, но у него слаба память», то это только потому, что въ разговорномъ языкѣ придаютъ памяти очень тѣсное значеніе, и разумѣютъ подъ этимъ словомъ почти-что одну память собственныхъ именъ и цифръ. Но такое пониманіе памяти слишкомъ узко. Если человѣкъ помнитъ, напримѣръ, все, что относится къ извѣстному лицу,

прекрасно описываетъ его характеръ и даже его наружность, но позабываетъ имя, то это еще не показываетъ вообще плохой памяти. Это показываетъ только, что такой человѣкъ, увлеченный, можетъ быть, логическими, художественными или какими-нибудь другими признаками и ассоціаціями предметовъ, не обращалъ должнаго вниманія на ихъ случайный признакъ, на имя. Это, конечно, большой недостатокъ; но не слабость памяти вообще, а только ея односторонность. Впрочемъ, мы разъяснили это достаточно въ главѣ о памяти, гдѣ, для большей опредѣленности, отвели особый отдѣлъ памяти *разсудочной*, въ противоположность *механической*, хотя, въ строгомъ смыслѣ, всякая память есть разсудочная память, такъ какъ ни одинъ слѣдъ въ нашей памяти не можетъ остаться безъ участія разсудка, безъ отысканія различія и сходства; иначе мы не могли бы ничего припомнить, т. е. различать одинъ слѣдъ отъ другаго.

7. *Воображеніе* представляетъ сознанію матерьялы, сохраняемые памятью, и потому, чѣмъ живѣе и отчетливѣе идетъ эта переборка матерьяловъ, тѣмъ быстрѣе идетъ и разсудочная работа сознанія, если сознаніе не довольствуется только тѣмъ, что созерцаетъ населеніе движущійся матерьялъ памяти, не *останавливаетъ* это движеніе и, созерцая разомъ болѣе или менѣе обширное собраніе матерьяловъ, выстраиваетъ изъ нихъ новую разсудочную ассоціацію, которую ввѣряетъ снова памяти же.

8. Часто противополагаютъ сильное воображеніе сильному разсудку и говорятъ, что насколько у человѣка сильно воображеніе, на столько слабъ разсудокъ; но это совершенно несправедливо. Воображеніе есть ничто иное, какъ передвиженіе представленій и понятій въ сознаніи, и чѣмъ дѣятельнѣе это передвиженіе, тѣмъ обширнѣе можетъ совершаться разсудочный процессъ. Сильное, дѣятельное воображеніе есть необходимая принадлежность великаго ума; но, конечно, только такое воображеніе, матерьялы котораго сильно переработаны здравымъ разсудкомъ, поэтическимъ чувствомъ, нравственными стремленіями и т. д., и которыми, кромѣ того, управляетъ самъ человѣкъ, словомъ, употребляя сравненіе Канта, «если конь хорошо выѣзженъ и сѣдокъ умѣетъ управлять конемъ». Если воображеніе наполнено рядами глупыхъ ассоціацій, пустыхъ, безполезныхъ или безнравственныхъ, то его яркость и сила, особенно при слабости воли, могутъ совершенно извратить разсудочный процессъ. Однако же кляча, какъ бы она ни была выѣзжена, все останется клячей, и вялое, медленное и не живо воспроизводящее воображеніе, (что уже зависитъ во многомъ отъ прирожденныхъ качествъ души и тѣлеснаго организма), никогда не можетъ быть спутникомъ великаго ума.

9. Этому нисколько не противорѣчитъ то явленіе, что многіе замѣчательные ученые, въ особенности философы и математики, обнаруживаютъ повидимому вялое, недѣятельное воображеніе. Воображеніе, какъ мы уже видѣли, не есть что нибудь готовое при самомъ рожденіи человѣка; но составляется все изъ рядовъ и группъ представленій, скованныхъ самимъ же человѣкомъ въ разсудочномъ процессѣ. Если въ во-

ображеніи преобладают ряды мыслей математическихъ и философскихъ, если представленія скованы въ ряды и группы своими математическими и философскими сторонами, то становится понятно само собою, почему голова съ сильнымъ философскимъ или математическимъ воображеніемъ можетъ оказаться слабою и вялою, когда ей приходится вызывать такіе ряды мыслей, которыхъ много въ иной самой обыкновенной головѣ, не увлеченной ни математикой, ни философіей. Извѣстная молочница, сфантазировавшая цѣлый романъ, пока шла отъ дома до рынка, съ горшкомъ молока на головѣ, сочинила этотъ романъ конечно не въ такое короткое время. Давно уже, руководимая желаніемъ сдѣлаться барыней, подготовляла она въ свободное время отдѣльные эпизоды этого романа и надѣлала ихъ очень много впродолженіи своей жизни. Теперь же, идя на рынокъ, она только склеивала эти эпизоды, и такъ-какъ всѣ они были созданы однимъ и тѣмъ же желаніемъ, то до того шли одинъ къ другому, что дѣвушка увлеклась этой пріятной работой, разбила кувшинъ и тѣмъ порвала нитку, на которую нанизывала всѣ эти, давно заготовленные эпизоды ея любимаго романа. Подобнаго романа конечно не сочинить въ такое короткое время никакому великому ученому, но это потому, что у него не готовы самые эпизоды для романа, а никакъ не потому, чтобы его воображеніе было слабѣе.

10. Вліяніе *внутреннихъ чувствъ* на разсудочный процессъ мы очертимъ словами Бэкона. «Глазъ человѣческаго пониманія, говоритъ Бэконъ, не сухъ, но, напротивъ, увлаженъ страстью и волею (не вѣрнѣе ли сказать—желаніемъ?). Вотъ что пораждаетъ ни на чемъ неоснованныя знанія и всѣ фантазіи; ибо чѣмъ болѣе желаетъ человѣкъ, чтобы какое-нибудь мнѣніе было справедливо, тѣмъ легче онъ въ него вѣритъ. Онъ тѣмъ легче покидаетъ трудныя вещи, потому что скоро устаетъ изучать ихъ; отбрасываетъ умѣренныя мнѣнія, потому что онѣ съуживаютъ кругъ его надеждъ; отворачивается отъ глубины природы, потому что суевѣріе запрещаетъ ему изысканія этого рода; пренебрегаетъ свѣтомъ опытовъ изъ презрѣнія, изъ гордости, изъ страха, чтобы не подумали, что онъ занимаетъ свой умъ вещами низкими»[1].

11. Въ этихъ словахъ Бэкона много правды; но едва ли мы ошибемся, если скажемъ, что и въ нихъ отчасти проглядываетъ та самая страсти, покрывающая глаза, о которой говоритъ здѣсь великій мыслитель. Поставленный въ необходимость бороться съ суевѣрными увлеченіями своихъ современниковъ, Бэконъ и самъ увлекается страстью этой борьбы, иначе бы онъ оцѣнилъ, что *страсть*, столь вредная для изысканія истины, является также и могущественнымъ двигателемъ этого процесса. Если бы самъ Бэконъ не имѣлъ способности къ сильнымъ страстямъ въ своемъ характерѣ, въ чемъ обличаетъ его и его біографія, то міръ лишился бы его великихъ твореній, въ каждой страницѣ которыхъ проглядываетъ сильно страстная натура. Къ Бэкону также, какъ

---

[1] Nouv. org. L. I. Aph. XLIX.

и ко всему остальному человечеству, могли бы быть обращены те глубокія евангельскія слова, которыя, кажется, мелькнули въ умѣ Бэкона, когда онъ писалъ вышеприведенныя строки: «*Свѣтильникъ тѣлу есть око: аще убо око твое будетъ просто, все тѣло твое свѣтло будетъ; аще ли око твое лукаво будетъ, все тѣло твое темно будетъ. Аще убо свѣтъ, иже въ тебѣ, тьма есть, то тьма колъми?*» (Евангеліе отъ Матѳея. Глава 6, ст. 23 и 25.)

12. Дѣйствительно, нѣтъ тьмы, болѣе неодолимой, какъ тьма, исходящая на предметы отъ насъ самихъ, когда зрѣніе самаго сознанія нашего потемняется страстью. И не нужно полагать, что зрѣніе только одной какой либо партіи или нѣсколькихъ потемняется страстью, а другихъ партій свободно отъ всякой страсти, и не мѣшаетъ каждой партіи и каждому человѣку всегда помнить другое извѣстное евангельское изреченіе о *видимомъ сучкѣ* въ глазу брата и о *невидимомъ бревнѣ* въ своемъ собственномъ. Конечно, партія, противъ которой боретсь Бэконъ, насоздавала много вредныхъ суевѣрій и предразсудковъ, легшихъ камнями и бревнами на пути истиннаго прогресса человѣчества; но не мало также накидали этихъ камней и бревенъ и тѣ, кто считаетъ себя вѣрными послѣдователями опытной методы Бэкона. И напрасно бы кто нибудь подумалъ, что разумъ современной науки свободенъ отъ потемнѣнія страсти: напротивъ, едва ли было время, когда наука была бы такъ обуреваема страстью, какъ нынѣ. Мы считаемъ впрочемъ этотъ періодъ науки переходнымъ: она не привыкла еще къ тому высокому положенію, которое заняла въ жизни общества, не привыкла еще оставаться невозмутимою въ томъ шумѣ и той толпотнѣ, посреди которыхъ очутилась, вышедъ изъ своего прежняго затворничества, гдѣ она часто покрывалась плѣсенью предразсудковъ, но за то легче сохраняла хладнокровіе и независимость мнѣній, на которыя нельзя смотрѣть безъ невольнаго уваженія въ самомъ Бэконѣ, Декартѣ, Спинозѣ, Ньютонѣ, Лейбницѣ. Сравнивъ, напримѣръ, Бэкона и Милля, мы ясно увидимъ, насколько логика перваго свободнѣе логики втораго отъ потемняющаго вліянія страсти.

13. Но если подкрѣпленіе страсти необходимо для сильнаго движенія разсудочнаго процесса и въ тоже время страсть затемняетъ разсудокъ, то какъ же выйти изъ такого противорѣчія? Мы указали уже выше на единственно возможный изъ него выходъ, и разсмотримъ его подробнѣе въ главахъ «*о страсти*», но не считаемъ лишнимъ и здѣсь повторить еще разъ, что есть только *одна* страсть, не ослѣпляющая разсудка, и это—*страстная любовь къ истинѣ*. Страсть, какъ замѣтилъ еще Спиноза въ своей «Этикѣ», можно побѣдить только страстью же и о развитіи этой страсти въ самомъ себѣ долженъ заботиться ученый столько же, сколько и о пріобрѣтеніи знаній. Воспитать эту страсть можно твердою волею, всегда находящеюся на стражѣ противъ всякихъ увлеченій, кромѣ увлеченій истиной. Страсть крѣпнетъ, какъ и тѣло, пищею, но пищею духовною, и стремленіе къ истинѣ, врожденное каж-

дому, можно развить въ самомъ себѣ до истинной и все побѣждающей страсти, была бы только *воля* на то.

14. *Воля* находится въ тѣснѣйшей связи съ разсудочнымъ процессомъ сознанія. Хотя процессъ разсудка, начатой разъ, уже не зависитъ отъ воли; но самое начало его есть, по большей части, если не всегда, актъ воли, побуждаемой врожденными стремленіями души знать правду, какова бы она ни была. Для того, чтобы разсудочный процессъ начался, должно остановить волею актъ воображенія и, не увлекаясь движеніемъ одного представленія за другимъ, оглянуть разомъ столько представленій, сколько можетъ захватить сознаніе одновременно, и можно быть увѣреннымъ, что *судъ сознанія* будетъ вѣренъ, на сколько вѣрны сами наши представленія и связанныя изъ нихъ прежде сочетанія. Сознаніе—это око души нашей—никогда не ошибается, если только не заволокла его какая-нибудь другая страсть, кромѣ страсти къ истинѣ. Но такъ какъ самая страсть къ истинѣ можетъ быть развита только волею же, то вотъ почему воспитаніе сильной воли еще необходимѣе для ученаго, чѣмъ для практическаго дѣятеля. Воля наша должна постоянно стоять на стражѣ нашихъ разсудочныхъ работъ, ограждая ихъ отъ всѣхъ постороннихъ вліяній и тогда только «*око наше свѣтло будетъ*».

ГЛАВА XLV.

Вліяніе духовныхъ особенностей человѣка на разсудочный процессъ.

1. Мы уже показали выше [1]), что способность имѣть *идеи* и *даръ слова* даютъ человѣческому сознанію тѣ средства, съ которыми человѣческій разсудокъ становится на ступень, недосягаемую для животныхъ, хотя начинаетъ съ того же, съ чего и сознаніе животныхъ. Мы не говорили еще о духовной природѣ человѣка и потому не можемъ вполнѣ уяснить здѣсь вліяніе этой природы на разсудочный процессъ, но считаемъ необходимымъ, хотя вскользь, упомянуть объ этомъ вліяніи, иначе наше изложеніе разсудочнаго процесса было бы очень неполно.

Значеніе идеи въ разсудочномъ процессѣ.

2. Изложивъ ходъ образованія *понятія*, мы уже можемъ точнѣе опредѣлить тотъ смыслъ слова *идея*, который мы придали ему въ главѣ о памяти [2]). *Понятіе* есть таже *идея*, но только еще въ процессѣ своего образованія, въ связи съ тѣми представленіями, изъ которыхъ оно отлагается и въ связи съ тѣмъ словомъ, въ которое оно облекается. Уже Гербартъ замѣтилъ необходимость отдѣлить понятіе

---

[1]) См. выше глава XXXII, п. 9, 11, 12, 13, 20.
[2]) См. выше гл. XXVI, п. 5, 6, 16.

какъ логическую форму, отъ понятія, *какъ психическаго явленія*; но еще необходимѣе отличить понятіе, какъ слѣдъ душевнаго акта, сохраняемый душею, отъ понятія, какъ болѣе или менѣе окончательнаго результата психо-физической дѣятельности, и вотъ почему мы удержали два слова—*понятіе* и *идея*.

3. Хотя *идеи* извлекаются нами изъ сознательныхъ процессовъ, изъ опытовъ и наблюденій, но существуютъ внѣ сознанія, такъ-что мы узнаёмъ о нихъ только по ихъ дѣйствіямъ въ сознательныхъ процессахъ. Онѣ, по удачному выраженію Лейбница, «обнаруживаются въ дѣйствіяхъ сознанія, но сами остаются внѣ его». Мы такъ привыкли съ необычайною быстротою выражать душу нашу въ словахъ, что не легко примиряемся съ мыслью существованія въ насъ идей внѣ формы слова и образныхъ представленій. Однакоже стоитъ только подумать о томъ, что руководитъ въ насъ *самимъ подборомъ словъ и образовъ*, и мы почувствуемъ полную необходимость признать существованіе въ насъ идей внѣ формы слова и чувственныхъ образовъ. То, что подбираетъ слова и образы для своего выраженія, не можетъ быть само словомъ и образомъ. Нельзя думать словами о словахъ, какъ совершенно справедливо замѣтилъ Милль; а еще менѣе можно думать чувственными образами о чувственныхъ образахъ.

4. Но если идеи существуютъ внѣ области сознанія и только обнаруживаются въ своемъ вліяніи на процессъ сознанія, то, конечно, мы не можемъ узнать, въ какой формѣ онѣ существуютъ внѣ этихъ вліяній, точно также, какъ не можемъ знать, что такое тѣло внѣшняго міра внѣ отношеній его къ другимъ тѣламъ. Здѣсь мы встрѣчаемся съ самымъ темнымъ вопросомъ въ психологіи, которому, вѣроятно, надолго еще, если не навсегда, придется оставаться вопросомъ. Признавъ безсознательное существованіе идей въ душѣ, мы должны признать возможность безсознательнаго существованія самой души. Декартъ, сообразно своей метафизической системѣ, признавалъ душу *всегда мыслящею* (ens cogitans); но ясно, что это такая гипотеза, которой нельзя доказать и которую потому напрасно строить. Мыслимъ ли мы въ состояніи обморока или глубокаго сна безъ сновидѣній и потомъ только не можемъ вспомнить, что мы мыслили, или во время этого состоянія процессъ сознанія въ насъ прерывается—этого мы не можемъ повѣрить опытами, потому что опыты возможны только въ сферѣ сознанія, но скорѣе мы должны думать, что не мыслимъ. Гербартіанцы признаютъ жизнь и борьбу представленій внѣ области сознанія; Вундтъ допускаетъ даже возможность безсознательныхъ опытовъ, сужденій и умозаключеній [¹]; но мы полагаемъ, что такое допущеніе безсознательной психической или психо-физической *жизни* открываетъ широко двери въ совершенно темную область догадокъ, изъ которой мы можемъ выводить всевозможныя объясненія всѣхъ психологическихъ явленій, объясненія, ни на чемъ не ос-

---

[¹] См. объ этомъ также у Лотце. Mikrosmos. Erst. B. S. 219 и 220.

нованныя, кромѣ произвола писателя, хотя мы должны допустить *существованіе* и внѣ сознанія того, что создаетъ.

5. Для избѣжанія такого произвола и опираясь только на фактахъ, мы должны въ одно и тоже время признать возможность существованія души внѣ сознанія и возможность узнать ея свойства лишь на сколько они проявляются въ сознаніи. Сознаніе есть свойство души, которое не можетъ принадлежать ничему матеріальному, но которое начинаетъ проявляться только при воздѣйствіи на душу внѣшняго для нея міра. Сознаніе есть только различеніе ощущенія, а гдѣ нечего различать, тамъ нѣтъ и сознанія. Сознаніе есть актъ *психо физическій*, не принадлежащій отдѣльно ни матеріи, ни душѣ, но вызываемый въ душѣ впечатлѣніями внѣшняго міра на нервный организмъ. Въ этомъ психо-физическомъ актѣ выражаются свойства обоихъ агентовъ: *матеріи и души*, и на сколько они въ немъ выражаются, на столько они намъ и доступны. Только сквозь призму психо-физическаго акта сознанія мы можемъ въ этомъ мірѣ заглядывать и въ матерію, и въ душу. Что такое матерія и душа сами въ себѣ — мы не знаемъ; но всегда возможно, во всякомъ актѣ сознанія, раздѣлить вліяніе двухъ агентовъ, изъ которыхъ одинъ мы называемъ матеріею, а другой душою, и при этомъ только условіи возможно для насъ ясное пониманіе нашихъ психо-физическихъ актовъ.

6. Мы не знаемъ, какъ существуютъ *идеи* въ душѣ, но можемъ прослѣдить, какъ онѣ, формируясь изъ наблюденій и опытовъ, воспринимаются душою и какъ потомъ дѣйствуютъ изъ недоступной сознанію области души на образованіе въ насъ другихъ идей, а равно на наши стремленія и поступки. Однако уже для того, чтобы подбирать понятія, слова и представленія для выраженія той или другой идеи, душа должна сознавать эту идею; а сознавать что-нибудь можно только въ формѣ понятій, словъ и представленій? Сдѣлать такой вопросъ — значитъ опять допрашиваться, въ какой формѣ существуетъ безформенная идея. На сколько мы не стучимъ въ эту дверь, она не отпирается нашему сознанію, хотя изъ-за нея выходятъ распоряженія его дѣятельностью. Кто же и когда отопретъ эту таинственную дверь? Можно только посмотрѣть одно, что тѣ опредѣленныя требованія души, по которымъ происходитъ подборъ нашихъ понятій, словъ и представленій, обнаруживается въ сознаніи прежде всего въ формѣ *внутренняго чувства*, въ формѣ *недовольства*, если подбираемое представленіе, слово или понятіе не соотвѣтствуютъ идеѣ, для выраженія которой они подбираются. Можетъ быть и всегда, и во всемъ первое обнаруживаніе души совершается въ этой формѣ, которую мы называемъ *душевнымъ чувствомъ*, которую мы ясно отличаемъ въ себѣ отъ дѣятельности пяти внѣшнихъ чувствъ и которой мы надѣемся посвятить особый отдѣлъ въ слѣдующемъ томѣ.

7. Безъ средства удерживать въ душѣ идеи, выработанныя въ разсудочномъ процессѣ, мы никогда не могли бы распоряжаться этимъ за-

том, и он совершался бы в нас совершенно пассивно, как совершается в животных, сколько можно судить по проявлениям его в их деятельности. Еслибы душа наша *не усвоивала идей*, может быть видоизменяя и развивая ими свои прирожденные требования, то весь ея рассудочный процесс условливался бы единственно явлениями внешняго для нея мiра, при чем последовательное развитiе души было бы невозможно.

Значенiе слова.

8. Значенiе слова для рассудочнаго процесса также громадно. Слово выражает собою *понятiе*, но *не идею*; ибо как слово, так и понятiе, облеченное в слово, служат только для выраженiя идеи, которая всегда *между* словами, выражается в подборе слов, но не в словах. Идея может выражаться не только в подборе слов, но и в подборе чувственных образов; но как медленно и трудно совершался бы наш рассудочный процесс, если бы человек, не обладая даром слова, источник котораго мы отыщем впоследствiи, был вынужден думать образами и всеми физическими понятiями, а не словами!

9. Мы уже видели, что понятiе долго не может оторваться от тех представленiй, из которых оно составилось; оно даже вовсе не могло бы от них оторваться и навсегда осталось бы в нашей душе чем то смутным и мелькающим в толпе представленiй, еслибы человек не обладал духовною, ему исключительно принадлежащею способностiю — облекать понятiя в слово, налагать на понятiе новый, произвольный значок, называемый словом, и тем самым оканчивать и завершать процесс образованiя понятiя, начинающiйся, но никогда неоканчивающiйся, и не завершающiйся в животном. Между представленiями, составившими понятiе и между словом, выражающим это понятiе, нет, по большей части, ничего общаго. Слова звукоподражательныя составляют в языке исключенiе, и тем более развит язык, тем меньшую роль играют они в нем. Несравненно большая часть слов является для нас чисто произвольными значками, которые дух наш положил на понятiя, чтобы иметь дело с этими коротенькими значками понятiй, а не с целыми роями представленiй, из которых понятiя возникли. Если во многих словах и есть что-нибудь совершенно непроизвольное, то это, по большей части, оттенок того внутренняго чувства, которое возбуждалось в нас предметами и явленiями, послужившими к образованiю понятiй. Во многих словах подмечаются эти оттенки чувства, участвовавшаго при их созданiи; но это уже не есть что-нибудь внешнее для души, а ея собственное, и потому не смущает нашего сознанiя, как чуждое, но встречается им, как нечто знакомое, родное.

10. Не нужно много наблюдательности, чтобы видеть, как слова облегчают и сокращают рассудочный процесс. Процесс мышленiя,

какъ мы уже замѣтили выше, весь совершается въ словахъ, тогда какъ процессъ воображенія весь совершается въ представленіяхъ. Разложите самое короткое сужденіе, напримѣръ: «этотъ человѣкъ богатъ» на всѣ представленія, изъ которыхъ составились эти три слова и ихъ связь, и вы оцѣните всю необычайную концентрирующую силу языка. Въ одномъ словѣ «дерево», «животное», «камень», множество наблюденій, опытовъ, сравненій, понятій, разсудочныхъ процессовъ; но невозможно измѣрить то короткое мгновеніе, которое нужно сознанію, чтобы оно могло сознать значеніе любаго изъ этихъ словъ. Изъ этого уже выходитъ, какъ содѣйствуетъ слово къ производительности сознанія при тѣхъ же ограниченныхъ его средствахъ.

11. Намъ также трудно представить себѣ мышленіе безъ словъ, какъ трудно зрячему представить работу воображенія у слѣпыхъ, не обладающихъ способностью представленія красокъ, свѣта и тѣни, и воспроизводящихъ формы тѣлъ безцвѣтными продуктами мускульнаго чувства и осязанія. Это то ощущеніе тѣсной связи мысли и слова заставило Руссо сказать: «общія идеи не могутъ войти въ разумъ иначе, какъ съ помощью словъ, и пониманіе овладѣваетъ ими только въ предложеніяхъ. Вотъ одна изъ причинъ, почему животныя не могутъ образовывать общихъ идей (понятій) и достичь того совершенства, которое отъ этихъ идей зависитъ». Мы уже видѣли, что это мнѣніе не совершенно справедливо, и что понятія, или, по крайней мѣрѣ, нѣчто въ родѣ ихъ образуются и у животныхъ; но процессъ этого образованія оканчивается только въ словахъ, такъ что мышленіе, въ полномъ, человѣческомъ смыслѣ слова, совершается только въ словахъ, и слово является главнымъ средствомъ человѣческаго развитія, котораго животное безсловесное, при чувствахъ, иногда гораздо болѣе тонкихъ, и при сознаніи, столь же ясномъ, достигнуть же можетъ.

12. Вотъ причина, почему слѣпые, не смотря на то, что весь видимый міръ закрытъ для нихъ, развиваются часто до высокой степени нравственнаго и умственнаго совершенства, тогда-какъ глухонѣмые, видящіе весь міръ, показываютъ всѣ печальные признаки преобладанія животныхъ наклонностей. Вайцъ, полемизируя противъ «чистыхъ понятій» Канта и доказывая, что все создается въ человѣкѣ изъ внѣшнихъ ощущеній, приводитъ въ примѣръ слѣпорожденныхъ и глухонѣмыхъ и ставитъ ихъ совершенно неправильно въ одинаковое отношеніе къ развитію [1]; но опытъ показываетъ совершенно противное, и доказываетъ, напротивъ, что духовное, внутреннее орудіе, *слово* имѣетъ для человѣка гораздо больше значенія, чѣмъ внѣшнее орудіе—зрѣніе.

13. Изъ этого уже можно заключить, какую важную роль играетъ слово въ нашемъ умственномъ и нравственномъ развитіи и какой великій подарокъ дѣлаютъ глухонѣмымъ, пріучая ихъ налагать произвольные значки на понятія и тѣмъ самымъ заканчивать образованіе понятій,

---

[1] Lehrb. der Psych. § 46.

безъ чего разсудокъ этихъ несчастливцевъ остался бы навсегда на степени разсудка животныхъ. Понятно, почему одинъ глухонѣмой, выучившійся говорить [1], читать и писать, будучи подъ вліяніемъ новаго для него чувства, назвалъ мышленіе «внутреннимъ разговоромъ» [2]. Мы забываемъ то время, когда еще не обладали этимъ «внутреннимъ разговоромъ» и когда все мышленіе наше совершалось въ представленіяхъ; но у глухонѣмаго это положеніе мышленія было еще въ памяти, и онъ сознавалъ живо всю благодѣтельную перемѣну, какую обладаніе словомъ вноситъ въ процессъ мышленія. Слово въ высшей степени концентрируетъ матерьялы сознанія и тѣмъ самымъ допускаетъ ихъ одновременное обозрѣніе сознаніемъ; оно же сберегаетъ въ памяти плоды разсудочнаго процесса въ самой сжатой, концентрированной формѣ. Въ одномъ словѣ сокращена исторія неисчислимаго множества душевныхъ процессовъ.

14. Въ заключеніе этой главы обратимъ еще вниманіе на то, что идея и слово, эти могущественныя средства, вносимыя духомъ въ разсудочный процессъ, служатъ не только средствами этого процесса, но и вѣрно сохраняютъ въ себѣ его результаты. Достигнувъ до идеи, плодъ разсудочнаго процесса дѣлается не только актомъ духа, но вносится въ него, какъ новая его способность: идеями питается духъ и въ нихъ происходитъ его развитіе, предѣлъ котораго, какъ мы вѣримъ, не ограничивается предѣлами земной жизни, иначе самое развитіе духа—высшій процессъ въ природѣ—являлось бы чѣмъ то безцѣльнымъ и ненужнымъ.

15. Другой плодъ разсудочнаго процесса, который вызрѣваетъ въ немъ подъ вліяніемъ духа человѣческаго, есть *слово*. Этотъ плодъ такъ же не умираетъ, онъ переходитъ въ языкъ народа, дѣлается живымъ членомъ этого могучаго, вѣрно развивающагося организма, и такимъ образомъ слово, добытое въ разсудочномъ процессѣ нашими отдаленнѣйшими предками, передѣланное въ процессѣ сознанія нашихъ дѣдовъ и отцевъ, со всѣми слѣдами своего сознанія и своей многовѣковой передѣлки въ тысячахъ поколѣній, достигнетъ къ нашимъ потомкамъ и пробудитъ въ нихъ понятія, идеи и чувства, которыя создавали и развивали это слово. Такимъ образомъ, прикопляется вѣками и работою безчисленныхъ поколѣній духовное богатство человѣка и въ личностяхъ Несторовой лѣтописи мы узнаемъ прародителей нашихъ не только по плоти, но и по слову, по слову и по духу: они начали выработку тѣхъ самыхъ идей, которыя мы продолжаемъ развивать и которыя, судя по аналогіи съ нами, будутъ развивать наши дѣти и внуки.

---

[1] Конечно, такъ, какъ говорятъ глухонѣмые, т. е. не слыша своихъ собственныхъ словъ, а руководясь при этомъ только мускульными ощущеніями движеній органовъ языка.

[2] Empyr. Psych. von Drobisch, § 159.

ГЛАВА XLVI.

Противорѣчія, вносимыя духомъ въ мышленіе.

1. Разсудочный процессъ въ человѣкѣ отличается не только средствами своего развитія, но и *вопросами*, которые онъ рѣшаетъ. Весь разсудочный процессъ у животныхъ, на сколько мы можемъ судить о немъ по его проявленію въ дѣйствіяхъ, направленъ единственно къ разрѣшенію вопросовъ, возникающихъ изъ потребностей тѣла. Какъ только потребности эти удовлетворены, такъ и разсудочный процессъ у животныхъ прекращается до тѣхъ поръ, пока потребности, съ общимъ ходомъ органическаго растительнаго процесса, не возобновятся. Не то мы видимъ въ человѣкѣ. Вмѣстѣ съ потребностями матерьяльными, а еще болѣе по удовлетвореніи ихъ, пробуждаются въ немъ потребности духовныя и разсудокъ не успокоивается на рѣшеніи вопросовъ, возникающихъ изъ жизни тѣла, но начинаетъ рѣшать вопросы, необъяснимые изъ тѣлесныхъ потребностей. Животное также наблюдаетъ явленія и дѣлаетъ опыты, составляетъ изъ нихъ понятія, сужденія и умозаключенія, но все это на столько, на сколько вынуждается къ тому вопросами тѣла, выражающимися въ формѣ тѣлесныхъ потребностей: голода, жажды, холода, инстинкта самосохраненія, размноженія и потребности движенія;—вотъ въ какой формѣ выражаются эти вопросы животной жизни, для разрѣшенія которыхъ работаетъ и слѣпой инстинктъ, и сознаніе животнаго. Но въ разсудочномъ процессѣ человѣка мы встрѣчаемъ и другіе вопросы, не выходящіе изъ потребностей физической жизни, но надъ рѣшеніемъ которыхъ тѣмъ не менѣе трудится разсудокъ человѣка, не успокоивающійся и по удовлетвореніи тѣлесныхъ потребностей. Рѣшеніе этихъ-то, не изъ тѣла идущихъ вопросовъ, заставляетъ дикаря украшать свое тѣло перьями, татуировкой, раковинами, прежде чѣмъ онъ выучится прикрывать его отъ вредныхъ вліяній температуры [1]. Оно же побуждаетъ его слагать пѣсню, выдѣлывать дудку, выдѣлывать идола, съ большимъ трудомъ, изъ камня или изъ дерева,—заботиться объ умершихъ родныхъ больше, чѣмъ онъ заботился о нихъ, когда они были живы, приносить жертвы, часто кровавыя и отвратительныя и т. п., словомъ, рѣшать своимъ разсудкомъ такіе вопросы, которые вовсе не объясняются потребностями физической жизни. На этой ступени своего развитія человѣкъ *кажется* даже глупѣе животнаго, заботясь о пустякахъ, когда не удовлетворены существенныя его потребности, украшая цвѣтными раковинами тѣло, дрожащее отъ холода или изнывающее отъ зноя, добывая

---

[1] Ссылаемся въ этомъ случаѣ на психолога съ неспрываемымъ матеріалистическимъ направленіемъ. «Факты дикой жизни, говоритъ Гербертъ Спенсеръ, показываютъ, что украшенія, по порядку времени, предшествуютъ платью, и что въ началѣ одежда развилась изъ украшеній». (Education intellectual, moral and physical, by Herb. Spencer. Lond. 1861. § 1, 2).

съ большимъ трудомъ такихъ предметовъ, которые не приносятъ ему ни малѣйшей пользы, создавая себѣ небывалые страхи или налагая на себя тяжелыя, совершенно безполезныя обязанности. Но не ясно ли показываетъ все это уже въ дикарѣ, что разсудокъ человѣка, при самомъ началѣ своего развитія, побуждается къ дѣятельности не одними вопросами, выходящими изъ потребностей тѣла, но какими то другими, выходящими изъ чего-то такого, чего нѣтъ у животныхъ. Уже дикаря мучитъ это *что-то такое*, чего нѣтъ у животныхъ, спокойно засыпающихъ по удовлетвореніи своихъ матеріальныхъ потребностей и требованій инстинкта. Вотъ эти-то *вопросы* или *задачи*, выходящія откуда-то извнутри человѣка и проявляющіяся такъ дико на первыхъ ступеняхъ разсудочнаго развитія, не даютъ остановиться этому развитію, (какъ останавливается оно у животныхъ) и ведутъ его все впередъ и впередъ.

2. Мы, конечно, не будемъ входить здѣсь въ объясненіе происхожденія *религіозныхъ, нравственныхъ и эстетическихъ* стремленій въ человѣкѣ, хотя эти стремленія и придаютъ особый характеръ его разсудочному процессу: это составитъ содержаніе *третьей* части нашей «Антропологіи». Но мы не можемъ не сказать и здѣсь нѣсколькихъ словъ о тѣхъ духовныхъ вліяніяхъ, которыя придаютъ разсудочному процессу его вѣчное, неустанное движеніе въ розыскахъ истины. Не упомянувъ, хотя коротко, объ этихъ вліяніяхъ, мы оставили бы ложную тѣнь на всемъ разсудочномъ процессѣ, что могло бы повести ко многимъ недоразумѣніямъ. Стремленія религіозныя, нравственныя и эстетическія направляютъ разсудочный процессъ, совершающійся въ человѣкѣ и человѣчествѣ, къ различнымъ цѣлямъ, не выходящимъ изъ потребностей матеріальной жизни, но сами не входятъ въ него, принадлежа болѣе къ области *внутренняго чувства*, чѣмъ *сознанія*. Но есть *умственныя духовныя стремленія*, которыя прямо дѣйствуютъ на разсудочный процессъ и срываютъ его со всякой ступени, достигнувъ которой, онъ могъ бы остановиться. Эти духовныя умственныя стремленія мы знаемъ только въ формѣ странныхъ *непримиримыхъ противорѣчій*, появляющихся откуда-то, *только не изъ опыта и наблюденія*, въ разсудочномъ процессѣ человѣка. Естественно, что мы указываемъ источникъ этихъ стремленій *въ духѣ*, потому что этимъ именемъ мы принялись называть совокупность особенностей, отличающихъ психическую дѣятельность человѣка отъ такой же дѣятельности у животныхъ. Но прежде чѣмъ мы разсмотримъ эти противорѣчія, намъ слѣдуетъ указать, какимъ образомъ противорѣчія могутъ двигать разсудочный процессъ все впередъ и впередъ.

3. Сознаніе наше, какъ мы уже видѣли, не терпитъ противорѣчій: это его существенное свойство.—«Главное стремленіе разсудка, говоритъ Бэнъ, состоитъ въ изгнаніи всѣхъ противорѣчій изъ души, и только вліяніе чувства мѣшаетъ этой работѣ разсудка» [1]. Это весьма вѣрная

---

[1] The Senses and the Intellect, p. 583, 584.

замѣтка Бэна, но только высказана она не вполнѣ и не объяснена причина этого явленія. Сознаніе, дѣйствительно, по самому существу своему, все приводитъ къ высочайшему единству, какъ мы уже показали это¹), а потому не терпитъ противорѣчій въ своемъ содержаніи и стремится удалить ихъ, такъ-что слабость разсудочнаго процесса въ иныхъ людяхъ обнаруживается именно тѣмъ, что въ ихъ выводахъ существуютъ противорѣчія, которыхъ они не замѣчаютъ. Но если бы Бэнъ внимательнѣе всмотрѣлся, откуда входятъ въ разсудокъ эти противорѣчія, то онъ увидѣлъ бы, что они выходятъ не изъ однихъ опытовъ надъ внѣшнимъ міромъ, которыми онъ хочетъ объяснить все, но также *откуда-то извнутри*, и что, тогда какъ противорѣчія, вносимыя въ разсудочный процессъ внѣшнимъ міромъ, легко примиряются, съ чѣмъ вмѣстѣ и разсудочный процессъ пріостанавливается, — противорѣчія, входящія въ разсудочный процессъ *извнутри* человѣка, никогда не примиряются и безпрестанно поддерживаютъ дѣятельность этого процесса. Вотъ почему, а не отъ одного только обладанія даромъ слова, разсудочный процессъ у человѣка не останавливается на первыхъ ступеняхъ своего развитія, какъ останавливается онъ у животныхъ.

4. Встрѣчая въ себѣ *противорѣчія*, сознаніе стремится или удалить ихъ, или разрѣшить, т. е. примирить. *Удалить* противорѣчія, не заниматься ими, — не всегда во власти человѣка; а *примиренія* часто бываютъ только кажущимися и временными и остаются лишь до тѣхъ поръ, пока человѣкъ не откроетъ противорѣчій въ собственныхъ своихъ примиреніяхъ, сравнивая ихъ съ другими понятіями, или другими такими же примиреніями, сдѣланными имъ въ другой области мышленія. Тогда опять открывается противорѣчіе и опять является стремленіе примирять его или прочно, т. е. изученіемъ фактовъ, или хотя временно — созданіемъ фантазіи. На этой особенности разсудочнаго процесса въ человѣческомъ сознаніи основывается извѣстный діалектическій пріемъ Гегеля, состоящій въ томъ, что мыслитель, подвергая анализу какой-нибудь предметъ, открываетъ въ понятіи его противорѣчіе, примиряетъ это противорѣчіе въ высшемъ понятіи, которое при анализѣ снова распадается на противорѣчія и т. д. Этотъ пріемъ не новъ, онъ употреблялся уже Сократомъ и Аристотелемъ. Гегель только поставилъ его на первое мѣсто въ философскомъ мышленіи. Мы можемъ отвергать выводы, которые Гегель добывалъ этимъ методомъ; мы можемъ находить, что Гегель злоупотреблялъ имъ, что противорѣчія, имъ находимыя, натянуты и лишены основанія, что примиреніе многихъ противорѣчій — только кажущееся; но самаго метода мы отвергнуть не можемъ, потому-что онъ основанъ на коренной психической особенности нашей. Теперь, взглянемъ на самыя *противорѣчія*, вводимыя духомъ человѣка въ разсудочный процессъ.

---

¹) См. выше гл. XXI, п. 13.

ГЛАВА XLVII.

Противоречие идеи причины и идеи свободы.

Противоречие причины.

1. Мы уже несколько знакомы съ противорѣчіемъ причины [1]), но считаемъ не лишнимъ выяснить его еще болѣе. Животное точно также, какъ и человѣкъ, замѣчаетъ связь между явленіями, и въ явленіяхъ, постоянно предшествующихъ другимъ явленіямъ, можетъ признать причины, а въ явленіяхъ, постоянно слѣдующихъ за первыми, послѣдствія. Такъ только можно объяснить многія разсудочныя дѣйствія животныхъ, когда они, наученныя опытомъ, отвращаютъ причины, послѣдствія которыхъ имъ не нравятся, или вызываютъ причины, послѣдствіями которыхъ желаютъ воспользоваться. Но какъ только желаніе животнаго удовлетворено, такъ и его изслѣдованіе причинъ прекращается. Животное, если можно такъ выразиться, вѣритъ въ безпричинность явленій, и только изъ случайныхъ опытовъ, узнавъ причины *нѣкоторыхъ* явленій, пользуется своимъ знаніемъ для удовлетворенія матеріальныхъ потребностей. Не такъ поступаетъ человѣкъ: узнавъ по опыту причины *немногихъ явленій и не видя причинъ гораздо большаго числа другихъ*, онъ тѣмъ не менѣе продолжаетъ вѣрить, что нѣтъ явленій безъ причины,—отыскиваетъ причину за причиною, а гдѣ не находитъ ихъ, такъ предполагаетъ, или сознается, наконецъ, что причина ему неизвѣстна, но не хочетъ успокоиться на томъ, что есть явленія безъ причинъ. Откуда же берется эта увѣренность, противорѣчащая опытамъ и наблюденіямъ, которыя показываютъ намъ гораздо болѣе явленій безъ причинъ, нежели съ причинами? Конечно ужъ не изъ опытовъ и наблюденій, которыя противорѣчатъ этой увѣренности, предшествующей всѣмъ опытамъ. Не выражаютъ ли намъ самыя древнія миѳологіи, что человѣкъ не вѣритъ въ вѣчность горъ и морей, существовавшихъ за долго до появленія человѣка, въ вѣчность солнца, которое обливало своимъ свѣтомъ землю, когда еще человѣка на ней не было, въ вѣчность звѣздъ, которыя свѣтили уже тогда, когда сама земля еще не отдѣлилась отъ массы солнца? Не естественнѣе ли всего было человѣку считать эти явленія вѣчными и безпричинными? Слѣдовательно, противорѣчіе идеи причины съ выводами опытовъ входитъ въ разсудочный процессъ откуда-то извнутри человѣческаго существа, т. е. изъ человѣческаго духа. Легко видѣть, какъ благодѣтельно дѣйствовало это противорѣчіе, вносимое духомъ въ разсудочный процессъ, на оживленіе этого процесса, на поддержаніе въ немъ безпрестанной дѣятельности и вообще на развитіе разсудка: отыскивая причину за причиною, человѣкъ создаетъ

---

[1]) См. выше гл. XXXIX.

науку и, уже побочнымъ образомъ, улучшаетъ свой матеріальный бытъ до той высокой степени, до которой не можетъ улучшить своего быта животное, хотя оно только и дѣлаетъ, что заботится объ удовлетвореніи своихъ матеріальныхъ потребностей.

Противорѣчіе личной свободы.

2. *Не признавая безпричинныхъ явленій*, хотя опытъ убѣждаетъ человѣка ежеминутно въ существованіи такихъ явленій, человѣкъ въ тоже время самымъ страннымъ образомъ противорѣчитъ самому себѣ и своей наукѣ—*признавая въ самомъ себѣ свободу воли, т. е. явленіе безъ причины*. Это убѣжденіе человѣка въ свободѣ своей воли такъ велико, что безъ ущерба себѣ выноситъ напоръ своихъ очевидныхъ доказательствъ, представляемыхъ разсудкомъ въ области всѣхъ наукъ, что свобода воли не существуетъ и что она невозможна, какъ явленіе безъ причины.

3. *Послѣдняя философская система* (гегелевская) уничтожаетъ свободу воли, хотя и хочетъ ловкимъ софизмомъ увернуться отъ этого. По мнѣнію этой системы свобода воли объясняется тѣмъ, что духъ человѣческій дѣйствуетъ не по чьимъ-нибудь чужимъ, а *по своимъ собственнымъ законамъ*, слѣдовательно, подчиняется только самому себѣ, а потому и свободенъ. Но если эти законы также неизбѣжны и неизмѣнны, какъ законы математическіе, то какая же это свобода? Конечно, эта философская система признаетъ, что духъ человѣческій самъ и предписываетъ себѣ эти законы, но это противорѣчитъ фактамъ другихъ наукъ. Геологія говоритъ, что было время, когда человѣкъ не существовалъ, а природа уже устроивалась и развивалась; но такъ-какъ въ природѣ, по сознанію гегелевской системы, тѣже законы, что и въ духѣ, то слѣдовательно законы развитія духа существовали прежде, чѣмъ существовалъ этотъ духъ, слѣдовательно, эти законы не его созданіе, и повинуясь имъ, онъ повинуется не самому себѣ, слѣдовательно—не свободенъ, и чѣмъ разумнѣе человѣкъ поступаетъ, тѣмъ не свободнѣе, а если поступаетъ не разумно, то также не свободенъ, ибо подчиняется страстямъ, вліяніямъ тѣлеснаго организма и внѣшнихъ обстоятельствъ. Вотъ почему гегелевская система *вычеркивала геологію изъ списка наукъ*. Гегелевская философія не могла признать, что было время, когда не было человѣка (субъективнаго духа): признавъ это, она разрушилась бы въ основаніи.

4. *Послѣдняя психологическая система* (система Бенеке), слагая всѣ психическія явленія изъ *слѣдовъ* ощущенія, независящихъ отъ человѣка, тѣмъ самымъ уже уничтожила всякую возможность свободы воли. Всякое человѣческое *желаніе* и всякое *хотѣніе*, словомъ, всякій актъ воли, объясняется слѣдами, изъ которыхъ онъ составился: онъ есть необходимый результатъ этихъ слѣдовъ, слѣдовательно, появляется также

несвободно, какъ несвободно вспыхиваетъ порохъ отъ упавшей на него искры.

5. Объ *естественныхъ наукахъ* и говорить нечего. Самое выдающееся стремленіе въ ихъ современномъ направленіи состоитъ именно въ томъ, чтобы объяснить всѣ психическіе акты, и разума, и воли, законами матеріи, которые конечно исключаютъ всякое понятіе о свободѣ. Не говоря уже о матеріалистическихъ тенденціяхъ доказать, что поступокъ человѣка зависитъ отъ того, что онъ съѣлъ и выпилъ; но и въ книгахъ гораздо серьезнѣйшаго содержанія мы видимъ тоже самое стремленіе, хотя оно и не выражается въ такой цинической и грубой формѣ.

6. Въ наукахъ *историческихъ* замѣтно тоже стремленіе объяснить всѣ дѣйствія человѣка и народовъ неизмѣнными законами природы. *Статистика* указываетъ на равномѣрное распредѣленіе въ каждомъ году браковъ, самоубійствъ, даже писемъ безъ адресовъ, брошенныхъ по ошибкѣ въ почтовые ящики, и болѣе или менѣе ясно намекаетъ, что дѣйствія человѣческія, кажущіяся наиболѣе произвольными, суть только неизбѣжныя послѣдствія независящихъ отъ человѣка физическихъ причинъ.

7. Но, признавъ *всеобщую причинность* закономъ, не имѣющимъ исключеній, мы прямо выйдемъ на опасную и печальную дорогу *восточнаго фатализма*. Если всякое дѣйствіе человѣка есть только правильное слѣдствіе прежде существовавшей причины, а эта ближайшая причина опять есть только слѣдствіе предыдущихъ, дальнѣйшихъ, то такимъ образомъ мы неизбѣжно дойдемъ до положенія, что вся жизнь человѣка, всякая мысль его и всякій поступокъ опредѣлены уже до мельчайшей подробности прежде его рожденія на свѣтъ. Примѣняя къ человѣку то, что сказалъ Милль о цѣломъ мірѣ [1]), мы можемъ сказать при такомъ воззрѣніи, что если бы воротить человѣка къ минутѣ его рожденія, то онъ опять прожилъ бы такъ, какъ онъ прожилъ, и сдѣлалъ опять все тоже, что онъ сдѣлалъ. Не говоримъ уже о томъ, что при такомъ взглядѣ всякая отвѣтственность человѣка передъ своею совѣстью, передъ обществомъ и передъ закономъ будетъ лживымъ вымысломъ; но не подтверждаетъ ли такое убѣжденіе вредно на самую дѣятельность человѣка? Даже восточное убѣжденіе въ фатализмѣ не имѣло такого дѣйствія?

8. Приведемъ по этому поводу поучительныя слова Вундта, который только яснѣе другихъ высказалъ, что кроется въ каждомъ ученіи, воспрещающемъ въ душѣ человѣческой исключеній изъ закона причинности. Приступая къ изложенію ученія о *волѣ* или, вѣрнѣе сказать, *волѣ человѣческой*, Вундтъ дѣлаетъ слѣдующую оговорку:

«Прежде всего мы должны ясно выразить, что всѣ *нравственные моменты*, которые выводятся обыкновенно на арену борьбы за свободу воли, не имѣютъ здѣсь мѣста. Думаютъ, что *побудительныя причины*, склоняющія насъ принимать свободу человѣческой воли, суть

---

[1]) См. выше гл. XXXIX п. 16.

также и *доказательства* этой свободы. Это вполнѣ и совершенно несправедливо. Еслибы дѣло дѣйствительно было въ такомъ положеніи, что отрицаніе свободы воли подвергало бы опасности обязательность совѣсти и основы всей морали, и еслибы, несмотря на то, можно было дать доказательства, ясные какъ солнце, что воля не свободна, то наука, не обращая вниманія ни на что, должна была бы идти своей дорогой, не пугаясь истины». При этомъ, очень обыкновенномъ оборотѣ, употребляемомъ теперь особенно часто, невольно вспоминаются слова Руссо: «Никогда, говорятъ философы, истина не можетъ принести вреда людямъ. Я вѣрю въ это также, какъ и они, и думаю, что это самое можетъ служить сильнымъ доказательствомъ, что то, чему они учатъ, не истина»[1].

Однакоже эта замѣчательная смѣлость скоро покидаетъ Вундта, и онъ спѣшитъ прибавить, что «къ счастью, дѣло совсѣмъ не въ такомъ дурномъ положеніи: одержитъ ли побѣду та или другая теорія — практика можетъ оставаться спокойною».

Въ чемъ же находитъ Вундтъ такое успокоеніе для практической жизни?

«Уже Кантъ сказалъ», говоритъ онъ далѣе, «что каждое существо, которое можетъ дѣйствовать не иначе, какъ при идеѣ свободы, потому самому уже совершенно свободно, въ практическомъ отношеніи, т. е. для него имѣютъ силу всѣ законы, которые нераздѣльно связаны со свободою, точно также, какъ бы его воля сама по себѣ и согласно съ философскою теоріею была признана свободною». «*Несомнѣнный фактъ*, продолжаетъ Вундтъ далѣе, *что мы обладаемъ сознаніемъ свободы*, дѣлаетъ невозможнымъ какой-бы то ни было фатализмъ, принимая даже, что самое это сознаніе свободы будетъ признано включеннымъ въ общую связь причинности»[2].

9. Если это не пустыя фразы, нескрывающія въ себѣ никакого смысла, то что же это за два *антагонистическія убѣжденія*, уживающіяся мирно въ душѣ человѣка и не опрокидывающія другъ друга, когда по смыслу своему они должны бы необходимо вступить въ борьбу на жизнь и смерть? Для насъ этотъ вопросъ важенъ здѣсь не въ своемъ метафизическомъ, а въ своемъ психологическомъ значеніи, и потому мы имѣемъ право предложить Вундту и всѣмъ тѣмъ ученымъ, которые, не признавая свободы воли въ человѣкѣ, въ тоже время признаютъ въ немъ неколебимость сознанія этой несуществующей свободы, слѣдующій вопросъ: къ какому же сорту существъ причисляютъ себя самихъ эти ученые? Если они тоже люди и къ нимъ примѣнимо то, что они говорятъ вообще о людяхъ, то значитъ въ ихъ душѣ уживаются *два убѣжденія*, совершенно противорѣчащія другъ другу: *одно* — во всеобщей безъисключительной причинности, *другое* — въ свободѣ ихъ личной воли. Положимъ, вмѣстѣ съ Милемъ, Вундтомъ и другими по-

---

[1] Emile, p. 355.
[2] Thier- und Menschen-Seele. B. II. 25-ste Vorlesung. S. 400.

стелями того же направленія, что убѣжденіе въ причинности вытекло изъ наблюденій и опыта и окончательно есть плодъ науки, нездѣ открывающей причину; но второе.... *откуда взялось второе?* Откуда взялось оно и откуда почерпаетъ силу, чтобы противостоять всѣмъ опытамъ, наблюденіямъ, всѣмъ доказательствамъ науки во всѣхъ ея отрасляхъ? Неужели же и на это можно отвѣчать, что оно взялось изъ опытовъ, изъ наблюденій и науки, которымъ оно противорѣчитъ? Тогда же нѣтъ нелѣпости, которой нельзя было бы утверждать, прибѣгая къ туманности фразъ тамъ, гдѣ нѣтъ смысла.

10. Однакоже, есть ли въ самомъ дѣлѣ доказательства, «ясныя, какъ солнце», что свобода воли въ человѣкѣ не существуетъ? Есть ли *фактическія* доказательства, что всякое рѣшеніе человѣческой воли имѣетъ предшествующую, необходимо условливающую его причину? Можемъ ли мы для всякаго человѣческаго рѣшенія указать такую безусловную причину въ прежнихъ дѣйствіяхъ человѣка, его жизни, образованіи, обстоятельствахъ или, наконецъ, въ его тѣлесномъ организмѣ? Надобно совершенно не знать границъ науки и въ особенности тѣсныхъ границъ современной физіологіи и психологіи, чтобы отвѣчать на этотъ вопросъ утвердительно.

Отрицаніе свободы воли до сихъ поръ основывается на *увѣренности* въ безъисключительности закона причины, также не доказанной наукою, для которой остается еще много *явленій безъ причинъ*. Слѣдовательно, смотря на весь этотъ споръ съ психологической точки зрѣнія, мы выводимъ изъ него дѣйствительно «ясный какъ солнце фактъ», что въ душѣ человѣка обнаруживаются два великія убѣжденія, прямо противорѣчащія одно другому: *убѣжденіе въ общей причинности явленій и убѣжденіе въ свободѣ личной воли человѣка*. Одно изъ сихъ убѣжденій *служитъ основаніемъ науки, другое—практической дѣятельности человѣка и человѣчества*. Указать фактъ, подтверждаемый собственнымъ сознаніемъ каждаго человѣка, даже и того, кому, по какой бы то ни было причинѣ, этотъ фактъ не нравится—вотъ все дѣло психолога.

11. Но одинъ ли Вундтъ доказываетъ собственною личностью несостоятельность своего ученія? По какой-то странной, непонятной причинѣ именно тѣ личности, тѣ партіи и тѣ ученія, которыя теоретически отвергали свободу человѣческой воли, оказывались на практикѣ особенно ревнивыми къ охраненію этой свободы. Такъ протестантизмъ, и въ особенности кальвинизмъ, отвергавшіе свободу человѣческихъ поступковъ и принимавшіе предопредѣленность спасенія, оказывались на практикѣ ревностнѣйшими защитниками человѣческой свободы и суровыми гонителями притѣсненій всякаго рода, не смотря на ихъ предопредѣленіе. Такъ и въ новое время матеріалистическое ученіе, доказывающее нелѣпость идей личной свободы, и требованіе неограниченной свободы для всякой личности сходятся не только въ однихъ и тѣхъ же рядахъ по-

литическихъ дѣятелей, но часто въ одномъ и томъ же лицѣ и на страницахъ одной и той же книги.

12. Такъ неудержимо льются изъ области человѣческаго духа въ разсудочный процессъ два діаметрально противоположныя убѣжденія, изъ которыхъ каждое противорѣчитъ опытамъ и наблюденіямъ и, кромѣ того, оба противорѣчатъ другъ другу. Можно бы, кажется, показать исторически, какъ эти *великія противорѣчія*, вносимыя духомъ въ процессъ мышленія, могущественно двигали впередъ и науку, и практическую жизнь человѣка.

ГЛАВА XLVIII.

Противорѣчіе дуализма и монизма.

1. Не только психологическій анализъ, какъ мы старались показать во многихъ мѣстахъ нашей книги, но и само непосредственное чувство, присущее каждому изъ насъ, говоритъ намъ ясно о существованіи двухъ міровъ въ человѣкѣ: *душевнаго и матерьяльнаго*. Но человѣкъ, начиная мыслить, упорно отвергаетъ свидѣтельство собственнаго чувства и, переступая границы опыта, стремится вывести *матерьяльный міръ изъ душевнаго*, впадая въ крайность идеализма, или *душевный міръ изъ матерьяльнаго*, впадая въ крайность матерьялизма. Но психологія, основанная на фактахъ, должна удержаться отъ такихъ стремленій, переводящихъ ее въ область *трансцендентальной философіи*, т. е. философіи, которая переступаетъ за эту грань между матеріей и душою.

2. Вотъ какъ выражается по этому поводу одинъ изъ добросовѣстнѣйшихъ физіологовъ и мыслителей нашего времени, не боясь упрека въ признаніи *дуализма*, къ которому, не смотря на дружные крики двухъ противуположныхъ партій, привела его благородная рѣшимость идти только туда, куда везутъ ясные факты, а не туманныя гаданія.

«Безъ сомнѣнія, говоритъ Лотце, наука имѣетъ свой интересъ подводить все разнообразіе явленій подъ одинъ принципъ; но еще большій и существеннѣйшій интересъ всякаго знанія состоитъ въ томъ, чтобы сводить явленія въ тѣмъ условіямъ, отъ которыхъ они дѣйствительно зависятъ; а томительное стремленіе къ единству должно подчиняться признанію различныхъ основъ тамъ, гдѣ факты опыта не даютъ намъ никакого права выводить различное изъ одного и того же источника[1].

«Можетъ быть, говоритъ Лотце нѣсколько далѣе, эта противуположность между тѣлеснымъ и душевнымъ бытіемъ не есть что нибудь окончательное и непримиримое; но наша настоящая жизнь совершается въ мірѣ, въ которомъ эта противоположность еще не разрѣшена, и, не разрѣшенная, лежитъ въ основѣ всѣхъ нашихъ мыслей и поступковъ. И въ

---

[1] Mikrokosmos. (1856). Erst. B. S. 161.

сколько неизбѣжна она въ жизни, на столько же неизбѣжна и въ наукѣ¹).

3. Такое открытое признаніе *дуализма* со стороны Лотце, который пошелъ къ нему столько же физіологическимъ изученіемъ, сколько и психологическимъ самонаблюденіемъ, требовало не мало независимости въ мысляхъ и благородной смѣлости въ характерѣ; потому что *дуализмъ*, признанный скептическимъ мышленіемъ Декарта, былъ потомъ ослабленъ и осмѣянъ съ двухъ противуположныхъ лагерей. Идеалисты со времени Спинозы отвергали дуализмъ, какъ нелѣпость, потому что, признавъ его, они должны были бы отказаться отъ всѣхъ своихъ грандіозныхъ, на воздушныхъ построекъ; ибо всѣ эти постройки основывались на переступленіи грани, отдѣляющей душевныя явленія отъ явленій матеріальнаго міра. Отказавшись же отъ этихъ построекъ, слѣдовало ограничиться фактами; а ни число ихъ, ни ихъ характеръ не удовлетворяли пылкому желанію объяснить все и построить міръ изъ одной идеи. Точно также отнесся къ дуализму и матеріализмъ, и прежде всего отвергъ его, не фактами, а громкими фразами, конечно, ибо онъ стоялъ также на пути построекъ міра и матеріальнаго и духовнаго, изъ немногихъ открытыхъ законовъ матеріи.

4. Мы могли бы показать, еслибы это было здѣсь у мѣста, что оба эти крайнія направленія современнаго мышленія, если не начались, то, по крайней мѣрѣ, получили особую силу и оживились философской системой самого Декарта; потому что въ необычайномъ геніи этого человѣка, который вмѣстѣ съ Бэкономъ стоитъ на границѣ средневѣковой и современной науки, дивнымъ образомъ соединились *скептицизмъ*, *идеализмъ* и *матеріализмъ*, такъ-что каждое изъ этихъ направленій могло бы смѣло вести свое начало отъ Декарта, если бы не боялось встрѣтиться въ этомъ источникѣ съ другимъ направленіемъ, противуположнымъ и ненавистнымъ. Но какъ бы ни былъ *ослабленъ дуализмъ*, мы убѣждены, что когда успокоятся страсти, когда наука привыкнетъ къ своему новому положенію, не въ тишинѣ кабинета, а въ шумѣ жизни, когда она, послѣ многихъ блужданій, твердо рѣшится основываться *только на фактахъ*, то прежде всего признаетъ фактъ несоединимости душевныхъ и матеріальныхъ явленій, что не помѣшаетъ ей стремиться къ разрѣшенію этой несоединимости.

5. Но если въ наукѣ стремленіе преодолѣть дуализмъ тѣла и души, не достигая своей главной цѣли, тѣмъ не менѣе, часто двигало науку впередъ, то въ практической дѣятельности, къ области которой принадлежитъ и воспитаніе, невозможно выходить изъ принциповъ *искомыхъ, но неотысканныхъ*, какъ бы отысканныхъ, признавая стремленіе за нѣчто выполненное. Жизнь, съ которою имѣетъ дѣло воспитаніе, не укладывается ни въ какую одностороннюю теорію, и упрямый теоретикъ въ жизни есть самый непрактическій человѣкъ. Воспитатель-

¹) Ibid S. 182.

должен смотрѣть на жизнь скорѣе съ той высоты, съ которой смотрѣли на нее величайшіе ея знатоки: Гомеръ, Тацитъ, Дантъ, Сервантесъ, Шекспиръ, Гете, чѣмъ сквозь какую-нибудь теорію, самолюбиво мечтающую, что ей удалось вывести изъ одного принципа всѣ явленія жизни, не смотря на ихъ кажущееся противорѣчіе.

6. Къ такому образу дѣйствій вынуждаетъ воспитателя спокойно-разумный взглядъ на прошедшее, знакомство съ исторіею вообще — и съ исторіею философскихъ системъ въ особенности. Сколько настроено было этихъ системъ въ одно послѣднее столѣтіе! И гдѣ онѣ? Конечно, послѣдняя, нынѣ господствующая система считаетъ себя уже *окончательною*; но развѣ гегелизмъ не считалъ себя еще недавно послѣднимъ словомъ, и не утверждалъ смѣло, что человѣчеству остается только развивать и разъяснять идеи Гегеля? Не въ такой же ли *модѣ* былъ передъ тѣмъ вольтеріанизмъ? Мало ли было людей, увлеченныхъ даже легонькимъ вольтеріанизмомъ?

7. Воспитатель съ зрѣлостью практическаго человѣка долженъ отнестись къ этимъ попыткамъ ума человѣческаго и знать хорошо, по крайней мѣрѣ, главнѣйшія изъ нихъ, чтобы не увлечься ни одной. Мы вовсе не ободряемъ того презрѣнія, которое выказываетъ Руссо, приходя къ такому заключенію о философскихъ системахъ: «Si vous pesez les raisons (приводимыя этими системами), ils n'en ont que pour détruir; si vous comptez les voies, chacun est réduit à la sienne» [1]. Знаніе этихъ системъ, построенныхъ глубочайшими умами, не только просвѣтляетъ нашъ взглядъ на жизнь, освобождая его отъ множества предразсудковъ, но и спасаетъ насъ отъ постройки своей собственной, какой-нибудь узкой системы, давно уже сдѣлавшейся невозможною.

8. Мы совѣтовали бы воспитателямъ вдуматься въ слѣдующія слова одного изъ замѣчательнѣйшихъ экспериментаторовъ нашего времени. «Когда мы составляемъ въ наукахъ общую теорію, говоритъ Клодъ Бернаръ, то мы вполнѣ убѣждены только въ одной вещи — въ томъ, что всѣ эти теоріи, абсолютно говоря, ложны. Онѣ составляютъ только частныя и временныя истины, которыя необходимы намъ, какъ ступени, на которыхъ мы отдыхаемъ, чтобы идти далѣе въ изслѣдованіи, а слѣдовательно должны видоизмѣняться съ возрастомъ науки» [2]. Но если такія полныя, всеразрѣшающія системы опасны въ медицинѣ, о которой говоритъ здѣсь знаменитый французскій физіологъ, то во сколько разъ онѣ опаснѣе въ воспитаніи! Было ли бы хорошо, еслибы, лѣтъ тридцать тому назадъ, увлекшись гегелизмомъ, мы выбросили изъ нашихъ школъ и университетовъ все изученіе природы, основанное на опытѣ и наблюденіи, и замѣнили бы его гегелевскими и шеллинговскими фантазіями о природѣ? Какой бы громадный вредъ принесли мы тому самому поколѣнію, которое дѣйствуетъ теперь такъ блистательно въ

---

[1] Emile, p. 297.
[2] Введ. въ оп. мед. стр. 46.

области опытных наук природы! Но этот же самый *опыт*, опыт исторический, должен удержать воспитателя и от того, чтобы не внести исключительно господствующего ныне миросозерцания в воспитание новых поколений, и не причинить ему того самого вреда односторонности, от которого уже столько раз избавлял воспитание не теория *рассудка*, всегда увлекающегося собственными своими работами, а *практический разум* человечества, спокойно и практически, из области жизни, глядящий на все эти теории, как на неизбежные односторонности, как на односторонние порывы рассудка разрешить все загадки мира.

9. Но, заметят нам, разве дуализм не одна из теорий? Нет, он не теория, а непосредственное чувство человека: одна из тех скал, о которые бьется человеческое сознание, стремящееся все привести к единству, но которая до сих пор остается непобедимою. Для психолога *стремление сознания к единству и непосредственное чувство дуализма в человеческой природе*, выражающееся в актах внимания, воспоминания, воображения, рассудка и произвола — суть только *психические факты и более ничего*. И вот от этих фактов, а не от кажущегося их примирения должен отправляться воспитатель в своей практической деятельности, опираясь *на то, что есть, а не на то, что было бы желательно видеть*.

10. Вот основание, по которому мы считаем дуалистическое воззрение на человека единственно возможным и полезным для педагога, потому что оно идет из всеобъемлющей жизни, а не из односторонних теорий науки. Взгляд этот называют *картезианским*; но это название может быть придано ему лишь на том же основании, по которому знаменитое cogito ergo sum приписывают Декарту. И в том, и в другом случае Декарт только выразил и сознал всю неизбежность для человека этих психических фактов, действующих в человечестве так давно, как только оно себя помнит, и заставляющих действовать, не смотря ни на какие теории, даже в тех самых личностях, которые строят эти теории. Величие Декарта состоит именно в том, что он вызвал наружу этих двух деятелей в области психических явлений и поставил их лицом к лицу во всей их непримиримости — *стремление сознания к единству и неодолимое чувство дуализма*.

11. Обыкновенно упрекают дуализм в том, что он не решает вопроса о связи души и тела, а прибегает для этого в выражениям в роде «предустановленной гармонии» Лейбница [1]). Но не трудно видеть, что на сколько справедлива вторая половина этого упрека, на столько несправедлива первая. Дуализм действительно оставляет нерешенным вопрос о средствах воздействия души на тело и тела на душу; но разве вопрос этот решен? И объясняется ли

---

[1]) Grundriss der Psychologie von Volkmann, S. 34 и 35.

нам возникновеніе психическихъ явленій изъ физическихъ или физическихъ изъ психическихъ, если мы становимся на точку зрѣнія матерьялизма или идеализма? «Странно», замѣчаетъ Руссо съ свойственнымъ ему здравымъ смысломъ: «что въ непостижимости соединенія двухъ субстанцій видѣть причину смѣшать обѣ субстанціи, какъ будто столь разнообразные процессы природы изъясняются лучше въ одной субстанціи, чѣмъ въ двухъ?» [1] Напротивъ, какъ мы видѣли во многихъ мѣстахъ нашихъ психическихъ анализовъ, самые важные психическіе процессы становятся совершенно необъяснимыми, когда мы признаемъ одну субстанцію въ человѣкѣ, такъ-какъ въ этихъ процессахъ ясно ощущается нами борьба двухъ агентовъ [2]. Не лучше ли же видѣть вопросъ въ его нерѣшенности, чѣмъ закрыть его какою-нибудь произвольною теоріею?

12. Ни Декартъ, ни его ближайшіе послѣдователи, напримѣръ, Малебраншъ, не отвергаютъ дѣйствій тѣла на душу и души на тѣло. Напротивъ, самъ Декартъ, въ своей книгѣ «О страстяхъ», открываетъ обширнѣйшую область такому вліянію, старается изъяснить его и по большей части изъясняетъ физіологическими причинами, своими, теперь уже нѣсколько странными, «животными духами» (les esprits animaux). Въ этомъ выражается вся неизбѣжность *теорій*, какъ только человѣкъ принимается за изъясненіе явленій природы; но воспитаніе, какъ практическая дѣятельность, можетъ основываться только на психическомъ фактѣ дуализма. *Монизмъ, какъ и вѣра въ причинность основа науки; дуализмъ, какъ и вѣра въ личную свободу человѣка — основа всякой практической дѣятельности, а слѣдовательно и воспитанія*. Но можно ли такъ раздѣлять *науку и жизнь*, о единствѣ которыхъ говорится почти въ каждой нѣмецкой ученой книгѣ? На это мы можемъ сказать только, что какъ бы ни былъ прискорбенъ этотъ фактъ раздѣленія *науки* и *практической жизни*, но во всякомъ случаѣ онъ лучше *вымышленнаго* ихъ соединенія, какъ незнаніе лучше ложнаго знанія. Жизнь можетъ пользоваться открытіями науки и дѣйствительно пользуется ими; но не можетъ раздѣлять временныхъ научныхъ міросозерцаній, которыя, по сознанію самыхъ добросовѣст-

---

[1] Emile p. 305.

[2] Замѣчательно мнѣніе Эйлера, высказанное по этому поводу: «Нѣтъ сомнѣнія, говоритъ великій математикъ, что этотъ міръ содержитъ два рода существъ: тѣлесныхъ или матерьяльныхъ и нематерьяльныхъ или духовныхъ, совершенно различной природы. Существа того и другаго рода связаны между собою, и отъ этой-то связи происходятъ всѣ чудеса этого міра.» (Lettres d'Euler. P. II. Let. XII. p. 247). На такое заключеніе факты не даютъ намъ никакого права; но тѣ же факты говорятъ ясно, что въ насъ двѣ природы, соединенныя непонятнымъ для насъ образомъ, и дѣйствительно изъ этого соединенія происходятъ удивительнѣйшія психическія явленія.

вѣйшихъ и наименѣе увлекающихся жрецовъ науки, служатъ только почтовыми станціями въ ея движеніи впередъ, и *подмостками* при постройкѣ зданія, которыя будутъ разрушены, когда зданіе выстроится. Подождемъ же, когда оно будетъ выстроено, и не будемъ такъ близоруки, чтобы принимать безобразныя подмостки за самое зданіе. Вотъ на какомъ основаніи мы утверждаемъ, что воспитатель, какъ практическій дѣятель, можетъ быть спеціалистомъ въ наукѣ, но долженъ стоять выше своей спеціальности, приступая къ практикѣ. Въ наукѣ онъ можетъ увлекаться *разсудкомъ*, въ *воспитаніи* долженъ руководствоваться *разумомъ*.

ГЛАВА XLIX.

Разсудокъ и разумъ.

1. *Великія противорѣчія*, на которыя мы указали въ прошедшихъ главахъ, вносимыя духомъ въ разсудочный процессъ сознанія, сообщали и до сихъ поръ сообщаютъ ему неустанную энергію въ его движеніи впередъ, и впередъ. Къ чему стремится это вѣчное примиреніе непримиряющихся противорѣчій и вѣчное нахожденіе новыхъ противорѣчій въ томъ, что казалось примиреннымъ,—этого мы не знаемъ. Цѣль эта лежитъ внѣ человѣческой жизни и внѣ человѣческаго сознанія. Мы можемъ только констатировать фактъ такого психическаго явленія, описать его, показать результаты; но угадываніе его цѣли переходитъ уже въ область вѣры. Несомнѣнно только то, что, достигая этой невѣдомой цѣли, лежащей внѣ нашего временнаго существованія, мы достигаемъ множества побочныхъ цѣлей: наука наша идетъ впередъ, матеріальный бытъ улучшается, общественный совершенствуется, человѣкъ развивается и умственно, и нравственно. Вотъ психологическая основа глубокаго евангельскаго изреченія: «ищите прежде всего царствія Божія, а все остальное приложится вамъ». Изреченіе это можетъ быть отнесено не только къ апостоламъ, которымъ оно было сказано, не только къ каждому отдѣльному человѣку въ его отдѣльной жизни, но и ко всему человѣчеству въ его историческомъ развитіи. Стремясь къ невѣдомой цѣли, и именно потому, что стремится къ этой невѣдомой цѣли и на столько, на сколько оно стремится къ ней, достигаетъ человѣчество по пути множества временныхъ цѣлей, обогащающихъ его разсудокъ, улучшающихъ его бытъ, совершенствующихъ его умственно и нравственно.

2. Однако же противу этого вѣчнаго движенія впередъ и впередъ къ невѣдомой цѣли часто возмущается животная природа человѣка. Тогда разсудокъ отказывается слѣдовать за таинственными указаніями духа, который, не щадя ни нашего самолюбія, ни нашей нетерпѣливости, говоритъ намъ только, что мы на пути, не говоря даже, близка или далека цѣль. Это вѣчное, обидное для самолюбія, сознаніе, что мы еще не тамъ, гдѣ должны бы быть, нерѣдко заставляетъ человѣка отказываться

отъ дальнѣйшаго движенія, останавливаться на станціи и располагаться на ней, какъ дома. Животная природа человѣка возмущается, разсудокъ вступаетъ въ права *разума*, хочетъ привести весь матеріалъ разсудочнаго процесса въ полную ясность, *выбросить* изъ него всѣ противорѣчія, которыхъ не можетъ разрѣшить, или спѣшитъ фантазіями, а не фактами объяснить необъяснимое, свести все въ простыя положенія разсудка, разстаться, наконецъ, съ этими мучительными, вѣчными противорѣчіями и сомнѣніями, и сдѣлать свою теорію незыблемымъ принципомъ практической жизни. Но что же выходитъ изъ такой рѣшимости? Временныя, всеобъясняющія теоріи, которыя въ данный моментъ кажется удовлетворяютъ всѣхъ, но въ слѣдующій же рушатся, оставляя пустоту въ душѣ, которую человѣкъ спѣшитъ наполнять новой теоріей, а жизнь идетъ все впередъ, колеблемая, но не сбиваемая съ пути временными увлеченіями разсудка. Наука руководится *разсудкомъ*; но жизнь руководится *разумомъ*, для котораго наука только средство, а не цѣль жизни.

3. Сущность сознанія, и слѣдовательно разсудочнаго процесса, состоитъ въ уничтоженіи безпрестанно вкрадывающихся въ него противорѣчій; но не такова сущность разума, который сознаетъ эти противорѣчія и вмѣстѣ съ тѣмъ видитъ неизбѣжность ихъ. Разсудокъ есть процессъ сознанія, а разумъ—сознаніе самаго этого процесса или, вѣрнѣе, самосознаніе разсудка. Разсудокъ есть совокупность фактовъ, пріобрѣтенныхъ сознаніемъ изъ опытовъ и наблюденій надъ внѣшнимъ міромъ. Въ разумѣ къ этому содержанію разсудка присоединяются еще наблюденія и опыты, которые сдѣлало сознаніе надъ собственнымъ своимъ процессомъ въ различныхъ областяхъ разсудочной дѣятельности—въ исторіи философскихъ и политическихъ системъ, въ исторіи цивилизаціи, въ исторіи религіи, въ исторіи самой науки, сводя всякую исторію и исторію вообще къ строгому психическому анализу. Но изъ этого, конечно, не слѣдуетъ заключать, что разумомъ обладаютъ только психологи, историки и философы ex officio. Всякій мыслящій человѣкъ непремѣнно историкъ, философъ и психологъ; всякій дѣлаетъ наблюденія надъ собственнымъ развитіемъ, надъ своими психическими процессами; всякій дѣлаетъ опыты въ психической сферѣ и выводы изъ этихъ опытовъ.

4. Разсудокъ есть плодъ *сознанія*; разумъ — плодъ *самосознанія*; сознаніемъ обладаютъ и животныя, но самосознаніемъ обладаетъ только человѣкъ. Вотъ почему анализъ разума намъ предстоитъ еще сдѣлать тогда, когда мы будемъ заниматься духовными особенностями человѣка; теперь же мы еще въ сферѣ его животной жизни, изъ которой насъ безпрестанно увлекаютъ впередъ тѣ измѣненія, которыя сдѣланы въ этой жизни духовными особенностями человѣка. Измѣненія же эти такъ велики, что только внимательный анализъ открываетъ въ животныхъ процессахъ, совершающихся въ человѣкѣ, сходство съ тѣми же процессами, совершающимися въ животныхъ: духъ передѣлываетъ на свой ладъ даже животный организмъ человѣка.

5. Въ теоріи можно еще жить однимъ *разсудкомъ*; но высшая

практическая дѣятельность требуетъ всего человѣка, и слѣдовательно требуетъ руководства *разума*. Это замѣчаніе, приложимое ко всей общественной, исторической дѣятельности человѣка, съ особенной силой относится къ дѣятельности *воспитательной*.

Воспитатель не ученый, не спеціалистъ въ наукѣ, не человѣкъ умозрѣнія, а *практикъ* — и потому-то его намѣреніями и его дѣйствіями должны руководить не одностороннія увлеченія *разсудка*, стремящагося удалить противорѣчія и бросающаго временный мостъ изъ гипотезы тамъ, гдѣ еще нѣтъ перехода, — а всестороннее пониманіе *разума*, который видитъ современные *предѣлы знанія*. Этимъ-то спокойнымъ разумомъ прежде всего долженъ обладать тотъ *зрѣлый* человѣкъ, который беретъ на себя воспитаніе *незрѣлыхъ* поколѣній. Если спеціалистъ-естествоиспытатель стремится объяснить всѣ психическіе процессы изъ физическихъ и химическихъ явленій, то это увлеченіе можетъ принести полезные плоды; если метафизикъ стремится объяснить все изъ субъективной идеи, то онъ можетъ-быть подаритъ міръ нѣсколькими великими мыслями; если спеціалистъ-историкъ или статистикъ подводитъ все подъ какой-нибудь одинъ законъ, положимъ, хоть подъ законъ вліянія природы на человѣка, то въ своей односторонности онъ можетъ подвинуть науку впередъ, расширить область человѣческихъ знаній. Но если *воспитатель* увлечется какимъ-нибудь изъ этихъ одностороннихъ стремленій, то кромѣ вреда онъ ничего не принесетъ своимъ воспитанникамъ, которыхъ онъ готовитъ не для спеціальной науки, а для всеобнимающей жизни. Въ практической жизни русская пословица — «умъ безъ разума бѣда» имѣетъ большое значеніе, а особенно въ дѣлѣ воспитанія. Изъ этого уже видно, какъ противорѣчатъ сами себѣ тѣ, которые въ одно и тоже время вооружаются противъ различныхъ увлеченій въ школахъ и противъ спеціальнаго приготовленія воспитателей къ своему дѣлу, полагая, что каждому учителю достаточно быть хорошимъ спеціалистомъ въ своемъ предметѣ [1]. Поясимъ это отношеніе воспитателя къ наукѣ примѣромъ, взятымъ изъ самыхъ современныхъ вопросовъ.

7. Самое характеристическое явленіе науки двухъ послѣднихъ десятилѣтій есть необычайное усиленіе и распространеніе естествознанія; а вмѣстѣ съ тѣмъ и промышленная дѣятельность народовъ расширилась и пріобрѣла такое значеніе, какого не имѣла никогда. Какъ бы кто ни смотрѣлъ на этотъ фактъ, но не признать его никто не можетъ, и во всякомъ случаѣ жизнь человѣчества сдѣлаетъ безспорный прогрессъ, если ею будетъ руководить болѣе промышленный и торговый разсчетъ, чѣмъ властолюбіе, слѣпой фанатизмъ, національныя гордости и ненависти. Однако разумный воспитатель не увлечется этимъ

---

[1] Милль и Контъ совершенно справедливо видятъ большое зло въ «разрозненной спеціальности» современныхъ ученыхъ (Дж. Ст. Милль. О. Контъ. Стр. 80); но нигдѣ это зло не приноситъ такого вреда, какъ въ воспитаніи.

движеніемъ времени. Зная человѣческую природу, понимая хорошо, что удовлетвореніе матеріальныхъ потребностей не есть еще удовлетвореніе всѣхъ потребностей человѣка, что человѣкъ живетъ не для того, чтобы ѣсть и одѣваться, но для того одѣвается и ѣсть, чтобы жить, воспитатель не оставитъ неразвитыми высшихъ душевныхъ и духовныхъ потребностей человѣка и сдѣлаетъ девизомъ своей воспитательной дѣятельности слова Спасителя: *не о хлѣбѣ единомъ живъ будеши*. Но если воспитатель останется глухъ и нѣмъ къ законнымъ требованіямъ времени, то самъ лишитъ свою школу жизненной силы, самъ добровольно откажется отъ того законнаго вліянія на жизнь, которое принадлежитъ ему, и не выполнитъ своего долга: не приготовитъ новаго поколѣнія для жизни, а оставитъ ей, по всей ея пестротѣ, неурядицѣ и часто безобразіи, *довоспитывать* воспитанниковъ его несовременной школы. Школѣ не опрокинуть жизни; но жизнь легко опрокидываетъ дѣятельность школы, которая становится поперекъ ея пути. Школа, противящаяся жизни, сама виновата, если не внесетъ въ нее тѣхъ благодѣтельныхъ умѣряющихъ вліяній, которыя можетъ и обязана внести, тѣхъ *разумныхъ* элементовъ, подъ сѣнію которыхъ должны обезпечиться отъ ѣдкой остроты жизни и ея безпрестанныхъ временныхъ увлеченій — какъ нѣжное беззащитное дѣтство, такъ и не окрѣпшая еще, пылкая юность.

8. Успѣхи естественныхъ наукъ, характеризующіе наше столѣтіе, идутъ не только вширь, но и въ глубь. Число знаній человѣка о природѣ не только увеличилось въ громадныхъ размѣрахъ, но и сами эти знанія все болѣе и болѣе пріобрѣтаютъ *научную форму*, способную развить человѣка умственно не менѣе, а можетъ быть и болѣе, чѣмъ прежніе пріемы и методы такъ называемаго формальнаго развитія. Неужели же школа останется какъ бы не знающею о такой реформѣ въ наукѣ и жизни и будетъ идти своимъ прежнимъ, устарѣлымъ ходомъ, забывая, что то, что было современнымъ и полезнымъ, можетъ сдѣлаться несовременнымъ, неполезнымъ, а потому и вреднымъ? Если бы европейская школа шестнадцатаго столѣтія осталась глуха и нѣма къ реформамъ, совершавшимся тогда въ жизни, и къ возобновленію науки изъ классическихъ источниковъ, то хорошо ли бы она сдѣлала? Почему же будетъ хорошо, если современная школа ничѣмъ не отзовется на глубокую реформу, совершающуюся теперь въ той же жизни и въ той же европейской наукѣ?

Реформа эта, какъ всякая глубокая умственная и моральная реформа, не могла совершиться безъ борьбы, а борьба не могла не сопровождаться увлеченіями всякаго рода, и наполнила этими увлеченіями и головы, и книги, перемѣшивая полезное съ вреднымъ и истинное съ ложнымъ. Неужели же воспитатель выполнитъ свое дѣло, только отвернувшись отъ той самой жизни, для которой долженъ приготовить своихъ воспитанниковъ? Но точно также не выполнитъ онъ своей обязанности и тогда, если будетъ безъ разбора вносить въ свою школу все, что покажется ему по-новѣе и по-занимательнѣе. Въ первомъ случаѣ онъ сдѣлаетъ школу учрежденіемъ безсильнымъ и безполезнымъ, а во второмъ—совершенно разрушить ее. Мы же думаем, что истинный воспитатель должен быть посредником между школою, съ одной стороны, и жизнью и наукой, съ другой; онъ долженъ вносить въ школу только действительныя и полезныя знанія, добытыя наукою, оставляя внѣ школы всѣ увлеченія, неизбѣжныя при процессѣ добыванія знаній. Онъ долженъ выводить изъ школы въ жизнь новыя поколѣнія, неиспорченныя, неизмятыя мѣняющимися увлеченіями жизни, но вполнѣ готовыя къ борьбѣ, которая ихъ ожидаетъ. Напрасно бы надѣялся воспитатель на силу одного *формальнаго* развитія. Психическій анализъ показываетъ ясно, что *формальное развитіе разсудка*, въ томъ видѣ, какъ его прежде понимали, есть *несуществующій призракъ*, что разсудокъ развивается только въ дѣйствительныхъ реальныхъ знаніяхъ, что его нельзя *ломать*, какъ какую-нибудь стальную пружину, и что самый умъ есть нѣчто иное, какъ хорошо организованное знаніе. Но если, съ другой стороны, внести въ школу естествознаніе со всѣми увлеченіями, которыми сопровождались его порывы впередъ, со всѣми безобразными фантазіями и преувеличенными надеждами, словомъ внести въ школу не зрѣлую мысль, а самую борьбу мысли во всемъ ея случайномъ безобразіи, то это значитъ разрушить школу и оставить беззащитныхъ дѣтей посреди поля, гдѣ кипитъ битва взрослыхъ людей со всѣми ея отвратительными случайностями. И не можетъ ли случиться (да и не случалось ли уже иногда?), что какое-нибудь увлеченіе, которое наставникъ поспѣшилъ внести въ школу, отживетъ свой вѣкъ даже въ умѣ самого наставника прежде, чѣмъ дѣти, которымъ онъ передалъ его, окончатъ курсъ ученія? Не должна ли тогда совѣсть глубоко упрекнуть наставника за такой необдуманный образъ дѣйствія? Если тотъ, кто вноситъ свои мысли въ печать, обязывается обдумывать ихъ, то во сколько разъ усиливается эта обязанность для того, кто вноситъ свои идеи и стремленія въ открытыя и впечатлительныя души дѣтей!

9. Многіе боятся *естествознанія*, какъ проводника матеріалистическихъ убѣжденій; но это только слабодушное недовѣріе къ истинѣ и ея источнику — Творцу природы и души человѣческой. *Истина не можетъ быть вредна*: это одно изъ самыхъ святыхъ убѣжденій человѣка, и воспитатель, въ которомъ поколебалось это убѣжденіе, долженъ оставить дѣло воспитанія — онъ его не достоинъ. Языческій богъ обманываетъ, хитритъ, притворяется, потому что онъ самъ — созданіе человѣческаго воображенія: христіанскій Богъ — сама Истина. Пусть воспитатель заботится только о томъ, чтобы *не давать дѣтямъ ничего, кромѣ истины*, конечно, выбирая между истинами тѣ, которыя соотвѣтствуютъ данному возрасту воспитанника, и пусть будетъ спокоенъ на счетъ ея нравственныхъ и практическихъ результатовъ; пусть воспитатель, *соблюдая только законъ своевременности*, смѣло вводитъ воспитанника въ дѣйствительные факты жизни, души и природы, вездѣ указывая предѣлъ человѣческаго знанія, нигдѣ не прикрывая незнанія ложными мостами, и можетъ быть увѣренъ, что ни знаніе души, ни знаніе приро-

ды, какими они являются нам въ фактахъ, а не въ созданіяхъ самолюбія теоретиковъ, не извратитъ нравственности воспитанника, не сдѣлаютъ его ни матеріалистомъ, ни идеалистомъ, не раздуютъ безъ мѣры его самолюбія, не поколеблютъ въ немъ благоговѣнія къ Творцу вселенной. Напротивъ, мы думаемъ, что воспитаніе не выполнитъ своей нравственной обязанности, если не очиститъ сокровищъ, добытыхъ естествознаніемъ отъ всей ложной шелухи, остатковъ процесса ихъ добыванія, и не внесетъ этихъ сокровищъ въ массу общихъ знаній каждаго человѣка, имѣющаго счастье употребить свою молодость на пріобрѣтеніе знаній. Наука дѣлаетъ свое дѣло: она добыла много сокровищъ знанія и продолжаетъ ихъ добывать, не заботясь о томъ, какъ и въ какомъ видѣ входятъ они въ массу общихъ свѣдѣній человѣчества. Эта обязанность лежитъ на воспитаніи, въ обширномъ смыслѣ этого слова, а не на различныхъ спекуляторахъ, разчитывающихъ именно на тѣ временныя увлеченія въ наукѣ, которыя должны быть выброшены.

Пока сокровища естествознанія будутъ принадлежностью однихъ спеціалистовъ, до тѣхъ поръ въ нихъ будетъ существовать тотъ скрытый ядъ, котораго нынѣ боятся: ядъ этотъ есть не болѣе, какъ плѣсень, которая завелась въ душномъ воздухѣ запертыхъ лабораторій науки и исчезнетъ, когда эти знанія перейдутъ въ общее обладаніе. Не свѣтъ открытаго дня, а мракъ таинственности вреденъ. Молодой человѣкъ, голова котораго съ дѣтства не привыкла работать надъ явленіями и предметами природы, естественно смотритъ на нихъ какъ на что-то новое, таинственное и ждетъ отъ нихъ гораздо болѣе того, чѣмъ они могутъ дать: пріучите его съ дѣтства обращаться съ идеями естествознанія, и онѣ, потерявъ для него всю свою таинственность, потеряютъ и все вредное дѣйствіе. Но конечно для этого необходимо, чтобы науки психическія шли рядомъ съ науками природы, чтобы человѣкъ еще въ дѣтствѣ привыкъ соединять всегда эти два порядка идей и знать, что одинъ также необходимъ, какъ и другой. Школа должна внести въ жизнь основныя знанія, добытыя естественными науками, сдѣлать ихъ столь же обыкновенными, какъ знанія грамматики, ариѳметики или исторіи, и тогда основные законы явленій природы улягутся въ умѣ человѣка вмѣстѣ со всѣми прочими законами, тогда-какъ теперь они именно по новости своей вызываютъ несбыточныя ожиданія и сулятъ удовлетвореніе тѣмъ духовнымъ требованіямъ, которымъ удовлетворить не могутъ. Это психическій законъ, открытый Гербартомъ, что всякая новая мысль возмущаетъ всѣ прежніе ряды мыслей, пока не примѣрится къ каждой изъ нихъ и не составитъ съ ними прочныхъ и спокойныхъ сочетаній, державшихъ группъ и сѣтей.

10. Если же школа запрется отъ естествознанія, то она будетъ сама содѣйствовать распространенію матеріализма, потому что знанія естественныхъ наукъ носятся нынѣ въ воздухѣ; но въ какомъ видѣ! Не согрѣшитъ ли школа передъ юнымъ поколѣніемъ, не оградивъ его истиннымъ знаніемъ отъ этихъ уродливыхъ смѣшеній лжи и истины? Кто же

будетъ виноватъ, если молодые люди, употребившіе свою молодость единственно на изученіе того, что дѣлалось и думалось за двѣ тысячи лѣтъ тому назадъ, будутъ потомъ съ благоговѣніемъ слушать шарлатана или фанатика, разсказывающаго имъ, какъ онъ подсмотрѣлъ тайны душевныхъ явленій въ волокнахъ мозга? Не стѣсненіями и запрещеніями, а только истинными знаніями можно оградить человѣка отъ знаній ложныхъ, отъ безобразныхъ восточныхъ и языческихъ фантазій въ одеждѣ европейскаго знанія.

11. Но если такова обязанность воспитанія, если оно должно, съ одной стороны, зорко слѣдить за тѣмъ, что совершается въ жизни и наукѣ, а съ другой, не увлекаться тѣми увлеченіями, которыя свойственны и жизни и наукѣ, и вносить изъ нихъ въ школу лишь то, что составляетъ дѣйствительное пріобрѣтеніе человѣчества, оставляя за порогомъ ея всѣ временныя увлеченія, то уже изъ этого видно, какой *зрѣлости* требуетъ отъ человѣка дѣло воспитанія. Для этого дѣла уже недостаточно одного *теоретическаго разсудка*, увлекающагося собственнымъ своимъ процессомъ, а необходимъ спокойный *практическій разумъ*, сознающій самые разсудочные процессы въ ихъ неизбѣжной односторонности. Такая же зрѣлость разума можетъ быть почерпнута только изъ изученія человѣческой природы въ ея вѣчныхъ основахъ, въ ея современномъ состояніи и въ ея историческомъ развитіи, что и составляетъ главную основу педагогики или искусства воспитанія, въ обширномъ смыслѣ этого слова.

ГЛАВА I.

Что же такое сознаніе?

(Выводы и терминологія).

1. Мы видѣли сознаніе въ различныхъ актахъ его дѣятельности: во вниманіи, въ воспоминаніи, въ процессѣ воображенія и, наконецъ, въ разсудочномъ процессѣ. Можемъ ли мы теперь сколько нибудь опредѣлительно сказать, что же такое сознаніе? Кантъ по этому вопросу говоритъ слѣдующее: «Подъ этимъ *я*, или *онъ*, или *то* (вещь), что думаетъ, не представляется ничего болѣе, какъ трансцендентальный *субъектъ мыслей, равный иксу*, который узнается только мыслями, составляющими его же сказуемыя, и о которомъ отдѣльно мы не можемъ имѣть ни малѣйшаго понятія; около котораго потому мы постоянно вружимся, такъ какъ мы должны уже пользоваться представленіемъ его всякій разъ, когда хотимъ что-нибудь о немъ сказать»[1]. Другими словами, будучи сами сознаніемъ, и зная о сознаніи только въ самихъ себѣ, мы не можемъ выйти изъ сознанія, чтобы взглянуть на него, какъ на объектъ,

---

[1] Kritik der reinen Vernunft. ed. Hartenst. j. 1853 S. 298.

точно также, какъ глядящій глазъ не можетъ видѣть самъ себя иначе, какъ въ зеркалѣ или въ другомъ отражающемъ предметѣ. Но нѣтъ ли такого зеркала и для нашего сознанія? Не можемъ ли мы узнать сознаніе, если не прямо, то хотя въ его отраженіи? Такимъ отраженіемъ для сознанія является его дѣятельность, и въ ней то мы старались познакомиться съ сознаніемъ. Но кто же поручится, что это зеркало отражаетъ вѣрно? Собственное сознаніе каждаго: вотъ почему мы вездѣ и признавали безапелляціоннымъ судьею собственное сознаніе читателя.

2. Не будучи въ состояніи сказать, что такое сознаніе само въ себѣ, какъ объектъ, мы однакоже можемъ сказать, *чѣмъ оно не можетъ быть*, потому что всякое понятіе наше есть наше собственное созданіе, и если мы даемъ себѣ ясный отчетъ въ нашихъ понятіяхъ, то о всякомъ изъ нихъ можемъ сказать, можетъ ли оно, или нѣтъ, означать то, чѣмъ является сознаніе въ своей дѣятельности.

3. Наше понятіе о *самостоятельномъ существѣ* таково, что мы не можемъ назвать сознанія *самостоятельнымъ существомъ*, а только *свойствомъ* другаго самостоятельнаго существа. Всякое самостоятельное существо, субстанція, на сколько мы ее понимаемъ, не можетъ начинаться и прекращаться; а сознаніе наше начинается и прекращается и опять начинается. Предполагать, какъ Декартъ, что человѣкъ всегда думаетъ или сознаетъ, мы не имѣемъ никакого права, ибо не можемъ ни чѣмъ убѣдиться, что думаемъ во время глубокаго сна или обмороковъ, и скорѣе должны предположить, что сознаніе можетъ прекращаться и начинаться, а слѣдовательно есть свойство самостоятельнаго существа, и свойство это можетъ обнаруживаться, и переставать обнаруживаться, смотря по тому, вызывается ли оно чѣмъ нибудь, или нѣтъ.

4. Видя въ сознаніи *свойство*, мы не можемъ приписать этого свойства ничему *матеріальному*:

Во-первыхъ, потому, что самое понятіе о матеріи есть ничто иное какъ понятіе о существѣ, составляющемъ предметъ сознанія, но чуждомъ для него.

Во-вторыхъ, мы не можемъ приписать сознанія ничему матеріальному потому, что самый существенный актъ сознанія—сличеніе, различеніе и сравненіе, актъ, лежащій въ основѣ всѣхъ сознательныхъ психическихъ процессовъ—не можетъ быть выполняемъ ничѣмъ матеріальнымъ, на сколько мы знаемъ матерію.

Въ-третьихъ, во всѣхъ процессахъ сознанія, которые мы только подвергали анализу, мы видѣли совершенную необходимость признать участіе въ нихъ не одного, а двухъ агентовъ. Однимъ изъ этихъ агентовъ является нервная система; другимъ должно являться нѣчто другое, чему принадлежитъ способность сознанія, и это нѣчто другое мы называемъ *душею*.

5. Сознаніе, слѣдовательно, есть одна изъ душевныхъ способностей. Можетъ ли эта душевная способность появляться внѣ нервнаго организма—этого мы не знаемъ; но во всѣхъ душевныхъ процессахъ, которые

были нами анализированы, мы видѣли, что сознаніе пробуждается въ душѣ только при воздѣйствіи на нее нервнаго организма или при воздѣйствіи души на нервный организмъ.

6. Воздѣйствіе нервнаго организма на душу, которымъ вызывается въ ней сознаніе, мы не можемъ представить себѣ иначе, какъ въ формѣ движенія частицъ, составляющихъ мозгъ и нервы; но душа не сознаетъ этихъ движеній, а прямо отзывается на нихъ разнообразнѣйшими актами сознанія, которые мы называемъ разнообразными *ощущеніями*. Мы не можемъ сознавать ничего, идущаго изъ внѣшней для насъ природы, помимо нашей нервной системы. Только то, что способно возбудить въ ней своеобразныя движенія, можетъ быть сознаваемо нами.

7. Однакоже не всякое *впечатлѣніе* внѣшняго міра на нашу нервную систему превращается душою въ *ощущеніе*. Множество впечатлѣній, испытываемыхъ нервнымъ организмомъ, проходитъ незамѣченными душою, хотя могутъ оказать сильнѣйшее вліяніе на состояніе нашего тѣла.

8. *Впечатлѣніе*, выполнившее всѣ физическія условія, чтобы сдѣлаться *ощущеніемъ*, дѣлается имъ тогда только, когда на него будетъ обращено *вниманіе*.

9. Разбирая *процессъ вниманія*, мы замѣтили, что оно есть ничто иное, какъ большая или меньшая сосредоточенность души въ процессѣ или душевнаго чувства, или воли, или сознанія. Причинъ сосредоточенности души въ сознаніи мы нашли два рода, и по различію этихъ причинъ самое вниманіе раздѣлили на *пассивное* и *активное*.

10. Вникая далѣе въ *процессъ сознаванія*, мы замѣтили существенное, необходимое условіе, безъ котораго этотъ процессъ не можетъ быть начатъ. Это условіе состоитъ въ томъ, что для того, чтобы сознавать, душа наша должна получить возможность *сличать и различать*, т. е. *сравнивать*, такъ что сознаніе само есть ничто иное, какъ душевный актъ сличенія, различенія, или просто, актъ сравненія двухъ или нѣсколькихъ впечатлѣній. Гдѣ душа не имѣетъ возможности сличать, различать и сравнивать, тамъ она не начинаетъ или перестаетъ сознавать.

11. Не будучи въ состояніи объяснить этого основнаго акта души, мы можемъ только поставить гипотезу, что вѣроятно душа наша выводится изъ своего нормальнаго состоянія и единичными впечатлѣніями, идущими изъ нервной системы, но начинаетъ сознавать эти впечатлѣнія тогда только, когда ихъ два или болѣе, и когда потому самому душа можетъ уловить *отношеніе* между ними. Душа наша сознаетъ не самыя впечатлѣнія, не самыя движенія нервовъ, которыя она испытываетъ, но о которыхъ ничего не знаетъ; она сознаетъ только отношеніе между нервными движеніями.

12. Впечатлѣнія, связанныя душою въ одну *ассоціацію*, въ одно *сочетаніе*, оставляютъ въ нервахъ свой слѣдъ въ гипотетической формѣ *привычки*. Что такое привычка нервовъ сама въ себѣ, мы этого не знаемъ; но множество явленій убѣждаютъ насъ въ существованіи без-

численнаго множества нервныхъ привычекъ. Въ соотвѣтствіи съ привычкою нервовъ, въ душѣ нашей тоже остается слѣдъ пережитаго ею ощущенія, и этотъ слѣдъ мы назвали *идеею*. Какъ привычки, такъ и идеи, или вообще *слѣды сочетаній*, могутъ оставаться въ насъ отдѣльно или связываться между собою *вереницами, группами, сѣтями сочетаній*.

13. Въ какой формѣ существуютъ идеи въ душѣ, мы этого не знаемъ точно также, какъ не знаемъ, въ какой формѣ существуютъ привычки въ нервной системѣ, но къ признанію существованія, какъ тѣхъ, такъ и другихъ, мы были вынуждены нашими психическими и психофизическими анализами, которые привели насъ къ признанію *привычекъ и идей*, какъ двухъ *гипотетическихъ причинъ* множества несомнѣнныхъ явленій.

14. Сочетаніе движеній, перешедшее въ *привычку*, пробудившись въ нервномъ организмѣ по какой-нибудь независящей отъ души причинѣ, вызываетъ въ душѣ *идею* этого сочетанія, т. е. повтореніе сознаніемъ того отношенія, по которому завязалось данное сочетаніе. Это мы назвали актомъ *невольнаго воспоминанія*.

15. Кромѣ этого невольнаго воспоминанія, мы не могли не замѣтить *воспоминанія произвольнаго*, и объяснили этотъ актъ тѣмъ, что душа наша, пришедшая какимъ нибудь процессомъ къ повторенію въ себѣ того отношенія, которое уже разъ или нѣсколько разъ въ ней было и сохранялось въ ней въ видѣ душевнаго слѣда или идеи, стремится воплотить эту идею въ тѣ самыя нервныя сочетанія, которыми она была вызвана въ душѣ. Это намъ не всегда удается и сопровождается иногда такимъ замѣтнымъ усиліемъ, что каждый изъ насъ легко можетъ изучать на себѣ этотъ актъ произвольнаго воспоминанія.

16. Мы не объяснили тѣхъ процессовъ, которыми душа сама можетъ дойти до возстановленія въ себѣ идей, не объяснили именно потому, что считаемъ эту способность принадлежностью одной только души человѣческой, а для изученія этихъ, чисто человѣческихъ, духовныхъ способностей назначена нами третья часть нашей антропологіи. Здѣсь же мы можемъ намекнуть только, что по отношенію къ душѣ душевные слѣды или идеи пережитыхъ ею ощущеній могутъ быть двоякаго рода: однѣ вносятся, такъ сказать, въ самую *суть* души, составляютъ ступень въ исторіи ея развитія, удовлетворяя или противорѣча ея прожденнымъ требованіямъ; другія же сохраняются въ ней, какъ нѣчто постороннее и отрывочное. Къ возстановленію идей перваго рода душа можетъ придти сама съ пробужденіемъ въ ней тѣхъ требованій, которымъ эти идеи удовлетворяютъ или которымъ онѣ противорѣчатъ. Къ идеямъ втораго рода душа сама придти не можетъ, и онѣ всегда вызываются въ ней или непосредственно внѣшними впечатлѣніями, или тѣми же внѣшними впечатлѣніями, но черезъ посредство ассоціацій цѣлаго ряда нервныхъ привычекъ.

17. Мы замѣтили за сознаніемъ стремленіе все соединять, во всемъ

— 431 —

находить отношеніе и замѣтили также полную невозможность для души добровольно идти въ процессѣ сознанія въ разныя стороны. Мы замѣтили, что душа всегда имѣетъ только одно стремленіе — соединять; но что этому стремленію противодѣйствуютъ впечатлѣнія внѣшняго міра, которыя, происходя во множествѣ одновременно, стремятся увлечь сознаніе въ разныя стороны — *развлечь его, разсѣять вниманіе*. На сколько *душа преодолѣваетъ это развлекающее противодѣйствіе нервной системы, на столько она и сознаетъ*. Преодолѣваніе же это зависитъ отъ двухъ причинъ: или отъ произвола души, или отъ того, что одно впечатлѣніе преодолѣваетъ другія, ему современныя, собственною своею относительною силою.

18. Изучая дѣятельность сознанія въ процессѣ воображенія, мы замѣтили также и здѣсь борьбу двухъ агентовъ, и потому самый этотъ процессъ раздѣлили на *воображеніе пассивное и воображеніе активное*, показавъ, какъ они безпрестанно перевѣшиваются между собою.

19. Процессъ *пассивнаго воображенія*, или передвиженіе сочетаній нервныхъ привычекъ въ сознаніи души, мы объяснили органическою жизнью нервной системы, наблюдая тѣ явленія, въ которыхъ ясно выражается вліяніе состояній этой системы на наше воображеніе. При этомъ случаѣ мы замѣтили, что попытки подвести эти волненія нервной системы подъ математическіе законы волненій, если не окончились полною удачею, то обѣщаютъ много въ будущемъ.

20. Въ процессѣ *активнаго воображенія* мы изучили, какъ душа оказываетъ произвольное вліяніе на передвиженіе представленій, и нашли, что средство, употребляемое для этого душою, состоитъ въ сосредоточеніи вниманія на томъ или другомъ изъ составныхъ членовъ представленія, а самая эта сосредоточенность вниманія, или лучше сказать, сосредоточенность души въ процессѣ сознанія зависитъ опять же отъ произвола души. Мы изучили также борьбу этого произвола души съ вліяніемъ нервной системы, и нашли, что многое въ умѣ и даже нравственности человѣка зависитъ отъ того, побѣждаетъ ли душа или нервная система въ этой борьбѣ.

21. Перейдя затѣмъ къ *разсудочному процессу*, мы замѣтили, что и въ немъ дѣйствуетъ та же сознающая душа и по по тѣмъ же самымъ законамъ сознанія, что душа и въ разсудочномъ процессѣ только сличаетъ, различаетъ, сравниваетъ и выражаетъ результатъ своихъ сравненій въ новыхъ сочетаніяхъ — впечатлѣній въ представленія, представленій въ понятія, понятій тѣсныхъ въ понятія болѣе обширныя и понятій обширныхъ въ цѣлыя системы понятій, выражающихся въ формѣ наукъ.

22. Наблюдая разсудочный процессъ, ясно видно, что онъ, подобно предшествующимъ, можетъ совершаться *или по нашей волѣ или независимо отъ нея*. Въ первомъ случаѣ мы съ усиліемъ, весьма замѣтнымъ, ищемъ сходствъ и различій, ищемъ возможности образовать тѣ или другія сочетанія представленій или понятій. Во второмъ случаѣ разсудочныя ассоціаціи возникаютъ сами собою, при случайномъ (слу-

чайномъ для нашей воли) столкновеніи ощущеній, представленій или понятій въ нашемъ сознаніи. Иногда мы рѣзко замѣчаемъ, что разсудочныя ассоціаціи возникаютъ въ насъ не только не по нашей волѣ, но даже противъ нашей воли и нерѣдко очень непріятно насъ поражаютъ; мы часто не хотѣли бы видѣть выводовъ нашего разсудка, но не можемъ ихъ не видѣть.

23. Результатъ разсудочнаго процесса, какъ произвольнаго, такъ и непроизвольнаго, *всегда не произволенъ*, но самый процессъ можетъ быть произвольнымъ и непроизвольнымъ. Результатъ разсудочнаго процесса условливается сходствомъ или несходствомъ, словомъ, отношеніемъ между предметами сознанія, а этихъ отношеній мы измѣнить не можемъ. Но мы можемъ преднамѣренно или подъ вліяніемъ страсти ввести въ сознаніе другіе предметы и тогда выводы будутъ другіе. Разсудокъ всегда строитъ вѣрно изъ матерьяловъ, ему предложенныхъ, и если мы замѣчаемъ ошибку въ нашемъ мышленіи, то причину надобно искать въ матерьялахъ сознанія: они или были недостаточны, или не тѣ, какіе нужны, или въ нихъ скрывалась порча и ошибки или они были предварительно дурно обработаны.

24. *Непроизвольный разсудочный процессъ* есть ничто иное, какъ непроизвольный актъ сознанія. Образованіе простѣйшихъ сочетаній, изъ которыхъ возникаютъ только единичныя опредѣленныя ощущенія—свѣта, тьмы, краски, звука и т. д., совершается уже этимъ разсудочнымъ актомъ сознанія. Всѣ сочетанія (ассоціаціи) по сходству, по различію, по мѣсту, по времени суть разсудочные акты, результаты различеній и сравненій. Въ этомъ отношеніи между сознаніемъ и разсудкомъ нѣтъ различія, и работа разсудка начинается въ человѣкѣ вмѣстѣ съ сознаніемъ. Всѣ дальнѣйшія разсудочныя работы отличаются отъ первыхъ только по своей сложности, по сложности матерьяловъ, надъ которыми работаетъ сознаніе, и эта сложность есть, въ свою очередь, результатъ прежнихъ работъ того же сознанія.

25. Непроизвольный разсудочный процессъ долженъ совершаться одинаково вездѣ, гдѣ есть сознаніе, слѣдовательно и у животныхъ. При особой остротѣ внѣшнихъ чувствъ, которою одарены многія животныя, непроизвольный разсудочный процессъ могъ бы идти у нихъ далеко въ своихъ работахъ, если бы животныя обладали самосознаніемъ и даромъ самосознанія—словомъ. Въ высшихъ породахъ животныхъ разсудочный процессъ, даже и безъ этихъ средствъ, достигаетъ въ своихъ работахъ замѣчательно высокой ступени, какъ напр. у слоновъ, у лисицъ, у собакъ, медвѣдей и пр. Но кромѣ дара слова разсудочному процессу у животныхъ не достаетъ еще той побудительной силы, которую придаютъ этому процессу въ человѣкѣ требованія духовныя.

26. *Произвольный разсудочный процессъ* свойственъ только человѣку: только человѣкъ, часто съ замѣтнымъ насиліемъ для своего нервнаго организма, ищетъ различій, сходствъ, связи и причинъ тамъ, гдѣ ихъ и не видно; перебираетъ съ этою цѣлью свои произвольно или не-

произвольно составленныя представленія и понятія, связываетъ тѣ, которыя связываются, разрываетъ тѣ, которыя должны быть разорваны, ищетъ новыхъ. Источникъ этой свободы въ разсудочномъ процессѣ человѣка находится въ свободѣ его души, а источникъ свободы его души — въ ея самознаніи; ибо *свободную волю, какъ мы это увидимъ впослѣдствіи, можетъ имѣть только то существо, которое имѣетъ способность не только хотѣть, но и сознавать свой душевный актъ хотѣнія*: только при этомъ условіи мы можемъ противиться нашему хотѣнію. Эта связь разсудочнаго процесса въ человѣкѣ съ духовными особенностями человѣческой души помѣшала намъ изучить вполнѣ этотъ процессъ въ человѣкѣ, что мы можемъ сдѣлать лишь тогда, когда будемъ изучать его духовныя особенности. Во всякомъ душевномъ актѣ человѣка высказывается вся его единая и нераздѣльная душа, и потому мы можемъ изучать эти акты только по-немногу: сначала одну сторону явленія, и потомъ другую.

27. Но и здѣсь мы должны уже, хотя отчасти, намекнуть на то, что можетъ быть развито вполнѣ только впослѣдствіи. Сопоставляя добытыя нами понятія различныхъ, произвольныхъ актовъ сознанія: произвольнаго вниманія, *произвольнаго воспоминанія*, *произвольнаго воображенія* и *произвольнаго разсудочнаго процесса*, мы невольно поразимся необычайнымъ сходствомъ всѣхъ этихъ актовъ, и это можетъ намъ служить наибольшею очевидностью единства нашей души или, по крайней мѣрѣ, покудова — единства нашего сознанія. Собственно всѣ эти произвольные акты нашей души составляютъ одинъ актъ *произвольнаго сознаванія*, и различаются только по положенію тѣхъ матеріаловъ, надъ которыми сознаніе работаетъ и по цѣли этихъ работъ, и кромѣ того въ каждомъ актѣ соединяются всѣ остальные. Въ актѣ *вниманія* сознаніе различаетъ ощущенія, представленія и понятія, но вмѣстѣ съ тѣмъ оно должно вызывать ихъ изъ области памяти, передвигать въ области воображенія и наконецъ сравнивать, безъ чего самое различеніе невозможно. Въ актѣ припоминанія нужно вниманіе, чтобы различать, а нужно воображеніе, чтобы представлять и передвигать представленія; воспоминанію нуженъ разсудокъ, чтобы сравнивать и различать. Въ процессѣ воображенія и процессѣ разсудка мы видимъ то же самое соединеніе всѣхъ прочихъ процессовъ. Такимъ образомъ, во всѣхъ этихъ процессахъ мы видимъ одинъ обширный *процессъ сознаванія*.

28. Въ актѣ произвольнаго *вниманія* душа стремится получить только возможно болѣе опредѣленныя ощущенія. Въ актѣ произвольнаго *воспоминанія* душа хочетъ только повторить прежнія ощущенія, повторить въ нервной системѣ прежнія движенія. Въ актѣ произвольнаго *воображенія* или *фантазіи* (такъ слѣдовало бы назвать этотъ актъ въ отличіе, съ одной стороны, отъ воспоминанія, а съ другой, отъ воображенія непроизвольнаго или *мечты*) душа наша сковываетъ и перековываетъ, сообразно тѣмъ или другимъ своимъ цѣлямъ, сочетанія, сохраняемыя памятью и вызываемыя изъ нея вниманіемъ. Въ актѣ раз-

судка процессъ тотъ же самый; но цѣль его уже другая: душа наша также сличаетъ, различаетъ, сравниваетъ, производитъ сочетанія, но при этомъ стремится уже къ тому, чтобы эти сочетанія были вѣрны дѣйствительности, чтобы они были тѣ самыя, т. е. *истинныя сочетанія* [1]), которыя лежатъ въ природѣ самыхъ предметовъ сознанія; другими словами въ разсудочномъ процессѣ душа наша ищетъ *истинныхъ сочетаній*, или просто — *истины*. Слѣдовательно, мы видимъ, что Аристотель былъ совершенно правъ, отличая разсудочный процессъ отъ процесса воображенія *по формѣ* тѣмъ, что въ первомъ ходъ представленій останавливается, а во второмъ движется (но этимъ онъ не отличаетъ воображенія отъ фантазіи), а *по содержанію* тѣмъ, что въ разсудочномъ процессѣ человѣкъ вѣритъ въ истину производимыхъ имъ сочетаній [2]), тогда какъ въ процессѣ произвольнаго воображенія или *фантазіи*, человѣкъ также произвольно образуетъ сочетанія представленій, но не вѣритъ въ ихъ истину, видя, что они суть его собственныя созданія.

29. Мы отличаемъ *мышленіе* отъ *воображенія* еще тѣмъ, что первое совершается въ формѣ *представленій*, а второе въ формѣ *понятій* облеченныхъ въ *слово*. Представлять что-нибудь значитъ ощущать болѣе или менѣе сложное сочетаніе нервныхъ движеній. Такимъ образомъ представленіе мы отличаемъ отъ простого ощущенія только сложностью. Всякое *новое ощущеніе* есть слѣдствіе сравненія *впечатлѣній* идущихъ изъ внѣшняго міра, но *повтореніе ощущенія* можетъ быть вызываемо какъ внѣшними впечатлѣніями, такъ и самою душою, и въ обоихъ случаяхъ оно сопровождается движеніями нервовъ. Слѣдовательно, *представить* себѣ можно только то, что такъ или иначе, по объективной иниціативѣ внѣшнихъ впечатлѣній или субъективной иниціативѣ души, движетъ наши нервы. Что не способно двинуть наши нервы, то не можетъ быть представлено.

30. Представленіе не отличается отъ непосредственнаго ощущенія яркостью, какъ это утверждаютъ нѣкоторые. Наши сонныя грезы, а иногда и видѣнія на яву, бываютъ часто ярче непосредственныхъ ощущеній, которыя при развлеченіи вниманія едва мелькаютъ. Въ существованіи же внѣ насъ *объектовъ*, вызывающихъ въ насъ ощущенія черезъ посредство впечатлѣній, мы убѣждаемся только независимостью этихъ объектовъ отъ нашихъ желаній. Мы поворачиваемъ голову и предметъ, отражавшійся въ нашихъ глазахъ, исчезаетъ.

31. Представленіе является источникомъ *понятія*, которое въ разсудочномъ процессѣ *отлагается* изъ многихъ представленій. Но это отложеніе не можетъ быть закончено безъ помощи *слова*. Происхожденіе слова мы еще не объясняли, такъ-какъ оно выходитъ не изъ сознанія, общаго и человѣку, и животнымъ, а изъ *самосознанія*, составляющаго

---

[1]) О происхожденіи слова *истины* и о различіи его отъ слова *истый* см. у г. Буслаева: «О преподав. отечествен. языка» стр. 324.

[2]) См. выше гл. XXVII п. 4.

духовную особенность человѣка; но и здѣсь уже могло быть объяснено, что *слово есть представленіе понятій*, т. е. такое сочетаніе нервныхъ движеній слуховаго и голосоваго органа, которое мы произвольно признаемъ представителемъ понятія [1]). Слѣдовательно, мы и мыслимъ представленіями, но представленіями особаго рода, которыя мы сами создали, какъ значки понятій. Эти *представленія слова* слѣдуетъ отдѣлять отъ *представленій образныхъ*.

32. Мышленіемъ распоряжается *идея*: она-то подбираетъ слова для завершенія процесса образованія понятій и связываетъ слова въ сужденіи и мысли. Но идея не соизмѣрима съ понятіемъ и представленіемъ: она выражается въ ихъ сочетаніяхъ, но не въ нихъ самихъ. Строго говоря, мы мыслимъ не словами, не понятіями и не представленіями, а идеями, связывающими слова, понятія и представленія.

33. Анализируя разсудочный процессъ, мы натянулись на такіе его результаты, которыхъ нельзя вывести изъ однихъ внѣшнихъ для человѣка впечатлѣній и которые тѣмъ не менѣе очень важны, такъ-какъ они вносятся душою въ разсудочный процессъ, какъ уже готовые, и потому необыкновенно сильно усложняютъ самый ходъ этого процесса.

34. Обратившись къ анализу этихъ *основныхъ узловъ разсудочнаго процесса*, мы нашли, что они объясняются участіемъ результатовъ мускульнаго чувства, которые вплетаются душою въ самыя первыя ея разсудочныя работы. Эти же мускульныя чувства мы признали результатами произвольныхъ мускульныхъ движеній, а самый произволъ этихъ движеній возвелъ насъ опять къ источнику произвола—къ душѣ. Мы не пускались въ разъясненія этого загадочнаго вопроса; но нашли подтвержденіе своей мысли въ томъ физіологическомъ фактѣ, что первое обнаруживаніе жизни прежде даже, чѣмъ сформируются органы ощущеній, выражается въ произвольныхъ движеніяхъ.

35. Мускульное чувство или, что все равно, *ощущеніе нами нашихъ произвольныхъ движеній* играетъ такую важную роль во всей нашей душевной жизни, во всемъ разсудочномъ процессѣ, завязывая первые его узлы, и принимаетъ такое рѣшительное участіе въ процессѣ выраженія понятій словами, гдѣ приводятся въ движеніе голосовые мускулы, что мы полагали бы лучшимъ всѣ наши *ощущенія* раздѣлить на *пассивныя* и *активныя*, или на *внѣшнія* и *внутреннія*, причисляя къ первымъ ощущенія зрѣнія, слуха, осязанія, обонянія и вкуса, а ко вторымъ—одни ощущенія произвольныхъ движеній. Изъ комбинаціи пассивныхъ и активныхъ ощущеній слагаются матерьялы всѣхъ нашихъ разсудочныхъ работъ. На *ощущенія активныя* мы обратимъ еще осо-

---

[1]) На тѣсную связь дѣятельности слуховаго и голосоваго органа въ процессѣ рѣчи указываютъ ясно физіологическія открытія Гельмгольца. Замѣчательно, что филологи открываютъ въ словахъ *слово* и *слухъ* одинъ и тотъ же корень. (О преподав. отечественн. языка Ѳ. Буслаева. Изд. 1867 г. стр. 322).

бенное вниманіе въ главахъ «о волѣ», какъ причинѣ произвольныхъ мускульныхъ движеній.

36. Но, кромѣ *первичныхъ узловъ* всякаго разсудочнаго процесса (понятій о *пространствѣ, о времени и числѣ*) мы замѣтили еще вліяніе какихъ-то уже готовыхъ *убѣжденій* или *вѣрованій* души, которыя не только не выводятся изъ опыта, но даже не подтверждаются имъ, и прямо ему противорѣчатъ. Таково убѣжденіе во *всеобщей причинности* явленій, убѣжденіе въ *свободѣ личной человѣческой воли* и убѣжденіе, что гдѣ-то существуетъ *единство*, въ которомъ сходятся и изъ котораго исходятъ явленія міра психическаго и явленія міра физическаго.

37. Эти *врожденныя убѣжденія*, вносимыя нами во всѣ *опытныя убѣжденія*, извлекаемыя изъ опытовъ внѣшняго міра, мы могли бы назвать *неизбѣжными предубѣжденіями*, точно такъ, какъ первичные узлы разсудочной работы, *неизбѣжными предразсудками*. Но такъ-какъ оба эти слова, предубѣжденіе и предразсудокъ, имѣютъ въ рѣчи особое назначеніе, то мы полагаемъ лучшимъ назвать послѣднія *первичными понятіями*, а первыя—врожденными увѣренностями или *врожденными вѣрованіями*.

38. Психологическій анализъ разсудочнаго процесса привелъ насъ къ признанію того *психическаго факта*, что *истина*, добытая разсудкомъ изъ наблюденій и опытовъ, признается нами *совершенною истиною* только въ томъ случаѣ, если она сходится съ нашими *врожденными вѣрованіями*, если эти врожденныя вѣрованія не возстаютъ въ нашей душѣ отрицаніями истинъ, добытыхъ разсудкомъ. Собственно говоря, мы признаемъ полную истину только нашихъ врожденныхъ вѣрованій, въ томъ же, что имъ противорѣчитъ, видимъ только истину временную, относительную, опытную, ограниченную, *разсудочную, а не разумную*. Вотъ почему, можетъ быть, самое слово *вѣра*, по замѣчанію филологовъ, одного корня со словомъ *истина*. Въ нашемъ языкѣ это отношеніе словъ *вѣра* и *истина* сохранилось еще въ словахъ: *вѣрно, вѣрный*; отъ того же корня, вѣроятно, происходитъ нѣмецкое слово wahr, Wahrheit и латинское—veritas. Истинна ли эта высшая человѣческая истина—мы *не знаемъ*; но въ нашемъ психическомъ мірѣ нѣтъ для насъ болѣе высокой истины и она одна для насъ *абсолютна*: не въ смыслѣ гегелевскаго, невозможнаго для человѣка *абсолюта*, но въ смыслѣ *опытной психологіи*, открывающей въ этихъ вѣрованіяхъ непреодолимыя условія психической жизни человѣка. Будутъ ли когда-нибудь постигнуты *самыя эти вѣрованія*, управляющія самымъ процессомъ постиженія, но не входящія въ него, превратятся ли когда-нибудь онѣ сами въ истины опытныя, въ истины науки, сойдутся ли когда-нибудь *вѣра* и *истина* въ разсудочномъ процессѣ—этого мы не знаемъ. Раскрыть процессъ сознаванія въ его *настоящемъ* состояніи— вотъ все дѣло *фактической психологіи*.

39. Не смотря однако на убѣжденіе въ единствѣ міра, мы призна-

ли *дуализмъ* единственно возможнымъ основаніемъ для *положительной психологіи*, которая основывается на фактахъ, а не на стремленіяхъ, неоправдываемыхъ фактами. Стремленіе можетъ руководить движеніемъ науки и практическою жизнью, и дѣйствительно часто руководитъ ими; но основою науки, точкою ея отправленія, должны быть факты и ничего болѣе, кромѣ фактовъ.

40. Въ *индуктивномъ процессѣ* мышленія мы нашли тотъ же *разсудочный процессъ образованія понятій изъ сужденій*; а въ обратномъ *дедуктивномъ* процессѣ мы увидали *разложеніе понятій на сужденія, изъ которыхъ они составились*. Источникъ *индукціи* есть сознаніе; а источникъ *дедукціи* — самосознаніе; первое — обще человѣку и животному; второе есть исключительная принадлежность человѣка.

41. Мы назвали индуктивный процессъ просто *процессомъ пониманія*, т. е. процессомъ образованія понятій, и признали этотъ процессъ единственнымъ способомъ добыванія дѣйствительныхъ знаній, какъ въ мірѣ физическихъ, такъ и въ мірѣ психическихъ явленій. Знаніе, не основывающееся на наблюденіи и опытѣ, не есть знаніе, а вѣра, которая сама можетъ быть психическимъ фактомъ и предметомъ наблюденія и изученія путемъ *индукціи* или *пониманія*. Оба эти процесса, индуктивный и дедуктивный, мы предположили бы назвать процессомъ *постиженія*.

42. Подъ конецъ мы отличили *разумъ* отъ *разсудка*, назвавъ первый плодомъ сознанія, а второй — плодомъ самосознанія. Разумъ есть результатъ сознанія душою своихъ собственныхъ разсудочныхъ процессовъ въ ихъ неограниченныхъ стремленіяхъ и въ ихъ ограниченныхъ результатахъ. *Разсудокъ*, въ его *стремленіи къ уничтоженію противорѣчій*, мы назвали движущимъ принципомъ науки: разумъ, съ его спокойнымъ сознаніемъ самыхъ этихъ противорѣчій, мы назвали основою практической дѣятельности человѣка, и слѣдовательно, основою воспитательнаго искусства, какъ одной и притомъ величайшей отрасли практической дѣятельности. При этомъ приложеніи терминовъ мы руководствовались народнымъ употребленіемъ этихъ обоихъ словъ, которое выражается въ пословицѣ «*умъ безъ разума бѣда*».

Вотъ главные результаты, которые мы добыли въ нашихъ анализахъ процессовъ сознанія. Теперь мы пойдемъ искать подобныхъ же результатовъ въ процессахъ *чувствованія* или *душевныхъ чувствъ*, какъ *умственныхъ*, такъ и *сердечныхъ*, и въ процессахъ *желанія и воли*. Мы надѣемся, что тѣ результаты, которые насъ ожидаютъ впереди, помогутъ намъ, *хотя отчасти*, понять многое, оставшееся для насъ еще неяснымъ въ процессѣ *постиженія*.

КОНЕЦЪ ПЕРВАГО ТОМА.

www.ingramcontent.com/pod-product-compliance
Lightning Source LLC
Chambersburg PA
CBHW080234170426
43192CB00014BA/2459